上海世博外事

——上海世博会重大活动 馆日 境外贵宾接待实录

中国2010年上海世博会事务协调局
上海市人民政府外事办公室 编

（上卷）

中国出版集团 东方出版中心

《上海世博外事——上海世博会重大活动 馆日 境外贵宾接待实录》

编委会

序
Preface

中国2010年上海世界博览会于2010年5月1日至10月31日在上海成功举行。我们举全国之力，集世界智慧，兑现了向世界做出的庄严承诺，举办了一届“成功、精彩、难忘”的世博会。

上海世博会是首次在发展中国家举办的注册类世博会，是历史上参展方最多、规模最大、出席规模最高、参观人数最多的一届世博会。上海世博会首次以“城市”作为展品，设立城市最佳实践区，开辟网上世博，这些都是世博会历史上的创举，为全世界留下了宝贵的物质和精神财富。上海世博会期间，首脑外交、民间外交、绿色外交、经济外交、公共人文外交齐头并进，交相辉映，展现了一幅精彩纷呈的世博外交画卷，谱写了中国特色大国外交新篇章。

上海世博会承载了中国人的百年梦想和不懈追求，是继北京奥运会后我国举办的又一举世瞩目的盛会，是中国发展具有里程碑意义的重大活动。上海世博会充分展示了我国的灿烂文明、辉煌成就和各族人民团结奋斗的精神风貌，荟萃了世界各国文明发展成果，对于进一步提高我国国际地位和影响，促进我与世界的交流与合作，推动世界和平与发展事业意义重大，影响深远。

《上海世博会重大活动 馆日 境外贵宾接待实录》收录了上海世博会重大活动及馆日活动中外贵宾讲话、题词和图片，记载了境外贵宾参观上海世博会的数据资料，以图文并茂的形式，展示了上海世博会热情迎嘉宾的全景。该书传承了上海世博会精神，提供了宝贵的世博会史料，为各参展方留下了珍贵的纪念。

上海世博会已经成功落幕，但世博会倡导的进步创新、和谐共荣精神将薪火相传，也并将继续指引各国人民在人类和平、发展、进步的道路上不断前进。

楊潔篪

中华人民共和国外交部部长

2011年4月20日

目录
Contents

上卷

序

上海世博会重大活动

上海世博会国家馆日和国际组织荣誉日

下卷

上海世博会境外贵宾及国际城市代表团来访接待

附录

编后记

上海世博会重大活动

1. 上海世博会开幕式

中华人民共和国国家主席胡锦涛宣布中国 2010 年上海世界博览会开幕

（图片由新华社供稿）

中华人民共和国国务院副总理、中国 2010 年上海世博会组委会主任委员王岐山在开幕式上致辞

（图片由新华社供稿）

在上海世博会开幕式上的致辞

中华人民共和国国务院副总理、中国2010年上海世博会组委会主任委员
王岐山

尊敬的胡锦涛主席和夫人，尊敬的蓝峰主席，
尊敬的各位来宾，女士们，先生们：

此刻，我们相聚在美丽的黄浦江畔，共同开启一场全球盛会的帷幕。明天，有着159年历史的世博会将首次在发展中国家、在中国举行。

感谢国际展览局的成员国！是你们的选择，让中国人民对世博会的向往，从遥远的憧憬成为今天的现实。

感谢246个国家和国际组织以及中外企业的参展方！是你们的无限激情、智慧创意、精湛技艺，让一座座美轮美奂的展馆展现了生命的力量，传递着和平、友爱、希望。

感谢全国人民，尤其是上海市人民，以及上海世博会的建设者、工作者和志愿者！是你们的参与和奉献、理解和支持，让我们得以分享上海世博会的辉煌。

一个半世纪以来，人类前进的脚步在世博会上留下了不可磨灭的印迹。

“城市，让生活更美好”。第一次以“城市”为主题的上海世博会，是各国人民创新、合作、交流的平台。她将打开未来城市的大门，引领新的生活方式，促进人与城市、自然相和谐，推动建设平安、文明、幸福的城市，促进人的全面发展。

上海世博园即将开放。我们会以周到的服务、真诚的微笑，让所有观众在中国体验一届成功、精彩、难忘的世博会。

女士们，先生们，以人为本、全面协调可持续发展的理念，已成为中国政府和人民的坚定选择。一个更加开放、包容的中国，将与世界各国一道，共同推动人类文明进步。

最后，预祝中国2010年上海世博会圆满成功！谢谢！

国际展览局主席让·皮埃尔·蓝峰在中国2010年上海世界博览会开幕式上致辞

（图片由新华社供稿）

在上海世博会开幕式上的致辞

国际展览局主席

让·皮埃尔·蓝峰

尊敬的胡锦涛主席和夫人，各位政府领导人，

各位总代表，女士们，先生们：

国际展览局代表其157个成员国，对以城市为主题的2010年世博会在上海举办，在中国这个世界人口最多、历史最悠久、文化底蕴最深厚，同时正在经历巨大和史无前例的城市革命的国家举办，感到无比高兴。

这次精彩的世博会将展示21世纪初中国的崛起。通过各个国家的展馆和第一次在世博会上设立的以世界城市和地区相互学习和对话为内容的城市最佳实践区，你们将把世博会办成一次全球性的盛会。最后，由于通讯技术的进步，通过图像和研讨会的展示，你们也将把世博会办成全球盛会。

通过这次世博会的宏伟规模、丰富的创意、各种新创举以及主题的选择，例如今天上海的“城市”，米兰的“滋养地球，生命之源”或丽水的“海洋”，国际展览局看到，世博会越来越充满活力。同时，世博会也回应了我们时代发展进步、对话交流和相互竞争的需要，而这种需要不仅局限于体育竞技。

本次主题“城市，让生活更美好”的选择，表明今后全球大部分人口将迁入城市。未来几十年中，城市人口将增加近30亿，这将促使我们提升发展中国家和发达国家城市居民的生活条件，他们都同样面对污染、贫穷、社会差距和不安全等问题的困扰。这次世博会将促使人们提高认识，努力建设更持久、更公正、更安全、更和谐的城市。

衷心祝愿2010年上海世博会圆满成功！

上海世博会开幕式室内文艺表演（一）

上海世博会开幕式室内文艺表演（二）

上海世博会开幕式焰火表演（一）

上海世博会开幕式焰火表演（二）

2. 上海世博会开园仪式

中国人民政治协商会议全国委员会主席贾庆林在中国 2010 年上海世界博览会开园仪式上致辞

（图片由新华社供稿）

在上海世博会开园仪式上的致辞

中国人民政治协商会议全国委员会主席

贾庆林

各位来宾，女士们，先生们：

今天，2010年上海世博会就要隆重开园了。在这激动人心的时刻，我谨代表主办方，向各参展方、国际展览局以及所有在筹办过程中付出辛勤劳动的人们，表示衷心的感谢！向远道而来的八方宾朋，表示热烈的欢迎！

上海世博园以“城市，让生活更美好”为主题，凝聚了人类对城市建设的卓越智慧，展示了人类对未来生活的美好憧憬。现在，我们欢聚在上海世博园，共同观赏创意独特的场馆展示，感知丰富多彩的科技成果，参与充满睿智的各种论坛，欣赏引人入胜的文艺活动，一定能够在平安和谐中享受成功，在创意活力中感受精彩，在快乐温馨中定格难忘，全方位体会人类对文明进步的不懈追求和共同探索。

一切始于世博会，一切汇聚世博园。让我们共同见证中国2010年上海世博会开园的荣耀。

祝愿所有参展方取得圆满成功！

祝愿所有参观者共享上海世博会的华美乐章！

谢谢大家！

国际展览局秘书长文森特·冈萨雷斯·洛塞泰斯在中国2010年上海世界博览会开园仪式上致辞

（图片由新华社供稿）

在上海世博会开园仪式上的致辞

国际展览局秘书长

文森特·冈萨雷斯·洛塞泰斯

女士们，先生们：

今天，我们欢聚一堂，为世博史上首次在上海举行的以“城市，让生活更美好”为主题的文化、创新与成就展正式揭开帷幕。

感谢你，中国，感谢你的骄人才智，把世博愿景构筑成各国之间盛况空前的聚会，共同探索推动城市和谐发展、持续发展的道路。

感谢你们，参展方，感谢你们的杰出贡献，通过友谊、合作和分享最佳实践为世界人民留下了世博场馆之外的宝贵财富。

感谢你们，来自中国和世界各地的工作人员和志愿者，感谢你们在建造、准备和即将运行世博期间所付出的辛勤汗水和无私奉献，让本届世博会脱颖而出，成为21 世纪的一大里程碑。

在过去的十年中，能与各位携手走到今天，我深感荣幸；而我更加期盼能在未来的六个月中看到国际社会精诚合作，共同致力于呈现一场精彩的盛会，并为展望未来城市进行友好的探讨和建设性的磋商。

以“城市，让生活更美好”为主题的上海世博会期间，每一批展品，每一个展馆，每一次活动，每一场会议都将让我们更好的了解现状，展望未来，加强各国家和组织之间合作的纽带。

2010 年上海世博会是展示人类进步成就的一次盛典，它将激励世人以及后代不懈追求“城市，让生活更美好”的理想，并且将其付诸实践。

世博会也是一个城市为了其市民和所有参与者而进行变革的引擎。从现在起到2010 年 10 月 31 日，上海世博会不仅能让游客们收获知识、娱乐身心，为精彩节目叹为观止，而且还将激发各个城市变革的动力，为打造未来之城奠定坚实的基础。

我想向各位表示祝贺，并特别向中华人民共和国政府、上海市人民政府、中国国际贸易促进委员会以及本届世博会组委会主办中国2010年上海世博会表示最诚挚的感谢。

中国人民政治协商会议全国委员会主席贾庆林和国际展览局主席让・皮埃尔・蓝峰共同启动中国2010年上海世界博览会开园仪式按钮

（图片由新华社供稿）

3. 上海世博会高峰论坛

中华人民共和国国务院总理温家宝在高峰论坛开幕式上发表主旨演讲

（图片由新华社供稿）

在上海世博会高峰论坛开幕式上的主旨演讲

中华人民共和国国务院总理

温家宝

尊敬的各位来宾，

女士们，先生们：

举世瞩目的上海世博会即将落下帷幕。本届世博会以“城市，让生活更美好”为主题，充分展示了丰富多彩的当代文明成就，汇集了人类探索城市发展的共同智慧，创造了多项世博会的新纪录，谱写了世界博览史的辉煌篇章。

上海世博会是一次成功的盛会，世博会云集了包括 190 个国家、56 个国际组织在内的 246 个官方参展者，超出以往历届世博会。从 5 月 1 日到今天，世博会参观者达到 7000 多万人次，创下参观人数新纪录。人们从世界各地来到美丽的黄浦江畔，走进世博园，顶着烈日，冒着风雨排着长队耐心等候，只为一睹世博会的风采。本届世博会还第一次开辟了网上世博，为世界各地更多的民众参与世博会开启了一扇新的大门。上海世博会以最广泛的参与度，真正实现了世界人民的大团结。

上海世博会是一次精彩的盛会，近六平方公里的世博园仿佛是一个地球村，一座座风格迥异、造型别致的建筑物毗邻而居，随风舞动的英国馆、枫叶造型的加拿大馆、型如“丝路宝船”的沙特馆等各具特色，尽情挥洒着人类智慧的奇思妙想。世界各国的文化瑰宝纷纷闪亮登场，中国的战国铜车马，希腊的雅典娜神像，法国印象派绘画大师的传世之作，丹麦的小美人鱼，塞舌尔的亚达伯拉象龟等世界稀世文化珍品，让人目不暇接、美不胜收。平均每天 100 多场，总计两万多场次的文化演艺活动，荟萃了绚丽多姿的各国文化的精髓，给人心旷神怡的精神享受。全球许多政治家、企业家、政府官员和专家学者莅临中国，在上海世博会系列论坛上发表真知灼见，探索未来世界，碰撞出无数睿智的思想火花，给人以无限的遐想和启迪。上海世博会犹如一部写在大地上的百科全书，构成了一幅多元文化和谐共荣的美好画卷。

上海世博会是一次难忘的盛会，世博会让渴望了解世界的中国人民和渴望了解中国的各国朋友走在一起，相互间结下了深厚的友谊。世博会开幕式上，来自青海玉树灾区的两位藏族儿童和不同国家、不同肤色的孩子们牵手相拥，表现出人类在苦难面前同舟共济的兄弟情谊。一位叫山田外美代的日本老人，人称“世博奶奶”。四年前就来到中国，为参观世博会探路，几年中往返中国 18 次，世博会开幕以后，她购买了 183 张门票，每天都出现在世博园。另一位来自中国浙江省年过七旬的农村老人，在上海租了一间小房子，为国内外参观者免费提供住宿，自己甘愿睡在小沙发上，感动了无数的人。最为引人注目的是 8 万多名身穿青衣白裤的园区志愿者，人们亲切地称之为“小白菜”。还有近 200 万名城市志愿者活跃在街头巷尾。他们的灿烂笑容和热情服务，成为解读中国的真正名片。

上海世博会是在国际金融危机的背景下首次来到发展中国家，首次在一个特大城市的中心城区举办，这对中国是严峻的考验。八年来，我们举全国之力，集世界智慧，有条不紊地做好各项筹办工作，特别是上海人民，做出了无私的奉献。同时，国际展览局和往届世博会举办国也给予了宝贵的指导。世博会的成功举办凝结着无数人们的辛勤劳动，正是广大世博会的组织者、建设者、工作者、参观者、志愿者的真诚、智慧和汗水，共同铸就了世博会的辉煌。在这里，我谨代表中国政府，向一切参与世博、支持世博和为世博做出贡献的同志们和朋友们，表示衷心感谢和崇高敬意！

女士们、先生们，上海世博会不仅荟萃了人类创造的物质文明，开阔了人们的眼界，而且为人类留下丰富的精神遗产，启迪了人们的心智，这是世博会的灵魂之所在。人类创造的一切文明成果，只有上升到精神和理性的高度时，才能成为人类的共同财富，并永久传承。今天，我们一起回顾这次盛会及其给我们留下的经验和启示，是很有意义的。

世博会鲜明弘扬了绿色、环保、低碳等发展的新理念。上海世博园本身就是一个低碳的典范，园内太阳能发电系统总装机容量高达 4.6 兆瓦，各类新能源汽车的运用超过千辆，象征工业文明的 165 米高的大烟囱被改装为气象信号塔。用最新低碳材料和节能技术建造的各国展馆比比皆是，馆内陈列的最新低碳技术和产品不计其数。首次设立的城市最佳实践区用一个个生动的案例、逼真的模型展示了世界各国在城市建设和管理方面的智慧，描述了未来城市生活的新模式。这些新理念反映出人类对发展涵义的理解更加科学，在谋求发展的道路上更加理性、成熟，必将对未来的经济发展方式、产业结构和消费方式产生深远的影响。

世博会有力地证明了科技革命是推动社会进步的强大动力。科技进步是社会发展的重要标尺。1851 年，英国举办第一届世博会，就是因为它是世界上最先开展工业革命的国家，并产生了很多科技产品。工业革命后带来的生产力发展令人震撼，在不到 100 年的时间中，人类社会所创造的生产力比过去一切时代创造的全部生产力还要多、还要大。如果和工业革命后的那 100 年相比，人类在最近 100 年创造的生产力不知又要大多少倍。上海世博会展示了人类最新科技成就，如新一代移动通信、人工智能、新材料、生态节能建筑等，彰显了人类无尽的智慧和创造力。这些新技术、新能源和新材料的开发、应用和推广，不但会对人类的生产和生活方式产生重大影响，还将引领未来的产业发展路径，为克服国际金融危机的深层次影响、推动全球经济持续复苏提供有力的支撑。

世博会生动展现了人类文明的多样性。上海世博会为不同文化相互交流和融合提供了广阔的舞台，充分展示了世界的丰富多彩。这里不仅有欧美发达国家的高科技产品，而且有非洲独特的民族服饰和黑木雕，还有精美绝伦的加勒比海国家和太平洋岛国的手工制品。这些产品都是人们在长期劳动实践中智慧的结晶，蕴涵着一个民族的价值观和理念，是一个民族凝固的文化。除了丰富的展品之外，世博园内每天都上演来自世界各地的精彩文艺节目，原汁原味的非洲土风舞，华丽恢弘的法国宫廷舞，热情洋溢的阿根廷探戈，凝练简洁的日本能剧，欢快浪漫的英格兰民族音乐，优美典雅的中国京剧。这些世界各国艺术的精华，使世博会更加生动鲜活、更具有吸引力。世博会告诉我们，每个国家、每个民族都有值得骄傲的传统文化，各种优秀文化都是人类文明的成果，都值得我们尊重和珍惜，一枝独秀不可能形成争奇斗艳的百花园。

世博会充分表明了追求平等、和谐是人类的共同愿望，世博会是世界人民的共同节日。参加世博会的每个人都是平等的，都是其中的一分子，如果没有相互理解和信任，没有对和平的热爱和对和谐的向往，就不可能有这么多国家和民族的人们欢聚在一起。首次集体亮相世博会的 14 个太平洋岛国和 13 个加勒比海岛国，有的是第一次参加世博会，有的还没有与中国建立外交关系，但是都兴高采烈地加入世博会的行列，这充分说明世博会是超越国家、民族、宗教界限的。上海世博会把服务参观者和参展方放在突出位置，园区内大量增设便民设施，特意挑选九家清真餐厅进驻，使人处处感受到浓厚的人文关怀。世博园内首次设立了残疾人馆，所有活动都有无障碍座位，并为残疾人提供轮椅租赁、无障碍寄存等各种特色服务，充分体现了对每一个生命的尊重。世博会告诉我们，社会的发展进步并不仅仅看有多少高楼大厦，还应当关注每个人的现实需要和精神需求，让社会关爱的阳光温暖人们的心房。

女士们、先生们，世博会历经159个春秋。在这一个半世纪中，发生过两次世界大战，出现过三次重要的科技革命，世界发生了沧桑巨变，科技进步和生产力水平都有史无前例的飞跃。上海世博会展示了人类社会发展进步的一面，也反映和折射出人类所面临的挑战、担忧和困惑。我们弘扬世博理念，就是要倡导人类携手应对各种挑战、共同促进人类和平与发展。

我们要共同推进城市和谐发展。今天，全球一半以上的人口居住在城市，城市化一方面让人们享受了现代文明的成果，另一方面也伴随着人口膨胀、交通拥挤、贫困化、文化冲突、金融危机等前所未有的挑战。上海世博会首次以城市为主题，对解决人类共同面对的难题进行开创性的探索，我们要认真总结上海世博会关于城市发展的宝贵思想成果，创新城市发展模式，建设经济集约高效、社会公平和睦、文化多元包容、生态环境良好的和谐城市，努力创造更加美好的城市生活。

我们要推动广大农村地区的现代化。本届世博会描绘了未来城市美好生活的远景，但我们不能忘记世界上大部分地区，特别是发展中国家的农村还比较落后，全球主要贫困人口还生活在农村。没有农村的现代化就不可能有整个社会的现代化。我们应大力促进城乡协调发展，努力消除城乡差距，促进公共服务均等化，使广大农村成为生产发展、生活富裕、生态良好的美丽家园。

我们要帮助欠发达地区共同发展。我们从世博会主题论坛演讲者的焦虑神色中，看到了世界发展的不平衡，感到了贫富差距扩大的缩影。人类同是地球大家庭的兄弟姐妹，应该秉承携手前进、共同发展的理念，竭尽所能帮助欠发达国家发展经济和改善民生，使世界各国人民共享人类文明的成果。

我们要共同珍惜和爱护地球家园。从世博会的展览、展示中可以看出，工业化、城市化、全球化在给人类带来无尽财富的同时，也付出了资源枯竭、环境污染、生态破坏的巨大代价。地球不仅是我们从父辈那里继承来的，更是从我们的后代那里借来的。我们必须尊重自然、注重节约能源资源和保护生态环境，加快转变发展方式和调整经济结构，实现可持续发展，为子孙后代留下一个赖以生存和发展的地球家园。

我们要共同维护世界和平与稳定。从世界各国积极参与世博会的热情中，我们深深感受到，追求和平进步、实现和谐共处、创造美好生活，是人类的共同愿望。世界各国应该理智处理民族矛盾、文化摩擦和地区冲突等热点问题，以和平的方式协商解决国际国内纷争，消除种族隔阂和冲突，共同建立持久和平、共同繁荣的和谐世界。

上海世博会对于中国人民来说，是一次向世界学习的良好机会。“一日观世博，胜读十年书。”走进世博的场馆，不仅饱览了各国的美丽景观和奇珍异宝，也领略了各国的灿烂文化和风土人情，这种身临其境的现场感受和震撼是电视和书本都无法比拟的。世博会也是各国综合国力的展示，在这里，既看到了别人的长处，又发现了自己的差距。只有海纳百川、博采众长，才能跻身于世界先进之林；只有站在巨人的肩上，才能看得更远。世博会的成功举办，更加坚定了中国推进改革开放的信心和决心，中国将坚定不移地走和平发展和开放兼容的道路，学习和借鉴世界各国的优秀文明成果，深化同各国的互利合作，为人类文明进步事业作出更大贡献。

上海世博会就要闭幕了，大家将要离开上海，回到各自的国家。你们带来的是一个国家的自豪，而带回去的却是整个世界的精彩。世博会孕育的文化精神将是不朽的，世博会的故事会经久流传。我衷心祝愿上海世博会给大家留下美好的回忆，祝愿世博精神在世界各地发扬光大，祝愿世界的明天更加美好！

谢谢大家！

联合国秘书长潘基文在高峰论坛开幕式上致辞

（图片由新华社供稿）

在上海世博会高峰论坛开幕式上的致辞

联合国秘书长

潘基文

尊敬的温家宝总理阁下，

尊敬的各位国家元首，尊敬的各位部长阁下，

各位嘉宾，女士们，先生们：

自从5月份以来全世界的人们都在谈论着一件非常卓越的历史盛事，所有这些都在美丽灿烂的展馆里得到了展现，所以他们来了，来到了上海，他们从世界各地纷至沓来，他们亲眼目睹了这一盛事。7000多万人次来自几十个国家，他们并没有失望，恰恰相反他们感到了惊叹和振奋。

中国政府、上海市政府以及国际展览局理应得到这最高的赞誉。中国人民和政府已经证明了，他们有能力来举办这样一个重要的国际盛事。我在这里代表联合国对你们表示最衷心的祝贺，祝贺你们举行了这一届最成功的世博会。

尊敬的女士们，先生们，在这样一个巨大的世界广场上，中国汇集了各国在一起，我们共同庆祝和展现了全球的多姿多彩，建筑设计的饕餮盛宴，丰富深刻的展览，以及浓郁的多元文化，如此的大融合让世界为之欢腾。

在这次世博会上，上海蜚声海内外，一路走来，上海已经完成了孕育多年的转型。让我们记住这是世界博览会首次在发展中国家举行。

我们也要盛赞我们的东道主提出了独具创新且昭示未来的主题，即“城市，让生活更美好”。这个主题再合适不过了。毕竟我们现在生活在一个城市化不断发展的世界里，现在超过半数以上的世界人口生活在城市里，而这个比例将会继续的提高。

正是因为本届世博会，数以千万的人们知道，城市是有可能变得更加健康、更加安全的，城市能够更好地把自然和技术融合在一起。城市里的居民可以获得更加清洁的空气和水，享受更加美好的生活。换句话说，这届世博会给我们带来了希望，我们有信心能应对城市化时代日益涌现的挑战。

尊敬的各位阁下，女士们、先生们，我们都知道如今的城市面临着巨大的压力，

越来越多的人们现在移居到世界各地的城市里，随着他们的人数不断的增加，城市容纳他们的难度越来越高，数十亿的人们生活条件恶劣，危及生存。他们生活在贫民窟里，无法获得基本的生活条件，没有清洁的水，没有卫生设施，也没有基本的住所。城市也是温室气体排放的主要来源之一，而那些沿海的城市也在面临着气候变化所带来的海平面上升的风险。

尽管如此，城市吸引力不减。城市是就业的中心，也是经济发展的中心，他们推动着商业活动和创新的发展，人们涌入城市，希望找到更加美好的生活。中国2010年上海世博会向我们展示了宝贵的理念，帮助我们应对这些挑战。我们看到了建筑方面的创新设计，我们也看到了自然资源的创新使用。我们通过世博会了解到建筑的设计师和建造者能够为节能节水做些事情。

我们也充分意识到公共轨道交通系统的重要性，我们充分理解必须要特别关注贫民窟这一特别的世界问题。在这些方面上，我希望中国能够成为一个探索城市发展的先行者。事实上，在解决城市贫民窟的挑战的问题上，在利用推广绿色技术、可再生能源以及绿色业务模式发展方面，中国已经走在了最前沿。我们期待着更密切的、更广泛的在可持续发展方面和中国合作，我们要共同努力，更加有效地、明智地利用我们星球上有限的自然资源，我们要继续宣传可持续的发展方式，贯穿于生产、消费以及贸易的各个环节。从政策制定到中小、大型企业的运营方面全面践行。

我们要更加努力开发可再生的能源，使得所有的人能用得起。我们要共同努力来应对气候变化，鼓励城镇大力推行减缓和适应的措施。而这些，是绿色经济的核心精髓。这些都是必不可少的，只有这样才能够真正的实现可持续性的发展。这样的发展也将全世界的城市和国家的社会、经济、环境的目标综合在了一起。

到2012年，世界各国的领导人将会齐聚里约热内卢，参加联合国可持续发展会议，在那里我们将重新明确政治的承诺，寻找发展的差距，来应对20年以前地球峰会举办以来所涌现的新挑战。我对此会议寄予了厚望，我也在这里对各位发出邀请，我们要借鉴2010年上海世博会的经验，把里约精神再次发扬光大。

女士们、先生们，中国上海世博会即将落幕，但是上海世博会的主题我们将会铭记在心，当你们准备收拾行程回国的时候，我希望你们能够继续把这个字眼传播到世界各地。上海世博会和联合国展馆已经向全世界呈现了坚定强烈的信息，那就是“分享知识、交流文化、秉承共同的愿望，建设更加美好的世界”。只有这样我们才能够更加的充实，我们能够团结在一起，我们也都能获得成功。我们要让上海愿景永存，融入到我们日后的讨论、生活和工作当中去，让我们共同努力，建立一个更加美好的世界!

国际展览局秘书长文森特·冈萨雷斯·洛塞泰斯在高峰论坛开幕式上致辞

（图片由新华社供稿）

在上海世博会高峰论坛开幕式上的致辞

国际展览局秘书长

文森特·冈萨雷斯·洛塞泰斯

尊敬的温家宝总理，尊敬的各位来宾，

女士们，先生们：

在过去的 184 天中，我们在世博会携手合作，团结在一个重要目标周围，创建一场全球参与的各国和各文化之间交流的国际盛会，在当前和未来进一步推进“城市，让生活更美好”的理念，普及大众对这一理念的认识。

2010 年上海世博会所激发的合作、团结、开放精神，对全人类应对各种重大挑战至关重要。无论是对参观者或参展方，本届世博会都提供了前所未有的机遇，让人们得以体验文化差异，了解正在进行的努力，知晓未来前进的各种道路。

今天举行的高峰论坛是冰山的一角，它反映了 2010 年上海世博会的主题智慧，也是世博会历史上参展方、各国政府和国际组织空前合作的成果。由此看来，2010 年上海世博会的确体现了 21 世纪世博会的发展愿景。

当今世界，人类互动与学习的渠道发生了翻天覆地的变化，同时人们的行为也会产生全球性影响。人们因此希望世博会扮演新的角色，一个比过去更为强大的角色。今天，为了有效履行教育与进步平台的职责，世博会必须唤起政府和公民社会的共同行动，使之共同努力寻找并实施可持续的解决方案，应对我们面临的共同挑战。

世博会架起桥梁，沟通了社会的方方面面。因此，世博会能够借助新政策推动人们的思想和创意，培养新型合作模式，并为政府机构和公民社会的行动引入问责制度，因为我们需要为应对共同的挑战贡献力量。这就是为什么最近几届世博会越来越多地选择将这种主题作为其核心理念与组织原则。

自 2000 年起，世博会主题的选择就与联合国主要议程紧密相连，例如 1992 年里约热内卢地球峰会通过的《21 世纪议程》及千年发展目标等计划与协议。这些项目激发了灵感：德国 2000 年汉诺威世博会的主题为“人类 – 自然 – 科技：一个诞生中的新世界”；日本2005年爱知世博会的主题为“自然的睿智”；西班牙2008年萨拉戈萨世博会的主题为“水与可持续发展”；而中国2010年上海世博会的主题是“城市，让生活更美好”。下一届韩国2012年丽水世博会将聚焦海洋与海岸的环境保护，这正契合了2012年联合国可持续发展大会。意大利2015年米兰世博会的主题“滋养地球，生命之源”也将有助于宣传联合国的千年发展目标。

如大家所见，世博会正成为政府与国际组织的重要财富，帮助他们就其全球议程上的重要议题与民众展开交流。世博会也为多边公共外交提供了新的平台，有助于弥补公民在意识和知识方面的现有差距。

上海世博会已经证明，世博会是21世纪变革的推动引擎，能有力地支持政府和国际组织自上而下贯彻政策的各种努力。世博会将复杂、高层次的概念转化为社会各界人士都易理解的视觉语言，通过建筑、城市规划、服务、文化与教育等实物展示或抽象方式直接向人们呈现世界的变化。

然而，将上海世博会办成真正具有普遍性的世博会的努力并未就此停止。由于认识到城市手中握有建设更美好生活环境的钥匙，上海世博会邀请了世界各国城市来参与，以开展实践交流，增强公众联系，提高公众参与度。

通过邀请各国城市以实物形式参展“城市最佳实践区”，以及直接邀请各类重要国际组织参与制定其内容框架，上海世博会创建了“个体融汇大于简单叠加”的教育性体验。

上海世博会有力地推动了创新与合作，为我们呈现了一个精诚合作、互相学习和共同学习、立志创新的世博园。

本届世博会创造了一个我们可以共享的城市未来实验室，让我们以互不冲突的、建设性的、实用和可广泛应用的方式进行交流、探讨和实验。一届世博会的落幕总会令人感到伤感，共同努力奋斗后与同伴挥手告别也从来不是容易的事。但是，本届世博会所启动的合作倡议表明，结束的只是世博会本身，而我们彼此间的关系将持续下去。

我要特别感谢联合国各组织、机构和项目，感谢他们积极热情地提供各类专业知识和技术来支持、发展和推进2010年上海世博会的主题。

本届世博会是国际展览局和联合国首次携手合作。此次成功合作强调了协同作用的重要性，它能够加强未来各届世博会对公民乃至地方和世界领导人的启示和影响。

最后，请允许我向我们慷慨的主人及世博会的杰出组织者——中国和上海表示祝贺！祝贺他们以承诺和雄心支持国展局在新世纪中继续推动世博会的作用。他们也证明了世博会可以服务于全球人类社会的共同理想，有力地促进全世界人民为国际社会所作的努力。

由此看来，2010 年上海世博会为 21 世纪接下来的各届世博会进一步壮大打下了更加坚实的基础：上海成功地证明了世博会能提供一个核心场所，将各国民众与全球机构凝聚到一起，本着和平、创意与团结的精神，为应对人类共同面对的挑战做出积极的、建设性的贡献。谢谢！

出席中国 2010 年上海世博会高峰论坛开幕式主要嘉宾的合影

（图片由新华社供稿）

4. 上海世博会闭幕式

中华人民共和国国务院总理温家宝宣布中国 2010 年上海世界博览会闭幕

（图片由新华社供稿）

中华人民共和国国务院副总理、中国 2010 年上海世博会组委会主任委员王岐山在中国 2010 年上海世博会闭幕式上致辞

（图片由新华社供稿）

在上海世博会闭幕式上的致辞

中华人民共和国国务院副总理、中国2010年上海世博会组委会主任委员

王岐山

尊敬的温家宝总理，尊敬的国际展览局蓝峰主席，

尊敬的各位来宾，女士们，先生们，朋友们：

今天，承载着人类智慧和梦想的2010年上海世界博览会即将落下帷幕。我代表中国政府及上海世博会组委会，向各位来宾表示热烈欢迎！向所有关心、支持和参与上海世博会的朋友们表示衷心的感谢！

在过去的184天里，我们走过了一段成功、精彩、难忘的世博之旅。190个国家、56个国际组织以及中外企业踊跃参展，200多万志愿者无私奉献，7308万参观者流连忘返，网上世博永不落幕，这一切共同铸就了上海世博会的辉煌！这段美好的时光将永远在我们心中珍藏。

在过去的184天里，世界在这里浓缩。东方与西方交流，人文与科技融合，历史与未来辉映。回首上海世博会，我们为其弘扬的“理解、沟通、欢聚、合作”的理念所激励；为其昭示的不同文化交流互鉴、各国人民和谐共处的氛围所感动；为其展现的人类迎接挑战、追求卓越的勇气所鼓舞。

通向未来美好生活的大门正徐徐开启，人类追求富裕文明的脚步不会停止，世博精神将薪火相传、生生不息。我们相信，“城市，让生活更美好”的愿景，必将成为现实。

女士们，先生们，朋友们，上海世博会汇聚了人类文明创新的成果，拉近了中国与世界的距离。一个更加开放、包容、文明、进步的中国，将与世界各国一道，共同迎接无限光明的未来！

谢谢大家！

国际展览局主席让・皮埃尔・蓝峰在中国 2010 年上海世博会闭幕式上致辞

（图片由新华社供稿）

在上海世博会闭幕式上的致辞

国际展览局主席
让·皮埃尔·蓝峰

尊敬的温家宝总理，尊敬的王岐山副总理，
尊敬的各位国家元首、政府首脑及议会议长，尊敬的各国总代表，
各位嘉宾，女士们，先生们：

中国2010年上海世博会是一个巨大的成功。这是中国的成功，这是上海市的成功。

尊敬的总理先生，这同时也是世博会事业的成功，国际展览局及其成员都对此满怀喜悦之情。上海凭借其优秀的组织才能、对成功的执著追求以及出色的国际推介，向世人表明世博会总是能展示出特有的魅力。

上海世博会“城市，让生活更美好”的主题将在世博会闭幕后流传下去。对于全世界，对于中国这个将在今后30年内新增数亿城市人口的国家，对于所有正在经历无法控制的城市人口增长的发展中国家，对于迫切需要进行郊区和城市社区改造的发达国家而言，这一主题都比以往更具意义。

我们知道，所面临的困难与问题是艰巨的，这涉及到污染控制、垃圾处理、卫生、公交、安全及城市愉悦感等方方面面。技术与科技层面的解决方案是存在的，我们也已经取得了很大的进步，比如在减少污染排放和节能方面。中国必须应对一系列严峻的问题，同时，中国在绿色科技方面已经走在世界前列。

为解决全球所面临的城市化挑战，我们必须不遗余力地团结起来、共同奋斗，分享我们的经验。如果说解决方案已经存在，我们还须拿出坚定的政治信念，不仅是各国，而且是整个国际社会的政治信念。在这种精神的指引下，我很高兴看到《上海宣言》的诞生，但所有这一切都取决于后续的跟进，以及各项执行措施是否到位。

上海世博会的光芒将永放异彩。感谢所有的志愿者。感谢所有远道而来的朋友。让我们手拉手，为建设更加美好的生活共同努力。

中国 2010 年上海世博会闭幕式交接旗仪式，国际展览局旗由本届世博会主办方中国上海交给下届世博会主办方意大利米兰

中国 2010 年上海世博会闭幕式文艺演出

5. 上海世博会旗林升旗仪式

2010 年 4 月 30 日上午，上海世博会旗林升旗仪式在世博园区旗林广场举行。上海世博会执委会常务副主任、上海市常务副市长杨雄，国际展览局秘书长洛塞泰斯，市政府副秘书长、世博局局长洪浩出席仪式并致词。

随着中国人民解放军军乐团奏起庄严雄壮的中华人民共和国国歌，武警上海总队一支队十中队国旗班的武警战士将鲜艳的五星红旗在世博园区上空冉冉升起。随后，在国际展览局曲和上海世博会主题曲声中，国际展览局旗、上海世博会会旗，以及本届世博会的 215 面参展国家和国际组织的旗帜相继升起，广场上空顿时成为旗帜的海洋。

冉冉升起的 200 多面旗帜，充分展示了各参展方的风采，表达了组织者“喜迎八方来客”的热切之情。在 184 天的上海世博会期间，这 200 余面旗帜始终飘扬在旗林广场上空。

6. 上海世博会旗林降旗仪式

2010 年 10 月 31 日晚，上海世博会旗林降旗仪式在世博园区旗林广场举行。上海世博会执委会常务副主任、上海市常务副市长杨雄，国际展览局秘书长洛塞泰斯，上海世博事务协调局局长洪浩、上海世博局党委副书记陈安杰、上海世博局相关领导，世博局礼宾部、国际参展部、AB 片区部、C 片区部、DE 片区部、UBPA 部、中国馆部、新闻宣传部等各相关部门工作人员以及数千名游客共同见证了这一时刻。

在世博会旗林飘扬的各国和各国际组织旗帜，圆满结束了历时 184 天的光荣使命。随着中国人民解放军军乐团奏响的上海世博会主题曲缓缓降下。旗手分别将中华人民共和国国旗、国际展览局旗和上海世博会会旗交给上海世博会执委会常务副主任杨雄、国际展览局秘书长洛塞泰斯和上海世博局局长洪浩。在旗林升起过的旗帜，全部由世博会博物馆保存。

旗林广场飘扬的旗帜，代表了参展本届世博会的 190 个国家和 56 个国际组织，他们齐聚上海，在令人激动、感慨、兴奋、鼓舞的日日夜夜里，以世博会为平台，全力展示自己的新形象，共同探索城市发展的新理念，一起寻找人类进步的新思路。

这些历经风雨考验的旗帜，见证了上海世博会的无比辉煌，见证了中华民族的伟大胸怀，更见证了世界各国人民的深情厚谊，陪伴着大家走过了这段难以忘怀的历程。

上海世博会国家馆日和国际组织荣誉日

上海世博会馆日日历

日期	五月	六月	七月	八月	九月	十月
1		缅甸	加拿大	萨摩亚	列支敦士登 毛里求斯	中国
2		意大利	美国	汤加	越南	几内亚
3		巴西 非洲联盟	布隆迪	尼日尔	尼泊尔	喀麦隆
4		圣马力诺	卢旺达	吉尔吉斯斯坦	斯洛伐克	莱索托
5	阿尔巴尼亚	哈萨克斯坦 世界自然基金会	委内瑞拉	库克群岛	泰国	多米尼加
6	以色列	葡萄牙	科摩罗	斐济	朝鲜	贝宁
7	塞拉利昂	巴拉圭	坦桑尼亚	新加坡	马其顿	摩纳哥
8	文莱 红十字与红新月国际联合会	澳大利亚	加纳	科特迪瓦	英国 国际信息发展网	瓦努阿图 佛得角
9	波黑 世界气象组织 欧盟	菲律宾 世界贸易中心协会	新西兰	南非	肯尼亚 博鳌论坛	乌干达
10		阿根廷		乍得	埃塞俄比亚	卢森堡
11		伊朗	苏丹	津巴布韦	冰岛	白俄罗斯
12	南太平洋旅游组织和太平洋岛国论坛	日本	基里巴斯	瑞士	马来西亚 摩尔多瓦	老挝
13		比利时	东帝汶	玻利维亚	蒙古	图瓦卢
14	马耳他	保加利亚	马拉维	厄瓜多尔	尼加拉瓜	也门
15	克罗地亚	上海合作组织	马尔代夫		危地马拉	阿塞拜疆

（续表）

日期	五月	六月	七月	八月	九月	十月
16		刚果共和国	哥伦比亚	巴拿马 赤道几内亚	墨西哥	巴勒斯坦 伊拉克
17	捷克 国际电信联盟	爱尔兰	加勒比共同体	马绍尔群岛	巴布亚新几内亚	阿拉伯叙利亚
18	荷兰 国际博物馆协会	塞舌尔 法语国家商务论坛	斯里兰卡	印度	智利	爱沙尼亚
19	德国	希腊	毛里塔尼亚	阿富汗	突尼斯	纽埃
20	国际竹藤组织	土耳其	萨尔瓦多 全球环境基金	多哥	孟加拉	卡塔尔
21	奥地利	法国	博茨瓦纳	尼日利亚	亚美尼亚	拉脱维亚
22	波兰	黎巴嫩	阿曼 世界贸易组织	匈牙利	塔吉克斯坦	巴林
23	瑞典	刚果（金）	埃及	利比里亚	沙特阿拉伯	帕劳
24	黑山	斯洛文尼亚	塞内加尔	乌克兰	几内亚比绍	联合国 赞比亚
25	厄立特里亚	莫桑比克	约旦	乌拉圭	中非	立陶宛
26	韩国	索马里 世界水理事会	古巴	纳米比亚	安哥拉	瑙鲁
27	芬兰	塞尔维亚	所罗门群岛		阿联酋	洪都拉斯
28	挪威	柬埔寨	秘鲁	塞浦路斯 公共交通国际联合会	俄罗斯	格鲁吉亚
29		丹麦	罗马尼亚	密克罗尼西亚	利比亚	哥斯达黎加 第四届 AVE 大会
30	马达加斯加	吉布提	加蓬	西班牙	摩洛哥	国际展览局颁奖晚会
31	马里		阿尔及利亚	乌兹别克斯坦		

阿尔巴尼亚共和国国家馆日

2010年5月5日

在馆日仪式上的中方代表致辞

春意盎然时节，我们相聚在中国上海，相聚在美丽的世博园，共同庆祝一个伟大的日子——阿尔巴尼亚共和国国家馆日。一起聆听一个伟大民族的文明呼唤，一起欣赏贵国璀璨文明的熠熠光辉，一起重走贵国人民踏出的文明足迹，一起为贵国所取得的新的伟大成就喝彩！

中阿两国友谊源远流长，我们记得1949年中华人民共和国成立伊始，贵国就与我国建立外交关系，并于1954年互派大使。我们记得1971年，贵国为恢复中华人民共和国在联合国的合法席位所作出的重要贡献。我们也始终不会忘记贵我两国在重大国际问题及国际事务中相互支持。建交以来，两国高层领导互访频繁，两国人民交往日益活跃，两国双边经贸关系也更加紧密。2009年，中华人民共和国和阿尔巴尼亚共和国发表了关于深化传统友好关系的联合声明。

阿尔巴尼亚展馆斑驳的石头墙，似乎是贵国最古老、最具特色的吉诺卡斯特古城在诉说她沧桑的经历和她亲眼目睹的阿尔巴尼亚共和国发生的日新月异的变化。拱门位置镶嵌着贵国旖旎的风光图片，原始的建筑模型和现代化的视频展示给人以穿越时空的感觉，让参观者对这个历史悠久的美丽国度心驰神往。

世博会为各国文明搭建了近距离直接对话的平台，也为各国人民“理解、沟通、欢聚、合作”搭建了舞台。希望鲁利部长和贵国嘉宾把中国国人民的热情好客带回去，进一步增强两国人民的友谊。

最后，我代表中国政府和中国人民，祝阿尔巴尼亚国家馆在中国2010年上海世博会上取得圆满成功！祝阿尔巴尼亚人民幸福安康！

阿尔巴尼亚馆（C片区，欧洲联合馆）

上海世博会中国政府副总代表 吴久洪

阿尔巴尼亚农业、食品和消费者权益保护部部长 根茨·鲁利

祝中阿两国友谊之树常青!

在馆日仪式上的外方代表致辞

对于我而言，中国2010年上海世博会是一个很好的机会，让我能向中国政府为其邀请阿尔巴尼亚参加这一盛会以及在我们参展过程中所给予的各种帮助表示真诚的感谢。此外，我还希望对我们两国间的良好关系表示最高敬意。阿尔巴尼亚政府向中国政府给予的帮助以及支持同样表示感谢。今天在这里我见证了上海已经成为一座充满活力的都市，体现了中国政府希望将其建设成为远东地区乃至全世界范围内一个重要的金融和社会中心的愿景。此次以“城市，让生活更美好”为主题以提升旨在实现可持续性都市发展模式为目标，上海世博会这一国际盛事开启了与全球可持续性发展相关的各种探索工作。我坚信，本届世博会一定能成为推广城市发展方面的先进理念的强有力的催化剂，并在世界范围内实施各种开创性的新型项目。自2000年起，阿尔巴尼亚就保持着稳健的经济增长并在2008年实现了8%的增长纪录。我国的经济持续增长，国内人均增长总值从2000年的1190美元增长到了2008年的4085美元，而同期的通货膨胀率则相对较低，在2%至4%之间。尽管面临世界性的经济危机，阿尔巴尼亚在2009年仍然实现了经济增长为5.3%的目标。预计实际增长为3.3%。我们的财政平衡状况得到了改善，而这要归功于国内持续的财政收入增长和公共开支的下降。阿尔巴尼亚经济中的私有部分为经济发展提供了强劲动力，政府方面也在不断完善各种政策法规以求营造一个良好的商业发展环境。阿尔巴尼亚是欧洲税收政策最为宽松的国家之一，全国范围内执行10%的单一税率。此外，我们还设立各种机构来简化企业在注册、申请执照、采购等流程以及其他与政府相关活动方面的手续。这些改革使得我们能够实现8%的增长速度，其中大部分要归功于各种外国直接投资。阿尔巴尼亚政府大力支持能够提高本国产品竞争优势、提高工业生产率和出口能率的各种政策和投资。今天，我能有机会在上海世博会上发言充分证明了阿中关系的不断改善。借此，我希望各位能关注我国在以下各领域的投资机会。在能源方面，中国早在40年前就为阿尔巴尼亚的能源现代化做出过贡献。如今，这一领域仍能引起大家的兴趣。考虑到国内只有三分之一的水利资源得到了利用，我们认为在能源领域仍然蕴含着良好的投资机会。同时阿尔巴尼亚有着丰富的矿产资源，中国公司在铬、铜、铁矿石和其他金属贸易上已经有了出色的表现。我们也欢迎在开采和加工方面能看到更多的中国公司来到阿尔巴尼亚进行投资。因此，政府在各个方面都为各国投资者包括中国投资者给予良好的政策，希望能够提供安全的商业环境。世界银行在2010年的商业报告中将阿尔巴尼亚的商业环境列在第二位。为此，我们非常欢迎中国公司在以上领域，也就是在能源以及矿产开发领域能够关注阿尔巴尼亚，我们也欢迎更多的中国投资者来到阿尔巴尼亚，在上述领域以及其他相关领域展开广泛的投资行为。

非常高兴能参加中国政府和人民举办的此次全球盛会，也很高兴能有机会在中国2010年上海世博会上展示我们的国家。

交流活动

中方代表与阿尔巴尼亚共和国国家馆日代表团主要成员合影

Ndjehem vërtetë i nderuar të marr pjesë sot në këtë eveniment historik EXPO Shanghai 2010, dhe të jem përfaqësuesi i parë i një kombi që firmos këtë Libër Nderi.

Expo-2010 është një manifestim i shkëlqyer i arritjeve në progresin teknologjik të botës së sotme dhe pa dyshim duhet të ishte Kina vendi pritës e organizues i këtij eveniment, pasi Kina është kthyer sot në simbol të progresit e prosperitetit të shpejtë e të qëndrueshëm

Genc Ruli

Ministër i Bujqësisë e Ushqimit i Republikës së Shqipërisë

能作为阿尔巴尼亚国家代表出席2010年上海世博会这一历史性盛事，令我深感荣幸。2010年上海世博会充分展示了当今世界科技发展的成果。中国已成为繁荣与进步的象征，这一盛会理应在中国举办。

根茨・鲁利

阿尔巴尼亚馆日精彩的歌舞表演（一）

阿尔巴尼亚馆日代表团所赠的银盘

阿尔巴尼亚馆日精彩的歌舞表演（二）

以色列国国家馆日

2010年5月6日

在馆日仪式上的中方代表致辞

今天，非常高兴出席以色列国国家馆日活动。在此，我代表中国政府和中国人民，对以色列给予中国2010年上海世博会的支持表示衷心感谢。

中、犹两个民族都有着悠久的历史和灿烂的文化，友好交往追溯古远，友谊源远流长。二战期间，中国上海向急需救助的犹太人民敞开了大门，成为中犹人民友谊的见证。1992年中以建交以来，两国在政治、经济、文化、科技等各个领域的友好合作关系取得了长足发展。

上海世博会的举办，为两大古老文明的现代对话提供了历史机遇，得到了两国政府和人民的大力支持。被称作“海贝壳”的以色列馆，体现了中国道家阴阳学说和犹太文化的精髓，凝聚了中以两国建筑师、设计师和建设者共同合作的心血。“创新，让生活更美好”的展示主题，不仅展示了犹太民族悠久的历史和文化遗产、从“创造到创新”的发展过程、现代犹太人的生活，还独特地展示了“犹太文化在上海”，深受中国人民、上海人民喜爱。

我们相信，在“理解、沟通、欢聚、合作”的理念下，上海世博会将成为双方友谊的桥梁，进一步加深和促进中国与以色列的交流与合作！

最后，衷心祝愿中以两国友谊长青，祝愿本次活动圆满成功，祝愿斯坦尼茨先生和诸位来宾身体健康！

以色列馆（A片区，自建馆）

在馆日仪式上的外方代表致辞

今天我非常高兴在这里看到以色列代表团和中国人民、中国朋友们坐在一起，庆祝以色列国国家馆日。在

上海世博会中国政府副总代表 舒展

以色列财政部长 尤沃尔·斯坦尼茨

此我对舒展大使以及今天来到这里的中方各位嘉宾表示感谢。同时也向中国政府和人民所体现出的友谊、在我们准备展馆及馆日活动时给予我们的帮助和支持表示感谢。在我离开以色列到达这儿之前的几小时，我国总统、总理会见了我，并要求我向上海市政府和人民转达他们最诚挚、最美好的祝愿。

正如舒展大使提到的，中国和以色列是两个拥有悠久历史的文明古国，中国人民代表了东方的智慧，而犹太人民代表了西方的文明。这两个国家是极具天赋的，我们应该进一步加强合作，通过合作来为中国和以色列谋求更大的利益，并且为中国人民和犹太人民创造更大的福祉。

以色列并不是第一次参加世博会，我有一个消息要和大家分享，在我们参加世博会的历史上，这是我国第一次以自建馆的形式建设自己的展馆。我们之所以愿意以这样的姿态来参加上海世博会，基于两个重要的考虑：第一，以色列高度重视中国以及中以关系。第二，我们希望以此表达我们对上海以及上海市民的感谢。我们永远不会忘记上海给予以色列犹太人民的帮助，第二次世界大战期间，在他们最为困难的时候，虽然当时面临了来自德国和日本的巨大压力，上海市民为数目高达3万的犹太人在上海提供了避难所。我再次重申，以色列人民不会忘记你们，感谢你们在困难时期所体现出的勇气。今天，我们希望通过以色列展馆，向中国以及中国人民展示以色列所取得的成就和以色列所具备的巨大能力。虽然我们只是一个小国，但是我们相信以色列在科技、经济、文化以及其他各个领域取得了巨大的成就。怎样向全体中国人民展示以色列的魅力，向中国商界展示以色列所能带来的各种发展机遇及其蕴含的巨大潜力，对于以色列来说是非常重要的。

今天，我也借此机会向大家介绍和我一起来到上海的几位同事，他们是以色列财政部副部长依沙克·科恩先生，财政部局长哈伊姆·沙尼先生。我们还非常荣幸地邀请到2005年诺贝尔经济学奖获得者罗伯特·奥曼教授。像我之前提到的以色列是一个小国，但我们拥有可以让我们值得骄傲的成就。我希望在这里和大家分享几个数字。第一点是，以色列在高科技公司方面，在人均这个数字上是仅次于美国，处于世界第二。在科研投入方面，以色列非常荣幸地站在了世界第一位。同样我们在诺贝尔奖获得者方面，在国民人均数值上也是站在世界第一位。

我们从耶路撒冷博物馆带来了一件展品。这个展品将特别放在以色列馆，在今天中午以后将向公众展出。这个展品代表了在过去三百年来以色列最重要的科技成就之一，也就是爱因斯坦博士当年写相对论时一个手写稿的原件，上面有著名的公式：$E = mc^2$。我希望告诉大家，这个珍品和爱因斯坦博士其他的书写稿和文件一起捐给了位于耶路撒冷的希伯来大学。在获得了他们的许可才将这个珍贵的文本从耶路撒冷带到中国。今天下午，这件文物将在以色列馆向公众展出，我们对能带来这件珍贵的文物和上海人民一起分享感到非常荣幸。这件文物本身非常有趣，但是我们借此文物也希望能够展示一个观点，在以色列社会、在犹太社会中，我们对于科学、对于技术是给予重视和高度关注的。

再次向舒展大使以及其他主人表示感谢，感谢你们的帮助、友谊和热情好客。我也邀请在座的各位和我一起参观以色列馆，并对组织方作出的各种努力表示感谢。

交流活动

中方代表与以色列国国家馆日代表团主要成员合影

to Ambassador Shu
and the Devoted Staff of the Expo

We are delighted to be here and to open the Israeli Pavilion at the Expo - the first Pavilion in our history. We shall always remember the help of Shanghai inhabitants during World War II to the Jewish people!

Thank you for your help and Hospitality,

Dr. Yuval Steinitz
Israel's Finance Minister

致上海世博会中国政府舒展副总代表：

我们很高兴来到这里并为世博会以色列馆——以色列迄今为止第一个自建馆开馆。我们会永远铭记二战期间上海人民对犹太人的帮助。

感谢您的帮助及款待。

尤沃尔·斯坦尼茨

以色列馆日代表团所赠的以色列纪念邮票

以色列歌唱家 David D'or 在馆日活动中的深情演唱

塞拉利昂共和国国家馆日

2010 年 5 月 7 日

在馆日仪式上的中方代表致辞

首先，请允许我代表中国政府和上海世博会组委会，对塞拉利昂举行国家馆日活动表示诚挚祝贺，对科罗马总统的光临表示热烈欢迎。塞拉利昂馆日是本届世博会第一个非洲国家馆日。今天，让我们聚焦塞拉利昂，探究这个美好国度的丰富内涵，展开对多姿多彩非洲文明的发现之旅。

世博会是一个大舞台，它汇聚全球智慧和人类文明的成果，使世界各国有机会展现自我，诠释梦想，交流互鉴。更重要的是，世博会始终坚持“和平、进步、友爱、合作”的宗旨，秉承创新的精神，坚持开放的态度，倡导和谐的理念，超越地域、信仰和种族，冲破动荡、冲突和战争，把各国人民联系在一起。

中国的“世博梦”始于 100 年前。一个叫陆士谔的中国青年于 1910 年创作了一部名为《新中国》的幻想小说，虚构百年之后在上海浦东举办万国博览会的情景。而今，这一梦想成为现实。中国在经历 100 年的艰苦奋斗后，终于有能力举办一届高水平的世博会，邀请世界各国人民共同探讨“城市，让生活更美好”这一主题。上海世博会的成功举办使我们有理由相信，只要努力，梦想可以成真。

塞拉利昂山川秀丽，物产丰富，人民纯朴，发展潜力巨大。我们即将探访的塞拉利昂展馆极具非洲风情。橙色的棚屋里浓缩了西非明珠的自然之美，讲述着当地人民的乐观生活，展示了港口与城市快速发展的历程。耳边奏响的是塞拉利昂民族音乐，欢快节奏伴随着塞拉利昂人民建设家园、迈向更美好未来的脚步。

中塞关系传统友好，两国人民一直是好朋友、好伙

塞拉利昂馆（C 片区，非洲联合馆）

中国农业部部长 韩长赋

塞拉利昂总统 欧内斯特・巴伊・科罗马

伴、好兄弟。中塞同为发展中国家，都面临着发展经济、改善民生的重任。相同的梦想和相似的奋斗历程拉近了彼此间的距离，使我们惺惺相惜、互帮互助、携手前行。

就让上海世博会成为一道桥梁，把大西洋东岸银色的蓝茉莉海滩和太平洋西岸璀璨的浦江明珠连在一起，增进两国人民的相互了解和友谊，为中塞友好合作增添新动力。

祝愿今天的塞拉利昂国家馆日活动取得圆满成功。

在馆日仪式上的外方代表致辞

首先，以我个人的名义，并代表塞拉利昂人民热情地欢迎各位莅临塞拉利昂馆。同时，我也感谢上海市长和上海市政府的官员，感谢你们的盛情邀请，感谢你们向我们和世界敞开这个美丽的城市。上海世博会以及它的主题“城市，让生活更美好”，使我们看到中国人民对于和平、繁荣和和谐世界的美好期盼。塞拉利昂为能够参加上海世博会深感荣幸。我们相信上海世博会能够进一步扩展中国人民和世界人民的合作。对于塞拉利昂来说，上海世博会给我们机会向世界展示和宣传我们这个民族的文化传统以及历史。通过和其他国家人民和其他文化的交流，上海世博会给了我们相互了解、友谊和和平的良好机遇。参加上海世博会可以给我们在商务、科技和市场信息方面带来新的机会，进一步增强对经济的研究和发展，最终造就全球贸易和经济融合的可持续环境。塞拉利昂是最令人兴奋的投资目的地之一。这是因为我们有着良好的商业环境、良好的治理，而且我们的人民也十分包容。塞拉利昂可以说是世界上最包容的国家之一。我们在农业、旅游、矿产、牧业和食品加工业为各国提供最佳的投资机会。各个层面的工业化都需要有持续的农业资源作支撑。塞拉利昂在水电和太阳能方面有着巨大的发展潜力。我们欢迎各国同塞拉利昂当地的私营部门和政府在这个方面进行投资和合作。塞拉利昂也是世界上海洋资源最丰富的国家之一。我们在旅游的潜力给我们带来无限的投资机遇。在过去的几年中，塞拉利昂政府致力于建造一个投资、保护的商业环境，我们愿意同其他国家的投资者签订合同来保证他们在塞拉利昂的投资不受任何种类的风险。

过去的世博会促进了在工业和科技方面的革新同时也使世界更加紧密的联系在一起。我深信上海世博会将加强我们在 21 世纪的科技发展，同时这个世界的盛会会加强上海和塞拉利昂，以及中国和其他国家人民的友谊和合作。

交流活动

中方代表与塞拉利昂共和国国家馆日代表团主要成员合影

Thank You China for organising this great World Event. The event no doubt is bound to change the world in its co-operation, development and togetherness. China is definitely providing the leadership in this venture. Keep it up.

Ernest Bai Koroma
President Sierra Leone
7/5/10.

感谢中国组织了一届伟大的世博会。这届盛会无疑将凭其合作、发展和团结的精神改变我们的世界。在此方面，中国当仁不让的扮演着领袖的角色。继续！

欧内斯特·巴伊·科罗马

塞拉利昂馆日代表团所赠的风俗画

塞拉利昂馆日的传统非洲舞蹈表演

文莱达鲁萨兰国 国家馆日

2010 年 5 月 8 日

文莱馆（B 片区，租赁馆）

在馆日仪式上的中方代表致辞

今天，非常高兴出席在世博园区举办的文莱国家馆日活动。在此，我代表中国政府和中国人民，对文莱给予中国 2010 年上海世博会的支持表示衷心感谢。

中文是友好邻邦。两国人民传统友谊深厚。自 1991 年建交以来，两国关系发展迅速。双方高层互访频繁，经贸、教育、文化等各领域的交流与合作不断扩大，在重大国际和地区事务中保持着密切的沟通与协调。

世博会是中文关系发展的新契机。文莱在往届世博会上有过精彩的展示。此次文莱围绕“城市，让生活更美好”的世博会主题，展示文莱的教育体系、多元经济和环保，将向中国人民、向世界展示一个丰富多彩的文莱。我们相信，文莱馆一定会成为上海世博会的亮点。上海世博会将成为中文两国扩大人文交流、推动睦邻友好合作关系的里程碑。

最后，衷心祝愿中文友谊之树长青，祝愿本次活动圆满成功，祝愿穆罕默德亲王和诸位来宾身体健康！

在馆日仪式上的外方代表致辞

首先我想对胡锦涛主席和中华人民共和国表示诚挚的祝贺，祝贺你们在上周呈现了精彩纷呈的世博会开幕式。我在文莱家中看到了电视直播感到非常兴奋。同时，我也想感谢上海市人民，特别是感谢上海市政府、世博局和中国对外友协，感谢你们的帮助和支持。

我们非常高兴能够再次来到上海这个伟大的城市，在上海访问也使我们有机会能够接触你们的人民。我非常高兴在今天的场合看到来自徐汇区的代表，我已经多

中国外交部副部长 宋涛

文莱达鲁萨兰国外交与贸易部长 穆罕默德·博尔基亚亲王

次听说徐汇区，而且听到在徐汇区发生的令人叹为观止的发展和变化，我想转达文莱人民对你们的良好祝愿。我希望你们能够和我们一起分享文莱传统文化的一些元素，包括我们的庆典、歌曲、音乐和舞蹈，希望大家度过美好的时光。

副部长阁下，参加世博会对于文莱来说意义深远。在过去的 20 年中，我们一直在重新探寻几百年前我们和中国人民的密切关系。这帮助我们把过去、现在和未来联系在一起。在上海，这些都凝聚在文莱馆的主题之中，一个令人骄傲的过去，一个繁荣昌盛的现在，一个令人兴奋的未来。怀着这样的心情，副部长阁下，我想对中国政府和上海人民表示诚挚的感谢。我希望世博会取得圆满成功。我也想再次感谢中方对我在上海访问期间所给予的周到安排和热情款待。

交流活动

穆罕默德·博尔基亚亲王的签名

文莱馆日丰富的文化活动（一）

文莱馆日丰富的文化活动（二）

红十字与红新月会国际联合会荣誉日

2010 年 5 月 8 日

国际红十字与红新月馆（B 片区、租赁馆）

在荣誉日仪式上的中方代表致辞

我代表中国政府和上海世博会组委会，对上海世博会国际红十字与红新月馆荣誉日的举办表示诚挚的祝贺，对国际红十字组织和部分国家红会的代表出席今天的荣誉日活动表示热烈欢迎。相信国际红十字与红新月馆荣誉日活动将使每一位到访者流连忘返。

世博会是人类文明成果荟萃的伟大盛会，每一届世博会都成为见证人类文明发展的驿站，在全球范围内推动广泛的国际交流，为各国开阔视野、展现自我，提供了机会和舞台。世博会始终高举进步的旗帜，崇尚创新的精神，坚持开放的道路，倡导和谐的理想，不断开启人类重新认识世界的窗口。

本届上海世博会以“城市，让生活更美好”为主题，体现了人类社会对未来更美好生活的设想和憧憬。在所有参与者的共同努力下，上海世博会一定会成功、精彩、难忘，成为增进世界各国人民友谊的盛会，促进人类进步的盛会，推动创新和共同发展的盛会。

国际红十字与红新月运动拥有 147 年的历史，自成立以来，恪守人道宗旨，在世界范围内积极地开展人道救助行动，应对各种危机与灾难，为最需要帮助的人提供人道服务。今天来参加国际红十字与红新月荣誉日的，有来自国际红十字与红新月运动中两个国际组织——红十字会与红新月会国际联合会和红十字国际委员会以及部分国家红会的贵宾，在此，我要感谢他们对上海世博会国际红十字与红新月馆的筹备工作所给予的大力协助。近年来，中国红十字会在备灾救灾、艾滋病关爱与预防、社区卫生急救、健康宣传、心理支持、传播国际人道法、重建家庭联系、探索人道法和紧急状况下的公

上海世博会中国政府副总代表 刘菲

红十字与红新月会国际联合会副主席 穆罕默德·阿尔－麦迪

共卫生等项目中分别得到了红十字与红新月会国际联合会和红十字国际委员会的大力支持，在此，我谨对两个国际组织表示衷心的感谢！

国际红十字与红新月馆的主题为“生命无价，人道无界”，由“黑色记忆、人道之光、行动你我”三部分组成，围绕国际红十字运动“保障人类尊严，关注人的生命与健康”的理念进行演绎，通过展示国际红十字运动在救灾、救护、救助方面所开展的活动，着力宣传人道理念，展现世界各地饱受战乱、自然灾害、疾病等困苦的人民不失信念、满怀希望的坚强形象，增进人民对和平的珍视和对生命的尊重，呼唤和感召更多的爱心力量加入红十字志愿服务行列。相信在这次世博会上，国际红十字与红新月馆将给广大观众留下深刻的印象。

人道主义事业的发展需要社会各界的共同努力和支持，只有全社会的参与才能让我们生活的城市更加美好。希望大家能一如既往地支持红十字事业，也祝愿今天的国际红十字与红新月馆荣誉日活动取得圆满成功。

在荣誉日仪式上的外方代表致辞

我想借国际红十字与红新月馆荣誉日对中国红十字会的领导表示祝贺。由你们委托制作的多媒体展示屏精彩展现了国际红十字与红新月运动。置身于展馆的“时空长廊”中，我们为能参与那些感人和震撼的历史事件而骄傲。我们希望通过这样的方式展现红十字与红新月在世界各地的工作，以鼓励我们所期待的成千上万的参观者加入我们，并成为这一伟大人道事业的一份子。对于中国特别是上海来说，万众瞩目的世博会的召开标志着中国在迈向现代化的道路上取得了新的成就，并重新享有了其一贯保持的世界经济领先地位。

作为该进程的一部分，近15年来，中国红十字会一直在中国的民间社会扮演着越来越重要的作用，其国际形象也日益提升。中国红十字会在中国海外救援方面正起着越来越重要的角色。当其他国家发生灾难时，不论是在亚太地区如印度尼西亚还是在世界的另一端如海地，中国红十字会始终乐于伸出援手，提供人员或是援助。本周是世界红十字与红新月周，它为我们提供了一个机会来深思所有重大的变化。今年我们全球活动的主题是“城市化”，这正好与本次世博会的总主题“城市，让生活更美好”完美契合。我们身边宏伟的建筑物和众多展馆的创意才华，以及主办的城市，让人们联想起这座城市呈献给许多人的无限可能性。但同时，城市也是脆弱的，这里居住着越来越多来自脆弱社区的人们。我们需要以多种不同的方法来捍卫建立美好城市这一理想。

这又让我们回到了红十字会的工作上，正是本周，我们在此庆祝红十字与红新月的事业。让我们重申自己为人道任务所作的奉献。人道任务需要我们的关注，需要我们自信地面对未来，拥抱变化及其中的机遇与挑战。

交流活动

中方代表和红十字与红新月会国际联合会荣誉日代表团主要成员合影

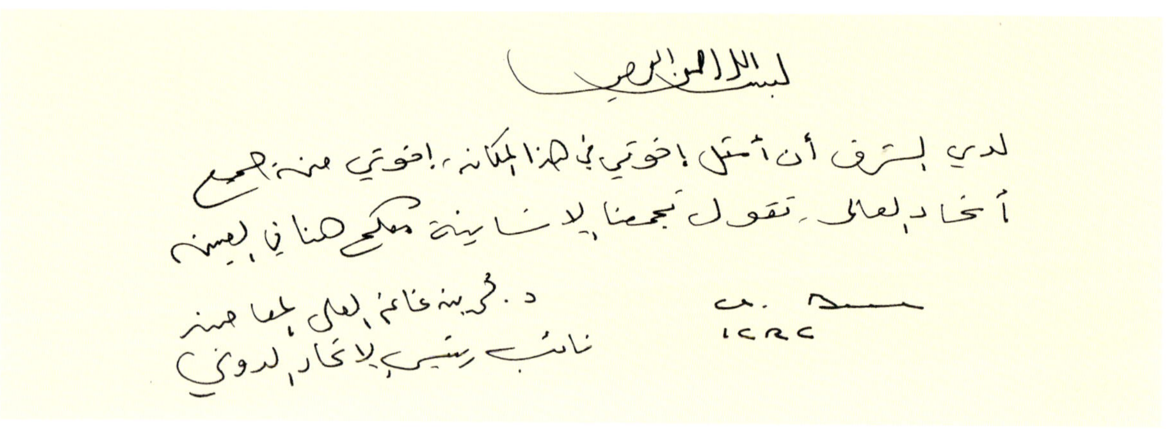

بسم الله الرحمن الرحيم

لدي الشرف أن أمثل إخوتي في هذا المكان، إخوتي من جميع
أنحاء العالم، تقول تجمعنا الإنسانية معكم هنا في الصين

د. محمد غانم العلي المعاضيد
نائب رئيس الاتحاد الدولي

ICRC

奉至仁至慈的真主之名

在此我很荣幸代表世界各地的兄弟姐妹。为了人道主义事业，我们聚集于此。

穆罕默德·阿尔—麦迪

红十字与红新月会国际联合会馆日代表团所赠的水晶 Logo 摆件

国际红十字会与红新月国际联合会举行 2010 红十字博爱周活动

波斯尼亚和黑塞哥维那国家馆日

2010年5月9日

在馆日仪式上的中方代表致辞

首先，请允许我代表中国政府和上海世博会组委会，对波黑举办上海世博会国家馆日活动表示衷心祝贺，对波黑部长会议主席什皮里奇先生在访华期间出席今天的活动表示热烈欢迎。

暮春五月，草长莺飞，万物勃发。在这一年中最美好的季节里，我们高兴地迎来了上海世博会的开幕。希望本届盛会能给世界带来盎然春意和勃勃生机。在现代世博会150多年的历史中，它作为人类文明成果荟萃的盛会，伴随着人类追求美好生活的脚步，见证了人类文明的发展历程，为世界各国提供了展示自我、相互交流的舞台，“理解、沟通、欢聚、合作”的世博理念日益深入人心。

城市是集人类文明大成之地，城市的发展标志着人类社会的进步。上海世博会秉承“进步、创新、交流”的精神，以“城市，让生活更美好”为主题，体现了人类对美好明天的向往，对幸福生活的追求。千百年前，谁能想到宽阔的马路上汽车川流不息，谁能想到蔚蓝的天空上飞机穿梭云际。城市的明天是怎样一幅画卷，我们的未来是如何精彩，相信上海世博会将为大家提供更多灵感与无限遐想。

正如波黑国家馆的主题是“一个国家，一个城市”所言，城市往往浓缩了一个国家的风貌。透过风情万种的萨拉热窝，我们可以概览多种文化交汇融合的波黑。置身萨拉热窝市郊的高山，放眼俯瞰整个老城区，清真寺的尖塔、东正教堂的穹顶和天主教堂的双塔交相辉映，不同民族的居民在这片土地上繁衍生息。萨拉热窝这座历史名城在饱经风雨后重新恢复了宁静和祥和，昭示出

波黑馆（C片区，租赁馆）

中国国家质检总局局长 王勇

波黑部长会议主席 尼古拉·什皮里奇

不同文明间相依相存、共求发展的可贵。

在波黑国家馆的馆标中，我们看到向上展开的黄色手掌上，五根手指分别代表着源自于中国传统文化的“金、木、水、火、土”。“和实生物，同则不继。”中国古代哲学认为，金、木、水、火、土五种基本物质元素拥有各自特性，相生相克，生生相息，从而演化为世间万物。广而言之，人类社会正是一个由不同类型的文明与文化构成的共同体。文明与文化的多样性推动了国家和地区间的相互借鉴和学习，人类社会的发展过程正是各种文明不断交流、融合、创新的过程。我们的世界因此而更加精彩纷呈，人类社会因此而充满生机与活力。

中国唐代诗人张九龄笔下曾写道，“相知无远近，万里尚为邻”。传统友谊跨越千山万水，将中国与波黑两国人民紧密相连。今年是中国与波黑建交15周年。15年来，我们两国相互理解，拓展合作，共谋发展。我们相信，通过上海世博会将进一步加深中国和波黑两国人民间的友谊和了解，促进双方各领域的合作。我们也相信，上海世博会一定会成为增进世界各国人民友谊的盛会，促进人类进步的盛会，推动创新和发展的盛会。让我们共同努力，创造更加美好的城市，更加丰富的生活，更加灿烂的明天。

祝愿波黑馆日活动取得圆满成功。

在馆日仪式上的外方代表致辞

波斯尼亚和黑塞哥维那对有机会成为上海世博会的一份子感到很荣幸。上海世博会是国际性的重要事件，致力于世界各国城市的繁荣。

我想对中华人民共和国政府的参展邀请表示衷心的感谢，也向今天到现场与我们一起庆祝波黑馆日的各位朋友表示感谢。

我们参展上海世博会的项目希望达到如下目标：

——加强我们两个国家，波黑和中国之间的双边关系。两国的关系一直很友好，而最近更加深化。

——促进两国及各个参展国的贸易繁荣和工业发展。

——展示波黑优美的自然风光，独特的城市文化，及各领域的发展特色。

今天，既是我们波黑馆日，也是我的国家每年纪念战胜法西斯的日子。我国先辈为此胜利作出了巨大的贡献，它有助于给整个欧洲带来和平。

女士们，先生们，上海世博会的主题是“城市，让生活更美好”。此时此刻，我们觉得特别重要的是跟你们一起庆祝波黑馆日，庆祝我国在提高人民生活质量等各方面所达到的成就。

波中两国年轻人共同点是波黑和中国在变化的世界中的前途就在他们的手里。我们以感激的心态看待中华人民共和国，以及世界各国。感谢各国在上海世博会的有关问题上给予我们的友好支持。

我最后想表达的是对上海世博会成就的赞美，我坚定的相信，上海乃至整个中国人民为上海世博会付出的汗水和努力将会产生预期的效果。

请你们让我表达自己的钦佩，以及我对大家在今后取得成就的期待，波黑此次参展世博会的项目将会让我们大家感到骄傲。

交流活动

中方代表与波斯尼亚和黑塞哥维那国家馆日代表团主要成员合影

Svjetska izložba EXPO-2010 je najbolja prilika za Bosnu i Hercegovinu i sve zemlje učesnice da prikažu i predstave svoje različite kulture i resurse te razvijaju globalno tržište.

EXPO-2010 je već postigao svoj cilj – ovaj svjetski događaj će svakako ostaviti nezaboravna sjećanja na sve one koji ga budu posjetili te pružiti dobru priliku ljudima iz cijelog svijeta da se upoznaju i uče sve ono najbolje jedni od drugih.

Dr Nikola Špirić

Presjedavajući Savjeta ministara BiH

2010 年世博会为波黑及所有参展国提供了展示不同文化和资源、促进全球市场发展的良好契机。

2010 年世博会已实现了其既定目标——这一全球盛会一定会令所有参观者难忘，并为各国人民提供相互了解和彼此学习、借鉴的好机会。

尼古拉·什皮里奇

波黑馆日代表团所赠的民族乐器

波黑 Cajavec 民族歌舞团表演的欢快舞蹈（一）

波黑 Cajavec 民族歌舞团表演的欢快舞蹈（二）

世界气象组织荣誉日

2010年5月9日

在荣誉日仪式上的中方代表致辞

我代表中国政府和上海世博会组委会，对世界气象组织、中国气象局、欧洲气象卫星应用组织和地球观测组织举行上海世博会世界气象馆荣誉日表示诚挚祝贺，对出席今天荣誉日活动的所有来宾表示热烈欢迎。

世博会是人类文明成果荟萃的伟大盛会。它是人类展示经济、社会、文化和科技发展水平及成果的舞台，也是人类加强交流、增进了解、相互学习和共同发展的平台。本届上海世博会以“城市，让生活更美好”为主题，体现了人类社会对未来更美好生活的设想和憧憬。在所有参与者的共同努力下，上海世博会一定会成功、精彩、难忘。

世界气象馆是世博会159年历史上设立的第一个气象展馆，也是世博园区唯一一座国际组织自建馆。同时世界气象组织也是首个签署世博会参展合同的国际组织，体现了你们对世博会的重视。世界气象馆有着“云中水滴”的美誉，有着会“呼吸”的皮肤，整个建筑仿若从天而降的一朵祥云，它承载着气象为了人民平安和福祉的社会责任，传递着气象趋利避害，造福人民的美好愿景。展馆不仅宣传和普及了气象知识，展示了诸如气象卫星等当代最新气象科技，也让参观者得到了心灵的震撼，向参观者推荐和倡导一种健康绿色的城市生活方式，呼吁人们从身边小事做起，节能减排，共同应对气候变化。

中国与世界气象组织、地球观测组织和欧洲气象卫星应用组织一直有着密切的合作。中国是世界气象组织和地球观测组织的创始国，与欧洲气象卫星应用组织签署有气象卫星资料使用合作协议。中国与你们的合作一

世界气象组织馆（B片区，自建馆）

上海世博会中国政府副总代表 柴玺

世界气象组织秘书长 米歇尔·雅罗

方面促进了中国气象现代化事业的发展，另一方面，也为世界气象事业的发展做出了力所能及的贡献。今年还是世界气象组织成立 60 周年，我也借此机会对世界气象组织表示祝贺。

从空间到地面、从陆地到海洋、从繁华的都市到偏远的山区，气象人恪尽职守、无私奉献，不间断地监视着不断变化的大气环境，保障了人类的生命和财产安全以及人与自然的和谐相处。上海世博会将为你们提供一个舞台，展现你们无微不至，无所不在的服务。尤其是上海多灾种早期预警告系统将充分体现你们“参展中有服务，服务中有展示”的工作理念。

祝愿今天的世界气象馆荣誉日活动取得圆满成功。

在荣誉日仪式上的外方代表致辞

我今天非常荣幸出席世界气象馆荣誉日活动。这是 159 年世界博览会历史上世界气象组织第一次参加世博会，有意思的是，这也是世界气象组织 157 年来第一次建这样的馆，世界气象组织几乎和世界博览会同龄，相差也就两年。

这点并不让人吃惊，谈到气象，我们都知道大气无国界，国际合作非常重要，没有国家可以单干，因此要进一步加强世界各国之间的合作，合作可使各国都为赢家，不合作则将使各国都成为输家。

世博会的主题是“城市，让生活更美好”，大家都知道，生活的几乎所有方面都被天气影响，包括参观世博会。通过世界气象馆，向大家说明我们能够做出好的预报，为大家提供相关的信息，让生活更美好，更安全。通过气象馆，也可以把天气与社会发展的方方面面的重要关系充分地展示出来。我们还通过气象馆向公众展示我们可以提供更精确的天气预报和预警。当公众走出气象馆的时候，可以对气象有一个新的认识。这是我们气象人要面临的更大挑战，因为公众在了解气象后，会对我们的要求和期望也更高了，对我们的产品也就提出了更高的要求。刚才，举行了新闻发布会，我也提到了，我有一个梦想，就是希望年轻人能够对气象有一个新的认识，愿意投身于气象行业，以此为自己的职业。这是一个了不起的职业，可以说是在人类面临的方方面面的挑战中，都处于一个核心的地位，比如说防灾减灾、水资源管理、食物安全、气候变化等等，都离不开气象服务。所以我在此对中国政府、上海市政府、中国气象局的大力支持表示感谢，正是你们的支持，我们才可以有机会书写这一历史。

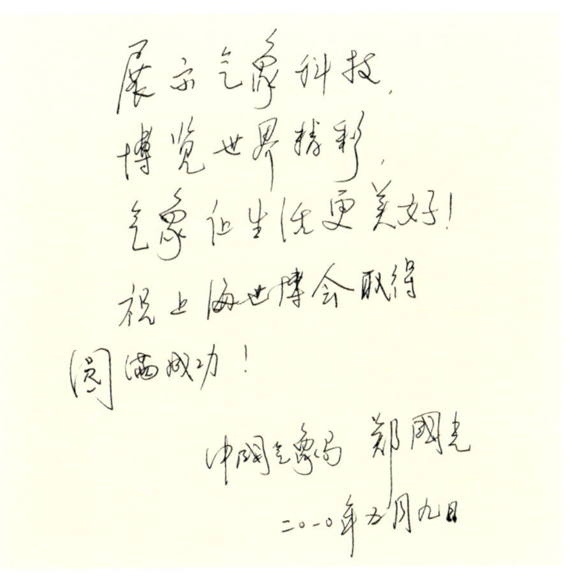

展示气象科技，
博览世界精彩，
气象让生活更美好！
祝上海世博会取得
圆满成功！

中国气象局 郑国光
二〇一〇年五月九日

世界气象组织中国常任代表、中国气象局局长郑国光致辞

交流活动

中方代表与世界气象组织荣誉日代表团主要成员合影

The World Meteorological Organization is very proud to participate in cooperation with the Chinese Meteorological Administration in the World Expo 2010 through MeteoWorld, an unprecedented showcase of international cooperation for the benefit of all Nations

M. Jarraud
Secretary General of WMO

世界气象组织非常荣幸能与中国气象局一道参与 2010 世博会，展现为了所有国家的利益而开展的史无前例的国际合作。

米歇尔·雅罗

Because we will always be exposed to natural hazards, China, WMO and GEO will work together to eliminate their disastrous consequences, and loss of life and protect economic development.
The World Expo 2010 in Shanghai is the symbol of this bright future.

José Achache
Director
Group on Earth Observations.

因为我们总是难免自然灾害的袭击，中国、世界气象组织和地球观测组织必须共同努力，消除这些灾害造成的灾难性后果及人员伤亡，并保护经济发展的成果。2010 年上海世博会就是这一光明未来的象征。

何塞·阿查切

Желаю народу Китая благополучия, процветания и развития.
Ученые и специалисты Китайского метеорологического общества своими достижениями и успехами в области метеорологии оказывают существенную поддержку развитию экономики и улучшению жизни в Китайской народной республике.
Павильон „Метеомир" будет примером для других метеорологических служб и будет служить развитию международного метеорологического сотрудничества.

А. И. Бедрицкий
Президент ВМО
9 мая 2010 г.

祝愿中国人民安康，富强。

中国气象局的专家和学者们用自己在气象领域的成果和成就促进了中国经济的发展和生活水平的提高。

“世界气象馆”将成为其他气象展馆的榜样并将推动气象事业的发展。

亚历山大·别得里茨基

The dedicated meteorological pavilion at the Expo 2010 clearly demonstrates the importance and benefits of meteorology and the crucial contribution from satellites to the public and the world at large

L. Prahm
Eumetsat

9. may 2010

2010 世博会专门的气象馆的出现充分证明了气象的重要性和好处以及卫星对于大众及整个世界的关键贡献。

拉尔斯·普拉姆

世界气象组织荣誉日代表团所赠的气象图

欧洲联盟馆日

2010年5月9日

在馆日仪式上的中方代表致辞

今天是“欧洲日”，非常高兴出席在世博园区举办的欧盟馆日活动。在此，我代表中国政府和中国人民，对欧盟给予中国2010年上海世博会的支持表示衷心感谢。

中欧建交35年来，特别是中欧战略合作伙伴关系建立以来，双方全方位、宽领域、多层次的合作格局不断深化，双边关系不断发展，为我们的人民带来了实实在在的好处。当今世界面临的金融危机、气候变化等全球问题，既是双方需要共同应对的挑战，更是中欧深化合作、提升关系水平的新契机、新动力，将对世界未来的发展方向产生重要影响，具有全球战略意义。

上海世博会是中欧关系发展一个新的里程碑。欧洲是世博会的发源地，欧洲国家一直是历届世博会的积极参与者，对世界博览会事业做出了卓越贡献。欧盟的所有成员国都参展世博会，欧盟打破不参加在欧盟以外举办的世博会惯例，巴罗佐主席出席世博会开幕式，等等，体现了欧盟对中国和上海世博会的支持。

我们相信，以“智慧欧洲”为主题的欧盟馆展示，即将举办的盛装庆祝巡游、交响音乐会，以及9月份在这里举办的“欧洲足球节”、“欧洲当代艺术之夜”等活动，将给参观者带来欢乐，向中国人民、向世界展示一个丰富多彩的欧洲。欧盟馆一定会成为上海世博会的亮点。

最后，衷心祝愿中欧友谊长青，祝愿本次活动圆满成功，祝愿维维亚娜·雷丁副主席和诸位来宾身体健康！

欧盟馆（C片区，与比利时联合自建馆）

中国住房和城乡建设部副部长 齐骥

欧盟委员会副主席 维维亚娜·雷丁

在馆日仪式上的外方代表致辞

感谢您热情洋溢的发言。

本届世博会胜利在望，我谨对此表示衷心的祝贺。

毋庸置疑，中国2010年上海世博会的记忆将长久地留在世界人民的记忆中。

同时我也相信，世博会的成功举行一定会让世界更关注中国，关注上海，就好像1889年世博会充分展示了巴黎及埃菲尔铁塔的风采，而半个世纪前的1958年世博会也让世界的眼光汇聚布鲁塞尔和原子球塔一样。

另外，我也想借此机会表达我的兴奋之情。在这个特殊的日子里，在这届精彩的盛会中，能代表欧盟出席这一重要活动，我倍感荣幸。

对我们欧洲人来说，60年前一件特殊的新生事物开始萌芽。何以谓之特殊呢？60年前，当时的法国外交部长发表了一篇重要讲话，从而奠定了今日欧盟的基石。

回顾千年欧洲史，由于缺乏制度保障而导致的分裂曾引发了人类历史上最骇人听闻的战争，使数以百万计的人因此丧生。

所幸二战之后开始的欧洲一体化的进程带来了欧洲历史上最为长久的和平与繁荣。作为一个卢森堡人，我深知一体化的重要性。如果只能列举一个理由，那么请允许我引用罗贝尔·舒曼部长的一句话："欧洲尚未统一，战争依然存在。"

作为欧盟委员会负责公民事物的专员，我深信要了解欧盟，就必须谨记这段历史。因此，在欧洲，每年5月9日，我们就不遗余力地向民众，特别是年轻一代宣传这一信息。

而今，我们更要以世博会这一世界人民共襄盛举的节日为平台，在2010年5月9日这一天向全世界人民宣传统一、合作、和平的理念，进一步增进全世界的相互理解！

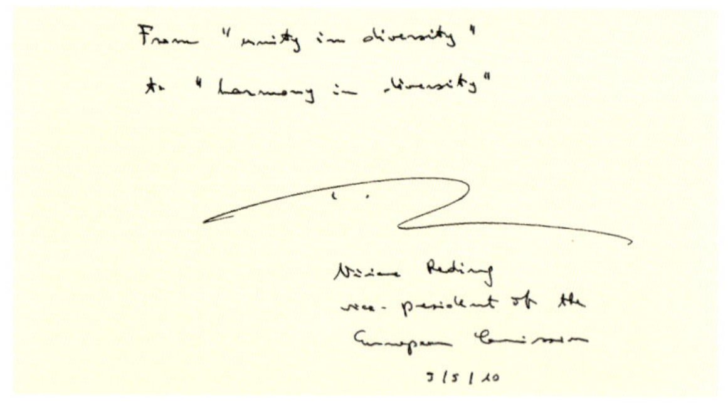

从"异中求同"到"和而不同"。

维维亚娜·雷丁

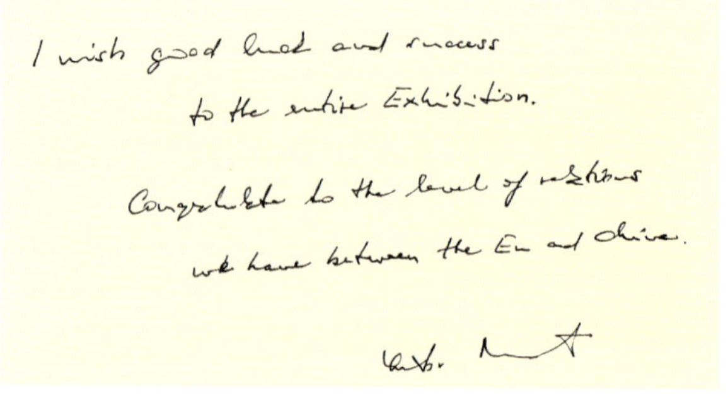

祝世博会好运并预祝其成功。
祝贺欧盟与中国关系的提升。

里伯·侯赛克

交流活动

中方代表与欧洲联盟馆日代表团主要成员合影

欧盟馆日代表团所赠送的纪念图册

欧盟馆日的文化交流活动（一）

欧盟馆日的文化交流活动（二）

南太平洋旅游组织和太平洋岛国论坛荣誉日

2010 年 5 月 12 日

太平洋联合馆（B 片区，联合馆）

在荣誉日仪式上的中方代表致辞

今天，我们相聚在上海，相会在世博园区，共同参加南太平洋旅游组织、太平洋岛国论坛荣誉日活动。在此，向出席活动的各位来宾表示热烈欢迎，对南太平洋旅游组织、太平洋岛国论坛给予中国 2010 年上海世博会的支持表示衷心感谢，并预祝本次活动取得圆满成功！

中方重视发展与南太平洋旅游组织友好合作关系。作为南太平洋旅游组织成员国，多年来，我国与南太平洋旅游组织一起，发展、振兴南太平洋地区的旅游事业，当地独特的自然风貌、深厚的文化底蕴以及人与自然和谐共存的可持续生活方式，深受中国公民喜爱。

中方也十分重视发展与太平洋岛国论坛的友好关系，连续 20 次派政府代表出席对话会，2006 年 4 月，中国政府总理温家宝出席了“中国——太平洋岛国经济发展合作论坛”首届部长级会议开幕式，这些对话和交流加深了中国与论坛及成员国之间的相互了解，增进了双方在经贸、文化、教育、卫生、体育等领域的合作，有力推动了中国与岛国友好关系的发展。

众所周知，世博会是世界文明的盛会，是展示各国风土人情、建设成果的舞台，是各国人民加深了解、增进友谊的平台。我们相信，在“理解、沟通、欢聚、合作”的理念下，上海世博会将成为双方友谊的桥梁，加深和促进中国与南太旅游组织、太平洋岛国论坛的合作与交流！

在此，也衷心期待本次世博会能为太平洋地区旅游业走向世界创建新的窗口，让更多的中国民众和来自世界各地的游客通过参观太平洋联合馆，更好地了解太平

中国国家旅游局副局长 杜江

太平洋联合馆馆长 伯娜德特・加尼劳

洋岛国美丽神奇的自然景观、独具特色的人文环境和热情奔放的民俗风情。

最后，再次预祝本次活动圆满成功！祝伯娜德特馆长和诸位来宾身体健康！

在荣誉日仪式上的外方代表致辞

首先请允许我表示真诚的歉意，我们的总代表彼得・文森特（Peter Vincent）先生由于执行本国巴布亚新几内亚政府的紧急任务无法出席今天的仪式。因此，我谨代表他向今天出席南太荣誉日的所有来宾送上太平洋地区最热情的问候。

南太平洋旅游组织和太平洋岛国论坛秘书处是太平洋联合馆的两大指定协调机构。我想感谢论坛秘书处秘书长内洛尼・图伊洛马・斯莱德（Neroni Tuiloma Slade）先生和其团队的支持与合作，感谢你们与南太旅游组织和我的通力合作，为本馆的各项筹备工作尽心尽力。

此次太平洋地区参展的规模、参展国数、展品数量在其参展史上都可谓史无前例。太平洋地区的人民与政府想借此机会衷心感谢中国人民与政府对太平洋联合馆的鼎力支持与巨大帮助。

中国是南太旅游组织中极受尊敬并极具价值的成员国。由于中国的参与，南太旅游组织为本地区拓展中国旅游市场开发了一项 10 年战略。而 2010 年上海世博会则为双方关系的进一步发展提供了十分重要和宝贵的市场平台，是寻求新型旅游市场的极佳来源，也为太平洋地区的文化交流提供了机会。

当作为斐济旅游部长的我将《中国公民出境旅游目的地资格》协议书上交我国内阁并获批时，我感到十分荣幸，当斐济与上海世博会签订《参展合同》时，我也感到万分荣幸。

近年来，中国在南太旅游组织的会员作用日益显要，为太平洋旅游目的地参与中国国际旅游交易会——这一亚洲地区最大的旅游商业活动提供了诸多便利。通过参与中国国际旅游交易会，很多中国重要的批发商、旅行社和太平洋国家之间建立了一系列的商业伙伴关系，现在中国到太平洋地区旅游的人数正逐年稳步增长。

中国在太平洋国家或地区设立了很多大使馆和贸易办公室，由此可见中国与太平洋地区的诚挚友谊源远流长。随着太平洋国家与中国之间贸易的增强增多，旅游业在一些太平洋国家和地区正变得举足轻重，斐济、塔希提，新喀里多尼亚和瓦努阿图等旅游目的地蕴含着巨大潜力。

中国和太平洋地区的贸易活动已经开展了一些时间也将继续发展下去。太平洋岛国论坛在北京成立的贸易代表处就证明了太平洋地区决心发展其与中国的贸易商机，并积极鼓励双方的双向投资。太平洋岛国论坛驻华贸易代表处（PIFTO）迄今已经为中国投资者在太平洋地区进行投资活动提供了很多便利服务。

在接下来五个月的世博期间，太平洋馆将通过表演、手工艺品和传统艺术等形式展示太平洋国家的风土人情，凸显我们独特的文化习俗，最重要的是向参观者展现世界上最友善好客的太平洋地区人民的热情。

太平洋地区拥有世界上最美丽最纯净的海洋和陆地，是所有游客心目中的天堂胜地。我们吸引人的地方不光有自然风光、涉水活动、陆地活动，休闲的异域风情胜地，更有太平洋地区人民和社区的友情和魅力。

我们还会向参观者展示我们的贸易和旅游产品，这些出口贸易产品将展示于馆中各国的展位或在地区售卖区中出售。通过一系列贸易研讨会，本地区希望借世博机遇，吸引更多潜在生意伙伴的兴趣和关注。他们的关注将会进一步发展为实际商业关系，从而大大有利于促进太平洋国家和中国以及其他国家的贸易活动。投资机遇也将成为太平洋地区关注点和潜在增长的重点。

最后，请允许我代表太平洋岛国感谢在座的各位和诸公司——没有你们的支持，就没有我们这座虽然简单却美丽非凡的展馆。

欢迎参观太平洋联合馆。

交流活动

中方代表与南太平洋旅游组织和太平洋岛国论坛荣誉日代表团主要成员合影

to the government, people & Expo
Authorities of China —

Thank you very much for
your friendship, love &
tremendous assistance to
the people of the Pacific!

Our Respects &
Alliance Always —
L. B. Gamilau
PACIFIC PAVILION
12th May 2010

致中国政府、人民和世博局：

非常感谢贵方的友谊，友爱及对太平洋岛国人民的巨大支持！

顺致永远的敬意和诚意！

伯娜德特 · 加尼劳

南太平洋旅游组织和太平洋岛国论坛荣誉日代表团所赠的龟形木雕工艺盒

南太平洋旅游组织和太平洋岛国论坛荣誉日的歌舞表演

马耳他共和国国家馆日

2010 年 5 月 14 日

在馆日仪式上的中方代表致辞

今天，我们相聚在黄浦江畔，相会在世博园区，共同参加马耳他国家馆日活动。在此，向出席活动的各位来宾表示热烈欢迎，对马耳他给予中国 2010 年上海世博会的支持表示衷心感谢，并预祝馆日活动取得圆满成功！

自 1972 年建交以来，马耳他一直与中国保持着友好合作关系。双方高层互访频繁，去年 2 月，中国国家副主席习近平对马耳他进行了互访；双方经贸合作发展顺利，双方贸易额不断增长。近年来，马耳他积极与中国开展文化、教育、卫生、民政等领域的合作交流，双方每年至少签订一项双边协议，内容涉及医药、旅游、文化、青年交流等多个方面，马耳他已成为中国公民喜爱的旅游目的地国，尤值一提的是，在马耳他政府支持下，中国文化中心于 2003 年在马耳他正式成立，成为传播文化，促进两国人民互相了解、增进友谊的窗口。

上海世博会是一次推动创新、促进合作的盛会，为世界各国提供了一个展示、交流、合作的平台，充分展示城市文明成果、传播先进城市发展理念、探讨新的、更好的人类居住、生活、工作模式。马耳他大力支持、积极参与本届世博会，展出了按真人比例放大复制的“大地之母”无头女神塑像等最能体现马耳他悠久历史和文化传统的展品。我们相信，世博会期间，将有更多的中国民众通过参加马耳他馆，更深入地了解马耳他的悠久历史，更深刻地认识马耳他灿烂的历史文明。

最后，再次预祝本次活动取得圆满成功！

马耳他馆（C 片区，欧洲联合馆）

上海世博会中国政府副总代表 柴玺

马耳他企业局主席、展区总代表 阿伦·金瑞利

在馆日仪式上的外方代表致辞

很高兴能出席举世瞩目的上海世博会，并在马耳他国家馆日上致辞。

选择上海举办本届世博会非常适合，因为这座城市迸发的活力、经济发展的水平、亲商的环境以及摩登前瞻的社会氛围无疑是当代中国的最佳缩影。同时，马耳他也希望以世博会为契机，进一步深化与包括中国在内的所有参展国的关系。

马耳他的经济发展和中国一样，励精图治，大力发展现代经济。我们设定了清晰的目标，制定了决定性的政策，面对挑战坚定原则不动摇，并且对最终的成功有着必胜的信念。

我国人口仅40余万，资源有限，国土狭小；经济规模小，但开放程度高。因此，在经济发展及推进可持续发展的过程中，不可避免地受到了世界宏观经济大潮的影响。

鉴于此，近20年前我们毅然踏上了结构调整及现代化建设的征程，完成了由竞争力低下的劳动密集型产业向创新型高附加值经济的华丽转身。

然而，建立良好的经济环境，保增长促民生绝非易事，也不可一蹴而就。为此，我们以落实政策法规为抓手，大力吸引投资，刺激经济发展。

为实现上述目标，我们在经济战略中确定了两大原则：第一，创建稳定的宏观经济环境，吸引潜在投资。第二，以改革促市场有效运作。

此外，加入欧盟也是对马耳他大有裨益的另一个决定。在一系列政策法规调整之后，我国于2004年5月加入欧盟，并自2008年起将欧元确认为本国货币。

作为马耳他加入欧盟以及采用欧元进程的直接参与者，我可以自豪地说，六年以来，我们获得了更多的机遇，更高的投资额，并将所获结构基金和聚合基金投资于基础设施升级、人力资源和持续的经济转型之中。同时，作为世界上最稳定的货币之一，欧元不仅在危机蔓延之时为我们提供了屏障，也便捷了贸易和商业往来。

结果不言自明。2009年，马耳他的GDP增速已跻身欧盟前五。当年欧盟仅有的两个国家成功减少赤字，马耳他就位列其中。

穆迪投资者服务公司在其最新一份报告中也对马耳他经济的复原力予以首肯。穆迪将我国政府信用评级确定为A1级，并称这反映了我国经济的高度韧性以及财政的高度稳健。

当今世界，全球化步伐日益加快，技术变革日新月异，资本跨国流动日趋频繁；我们继续以可持续、高质量的经济发展为目标，以政策为抓手，大力促进商业繁荣并吸引投资。

为了获取更大的成功，我们已经制定了2015年愿景，以期将有限的精力和资源投入到最具增长潜力的关键领域。

纵观马耳他悠久而多姿多彩的历史，我国人民一直以其敢于创造未来的能力与决心著称。而这也时时鼓励着我们的政府，并确定了以下七个最具潜力的发展领域：

信息通讯技术：这是一个重要的经济增长极，而智能城市（SmartCity）项目也已经吸引到了数量可观的来自海湾地区的投资。同时，马耳他在电子政务方面也位居欧盟最前沿。

金融服务：最近几年，金融服务业经历了前所未有的大发展。数百家从业公司如雨后春笋般涌现，并创造出了数以千计的就业机会。众多基金、自保公司以及国际知名金融机构纷纷落户，开展全方位的金融服务。金融业对 GDP 的贡献与日俱增，而马耳他也正迅速崛起为一个具有国际影响力的金融中心。

旅游业：作为马耳他经济的支柱产业，旅游业正面临着新的挑战。新的旅游目的地以及产品不断涌现，产业形态与客户需求日趋多样。我们会继续与各方共同努力，将马耳他打造成独特的地中海旅游目的地，以求吸引更多长途游客。

制造业：马耳他将继续向以制药业、生物科技及先进技术为代表的产业链高端迈进，以更强的技术能力换取更高的产业附加值。我们将激励产业投资，建设工业园区，兴建新厂房以及为新生企业提供配套服务。

医疗卫生：我们将尽最大努力提升医疗服务水平；并大力发展硬件设施，以促进医疗产业和医疗旅游业的发展。

教育：人力资源是我们最宝贵的资产。我们必须加大院校建设，提高体系水平，为经济可持续发展培养合格技能人才，奠定扎实基础。

戈佐生态岛：戈佐岛与马耳他本岛比邻而居，却别有风味。戈佐岛的发展战略为改善环境、保护历史遗迹并大力开发农业旅游。该岛将成为可持续发展的典范。

为实现这一愿景，我们将在现有基础之上加大投入，提高竞争力，并进一步加强与产业界的合作。

马耳他坐落于地中海中心，是连接欧洲与非洲文明的十字路口，因此一直以来具有至关重要的战略位置。毋论本国或外国企业，落户马耳他，就具备了发展商业活动的重大地理优势。

多年来，马耳他积极发挥其地理优势，努力打造地中海枢纽和转运中心的地位。对中国和其他亚洲国家而言，马耳他无疑是进入欧盟和其邻国的上佳门户。

尽管全球经济遭遇滑铁卢，我国仍在制药、生物科技以及航空工程等先进制造业领域取得了不斐成绩。汉莎技术公司成功落户马耳他之后，又于近期与卡塔尔航空签订协议，并宣布位于瑞士的飞机维修企业瑞士航空技术公司也将入驻马耳他，第一个大客户就是易捷航空。

过去两年来的一系列事件改变了全球金融市场版图，而马耳他的金融体系却幸免于难，这不得不归功于我们有力的监管和稳健的银行。我国金融业增幅目前位居世界前列，即使危机当前也表现出了极大的韧性，截至去年 9 月为止年增幅达到 22%。

在马耳他企业界不断走出去的同时，越来越多的国际公司也纷纷落户本地。除了我刚才提到的那些，还包括汇丰银行，德意志银行，迈梭电子，Tecom 国际投资公司以及德纳罗印钞公司。

马耳他小而灵活，能随时应外部环境变化而调整运营环境。我们能及时到位地解决企业所关注的问题，高度灵活的政府对企业维持竞争力尤为关键。正因为此，跨国企业方才大量投资在小而灵活的国家。

我国迄今为止最大的外商投资项目也部分归功于这种高度的灵活性。在海湾地区获得极大成功的信息通讯枢纽——迪拜网络城，已经决定将其第一个海外分支设在马耳他，服务于欧洲和北非市场。

马耳他政府业已采取了一系列促进商业、投资的政策，并责成负责投资推进的国家部门——马耳他企业局牵头落实。

教育是马耳他获得成功的另一关键所在。而我们的大学教育尤为值得称道，与时俱进，紧跟现代经济脉搏。稳定、多技能以及具有高度适应性的劳动力辅以完备的继续教育体系为我国的成功奠定了扎实的基础。

马耳他政治稳定、司法及监管独立且符合国际惯例，这无疑是本国另一独特优势。马耳他与其他五国一起率先与经济合作发展组织就财政事务达成一份先进协议，并积极参与经合组织、欧盟以及英联邦国家对国际监管政策的改革。

在马耳他，电信基础设施先进，陆空交通便捷，有定期航班直接通往欧洲、北非和海湾地区各主要城市。

除英语以及马耳他语两种官方语言外，意大利语、法语、阿拉伯语也广为使用。由于历史渊源造成的双语能力是马耳他的一大优势，而流利的英语更是吸引众多成功企业的要素。

高度的确定性是跨国贸易、商业和投资发展的前提；同时，双边税收协议不仅可以造福企业及个人，更将惠及相关伙伴国家。

因此，双边税务协议是马耳他独立以来经济发展不可或缺的一部分。这些协议确保了双边税收的透明度，减少了双重征税以及偷税漏税。与此同时，双边税收安排也直接促进了贸易、外商直接投资以及本国企业走出去的进程。

双边税收协议对跨境业务大有裨益，能增加商品及服务出口，并且加快资本流动。

马耳他政府已经同 50 多个国家建立了税收和投资保

护条约。在现行的法律框架下，除了已经签订的 15 份双边税收协定外，还有不少也已经进入了谈判的不同阶段。

最后，无与伦比的生活水平也是马耳他最大的亮点之一。工作与生活的平衡是一个至关重要却往往为人所忽视的投资决策要素。而马耳他的生活质量也是其吸引众多外国公司的独特优势。我们拥有温暖和煦的地中海气候、完善的医疗服务、丰富的文化遗产以及极低的犯罪率，这一切使马耳他成为了人们工作生活的理想之地。

马耳他是一个魅力无穷，充满活力的商业之都。我诚邀大家来马耳他亲身体验其独特的魅力，相信一定会让您流连忘返！

我深信以“城市，让生活更美好”为主题的世博会，一定会进一步加强马耳他与中国以及世界各国的友谊与合作！

交流活动

中方代表与马耳他共和国国家馆日代表团主要成员合影

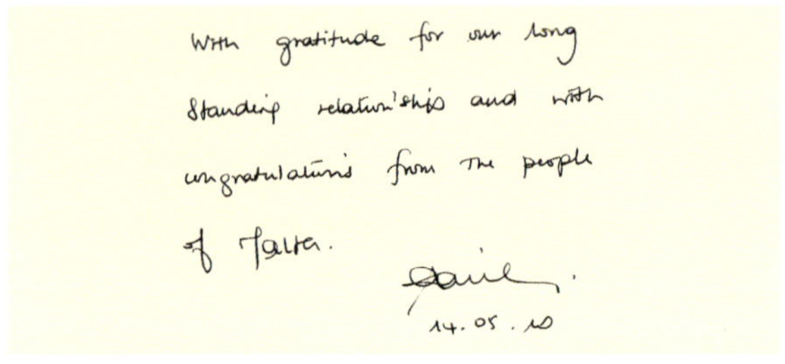

With gratitude for our long standing relationship and with congratulations from the people of Malta.

[signature]

14.05.10

感谢贵我双方持久的关系，马耳他人民恭喜你们。

阿伦·金瑞利

马耳他馆日的文化交流活动

马耳他馆日代表团所赠的银质帆船

克罗地亚共和国国家馆日

2010年5月15日

在馆日仪式上的中方代表致辞

今天，我们相聚黄浦江畔，共同出席上海世博会克罗地亚国家馆日活动。我谨代表中国政府和上海世博会组委会，对克罗地亚国家馆日的举办表示热烈祝贺，对远道而来的约西波维奇总统及各位嘉宾表示诚挚欢迎！

159年来，从推出新奇特工业产品，到展示综合国力，再到倡导新型生活方式和理念，不断变化中的世博会记载着人类文明的发展轨迹。2010年上海世博会高扬“城市，让生活更美好”的主题，在世博会历史上首次以“城市”为主题，旨在集世界智慧探讨城市发展。相信在各方共同努力下，上海世博会将会成为各国人民展示发展成果、交流发展经验、促进共同发展的盛会。

中国和克罗地亚相隔千山万水，但两国人民的友谊源远流长。建交18年来，中克关系顺利发展。两国在经贸、文化、教育、科技、旅游等领域合作富有成果。令上海人民倍感亲切的是，30年前上海便同克罗地亚首都萨格勒布正式结为友城，两个城市间富有成效的合作推动了国家关系的发展。相信上海世博会将成为增进中克两国人民了解和友谊的平台，并将为中克加强互利合作提供新的机遇。

在往届世博会上，克罗地亚曾多次以独特的创意给世界各国人民留下深刻印象。今天，克罗地亚馆以“多彩的城市，多彩的生活”为主题，借助声、光、电等现代技术手段，向我们全面展示了克罗地亚秀美多姿的自然风光、风格迥异的城市文化和丰富多彩的生活方式。这种城市和生活的多样性，让我们感受到审美的喜悦和探索的热情，也让我们领略到克罗地亚人民对现代城市生活的生动诠释。

克罗地亚馆（C片区，租赁馆）

中国国务院新闻办公室主任 王晨

克罗地亚总统 伊沃·约西波维奇

克罗地亚享有“亚得里亚海明珠”的美誉，景色秀丽，人杰地灵。在这片美丽多姿的土地上曾涌现出发明家尼古拉·泰斯拉、医学家安德里亚·斯坦帕尔等诸多世界名人，克罗地亚人还发明了自动铅笔，全球男性最普遍的服饰——领带最早就源自克罗地亚。事实证明，国家面积有大有小，民族人口有多有少，但世界各国人民都以自己的方式为人类文明进步做出了独特贡献。上海世博会再次把世界各国人民紧密联系在一起，让我们彼此尊重，互相借鉴，取长补短，携手共创全人类更加美好的明天。

作为克罗地亚国家馆日的重要活动，今晚来自克罗地亚的世界著名钢琴大师马克西姆和“拉多”民族歌舞团将为参观者奉献两场精彩演出，展示克罗地亚当代艺术成就和传统文化。相信克罗地亚国家馆日活动将会给大家留下难以忘怀的美好记忆。

最后，再次衷心祝愿克罗地亚国家馆日活动取得圆满成功。

在馆日仪式上的外方代表致辞

谢谢大家热情洋溢的发言。很高兴来到上海，来到友好的中华人民共和国。作为当今世界大国之一，中国过去几千年的文明和成就令人景仰，今日强大国力更是令人钦慕。身为克罗地亚共和国的总统，我为自己的祖国有中国这样一个好友而倍感自豪。

就中国在今日世界舞台上的地位而言，上海是举办本次史上规模最大的世博会的最佳城市。国际社会对于世博会主题“城市，让生活更美好”的讨论将会在后世博延续，变得更为热烈。这个主题对于北半球和南半球，发达国家和欠发达国家，乃至世界上的每一个人都有着同样的影响。我出生的时候，世界上只有四分之一的人居住在城市里。如今，根据联合国的统计，这一比例已经上升到55%。在克罗地亚，四分之一的人住在首都萨格勒布。

城市的存在由来已久。从金字塔型神殿到城堡，城市曾经代表了全世界，而现在整个世界就是一座大城市。早在四十年前，伟大的路易斯·芒福德就曾发出警告，预言到特大都市神话所带来的危险，担心特大都市会在城市景观的迷宫中失去注入生命活力的功能，最终变成死城。

几十年来，众多大城市都挣扎于芒福德所预见的后果中。发展中国家城市化进程中所经历的增长不仅对环境构成威胁，同时也预示着更大的危险，最终人类和社会都为此付出了更加昂贵的代价。全球化，城市化，以及经济活动向沿海地区过度集中违背我们的意愿且超出了我们的掌控，却一直得到国际，国家和地方政治的默许。“空间吞噬者”破坏了生命的本质。虽然已为时过晚，但是整个世界仍在痛苦挣扎，试图解决这些行径所导致的后果。

捍卫生存空间的品质不是为了追求更美好的生活，而只是维持现状。如今，克罗地亚所缺少的不是空间规划，城市化以及制定规划的方法，而是系统性空间管理的规划和执行。所谓系统性空间管理，是指城市空间管理的全过程，其中空间规划和城市发展规划是互为独立，不可取代的。如果该体系缺失的话，环境保护，可持续发展和生活品质等当代社会一直在念叨和推崇的字眼终将只是夸夸其谈，成为专家和政客的口头禅，而无法真正从目标转化成现实。

毫无节制的发展引发了气候变化和污染、能源、食品和水危机，严重威胁到这个世界，包括那些罪恶的始作俑者。城市发展的关键资源在瞬间被轻易地破坏，而修复的过程却是漫长而艰难的。

克罗地亚以自身的城市遗产而自豪。杜布罗夫尼克（Dubrovnik）、特罗吉尔（Trogir）和斯普利特（Split）这三座城市都被列入世界文化遗产名录。因此我们担负着双重任务，既要最有效利用，也要尽可能保护好我们拥有的城市财富。如何保护和管理城市遗产，如何把城市遗产合理利用纳入到每一个可持续发展战略中去而不受制于博物馆化，这些是几十年来困扰克罗地亚的专家们的难题。特别是在近二十年的过渡时期，城市发展中的牟取暴利，肆意掠夺行为无疑令这些难题雪上加霜。

公约如果得不到执行，就无法保护其所辖范围内的城市和生命。无视自己城市的价值，就无法保护它们。为了保护城市，我们要做出正确的决定，采取果断行动。但是可供我们支配的时间已经所剩无几了。

我们今日相聚在世博会克罗地亚国家馆日庆典仪式上。再次感谢上海和中国的朋友们给我们这个特别的机会，在世博会上向中国和全世界的人民展示我们国家绚丽的景色、色彩和声音。对世博会的成功组织表示衷心祝贺，祝愿中克两国友谊更深厚，合作更紧密。邀请各位参观2010年世博会克罗地亚国家馆。

交流活动

中方代表与克罗地亚共和国国家馆日代表团主要成员合影

Čestitam našim kineskim prijateljima na zadivljujućoj organizaciji, na snazi, kreativnosti i mudrosti kojom su nas okupili kako bi u Šangaju potvrdili snagu zajedništva u izgradnji boljeg grada, boljeg života – boljeg sutra.

I. Josipović

祝贺中国朋友们。你们以令人钦佩的组织力、创造力和智慧使我们欢聚一堂，共同为建设更美好的城市、生活和未来而努力。

伊沃·约西波维奇

克罗地亚馆日代表团所赠的水晶装饰盘

克罗地亚馆日的民族传统歌曲和舞蹈表演

捷克共和国
国家馆日

2010 年 5 月 17 日

捷克馆（C 片区，租赁馆）

在馆日仪式上的中方代表致辞

我代表中国政府和上海世博会组委会，对捷克举行上海世博会国家馆日表示诚挚祝贺，对科胡特副总理出席今天的馆日活动表示热烈欢迎。相信捷克国家馆日活动将使每一位到访者流连忘返。

世博会是人类文明成果荟萃的伟大盛会，每一届世博会都成为见证人类文明发展的驿站，在全球范围内推动广泛的国际交流，为各国开阔视野、展现自我，提供了机会和舞台。世博会始终高举进步的旗帜，崇尚创新的精神，坚持开放的道路，倡导和谐的理想，不断开启人类重新认识世界的窗口。

本届上海世博会以“城市，让生活更美好”为主题，体现了人类社会对未来更美好生活的设想和憧憬。在所有参与者的共同努力下，上海世博会一定会成功、精彩、难忘，成为增进世界各国人民友谊的盛会，促进人类进步的盛会，推动创新和共同发展的盛会。

在以往的世博会上，我们曾多次欣赏捷克的精彩展示。今天，我们再次看到了构思精巧的捷克馆。我们可以驻足在 63415 只黑色冰球拼出的地图上找一找布拉格著名的老城广场，可以共同体验绿地和湖水之中浮动着的绿色城市，也可以分享捷克解决交通拥堵、环境污染等城市问题的独特方案。它让我们领略到捷克悠久的历史文化传统和布拉格这座名城的独特魅力，同时也让我们感受到捷克人民对城市文明与魅力的深刻理解和诠释。

中捷两国和两国人民传统友好。中捷建交 61 年来，两国各领域的交流与合作富有成果。60 多年的历史证明，在相互尊重、平等互利、互不干涉内政原则基础上发展双边关系符合两国和两国人民的根本利益。我相信，上

中国外交部副部长　翟隽

捷克副总理兼外交部长　扬·科胡特

海世博会将为中捷两国和两国人民增进相互了解、深化双边合作提供新的契机。

上海到布拉格距离遥远。但今天的捷克国家馆日，将使我们在短短时间内，伴随着卡夫卡的脚步，神游于波西米亚的原野之上，聆听到伏尔塔瓦河的潺潺流水，体验捷克人民的智慧和创新精神。这就是世博会的魅力所在，也是包括中捷人民在内的世界各国人民追求更美的城市、更好的生活、更深的情谊，共同缔造人与人、人与自然和谐共存，实现人类可持续发展的生动例证。

祝愿今天的捷克馆日活动取得圆满成功。

在馆日仪式上的外方代表致辞

我一直在考虑如何能最准确恰当地阐述中国 2010 年上海世博会为捷克的外交事业带来的机会和可能性。我想首先要问自己两个问题。一，在第三个千年伊始举办世博会这样的活动，意义究竟是什么？二，在和差不多世界各国的竞争中，捷克共和国在世博会能发挥什么样的作用？

就第一个问题而言，应该从一个每天都被现代科技震撼的人的角度来看。的确，互联网把世界展示在我们的桌子上。世博会本身也是可以在线的。但是所有的国家却选择相聚上海，在各自的展馆里展示自己创造出的最杰出的东西。这充分说明了面对面的交流和亲身体验仍然比虚拟世界更为有效直接。至少对捷克馆来说就是如此。

捷克共和国位于欧洲中部的十字交叉路口，历来备受艺术家、科学家、政治家以及商人的青睐。有这样的历史渊源，捷克一直在关注日益交织的世界，并内心充满着期待。我们总在问自己：我们是否能和世界其他国家互通有无？从这个角度而言，世博会是一个灵感实验室，既有来自于文化和经济领域的灵感，也有整个人类文明所激发的灵感。

至于第二个问题，应该从一个外交官的角度来看。我认为在像世博会这样的重大国际交流平台上，捷中关系是很重要的。一个是拥有 10 亿人口的亚洲海上强国，一个是位于欧洲中部的千万人口小国。这两个国家看似不同，但却在各自大洲的历史上占据中心一席。它们是否能够找到共同利益点呢？

我们在 2010 年世博会里找到了答案。19 世纪，由捷克发明家约瑟夫·雷色尔发明的轮船螺旋桨在几十年以后被全世界广为了解，并传入中国。20 世纪，捷克人 Vladimír Svatý 发明了喷气织机在几年内引发了纺织行业变革，让全世界几百万纺织工人，特别是中国的工人工作更加轻松。2010 年，捷克发明的 nanospider 无纺布纤维和药品在几周内就穿越数千公里的距离，来到了中国消费者的身边。

那么这次由中国举办的史上规模最大的 2010 年世博会能够提供哪些机会和可能性呢？ 捷克国家馆里有一个展览叫做“多元文化，一个世界”。年轻的捷克艺术家 Jakub Nepraš 利用现代科技把各类艺术灵感集中于全新的原创作品。这些就是 2010 年世博会所带来的机遇和可能性：交流最卓越的知识和技能，共塑最美好的人类家园。

衷心祝愿中国 2010 年上海世博会和捷克国家馆成功！

交流活动

中方代表与捷克共和国国家馆日代表团主要成员合影

我坚信 2010 上海世博会捷克国家馆日将成为中华人民共和国和捷克共和国关系发展的里程碑。

谨祝世博会组织者及全中国成功、顺利。

扬·科胡特

捷克馆日的文艺表演

捷克馆日代表团所赠的水晶花瓶

在荣誉日仪式上的中方代表致辞

我代表中国政府和上海世博会组委会，对国际电信联盟在上海世博会举行荣誉日活动表示诚挚的祝贺！对国际电联秘书长哈马德·图埃博士和各位来宾出席今天的荣誉日活动表示热烈的欢迎！

世博会是人类文明成果荟萃的伟大盛会，为世界各国人民开阔视野、展现自我、互相交流提供了机会和舞台。本届世博会以“城市，让生活更美好”为主题，体现了人类对未来更美好生活的设想和憧憬。在所有参与者的共同努力下，上海世博会一定会成为增进世界各国人民友谊的盛会，促进人类进步的盛会，推动创新和共同发展的盛会。

当今时代，信息通信技术是渗透性最强、覆盖范围最宽、应用领域最广的高新技术领域之一，信息通信技术的迅速发展与广泛应用，极大地促进了经济社会发展和人类文明进步，信息通信业的发展受到了世界各国的高度重视。近年来，中国通信业也取得了快速进步，技术水平不断提高，网络规模位居世界前列。截止目前，中国电话用户总数已达 10.8 亿户，其中移动电话 7.77 亿户，3G 用户已达 1789 万户；互联网用户数超过 3.8 亿人。

作为主管信息通信技术事务的联合国机构，国际电联在全球电信标准、频谱资源以及促进发展中国家电信发展等方面开展了大量卓有成效的工作。中国政府积极参与并支持国际电联活动，与国际电联建立了良好合作关系。中国提出的 TD—SCDMA 方案被国际电信联盟正式采纳成为国际 3G 技术标准，TD—LTE—Advanced 技术提案也已被国际电信联盟列为 4G 候选技术之一。今后，中国政府将继续加强与国际电联的合作，为国际信

国际电信联盟展位（B 片区，联合国联合馆）

中国工业和信息化部副部长 娄勤俭

国际电信联盟秘书长 哈玛德·图埃

息通信事业发展做出积极努力。

在上海世博会期间，开展国际电联荣誉日活动，并举办“世界电信和信息社会日”系列庆典，将进一步宣传展示全球信息通信业的最新成就，促进信息通信技术在国民经济和社会发展中发挥更大作用，也将为上海世博会成为一届成功、精彩、难忘的盛会做出积极贡献。

祝国际电联荣誉日活动取得圆满成功！

在荣誉日仪式上的外方代表致辞

我很高兴也很荣幸地来到上海，与诸位一起出席上海世博会的国际电联荣誉日，共同庆祝诞生于 1865 年的国际电联成立 145 周年。我衷心感谢 2010 年世博会安排了这个仪式，并衷心感谢诸位阁下与我们一道出席这一庆典。

一个半世纪以来，世界经历了沧海桑田的巨变，而正是信息通信技术的发展成就了这一变迁。

成立国际电联的目的在于方便国际通信业务，起初是电报信息的跨境传送。我们这个组织在漫长历史上达成了各项协议，制定了各种标准，从而实现了通信全球化，完成了从电话和传真业务到移动电话、卫星和互联网的提升。

我们始终提倡全民的通信权利、以合理价格公平使用现代通信技术的权利和参与知识社会的权利。

我们取得了丰硕成果。最值得注意的是，我们已从一个只有富国的少数人享用信息通信技术的世界，转变为一个不久将拥有 50 亿蜂窝移动用户的世界。在这样一个世界里，即使在发展中国家的农村和边远地区，家庭移动电话的普及率也已超过 50%。这是一个固定和移动宽带接入都在迅速增长的世界。

但我们前面的道路依然漫长。世界上四分之三的人民仍然缺乏互联网接入，发展中国家只有不到 5% 的人拥有宽带接入。这既是挑战，也是前所未有的机遇，或许是我们迄今遇到的推动社会和经济走向繁荣并加快实现千年发展目标进程的最大机遇。

作为国际电联秘书长，我今天在诸位面前，做出让世界变得更美好的承诺。承诺利用信息通信技术的力量推动变革，使世界变得更加美好。承诺通过确保世界各国人民都能以可承受的价格公平享用信息通信技术，使世界变得更加美好。

作为负责信息通信技术的联合国专门机构，国际电联肩负着信息通信技术监管、规范和发展的重任。我们拥有悠久而辉煌的历史，我渴望在这些坚实的基础之上，打造一个长期而成功的未来。

在这一过程中，我们依靠并感谢所有 191 个成员国的支持，这其中当然包括中国所做的一切。

事实上，令我们今天感到十分幸运的是，我们能够在这里相聚，在中国庆祝 2010 年世界电信和信息社会日，此外，我还期待着在今天下午的晚些时候向世界电信和信息社会日奖的得主颁奖。

交流活动

中方代表与国际电信联盟荣誉日代表团主要成员合影

It is with great pride that I participate in this World Expo 2010 in Shanghai -

On behalf of the International Telecommunication Union (ITU) I congratulate the Expo organizers and the City of Shanghai for a successful event.

I congratulate MIIT for the successful and fruitful collaboration with ITU.

Shanghai, 17 May 2010
International Telecommunication Day

DR HAMADOUN TOURE
Secretary General, ITU

很荣幸能参加此次2010上海世博会。

我谨代表国际电信联盟祝愿世博会组织者及上海市成功举办此次盛会。祝贺中华人民共和国工业和信息化部和国际电信联盟成功并富有成果的合作。

哈玛德·图埃

国际电信联盟荣誉日代表团所赠的水晶摆设

荷兰王国
国家馆日

2010 年 5 月 18 日

荷兰馆（C 片区，自建馆）

在馆日仪式上的中方代表致辞

我代表中国政府和上海世博会组委会，对荷兰举行上海世博会国家馆日表示诚挚祝贺！对亚历山大王储、玛克西玛王妃出席今天的馆日活动表示热烈欢迎！

世博会是人类文明成果荟萃的伟大盛会，是各国人民展示聪明才智的广阔舞台，是推动世界和平与发展的重要途径。上海世博会是探讨人类城市生活的盛会，它充分融合了“科技世博”、“生态世博”、“文化世博”等先进理念，为各国人民创新、合作、交流提供了重要平台，是一次打开未来城市之门、促进人类文明发展的盛会。我们相信，在所有参与者的共同努力下，上海世博会一定会成为成功、精彩、难忘的世博会，必将为人类可持续发展留下一份丰厚的精神遗产。

荷兰一向重视世博会在推进世界文明交流方面所起的作用。在汉诺威世博会上，荷兰曾创造将金属、混凝土与自然界完美结合的奇迹，成为参观人数最多的展馆。今天，荷兰再次凭借飞扬的想象力和卓越的创造力，为世博会展馆注入了全新的概念和崭新的元素。作为荷兰国家馆主题的“欢乐街”，充分展示了荷兰在空间、能源、水利等方面的技术创新，充分体现了荷兰民族智慧、地域风情与中国传统文化的有机融合，充分诠释了荷兰人民的开放理念和对美好幸福生活的追求向往，令人耳目一新。

“相知无远近，万里尚为邻。”中荷两国虽相距遥远，但联系紧密，有着广泛的共同利益和不断增加的共识。中荷两国建交 38 年来，政治互信不断加深，各领域互利合作持续扩大。荷兰连续 7 年保持中国在欧盟的第二大贸易伙伴地位，中国是荷兰第四大贸易伙伴。双方在农业、水利、科技等领域的交流合作处于中欧合作领先地位，

中国水利部部长 陈雷

荷兰王储 威廉·亚历山大

人文合作成果显著。

上海世博会的主题是“城市，让生活更美好”，今天，当我们漫步在长达400米的“欢乐街”上，流连于“8”字型街道两边26座独具荷兰风情的小屋时，既能欣赏到郁金香、风车和木屐的风情，也能领略低地之国独特的“治水之道”，更能体会到荷兰人民对人与自然和谐相处、对美好城市生活的诠释，这就是本届世博会的魅力之所在。

上海世博会为增进中荷两国人民相互了解搭建了新的平台，为促进两国关系持续健康发展注入了新的活力。我相信，在双方的共同努力和精心浇灌下，中荷友谊之花一定会像郁金香一样竞相绽放、绚丽多彩。

最后，祝愿今天的荷兰馆日活动取得圆满成功！

在馆日仪式上的外方代表致辞

我特别感谢中国政府、上海市政府以及世博主办方组织了这一次精彩的2010年上海世博会。荷兰特别骄傲有机会参与到了这场科技的奥运会中。

陈雷部长，我还清楚的记得在2007年您组织联合国秘书长水与卫生顾问委员会上海会议时给我们提供的指导和热情款待，您的智慧让我记忆犹新。与此同时我也很高兴再见到另一位我信赖的好朋友汪恕诚先生。回上海的感觉真好！

很多人将上海视为中国这个快速发展国度的活力经济之都，他们是对的。它的确是现代中国的摇篮，中国进步力量、现代文学和艺术的出生地。上海政府、勤勉的人民和企业在中国的发展历程中扮演了重要的角色。

荷兰人民历史上就是以四海为家的航海商人著称，我们的家园也在河口三角洲地带。所以我们历来对上海有种特殊的向往，也许反过来也是如此。

鹿特丹是上海的第一个国际友好城市。中国与荷兰之间大量城市、地区和省份的交往实现了思想与观点的融合。荷兰商界也是最早进入中国这一激动人心的新兴市场的外企，而且与中国长期保持良好的经济合作伙伴关系。

在上海进一步向金融、经济和文化大都市方向发展的过程中，很多荷兰伙伴很乐意继续与上海共同进步。本届世博会的主题“城市，让生活更美好”是非常合适的，因为面向未来，我们的关键挑战就是在持续扩张的大都市内提高人民的生活质量。

现在世界上已有超过一半的人口居住在城市，其中相当多的大都市坐落于中国和亚洲。当数以百万计的人口集中在相对狭小的区域内生活的时候，我们必须找到办法提高城市的生活质量，并将城市建成更适宜居住的地方。

荷兰是一个小国，也是一个坐落在西北欧三角洲的绿色“大城市”：地理位置独特。而且虽然规模和中国不可同日而语，但我们互为重要的伙伴。数百年以来，荷兰人民已经学会了如何在窄小的空间内解决多种类型的矛盾，这些问题与矛盾还因为我们四面环水的环境而更为复杂化。

我们非常乐意与上海以及其他中国城市分享思路和解决方案。这也是为什么不是一个，也不是两个，而是整整三个来自荷兰的参展方在本届世博会内做展示，这也是独一无二的。

第一个是我们的国家馆，它由荷兰著名建筑师Jan Kormeling设计，设计理念是一个理想城市的蓝本：“欢乐街”。“欢乐街”环绕一个八字形的独特走道建筑而成，展现了很多与空间、能源和水相关的创新性、可持续性的解决方案。

在“欢乐街”上，中国公众将可以通过参观独特的荷兰房屋体验荷兰风情。每一个房屋都组成一个微型展馆，展现荷兰各方面的创新与创造。

我们的第二个展馆是“水城鹿特丹”。它的主题是水、气候变化和城市区域创新性的应对战略。陈雷部长，相信我们对这些主题应该有共同的兴趣，我期待能与您一同参观这个展馆。

第三个展馆是在上海市静安区的荷兰文化中心，它的建立说明我们在上海的宣传声势已经超越了世博场馆范围。

本文化中心不仅介绍荷兰的文化，而且有助于加强双方合作以及两国文化交流网络的构建。我们最优秀的舞蹈家和音乐家都将来此献艺，艺术学者与学生也将来此和中国的朋友们共同进行创作。

我们希望以此强调文化对于城市的重要性，从而也为世博的主题演绎做出贡献。城市不仅仅要更美好，而且要更丰富多彩，更适宜生活。

上海的女儿，作家王安忆曾经在访问阿姆斯特丹时感到孤独和沮丧，于是便在清晨打开了她酒店房间的窗户。突然间她被荷兰一间间水道房屋背后的院子所震撼，因为它们像极了老上海的弄堂。据她说阿姆斯特丹一下子让她感觉很熟悉，很亲切，给她的思绪也带来了平静。

陈雷部长，各位领导，女士们先生们，我希望今天现实与乐观的氛围能够给大家带来熟悉和亲切感，让我们共同祝愿未来的城市生活更加美好。

欢迎来到欢乐街！

荷兰王储威廉·亚历山大的签名

荷兰王妃玛克西玛的签名

交流活动

中方代表与荷兰王国国家馆日代表团主要成员合影

荷兰国家馆日代表团所赠的艺术品

荷兰国家馆日的文化交流活动

国际博物馆协会荣誉日

2010年5月18日

在荣誉日仪式上的中方代表致辞

我代表中国政府和上海世博会组委会，对国际博物馆协会举行上海世博会荣誉日表示诚挚祝贺，对安弗伦斯总干事出席今天的荣誉日活动表示热烈欢迎。相信国际博协荣誉日活动将给每一位到访者留下美好的记忆。

世博会是人类文明成果荟萃的伟大盛会，每一届世博会都成为见证人类文明发展的驿站，在全球范围内推动广泛的国际交流，为各国和各国际组织开阔视野、展现自我，提供了机会和舞台。世博会始终高举进步的旗帜，崇尚创新的精神，坚持开放的道路，倡导和谐的理想，不断开启人类重新认识世界的窗口。

本届世博会以“城市，让生活更美好”为主题，体现了人类社会对未来更美好生活的设想和憧憬。今年是国际博物馆协会首次参加世博会并为此作了特色鲜明、异彩纷呈的安排。我们高兴地看到，在本届世博会期间国际博协以“博物馆，城市之心”为主题，在六个月的展期内分别举办欧洲、非洲、拉丁美洲及加勒比地区、大洋洲和亚洲专题月活动，全方位展示世界多样化的文化自然遗产和丰富的博物馆资源，从文化、经济、创新、社会、环境五个方面诠释博物馆与城市之间互相依存的关系。我们相信，这一系列精心的安排不仅为广大参观者带来思想与视觉上的享受，也让我们感受到，国际博协作为世界上代表博物馆和博物馆专业人员的国际组织对文化与自然遗产和博物馆事业全面、和谐、可持续发展所具有的独特的深刻理解和诠释，以及为此所做出的不懈努力和建设性成果。

崇高的人类文化和自然遗产保护事业以及共同的社会使命，使全世界137个国家的28000多博物馆工作者

国际博物馆协会馆（B片区，国际组织联合馆）

中国国家文物局局长 单霁翔

国际博物馆协会总干事 朱利安·安弗伦斯

聚集在国际博协的旗帜下。长期以来，中国与国际博协在各专业领域的交流与合作富有成果，特别是将于今年11月在上海举行的第22届国际博协大会必将使双方的合作推向一个崭新的水平。在此，我代表中华人民共和国国家文物局诚挚地邀请并热烈地欢迎大家能够在今年的11月再次莅临上海，参加国际博协2010年大会，共同推进全球博物馆界的合作交流。

祝愿今天的国际博协荣誉日活动取得圆满成功。

在荣誉日仪式上的外方代表致辞

单局长，谢谢您的热情欢迎。感谢您和我们一起在中国上海共同庆祝“国际博物馆日”，感谢您选择今天作为中国2010年上海世博会国际博物馆协会荣誉日。

自从1977年以来，每年5月18日的国际博物馆日都有一个主题。今年的主题是“博物馆致力于社会和谐”，这对于促进世界博物馆界的相互了解、对话与合作有着重要的意义。

作为世界上最大的博物馆和博物馆专业人士的国际组织，国际博协和联合国教科文组织保持良好的业务联系，致力于世界遗产的保存和保护。世博会将吸引七千万游客。在此次盛会上，国际博协有幸代表世界博物馆界，展示博物馆多姿多彩、活力十足的现代新形象。

以“博物馆，城市的中心”为主题，国际博协馆通过六大专题展区和月度活动，阐述了博物馆和社会、文化、经济、创新以及环境之间的互动关系。在为期半年的世博会上，国际博协将轮流展示五大洲的博物馆，并在每月第一个周末举办面向家庭和学校的研讨会和讲座。

国际博协的参展得到了31个国际委员会、115个国家委员会以及来自于137个国家的3万余名会员的大力支持。我们向中国以及世界各地的游客表示最热烈的欢迎，欢迎各位参观国际博协馆，参加我们举办的一系列活动。

尊敬的单局长，各位同仁，很高兴能在中国和各位分享这一欢庆的时刻。中国拥有40多万座历史建筑和2500座博物馆。国际博协以及其他文化组织都应该云集到这个21世纪的世界文明古国。我们希望通过六个月的世博会展示，以及即将于2010年11月举行的世界博协大会，提高文化事业的公众认知度，为博物馆专业人才搭建交流平台。

再次欢迎各位参观国际博协馆！让我们为21世纪的博物馆喝彩，享受它们带来的无穷乐趣！

交流活动

中方代表与国际博物馆协会荣誉日代表团主要成员合影

All the best to the gigantic museum represented by the World Expo 2010 and to the wonderful cooperation between China and ICOM

Julien ANFRUNS
Director General of the International Council of Museums

衷心祝愿 2010 世博会这个巨大的博物馆及中国与国际博物馆协会的良好合作。

朱利安・安弗伦斯

国际博物馆协会荣誉日代表团所赠的纪念徽章

德意志联邦共和国国家馆日

2010 年 5 月 19 日

德国馆（C 片区，自建馆）

在馆日仪式上的中方代表致辞

我代表中国政府和上海世博会组委会，对德国举行上海世博会国家馆日活动表示诚挚祝贺，对克勒总统出席今天活动表示热烈欢迎。相信德国馆日活动一定会取得圆满成功。

“一切始于世博会”，这句广为传诵的名言道出了世博会对人类的巨大影响力。回顾世博会走过的 159 个春秋，它经历了从对物的崇拜到人的关怀，从征服自然到尊重自然，从追求增长到推崇可持续发展的历程。在这条道路上，2000 年的德国汉诺威世博会无疑是一座重要里程碑。正是这届以“人类、自然、科技：一个诞生中的新世界”为主题的世博会，使得以“设计服务于可持续发展”为核心的“汉诺威原则”得以贯彻，“可持续发展”重要思想得以奠定和推广。从此，世博会开始秉承可持续、和谐发展的新理念。10 年之后，世博会来到上海，“汉诺威原则”和“以和为贵，以人为本，人与人相敬相爱，人与自然相近相亲”的世博理想将得以彰显和弘扬。

置身于今天的德国馆，我们看到和谐理念得到了进一步传承和发扬。我们仿佛穿行于“和谐都市”，感受内与外、光与影、建筑与自然、都市风光与田园风景之间的交替更迭，体验德国馆传达的追求改革与传统、城市与自然、集体与个人、工作与休闲的平衡与和谐的理念，这与本届世博会的主题“城市，让生活更美好”可谓丝丝入扣。

置身于今天的德国馆，我们感受到德国对上海世博会的热情与支持。德国馆是世博会场地上第一个破土动工的国外展馆。今天，克勒总统又亲临德国馆日现场。

中共中央政治局委员、上海市委书记、上海世博会组委会第一副主任委员 俞正声

德国总统 霍斯特·克勒

不久，德国在国外举办的规模最大推介活动“德中同行”将于世博会期间在上海完美谢幕。这些都充分体现了中德关系的紧密程度。两国领导人保持了密切接触，去年中德贸易受金融危机影响不大，在中欧贸易中的比重不降反升，德国对华出口与2008年持平，双方文教、科技、司法等领域交流活跃，在重大国际和地区事务中也保持着良好的沟通和协作。在当前复杂多变的国际形势下，中德两国深化各领域务实合作，携手应对全球性挑战，不仅符合两国和两国人民的根本利益，也有利于世界的和平、稳定与发展。

祝德国馆日活动取得圆满成功！

在馆日仪式上的外方代表致辞

中世纪的德国有一句谚语“城市的空气使人自由”。农奴进入城市居住满一年后就能取得自由民的身份。不仅仅是自由，对财富的希冀也驱使着人们从四面八方涌进城市。在中国，城市同样散发着诱人的光芒。贵国在15年后百万人口规模的城市将超过200个，而此等规模的城市在同期的整个欧洲也只有30来个。

世界博览会自诞生之日起，历经150年才来到世界上人口最多的国家，实属姗姗来迟。而得以在世界人口最多的国家举办则是世博会莫大的荣耀。中国再次喜迎天下客。在这里，我衷心地感谢你们对我们这支500多人的德国团队给予的热情接待。史上最盛大世博会的组织方在展会组织方面的工作成就是世界学习的榜样。而与之相比，你们的衷心欢迎还要更胜一筹。

2010年上海世界博览会组织者选定的主题“城市，让生活更美好”对整个人类都具有核心意义。1900年时，全球还只有十分之一的人口生活在城市，2007年这个比例就已攀升至50%。预计到2050年城市人口比重更是将高达四分之三。这也意味着越来越多的人们要共同生活在狭小的空间里。人类能成功建设并维持生活质量高、安全且节能的城市吗？还是说许多超级大城市将沦为未来的超级贫民窟，富人们躲避在他们的富裕孤岛上？

这个问题的答案最终必须由城市居民自己去寻得。地方行政部门只有依靠所有公民才能实现建设更好的城市，让人们过上更美的生活。如果能让人们承担起建设共同生存空间的责任，那么就能激发他们的创造力。在此过程中自然会出现不同的利益。因此，建立透明而且公平的规则对于解决不可避免的冲突尤为重要。如此一来，机会将浮出水面，也能实现和谐。

不同文化的城市应对未来的方式迥然不同。由此我认为在本次世博会上不仅仅展现国家，而且介绍各个城市是一件非常好的事情。参观者可以从展馆直接获知世界不同城市的规划者和居民将如何创建未来。这些启发的价值不可估量。这也体现出世博会汇聚各种观点的特点：世博会已由此前借助展示技术进步来提升国家声望并促进对外贸易，转变为一个联系和观点的交易场所，以一种独特的方式让人们走到一起。

21世纪的世界中城市将是什么样，在这个问题上中国的城市将不仅因其规模大小起到重要作用。试验项目的高质量让中国的城市发展独树一帜：具有远见性的有时还只是设计在绘图板上的环保城市、创造性地利用可再生能源、电力交通和新型建筑项目影响下的交通理念等等，这里只举几个例子，这些都赢得了全世界的关注。光是上海为此次世博会所进行的巨大基础设施建设就值得好好研究。

我感到非常高兴的是，继十年前德国城市汉诺威举办过世界博览会之后，德国此次能够在上海世博会上强势登场。今年的德国展馆是德国参加本土以外举办的世界博览会中规模最大的一次。我们的展馆以“和谐都市”为主题，为如何在创新与传统、城市与自然、集体与个人、全球化与国家或地区特色之间实现平衡做出了尝试。所有 16 个联邦州都在此次会展上亮相。我们希望，参观者能将某个或一些“德国制造和创造”的灵感带到明天的城市建设当中去。

除此之外，还有四个德国城市在此次世博会上拥有自己的独立展馆。我们德国城市虽然从居民人数上来看算不上超级大都市，但是实际上他们的未来能力和创造力不容忽视。汉堡作为上海的友好城市和欧洲 2011 年环保之都率先在中国为世博会建立了第一家被认证的被动屋。不来梅以电力交通为关键词介绍其环保理念，在城市现有的 40 个移动站点为市民提供电动汽车，以减少市民驾驶私家车出行。杜塞尔多夫则展现了如何转移道路，使河滨林荫道重新成为市民的公共活动场所。弗莱堡展示如何将以前的营房基地转变为能容纳 5000 居民的环保、家庭友好型市区。

“可持续的城市化”也是由胡锦涛主席和我共同担任监护人的为期三年的德中系列活动“德中同行”的主题。“德中同行”也将作为双边活动展现在世博会上。这是德国与外国共同开展的此类系列活动中为期最长、规模最大的一次。“德中同行”将德国人民和中国人民带到了一起。

德国与中国机构间的紧密合作也体现在许多其他的展馆中，由于时间的关系我都无法一一数清。如果人们仔细看的话，会发现在更多的展馆里都包含着德国元素，或是抽象的观念，或是具体的建筑部分。现实生活中，商品、服务，尤其是新颖的观念日益突破国界的限制，为什么不在世博会上体现这一点呢？只有通过负责任的合作并以世界为整体，我们才能够应对 21 世纪的巨大挑战，遏制住气候变化，有效减少世界贫困，即便是最强大的国家也不能单独实现其利益。世界因此需要一个新的合作型世界政治。

中国这样的新兴国家所担负的责任也将随之增大。

我把世博会称为观念的交流，我确信 2010 年上海世界博览会将对这一交流做出重要而持续的贡献——为了我们同一个地球上更好的城市和更美的生活。

Die Welt zu Gast in China:
das ist Zukunft und Deutschland
freut sich, dabei zu sein.

Horst Köhler

世界来宾作客中国：
这就是未来，德国很高兴参与其中。

霍斯特·克勒

德国馆日代表团所赠的钢笔套装

交流活动

中方代表与德意志联邦共和国国家馆日代表团主要成员合影

德国馆日的文化交流活动

德国馆日的流行音乐表演

国际竹藤组织荣誉日

2010年5月20日

国际竹藤组织馆（B片区、国际组织联合馆）

在荣誉日仪式上的中方代表致辞

值此上海世博会国际竹藤组织荣誉日之际，我谨代表中国政府和上海世博会组委会，对国际竹藤组织举办上海世博会荣誉日表示热烈祝贺，对国际竹藤组织成员国各位部长、驻华使节以及中外各界代表莅临指导表示衷心感谢！

世博会是人类文明发展的驿站，更是人类文明成果的盛宴。世博会始终高举进步的旗帜，崇尚创新的精神，坚持开放的道路，倡导和谐的理想，不断开启人类重新认识世界的窗口，为世界各国和国际组织开阔视野、展现自我、推动国际合作与交流搭建了一个广阔舞台。本届上海世博会，是世博会创办159年来第一次走进发展中国家，具有非凡的意义。上海世博会以“城市，让生活更美好”为主题，展示了一个文明古国对未来的全新探索和加强与世界合作的诚意与决心，表达了人类社会对美好城市生活的憧憬。我坚信，在所有参与方的共同努力下，上海世博会一定会取得圆满成功，一定会成为增进世界各国人民友谊的盛会，促进人类进步的盛会，推动合作创新和和谐发展的盛会。

在以往世博会上，我们曾欣赏过国际组织的风采。在上海世博会上，首次参展的国际竹藤组织更是以其独特的专业视角和人文情怀，围绕“竹藤·人居·环境”的主题，设计建造了国际竹藤组织馆。置身由环保节能材料建成的国际竹藤组织馆，我们可亲眼目睹竹、藤产品在衣、食、住、行等人类生活各领域的广泛应用，亲身领略竹藤在未来城市发展、加快城乡互动方面的巨大潜力和广阔前景。

国际竹藤组织自1997年11月在北京成立以来，一

中国国家林业局局长 贾治邦

国际竹藤组织总干事 古珍博士

直与东道国中国政府和相关行业保持着密切而良好的合作关系。在2005至2007年期间，本人非常荣幸担任本组织理事会主席。在其13年的发展历程中，中国政府各有关部门为国际竹藤组织提供了全力支持，国际竹藤组织也为东道国的扶贫和生态建设以及南南合作搭建了良好的国际平台。中国作为东道国，愿与国际竹藤组织共同努力，密切协作，为促进中国乃至全球可持续发展做出新的更大贡献。

在全球城市化进程不断加快、科学技术日新月异的今天，人类唱响了人与自然共存共荣的和谐之歌，发出了城乡协调发展的希望之声。国际竹藤组织荣誉日活动使我们看到了竹藤寄寓的未来，也使我们对生态建设、保护环境、消除贫困、多元发展充满了无尽遐想。这种期待和遐想正是世博会的魅力所在，也是全世界人民追求更美的城市，更好的生活，更深的情谊，共同缔造人与人、人与自然和谐共存，实现全球可持续发展的动力和源泉。让我们怀着这些期待和遐想，携手并肩，共同努力，创建更加美好的明天。

最后，预祝国际竹藤组织在上海世博会期间的各项活动取得圆满成功！

在荣誉日仪式上的外方代表致辞

非常欢迎大家能够在这里参加INBAR馆日。我也非常期待即将召开的INBAR竹藤大会。

竹藤资源能够美化我们的生活。它们不仅为保护环境作出贡献，还可作为人造产品的替代品。促使我们的城市更加环保，使我们的居住地更加美丽。我们有多少人家里铺竹地板，用藤编椅子，在厨房用竹制器具以及穿着竹制衣服？在世界各地，越来越多的人开始意识到使用竹藤产品不但有利于保护环境，对使用者本身也有益， 因此， 越来越多的竹藤产品已经成为人们生活的必须品。

尽管藤制家具以及竹筷早在几百年就出现。但如今竹产品被广泛应用在现代生活中。竹地板早在20世纪80年代就已经生产，竹制衣服在90年代末出现。现在竹纤维可被加工用在许多方面，例如在INBAR展馆里展出的竹制风车叶片。

另外，竹制房屋也已经不只用作为穷人提供庇护的雨棚。在世博园区内，您便可以发现很多展馆内的建筑，比如西班牙，印度、挪威、越南、印尼等，都因其通用性、耐久性和持续性而用竹藤建造。我很高兴能在这里看到这些活生生的示范例子，并希望这些合作伙伴和以及世界范围内的其他朋友继续推动竹藤制品的利用，使我们的城市、我们的生活更加美好。

在20世纪80年代初，出现了竹板成压技术后，竹藤研究者，企业家以及爱好者们开始定期召开会议，讨论最新进展。直到1997年，他们成立了总部位于中国的国际竹藤组织，世界上唯一一个致力于开发竹藤资源效益，致力于为消除贫困作出贡献。

作为INBAR总干事，很高兴看到竹藤资源为消除世界贫困所作出的贡献。在世界范围内，约10亿人口依靠竹藤资源维持生计。竹藤资源为世界经济创造近几十亿美元的价值。INBAR在世界范围内开展项目帮助人们种植、加工以及推广竹藤资源及产品，以此增加他们的收入，减少贫困。

创新是我们工作的核心内容。如今，竹子资源被用于生产各类新的产品。我们的核心任务就是研究如何生产以及推广这些产品使世界最贫困地区的人民获益。INBAR 在菲律宾的项目就是一个典型例子，我们致力于运用现代创新技术，用手工方式制造竹制层积板，以此帮助当地居民增加收入，改善其生活条件。此外，我们还帮助开发国家级竹林管理及保护生物多样性标准，以及竹建筑标准，以确保合法、安全及经济建造竹制房屋。

INBAR 是第一个总部设在中国的政府间组织，一直以来，我们很感谢中国政府对我们工作的支持。如果没有中国政府的大力支持，我们今天也不可能相聚在上海。对所有来自中国的朋友和客人们，我再次表示热烈的欢迎。希望你们能够喜欢 INBAR 展馆和随后的活动。我们将尽我们最大的努力让大家更好的了解竹藤资源和产品。

此外，对于我们的成员国，我也表示感谢和热烈的欢迎。我们的成员国从刚创建时的 9 个国家发展到现在的 34 个国家，另外还包括两个刚提交申请的国家，即巴拿马和布隆迪。我们的目标是到 2015 年，拥有 50 个成员国。在过去几年内，INBAR 和各成员国合作愉快。 我们在喀麦隆和阿根廷地区制定竹藤资源发展机遇规划；在厄瓜多尔、埃塞俄比亚、印度、秘鲁和乌干达地区帮助制定国家发展计划。我们还推动竹藤资源在解决全球问题中发挥作用，例如全球气候变化。此外， 我们还致力于开发新领域的项目。在埃塞俄比亚和加纳，我们发展了近千个竹炭生产企业作为木炭的替代产品，以及在厄瓜多尔洪水多发区建造的竹制高跷房屋项目，曾在去年获世界银行举办的发展市场比赛的优胜者。

那么，INBAR 为什么参加本次世博会呢? 大多 INBAR 的项目基于贫穷的农村地区，这使得建立同城市的联系变得尤为重要。通过和相关产业、主要消费者，以及市场引领者和创新者的合作，将竹藤产品发展成环境友好型，以及满足人们高品质生活的可替代资源。世界上很多城市过度拥挤，并且为移民提供的生活机会很少。在未来几十年内，竹藤产品的发展，不仅将解决农村人口的贫困问题，还将为城市人口提供一种新的生活、生计方式。我们不单单只是种植、生产或者销售竹藤产品，更为重要的是，我们因为其外观及质量，以及社会、环境价值而使用它，喜欢它。

最后，祝愿大家度过开心的一天。

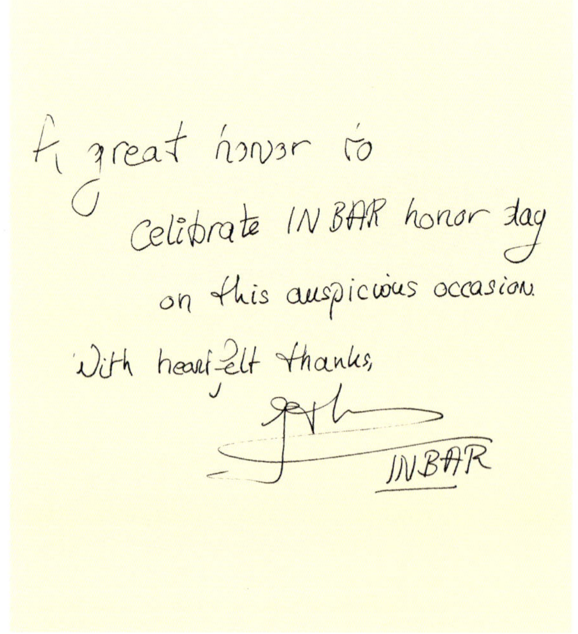
A great honor to
celebrate INBAR honor day
on this auspicious occasion
With heartfelt thanks,
INBAR

非常荣幸在如此吉祥的场合庆祝国际竹藤组织的荣誉日，十分感谢。

古珍

国际竹藤组织荣誉日代表团所赠的工艺品

交流活动

中方代表与国际竹藤组织荣誉日代表团主要成员合影

国际竹藤组织荣誉日的竹乐表演

奥地利共和国国家馆日

2010年5月21日

奥地利馆（C片区，自建馆）

在馆日仪式上的中方代表致辞

我代表中国政府和上海世博会组委会，对奥地利举行上海世博会国家馆日表示诚挚的祝贺，对法伊曼总理出席今天的馆日活动表示热烈的欢迎。

世博会是人类文明成果荟萃的伟大盛会，为世界各国开阔视野、展示自我、相互交流提供了机会和舞台。斗转星移，世博会已经走过了159个春秋，今年，注册类世博会第一次在发展中国家中国举办，充分体现了世博会强大的生命力，也充分显示了国际社会对发展中国家的重视与支持。

奥地利拥有百年世博情结，向来重视世博会在推进世界文明交流方面所起的作用。早在1873年维也纳世博会上，“城市建设”就已经受到重视，维也纳通过举办世博会，对多瑙河进行疏浚开通，对维也纳城市进行大规模的改造和建设，至今仍是世界城市改建成功的典范。在以往的世博会上，我们曾经多次欣赏奥地利的精彩展示。今年1月21日，值此上海世博会开幕倒计时100天之际，菲舍尔总统亲自来到建设中的世博园区，为奥地利馆馆名揭幕。本届世博会奥地利馆将人类生活与自然紧密相连，草地和森林一直延伸到城市中央，充分体现了城市与自然和谐发展的理念，完美展示着“城市，让生活更美好”的理念。

奥地利馆外墙选用“中国瓷”贴面，优雅地映射出中国向欧洲出口瓷器的悠久历史，同时也象征着奥地利将一座瓷质建筑带回了瓷器故乡——中国。中奥两国关系紧密，建交39年来，两国关系发展良好，政治互信不断加深，各领域互利合作持续扩大。2009年，尽管受国际金融危机影响，奥地利对华出口额仍比2008年增长5%。双方在科技、文化、旅游、卫生、人员培训等领域的交流与合

中国上海市市长　韩正

奥地利总理　维尔纳·法伊曼

作日渐深化，成效显著。在国际和地区事务中，两国也保持密切合作。当前国际政治经济形势下，中奥两国进一步加强合作尤显重要，也符合两国和两国人民的利益。

最后，祝奥地利馆日活动取得圆满成功！

在馆日仪式上的外方代表致辞

首先祝贺中国政府、各位政府官员以及世博团队成功筹备组织了精彩的 2010 年上海世博会。感谢东道主给予我们的热情款待和积极合作。

中国 2010 年上海世博会是迄今为止规模最大的世界博览会，是继 2008 年成功举办奥运会之后中国举办的另一项大规模盛会。

即便在网络发达、“脸谱”和“推特”等社交工具备受青睐、视频会议便捷的今天，世博会这样的活动对于促进人际沟通交流依然发挥着重要的作用。

我们认为参与世博会为我们提供了一个大好机遇，向世界展现一个技术发达的现代奥地利形象。此外，世博会也有助于加强奥地利和中国乃至整个亚洲的经贸联系。

“城市，让生活更美好”不仅是本届世博会的主题，也是 21 世纪的主题。联合国最近出版的一份研究报告证实，到 2030 年约 60% 的世界人口将生活在城市。城市化的迅猛发展带来了社会、经济和文化的巨大挑战。作为东道主的中国向世界证明了这些挑战中也蕴藏着城市发展的重大机遇。

拥有高质量生活的奥地利就是“城市，让生活更美好”的最佳诠释。我相信奥地利可以提供许多城市发展的有益经验。根据美世（Mercer）2009 世界生活质量调查，维也纳是榜首城市，在欧洲绿色城市指数的排名上维也纳也名列前茅。对于创造城市宜居环境的一些重要要素，如基础设施、能源、环保、医疗卫生和服务方面，奥地利的企业拥有许多一流的技术和产品。

世博会为加强中奥两国政治、文化、科技和经贸关系提供了一个非常良好的机遇。中国是我们在亚洲最重要的经济伙伴，即便在全球金融危机的时候，我们的双边贸易额在 2009 年也增长到了 65 亿欧元的水平。近年来双方共开展了约 900 个投资项目，总投资额达到 10 亿美元。2009 年奥地利接待了约 15.5 万名中国游客，直接反映了我们高质量的生活水平。

在上海世博会上，我们呈现在世人眼前的是一座精彩绝伦的瓷质展馆。这一具有未来感的建筑是由设计师斯潘（Span）和泽蒂诺格鲁（Zeytinoglu）共同设计演绎的。展馆本身和馆内的多媒体展示在开馆之初已经获得了众多好评。

展馆的互动之旅带领游客从高耸的山脉跨越森林和草地，穿过河谷低地，最终来到城市，充分体现了“畅享和谐奥地利”这一场馆主题。这一展现我们多元文化的时空之旅将有助于加深游客对奥地利的了解。

我相信奥地利积极参与中国 2010 年上海世博会将为加强中奥双边关系奠定新的基石。

交流活动

中方代表与奥地利共和国国家馆日代表团主要成员合影

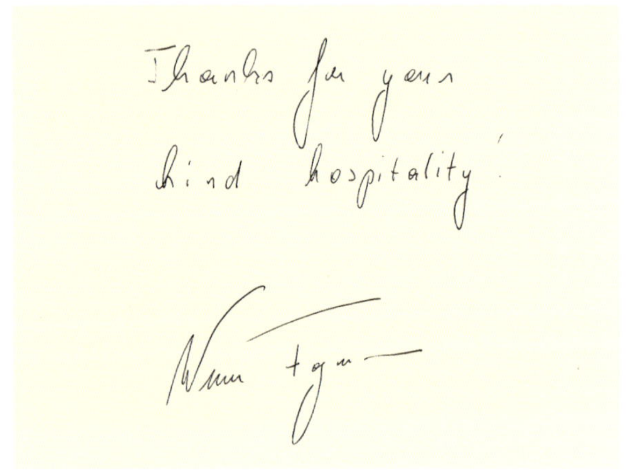

Thanks for your kind hospitality!

感谢您善意的款待。

维尔纳·法伊曼

奥地利馆日代表团所赠的 CD

奥地利馆日的文化交流活动

波兰共和国国家馆日

2010年5月22日

在馆日仪式上的中方代表致辞

今天，我们相聚中国上海，相聚在美丽的世博园区，共同庆祝一个喜庆的日子——波兰国家馆日！

中波虽相距遥远，但两国传统友好。1949年10月中波建交，波兰是首批承认并与新中国建交的国家之一。2004年胡锦涛主席访波，将中波关系提升为友好合作伙伴关系。近年来，中波关系不断发展，两国领导人保持接触，经贸合作发展迅速，波兰多年来一直是中国在中东欧地区最大贸易伙伴。两国文化、教育、科技、基础设施建设等领域合作不断扩大，地方交往活跃，人员往来频繁。双方在国际事务中保持良好沟通与协调。

波兰馆是上海世博园区一颗璀璨的明珠。波兰馆外形抽象且不规则，仿若民间剪纸，使参观者获得有趣的视觉体验；内部空间灵活，为展览、音乐会和其他需要创造性地分割为各种功能区域，布局设计充满人性化；在这里，我们既可以欣赏肖邦钢琴演奏会，也能观看来自中波两国的舞龙表演，更能在年轻人的欢乐节里感受波兰的朝气与活力。波兰馆建筑本身融入了波兰人对生活的创造力和想象力，成功演绎了“波兰在微笑”的主题。

世博会是全球多元文化交流的大平台，用一个主题在半年时间内将全球数百个参展方、数千万宾客聚到一起，是促进世界多元文化交流合作的重大机遇。在3.28平方公里的美丽园区里，有300多个充满文明魅力、文化创意的展馆；在184天的运行期里，这里将举办2万多场风情各异、充满创意的活动！上海世博会为中国人民了解世界文化开启了窗口，更为中国文化走向世界开启了大门！希望博格丹·兹德罗耶夫斯基部长和贵国嘉宾

波兰馆（C片区，自建馆）

上海世博会中国政府副总代表 苑桂森

波兰文化部长 博格丹·兹德罗耶夫斯基

在饱览世界文明后，多抽出一些时间到上海、到中国其他地方走一走、看一看，向中国人民传递波兰人民的深厚情谊，亲身感受中国人民的热情好客，进一步增强中波两国人民的友谊！

最后，我代表中国政府和中国人民，祝福波兰国家馆取得圆满成功！祝中波两国友谊之树常青！

在馆日仪式上的外方代表致辞

今天，我们相聚在上海，共同庆祝上海世博会波兰国家馆日。

上海是一座文明、进步、发展的开放城市，当今世界各国面临着各种各样挑战，一些国家顺应世界趋势发展，还有一些国家则自己创造发展的经验。但是，我们认为最幸福的国家是利用其他国家的经验来发展自己，为此，对这些国家，我们应该更为尊重、更为重视，并表示敬佩。中华人民共和国属于对世界其他民族、其他社会提供良好发展机会和经验的国家之一，这几年，中国已经成功地举办了奥运会，我敢肯定，上海世博会也会取得圆满成功。

今天，我还想向大家介绍一下我的祖国——波兰。现在看欧洲国家的发展，特别是经济方面的发展，波兰可以说是一个“绿岛”。在国际金融危机下，波兰取得的成就是相当大的。当然，波兰人民也面临着同样的问题。同其他国家一样，也有着许多共同点。不久前，波兰发生了一件非常不幸的事件，今年4月，我们的总统专机坠毁，总统及夫人以及一些波兰杰出的政治家遇难。当时中华人民共和国的领导人，向波兰发出了慰问和哀悼，对此我们表示衷心感谢。从另一方面讲，尽管我们面临着国际金融危机，尽管我们也遭遇了不幸事件，波兰仍然是一个充满活力，具有经济、社会发展潜力的伟大国家。

我到上海之前，听到许多人在夸奖我们的国家馆，认为上海世博会波兰馆的设计非常出色和优秀。同时，我也听到这样的说法，一些人认为波兰国家馆是最有中国色彩的展馆之一，对此我认为确实是有一些共同点。波兰和中国都十分尊重民间艺术，尊重自己的传统，尊重自己的根源和历史。同时，又坚持对外开放，愿意接受其他国家、其他社会的文明成果。“微笑着的波兰”是一个在经济发展方面很有实力、有着悠久历史和丰富的文化遗产的国家，我们参展上海世博会带来展示的重要部分是我们国家的文化。伟大的波兰钢琴家、作曲家肖邦，今年恰逢诞辰200周年，我认为肖邦在中国也是一个家喻户晓的名字。但更为重要的是，现今已有很多中国人能够用非常优秀的技艺来演奏肖邦的音乐。今年，我们在波兰开始举办一些有关肖邦的活动，第一场音乐会就有一位来自中国的优秀钢琴家朗朗先生参加，这些活动具有象征性意义，象征着波中两国60多年来一直保持着良好的合作交流关系。

在上海世博会宣传和介绍波兰的经济、文化，最重要的对象就是人，中国公民、上海市民以及所有的参观者。上海世博会的主题是“城市，让生活更美好”，在这一点上，波兰人认为美好的城市生活来源于人的乐观和进取心。现在，中国有很多这样乐观、对外开放、进取心很强的人，我们波兰也有。他们造就了世界上各个地方、各个城市的独特性。

在波兰，也有许多敢于创新、对外开放、对未来持有乐观态度的波兰人，他们非常好客，他们欢迎来自各国，包括来自中国的人们去波兰，了解我们的文化、了解我们的历史、了解我们的社会，也许这就是上海世博会给我们带来的最为实际的成果。

交流活动

中方代表与波兰共和国国家馆日代表团主要成员合影

Wystawa Światowa EXPO 2010 w Szanghaju jest wielkim wydarzeniem dla narodu chińskiego, symbolem bogactwa jego kultury oraz dynamicznego rozwoju społecznego i gospodarczego Chin. Reprezentowanie władz Rzeczypospolitej Polskiej na tym wspaniałym wydarzeniu stanowi dla mnie ogromny zaszczyt i powód do wielkiej satysfakcji.

Mam nadzieję, że uroczyście obchodzony dzisiaj w Szanghaju Dzień Polski, w tak ważnym dla Polski roku – Roku Chopina, pozwoli na zaprezentowanie bogatej kultury i osiągnięć rozwoju gospodarczego społeczeństwa polskiego oraz stanie się kolejnym wydarzeniem potwierdzającym znakomite tradycje wieloletnich kontaktów i przyjaźni polsko-chińskiej. Chciałbym, aby Polska – w naszym narodowym pawilonie, w teatrach i na ulicach Szanghaju – pozostała na długo w pamięci wszystkich odwiedzających Wystawę oraz aby jak najwięcej spośród nich uzyskało w niedalekiej przyszłości możliwość osobistego przekonania się o atrakcyjności Polski jako szanującego swoje tradycje, a jednocześnie nowoczesnego i otwartego państwa europejskiego – kreatywnego zagłębia Europy. Wierzę, że wydarzenia organizowane

波兰馆日代表团
所赠的肖邦雕塑

2010 年上海世博会是中华民族的一件盛事，也是中国悠久文化与社会经济飞跃发展的象征。我能够代表波兰政府出席此次活动，深感荣幸和喜悦。

今年是波兰的肖邦年，对波兰来说意义重大。我希望，在这一重要时刻举行的波兰馆日活动不仅能充分展示波兰丰富的历史文化和社会经济发展成果，也能成为波中两国友好交流与合作传统的延续。我希望，波兰馆举行的一系列活动能够为参观者留下深刻而美好的印象，他们中的一部分人能够在不久的将来来到波兰这个新兴欧盟国家，亲身感受这里的传统，现代与活力。

博格丹·兹德罗耶夫斯基

波兰馆日的舞蹈晚会

瑞典王国
国家馆日

2010 年 5 月 23 日

瑞典馆（C 片区，自建馆）

在馆日仪式上的中方代表致辞

我首先代表中国政府和上海世博会组委会，对瑞典举行上海世博会国家馆日表示诚挚祝贺！对卡尔十六世·古斯塔夫国王陛下和奥洛夫松副首相阁下出席今天的馆日活动表示热烈欢迎！

世博会是人类文明成果荟萃的伟大盛会。世博会高举合作的旗帜，在全球范围内推广了广泛的国际交流。世博会始终崇尚创新的精神，有力地促进了各国走向国际化和现代化的进程。世博会倡导和谐的理想，把各国人民汇聚在和平、友爱的世博大家庭里。

本届上海世博会是国际展览界的又一盛事，也是世界各国人民相互交流、谋求共同发展的历史机遇。今年，各国将围绕“城市，让生活更美好”的主题，展示城市文明成果，交流城市发展经验，传播先进城市理念，为缔造生态和谐社会和人类的可持续发展作出贡献。

瑞典国家馆以“创意之光”命名，是一座充满创意的建筑，体现了城市与自然、城市与乡村的互动，我们从中深深领略到瑞典人民热爱自然、热爱城市、创新求变的精神。今天，我们将欣赏瑞典的林色湖光，体验令人难忘的人与自然和谐之旅，它促使我们超越地域和文化的界限，与世界各国人民相聚在一起，共同走上尊重自然、热爱城市、推崇可持续发展的道路。

瑞典同中国虽相距遥远，但诺贝尔的故乡在中国早已闻名遐迩。当前，中瑞双边关系全面发展，两国在各领域的交流与合作不断深化，今年又适逢中瑞建交 60 周年，衷心希望双方以本届世博会和两国建交 60 周年为契机，共同努力，为中瑞友好合作关系赋予新的内涵、增添新的活力。

中共中央政治局委员、上海市委书记、上海世博会组委会第一副主任委员　俞正声

瑞典国王　卡尔十六世·古斯塔夫

最后，祝愿瑞典馆日活动取得圆满成功！

在馆日仪式上的外方代表致辞

今天我很高兴也很荣幸前来参加上海世博会瑞典国家馆日庆典。瑞典一向非常支持上海举办世博会。此次盛会取得如此巨大的成功，着实令我们欢呼雀跃。

今天我想对世博会的组织方表示祝贺。尊敬的俞正声书记，贵国为筹办世博会投入了巨大的精力。虽然全世界对此次史上规模最大的世博会寄予了厚望，但是我们看到，贵国不负众望。

2010 年上海世博会的主题有关可持续城市发展的挑战。我们如何建设更美好的城市、带来更美好的生活，这些是全世界共同面临的问题，值得我们为此而共同努力解决。2010 年上海世博会的重要意义在于我们可以相互交流讨论，携手塑造一个更持久的未来。

本届世博会的主题“城市，让生活更美好”很符合瑞典的实际。我们在创造可持续的城市生活方式上积累了多年的经验、思路和解决方案。

我们认为，这些问题的最佳解决方案是创新与合作，我们瑞典馆的主题“创新之光”也因此得名。瑞典创新源于团队合作、趣味和对每个个体的尊重。因此瑞典一直被评为全球最具创新精神的国家之一。

瑞典馆的“创新之光”是我们对世博会主题“城市，让生活更美好”的献礼。我们的星球和社会的未来掌握在我们的手里。为此，我们要努力创造各种可能的条件，推动创新、沟通和可持续性。

此次瑞典参展是我国规模最大的海外项目。瑞典政府、私营部门、各地区、各机构、大学和艺术家都在瑞典馆中充分发挥各自的创新能力。今天有不少合作伙伴和支持单位来到了庆典仪式的现场。我认为今天的国家馆日也应该是对他们的努力和奉献的庆祝。

这也充分显示出瑞典参展世博得到了国内商界和公共部门的共同支持。

大家都知道，今年是中瑞建交 60 周年。早在 18 世纪，哥德堡号的起航就开启了两国几百年的贸易与联系。

中国是瑞典在亚洲的第一大贸易伙伴，瑞典的在华企业有四百余家。有些公司已经在中国发展超过一百年了。例如，1892 年，爱立信在上海向中国售出了第一台电话交换机。

瑞典对华出口的三分之二都是运往华东地区，而上海就是该区域的枢纽。这也充分彰显了瑞典和中国，特别是和上海的密切联系。希望这种联系能通过为期六个月的世博会得到进一步巩固加强。

尊敬的阁下们，女士们，先生们，我衷心希望世博会能够进一步加强和改善中瑞两国的关系。

交流活动

中方代表与瑞典王国国家馆日代表团主要成员合影

瑞典国王卡尔十六世·古斯塔夫的签名

瑞典馆日的文化交流活动

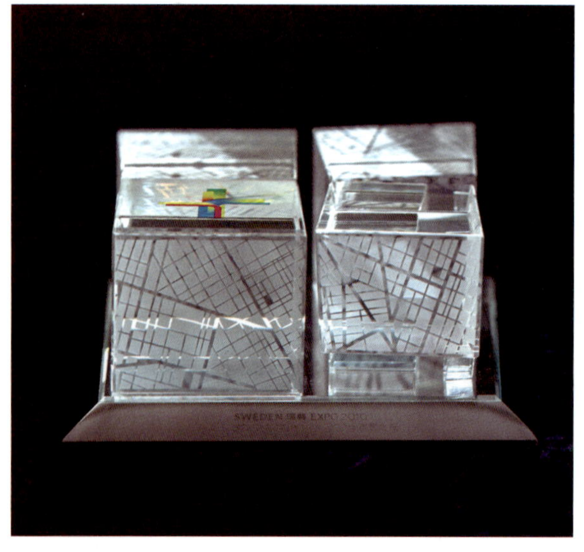

瑞典馆日代表团所赠的瑞典馆模型

馆日活动中瑞典歌唱家的精彩演唱

黑山
国家馆日

2010年5月24日

在馆日仪式上的中方代表致辞

5月的上海鲜花盛开，世博会的召开和黑山国家馆日活动的举办使这里暖意更浓，景色更美。借此机会，我谨代表中国政府和上海世博会组委会，对黑山国家馆日的举办表示热烈祝贺，对远道而来的武亚诺维奇总统及各位嘉宾表示诚挚欢迎！

源自人类创新、创造冲动的世界博览会，自诞生之日起，便推动着世界登上一个又一个文明阶梯。它是不同国家、不同信仰、不同肤色、不同民族可以充分共享的人文财富，承载着人类对未来的期望，启迪着人类的创新意识、公民意识、责任意识和世界意识。

159年来，世博会始终在回答人类文明进步中看似无法逾越的一系列课题，直面人类社会不同历史发展阶段的矛盾与困境。“城市，让生活更美好”，这是2010年上海世博会的主题。我们期待着包括黑山在内的世界各国、各地区以上海世博会为平台，充分展示城市文明成果、交流城市建设经验、传播城市发展理念、探讨城市互动发展，探索更好的人居模式，实现“全世界城市，让全世界人民生活更美好”的共同愿景。

驻足在精心布置的黑山国家馆内，通过声光影像等技术手段，我们犹如身临其境，仿佛在群山峻岭之巅极目远眺，在郁郁葱葱的森林中自由呼吸，在浪漫迷人的亚德里亚海滩上沐浴阳光，在别具风情的布德瓦古城中探寻岁月的足迹。自然天成的原生态美景让我们感受到黑山视城市为“联系人类与自然的桥梁”的理念。黑山通过自己的展示，生动诠释着“城市，让生活更美好”的世博主题，体现出人与自然和谐相处的理想境界。

黑山是一个拥有悠久历史和灿烂文化的年轻国家。

黑山馆（C片区，欧洲联合馆）

中国教育部部长 袁贵仁

黑山总统 菲利普·武亚诺维奇

潜在的发展前景和丰富的旅游资源，正吸引着越来越多的人们将目光投向黑山。建交四年来，中黑关系发展顺利。两国经贸、文化、教育、旅游等领域合作快速推进，取得可喜成果。我们相信，上海世博会将会在中国和黑山人民之间架起一座理解、友谊和合作的桥梁。

伟大的黑山诗人涅戈什曾经写道："坚硬的核桃非同一般，有人来咬会把牙齿崩掉。"多少年来，正是这种"硬核桃"精神激励着黑山人民战胜重重困难。面对当今世界各种各样的全球性挑战，人类需要"硬核桃"精神。让我们携起手来，不论国家面积大小，人口多少，实力强弱，同舟共济，迎难而上，共同创造更美的城市、更好的生活，共建和平、共谋发展、共享繁荣。

作为黑山国家馆日的重要活动，黑山民族歌舞团、打击乐团将为参观者联袂呈现精彩演出，充分展示黑山传统文化和现代艺术的魅力。相信黑山国家馆日活动将给所有参观者留下美好而难忘的印象。

最后，再次祝愿黑山国家馆日活动取得圆满成功！

在馆日仪式上的外方代表致辞

经历了一个多世纪，黑山重新以独立国家的身份参加在上海—我们的友邦中国举行的世博会。对此我感到非常高兴。105 年前，黑山公国在比利时列日世博会上曾展示过民族服饰和兵器制品引起世人的广泛关注。如今，在 21 世纪初，黑山通过上海世博会向世人介绍自身历史，自然和人力资源以及经济潜力。黑山传统的价值观强调自然资源与精神财富的有机结合，这一价值观通过我们的参展主题联系人类和自然的桥梁来体现。

黑山虽是地中海小国，但自然资源得天独厚，我们有巍峨的山脉，清澈的湖泊，奔腾的河流，广阔的沙土地以及碎石沙滩。作为东西方交通要塞以及欧洲大陆地中海国家，黑山独特的地理位置使其受到多种文明的青睐。伊利里亚、希腊、罗马、拜占庭、斯拉夫文明都曾给黑山留下了丰富的历史文化遗产。在黑山，古老和现代文明得到和谐统一，正因如此，黑山令世人着迷不已。

参加上海世博会对黑山而言也是一个挑战，我们期待通过在世博会上的展示使人切身感受黑山的参展理念和主题。参加世博会也体现了黑山与上海的传统友谊和两国间富有内涵的双边关系。2010 年世博会是我们交流经验、彼此学习借鉴的好机会。在 2008 年的奥运会之后短短几年，中国再次成为世界的焦点。上海世博会是历届世博会中的精品，中国人民再次创造了令世人惊叹的奇迹。我谨向贵国和贵国人民致以崇高敬意。

从 5 月 1 日起，上海这座令世人赞叹的大都会无疑成为各国展示自我的大舞台。从某种意义上而言，上海本身就是个万国博览会，2010 年世博会是非凡的创造力、丰富的经验以及团队合作的伟大成果。黑山能够成为这一盛事的一份子，我们深感荣幸。谢谢各位，希望黑山馆给您留下美好的印象。

交流活动

中方代表与黑山国家馆日代表团主要成员合影

Nakon 105 godina nezavisna
Crna Gora je ponovo na
najvećem EXPO-u svijeta
Prvi put kao Knjaževina Crna
Gora a sada kao nezavisna
država Republika Crna
Gora
Raduje nas da je ovaj
važan događaj za Crnu
Goru u prijateljskoj Kini.
Našem velikom i vječnom
prijatelju. Hvala.
Šangaj Predsjednik CG
27. maja 2010 Filip Vujanović

105 年前，黑山公国首次参加世博会。现在，作为独立的共和国，黑山再次在规模最大的一届世博会上亮相。

中国是黑山多年的好朋友。世博会这一对黑山意义重大的盛事在友好的中国举办令黑山倍感高兴。谢谢！

菲利普·武亚诺维奇

黑山馆日代表团所赠的艺术画

黑山馆日的民族舞蹈表演

厄立特里亚国
国家馆日

2010年5月25日

在馆日仪式上的中方代表致辞

尊敬的阿斯卡露部长，女士们、先生们：

昨天，是厄立特里亚的国家独立日。今天，我们相聚中国上海，相聚在美丽的世博园区，共同庆祝一个喜庆的日子——厄立特里亚国家馆日！

中厄两国虽相距遥远，但传统友谊源远流长。1993年厄立特里亚国成立当天，两国就建立了外交关系。建交17年来，中厄两国在维护民族独立和建设国家的事业中相互支持、团结合作，两国人民友谊不断加深。近年来，双方政治互信不断增强，经贸合作进一步深化，文化等领域交流日益频繁，在国际和地区事务中保持着密切沟通和配合。中方珍视中厄传统友谊，愿同厄立特里亚政府和人民携手努力，不断丰富中厄友好合作关系，共同开创两国合作更加美好的未来。

非洲联合馆是上海世博会最大的联合馆，馆内有包括厄立特里亚在内的43个独立展馆，数量达历届世博会之最。厄立特里亚国家馆的展示主题是“厄立特里亚城市化的哲学和发展”。展馆将展示大阿斯马拉城及其卫星城区基础设施和社会服务的变化，以及大阿斯马拉城丰富的拜占庭和伊斯兰文化遗产。在这里，我们既可以欣赏“和谐之城”的美丽、安静与安全。同时，也能够深刻理解自然和人文的和谐，了解厄立特里亚先进的环保技术和轻松和谐的农村生活。

世博会是全球多元文化交流的大平台，用一个主题在半年时间内将全球数百个参展方、数千万宾客聚到一起，没有其他人类活动能够如此紧密地凝聚世界人民和国际社会。中国2010年上海世博会是促进世界多元文化交流合作的重大机遇，在3.28平方公里的美丽园区里，

厄立特里亚馆（C片区，非洲联合馆）

上海世博会中国政府副总代表　马恩汉

厄立特里亚旅游部长　阿斯卡露・门克莉奥斯

有300多个充满文明魅力、文化创意的展馆；在184天的运行期里，这里将举办2万多场风情各异、充满创意的活动！上海世博会为中国人民了解世界文化开启了窗口，更为中国文化走向世界开启了大门！希望阿斯卡露部长和贵国嘉宾在饱览世界文明后，多抽出一些时间到上海、到中国其他地方走一走、看一看，向中国人民传递厄立特里亚人民的深厚情谊，亲身感受中国人民的热情好客，进一步增强中厄两国人民的友谊！

最后，我代表中国政府和中国人民，祝福厄立特里亚国家馆日取得圆满成功！祝厄立特里亚人民幸福安康！祝中厄两国友谊之树常青！

在馆日仪式上的外方代表致辞

尊敬的马恩汉大使阁下，尊敬的来宾们、女士们、先生们：

昨天具有特殊的历史意义，能够与友人、同胞一起见证这一特殊的日子，我感到荣幸之至。同样，能够受邀参加2010年中国上海世博会，我感到十分高兴。首先，我谨代表我国总统祝贺胡锦涛主席2010年中国上海世博会隆重开幕，祝贺世博各项活动在上海这座魅力之都顺利开展。今天的庆祝活动形式独特、内容丰富，实为平生罕见。能够有幸参与今天的活动，我感到荣幸备至。感谢2010年上海世博会主席和世博会组委会的辛勤付出，昨日“城市，让生活更美好”这一设想得以在今日生根，并在明日开花、结果。厄中两国相距遥远。从国土面积和人口上看，厄立特里亚总人口也仅能媲美上海市区的一角。然而，厄中友好邦交稳定，在国际和地区的重大问题上看法相似、立场一致。两国在社会经济领域的合作日益密切，涉及教育、医疗、体育等领域。厄中关系最早始于丝绸之路时期，厄立特里亚的阿杜利斯港当时是进入欧洲市场的重要港口。在厄立特里亚独立斗争时期，中华人民共和国是为数不多的支持国家之一，在政治上、物资上和干部培训上给予我方大力支持，加快了革命成功的步伐。我国总统伊萨亚斯・阿费沃尔基阁下当年也受到贵国的礼遇。42年前，他本人就在距离上海不远的南京，那时的南京还是一个小镇。5月24日对于厄立特里亚具有特殊的历史意义。昨天，所有的厄立特里亚人都在欢庆厄立特里亚建国18周年纪念日。昨天是我们祖国的生日，值此之际，我衷心地邀请各位与我们一同分享此时此刻的幸福和喜悦。

“城市，让生活更美好”这一主题的确具有独特的内涵。主办方选择这一主题，实为明智之举。工业化进程让人们的居住空间日益集中，这一趋势正不断加快。人类需要及时应对城市化进程所带来的各种问题、满足城市居民的需要，以便我们能够在城市中继续生存。而此次展览则着眼于分享此类经验。

厄立特里亚欣然接受了2010年上海世博会的参展邀请。我国也是最早接受参展邀请的国家之一。同时，我们全身心的投入，在布展筹备期间完成了必要的工作。

厄立特里亚馆也是非洲国家展馆中首个完成筹备工作的展馆，从试运营至今，一直备受青睐。

斯伯利特国家歌舞团擅长演绎非洲文化的特色。歌舞团今天也随团一道来访、将为大家献上精彩的节目。我们已经准备得当，将一同庆祝这一重大历史时刻。

我再次感谢主办方给予的经济援助。愿中厄两国友谊常青。祝愿“城市，让生活更美好”这一梦想惠及全人类。

交流活动

中方代表与厄立特里亚国国家馆日代表团主要成员合影

It is my great pleasure & honor
to be part of the great event
Expo 2010 SHANGHAI
Congratulations to the
Chinese government & people
Eritrea.

很高兴能有幸参加 2010 上海世博会这次盛会。
祝贺中国政府和中国人民。

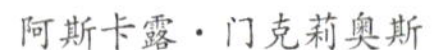

阿斯卡露·门克莉奥斯

厄立特里亚馆日代表团所赠的水晶摆件

厄立特里亚国家歌舞团的精彩表演（一）

厄立特里亚国家歌舞团的精彩表演（二）

大韩民国国家馆日

2010年5月26日

在馆日仪式上的中方代表致辞

今天，非常高兴出席在世博园区举办的韩国馆日活动。在此，我代表中国政府和中国人民，对韩国给予中国2010年上海世博会的支持表示衷心感谢。

中韩两国建交以来，两国合作和友好往来不断加深。中国是韩国最大贸易伙伴、最大出口市场和最大进口来源国。韩国是中国第三大贸易伙伴国和第四大外商直接投资来源地。两国建立了120对友好省市关系，在文学、艺术、体育、卫生、影视、出版等领域和人员交流方面方兴未艾。

上海世博会是中韩关系发展一个新的契机。胡锦涛主席2008年访问韩国时，与李明博总统商定，要结合上海世博会、丽水世博会的举办，将2010年、2012年分别定为中国访问年和韩国访问年，举行丰富多彩的双边交流活动。前不久，李明博总统出席了上海世博会开幕式，体现了韩方对中国和上海世博会的支持。相信上海世博会、丽水世博会将为两国关系的发展增光添彩。

我们相信，以“和谐城市，多彩生活”为主题的韩国馆的展示，韩国传统音乐、跆拳道、韩纸时装秀等特别表演，“韩国日”、“中韩建交日”、“民俗周”等活动的举办，将给参观者带来欢乐，向中国人民、向世界人民展示一个丰富多彩的韩国。韩国馆一定会成为上海世博会的亮点。

最后，衷心祝愿中韩关系不断发展，祝愿本次活动圆满成功，祝愿柳仁村长官和诸位来宾身体健康！

韩国馆（A片区，自建馆）

中国上海市政协副主席　高小玫

韩国文化体育观光部部长　柳仁村

在馆日仪式上的外方代表致辞

我是大韩民国文化体育观光部长官柳仁村，也是本次2010年上海世博会韩国国家馆日的韩国代表团团长。引用哲人的一句话，开始我今天的致辞。古希腊哲学家苏格拉底曾说："人类最值得尊敬的智慧便是装点美好的城市与规划人类生活的社区。"

上海是中国开放的经济中心城市，也是最具现代化，国际化的城市。但是我们所在的这个地方"浦东"，在20年前不过还是农村。而现在已经被打造成中国乃至全世界最美丽的都市之一。

现在，在这个如此现代化的城市中，崭新而又充满活力的历史篇章正在展开。2010年上海世博会为我们提供了一个可以近距离地感受世界各国文化，共同和谐生活的社区。

在上海世博会长达六个月的展期中，今天迎来了"韩国馆日"，世界将聚焦韩国，用自己的眼睛、耳朵、双手真实地感受这一美丽国度。与此同时，在这一个意义深远的日子里，我很高兴能在这里与各位分享我的感受。

自古以来，韩国与中国就在历史与文化上有着千丝万缕的联系，不仅如此，在地理位置上也只有一海之隔。

自上世纪1992年中韩建交以来，不足20年的时间内，两国在政治、经济、社会、文化等领域，已达成其他国家不可企及的良好合作。

在经济贸易领域，从1992年建交时的63亿美元的交易额到去年已达1410亿美元。以这样的趋势，距离两国之间2012年交易规模达2000亿美元的目标已经非常接近了。

在人员交流方面也是每年上一个新台阶。在建交时，两国间有13万名的访问者，至去年数量已达454万名，目前即将达到500万名，以我之见，旅游观光的大规模交流，也即将把两国带入千万名交流者的时代。

这不仅体现了两国人民对彼此及对方国家文化的关注，也表现了两国间即将成为彼此值得信任的合作伙伴，描绘了充满战略性与希望的蓝图。

2010年上海世博会以"城市，让生活更美好"为主题，吸引了来自世界200多个国家，7000余万名游客的参与。大韩民国及所有公民诚信企盼，此次盛会能够圆满成功。

同时，今年下半年即将在韩国举行的G20峰会与T20旅游部长会议，2012年将会举办丽水世博会，届时希望各位中国的朋友能够给予关注并参与。

上海与丽水一海之隔。希望上海世博会文明之波能凭借海洋，在两年后传至丽水，在丽水世博会碰撞出美丽的浪花。

韩国馆可以被称为微型韩国，最后希望您能随时在此感受韩国多彩、驿动的文化。

交流活动

中方代表与大韩民国国家馆日代表团主要成员合影

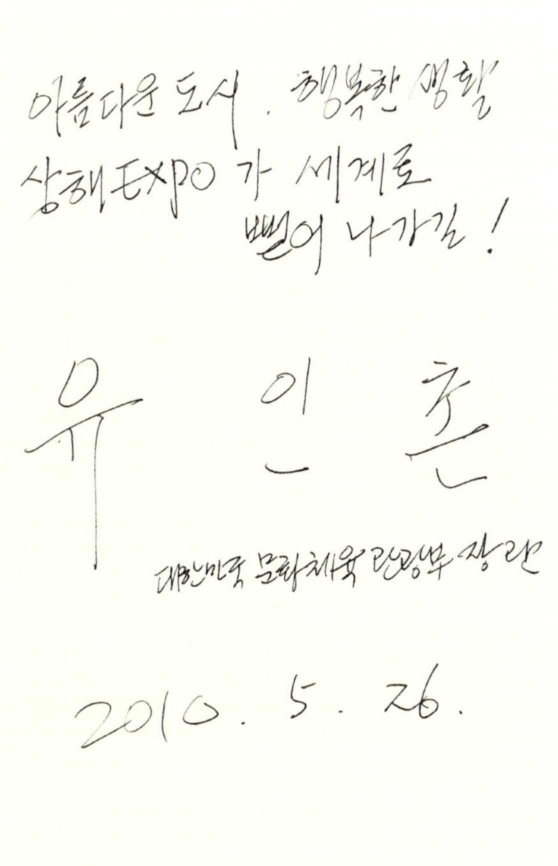

아름다운 도시. 행복한 생활
상해EXPO가 세계로
뻗어 나가길!

유 인 촌

대한민국 문화체육관광부 장관

2010. 5. 26.

美好的城市，幸福的生活，愿上海世博会走向世界！

柳仁村

韩国馆日代表团所赠的首饰盒

韩国馆日的传统文化表演

芬兰共和国
国家馆日

2010 年 5 月 27 日

芬兰馆（C 片区，自建馆）

在馆日仪式上的中方代表致辞

大家早晨好。我代表中国政府和上海世博会组委会对芬兰举行上海世博会国家馆日表示诚挚的祝贺，对哈洛宁总统出席今天的馆日活动表示热烈的欢迎。

从 1851 年伦敦万国工业博览会开始，世博会历经了 159 年的风雨，不断地成长。从最初的蒸汽机的发明、轮船到今天的高速轮轨、新能源汽车和无线通讯，显示了环保城市理念的实践，世博会为人类的交流思想、荟萃文明提供了广阔的舞台。本届上海世博会以“城市，让生活更美好”为主题是历史上首届以“城市”为主题的综合性的世博会，它体现了人类社会对未来更美好生活的憧憬和设想。在所有参与者的共同努力下，上海世博会一定会成功、精彩、难忘，成为增进世界各国人民友谊的盛会，促进人类进步的盛会，推动创新和共同发展的盛会。

芬兰以创新闻名世界。命名为“冰壶”的芬兰国家馆独具创新，这座建筑的外形宏伟但不失细腻，内部展示丰富多彩，把芬兰的故事娓娓道来。在这里，我们可以看到一座微缩的芬兰城市和植根于芬兰文化的基本元素，体验到人与自然地和谐相处，并融入到城市建设的芬兰理念。

多年来，中芬关系始终发展顺利，双方人员来往密切，高层互访频繁，各领域交流与合作富有成果，相互了解、信任不断加深。在中芬建交 60 年之际，上海世博会已成为两国人民增进友谊、强化深化合作的新的平台。

女士们，先生们，世博会的魅力在于对不同时空的对接、不同文明的对话和交融。在今天的芬兰馆日，让我们一起远离喧嚣，在这座宁静的“冰壶”里徜徉，领

中国全国政协副主席、国家科技部部长 万钢

芬兰总统 塔里娅·哈洛宁

略来自于千壶之国的自然风貌和人文景观，体验芬兰的历史和正在可持续发展的现代生活。

最后，祝愿今天的芬兰馆日活动取得圆满的成功。

在馆日仪式上的外方代表致辞

能够亲临 2010 年上海世博会芬兰馆日活动让我深感荣幸。我也很高兴万部长能够代表中华人民共和国政府出席今天的活动。我要祝贺中国和上海市成功组织了史上规模最大、参与最广的世博会。此次世博会以“城市，让生活更美好”为主题真是恰到好处。体现了城市建设必须让市民生活舒心、工作顺心，城市发展必须实现人与自然和谐共处的可持续理念。

今年适逢芬中两国建交 60 周年。芬兰中国早在 1953 年就签订了长期贸易协定。中国是芬兰亚洲第一、世界第四大贸易伙伴。本周我们还在北京组织了清洁科技的研讨会，主要讨论环保领域科技合作的问题。

芬兰的公司和组织积极参与了上海世博会，有 70 多个芬兰的城市和企业齐聚上海，在为世界各地城市创造解决方案方面发挥了重要的作用。通过参与世博，芬兰希望加强与中国及其他国家的合作，我们对于能够向中国公众和世博的访客介绍芬兰的成就颇感自豪。芬兰馆馆名的原意是“巨人的水壶”，中文名叫“冰壶”。这个建筑本身就是现代芬兰建筑艺术、设计和可持续建筑的典范，希望大家能够喜欢。芬兰参加世博会的口号是灵感分享，鼓励不同观点的互动和交流，这对于文化合作至关重要，欢迎大家参与到今天的文化活动中来。我们这里有中、芬两国艺术家同台献艺。

Our warmest thanks for
the excellent co-operation
between China and Finland
and
congratulations for
the best ever seen
Expo

Tarja Halonen

非常感谢中国与芬兰良好的合作。祝贺这次史上最好的世博会。

塔里娅·哈洛宁

交流活动

中方代表与芬兰共和国国家馆日代表团主要成员合影

芬兰馆日代表团所赠的瓷鸽摆设

芬兰馆日活动中的综艺表演（一）

芬兰馆日活动中的综艺表演（二）

挪威王国
国家馆日

2010年5月28日

在馆日仪式上的中方代表致辞

我代表中国政府和上海世博会组委会，对挪威举行上海世博会国家馆日表示诚挚祝福，对哈康王储殿下出席今天的馆日活动表示热烈欢迎。相信挪威国家馆日活动将使每一位到访者流连忘返。

世博会是展示人类文明成果的盛会。世博会为世界各国开阔视野、展示自我提供了机会和舞台。世博会崇尚创新精神，促进了各国走向国际化和现代化的进程。世博会倡导和谐的理想，把各国人民汇聚在和平、友爱、合作的世博大家庭里。

本届上海世博会以“城市，让生活更美好”为主题，是历史上首届以“城市”为主题的综合类世博会。在所有参与者的共同努力下，上海世博会一定会成功、精彩、难忘，成为增进世界各国人民友谊的盛会，促进人类进步的盛会，推动创新和共同发展的盛会。

今天，我们置身于美丽的挪威国家馆，感受到“大自然的赋予”。设计师们把木头、竹子、太阳能、雨水等自然元素融入建筑，构思出一幅人与大自然和谐共生的图景。挪威馆充分体现出“可持续发展”的理念。

当前，中挪人员往来密切，各领域互利合作富有成果，地方和民间交往活跃。我相信，上海世博会将为两国增进相互了解、深化友好合作提供平台。

中国与挪威相距遥远，但今天的挪威国家馆日将使我们感受到挪威的自然与美丽。世博会使我们更多地了解挪威、直观地体验挪威人民对大自然的深厚情感和在可持续发展方面的宝贵经验，这就是世博会的魅力所在。

最后，祝愿挪威馆日活动取得圆满成功。

挪威馆（C片区，自建馆）

中国商务部副部长 钟山

挪威王储 哈康

在馆日仪式上的外方代表致辞

能够出席2010年上海世博会的挪威日，我感到十分荣幸。这是一次名副其实、气势恢宏的世博盛会，我要在此向中国人民表示衷心祝贺！

挪威国家馆日是促进和加强挪中友好关系的绝好机会。我坚信，这一天会向世界展示挪中合作最亮丽的身影。

上海自19世纪以来就是挪威在华商业活动的中心，如今，大部分的在华企业也是以上海为基地的。

挪威选择了“大自然的赋予”作为命题，来响应世博主题“城市，让生活更美好”所提出的挑战。城市生活的质量取决于城市与自然的关系，而自然则是灵感、休闲和娱乐的宝贵源泉。

世博会挪威馆不仅是创意建筑设计的生动体现，同时也通过简约而精巧的木质结构，折射出可持续利用木材的先进理念。

上海世博召开之际，也正是世界在寻找一种新的平衡之时。近十多年来，挪威政府就环境问题与中国的利益相关方开展了广泛合作。毋庸置疑的是，在不少领域中我们的共同努力正在开花、结果。我亲眼目睹了气候变化对北极所造成的影响，因此很高兴获悉挪中在极地科研方面正在开展合作。

近年来，越来越多的挪威公司涉足中国的可再生能源和能效市场。两国在一些重要领域中，例如人权，挪威福利模式和善治等，建立了全面的合作和对话。我们有很多值得相互学习的地方，我们合作的范围不断扩展。

上海世博会是一次前所未有的盛会，它将激励和推助新的理念、技术和产品的问世。挪威将借助世博这个窗口，与世界分享水产业、海事业、航运业、石油技术和可再生能源领域的先进知识和技术。

教育是人类尊严和发展的关键，使我们能够展望未来。未来，包含着无限的机遇。我们两国之间广泛的教育合作与交流也是如此。挪威馆的很多导游是两国大学的学生。他们是我们的友好使臣，也将作为新的一代，在未来收获我们今天所播种所结出的果实。

我要在此向每一位为挪威参展上海世博和挪威日的举办付出辛勤劳动的人表示祝贺和感激！

交流活动

中方代表与挪威王国国家馆日代表团主要成员合影

挪威王储哈康的签名

挪威馆日代表团所赠的工艺品

挪威馆日的文艺表演

马达加斯加共和国国家馆日

2010 年 5 月 30 日

在馆日仪式上的中方代表致辞

今天，我们相聚在黄浦江畔，相会在世博园区，共同参加马达加斯加国家馆日活动。在此，向出席活动的各位来宾表示热烈欢迎，对马达加斯加国给予中国 2010 年上海世博会的支持表示衷心感谢，并预祝馆日活动取得圆满成功！

中马两国人民有着深厚的传统友谊。早在 15 世纪，就有华人赴马岛生活、创业。他们与当地居民和睦相处，共同为马达加斯加的建设和发展做出了贡献，成为中马友谊的历史见证。中马建交 38 年来，两国人民相互尊重，平等相待，经贸合作发展顺利，文教、卫生等领域的交往不断深化，促进了两国人民的相互了解和友谊。

上海世博会是一次推动创新、促进合作的盛会，为世界各国提供了一个展示、交流、合作的平台，充分展示城市文明成果、传播先进城市发展理念、探讨新的、更好的人类居住、生活、工作模式。贵国克服困难，大力支持、积极参与本届世博会，以“现代生活中的大自然”作为展示主题，展示了马达加斯加独特的自然景观和人文环境，展现了马达加斯加文化及其城市和周边乡村生活的现代化水平。我们相信，世博会期间，将有更多的中国民众通过参观马达加斯加馆，更深入地了解贵国的风土人情，更深刻地认识贵国的历史文明。

最后，再次预祝本次活动取得圆满成功！

马达加斯加馆（C 片区，非洲联合馆）

在馆日仪式上的外方代表致辞

今天，我们在这里欢庆 2010 年上海世博会马达加斯加国家馆日，以展现在人类可持续发展道路上世博会

中国上海世博会事务协调局礼宾部部长 孙为民

马达加斯加驻华大使 维克托·希科尼纳

所具有的独特意义。

借此机会，我以马达加斯加代表团的名义，向中华人民共和国政府、国际展览局、上海2010年世博会事务协调局以及非洲联合馆表示衷心的感谢，感谢他们向各参展方，尤其是向马达加斯加所给予的支持和帮助，使各参展方能够顺利参展世博会，在中国人民以至全世界人民的面前，表达追寻更加美好生活的共同心愿。马达加斯加将全力投入，保证这届盛会的正常进行，这是一次精彩纷呈的大聚会，正如我们在开幕式时所见到的一样。

我还要感谢到场的所有的嘉宾，你们的出席将令今天的馆日仪式更加成功。

本届世博会吸引了如此众多的国家和国际组织前来参展，足以说明在人类生活发展进程中，各国及国际组织对“城市，让生活更美好” 这一本届世博会主题所给予的关注。这无疑也表明了我们每一个参展方想要达成如下目标的心愿：推动城市发展与生活模式之间的和谐关系，寻求新方法新策略以实现人类的可持续发展。

尽管科学技术的飞速发展令许多国家的人民提高了生活水平，远离了灾难，但是包括马达加斯加在内的众多撒哈拉南部非洲国家仍处于全球最不发达国家的行列。在这样的事实面前，我们并不气馁，因为如同在中非高峰论坛上所取得的成绩一样，世博会能够拓宽社会经济合作领域，深化互利共赢；不但巩固了既有联系，而且有利于建立参展方之间的合作伙伴关系。

我们认为，在主办国的努力下，本届为期六个月的世博会已经对上述内容予以关注。

本届世博会，马达加斯加以“现代生活中的大自然”作为展示主题，将城市与乡村的互动放在了极其重要的位置上。

对于马达加斯加而言，这是一次展示本国自然、社会文化、人文资源以及经济潜力的机会。同时也是在当今大环境下提高国家形象的机会。

我愿借此机会，向大家发出参观我国展馆的邀请，你们将在展馆中发现，我们的展示体现了城市与乡村间相互依赖的关系，这是两个迥然不同的地方，却又如此的相互依托，现代化与大自然就这样融为一体。

在结束讲话之前，我愿再次向组织者对我们的热情接待表示感谢，并感谢中国政府为我方顺利参展所做出的努力，祝愿上海世博会取得圆满成功，城市，让生活更加美好。

交流活动

中方代表与马达加斯加共和国国家馆日代表团主要成员合影

Aux ORGANISATEURS de l'Expo.

Au nom du Gvt et du Peuple de MADAGASCAR
Je renouvelle nos Remerciements et nos
Voeux de succès pour l'Expo 2010 SHANGHAI
- Nous formulons les voeux que la Coopération
entre la CHINE et MADAGASCAR
se trouve encore plus étroite et
renforcée grâce aux effets d'entraînement de l'Expo 2010 de SHANGHAI

le 30 Mai 2010

FHZ SIKONINA Victor

致世博会主办方

我谨代表马达加斯加人民致以我们的感激之情，并祝愿上海世博会圆满成功。

谨此祝愿随着上海世博会各项活动的不断开展，中国与马达加斯加两国之间的合作日益紧密并不断得到加强。

维克托·希科尼纳

马达加斯加馆日代表团所赠的
手工编织袋和编制画册及木质工艺品

馆日活动中马达加斯加肯特思米诺歌舞团的精彩表演

马里共和国 国家馆日

2010 年 5 月 31 日

在馆日仪式上的中方代表致辞

今天，非常高兴出席在世博园区举办的马里馆日活动。在此，我代表中国政府和中国人民，对马里政府给予中国 2010 年上海世博会的支持表示衷心感谢，向出席活动的各位来宾表示热烈欢迎。

中马关系传统友好。马里是撒哈拉以南最早同中国建交的国家之一。建交 50 年来，两国相互信任、相互支持，在经贸、文教、卫生等领域合作成果丰硕，两国关系持续深入发展。

上海世博会得到了包括马里在内的国际社会的大力支持。以“城市经济的繁荣”为主题的马里馆，紧紧围绕什么是更美好的城市这一理念，展示了润泽于古老而辉煌文明的马里城市文化。富有马里特色的展品，生动地展现了马里文化、艺术、手工业、旅游资源，以及马里各族人民的团结，给广大参观者留下了深刻印象，深受旅客们喜爱。我们相信，马里馆一定会成为上海世博会的亮点。

最后，衷心祝愿中国和马里友谊长青，祝愿本次活动圆满成功，祝愿马卡卢部长和诸位来宾身体健康！

在馆日仪式上的外方代表致辞

今天，2010 年 5 月 31 日，是中国 2010 上海世界博览会马里国家馆日。我的代表团和我本人都倍感荣幸。代表马里共和国政府，我们感谢各位的光临，你们的到来再次证明了你们对马里人民的深厚情谊，以及自从我国独立以来我们两国就建立起的悠久而成果丰硕的合作关系。

马里馆（C 片区，非洲联合馆）

上海世博会中国政府副总代表 张直鉴

马里侨民和非洲一体化部部长 巴德拉·阿利乌·马卡卢

首先，我谨代表马里共和国总统阿马杜·图马尼·杜尔阁下和全体马里人民，衷心感谢中华人民共和国主席胡锦涛阁下和中国人民，感谢你们自从活动伊始就给予我们的热情友好、无微不至的接待。

中国2010年上海世博会是一次机遇，让全球各国和各民族汇聚一堂，就“城市，让生活更美好”这一主题进行交流，每个国家都可以根据自己的理念和规划自由地发表意见。

这次活动是多边合作的典范，它不仅促进了各国的文化交流和商贸往来，而且有利于在共同利益上达成全球共识。我要热烈祝贺各位做出了杰出的组织工作，并取得了令人赞叹的成功。

马里馆选择的主题是“城市经济的繁荣”，希望借此向国际社会展示我们在提高人民福祉方面已经取得的进步，以及短期、中期和长期规划，特别是实施共和国总统阿马杜·图马尼·杜尔阁下提出的经济和社会发展项目。这个项目通常被称为PDES，它彰显了我们为减贫和发展建立战略框架的政治意愿。该项目的一大轴心就是要找到适当的方法，实现马里人民提高生活水平的愿景。为此，马里共和国政府果断地加强了城市发展力度，特别重视住房、卫生和公共设施建设。

20年来，这一政策动员了各城市的力量，开展了卫生体系战略规划，城市道路整治工程，以及公共建筑的修建和改造工程。

使低收入家庭以最低的价格获得体面的住宅，这是福利住房方面的一个雄心勃勃的重点项目。今天，这也成为了马里以及所有不遗余力支持此项目的合作伙伴的骄傲。

为了让每一个马里人居者有其屋，政府出台了经济适用房国家战略，体现为一个为期五年的福利住房项目，其规模巨大，涉及全国所有城市。

巴马科和一些内陆城市都进行了大型工程建设，例如修建道路基础设施，尼日尔河岸护堤工程，尼日尔河上的巴马科三桥和一个高架路工程。其目的是为了保护环境，提升马里人民日常生活的卫生状况和改善交通。

2010年9月22日是马里独立五十周年纪念日。这是我国人民普天同庆的特殊时刻，也是进行自省和回顾过去的时刻，这样才能重塑价值观，巩固国家的团结统一，动员一切力量谋求发展。必须强调的是，这五十年，同时也是我们和中华人民共和国的伟大人民共同合作、携手走过的五十年。

中国和马里之间的关系建立在真诚友谊、团结互助和互相尊重的基础上，其典范性不得不让人赞叹。在这半个世纪的合作中，我们很容易找到一些近期工程的案例，彰显出我们两国关系的重要性和卓越性。

尼日尔河上的巴马科三桥——马中友谊之桥、苏卡拉的制糖厂、马里医院、巴马科—塞古高速公路、塔乌萨大坝作为给马里的国庆献礼，中国赠送一批礼宾用车，这批礼宾车完美诠释了我们两国间的良好合作关系。

我们和中华人民共和国之间的关系源远流长，这种关系早在全球两极格局紧张、我们两国都处于特殊时期时就建立起来了。

20年来，马里共和国政局稳定，民主得到巩固，被称为非洲的一个成功典范。

马里这片充满传统和历史的土地，从远古时期开始，就以丰富的文化遗产、热情好客的民风、强有力的社会凝聚力、浓厚的家庭观念、以及团结和宽容而著称。

作为西非第二大旅游目的地，马里拥有一批被列入联合国教科文组织世界遗产名录的景点，如杰内清真寺和通布图古城。马里还有其他很多重要景点，如多贡地区风貌、阿斯基亚陵和麦地那城。

我希望借今天的机会，给大家展示马里原汁原味、丰富多样的手工艺和旅游产品，还有伴随着把拉丰木琴演奏的传统音乐的马里舞蹈。

我代表马里共和国政府，再次感谢中华人民共和国政府为马里的社会经济发展提供的坚定不移的宝贵支持。

交流活动

中方代表与马里共和国国家馆日代表团主要成员合影

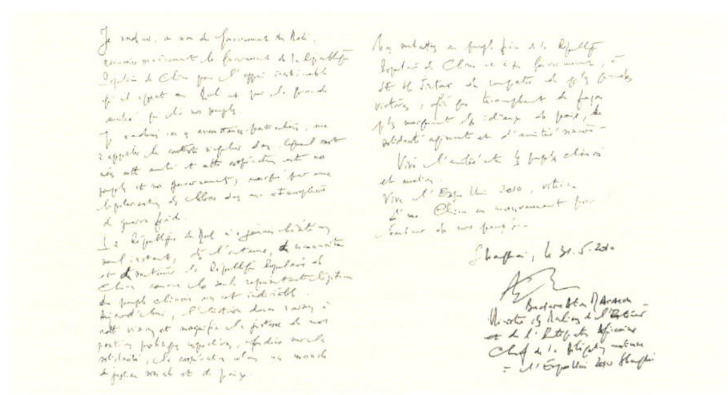

我谨代表马里政府真诚感谢中华人民共和国对马里的大力支持，感谢对我国人民显示的深厚友谊。

两国人民和政府结成的深厚友谊和紧密合作使两国社会不断亲近，特别是在过去冷战时期紧张的国际气氛下仍能保持如此的关系，我对此感到非常荣幸。

对中国人民共和国人民和政府为此做出的努力我深表谢意。

如今国际格局发生了变化，在繁荣发展的今天，我们两国人民加强合作，愿世界发展与和平不断做出贡献。

谨此祝愿中华人民共和国人民和政府以及胡锦涛阁下举办一届最为成功的世博会，彰显贵国和平、好客和友好的理念。

祝愿马里和中国两国人民友谊长青。

祝愿上海世博会取得成功，愿中国为各民族带来幸福。

巴德拉·阿利乌·马卡卢

马里馆日代表团所赠的木雕艺术品

马里内巴索洛乐队的精彩表演

缅甸联邦国家馆日

2010年6月1日

在馆日仪式上的中方代表致辞

今天，我们相聚在黄浦江畔，相会在世博园区，共同参加缅甸国家馆日活动。在此，向出席活动的各位来宾表示热烈欢迎，对缅甸给予中国2010年上海世博会的支持表示衷心感谢，并预祝馆日活动取得圆满成功！

中缅两国山水相邻，毗邻而居，两国人民交往历史悠久，“胞波”情谊深厚。建交60周年来，中缅关系一直顺利发展。在涉及对方核心利益的重大问题上，两国始终相互同情、相互支持。缅方在台湾等涉及中国主权的问题上一贯支持中方。中方坚定支持缅方维护独立主权、反对外来干涉的努力。

上海世博会是一次推动创新、促进合作的盛会，为世界各国提供了一个展示、交流、合作的平台，充分展示城市文明成果、传播先进城市发展理念、探讨新的、更好的人类居住、生活、工作模式。贵国大力支持、积极参与本届世博会，以“在和谐的生态系统中城市化”作为展示主题，展现了缅甸独特的风土人情和自然景观，反映了缅甸灿烂的文化。我们相信，世博会期间，将有更多的中国民众通过参观缅甸馆，更深入地了解贵国历史，更深刻地认识贵国文明。

最后，再次预祝本次活动取得圆满成功！

缅甸馆（A片区，亚洲联合馆）

在馆日仪式上的外方代表致辞

很荣幸能在2010上海世博会缅甸馆日与各位欢聚一堂。在此，谨允许我代表缅甸，向各位表示热烈的欢迎和诚挚的祝福！同时我也要祝贺中国政府和世博主办方举办了一届成功的世博会！

中国国家发展与改革委员会副主任 张晓强

缅甸商务部长 丁乃登

继 1996、2003 和 2006 年之后，这是我第四次造访上海这个美丽的大都市。这些年来，我亲眼见证上海发生了翻天覆地的变化。对于你们取得的成就，我要向中华人民共和国的领导、上海市政府和中国人民表示热烈的祝贺！

2010 上海世博会的主题是“城市，让生活更美好”，这是一场使人类得以充分探索城市生活的无穷潜力的盛会。在世博会上，城市文明将得到淋漓尽致的展现，我们每个人都有机会交流城市发展的经验，探索人类居住、生活和工作的新方式。这将是一次里程碑式的世博会，因为每个国家都有机会在此交流并亲眼见证城市发展中取得的成就。

缅甸此次参展的主题是“在和谐的生态系统中城市化”。它展现了古老的缅甸在和谐的生态系统中所经历的城市化，并最终建成现代都市的进程。同时，他也展现了曼德勒城的发展过程——曼德勒城建于 19 世纪中叶的贡榜王朝，是一座系统而环保的城市。缅甸馆还将展示在和谐的生态系统中建立的位于新首都内比都的 Upasa Thandhi 塔。

缅甸正处于向现代发达国家的转变过程中，我希望此次世博会能够为我们提供良好的机遇，学习如何创建并维持一个可持续发展的社会。

作为一衣带水的邻国，缅甸和中国在贸易、社会等几乎所有领域都建立了良好的关系。中国是缅甸的第一大贸易伙伴，缅中两国的双边贸易也在持续增长。缅甸定期参加中国举办的国际贸易活动，例如昆明国际进出口博览会和南宁举办的东南亚 – 中国博览会。尽管缅甸和上海的贸易量不大，但我希望能够借由此次世博会建立更良好的友谊以促进双方的合作。

我要感谢中国政府在诸多国际论坛和活动中对缅甸的理解和支持。缅甸正行进在民主的道路上，并将于今年举行多党选举。

缅甸自然资源丰富，因此在贸易和投资方面潜力无穷。因此，我也想借此机会邀请潜在的投资者来缅甸投资。

交流活动

中方代表与缅甸联邦国家馆日代表团主要成员合影

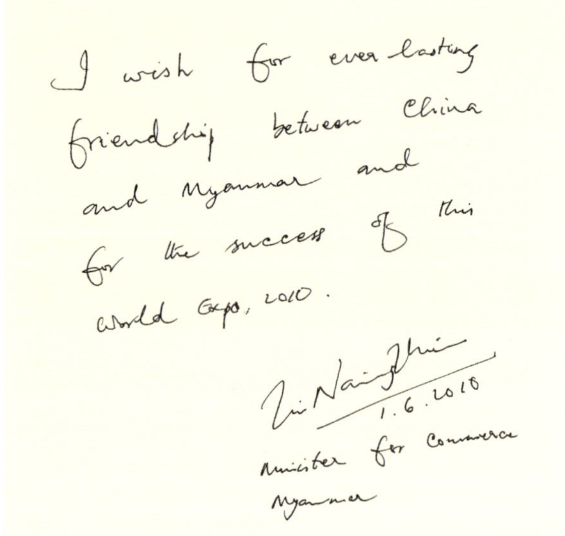

I wish for ever-lasting friendship between China and Myanmar and for the success of this World Expo, 2010.

1.6.2010

Minister for Commerce

Myanmar

祝愿中国与缅甸友谊地久天长，祝愿此次 2010 世博会取得成功。

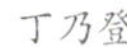

丁乃登

缅甸馆日的文化交流活动

缅甸馆日代表团所赠的银质艺术品

意大利共和国国家馆日

2010 年 6 月 2 日

在馆日仪式上的中方代表致辞

今天，我们相聚在中国上海，在美丽的世博园共同庆祝意大利共和国国家馆日。首先，我代表中国政府和人民向远道而来的意大利贵宾表示热烈的欢迎！向你们为上海世博会作出的重大贡献表示衷心的感谢！

中意人民交往源远流长，七百多年前，世界著名旅行家马可·波罗就来到中国。中意建交以来，两国在各个领域的友好合作关系发展顺利。特别是 2009 年中意建立全面战略伙伴关系，两国高层互访频繁，政治互信不断加强，双边关系得到进一步发展，两国经贸和经济技术合作发展迅速，文化、科技、教育等领域合作成果丰硕。上海和米兰分别作为 2010 和 2015 年世博会的举办城市，已经开展了卓有成效的合作，并签署了多份谅解备忘录，相信通过互相借鉴有益经验和互相支持，上海和米兰两座城市一定会把两届精彩而盛大的世博会呈献给世人。

世博会不仅是各国展现综合国力、最新科技成果、传统文化和价值观的绝佳平台，也是促进各国人民之间互相理解和友谊的重要舞台。意大利政府十分重视上海世博会，认为上海世博会对意中关系意义重大，是走向 2015 年米兰世博会的桥梁，专门推出了意大利参展世博会的计划，制作了参展相关宣传片。意大利国家馆设计新颖，犹如一座微型的意大利城市，充满弄堂、庭院、小径、广场等意大利传统城市元素，通过展示在科技、音乐、时尚、建筑等领域的成就，充分向全世界展示意大利历史文化。

希望借助世博会“理解、沟通、欢聚、合作”这一平台，中意两国务实合作和两国人民的传统友谊不断

意大利馆（C 片区，自建馆）

中国国家发展与改革委员会副主任 张晓强

意大利劳动和社会政策部长 毛里齐奥·萨科尼

迈上新的台阶。

最后，祝意大利国家馆在上海世博会取得圆满成功！

祝中意两国人民友谊源远流长！

在馆日仪式上的外方代表致辞

首先我非常荣幸能够出席今天的馆日活动，同时我也应意大利共和国总理贝卢斯科尼先生的要求，向大家致以诚挚的感谢，感谢大家来参加意大利国家馆日。

在意大利，我们在这一天庆祝共和国的诞生。1946年6月2日，意大利终于结束了长期以来的独裁专政时代，并成立了共和国，一种非常先进的体制，这为后来的经济腾飞带来了坚实的基础。

如今，面对在金融系统中仍旧存在的很多不稳定的因素和一些可能出现的变化，我们认为进行国家之间的发展对话是非常重要和有用的。我们国家的理念是以人为本，正是在这样一个价值观的基础上，诞生了我们这个自由和民主的国家，所以我们在参加上海世博会的时候，应对世博会“城市，让生活更美好”的主题，将我们场馆的主题设定为“以人为本的城市”。通过各种展示的活动，展示我们的智慧和能力、工业设计、手工艺制作、产品生产过程、对于中小型企业的金融服务和艺术创新能力。所有这些，在经济结构和社会组成中都构成了我们的共和国历史，我们感到非常骄傲。经过努力，形成了稳定的社会。我们一直以来保持这种以人为本的理念，让每个个体都参与到经济发展、社会安全中去。这两种结构，经济结构和社会结构，其实是相辅相成的，需要在我们的物质产品和非物质产品中，都体现出一种意大利的高端生活品质和生活品位。和其余欧洲国家一样，我们也在进行改革，在经济体系中尽量减少国有的成分，给予公司更多的自由，加强社会的发展和经济发展，加强社会的稳定。

同时，我们也需要通过更加广阔的国际间合作，来增强经济的发展。中国，在我们看来，不仅仅是一个充满商机的市场，更是一个通过马可波罗计划和利玛窦计划不断增强了解的国度。这种激情推动了这两个欧洲和亚洲大国的沟通热情，除了有600多家意大利企业已经来到中国之内，还在重庆，上海，北京三地继续深化和挖掘城市间合作的机会。而意大利政府也会对于他们的中国之行提供最多的协助，因为这次并不仅仅是一种寻找商机的商业行为，更是为两国关系增加进一步了解的机会。我们来这里不仅仅为了投资的，也是来吸引投资的。在这里，我们向全世界展示我们的工业、资本方案，同时还展现我们这个拥有丰富历史纪念物的旅游胜地国家。

我们意识到我们的企业家需要一个更为灵活开放的头脑，我们两国政府也需要创造更好的投资环境，给我们的企业一些更加优惠的举措，不管是在经济体制、汇率平衡还是知识产权保护和贸易壁垒方面，来创造出更多的丝绸之路。

我很肯定，在2015年米兰世博会的时候，邀请中华人民共和国的朋友们来参加，代表着非常重要的意义，代表着这五年来的通力合作，同时也感谢参加上海世博会的经历，感谢我们的企业家的积极参与，感谢他们做出的巨大努力，意大利万岁，中国万岁。

交流活动

中方代表与意大利共和国国家馆日代表团主要成员合影

毛里齐奥・萨科尼的签名

意大利馆日代表团所赠的银质工艺品

意大利馆日的军乐队音乐会（一）

意大利馆日的军乐队音乐会（二）

巴西联邦共和国
国家馆日

2010年6月3日

巴西馆（C片区，租赁馆）

在馆日仪式上的中方代表致辞

我代表中国政府和上海世博会组委会，对巴西举行上海世博会国家馆日表示诚挚祝贺，对吉多·曼特加部长出席今天的馆日活动表示热烈欢迎。相信巴西国家馆日活动一定能将“动感”和“活力”带给每一位到访者。

世博会是人类文明成果荟萃的伟大盛会，每一届世博会都成为见证人类文明发展的驿站，在全球范围内推动广泛的国际交流，为各国开阔视野、展示自我，提供了机会和舞台。世博会始终高举进步的旗帜。崇尚创新的精神，坚持开放的道路，倡导和谐的理想，不断开启人类重新认识世界的窗口。

本届上海世博会以“城市，让生活更美好”为主题，体现了人类社会对未来更好生活的设想和憧憬。在所有参与者的共同努力下，上海世博会一定会成功、精彩、难忘，成为世界人民大团结的盛会，促进人类进步的盛会，推动创新和共同发展的盛会。

巴西是中国人民熟悉和喜爱的国家。巴西技艺精湛的足球、激情奔放的桑巴、美味香醇的咖啡，在中国早已家喻户晓。今天，我们怀着兴奋的心情来到别具特色的巴西馆，近距离感受巴西的魅力与激情。在风光隧道的超大屏幕前，我们时而徜徉于里约热内卢迷人的阳光海滩，时而穿梭于马瑙斯神秘的热带雨林，时而流连于伊瓜苏气势磅礴的大瀑布。在环球电影前，我们可以踩着桑巴舞的鼓点加入狂欢节盛大的游行队伍，或与巴西球星共享异常激动人心的足球盛宴。我们还可以通过具有互动功能的触摸屏，分享巴西在解决能源、交通、水资源等问题上的成功经验与成果。

中巴虽然相距遥远，但两国人民的友谊源远流长。

中国财政部部长 谢旭人

巴西财政部长 吉多·曼特加

早在 19 世纪初，第一批中国侨民便远渡重洋到达巴西，在那肥沃的土地上播下了两国人民友谊的种子。中巴建交 36 年来，特别是 1993 年建立战略伙伴关系以来，双边关系取得长足发展。近年来，两国高层交往频繁，各领域交流与合作成果丰硕，在国际事务中保持良好的协调与配合。我相信，上海世博会必将为两国和两国人民进一步加深了解、深化友谊、扩大合作提供新的契机。

巴西地域辽阔、物产丰富、文化多元。今天的巴西国家馆日将使我们在短短的时间内，体验到一个多姿多彩的巴西，感受到巴西在推动可持续发展和社会融合方面取得的显著成就。中国和巴西分别是东、西半球最大的发展中国家，处于相似的发展任务，我们愿同巴西朋友一道，本着人与人、人与自然和谐共存的理念，推动经济社会可持续发展，共同创造更加美好的明天。

祝愿今天的巴西国家馆日活动取得圆满成功。

在馆日仪式上的外方代表致辞

长久以来，巴西和中国保持着坚实的合作和深厚友谊。现在，历史上最大的一次世界博览会已在中国举行，而巴西参加本次世博会也会为我们带来独特而重要的意义。

世博会是一种大型的国际级展览会，各国可以借此机会加深共识，在全球关注的问题上相互交流经验，并为人类的未来而共同努力。中国通过举办这次博览会，将加强其在国际舞台上的重要性，并将以主办国的身份发起各种关于城市威胁、生活质量、人类共存和地球未来等全球性的讨论。

上海世博会已经取得了成功，此次盛会也反映出中国人民的工作能力。大型世博园区将各国集合到一起，使中国朋友能够借此机会了解其他国家的情况。此次盛会共有 200 多个国家和国际组织参展，预计游客人数将达 7000 万，这必定是一次伟大的博览会。

我们非常高兴在这里介绍一些有关巴西的情况。通过“动感都市，活力巴西”这一主题，巴西将为上海带来旅游线路、美食以及城市问题的相关经验。通过互动，巴西将与中国人民共同分享足球、桑巴舞和节日的欢乐，同时还将展示巴西人民的多样性，因为巴西的人口构成来源于世界各地（包括亚洲）的大量移民。

由中国举办的本届世博会对于巴西具有特殊的意义。中国是我们的主要贸易伙伴，两国之间投资流动的形势蓬勃发展。巴西将会在上海世博会这一平台中寻找机会。为使巴西的经济更加现代化、多样化和先进化，我们将寻求进一步加强与中国的联系。

交流活动

中方代表与巴西联邦共和国国家馆日代表团主要成员合影

É uma grande honra para mim
visitar o pavilhão brasileiro na
Expo Xangai juntamente com
o ministro de economia Xie Xuren.
Que os nossos povos caminhem
sempre juntos
Guido Mantega
Xangai 03.05 2010

非常荣幸能够与谢旭人部长一同访问上海世博会巴西馆。祝愿我们两国人民始终携手同行。

吉多·曼特加

巴西馆日代表团所赠的民族艺术品

巴西馆日的歌舞表演

非洲联盟
荣誉日

2010年6月3日

在荣誉日仪式上的中方代表致辞

我代表中国政府和上海世博会组委会，对非洲联盟举行上海世博会国际组织荣誉日表示诚挚祝贺，对非盟委员会贸工事务委员伊丽莎白·坦库女士出席今天的荣誉日活动表示热烈欢迎。

世博会是人类文明传承轨迹的体现，是展示世界各国社会、经济、科技进步和发展前景的舞台。世博会超越了信仰、地域和种族的界限，冲破了动荡、冲突和战争的阴影，在全球范围内推动广泛的国际交流，为世界各国开阔视野、展现自我提供了机会，有力促进了各国走向国家化和现代化的进程。“一切始于世博会”这句广为传颂的名言道出了世博会对人类社会发展的巨大影响。

本届上海世博会以“城市，让生活更美好”为主题，就未来城市发展进行深入探讨，开启了人类重新认识城市发展的窗口，体现了人类社会对未来更美好生活的设想和憧憬，引领人们从征服自然转向尊重自然，从追求增长转向推崇可持续发展。我相信，在所有参与者的共同努力下，此次世博会将为世界人民留下一笔宝贵的精神财富。

随着工业化、城市化的发展，城市在使人们享受美好生活的同时也带来了环境污染、交通拥挤、资源紧缺等严峻的困扰和挑战，实现城市的和谐、可持续发展是摆在世界各国面前的一个重大而紧迫的课题。此次非盟委员会以“清洁能源对非洲城市管理的巨大影响”为参展主题，体现出对人类社会生存环境的细心关怀和对城市发展理念的深入思考。大家可以看到，非洲联合馆展厅入口，巨大的非洲原始雕刻和文字与一边发着微光的

非洲联盟馆（C片区，非洲联合馆）

中国上海世博会执委会副主任 周汉民

非洲联盟贸易与工业事务委员 伊丽莎白·坦库

地球遥相呼应，显示了非洲在保护环境、保护地球方面举足轻重的地位。进入展厅，弧形的走道两边展现着非洲国家的发展、城市的变迁、经济的崛起、文化的传承。置身其中，仿佛身处历史与未来的长廊中，发人深省又振奋人心。

中国同非盟及其前身非洲统一组织长期保持着友好交往和良好合作关系。非盟作为非洲最大和最具影响力的政府间组织，积极致力于维护非洲和平与稳定，促进非洲经济社会发展，推进地区一体化进程，为非洲的和平与发展事业做出了重要贡献。中方一贯重视非盟的地位和作用，近年来，中国与非盟高层交往和对话频繁，各领域交流与合作不断深化，推动中非传统友好进一步升华。我相信，通过上海世博会，我们将更清晰地看到非洲历史的沧桑巨变，非洲城市发展的光辉历程。中国人民愿与非洲朋友携手，共同描绘城市和谐、可持续发展的美好蓝图。

祝愿今天的非盟荣誉日活动取得圆满成功。

在荣誉日仪式上的外方代表致辞

我非常荣幸代表非洲联盟委员会主席让·平 (Jean Ping) 在庄严的非洲联盟荣誉日仪式上发言。主席阁下因为有其他公务在身，不能亲临今天的仪式，他让我代为转达他的歉意，并祝福世博会取得圆满成功。

众所周知，非盟前身非洲统一组织（OAU）成立于1963年5月25日，因此每年的5月25日定为非洲日。我们原本希望将非洲荣誉日定在这一天，但由于种种原因，最终未能实现，但我很高兴的注意到将6月3日定为非盟荣誉日并没有影响活动本身的成功。

请允许我代表非盟向中国政府表示祝贺，祝贺你们举办了如此盛大的世博会，并感谢你们对于非盟和其成员国参展所给予的大力支持，这充分表明在中非合作论坛框架的推动下，非洲和中国之间的伙伴关系不断向前发展。非洲非常重视发展同中国互惠互利的合作伙伴关系，因为这将有助于非洲在全球化时代应对发展的挑战。

世博会选择了一个再合适不过的主题“城市，让生活更美好”。非洲正经历着快速的城市化，我们必须妥善应对，避免出现贫困加剧、政局动荡和治安混乱等社会经济问题。非洲领导人非常重视这些问题，并在2009年利比亚锡尔特（Syrte）召开的非盟第十三届首脑会议上宣布将2010年定为非洲和平安全年。我们希望非盟委员会和非盟成员通过参与上海世博会寻找到改善人民生活的新途径，从而实现非洲各城市的和平与安全。因此非盟决定在世博期间组织召开“非洲超大城市清洁能源管理：挑战与展望”峰会。发展清洁能源将帮助非洲应对可持续发展的挑战。非盟委员会期待中国在清洁和可再生能源技术开发和转让方面给予非洲更多支持。

非盟委员会不仅致力于加强非中之间的经济合作，也努力推动人民之间的文化交流。我们将充分利用非盟荣誉日这一机会，向中国人民展示丰富多样的非洲文化。我希望世博的参观者能仔细欣赏我们的文化展示。

交流活动

中方代表与非洲联盟荣誉日代表团主要成员合影

Avec toute notre profonde gratitude au gouvernement et au peuple chinois pour la participation de l'UA et des pays africains à l'Expo de Shanghai 2010.
Elisabeth TANKEU
Commissaire de l'UA
3/06/2010

参加上海世博会的非盟和非洲国家向中国政府和人民致以深切谢意。

伊丽莎白·坦库

非洲联盟荣誉日的文艺表演

非洲联盟荣誉日代表团所赠的工艺品

圣马力诺共和国国家馆日

2010 年 6 月 4 日

圣马力诺馆（C 片区，欧洲联合馆）

在馆日仪式上的中方代表致辞

很荣幸参加圣马力诺共和国国家馆日活动。首先，我代表中国政府和人民向远道而来的圣马力诺贵宾表示热烈的欢迎！向各位来宾表示诚挚问候！

中圣两国有着传统友谊。自 1971 年两国建交以来，双边关系平稳发展。双方政治互信稳固，各级别人员往来密切，民间友好不断加强。

世博会是促进各国人民之间相互了解和友谊的重要平台，也是展示本国历史与文化的舞台。圣马力诺政府高度重视参加上海世博会，并于今年年初发行了上海世博纪念币。

圣马力诺国家馆风格古典，同时又充满现代气息，通过典雅浪漫的门廊、自由女神雕像、花冠纹理、多媒体、虚拟空间等展现圣马力诺古城作为旅游胜地的魅力，并以现代的互动技术和翔实的资料揭示圣马力诺凭借高新技术产业、稳定的金融银行体系等使经济高速发展的秘密，同时也将使参观者对圣马力诺旖旎的自然风光心驰神往。

希望借助世博会“理解、沟通、欢聚、合作”这一平台，中圣两国合作和两国人民的友谊跃上新的台阶。

我们相信，圣马力诺展馆一定会受到世界各地参观者的青睐。

最后，祝圣马力诺国家馆在上海世博会取得圆满成功！

在馆日仪式上的外方代表致辞

值此上海世博会圣马力诺共和国国家馆日之际，我非常荣幸能够代表我们国家在这样一个特殊而独特的时

上海世博会中国政府副总代表 赵亚力

圣马力诺旅游、体育、经济计划与公用事业国企关系部部长 法比奥·贝拉尔迪

刻参加此次历史上规模最大的世博会。

首先，我想对中国政府和上海市政府为本届世博会所投入的巨大精力表示感谢，毫无疑问这是展览领域规模最大的一次盛会，它也将成为所有世博会中参观人数最多的一次盛会。

对于圣马力诺这个世界上最小最古老的国家而言，能够参与本届世博会将具有历史性的意义，因为我们在上个世纪仅参加过两届（布鲁塞尔世博会和里斯本世博会）。

我们之所以决定来上海参加这次规模最大的世博会，是因为我们深信：通过建造一座圣马力诺自己的国家馆，能够让全世界人民更好地了解我们的身份，我们的历史，我们的经济体制，特别是能够向大家推介圣马力诺最具吸引力的名胜古迹。

此外，我们来到上海也是为了见证我国与中华人民共和国之间长久以来的伟大友谊。1971 年 5 月 6 日，圣马力诺与中国正式建立了外交关系，我特别想指出的是，圣马力诺还是首批正式承认中华人民共和国合法地位的西方国家之一。

为参加 2010 上海世博会，圣马力诺在经济、组织、后勤和人力资源方面均投入了很多。在此我想对圣马力诺国家馆政府代表委员会的所有工作人员、总代表先生及其合作者们表示感谢。

此外，我还想感谢所有为建造我们国家馆付出努力的人们，包括设计师、技术人员、中国工人、赞助商和媒体界的朋友。

本届世博会的主题“城市，让生活更美好”令我们感到非常有意义，据此，我们国家馆确立的主题是“圣马力诺：城邦国家——世界上最小最古老的共和国”。

联合国教科文组织对于独特的圣马力诺——世界上唯一现存的城邦国家也给予了认可，并于 2008 年 7 月 7 日将圣马力诺的蒂塔诺山列入世界遗产保护名录。

圣马力诺是一个小国，人口仅有 3 万，国土面积仅为 60 平方公里，然而在其 1700 年的历史中始终保持了崇尚自由的精神，这也是我们国家馆中放置自由女神像复制品的原因所在，该雕像的原作矗立在圣马力诺议会大厦的对面。

参观过圣马力诺国家馆的人们都会感受到我们想要传递的一种和平与友谊的讯息，游客们纷纷拍照留念，准备将有关圣马力诺的美好记忆带回家。

在本届世博会上，圣马力诺国家馆将以一种优雅和完整的姿态向世界展示我国最为重要的各个方面：历史、传统、体制、旅游和经济体系。游客在参观了我们的国家馆之后，便会了解我国的所有基本信息和独特方面，同时将会获得一张关于本届精彩世博会的欢迎票。

最后，我想邀请所有的游客朋友来参观圣马力诺国家馆，虽然国土面积很小，但热情好客。圣马力诺位于意大利中部地区，紧邻世界闻名的艺术之城威尼斯和佛罗伦萨，每年接待的游客量约达 210 万。

我们将以同你们一样的热情来款待各位来客，我谨以圣马力诺共和国政府代表团的名义向各位致以谢意。

再次感谢中国政府、上海市政府和世博会，是你们为世界各国创造了这样一次增进彼此沟通和了解的重大机会。我们深信，此次盛会必将进一步巩固圣马力诺与中国之间的深厚友谊。

交流活动

中方代表与圣马力诺共和国国家馆日代表团主要成员合影

Shanghai 4/06/2010 – 1709 d F.R.

La più piccola e antica repubblica del mondo San Marino nella più grande Repubblica Popolare Cinese.

La più piccola Repubblica all'interno del più grande mercato turistico l'EXPO di Shanghai

Complimenti a tutti quelli che hanno organizzato e reso possibile questo straordinario evento

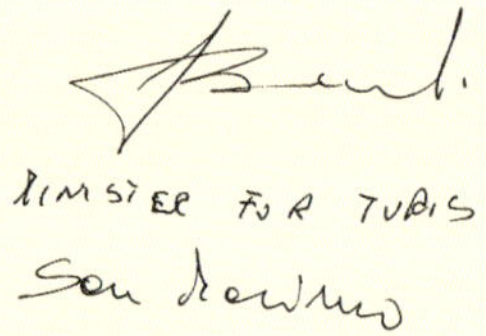

MINISTER FOR TURIS
San Marino

世界上最小的国家之一——圣马力诺共和国已经置身于大中国！

世界上最小的共和国已经置身于最大的旅游市场之一——上海世博会！

我在此向中国致以最崇高的敬意，上海世博会一定会成为一次永恒的盛会！

法比奥·贝拉尔迪

圣马力诺馆日代表团所赠的银盘

圣马力诺馆日的文化交流活动

哈萨克斯坦共和国国家馆日

2010 年 6 月 5 日

在馆日仪式上的中方代表致辞

今天，我们相聚中国上海，相聚在美丽的世博园区，共同庆祝一个喜庆的日子——哈萨克斯坦国家馆日！

中哈两国友谊源远流长，自 1992 年 1 月 3 日建交以来，双边关系稳步发展。2005 年 7 月，中哈建立战略伙伴关系，哈方就我国四川地震多次慰问，纳扎尔巴耶夫总统曾多次访华并出席 2008 年北京奥运会。建交以来，两国人民交往日益密切，双边经贸关系更加紧密，文化交流日益丰富多彩。哈萨克斯坦作为国际展览局成员国，有丰富的参展经验，在 2005 年爱知世博会、2008 年萨拉格萨世博会上，都有内容丰富、令人印象深刻的精彩展示。

在上海世博园区，哈萨克斯坦展馆游人如织，好评如潮。哈萨克斯坦国家馆的展示主题是“阿斯塔纳：欧亚大陆的心脏”，从国际化视角展现了哈萨克斯坦首都的蓬勃发展，展馆建筑体现出哈萨克斯坦现代建筑的特点。馆内“知识的疆域”、“城市矩阵 2030”、“阿斯塔纳地区”、“艺术长廊”等区域，精彩表现了哈萨克斯坦的过去、现在和未来。展馆运用虚拟成像等先进技术，展示阿斯塔纳的迷人魅力，让参观者近距离感受一个年轻、充满活力、迅速发展的城市。展馆还通过先进的电子设备和信息系统，呈现哈萨克斯坦其他城市的风土人情，给参观者诸多启迪和思考。我们相信，哈萨克斯坦国家馆一定会成为上海世博会的亮点。

最后，我代表中国政府和中国人民，祝福哈萨克斯坦国家馆日活动取得圆满成功！祝中哈两国友谊之树常青！

哈萨克斯坦馆（A 片区，自建馆）

中国商务部部长助理 仇鸿

哈萨克斯坦农业部长 阿克尔利科・古里什巴耶夫

在馆日仪式上的外方代表致辞

请允许我以哈萨克斯坦共和国政府的名义向出席哈萨克斯坦国家馆日的各位来宾表示欢迎。该活动对哈萨克斯坦来说是十分重要的。

如今，上海是世界展览业的中心之一，它出色组织了上海世博会，集中了创纪录数目的参展国与国际组织。

自 2000 年起，哈萨克斯坦参与世界各地博览会。哈萨克斯坦参与本届博览会的展示主题“阿斯塔纳：欧亚大陆的心脏”。

具体来说，哈萨克斯坦在其国际展览活动中第一次自建了 1.5 万平方米的展览馆，此展馆上展示了最为先进的多媒体科技并向每一位参观者提供有关哈萨克斯坦及其城市、传统、文化的信息，100 多位专家将在六个月内配合展馆工作。参观者的来访数量也是前所未有的，一天内将近 5000 名参观者能够参观我们的展馆。

每天馆内都将由来自哈萨克斯坦各个地区 30 多个艺术创作集体举办音乐节目等各类活动。在影剧院里播放有关哈萨克斯坦传统、大自然及其城市的影片。

哈萨克斯坦参与上海世博会首要目的是提高世界人们对于哈萨克斯坦及其年轻首都的了解和认识，展示其经济与投资潜力，把哈萨克斯坦人民文化、历史与传统介绍给国际社会。

如今，实行对外开放政策后，哈萨克斯坦成功推进了与全球经济一体化。根据世界银行数据，哈萨克斯坦已列入世界吸引外资国家的前 20 名。

在对外政治这一领域上哈萨克斯坦不仅使世界认同其独立地位，并已成为世界其他国家可靠的合作伙伴。2010 年哈萨克斯坦被由欧安组织 55 个成员国一致推选为欧安组织主席，正是最精彩的证明。

哈萨克斯坦第一次获得举办 2011 年第 7 届亚冬会主办权。目前，哈萨克斯坦共和国政府正在筹备申办 2017 年阿斯塔纳世博会的工作。哈萨克斯坦将在未来举办的 2017 年世博会证明我国成熟程度并向世界展示经济改革成果与水平。

在这一方面，对哈萨克斯坦来说，中国举办类似活动的经验是十分重要的。因而，今天我们都成了此盛大规模展览会——上海世博会的见证人。

最后，我想单独向中华人民共和国政府以及上海世博会主办方就对我馆的关注与支持，表示感谢。

我感谢哈萨克斯坦国家馆日组织人员与今天出席这一活动的各位客人。

欢迎各位出席哈萨克斯坦国家观日所有活动，并参观哈萨克斯坦展馆。

交流活动

中方代表与哈萨克斯坦共和国国家馆日代表团主要成员合影

От имени Правительства республики Казахстан желаю дружественному китайскому народу, устремленному в будущее: в лучший город, в лучшую жизнь успехов и поздравляю с успешным проведением всемирной выставки „Экспо 2010".

Министр сельского хозяйства Казахстана

А. Куришбаев

我谨代表哈萨克斯坦共和国政府，祝福力争美好未来、创建美好城市和生活的友好中国人民前程似锦，并祝愿 2010 年上海世博会圆满成功。

阿克尔利科・古里什巴耶夫

哈萨克斯坦馆日的歌舞表演（一）

哈萨克斯坦馆日代表团所赠的艺术品

哈萨克斯坦馆日的歌舞表演（二）

世界自然基金会荣誉日

2010年6月5日

在荣誉日仪式上的中方代表致辞

值此上海世博会世界自然基金会荣誉日之际，我谨代表中国政府和上海世博会组委会，对世界自然基金会举办上海世博会荣誉日表示热烈祝贺，对中外各界代表莅临指导表示衷心感谢！

世博会是人类文明发展的驿站，更是人类文明成果的盛宴。世博会始终高举进步的旗帜，崇尚创新的精神，坚持开放的道路，倡导和谐的理想，不断开启人类重新认识世界的窗口，为世界各国和国际组织开阔视野、展现自我，推动国际合作与交流搭建了一个广阔舞台。本届上海世博会，是世博会创办159年来第一次走进发展中国家，具有非凡的意义。上海世博会以“城市，让生活更美好”为主题，展示了一个文明古国对未来的全新探索和加强与世界合作的诚意与决心，表达了人类社会对美好城市生活的憧憬。我坚信，在所有参与方的共同努力下，上海世博会一定会取得圆满成功，一定会成为增进世界各国人民友谊的盛会，促进人类进步的盛会，推动合作创新和和谐发展的盛会。

在以往世博会上，我们曾欣赏过国际组织展示的风采。作为唯一受邀参展2010年上海世博会的国际非政府环境保护组织，世界自然基金会自1961年成立以来，一直致力于全球的自然保护事业并做出了积极的贡献。此次世界自然基金会世博馆采用中国“太极图”的布局形式，通过“美丽的星球”、“脆弱的星球”、“与自然共生”以及“我的参与”四个专题展示世界自然基金会在全球近50年来的保护成果，引导人们感悟自然、敬畏自然和爱护自然，倡导参观者从我做起，践行低碳环保理念。

世界自然基金会馆（B片区，国际组织联合馆）

今年恰逢世界自然基金会到我国开展项目合作30

中国国家林业局副局长 陈述贤

世界自然基金会总干事 吉姆·利普

周年。30 年来，世界自然基金会通过与政府部门的通力合作，为推动中国自然保护事业的发展做出了自己独特的贡献。目前，双方的合作已由单纯的拯救大熊猫行动扩大到生物多样性保护、湿地与水资源管理、森林可持续经营、宣传教育和减缓全球气候变化影响等多个领域。合作形式也从最初的专家指导咨询扩展到与全社会的互动。通过与世界自然基金会多年的合作，我们不仅引进了事业发展所需的资金、技术和先进的管理理念，促进了我国生物多样性保护和林业可持续发展，而且还提高了公众对生态环境的保护意识，宣传了我国在这些领域所取得的成就。在此，我代表中国政府向世界自然基金会及其他一直关心中国林业生态和自然保护事业的国际组织，向为中国生态建设做出积极贡献的有关单位和机构表示崇高的敬意，感谢你们的努力。

今天是世界环境日。今年环境日的主题是“多样的物种，唯一的地球，共同的未来”。这些信息体现了地球物种和生态系统对人类的重要性。缤纷多彩的地球万物（生物多样性）给予了人类生存所需的食物、衣服、燃料和医药，但是人类活动却造成了大部分原始森林消失殆尽，将近一半的世界湿地变得干涸，四分之三的生物种群趋于濒危。同时，我们还排放了大量的温室气体，以至于地球在今后的几百年中会持续变暖。对此，我们必须知道：迄今为止，我们还没有找到除地球之外更适合人类生存的星球，因此，保护地球是人类目前所能做到的唯一选择。虽然我们在解决环境与发展问题上任重而道远，但是，我们坚信前途是光明的，中国人民愿意与世界人民一道为促进中国乃至世界的可持续发展做出我们的努力。

最后，祝愿今天的世界自然基金会荣誉日活动取得圆满成功。

在荣誉日仪式上的外方代表致辞

今天，我非常荣幸能够参加 2010 年上海世博会世界自然基金会荣誉日和升旗仪式。

在我们庆祝世界自然基金会进入中国30周年之际，今天这面熊猫会旗显得尤为恰如其分。因为大熊猫一直以来都是贵国最重要的自然遗产，而它也正已成为全球自然保护事业的象征——这项事业响应了当今紧迫的需求，致力于在人类发展和地球维持之间寻求一条道路。

这就是我们的事业。我们现在已不仅仅只关注于濒危物种，我们的工作已经拓展到帮助人们克服挑战，寻找与自然和谐相处之路。因此，我们与中国，以及与100 多个国家进行项目合作，保护森林、海洋、淡水体系，并应对诸如气候变化之类的更为广泛的全球挑战。

我们有信心与中国携手建立一个和谐社会。

本基金会的会标还与 2010 年上海世博会的主旨不谋而合。本届世博会的目的就是汇集世界各国，通过共同合作，应对未来的种种挑战：让我们的城市更加具有可持续性。

这个世界的城市化速度让人惊叹——就在去年，城市人口已经与农村人口的数量持平。而几十年后，城市人口将是农村人口的两倍。此外，和很多其他的变化一样，中国的城市化发展速度最为迅速。

要想为世界成功描绘出一条可持续性发展道路，就需要城市生活的可持续性。比如说，造成气候变化的温室气体排放有 80% 来自城市——所以，当中国和其他国家建设城市的时候，有必要多修建公交线路和自行车道而不是高速公路和停车场，建造的大楼应该要消耗更少的能源并且实际上还能制造能源。

除了能源，城市还应该承担责任，维护城市需要的健康的生态系统——森林和河流能够提供清洁水源，而湿地和红树林则能提供鱼类资源和防洪功能。

因此，世博会的主题“城市，让生活更美好”非常及时，也是亟需解决的课题。今天我们建设城市的方法将决定几十年后我们的未来。

世博会也非常鼓励新颖的想法，激励着世界人民共同行动，使我们的城市、社区和公司更加具有可持续性。而我们的展馆就凸显了这一任务。我展馆的主题为“保护地球，有我一个”，通过撷取我们在全球开展的自然保护项目的点点滴滴，我们想说办法还是有的——就是建设这样的城市，它们既能实现低碳经济，又提供更好的生活质量，还能保护人人依存的自然环境。

今天，本基金会会旗与其他参展方旗帜共同飘扬在世博会上空，这象征着大家推进可持续未来的共同承诺。我们非常荣幸能参与本次具有历史性意义的活动。

非常感谢各位莅临今天的仪式，也感谢你们为实现与自然和谐共处而做出的努力。

交流活动

中方代表与世界自然基金会荣誉日代表团主要成员合影

On WWF Honor Day at Shanghai Expo 2010, we are privileged to celebrate WWF's 30 years working in China and our great partnerships with the State Forestry Administration and other partners here

Director General
WWF International

值此世界自然基金会荣誉日之际，我们有幸庆祝世界自然基金会在中国开展工作 30 周年，庆祝同中国国家林业局及其他部门的良好的合作关系。

吉姆·利普

世界自然基金会荣誉日代表团所赠的熊猫相框

世界自然基金会荣誉日的文化交流活动

葡萄牙共和国国家馆日

2010 年 6 月 6 日

在馆日仪式上的中方代表致辞

今天是葡萄牙共和国国家馆日，有机会出席馆日活动，我深感荣幸。首先，我代表中国政府和人民，对葡萄牙国家馆日的举办表示热烈的祝贺！向远道而来的葡萄牙贵宾表示诚挚的欢迎！向你们给予上海世博会的大力支持表示衷心的感谢！

中葡传统友好，建交 31 年来，两国关系顺利发展。近年来，两国高层互访和接触不断。2005 年 12 月，温家宝总理成功访葡，双方宣布建立全面战略伙伴关系。2007 年 1 月，葡总理苏格拉底成功访华。双边经贸合作关系迅速发展，科技、文化、教育、军事等领域的交流与合作也日趋活跃。两国在许多重大国际问题上有着相同或者相似的看法，在联合国等国际机构内进行了良好的磋商与协调。

世博会是展示世界政治、经济、科技和文化发展成就的平台，也是国家间的交流与合作的平台。葡萄牙政府高度重视参加上海世博会，成立了一个由外交、环境、经济、财政和文化等五个部门代表组成的机构，全面负责葡萄牙参加上海世博会工作。葡萄牙政府为参加上海世博会投资数百万欧元，并第一次在海外世博会上建设葡萄牙馆。葡萄牙馆拥有一个以软木建成的外立墙，软木是葡萄牙特色的材料，有利环保，可以回收。这一设计体现了葡萄牙经济和环境政策所注重的可持续发展理念。里斯本商业广场作为城市空间，也在上海世博会上精彩亮相。

希望借助世博会“理解、沟通、欢聚、合作”这一平台，中葡两国合作和两国人民的友谊跃上新的台阶。

最后，祝葡萄牙国家馆在上海世博会取得圆满成

葡萄牙馆（C 片区，租赁馆）

中国财政部副部长 廖晓军

葡萄牙经济、创新与发展部部长 维埃拉·达席尔瓦

功！祝中葡两国人民友谊源远流长！

在馆日仪式上的外方代表致辞

我十分荣幸代表葡萄牙共和国政府出席上海世博会葡萄牙国家馆日活动。

这份荣幸来自于一个值得骄傲的事实：在欧洲国家中，葡萄牙与中国的交往历史最为悠久；而值此特殊时刻，代表葡萄牙政府出席此次盛典，更感责任重大。

本届世博会的主题“城市，让生活更美好”，对于世界上大多数城市居民而言具有至高无上的重要性。

本届世博会不仅主题重要，它的规模与质量也是独一无二的，毫不夸张地说，上海世博会将是有史以来规模最大的盛会。而它的规模与非凡品质正是当今中国在国际社会所扮演的重要角色的写照。

在此，请允许我回顾一下在里斯本举办的 1998 年世博会，它同样拥有一个重要的全球性议题：海洋。1998 年里斯本世博会与上海世博会的主题紧密相连，同样切入城市生活，在有限的时间内持续提升城市生活质量，重塑城市面貌。因此，1998 年世博会至今仍是世界博览会历史上的一个典范。

在上海世博会上呈现的城市新变化与新需求，强调了本届世博会各参展国、参展城市、国际组织与企业之间和平共处的重要性，这种良性的竞争关系通过世博会的各个场馆体现出来。各场馆无论在建筑构造上，还是馆内陈设上，都试图将最好的一面展示给世界，同时宣告了对地球的未来承担各自应尽的责任。

而这也是葡萄牙参与上海世博会的主旨，纵观葡萄牙馆我们会发现：这里不仅回顾了葡中两国相互尊重的 500 年交往史，还展示了葡萄牙向世界开放、致力于改善市民生活质量的当代国家形象。

同样值得一提的是，葡萄牙作为一个具有全球责任感的国家，利用生产与研究领域的最佳成果，努力推进具有核心竞争力的可持续发展，我国在可再生能源领域的投资就是一个极好的例证。

在这个意义上，上海世博会的功绩是举足轻重的，它已超越其自身，具有跨时代的意义，因为它展示并象征着各参展方对于建设一个更加美好的世界，改善全世界人民生活质量的承诺。

最后，我祝愿本届世博会取得圆满成功，祝福上海这座城市更加繁荣，中华人民共和国更加昌盛。

交流活动

中方代表与葡萄牙共和国国家馆日代表团主要成员合影

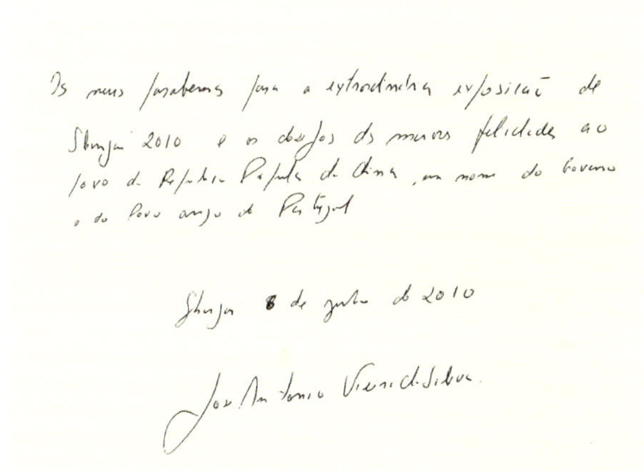

Os meus parabéns para a extraordinária exposição de Shanghai 2010 e os desejos de maiores felicidades ao Povo da República Popular da China, em nome do Governo e do Povo amigo de Portugal

Shanghai 8 de Julho de 2010

José António Vieira da Silva

2010 年上海世博会非常精彩，我谨代表葡萄牙政府向中华人民共和国致以最美好的祝愿！

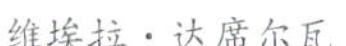

维埃拉·达席尔瓦

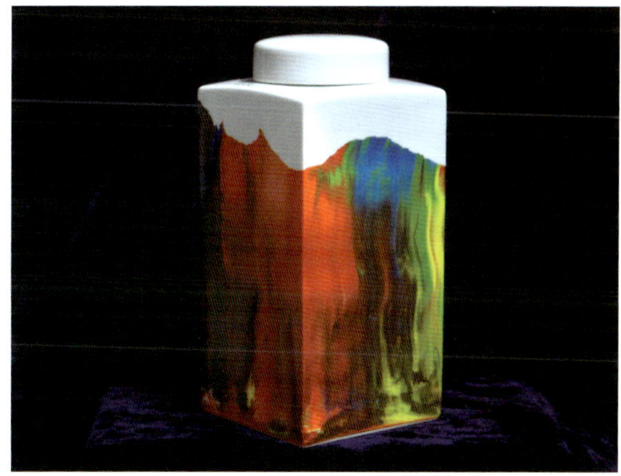

葡萄牙馆日代表团所赠的瓷质艺术品

馆日活动中葡萄牙的当红女歌手玛丽莎的精彩表演

葡萄牙馆日的文化交流活动

巴拉圭共和国国家馆日

2010年6月7日

在馆日仪式上的中方代表致辞

我代表中国政府和上海世博会组委会，对巴拉圭举行上海世博会国家馆日表示诚挚祝贺，对埃斯科瓦尔部长出席今天的馆日活动表示热烈欢迎，对巴拉圭对上海世博会的支持表示感谢，相信巴拉圭国家馆日活动将使每一位到访者流连忘返。

世博会是人类文明成果荟萃的伟大盛会，它始终高举进步的旗帜，崇尚创新的精神，坚持开放的道路，倡导和谐的理念，不断开启人类重新认识世界的窗口。世博会不仅是各参展方展示社会、经济、科技、文化进步的巨大平台，而且是促进世界各国人民增加了解，加强合作的良好机会。

本届上海世博会以“城市，让生活更美好”为主题，体现了人类社会对未来更好生活的设想和憧憬。在所有参与者的共同努力下，上海世博会一定会成功、精彩、难忘，成为世界人民大团圆的盛会，促进人类进步的盛会，推动创新和共同发展的盛会。

在以往的世博会上，我们曾多次欣赏巴拉圭的精彩展示。今天，我们再次看到了独具特色的巴拉圭馆。奔流不息的巴拉那河、美丽的亚松森城市风光、田园般的生活场景、勤劳的巴拉圭人民及其美好的城市建设理念，共同构成了一幅色彩斑斓的画卷。此外，巴拉圭艺术家还将把原汁原味的当地音乐、舞蹈和戏剧表演呈现在广大参观者面前，使我们有机会零距离接触当地的风土人情，亲身感受巴拉圭人民的质朴和热忱。

中国与巴拉圭虽无外交关系，但中国人民对巴拉圭人民素怀友好感情。两国同属发展中国家，都面临着发展本国经济、提高人民生活水平的相同任务。我相信，

巴拉圭馆（C片区，中南美洲联合馆）

中国贸促会副会长 王锦珍

巴拉圭文化部长 路易斯·马努埃尔·埃斯科瓦尔·阿尔伽尼亚

上海世博会将为中巴两国人民增进相互了解，为包括中巴人民在内的世界各国人民追求更美的城市、更好的生活、更深的情谊，共同缔造人与人、人与自然和谐共存，实现人类可持续发展提供新的契机。

祝愿今天的巴拉圭馆日活动取得圆满成功。预祝巴拉圭参加上海世博会取得成功。祝中巴人民的友谊不断发展。

在馆日仪式上的外方代表致辞

首先感谢你们邀请巴拉圭参加上海世博会；我们也非常高兴有这样一个场合为国际交流做出我们的贡献，同时利用这样一个重要的机会增进中巴两国之间乃至巴拉圭与全世界之间的了解和沟通。上海世博会提供了一个多方位开放的聚会舞台，着眼于科学技术、文化交流、政治关系与环境等内容，把文化与发展更广泛的联系在一起。因此，在这一背景下产生的贸易往来有着复杂的文化层次内涵，如人口规模和生活质量，这些问题有助于人们在不可否认的道德观念和审美价值的基础上进行交流。

在全球化中最积极的部分应当得到加强的时候，本次世博会的主题是最恰如其分的，那就是“城市，让生活更美好”；通过这一主题，人们可以提出各种可持续发展的模式，响应了人们对于城市日益扩张的关注，包括与城市扩张密不可分的城市政策、市民政策、文化政策以及环境政策。上海是一个多元化的世界大都市，能够在丰富的中国文化传统与当今世间万物之间架起一座桥梁。这座伟大的城市以其宽厚的胸怀迎接我们，奉献了一个五彩缤纷的文化交流空间，并且为各国携手共荣打开了大门。

长期以来，巴拉圭与中国大陆没有往来，这次来中国参加上海世博会，也是希望谋求更积极有效的交流项目并建立惠及两国的双边关系。我国在能源、农牧业、重要环境储备等领域拥有巨大的生产潜力，特别是我国具有丰富的文化多样性，由此形成了特有的民间和现代文化形式。居住在巴拉圭的17个少数民族都拥有各自的知识、语言、传统、理解和表达方式，既丰富了文化多样性，同时在面对当代社会挑战的时候，也没有失去其历史的渊源。我相信，在今天举行的这样一次聚会中，这些内容可以在中国所拥有的非凡文化经历中添上一笔，中国的发展模式也给我们带来启示，告诉我们如何应对巴拉圭所面临的新的挑战。

今天我们为中巴两国聚会以及巴拉圭出席上海世博会举行仪式，我希望这能够成为漫漫长路的第一步，因为这必将使我们共同分享经验和古老的精神财富，进而实现更好的城市以及更好的生活方式。今天，大城市的发展已经成为世界性的问题，让我们在共同面对城市扩张的同时，也能分享全球化的成果并且共同克服全球化所带来的难题。此次世界博展会所开创的美好空间使我们有理由相信，这些愿意是可以实现的。

交流活动

中方代表与巴拉圭共和国国家馆日代表团主要成员合影

En ocasión de la Expo Shanghai,
con admiración y deseos de un intercambio
creciente entre Paraguay y China.

值此上海世博会之际，我谨向贵国致敬，并愿巴中交流日益密切。

路易斯·马努埃尔·埃斯科瓦尔·阿尔伽尼亚

巴拉圭馆日代表团所赠的银质马黛茶壶和书

巴拉圭馆日的竖琴表演

巴拉圭馆日的歌舞表演

在馆日仪式上的中方代表致辞

初夏的上海优美宜人，我们共同迎来了上海世博会澳大利亚国家馆日活动。在此，我代表中国政府和上海世博会组委会，对澳大利亚国家馆日的举办，表示诚挚的祝贺！对远道而来的布赖斯总督阁下及各位嘉宾，表示热烈的欢迎！

世博会是人类文明成果荟萃的伟大盛会。创立159年来，世博会始终秉持进步、创新、开放、和谐的精神与理念，不断开启人类认识世界的崭新窗口。中国2010年上海世博会以“城市，让生活更美好”为主题，充分展示城市文明发展的成果、经验和先进理念，探寻以人为本的城市居住、生活、工作模式，将会为人类可持续发展留下宝贵的精神财富。

澳大利亚始终重视世博会，曾先后两次主办过世博会，在世博会历史上多次以独特的创意，给世界各国人民留下了深刻的印象，世博场馆墨尔本皇家展览馆还曾被评为世界文化遗产。今天，我们置身于风格独具的澳大利亚馆，颜色多变的铁红外墙、动态起伏的投影屏幕以及古老优美的传统文化表演，让我们充分感受到澳大利亚大陆的美好风光、充满活力的现代城市和多元共融的人文景观，也让我们分享了澳大利亚解决城市问题、提高生活质量的智能方案。澳大利亚人民对城市文明的独到见解、蓬勃向上的民族精神和崇尚创新的科技理念，让人赞叹不已。

中国和澳大利亚虽然远隔重洋，但两国人民的交往源远流长。1972年中澳建交以来，两国关系始终保持着良好的发展势头。双方在政治、经贸、人文、科技、教育、旅游等领域的务实合作不断发展，友好交流丰富多彩。

澳大利亚馆（B片区，自建馆）

中国上海市市长 韩正

澳大利亚联邦总督 昆廷·布赖斯

相信上海世博会将会成为增进中澳两国人民了解和友谊的平台，并将为中澳两国深化互利合作提供新的契机。

最后，祝愿澳大利亚国家馆日活动和澳大利亚参展上海世博会取得圆满成功！

在馆日仪式上的外方代表致辞

我非常高兴也非常荣幸能来到上海，参观上海世博会并庆祝澳大利亚国家馆日。

上海是一座充满魅力的国际大都市，经济发达，人民富裕，海纳百川，汇聚了来自各地有智慧有远见的优秀人才。你们不仅有古老悠久的历史，而且正满怀信心地朝着更加美好的未来迈步前进。在历史上规模最大的世博会上，你们作为东道主正努力向世界展示着上海，整个世界都投来了关注的目光。

两百多个国家为参加本届世博会投入了大量的时间、人力、物力和创造力，共同分享美好城市和美好生活的实践案例，携手促进全球合作和进步。澳大利亚为能成为其中一员深感自豪。我们非常重视发展同中国的双边关系，两国关系不断发展，日渐紧密，在各个层面上都取得了丰硕的成果。我们双方经贸和投资往来密切，教育交流频繁，友城网络发展壮大，民间交往日益活跃，友谊不断巩固加深，未来我们在这些领域依然有非常巨大的合作潜力。

毫无疑问，我们决不会错过上海世博会这一向世界展现我们国家的大好机会。我们高兴地看到全世界都在关注澳大利亚国家馆，倾听我们向全世界发出的讯息。令人高兴和激动的是，截至到今天，已有150万名游客参观了澳大利亚国家馆，在我们活泼可爱的吉祥物笑翠鸟鹏鹏的热情迎接下，踏上探索澳大利亚的奇妙旅程。

我们是一个年轻的国家，却是一片古老的大陆。原著民在这片土地上繁衍生息了几万年，形成了独特的语言、文化传统和精神风貌。欧洲人直到两百多年前才来到澳大利亚定居（上海的发展也曾受到过欧洲的影响）。今天的澳大利亚发展迅速，蓬勃繁荣。我们发展的根基来自于多元的人口、文化、资源、环境和思想以及我们生机勃勃的朝气。随着澳大利亚馆内蜿蜒曲折的参观路线一路前行，你们将享受视觉、听觉和味觉的饕餮盛宴，体验澳大利亚独特的色彩、设计和个性魅力。

我感到特别荣幸的是今天能和22位澳大利亚杰出女性中的6位一起来到上海，《姐妹》这部纪录片让无数的游客了解了她们不平凡的事迹，她们也为建设澳中可持续发展城市和社区以及加强两国之间的联系做出了自己卓越的贡献。

女士们，先生们，上海世博会为我们展现了未来城市和各方面发展的无限潜力和美好前景，是一次真正精彩难忘的盛会。

我要向世博会主办方表示感谢，感谢你们给予我和我丈夫以及同事们的热情款待。

在这里我邀请各位和我们一起共同庆祝中国2010年上海世博会澳大利亚国家馆日。

交流活动

中方代表与澳大利亚联邦国家馆日代表团主要成员合影

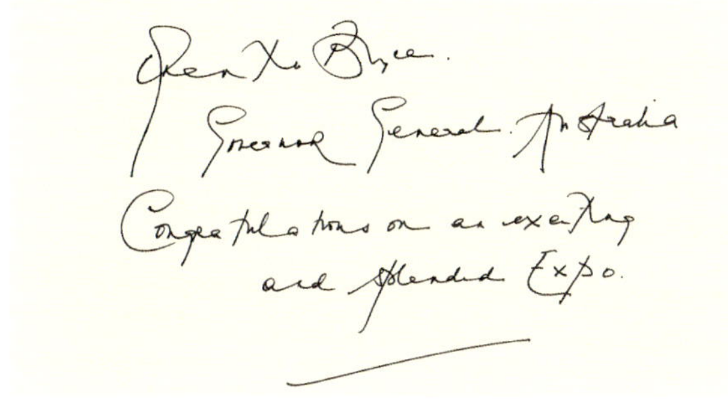

Quentin Bryce.
Governor General. Australia
Congratulations on an exciting
and splendid Expo.

祝贺此次令人激动的及美好的世博会。

昆廷·布赖斯

澳大利亚馆日代表团所赠的瓷质民族艺术品

澳大利亚馆日的文艺表演

菲律宾共和国
国家馆日

2010年6月9日

菲律宾馆（B片区，租赁馆）

在馆日仪式上的中方代表致辞

首先，我代表中国政府和上海世博会组委会，对菲律宾举行上海世博会国家馆日表示诚挚祝贺，热烈欢迎阿罗约总统阁下出席今天的馆日活动。相信菲律宾国家馆日活动将给每一位到访者留下美好而难忘的印象。

世博会是展示人类文明优秀成果的盛会，也是世界各国人民欢聚一堂，共享友谊的聚会。一个多世纪以来，世博会记录了人类文明发展的一个又一个里程碑，为全球范围内推动国际交流，为各国相互借鉴，展现自我提供了机会和舞台。世博会推崇创新、开放与和谐的理念，不断启发人类重新认识自我和认识世界，不仅极大激发了人们创造物质财富的积极性和热情，而且给人类留下宝贵的精神财富。

“城市，让生活更美好”是本届上海世博会的主题，体现了人类社会对未来美好生活的设想和憧憬，印证了各国人民对创建“平安、文明、幸福”城市的不懈追求。相信在所有参与者的共同努力下，上海世博会一定会成功、精彩、难忘，成为增进世界各国人民友谊的盛会，促进人类进步的盛会，推动创新和共同发展的盛会。

历次世博会上，菲律宾都进行了精彩的展示。本届世博会的菲律宾馆色彩鲜明，独特的手掌设计体现出菲律宾人民的热情好客，反映出菲律宾各界齐心发展经济、开创美好生活的愿望。展馆内富有民族特色的展品和活力四射的表演让我们领略到菲律宾悠久的历史文化传统和动感之都的魅力。馆内精致优雅的咖啡厅和传统水疗等富有特色的服务使参观者对菲律宾人民丰富多彩的生活有了更多的了解。

中国和菲律宾隔海相望，两国人民在长期交往中建

中共中央政治局委员、上海市委书记、上海世博会组委会第一副主任委员 俞正声

菲律宾总统 格洛丽亚·马卡帕加尔·阿罗约

立了亲戚般的友谊。1975年建交后，两国关系顺利发展。特别是2005年胡锦涛主席与阿罗约总统共同确立了中菲战略性合作关系，开辟了两国关系发展的新阶段。今天是中菲建交35周年纪念日，菲律宾选择今天作为上海世博会国家馆日，阿罗约总统专程莅临，体现了菲方对两国关系的高度重视，给这一特殊的日子增添了更多喜庆。我相信，世博会这一平台将有助于两国人民增进了解，巩固友谊。在双方共同的努力下，两国战略性合作关系必将得到进一步深化，为本地区的稳定与繁荣作出新的贡献。

上海与马尼拉这对姐妹城市仅一水之隔。今天的菲律宾馆日活动让我们得以在上海领略马尼拉椰风蕉雨的热带风情，聆听棉兰老岛朴实无华的天籁之音，感受菲律宾手工艺人高超出众的艺术智慧和创造力，体验菲律宾自然而富有活力的精彩生活。世博会的魅力正在于此，她让包括中菲两国人民在内的世界各国人民跨越国界，跨越文化，携手努力，共同分享全人类的智慧结晶，追求人类未来的美好生活。

最后，祝愿菲律宾馆日活动取得圆满成功。

在馆日仪式上的外方代表致辞

热烈祝贺中国政府和人民在国际大都市上海举办世博会。

两年前，中国北京主办了奥运史上规模最大的奥运盛会之一；仅两年之后，中国又在上海主办了迄今为止规模最为盛大、参展数最多的世界博览会。中国再次聚焦了全球目光。

我很荣幸出席了北京奥运会开幕式，见证了中国向全球舞台献上的首部欢聚盛会。同时，我也很荣幸在担任总统期间，亲历了中国成长为正如今日一般的一股崛起的世界力量的形成期，而期间，我们参与塑造了菲中关系。

正如北京奥运会一样，上海世博会是中国整个民族历史上的另一个里程碑。本届世博会一如既往地强调中国对可持续发展、促进国际和平、相互理解、民间交流和文化对话的承诺。

伴随着近200个国家和50多个国际组织参与上海世博会，本届世博会展示了全球对于未来的美好城市、品质生活的最佳模型。

这些宏伟壮观的展馆站上了不断延伸的世博园区的中心舞台，显然印证了本届世博主题已经激励了许多国家和组织来展示他们对建造我们梦想中的现代城市的贡献。

我们今天在此非常兴奋地庆祝上海世博会菲律宾国家馆日。今天的馆日适逢菲中建交35周年，再适合不过了。俞书记也提过，事实上今天是菲中建交35周年的纪念日。

在这一特殊的日子，我谨邀请所有人前来参观菲律宾馆，更多地了解我们伟大的国家。我希望对菲律宾馆的参观能够激发起你们前往菲律宾旅游考察的愿望。

菲律宾馆的展示主题是“动感之都”。在我们本届政府，一项核心任务就是提升并开发菲律宾的所有城市，不仅仅是我们的首都马尼拉。通过展示，我们想表达在我国有许多新兴的正在崛起的“动感之都”，这些城市创造可持续的经济发展，正如音乐一样，重视平衡中的和谐、环境的协调。

同时，我们也希望通过这些展示向全球推荐我们的朝阳产业，这些产业正在迅速成长为我国经济发展的重要支柱，也带来了重要的投资机遇。这些产业包括礼品和时尚饰品、服饰、艺术及手工艺、健康及保健、矿业、信息技术、家具及家饰品、教育服务等等。

上海世博会为菲律宾提供了展示我们在 20 年之内为加入一流世界而准备就绪的机会。在菲律宾，我们已经在人才建设和基础设施建设上投入了数十亿的投资，以使我们国家的每一个角落都向现代化迈进。这些投资正在取得回报。我们的城市正在成长，我们的国家正在发展。

我们骄傲地与世界强国和城市肩并肩地汇聚在上海，并宣布菲律宾是个宜居之国、工作之国和投资之国。正如我们展馆所表达的那样，我们是一个满怀希望、工作勤劳的民族；我们在工作和家庭生活中的傲气将带领我国迈向更加繁荣、享有更多机遇的未来。

最后，我们参与本届世博会，这为我们提供了进一步加强与中国政治、经济和文化关系发展的机会，因为我们向中国人民和全世界展示我们的国家、艺术与文化、价值观、竞争力和创造力。我们期待着为了我们两国人民的共同利益，一如既往地发展这种双边关系。

交流活动

中方代表与菲律宾共和国国家馆日代表团主要成员合影

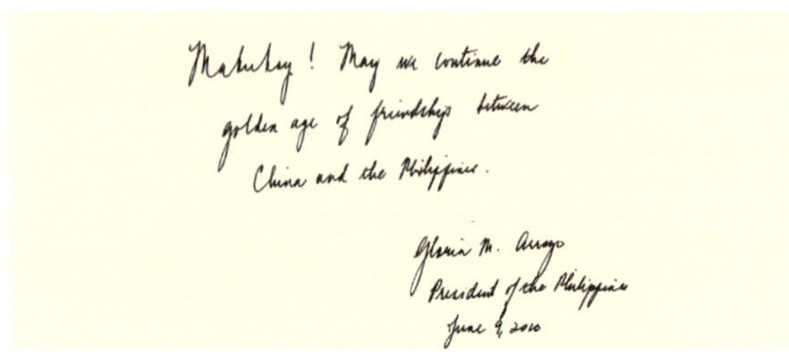

Mabuhay! May we continue the golden age of friendship between China and the Philippines.

Gloria M. Arroyo
President of the Philippines
June 9, 2010

愿中菲友谊的黄金时代持续下去。

格洛丽亚 · 马卡帕加尔 · 阿罗约

菲律宾馆日代表团所赠的菲律宾馆外景相框

菲律宾馆日的庆典歌舞表演

World Trade Centers Association

世界贸易中心协会
荣誉日

2010年6月9日

在荣誉日仪式上的中方代表致辞

今天，非常高兴出席在世博园区举办的世界贸易中心协会荣誉日。在此，我代表中国政府和中国人民，对世界贸易中心协会给予中国2010年上海世博会的支持表示衷心感谢。向出席今天活动的贵宾表示热烈的欢迎！

世界贸易中心协会是最早确认参加上海世博会、最早签署参展合同的国际组织之一。在上海世博会筹办和运行过程中，我们得到了世界贸易中心协会的大力支持，双方在各个领域合作良好。

以“贸易促进和平与稳定”为主题的世界贸易中心协会展馆，通过“天圆地方”和“八卦”的展馆设计，展现了世界贸易中心提高国际贸易效率、通过世界贸易中心协会网络促进城市内部及其与世界其他地区的沟通等内容，揭示了世界贸易对世界和平的促进作用。展馆还围绕衣、食、住、行等人类四大基本生活需要，举办了一系列展览、交流会、主题演讲及论坛等活动，给参观者带来了丰富的信息和愉快体验。我们相信，世界贸易中心协会馆，将进一步增进世界各国参观者对世界贸易中心协会的了解，为本届世博会增光添彩。

最后，衷心祝愿世界贸易中心协会系列活动成功，祝愿诸位来宾身体健康！

在荣誉日仪式上的外方代表致辞

非常高兴欢迎大家出席上海世博会世界贸易中心协会馆荣誉日活动。世界贸易中心协会和世界博览会历史上曾有过交集。1939年纽约世博会上有一个“世界贸易中心”馆，意在展示贸易的历史和贸易作为一种推动和

世界贸易中心协会馆（B片区，租赁馆）

中国商务部副部长 马秀红

世界贸易中心协会总裁 盖·杜苏里

平的力量的重要性。1964年世博会，我是主要负责人之一，该次成功经历使得我后来被任命为纽约世界贸易中心项目主任。如果没有上述两次世博会，很可能我们就无法看到今日众多的世界贸易中心，也看不到世界贸易中心协会。

世界贸易中心协会已在中国活跃了30多年，目前正跨入在华发展和合作的新时代。中国政府的英明领导及蓬勃的经济发展也为世界贸易中心协会的大规模扩展打下了基础。在过去几年里，中国已有数个新的世界贸易中心加入了我们协会的大家庭，并且这一发展速度正在加快。仅在过去三个月里，我们批准了六个中国城市加入世界贸易中心协会的申请。中国的地方政府和房地产开发商都很清楚，设立世界贸易中心意味着向世界宣告一个城市已准备好在世界舞台上大显身手，积极融入全球市场。今后数年，我期待中国会比任何其他国家拥有更多的世界贸易中心。

感谢世博局给予世界贸易中心协会参与世博会的机会并协助我会举办荣誉日活动。这在协会的历史上无疑是个里程碑。我也要衷心感谢我的好朋友伍淑清女士，她的远见卓识和奉献精神让我们取得了今天的成绩，并将带领我们走向未来。

Good luck to all of our
visitors who have come
from 92 countries. We will
be ever grateful for the people
who have gathered to visit all
of the people who have come to
pay homage to our visit.

Guy F. Tozzoli
June 9, 2010

祝来自世界贸易中心协会92个成员国的游客好运。我们感谢来访者，感谢访问期间所有人的帮助。

盖·杜苏里

交流活动

中方代表与世界贸易中心协会荣誉日代表团主要成员合影

世界贸易中心协会荣誉日的文化交流活动（一）

世界贸易中心协会荣誉日的文化交流活动（二）

阿根廷共和国国家馆日

2010年6月10日

阿根廷馆（C片区，租赁馆）

在馆日仪式上的中方代表致辞

我代表中国政府和上海世博会组委会，对阿根廷举行上海世博会国家馆日表示诚挚祝贺，对塔亚纳外长先生出席今天的馆日活动表示热烈欢迎。相信阿根廷国家馆日活动将使每一位到访者流连忘返。

世博会是人类文明成果荟萃的伟大盛会，每一届世博会都成为见证人类文明发展的驿站，在全球范围内推动广泛的国际交流，为各国开阔视野、展现自我，提供了机会和舞台。世博会始终高举进步的旗帜，崇尚创新的精神，坚持开放的道路，倡导和谐的理想，不断开启人类重新认识世界的窗口。

本届上海世博会以“城市，让生活更美好”为主题，体现了人类社会对未来更好生活的设想和憧憬。在所有参与者的共同努力下，上海世博会一定会成功、精彩、难忘，成为世界人民大团圆的盛会，促进人类进步的盛会，推动创新和共同发展的盛会。

今天，我们来到构思精巧的阿根廷馆，如同置身于布宜诺斯艾利斯宏伟的城市建筑、秀美的巴塔哥尼亚高原风光中，共同体验蓝天白云和潘帕斯草原辉映下的拉美风情。它让我们领略到阿根廷独特的历史文化传统和布宜诺斯艾利斯这座南美大都市的气息，同时也让我们感受到阿根廷人民对城市文明与魅力的深刻理解和诠释。

中阿两国和两国人民传统友好。建交38年来，两国关系取得长足发展，经贸、金融、文化、旅游等各领域的交流与合作富有成果，中阿已成为真诚信赖的好朋友、互利合作的好伙伴。我相信，上海世博会将为中阿两国增进相互了解、深化双方友好合作注入新的活力。

今年恰逢阿根廷建国200周年。尽管上海同布宜诺

中国外交部部长助理 吴海龙

阿根廷外交、国际贸易与宗教事务部长 豪尔赫·恩里克·塔亚纳

斯艾利斯距离遥远，但今天的阿根廷国家馆日，将使我们在短短的时间内，伴随着奔放的探戈舞步，品尝着地道的南美烤肉和红酒，神游于潘帕斯草原之上，拉普拉塔河之滨，体验阿根廷人民的智慧和开拓精神。这就是世博会的魅力，它将中国人民和阿根廷人民汇聚在一起，共同见证人类文明发展的丰硕成果，共同推动人与人、人与自然和谐共存，共同实现人类可持续发展。

祝愿今天的阿根廷国家馆日活动取得圆满成功。

在馆日仪式上的外方代表致辞

100 多年来，世博会已经成为传播和推广人类成就和进步的特别有效的方式。同时，世博会也为加强各民族之间联系，加强世界各国的文化、经济、工业、贸易和技术等各领域的合作做出了巨大的贡献。

"城市，让生活更美好"的主题，具有特殊的含义，涉及最近两个世纪以来人类发展中最具特点的现象之一，那就是城市人口的成倍增长。我们可以想象，1800 年的时候，城市人口占世界人口的 2%，而到了明年，城市人口占我们整个星球人数的 55%。总之，本次世博会规模空前，十分重要。我们看到，共有 240 多个国家和国际组织参展，预计参观人数将达到 7000 万，其中国际旅游者为 350 万人。

阿根廷参加这次全球盛会，它承诺与世界进行深层次的对话。我们将努力实现世博会的目标：美好的城市将带给城市居民以及全世界人民更高质量的生活。

同时，阿根廷也带着巨大的热情、坚定的信心与世界人民分享它的成就：我衷心希望能让更多的人更好地了解阿根廷的土地和人民。

对中国来说，今年是非常重要的一年，因为你们举办了世博会，这是世界最重要的盛会之一。对阿根廷来说，今年也是意义非同寻常的一年，这是阿根廷民族庆祝独立 200 周年的时刻。

阿根廷共和国是一个年轻的国家，它向世界展示着它的个性，也向世界展示它丰富的物产和人民的热情。

纪念 5 月革命 200 周年，使阿根廷的所有人民再次坚定地拥有了同样的价值观和理想。200 年前的这次革命，使阿根廷成为一个独立的国家。怀着与 1810 年时同样的坚定信念和希望，我们跨入了 21 世纪。"自由、和平和进步"，再次成为当今阿根廷的主流理念。

上海世博会阿根廷馆，外型如同一件斗篷，它用编织自身历史的方式，来追溯我们的文化和我们的记忆。在这个形如斗篷的空间里，阿根廷不同历史时期的不同文化得以展现。阿根廷就这样编织着自己的未来。从我们民族起源时到建国 200 周年，我们就是这样用双手编织着。我们正是想把这样的民族个性和承诺带给世人。

最后，我想代表阿根廷政府和人民，再次感谢中国政府和人民。正是你们的周到安排和精心接待，使我们 6 月 10 日的馆日活动成功举办。在此，我谨祝愿：两国人民的联系不断密切，友谊源远流长！

交流活动

中方代表与阿根廷共和国国家馆日代表团主要成员合影

A la larga amistad entre
los pueblos de China y Argentina
Felicitaciones!
Jorge Taiana
10-6-10

热烈祝贺！
愿中国与阿根廷两国人民之间的友谊地久天长！

豪尔赫·恩里克·塔亚纳

阿根廷馆日代表团所赠的工艺品

阿根廷馆日的文艺表演

伊朗伊斯兰共和国国家馆日

2010年6月11日

在馆日仪式上的中方代表致辞

我代表中国政府和上海世博会组委会，对伊朗举行上海世博会国家馆日表示诚挚祝贺，对内贾德总统阁下出席今天的馆日活动表示热烈欢迎。相信伊朗国家馆日活动将令每一位到访者流连忘返。

世博会是人类文明成果荟萃的伟大盛会，每一届世博会都成为见证人类文明发展的驿站，在全球范围内推动广泛的国际交流，为各国开阔视野、展现自我提供了机遇和舞台。世博会始终高举进步的旗帜，崇尚创新的精神，坚持开放的道路，倡导和谐的理想，不断开启人类重新认识世界的窗口。

本届上海世博会以“城市，让生活更美好”为主题，体现了人类社会对未来更美好生活的设想和憧憬。在所有参与者的共同努力下，上海世博会一定会成功、精彩、难忘，成为增进世界各国人民友谊的盛会，促进人类进步的盛会，推动创新和共同发展的盛会。

在以往的世博会上，我们曾多次欣赏伊朗的精彩展示。今天，上海世博会伊朗馆让我们领略波斯民族的独具匠心。在这里，我们可以一边聆听传递和谐友爱之声的波斯传统音乐，一边欣赏伊朗辉煌的古代艺术和绚丽多彩的伊斯兰文化，也可以一边驻足在“丝绸之路”前回味几千年前驼队的铃声，一边体会伊朗对现代城市建筑和设计的奇思妙想。它不仅能让我们细细品味伊朗悠久的历史文化传统，也让我们感受到伊朗人民对城市文化多样性、经济繁荣、科技创新及综合治理的深刻理解和诠释。

上海与德黑兰相距千里，上海世博缩短了中伊两国和两国人民间的距离。我相信，上海世博会伊朗馆将成

伊朗馆（A片区，租赁馆）

中共中央政治局委员、上海市委书记、上海世博会组委会第一副主任委员 俞正声

伊朗总统 艾哈迈德·内贾德

为双方增进了解、扩大共识的重要窗口，并将为拓展和深化双边务实合作提供新的契机。

祝愿今天的伊朗馆日活动取得圆满成功。

在馆日仪式上的外方代表致辞

以至仁至慈的真主之名，真主啊，请催生伊玛目马赫迪的到来，并赐予他身体健康和胜利，请让我们成为他的支持者和追随者，请让我们见证他的永真！

感谢伟大的真主，很荣幸能在这个重大的文化盛会上，以及人类文明与文化的起源国之一的中国发表演讲。首先，我想感谢中国政府的代表，美丽的城市上海市的负责人，展会的相关领导，以及出席伊朗国家馆日活动的各位朋友。

世博会的主题“城市，让生活更美好”是非常有意义的，这是人们长久以来的共同愿望。我想从一个非常重要的文化问题来开始我的演讲，这个问题就是为什么东方文明仍然长存且令人鼓舞。正如我们所知道的，文明不会自己发展，而是各个民族一代又一代人不断努力的结果。文明不会孕育于战争与殖民之中。因为它们是与文明相对立的，并且阻碍着它的发展与繁荣。文明的根源是文化。文明产生于人类之中，孕育于至高无上的文化。真主的使者和人类的祈祷者是人类文明的奠基者。文化是一个国家思想、风俗、习惯和信仰的总和。人类不同于其他生物，这是不争的事实，这一点不仅体现在客观上，也体现在主观上。许多人做了很多的努力，让自己沉溺于对物质需要的追求。这些只顾追求物质需要的人，永远都只会想方设法的满足自己的物质需要，而忽略了人性和精神上的需求。我们可以在先知的学派中找到对人类的最好的描述。

真主创造人类，并让人类在世间代替他。他将高尚的品质赋予了人类，并让这些品质在他们的灵魂中发芽生长，以至于他们能拥有与真主一样的，高尚的道德。人类是优于其他物种的。但是为什么睿智的真主要让人们与他一样成为聪明的人呢？因为科学之光能让人们辨清对与错，指引人们向着正确的道路前进。真主是公正的，他也希望人们向着公正与正义前进。人们的权利是神圣而不可侵犯的。真主是慈爱的，他也要求人们像他一样友爱地对待别人。真主是高尚的，他所创造的人类也应该是高尚的，他要求人们道德高尚以及积极行善。不公正，侵犯别人的权利，粗暴，这些都是丑陋的。但是公正，尊重，维护他人权利，友爱，却是美丽的。所有的重视公正、纯洁、爱情、尊重他人、帮助伤者以及无助的人、科学与哲学、诚实与勤奋，这些都是文化的基本要素。

全人类都应该崇尚和平、正义和尊重，所有的人都应该反对压迫和歧视。重视人类各方面需求的文化才会得到长久的发展并万古长存。伟大的文明是由伟大的民族和伟大的人民建立的。所有美丽的事物和艺术都依赖于富含人类情感，纯洁，爱情与亲情的文化和文明。

艺术和美，也体现了人类的思想和精神。诗人没有了爱情，没有经历爱情的洗礼，也就不会写出影响深远，至今仍被保存的绝美的爱情诗歌。画家们如果没有把自己丰富的感情同大自然和社会相联系，并且爱上它们，也就不可能为人类社会创造出那么多的优美画卷。

人们如果不互相友爱的话，也就不会互相帮助。那些为人类真正奉献的人也是具有人性之美的人。公正是人类所缺失的。只有那些自身崇尚公正与人性的人才能将公正带给人类。亲爱的朋友们，长存的并且令人鼓舞的文化是建立在人性的价值之上的。而这些价值在真主面前都是闪闪发亮的。真主是睿智并且知识渊博的，是充满爱情与亲情的，是正义与纯洁的。真主将他的使者派入凡间，让他们来告诉人们这些真理，以及指引他们去追寻正义和权利，对他人友善以及维护人类的利益，同歧视和压迫进行抗争，保护所有善与美的事物。这些是所有至高无上的文化中精华的部分。这些文化是经久不衰的，为此人类才能生存下来，人类生存下来，真主也仍然同在。

现在，在国际上我们面临着许多的挑战。一些大国，奉行物质利益至上的原则。为了物质利益，他们将人性置之一边。他们尽可能地追逐最大的权利，最大的利润，意图将所有的东西都占为己有。在经济方面，将竞争者们逐出市场并进行垄断，向人们灌输尽可能的消费思想，利用与自身权利相对等的工具减少其他民族的购买力，推卸维护生态环境的责任是他们的惯用伎俩。为了利益最大化，在必要的时候，他们也会刻不容缓地挑起战争，用以卖掉自己的产品和武器。在政治方面，欺骗以及采用多重标准，组织所谓的联盟用以控制整个世界。在文化方面，想方设法消灭传统以及种族的价值观，宣传文明冲突论，这些都是不人道和物质至上的产物。

在今天的这个世界上，发生了许多令人遗憾的事，比如对阿富汗和伊拉克的战争，对巴基斯坦一次又一次的侵袭，以及对巴勒斯坦人民由来已久的打击，这些都是人类的灾难。滥用联合国否决权，而进行非正义的和强迫性的行径。铤而走险地阻止其他国家在科学技术上的发展，甚至利用核弹来进行威胁，这些都是司空见惯的事情。拥有核弹的国家，不能容忍其他国家享有核能，即便是和平利用核能。通过谎言，控诉其他国家只要是生产核能就可能是为了生产核武器。他们中许多都拥有破坏性核武器，而且也利用核武器来欺压另外的一些国家。这意味着，他们自己本身就是罪犯，以莫须有的罪名，阻止其他国家对核能的和平利用。这些行为和行径都是因为他们已经将道德，人类所有的情感都抛弃了，为了自身利益牺牲了公正和纯洁而造成的。如果给这些国家算上一笔账的话，我相信，毫无疑问，他们只会留下恶名以及糟糕的历史。

让我们翻翻历史，已经覆灭的曾侵略并殖民过许多亚洲国家，包括伊朗和中国的英国殖民政权能存活下来吗？被称作英国文明的文明在世界上也被人们所熟悉，那么今天，那将走向覆灭的美国政权能够成为至高无上的文化和坚定的文明的发源地吗？女士们先生们，我们能够清楚的看到，美国政府对其他国家甚至是对自己国家的所作所为都是令人反感以及毫无信用可言的。今天，没有一个国家能够接受强权政治以及为所欲为的行为。为所欲为，强权政治，战争，侵略，制造核弹，在政治和经济关系中的不公正，都不是文明和文化的要素，而是走向毁灭的征兆。这些大国的任何决定以及行为都不会得到各个国家的接受，也会失去他们的吸引力，招来厌恶。这样的政权也终会走向衰亡。孕育文化的温床是人类。意思是如果没有和平与公正，爱情与亲情等这些要素的话，文化本身也会走向消亡。我们要感谢真主，因为这些要素在伊朗和中国这两个国家的文化中得以弘扬。

现在我们能够更好地解释“城市，让生活更美好”这一世博会口号。对于好的城市的解释是与好的文化分不开的。人文和文化因素得到发展，城市才会变得越来越好。许多人都认为，好的城市意味着完善的交通，令人满意的公共服务，公园和景点，优美的景色，漂亮的建筑，闪耀的灯光，以及安全的社会治安等，这些都可以看作是一个好的城市所需的要素，但是，我认为，如果说只有这些特点的话，是不能让人信服的。好的城市，应该是居民和谐相处的城市。也就是说，是建立在公正的基础上的城市。在这个城市里，没人会去侵犯他人的权利，城市的管理者会平等公正地对待每一个人。所有的人在法律面前都是平等的，每个人都遵守法律。好的城市，应该是人们相互友爱，同别人和睦相处。亲爱的朋友们，让我们期待。

交流活动

中方代表与伊朗伊斯兰共和国国家馆日代表团主要成员合影

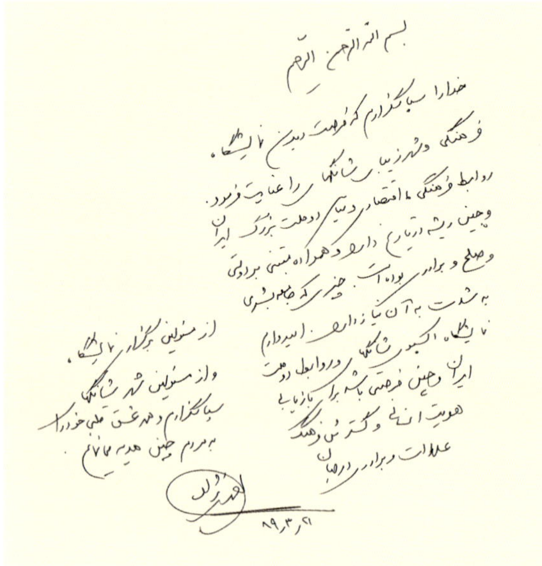

بسم الله الرحمن الرحیم

奉至仁至慈的真主之命

感谢真主赐予参观世博会和美丽上海的机会。伊朗和中国两个伟大的民族在世界文化和经济领域的交往中具有深远的历史，这是建立在友爱、和平、互助的基础上，这也是人类社会最迫切需要的关系。

我希望上海世博会以及两国人民的交往是探索人生真谛、发展文化、公正、友爱的契机。

非常感谢会展负责人以及上海市领导，我所有的爱献与中国人民。

艾哈迈德·内贾德

伊朗馆日代表团所赠的丝质世博纪念挂毯画

伊朗馆日的传统音乐表演

日本国
国家馆日

2010 年 6 月 12 日

在馆日仪式上的中方代表致辞

我代表中国政府和上海世博会组委会，对日本举行上海世博会国家馆日表示诚挚祝贺，对鸠山由纪夫阁下和夫人出席今天的馆日活动表示热烈欢迎。相信日本国家馆日活动将使每一位到访者流连忘返。

世博会是人类文明成果荟萃的伟大盛会，每一届世博会都成为见证人类文明发展的驿站，在全球范围内推动广泛的国际交流，为各国开阔视野、展现自我，提供了机会和舞台。世博会始终高举进步的旗帜，崇尚创新的精神，坚持开放的道路，倡导和谐的理想，不断开启人类重新认识世界的窗口。

本届上海世博会以“城市，让生活更美好”为主题，体现了人类社会对未来更美好生活的设想和憧憬。在所有参与者的共同努力下，上海世博会一定会成功、精彩、难忘，成为增进世界各国人民友谊的盛会，促进人类进步的盛会，推动创新和共同发展的盛会。

日本是世博会的重要参与者和推动者，曾先后在大阪、冲绳、筑波、爱知等地成功举办两次综合性和三次专业性世博会。可以说，世博会见证了战后日本的发展、腾飞历程，日本的参与也推动了世博理念精神的弘扬和普及。五年前的爱知世博会以“自然的睿智”为主题，以“与自然共生”为理念，体现了人类对自然的认识和对地球未来的思考，将世界主题拓展到了一个全新的领域。

在本届世博会上，日本为我们献上了本国参展史上规模最大的一件作品，独具匠心地打造了“像生命体一样会呼吸的环保建筑”——紫蚕岛。它以“心之和，技之和”为主题，融合了日本的传统特色和最先进的环保

日本馆（A 片区，自建馆）

中国国务院国务委员 刘延东

日本首相特使 鸠山由纪夫

科技，体现了东方文化“和”的理念和深厚渊源。在展品上，集中围绕水资源保护、全球变暖、老龄化等课题，通过动漫、机器人等的高科技形式进行展示。内容寓教于乐，游客喜闻乐见。有关调查显示，日本馆一直是最受欢迎的展馆之一。

日本是中国的友好邻邦，上海与日本九州岛隔海相望。在上海世博会的筹办过程中，日本政府和各界向我们提供了重要支持。日本国会专门成立跨党派议员组织“支援上海世博议员联盟”，这在世界各国中独一无二。广大日本民众参观上海世博的热情高涨，大批日本游客将来华观展。我相信，上海世博会将为中日两国和两国人民进一步增进相互了解、深化双边合作提供重要契机。

为配合馆日活动，日方今天还将在世博文化中心向观众们献上一台富有日本特色的文艺演出，其中既有体现日本悠久文化的传统乐器和歌舞伎表演，也有在中国大受欢迎的日本流行歌曲联唱。可以预见，今天的馆日活动一定精彩纷呈，必将掀起本届世博会的一个高潮。

祝愿今天的日本馆日活动取得圆满成功。

在馆日仪式上的外方代表致辞

首先祝贺上海世博会胜利举办。这次，我是作为首相的特使访问上海的。我夫人出生于上海，也许因为这个原因，菅直人首相在我即便辞去了总理职务后还是热情让我再来上海。

刚才，刘延东国务委员作了精彩的致辞。上海世博会的主题是“城市，让生活更美好”，这是基于我们现代生活的一个十分重要的思想。人类正是在“城市，让生活更美好”的理念下考虑解决环境、水、原子能、老龄化等现在或未来面临的问题。期待通过这次上海世博会能探索到解决这些难题的途径。

在上海以及中国众多人们的帮助下，日本以日本馆、日本产业馆和大阪馆全面参与了上海世博会。衷心感谢大家的大力支持。正如刘延东国务委员刚才提及的，我们的主题是“心之和，技之和”，要解决好我们面临的难题，仅靠心或技术是不行的，我坚信，全世界只有团结一心才能实现世界的和谐，解决人类的问题。

今天，日本前外务大臣及众多为日中友好作出贡献的人士也出席了仪式，在此，谨对各位致力于日中关系面向未来的发展再次表示谢意。

10天前，温家宝总理对日本进行了访问。访问取得了巨大的成功，我至今记忆犹新，一生难忘。我与温总理就建立沟通热线达成一致，日中间一有问题，应该通过热线寻求解决。之后，我虽然辞去了总理，但我相信，两国首脑一定会把沟通热线继续完成下去。

最后，祝愿过去和将来为日中关系发展而努力的各位汇聚上海世博会，共同探索，为解决世界面临的难题协作努力。

交流活动

中方代表与日本国国家馆日代表团主要成员合影

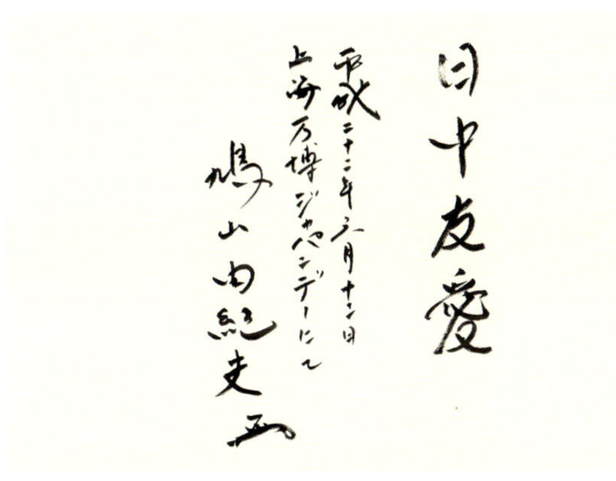

中日友爱

鸠山由纪夫

日本馆日的大型文艺表演（一）

日本馆日代表团所赠的艺术画

日本馆日的大型文艺表演（二）

比利时王国
国家馆日

2010年6月13日

比利时馆（C片区，自建馆）

在馆日仪式上的中方代表致辞

今天非常高兴同各位共同出席比利时国家馆日活动。我代表中国政府和上海世博会组委会对此表示祝贺，对比利时积极参加上海世博会表示感谢，对专程而来的菲利普亲王殿下表示欢迎。

世博会是荟萃人类文明成果的盛会，近年来，世博会更加崇尚创新、开放与和谐的理念，开启了人类重新认识世界的窗口，引领人们从对物质的崇拜转向对人的关怀，从征服自然转向尊重自然，从追求增长转向推崇可持续发展，不仅极大激发了人们创造物质财富的积极性和热情，而且给人类留下宝贵的精神财富。

中国是世界上人口最多的发展中国家，世博会第一次在中国举办，不仅实现了中华民族的百年梦想，也充分体现了世博会的强大生命力，这既是中国的机遇，也是世界的机遇，对广泛传播和弘扬世博会理念，促进世界和平与发展，必将产生深远的影响。正如每一届世博会都会成为见证人类社会发展的重要驿站，上海世博会必将成为人类实现城市和谐、可持续发展留下一份丰厚的精神遗产。

比利时曾多次举办世博会，其中1958年世博会给全世界留下了深刻印象，其地标性建筑——原子球不仅成为比利时的重要标志，也是世博史上重要的里程碑。今天，呈现在我们面前的“脑细胞”结构设计新颖，再次彰显了比利时积极倡导科技创新的先进理念，体现出它作为“欧洲首都”和欧洲拉丁、日耳曼、盎格鲁—撒克逊三大传统文化汇聚地的独特地位。在这里，参观者不仅能欣赏到丰富多彩的展览，还能品尝到享誉全球的比利时巧克力、啤酒等美味。比利时国家馆日让每个参观者都

中国上海市副市长 唐登杰

比利时王储 菲利普

充满美好期待。

中比建交近40年来，两国关系发展总体顺利，两国人民之间的友谊不断加深。近年来，两国高层交往频繁，双方经贸、文化、科技、教育等领域交流合作富有成效。比利时长期保持中国在欧盟第七大贸易伙伴地位。今年第一季度，中国已超越美国，成为安特卫普钻石最大的出口市场。目前，比在华企业已经达到700多家，上海贝尔、西安杨森、贝卡尔特、英博啤酒已成为中国老百姓耳熟能详的外资品牌。欧罗巴利亚艺术节和世博会近期相继在比利时和中国举行，不仅有助于中比两国和两国人民加强互相了解与互利合作，也有助于两国共同为世界的和平与稳定、人类社会的和谐与发展作出更大贡献。

祝愿今天的比利时馆日活动取得圆满成功。

在馆日仪式上的外方代表致辞

上海世博会是具有重要意义的世界盛会。对于我的祖国比利时而言，积极参与世博会非常重要。比利时国家馆展示了我们国家的主要瑰宝和丰富的多样性。我们也很高兴并欢迎欧盟和我们共同组建这个联合馆。当然，这也反映了比利时作为欧盟主要决策机构所在国的独特角色。我感到十分高兴和自豪，今天有机会和中国主办方和各位嘉宾一起庆祝上海世博会比利时国家馆日。

近年来，比利时和中国加强了合作纽带，众多官方、经济代表团互访和文化活动引起了广泛的影响。去年在布鲁塞尔举办的欧罗巴利亚艺术节上，中国展示了令人印象深刻的文化遗产和非凡的人文艺术潜力。我也很高兴地接待了到访比利时的习近平副主席，并向他介绍了我国工业、技术和研究领域的宝贵财富。今年，比利时来到上海参展世博会也正是要向中国民众和世界各地的游客展示这些特色。我很欣慰地看到，众多参观比利时国家馆的游客充满热情地欣赏我们的科技成就，就如同他们欣赏我们的生活方式和美食一样。

比利时此次参展不仅仅是对两国友谊的肯定，也是对上海世博会主题的全力支持。我们很早就充分认识到城市化对实现可持续发展的挑战。比利时是欧洲城市化程度最高的国家之一，工业发达，交通和通信网络高度密集。任何有利于实现更美好城市和更美好生活的新技术对我们而言都有很大吸引力。

中国也把可持续发展和环保技术列为未来发展的核心。上海世博会明确重申了这一雄心。中国国家馆就很好地展示了如何利用建筑遗产和古代传统来彰显更好的城市环境和低碳经济。

我完全同意上述目标。比利时国家馆充分利用可持续发展的原理造就适合人类的环境。在比利时商界的支持下，比利时政府不遗余力地把我们国家馆打造成了世博重要一景，比利时的地区和社区也在馆内展示他们的特色和成就。我们选择脑细胞作为国家馆的设计理念是为了凸显我们的强大资源：研究人员的杰出水平，设计师的创造力，以及工业和人民强大的生产力。人力资源是我们最宝贵的财富，我期待中国和比利时的青少年会有越来越多的交流。我们将从你们这里学到很多，但是我们也同样自豪地向你们展示我们的能力。

对于比利时的发展和未来而言，中国是个重要的合作伙伴。在上海世博会上，中国坚定地选择了可持续发展和人民福祉作为基本理念。这些也是我国长期以来的目标。因此，我期待和中方紧密合作，共同为双方人民创造更美好的生活。

交流活动

中方代表与比利时王国国家馆日代表团主要成员合影

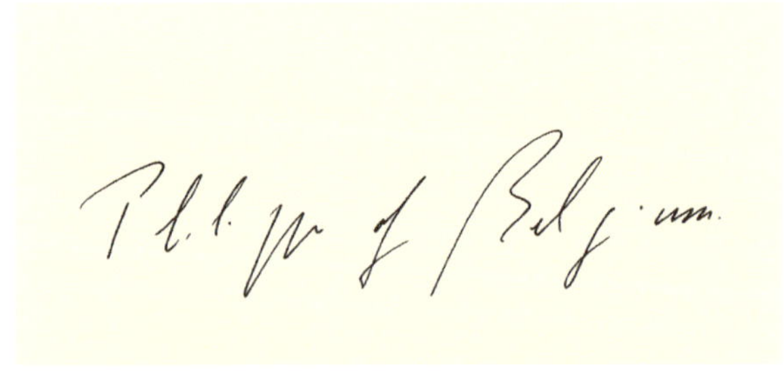

比利时王储菲利普的签名

比利时馆日代表团所赠的水晶艺术品

比利时馆日的比中友谊音乐会（一）

比利时馆日的比中友谊音乐会（二）

保加利亚共和国国家馆日

2010年6月14日

在馆日仪式上的中方代表致辞

首先，我谨代表中国政府和上海世博会组委会，对保加利亚举行上海世博会国家馆日表示诚挚祝贺。相信保加利亚国家馆日活动将使每位来访者充分感受到“玫瑰之国”的独特魅力。

世博会是人类文明成果荟萃的伟大盛会，每一届世博会都成为见证人类文明发展的驿站，在全球范围内推动广泛的国际交流，为各国开阔视野，展现自我，提供了机会和舞台。世博会始终高举进步的旗帜，崇尚创新的精神，坚持开发的道路，倡导和谐的理想，不断开启人类重新认识世界的窗口。

本届上海世博会以“城市，让生活更美好”为主题，体现了人类社会对未来更美好生活的设想和憧憬。在所有参与者的共同努力下，上海世博会一定会成功、精彩、难忘，成为增进世界各国人民友谊的盛会，促进人类进步的盛会，推动创新和共同发展的盛会。

在以往的世博会上，我们曾多次欣赏保加利亚的精彩展示。今天，我们再次看到了创意精妙的保加利亚馆。我们可以惬意十足地漫步在欧洲古巷，可以驻足欣赏独特的传统手工，更可以为古色雷斯人的黄金宝藏发出赞叹。不经意间，现代数码世界又会为我们描绘一个活力无限的欧洲古国，让我们共同体验今日保加利亚城市的繁华、旅游资源的丰富、民族文化的发展、科学技术的进步。它让我们在充分领略保加利亚悠久历史文化的同时，更让我们体会到保加利亚人民对城市文明与魅力的深刻理解和诠释。

中保两国和两国人民之间有着深厚的传统友谊。我们不会忘记，保加利亚是世界上第二个承认中华人民共

保加利亚馆（C片区，欧洲联合馆）

中国上海市副市长 赵雯

保加利亚经济、能源和旅游部长 特拉伊乔·特拉伊科夫

和国的国家。建交61年来，两国各领域的交流与合作富有成果。60多年的历史证明，在相互尊重、平等互利、互不干涉内政原则基础上发展双边关系，符合两国和两国人民的根本利益。我相信，上海世博会将为中保两国和两国人民增进相互了解、深化双边合作提供新的契机。

上海与索非亚虽然相距遥远，但今天的保加利亚国家馆日将带领我们穿越时空，伴随着罗多彼风笛的悠扬旋律，在保加利亚玫瑰的独特馨香中无限畅游于雄伟的巴尔干山脉，沉醉在浪漫的多瑙河畔，流连于旖旎的黑海风光，在古老的色雷斯土地上感受保加利亚人民的勤劳、智慧、热情和友善。我想，这就是世博会的魅力所在，也是包括中保人民在内的世界各国人民追求更美的城市、更好的生活、更深的情谊，共同缔造人与人、人与自然和谐共存，实现人类可持续发展的生动例证。

祝愿今天的保加利亚馆日活动取得圆满成功。

在馆日仪式上的外方代表致辞

首先我想以保加利亚政府的名义祝贺我们的中方主人－上海世博会组织方对这次世博会的精彩组织和安排，并对中方给我们热情的接待表示感谢！

上海世博会的规模、参展者和参观人数都让人吃惊，我们非常珍惜能够成为参展者之一介绍保加利亚的这次机会！

“城市，让生活更美好”的世博主题让来自全球的参加者显示他们对追求更好城市生活的欲望，介绍他们关于面对全球性城市化挑战的想法并提出未来解决方案。

参加上海世博会作为我国对推广保加利亚为国际旅游地和吸引国外投资战略的重要一部分。我国地理位置、自然状态及千年的文化历史遗产让保加利亚成为一个具有魅力的旅游胜地。

我们相信这次参加世博会也会增加保中两国的互相了解并加强两国人民之间的友好关系。

保加利亚馆的主题是“城市共同遗产”，展示了我国的丰富文化历史遗产的一部分并体现传统生活和未来发展的融入，并给大家介绍保加利亚一直保留的独特城市历史遗产、艺术和文化。

访问保加利亚馆的游客能够接触到保加利亚千年历史的一部分，并对保加利亚这个重要文化旅游、海边山上度假旅游、温泉旅游、打猎旅游和高尔夫旅游中心的优越条件增加了解。2009年保加利亚接待了将近800万国外游客。

保加利亚和中国两国的友好关系历史悠久。1949年，保加利亚成为第二个承认中华人民共和国的国家。

这段历史悠久的关系和我们共同合作的愿望，让我相信保中两国双边关系方面还有着贸易和投资的巨大发展潜力。

从战略性的地理位置来看，保加利亚是欧盟市场、地中海、中东和亚洲国家之间的重要运输中心。目前保加利亚位列欧盟发展速度最快的国家之中，2008年经济增长速度为全欧盟第三。作为东南欧最受欢迎的投资基地，具有欧盟最吸引投资者的税务制度。保加利亚是巨大的欧盟市场的一部分，同时中国在快速发展，这两者创造了一系列促进我们双边合作的前提。

我相信，我们两个国家在电子电信、通讯设备开发、纺织业、汽车制造业、基础设施、食品工业、农业、能源和旅游等项目中都存在很多发展机会。

我相信，我国政府会继续重视保加利亚和中国之间的经济合作与发展。欧盟成员保加利亚作为诚信可靠和稳定的合作伙伴，我们会积极推进一切支持我们两国友好合作的行动。

交流活动

中方代表与保加利亚共和国国家馆日代表团主要成员合影

The Expo shows the great progress made by the Chinese people – technologies and economic but also related to the genuine friendship and well being of our friendly nations.

Traicho Traikov – Minister of Economy, Energy and Tourism of Bulgaria

14 June 2010

上海世博会展示了中国人民在科技和经济方面所取得的巨大成就，同时也加深了两国间真正的友谊，促进了多边关系的健康发展。

特拉伊乔·特拉伊科夫

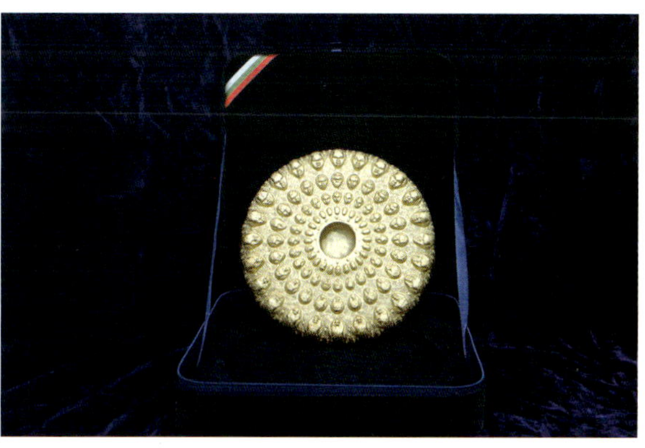

保加利亚馆日代表团所赠的艺术品

保加利亚馆日的民族歌舞表演（一）

保加利亚馆日的民族歌舞表演（二）

上海合作组织荣誉日

2010年6月15日

上海合作组织馆（B片区，国际组织联合馆）

在荣誉日仪式上的中方代表致辞

我代表中国政府和上海世博会组委会，对上海合作组织举行世博会荣誉日活动表示诚挚祝贺，对伊马纳利耶夫秘书长和各国使节的到来表示热烈欢迎，对上海合作组织成员国对中方承办世博会给予的宝贵支持和大力协助表示衷心感谢。

世博会走过158个春秋，历久弥新，始终保持旺盛的生命力。这种活力源自人们对信仰、地域和种族的超越，源自人们对和平、合作与进步的渴望和追求。世博会在全球范围内推动着广泛的国际交流，为全人类了解自我、正视历史、开创未来提供了大好机会。

上海合作组织成立仅九年，青春勃发，各领域合作如火如荼，成就令世人瞩目。这种成功在于其倡导“互信、互利、平等、协商，尊重多样文明、谋求共同发展”的“上海精神”，在于成员国信守“世代友好、长期合作”的庄严承诺。上海合作组织为本地区国家维护共同利益、实现共同发展提供了广阔空间。

上海合作组织在其诞生地参加世博会，必将为本次全球盛典的磅礴画卷留下浓墨重彩的一笔！我认为，上海合作组织有三大看点。

一看先进理念。“上海精神”与世博会宗旨相得益彰，与华夏文明2000年来推崇的“以和为贵”思想交相辉映，反映了热爱和平人民的共同心声。

二看卓越贡献。上海合作组织开创了一条不结盟、不对抗、以合作谋安全、以合作促发展的独特道路，树立了新型国家关系的典范，代表了国际关系的发展趋势。

三看光明前景。上海合作组织成员国建立起安全、经济、人文领域的有效合作机制，确立了货物、资本、

上海世博会中国政府副总代表　周晓沛

上海合作组织秘书长　伊马纳利耶夫・穆拉特别克・桑瑟兹巴耶维奇

服务和技术自由流动等区域合作目标，缔结了《长期睦邻友好合作条约》，勾勒出本地区持久和平、共同繁荣的美好蓝图。

我相信，通过世博会这一平台，上海合作组织的合作进程将得到更加深刻的理解与诠释。

“和谐世界，从邻开始”不仅仅是上海合作组织的参展口号，也是本地区各国的行动宣言。中国与本地区各国的友谊源远流长。我想重申，中国将始终不渝地走和平发展道路，坚定不移地奉行“与邻为善、以邻为伴”的周边外交方针。中国愿与上海合作组织成员国、观察员国、对话伙伴和友好国家携起手来，沿着合作之路，收获发展硕果，享受安定与繁荣的生活，共同谱写本地区乃至全世界和平、和睦、和谐的新篇章。

最后，祝愿上海合作组织荣誉日活动圆满成功，上海合作组织发展取得新的成就，本地区各国人民幸福顺遂！

在荣誉日仪式上的外方代表致辞

很高兴与大家相聚在上海世博园区，隆重举行上海合作组织荣誉日活动，我谨代表上海合作组织并以我个人名义对各位的莅临表示热烈欢迎和衷心感谢。

我们选择6月15日作为上海合作组织荣誉日，是因为这一天具有特殊的意义。九年前的今天，也就是2001年6月15日，我们的组织诞生在美丽的黄浦江畔，并以上海这座城市命名。九年来，上海合作组织走过了一段光辉历程。各成员国本着“互信、互利、平等、协商、尊重多样文明、谋求共同发展”的“上海精神”，致力于打击“三股势力”，积极开展安全、经贸、人文和对外交往方面的合作，取得了丰硕成果。在刚刚结束的本组织第十次峰会上，上海合作组织成员国元首发表了会议宣言和新闻公报，并签署了一系列重要文件，为我们组织的下一步工作指明了方向。

上海合作组织自成立以来，在维护地区稳定和促进成员国共同发展方面发挥了重要作用，引起国际社会的广泛关注，许多国家表示希望加入该组织。为了更好地开展国际合作，本组织先后吸收了4个观察员国和2个对话伙伴国，并与包括联合国在内的许多国际组织建立了合作关系。

世博会是经济、科技和文化的奥运会，是人类文明交流的舞台。中国是上海合作组织成员国和秘书处的东道国。世博会首次在中国举行，得到举世瞩目，取得巨大成功。作为上海合作组织秘书长，我为此感到骄傲。

本届世博会以“城市，让生活更美好”为主题，充分展示全球城市发展的成果，促进各种发展理念的碰撞和交流，有助于各国人民相互学习，博采众长，共同探索未来发展之路。

上海合作组织参展上海世博会并举办荣誉日活动，就是希望借助世博会的平台向中国人民和世界各国人民展示我们组织取得的成就和未来的发展前景。考虑到本组织各国互为友好邻邦，彼此有着深厚的历史文化渊源，所以将上海合作组织馆的主题设为“和谐世界，从邻开始”，旨在通过建设和谐地区、促进共同发展来实现和谐世界的伟大目标，进一步提升本组织的影响力。请在场的各位贵宾，以及你们的亲人、朋友，并带动更多的观众踊跃参观上海合作组织馆，以便更加全面、深入地了解我们这个组织，并一如既往地给予关心和支持。

交流活动

中方代表与上海合作组织荣誉日代表团主要成员合影

От имени Шанхайской Организации Сотрудничества выражаю благодарность правительству КНР, всем министерствам, народному правительству г. Шанхая, и организационному комитету "ЭКСПО-2010" за оказание содействия и помощи в организации выставочного павильона ШОС.

Желаю всем доброго здоровья, успехов и благополучия

Генеральный секретарь ШОС

М. Иманалиев

15.06.2010

我谨代表上海合作组织，衷心感谢中国政府，上海市人民政府以及 2010 年世博会主办方为建造上海合作组织馆作出的贡献。

祝愿大家身体健康、工作顺利、万事顺意！

伊马纳利耶夫·穆拉特别克·桑瑟兹巴耶维奇

上海合作组织荣誉日代表团所赠的水晶摆设

刚果共和国国家馆日

2010年6月16日

在馆日仪式上的中方代表致辞

今天，我们相聚中国上海，相聚在美丽的世博园区，共同庆祝刚果共和国国家馆日！我谨代表中国政府和人民，对刚果共和国国家馆日的举办表示热烈祝贺，对各位嘉宾的到来表示诚挚欢迎。

中刚两国友谊源远流长，刚果共和国是非洲地区同中国建交较早的国家之一，长期支持中国统一大业。自1964年2月22日建交以来，两国关系发展顺利，双方领导人长期友好互访，两国人民交往日益密切，双边经贸关系更加紧密，文化交流丰富多彩。

非洲联合馆是上海世博会最大的联合馆，馆内有包括刚果（布）在内43个独立展馆，数量达历届世博会之最。刚果共和国国家馆的展示主题是“现代化的自然生活（生物多样性、文化、发展和旅游）”。展馆再现了一座与乡村毗邻的城市，馆内有“历史人文”、“经济和自然资源”、“艺术”、“休闲互动”等各种展示区，向海内外参观者形象展示了刚果（布）丰富的自然资源、多种独一无二的生物、珍贵的历史遗产以及现代化发展成果，表达城市与乡村和谐互动、人类与自然为邻的美好心愿和诚挚祝福。我们相信，刚果共和国馆的精彩展示一定会成为上海世博会的亮点。

最后，我代表中国政府和中国人民，祝福刚果共和国国家馆日活动取得圆满成功！祝中刚两国友谊之树常青！

在馆日仪式上的外方代表致辞

今天是上海世博会刚果共和国国家馆日，请允许我

刚果（布）馆（C片区，非洲联合馆）

上海世博会中国政府副总代表 陈公来

刚果共和国商务与供给部部长 克洛迪娜・穆娜里

借此机会向你们转达刚果（布）人民的诚挚问候并转达刚果共和国总统萨苏对胡锦涛主席的感谢，感谢胡主席给予他参加4月30日举行的上海世博会开幕式的莫大荣幸。这是我们两国人民友谊、团结和合作关系的最好见证。

同时，也请允许我代表我国政府官员、代表团并以我个人的名义由衷感谢上海市市长给予我们参与世博、进行国际交流的大好机会。

我们也要感谢上海世博局、国际展览局以及非洲联合馆在世博会期间给予我们的支持和帮助。

当今，全球55%的人口居住在城市。这一比例还在不断增长，我们深信未来城市化的步伐不会倒退，只会不断向前。

因此，城市生活所带来的希望和所遇到的问题，永远是世界上所有国家共同关心的话题，无论该国目前处于怎样的发展阶段。

我们要向中国表示祝贺，作为一个经济高速增长的发展中国家，中国积极发起并联合了240多个国家和国际组织围绕“城市，让生活更美好”的主题举办了本届世博会。

为什么是中国呢?

因为今天的中国经济高速增长，亟需寻求最佳的发展模式以避免重蹈引起环境和生态失衡的错误模式。

刚果（布）总统萨苏代表刚果共和国对中国的这一创举表示赞赏。

事实上，通过此次为期六个月的世博会，中国给予了各国政府以及决策者，通过他们的代表，交流经验、传播城市发展创新观念的机会。目的就在于探索居住、工作、个人与集体社会行为的新模式，从而发现人类可持续发展以及创造生态社会的途径。

刚果共和国位于刚果盆地的中心地带，该地区森林面积世界第二，我们希望科技的发展能够为我们带来更为舒适的生活，同时也十分重视人类与环境的和谐关系。刚果（布）国家馆的主题“现代化的自然生活”正是这一理念的体现。

在刚果（布）国家馆，您将看到刚果（布）的发展历史、多样的文化和艺术、丰富的自然资源以及刚果（布）政府和人民为提高生活水平所作的不懈努力。

为了通过发展经济改善人民的生活水平，刚果（布）总统下决心发展经济多元化和工业化。

中国在技术、经济、医疗和文化等领域已经达到的发展水平使中国成为包括我国在内的非洲国家未来发展的榜样。

基于我们两国自1964年2月22日建交至今的深厚友谊，总统先生希望通过我向贵国表达我国政府希望得到贵国支持以便更好地发展经济的愿望，这也是我国脱离贫困的唯一出路。我们希望与中国建立双赢的合作关系，共同开发刚果（布）丰富的自然资源。中国有句古话:“授人以鱼不如授人以渔”，我们希望中国政府在未来合作中给予更多技术转让。

我们期待刚果（布）国家馆日活动成为我们之间文化交流的平台。我们诚邀各位中国朋友加入到刚果（布）人民的庆祝活动中，欣赏音乐和舞蹈、品尝美食。

最后，我诚邀各位参加明天下午15点由我和我的同事组织的经济论坛，届时将向各位介绍我国在石油、矿产、木材、贸易、农业、渔业、旅游、文化、建筑和公共工程等领域的商业机会。

交流活动

中方代表与刚果共和国国家馆日代表团主要成员合影

L'accueil reservé à ma délégation et moi même est à l'image de l'amitié qui lie nos deux peuples.

Merci pour ce qui a été fait. En effet les plus grands et belles réalisations au Congo sont le fruit de la cooperation sino-congolaise.

Merci pour ce qui sera fait demain dans le cadre du partenariat gagnant-gagnant attendu par le Peuple Congolais et son Président.

Claudine Munari le 16/06/2010

贵国对我代表团和我本人的热情接待体现了两国人民之间的友谊。

感谢贵国所做的一切。刚果取得的巨大成就得益于中刚合作。

感谢贵国将在互利共赢框架下为我们做的一切，刚果人民和刚果总统对此十分期待。

克洛迪娜·穆娜里

刚果（布）馆日的庆祝演出

刚果（布）馆日代表团所赠的木雕艺术品

爱尔兰
国家馆日

2010年6月17日

在馆日仪式上的中方代表致辞

我代表中国政府和上海世博会组委会，对爱尔兰举行上海世博会国家馆日表示诚挚祝贺，对麦卡利斯总统出席今天的馆日活动表示热烈欢迎。相信爱尔兰国家馆日活动将会使每一位到访者流连忘返。

世博会是人类文明成果荟萃的伟大盛会，每一届世博会都成为见证人类文明发展的驿站，在全球范围内推动广泛的国际交流，为各国开阔视野、展现自我提供了机会和舞台。世博会始终高举进步的旗帜、崇尚创新的精神、坚持开放的道路、倡导和谐的理念，不断开启人类重新认识世界的窗口。

本届上海世博会以“城市，让生活更美好”为主题，体现了人类社会对未来更美好生活的设想和憧憬。在所有参与者的共同努力下，上海世博会一定会成功、精彩、难忘，成为增进世界各国人民友谊的盛会，促进人类进步的盛会，推动创新和共同发展的盛会。

在以往的世博会上，我们曾多次欣赏到爱尔兰的精彩展示。今天，我们再次看到了独具特色的爱尔兰馆。拥有6000年历史的普纳布隆史前墓室牌坊神圣、威严，巨大的植物草坪墙象征着人与自然的和谐相处；透明墙体设计展示了爱尔兰民族的开放与包容。100年前的乡村木屋、50年前的单层公寓和当今高科技的玻璃公寓，显示了爱尔兰城市的发展、文明的进展、历史的延伸；飘逸变化的光线色彩，宛如天籁的背景音乐，拓展了一个空旷、神秘、富有想象的城市空间，让我们感受到爱尔兰对城市文明与魅力的深刻理解和诠释。

中爱两国和两国人民传统友好。去年是中爱建交30年，建交以来，两国各领域的交流与合作成果显著。30

爱尔兰馆（C片区，自建馆）

中国外交部副部长 王光亚

爱尔兰总统 玛丽·麦卡利斯

多年的历史证明，在相互尊重、平等互利、互不干涉内政原则基础上发展双边关系符合两国和两国人民的根本利益。我相信，上海世博会将为中爱两国人民增进相互了解、深化双边合作提供新的契机。

上海到都柏林相距遥远。但今天的爱尔兰馆日，我们将伴着大河之舞的美妙音符，通过 180 度视界的半圆型投影墙漫游都柏林，亲眼目睹爱尔兰人 100 年前，50 年前以及当今城市生活场景，在“凯尔特之梦”这一如梦如幻的视听空间中，化天涯为咫尺，领略爱尔兰悠久的历史文化传统和都柏林这座名城的独特魅力。这就是世博会的魅力所在，也是包括中爱两国人民在内的世界各国人民追求更美的城市、更好的生活、更深的情谊，共同缔造人与人、人与自然和谐共存，实现人类可持续发展的生动例证。

祝愿今天的爱尔兰国家馆日活动取得圆满成功。

在馆日仪式上的外方代表致辞

我和我丈夫马丁以及我们整个代表团都非常高兴能够重返上海，并且有机会能够观看这一届十分漂亮的上海世博会。我第一次到上海来是较早以前了，我回到爱尔兰的时候跟我的子女们说，如果你要想看到未来是什么样的话，那你就得去上海，而现在我就在上海，我看到的是一个崭新的未来，这个未来是令人十分震惊、惊讶的。这座城市展现的就是未来的一切。我热烈地祝贺所有为世博会取得成功作出贡献的人。这真是一个活力四射的世博会，为未来所有的世博会定下了一个崭新的标准。

本届世博会的主题是“城市，让生活更美好”，这个主题在我们爱尔兰人心中引起了强烈共鸣。王副部长，您刚才已经把我们脑中想到的爱尔兰馆的那些特色都已经提到了。我们爱尔兰号称“翡翠之岛”，可以预见我们爱尔兰馆是所有场馆当中最绿的一个。爱尔兰馆讲述的是一个非常好的爱尔兰故事，爱尔兰人的友谊是向外延伸的，我们热烈欢迎来访者。我已经获悉我们的场馆非常受参观者欢迎。今天在场的很多人都把生命的一部分、把他们的想象力和创造力全部投入到了爱尔兰馆的创造当中。所以我想再次感谢整个爱尔兰团队，他们策划、建设了这个展馆。在这里，我尤其想感谢登茨·伯恩，他是我们展馆的总设计师。另外还有在我们公共建筑办公室里面那些富有才华的同事们。我要感谢亨里来斯建筑师事务所，我要感谢马泰罗梅地亚公司，他们负责了我们场馆的内部装修和展品。另外我还要感谢布莱主任，他和他的团队，正是他们用他们的心、用他们的手、用他们的口在整个世博会期间向大家宣传我们爱尔兰。我尤其感到自豪的是在这里欢迎中国来客的爱尔兰团队是由年轻的中国人组成的，他们都在爱尔兰留过学，很了解我们，很知道应该怎样去介绍爱尔兰。另外，我还想感谢我们项目的总代表约翰·肯尼迪，副总代表蓝海翔，我感谢你们在上海世博会期间把我们爱尔兰展示得如此之好。我要感谢我们爱尔兰驻华大使，要感谢我们驻上海的总领事，他们的团队、员工和同事们，还有感谢那些在爱尔兰和中国、在北京和上海以及中国各地作出很大努力的这些爱尔兰的同事们。他们在这里把爱尔兰的故事讲述得非常之好。我在此要感谢我们爱尔兰在上海当地的文化大使们，除了我们在这里的展馆和展品之外，我们还举办很多文化活动，其中有些各位今天就能见识到。我要感谢今天活动的组织者，这些艺术家们和表演家们，正是他们这种天才的财富使得我们爱尔兰人的生活更加丰富。王副部长，刚才您关于世博会的意义和目的所说的那番话我们深有同感。现在我们看到的上海世博会应该是世界上最好的世博会。我们所看到的是一个大家族的成员，虽然分布在世界各地，今天聚到了一起，共同分享智慧、分享友谊。我敢肯定在今后的许多年中，爱尔兰和中国之间发展起来的友好关系定会更上一层楼。

交流活动

中方代表与爱尔兰国家馆日代表团主要成员合影

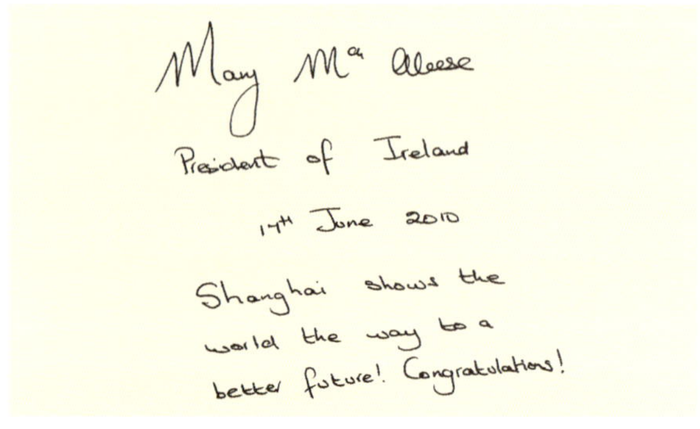

Mary Mc Aleese
President of Ireland
14th June 2010
Shanghai shows the world the way to a better future! Congratulations!

上海向世界展示了通向更美好未来的道路！谨表祝贺！

玛丽·麦卡利斯

爱尔兰馆日代表团所赠的纪念画册与水晶花瓶

爱尔兰馆日的传统音乐舞蹈表演（一）

爱尔兰馆日的传统音乐舞蹈表演（二）

塞舌尔共和国国家馆日

2010年6月18日

在馆日仪式上的中方代表致辞

首先，请允许我代表中国政府和上海世博会组委会，对塞舌尔国家馆日表示诚挚的祝贺，对菲利普·勒加尔大使专程出席上海世博会表示热烈的欢迎。

塞舌尔素有“旅游者天堂”的美誉。此次是塞舌尔首次参加世博会，米歇尔总统今年2月在接受中国记者采访时曾说，我们想把整个塞舌尔带到上海来。今天，我们看到了构思精巧的塞舌尔馆。它让我们在短短时间内，领略怡人的塞舌尔风光和多彩的克里奥尔风情，领悟塞舌尔人民对城市文明与和谐生活的深刻理解与诠释。相信塞舌尔馆将让中国和世界各国人民更加深入、全面地了解塞舌尔。

中塞两国有着深厚的传统友谊。建交34年来，无论国际风云如何变幻，两国始终真诚友好、平等相待、互相帮助，两国关系堪称不同幅员、不同社会制度国家友好合作的典范。塞舌尔曾鼎力支持中国申办2010年上海世博会，也是最早确认参加上海世博会的国家之一。为表达对上海世博会的支持，塞舌尔政府去年专门向上海市政府赠送了一对珍贵的亚达伯拉象龟。不久前米歇尔总统专程来华出席了上海世博会开幕式。我代表中国政府和上海世博会组委会对塞舌尔积极支持和参与上海世博会深表赞赏和感谢。

最后，我祝愿塞舌尔馆日活动取得圆满成功。

在馆日仪式上的外方代表致辞

能够在塞舌尔国家馆日之际站在这个演讲台上，令我倍感荣幸。

塞舌尔馆（C片区，非洲联合馆）

上海世博会中国政府副总代表 蒋正云

塞舌尔总代表 菲利普·勒加尔

首先请允许我向中国政府致意。中国政府非常重视包括塞舌尔在内的非洲国家的参展。在此，我谨代表塞舌尔政府向上海世博局局长洪浩先生、上海世博会中国总代表华君铎先生、以及您——上海世博会中国政府副总代表，上海世博局以及塞舌尔馆服务供应商表示最诚挚的感谢，你们的付出、你们的智慧和创新精神令我们印象深刻。另外，我要特别感谢非洲馆部对非洲联合馆一贯的支持。

最后，我还要感谢上海市政府和上海人民的热情与支持。主办世博会并不是件简单的事，你们用无比的宽容、耐心和微笑，在有限的空间和时间里创造了无限的可能。是你们让上海世博会成为永垂史册的世界上最精彩的博览会之一。

塞舌尔是世界上最美丽的旅游目的地之一。塞舌尔馆的主题是塞舌尔的特例，用以展示塞舌尔经济、社会发展与保护自然及文化之间的和谐与平衡，这也是我们对上海世博主题的理解。

我们希望能够和其他参展方以及公众分享我们的生态友好型城市发展理念，以及作为小岛屿发展中国家，在面临气候变化等特殊挑战时，我们的实际应对经验。

我们还希望塞舌尔的经验能够成为上海世博会遗产的一部分，为将“城市，让生活更美好”的主题变成一种原则做贡献，让保护我们的地球成为未来人们自然而然遵循的原则。

谈到世博会的遗产和未来，我相信许多人都能够联想到我的祖国为世博会和上海带来了一份特别的礼物——一对代表友谊的陆龟。它们的寿命长达200多年，确实能够代表长长久久的友谊。我们现在正在进行陆龟命名比赛，大家参观塞舌尔馆的时候，记得填写一张简单的表格，为两只陆龟取个好名字。9月份比赛截止时，我会亲手为优胜者送上一颗海椰子。它是海椰子树的果实，是塞舌尔独有的传奇物种。今天我带了一颗向大家展示一下。

在此，我很荣幸的邀请大家参观我们塞舌尔馆，也请您和孩子们一起到上海动物园看看奇特的塞舌尔陆龟。

最后，请允许我介绍一下来自塞舌尔的传统歌舞团体——塞斯。塞舌尔的克里奥尔文化是欧洲、美洲、亚洲文化及传统的大融合，它的核心，是我们印度洋岛国常见的说法：享受人生！

交流活动

中方代表与塞舌尔共和国国家馆日代表团主要成员合影

Congratulations! China did it!
After the tremendous succes of
the OG in Beijing in 2008
here we are again for a
new amazing achievement
Long live to Seychelles-China
Relationships

June 18. 2010

祝贺！中国成功了！继 2008 年北京奥运会取得巨大成功之后，这是中国取得的又一次了不起的成就。

塞中友谊万岁！

菲利普·勒加尔

塞舌尔馆日代表团所赠的瓷质艺术品与茶叶

塞舌尔馆日的“品味克里奥尔”音乐表演

法语国家商务论坛荣誉日

2010年6月18日

在荣誉日仪式上的中方代表致辞

今天，非常高兴出席在世博园区举办的法语国家商务论坛荣誉日。在此，我代表中国政府和中国人民，对法语国家商务论坛给予中国2010年上海世博会的支持表示衷心感谢。向出席今天活动的贵宾表示热烈的欢迎！

上海世博会得到了包括法语国家商务论坛在内的国际社会大力支持。以“美好生活之城”为主题的法语国家商务论坛馆，展现了人类适应环境的能力，对人类的城市化道路具有探索意义。具有浓郁风情的棕榈树、巨大的瀑布装饰、波浪状的玻璃墙，让中国人民和世界各国游客更好地了解了法语国家的风土人情，给大家带来了清凉的体验。我们相信，法语国家商务论坛馆，将进一步增进中国人民和世界人民对法语国家商务论坛的了解，为本届世博会增光添彩。

最后，衷心祝愿法语国家商务论坛展示成功，祝愿本次活动顺利，祝愿安女士和诸位来宾身体健康！

法语国家商务论坛馆（B片区，国际组织联合馆）

在荣誉日仪式上的外方代表致辞

首先感谢各位给我这个机会，在法语国家商务论坛馆荣誉日上发言。

感谢伟大的中国邀请我们来参加此次规模壮观的世博会。这是自1851年以来，世博史上首次一个法语国家展馆立于国际组织展馆之林。多亏了中国，今天我们才能在这里宣传本组织，我们代表着语言、文化、经济，以及其他与世界的交流。

我也特别骄傲能成为本组织的第一位总代表，在困难的国际经济形势下成功地组建了法语国家商务论坛的

上海世博会中国政府副总代表 沈江宽

法语国家商务论坛总代表 奈阮妮·安

小小展馆。这次危机不仅仅是一次世界性危机和全球化背景下的危机，而且是全球化本身的危机。我们对世界的看法有缺陷，必须加以修正。

自从人们开始认为市场永远是正确的，没有任何其他因素能与之抗衡，全球化就产生了偏差。

全球化首先是储蓄的全球化。这导致金融资本获得一切资源，劳动反而被忽略，创业者不如投机者，食利者胜过了劳动者，杠杆效应的规模完全失控，从而发展出了这样一种资本主义体系：在这个体系中，用别人的钱投机是正常的，赚钱迅速简单，不需付出努力，通常也不创造任何财富和就业。

是的，在未来的世界里，我们必须重新重视公民本身，重视道德，重视责任，重视公民的尊严。

在对经济领域发出质疑之后，我们还要来思考一下法语语言的变化。还有哪里比世博会更适合来进行这番思考呢？世博会是这样一片汇聚了所有民族语言和官方语言的多元文化土壤，还有哪里比这里更适合讨论语言的重要性呢？

我们不应把这看作是又一个问题，而是答案的一部分，不应看作是又一个困难，而是健康、有益的，可以使我们更为自己和自己的成就而感到幸福。

今天在这里，我只想强调，法语这门把我们团结起来的语言，是全球2000多种语言里，使用人数最多的十种之一。它遍布全球五大洲，它和英语是世界上仅有的两种每个国家都在教授的语言。

作为国际交流的工具，它是以联合国为代表的众多重要组织的官方语言和工作语言。

女士们，先生们，你们肯定也同意，一门语言的影响力绝不仅限于表达数字。语言既是传达思想的工具，也是反映文化的窗口。在这方面，法语区为文化和语言多样性所进行的奋斗是值得骄傲的。

因此我认为，法语区能够与时俱进，与世界保持同步，这是令人欢欣鼓舞的。

只有怀着这样的坚定意志，在面对全球化时，我们才能保持归属感和凝聚力，保证我们这个团体的可靠性和政治力量。只有付出这样的努力，并对自己和未来充满信心，我们才能迎接前方的巨大挑战。

交流活动

中方代表与法语国家商务论坛荣誉日代表团主要成员合影

Merci à la Chine de
nous avoir invité à l'exposition
universelle, la première en 2010
à Shanghai.

Commissaire général
du pavillon francophone
du [illegible]

感谢中国为我们提供了如此精彩的上海世界博览会。

奈阮妮·安

法语国家商务论坛荣誉日代表团所赠的书籍

希腊共和国国家馆日

2010 年 6 月 19 日

在馆日仪式上的中方代表致辞

今天，我们相聚在黄浦江畔，相会在美丽的世博园区，共同参加希腊国家馆日活动。我谨代表中国政府和人民，向出席活动的各位来宾表示热烈欢迎，对希腊给予 2010 年上海世博会的支持表示衷心感谢，并预祝本次活动圆满成功。

中希两国建交 38 年以来，双边关系发展顺利。特别是近年来，两国高层互访频繁，政治互信不断加深，在海运、经贸、文化、科教和军事等各个领域的交流和合作日益扩大。双方在许多重大国际问题上有相同或相近看法，在国际组织中保持了良好合作。

上海世博会是一次推动创新、促进合作的盛会，为世界各国提供了一个展示、合作、交流的平台，充分展示文明成果，传播先进城市发展理念，探讨新的、更好的人类居住、生活、工作模式。希腊政府大力支持、积极参与本届世博会，希腊馆以“充满活力的城市”为主题，浓缩展示了希腊城市的日常生活，反映了希腊人民对未来的追求。我们相信，世博会期间，来自世界各地的游客将在此领略到绮丽的自然风光、悠久灿烂的历史文明。我们相信，本届世博会将进一步扩大中希人文交流，增进两国人民友谊，巩固两国政治互信，推动中希全面战略伙伴关系不断迈上新台阶！

最后，再次预祝本次活动圆满成功！祝卡策莉部长及各位来宾身体健康！

在馆日仪式上的外方代表致辞

我感到非常荣幸和高兴，能代表我们国家和政府参

希腊馆（C 片区，租赁馆）

中国交通运输部副部长 翁孟勇

希腊经济、竞争力与海运部部长 卢卡·卡策莉

加希腊馆日活动。

我为你们带来希腊总理的问候，他提到，希腊非常积极参加在中国上海举办的世博会。

我们两国由悠久和真诚的友谊联系在一起，这种友谊在航运、旅游和文化各领域的合作得到了进一步加强。

毫无疑问，希腊是在经济非常困难的时期参加5月初开始举办的上海世博会的。

尽管今年我们的预算与年初的计划相比减少了一半，但我们还是成功参展了。我们能够成功参展有赖于希腊对外贸易促进局，希腊经济、竞争力和海运部，希腊驻华大使馆和希腊上海总领事馆的努力，也是上海世博会组织者的大力帮助和支持的结果。所以，我要对他们表示衷心的感谢。

我们在面临困难的时期参加世博会证明——所有到目前为止的资料证明——希腊能够成功的参展。我们出现在这个世界性的、非常重要的展会，表明我们尊重友谊，尊重中国人民。

中国参观世博会的观众为了回报希腊的努力，给予希腊馆以极大的关注和热情。从5月1日至今，通过主要入口进入希腊馆参观的人数达到了100万，希腊馆被列为最受欢迎的展馆之一。有一点是明确的，希腊不乏思想和愿望。

联系希腊和中国的，是不可割断的友谊和合作的纽带，也是深刻的和久远的历史根源。我们两国都有着伟大的历史，我们都为人类历史的文明做出了卓越的贡献。

最近几年，我们两国在经济领域的合作越来越紧密。我们出席上海世博会再一次表明我们加强两国经济关系的强烈愿望。况且，在2002年，现任总理帕潘德里欧时任希腊外交部长，希腊坚定支持上海承办2010年世博会。

中国成功举办世博会，希腊认为，这是希腊在完成自己经济目标和加强外向型经济、增加竞争力的决心，呼吁外来投资、扩大希腊商品出口和促进绿色发展的机会。希腊参展为实现这一目标，为展示希腊的特点和希腊具有竞争力的优越性提供了唯一的机会。

希腊处于三大洲交叉口的战略地位，拥有丰富和相当可观的自然资源，质量优良的产品，得天独厚的自然环境，历史文明，旅游设施，特别是人力资源，还有其他一些特点，都是我们要在这里展示给观众的。

希腊政府，希腊经济、竞争力和海运部——这次参展的权威组织者的主要目标是，促进我们两国在贸易、投资、旅游、海运和文化交流各个领域的合作。

对于2010年世博会主题：城市，让生活更美好，希腊的理解是：城市支持人，服务市民和市民的需要。我们需要的是具有活力的城市，人文的城市，人口集中的城市，有机遇的城市，有主动精神的城市，向世界开放的城市，和市民亲近的城市，宜居的城市，充满活力的城市，有历史，有现在和未来的城市，用最好的方式满足今天和明天人类需要的城市。

希腊参展用词是“保利”（城市），这里强调“保利”（城市）、“保利蒂”（市民）的经济概念和“保利蒂际”（城市政策）古代构成的关系。“保利”（城市）同时是“阿克罗—保利”（卫城），“米特洛—保利”（大都会），“科斯莫—保利”（国际都市），“亦考—保利”（经济城市），

"戴和诺—保利"（科技城市）。这些产生在古代希腊表述现代城市功能的概念被世界继承，表现在语言、历史、文字、市场和政治各个方面。

我们用在希腊馆里的城市要素特点展示一个人的意念，这个意念远远超过狭隘的地域界限，超过民族的范畴。一个美好城市的事业是世界性的事业。这是所有通过交流经验和生活，而共同利益相关的人类为之努力奋斗的事业。

希腊馆是一个城市的缩影，它是一个四角建筑，每个角有一个单独的主题：生态，环境，城市和海；城市和乡村、剧院、市场、繁荣和文明。

我们参展的同时，还举办一系列活动，目的是展示我们的旅游、文化、希腊特产和到希腊投资的机会。中远集团（COSCO）在比雷埃夫斯港的成功投资，我们和魏家福总裁之间富有建设性的合作，指出了一条在希腊投资的最好途径。

我们和中国的合作在以下各个方面：

在中国市场向中国消费者介绍希腊的出口产品。希腊有优质的特级初榨橄榄油、葡萄酒、水果、大理石、建材、首饰、皮草和其他产品。就在几天前，我刚和中国的副总理张德江先生签署了向中国出口橄榄油的协议。

加强和改善旅游领域的合作，这是一个有广阔前景的领域。

吸引中国到希腊一些重要部门投资新能源、基础工程、农副产品加工、信息与通讯技术等。

增加希腊在中国的企业。加强希中两个航海大国在海运领域的合作。几天前，在中国副总理张德江先生访问希腊期间，在中华人民共和国代表团成员参与下，中国交通部长李盛霖先生和我签署了海运四个关键性部门—保险、保护海运、防止污染和提高港口服务，技术交流、培训和海运就业等合作备忘录。

希腊是欧盟成员国，位于三大洲交叉口，这是促进希腊和中国在上述各个方面合作的基础。

我们希望，希腊参展 2010 年世博会能够为两国友好大厦再添一块小石头。能够为参观者提供一个了解希腊城市的机会，吸引游客前往希腊，参观游览希腊的美景。

感谢你们的热情款待，感谢你们为组织这次盛会所做的杰出工作，祝中国人民健康和幸福。

今晚，我们邀请你们在希腊馆观看一场多维的演出，包括音乐、话剧、舞蹈和视频播放。这是一场跨越古代希腊、拜占庭和我们国家现代历史和生活的舞蹈、语言、音响和画面等涵盖希腊文明的演出。

我们期望你们观看演出，期望你们到希腊馆来，期望你们到希腊来！

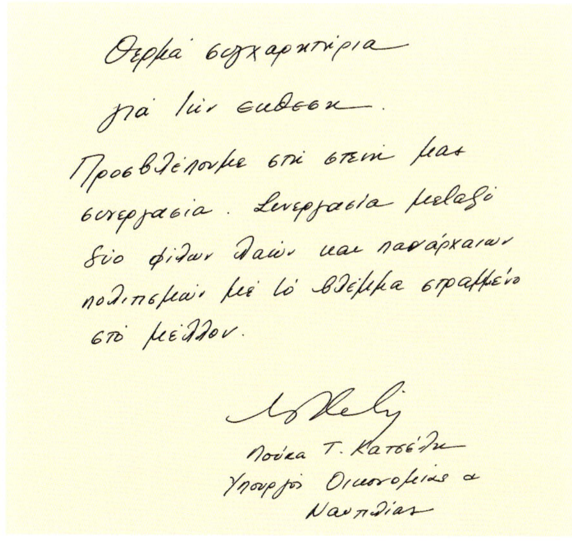

Θερμά συγχαρητήρια
για την έκθεση.
Προσβλέπουμε στη στενή μας
συνεργασία. Συνεργασία μεταξύ
δύο φίλων λαών και παναρχαίων
πολιτισμών με το βλέμμα στραμμένο
στο μέλλον.

Λούκα Τ. Κατσέλη
Υπουργός Οικονομίας &
Ναυτιλίας

热烈祝贺（世博会）开幕。

祝贺我们之间密切的合作，这是我们两个友好人民和古老文明之间面向未来的合作！

卢卡·卡策莉

希腊馆日代表团所赠的民族艺术品

交流活动

中方代表与希腊共和国国家馆日代表团主要成员合影

希腊馆日的文化交流活动

希腊馆日的文艺表演

土耳其共和国国家馆日

2010年6月20日

在馆日仪式上的中方代表致辞

今天，我们相聚在风景如画的黄浦江畔，共同庆祝土耳其国家馆日活动，共同感知土耳其悠久的历史和灿烂的文化，共同领略土耳其无穷的魅力与别样的精彩。我谨代表中国政府和上海世博会组委会，对土耳其国家馆日的举办表示热烈祝贺，对各位嘉宾的到来表示诚挚欢迎。

中土两国都是文明古国，虽然相距遥远，但两国人民传统友谊源远流长。2000多年前，两国人民就通过古老的丝绸之路开展贸易和文化交流。近年来，在双方的共同努力下，两国关系取得长足发展，双方政治互信增强，经贸、投资等领域互利合作深化，文化和民间交往日益密切。中土双方高层来往密切，为两国的友好合作关系的发展注入新的动力。

上海世博会得到了包括土耳其在内的国际社会的大力支持。名为“文明摇篮”的土耳其馆，身穿绚丽的红色镂空外衣，是上海世博会上最美丽的展馆之一，它宛若一个梦想迷宫的盒子，璀璨绽放在迷人的黄浦江畔。土耳其馆传承了8500年前的建筑风格，展现了古代文明与现代建筑的完美融合，诠释了安纳托利亚“城市，让生活更美好”的悠久历史。

世博会作为人类文明发展与传承的驿站，世界各国人民通过世博会加深了了解、消除了隔膜、加强了交往、增进了友谊。在上海世博会上，土耳其馆给我们展示了灿烂的文明和精彩的创意，给来自世界各国的游客留下了深刻的印象。我们相信，土耳其馆一定会成为上海世博会一道美丽的风景。

最后，祝土耳其国家馆在中国2010年上海世博会

土耳其馆（C片区，租赁馆）

中国文化部副部长 李洪峰

土耳其文化旅游部部长 埃尔图鲁尔·居纳伊

上取得圆满成功！祝中土两国友谊万古长青！

在馆日仪式上的外方代表致辞

非常感谢您对我的国家的赞美。

在159年的历史里，迄今为止，上海世博会在规模、参展国、参观人数方面创世博会之最。今天是在土耳其国家馆日，我为能代表我的国家致辞感到非常荣幸。

没有中华人民共和国政府和上海市政府的努力就不可能实现这个伟大的事业。

这次世博会是中国在成功完成奥运会后举办的第二个国际大型活动。在这两次活动中，中国以世界人口第一国和经济第二大国的身份充分体现出来了。上海世博会是中国向世界开放的标志之一。

土耳其为这次世博会精心策划，力求做到最好。以“土耳其：文明的摇篮，阿纳多卢：更好的城市，更好的生活，伊斯坦布尔：一个城市，两个洲”这样与世博会相应的主题参加上海世博会。通过有效的例子和主题电影向观众展现出阿纳多卢和特拉克依土地上世界文明历史的基础和最原始的面貌。我们展示了2010年的伊斯坦布尔和对未来的规划。

我们的努力一定会赢得中国和其他国家游客的喜爱。到今天为止访问我国展馆的游客人数占参加世博会总人数的10%左右。这也显示世博会结束时将实现7000万参观人数的目标。

土耳其展馆向中国游客提供了我们共同的历史渊源的知识。古代土耳其部落和中国人民之间的关系可以追溯到4500年以前。在如此悠久的基础上，我想我们两国之间的关系会更进一步。

作为文化旅游部长对中国进行官方访问。我不会谈我们之间的经济和贸易，但是这次访问令我感到在文化和旅游领域，我们之间关系的发展还存在很大的潜力。所见所闻使我了解到我们的相似处比我们所知道的还要多。

今天，我们有500名左右的学生在中国学习中文，这是两国人民重新建立起桥梁的开始，这是令人振奋的。在伊斯坦布尔的高中和学院开办中文课可见一斑。

土耳其也迅速地向世界开放。今天我们的国家在经济上位于欧洲第6，世界第16位。是G-20成员国。在旅游业，土耳其因2200万的游客成为世界第7大旅游景点。在面向对世界开放的过程中旅游关系迅速的发展成为我们首要的目标。

我认为上海世博会是向中国人民介绍土耳其的好机会。除了在展馆里陈列文物，并播放25部电影的同时，我们还散发了一些书刊、说明书和CD，通过埃布鲁和地毯工作室、冰激凌制作展示、土耳其厨房、现场音乐和日常民间艺术，在27天里45项文化艺术的展示，活灵活现的展示了土耳其文化和旅游的丰富内容。

伊斯坦布尔作为2010年欧洲文化城市，在我们的展厅里也呈现了它独特的魅力。

衷心的祝贺筹划及实施世博会的领导，在这里我们实现了两国文化的交流并相信两国人民的关系将更加的紧密。

交流活动

中方代表与土耳其共和国国家馆日代表团主要成员合影

My heartfelt congratulations to the Chinese Government, Municipal Government of Shanghai and the inhabitants of beautiful, dynamic Shanghai for organizing and truly remarkable EXPO.
The Repuclic of Turkey is also proud to be a part of this historic EXPO which I believe is also a significant step in forging and furthering friendly relations between China and Turkey

Minister of Culture and Tourism of Turkey

衷心祝贺中国政府，上海市政府及生活在这美丽和充满活力上海市的市民，祝贺你们组织了这届令人难忘的世博会。

土耳其共和国很荣幸能够参与此次历史盛会，我也相信这会是增强和深化两国友谊的重要一步。

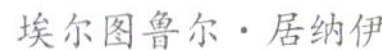

埃尔图鲁尔·居纳伊

土耳其馆日代表团所赠的银盘

土耳其馆日的舞蹈表演

法兰西共和国
国家馆日

2010年6月21日

在馆日仪式上的中方代表致辞

我代表中国政府和上海世博会组委会，对法国举行上海世博会国家馆日表示诚挚祝贺，对阿夸耶议长出席今天的馆日活动表示热烈欢迎。相信法国国家馆日活动将充分展示法兰西文化的独特魅力与无限活力，给每一位到访者留下深刻印象。

自从1851年伦敦举办首届世博会以来，世博会始终顺应人类发展进步的潮流，演绎着人类对进步理念的最新诠释；世博会始终崇尚创新的精神，传播着人类文明发展的最新成果；更为重要的是，世博会始终秉持开放兼容的理念，超越信仰、地域和种族的界限，把各国人民汇聚在和平、进步、友爱、合作的世博大家庭里。我们不会忘记，1867年，法国文豪雨果在巴黎世博会导览手册上写下：抛弃战争吧，让我们联手和谐与团结。

本届上海世博会是第一次在发展中国家举办的注册类世博会，也是第一次以城市为主题的世博会，得到了240多个国家和国际组织的热情支持和积极参与。在6个月的展期里，上海世博会将成为世界人民大团圆的盛会，促进人类文明发展的盛会。上海世博会为世界各国提供了一个展示关于人类未来生活创新成果的平台，一个交流探讨更适宜人类的居住、生活和工作模式的平台，一个增进各国人民了解与友谊的平台。正如每一届世博会都会成为见证人类社会发展的重要驿站，上海世博会必将为人类实现城市的和谐、可持续发展留下一份丰厚的精神遗产。

法国馆（C片区，自建馆）

法国是主办世博会最多的国家，对世博会的发展做出了重要贡献。对于本届世博会，法国从一开始就以极大的热情参与其中。法国是最早支持上海举办世博会、

中国全国人大常委会副委员长　陈昌智

法国国民议会议长　贝尔纳·阿夸耶

最早确认参展的国家，法国馆是所有参展国中最先开工的自建馆项目。萨科齐总统不久前来华出席上海世博会开幕式，再次体现了法国对本届世博会的重要支持。

我们高兴地看到，自上海世博会开幕以来，法国馆以其精彩展示迅速博得中国和世界观众的喜爱，很快成为参观者最多的“明星馆”之一。我们不但可以透过影像墙欣赏法国今昔城市魅力，透过奥赛博物馆国宝级藏品，与印象派大师和雕塑巨匠对话，经由法国传统美食和典雅的法式庭院，感受法兰西文化的精致与浪漫，而且能够借助多媒体手段，发现和了解法国先进的城市发展理念与成果。

中法同为有着悠久文化传统和鲜明民族特性的国家，两国数百年的交往过程演绎了一部不同文明间对话的历史。中法 1964 年建交以来，双边关系长期走在中国同西方国家关系前列，各领域务实合作给两国人民都带来了巨大利益。当前，中法关系呈现良好发展势头，双方高层和各级别交往频繁，各领域合作活跃。不久前，萨科齐总统成功访华，两国领导人就发展中法关系达成了许多重要共识。我相信，上海世博会不仅有助于中法两国和两国人民加强相互了解与互利合作，也有助于两国共同为世界的和平与稳定、人类社会的和谐与发展作出更大贡献。

祝愿今天的法国馆日活动取得圆满成功。

在馆日仪式上的外方代表致辞

能够和大家一起出席上海世博会法国馆日活动，我感到非常荣幸和高兴。我代表法国代表团对中方的热烈款待表示衷心的感谢。我特别想感谢陈昌智先生热情友好的讲话。

差不多十年前，在上海市刚刚开始筹备世博会之际，法国毫不犹豫、充满热情的第一个回应了参展邀请。

大家都知道，法国在世博会发展历史上占有特殊的地位。因为我国首都巴黎是世界上最早举办世博会的城市之一。今天巴黎的一些建筑经典，正是当年世博会留下的宝贵遗产。过去的几个世纪当中，世博会给法国的城市、艺术家、工程师、实业家和热爱创造的人们提供了一个向世界展示自己的绝妙舞台，使得他们能够齐聚一堂、分享自己的才华与创造。世博会在法国人心目中有着重要的地位。

世博会承载着一种理想主义精神，传递着价值观与思想，追求着各种各样崇高的目标。法国之所以如此重视世博精神，正是因为法国始终秉承着普世精神。世博会是一个充满人性与博爱的地方，是一个带来进步与创新的场所，是一个人类才华的展台。

在这 21 世纪最初的年代里，上海接过了世博会的火炬，传承着世博会的历史，也为一个新的时代拉开了序幕。100 多年前的 1889 年巴黎世博会，也就是法国大革命 100 周年纪念的时刻，埃菲尔铁塔问世并从那以后担任起传递无线电波的任务。而在今天的因特网时代，埃菲尔铁塔的姊妹塔上海东方之珠也肩负起传递通讯与思想的重任。

今天的中国向世界敞开大门、追求和平、追求更平等、更环保、更美好的明天，而法国希望通过参与上海世博会向这个伟大的国家传递一个重要的信息，也就是法国对中国深厚的友谊、不懈的支持与信任。

上海这座被称为东方巴黎的城市，在21世纪的今天，面对各种机遇与挑战，承载起对未来的梦想，勾画着明天城市的蓝图。她将化身为一座国际大都市，一座既代表光辉的历史与传统，又迎接着飞速的城市发展，而且充分展现出技术、环保与建筑创新的大城市……包括保罗·安德勒、让·马利·夏尔庞提尔以及法国馆的设计者雅克·费里尔在内的众多法国建筑家都参与到这座未来城市的建筑当中。

寻求更美的城市和更美的生活，这是上海世博会每一个人共同的梦想，所以各国都尽可能的展现出自己最好的一面，比如创造力和想象力。在世博园区的中央，代表着欢乐与节庆的中国红渲染着雄伟壮丽的中国馆，使我们不但在这里看到了中国的现代化与未来，还感受到古老的中华文明的精髓所在。

法国馆是访问量仅次于中国馆的展馆之一。在这里，我们可以享受到一场感官的盛宴。在这里，我们既可以看到昔日的文明在闪光，也可以看到今天的法国在创新向前。

走进法国馆的花园，我们虽然身在黄浦江畔，却可以感受到法国式园林的精巧与诗意盎然。几个世纪以前，康熙皇帝便已经被这花园的魅力所打动。

花园尽头，峰回路转，骤然展现在我们眼前的是法国现代化的容颜。这里有法国工业的骄子，比如那设计巧夺天工的未来主义轿车。这里还是一个充满活力的地方，在这屋檐下人们可以尽情探讨对话，来了解法国引以为傲的众多领域中的大胆技术创新与进步。

身为法国国民议会的议长，我很高兴看到这座展馆体现出了法国的多样性。除了法国馆，世博园区里还有三个法国地方展馆，它们分别是法兰西岛展馆，罗讷大区馆以及阿尔萨斯馆。他们共同演绎着法兰西民族的智慧与才干，还有法国强大的创造力。地方展馆的存在是法中友谊在两国地方交流合作的生动体现。前几天举办的中法地方政府合作高层论坛也充分体现了这一精神。我特别要祝贺 24 年来法国的罗讷大区和上海市之间进行的成功密切的合作。

我也想借此机会问候一下在上海工作学习和生活的法国同胞们，他们是法国在亚洲最大的侨民团体。他们年轻，充满热情与活力，是他们给我们的经济发展、企业以及投资等带来了前进的动力。

如果没有这种人人向往的法国式的生活艺术，法国也就不再是法国了。法国馆所代表的正是这种法国精神，这种充满感性的城市，这场感官的盛宴。

戴高乐将军时代的法国文化部长安德烈·马尔罗先生是一位非凡的艺术爱好者，他曾经说出了这样的名言：有的艺术品是用来打发时间的，而另一些则是用来解释一个时代。请看法国馆陈列的如塞尚、凡·高这样的法兰西艺术巨匠的杰作，它们向您讲述着的就是法兰西这个国家。上海有很多技艺超群的法国美食大师，若没有美食文化，法国也就不是法国了。

要庆祝法国馆馆日和法中两国的友谊，音乐就是我们最好、最打动人心的手段。在首次举办的上海法国音乐节美妙的歌声与乐器声之间，两国的友谊、合作交相辉映。愿天天都可以是这样的佳节！

祝法中友谊万古长青。

Sur ce site magnifique de
l'Exposition universelle 2010 de Shanghai,
je suis heureux de célébrer cette journée
de la France, et de la première fête de la musique à
Shanghai, deux symboles de l'amitié, d'une
amitié profonde et indéfectible entre le
peuple français et le peuple chinois.

Bernard Accoyer

在上海世博会这个美丽的景区，在法国馆日这一天我看到了上海所呈现的精彩，祝愿法国和中国人民之间的深厚友谊长青。

贝尔纳·阿夸耶

法国馆日代表团所赠的水晶艺术品

交流活动

中方代表与法兰西共和国国家馆日代表团主要成员合影

法国馆日的音乐会（一）

法国馆日的音乐会（二）

黎巴嫩共和国
国家馆日

2010 年 6 月 22 日

在馆日仪式上的中方代表致辞

今天，我们相聚在风景如画的黄埔江畔，相会在游客如潮的世博园区，隆重庆祝黎巴嫩共和国国家馆日，共同领略黎巴嫩带给我们的精彩与难忘。我谨代表中国政府和中国人民，对黎巴嫩国家馆日的举办表示热烈祝贺，对远道而来的穆罕默德·萨法迪部长及各位嘉宾表示诚挚欢迎，对黎巴嫩对中国上海世博会的大力支持表示衷心感谢。

中黎两国相隔千山万水，但两国友谊源远流长。自1971 年两国建交以来，双方来往密切，交流频繁，双边关系顺利健康发展。两国之间不仅保持着良好的政治交往，在经贸、文化等领域的合作也不断扩大。

自 1851 年以来，世博会已经走过了 159 年的历史。世博会作为荟萃人类文明成果的舞台，不仅对人类文明进行总结和归纳，更对人类未来进行畅想和展望。世界各国通过世博会，加深理解、消除隔膜、加强交往、增进友谊、扩大合作。

上海世博会得到了包括黎巴嫩在内的国际社会的大力支持。以“会讲故事的城市”为主题的黎巴嫩馆，紧紧围绕上海世博会“城市，让生活更美好”的主题，构思巧妙，别出心裁，通过实物及多媒体等形式，生动讲述古老城市的发展历程，向各国游客展示了黎巴嫩独一无二的历史古迹、丰富多彩的人文风俗、别具特色的自然奇观以及色味俱佳的饕餮美食，让世界各国的游客大开眼界、印象深刻。我们相信，黎巴嫩馆的精彩展示一定能得到各国游客的热烈欢迎，上海世博会一定能成为世界各国了解黎巴嫩的窗口和平台。

黎巴嫩馆（A 片区，租赁馆）

最后，我代表中国政府和中国人民，衷心祝愿黎巴

上海世博会中国政府副总代表 刘振堂

黎巴嫩经济和贸易部长 穆罕默德·萨法迪

嫩国家馆在中国2010年上海世博会上取得圆满成功！祝中黎两国友谊万古长青！

在馆日仪式上的外方代表致辞

很高兴欢迎大家出席上海世博会黎巴嫩国家馆日活动。首先，我想感谢中国政府和人民，以及上海世博会组委会和上海市市长，并对你们举办如此重大的盛会表示祝贺和钦佩。

本届世博会共有190个国家和56个国际组织参展，分享各自对于更美好城市和更美好生活的愿景。能成为它们当中的一员和阿拉伯世界参展的一份子，黎巴嫩感到非常骄傲。

和中国一样，黎巴嫩是一个有数千年历史的文明的一部分，这一文明源自比布鲁斯。这片古老土地的居民是腓尼基人，他们发明了后来世界上使用最广的书写体系，原因之一是腓尼基商人向西行进，与希腊人和罗马人开展交流；他们也向东探索，与美索不达米亚人、波斯人和其他亚洲文明开展经济和文化交流。

后来，在如今黎巴嫩的这片土地上，众多其他文明和帝国代替了腓尼基人。他们留下的丰富多彩的宗教和文化体现在今天我们城市和乡村的多样性中，形成了我们的特质。

当年这些文明在黎巴嫩交相融汇，而如今共有约1200万黎巴嫩裔移民和他们的后代融入到了世界上其他地方。

黎巴嫩的多样性和其与世界的历史性纽带是黎巴嫩如今开放文化和自由贸易的基础。这也是为什么黎巴嫩人民坚信和平是发展与繁荣的基石。

黎巴嫩馆让广大游客踏上时空之旅，领略黎巴嫩的过去、现在和光明的未来。游客还可以了解到体现黎巴嫩民族特质的多样性。这种多样性既包括遍及黎巴嫩城市和乡村的文化多样性，也包括从大海延展到山峦的地理多样性。此外，游客们还可感受到当代建筑和古代建筑间的强烈对比，这些对比有些出自于能转变地貌的大自然的鬼斧神工。

黎巴嫩拥有丰富的艺术遗产，我们衷心希望和诸位在2010年世博会期间分享我们的艺术和文化特色。今晚，享誉世界的黎巴嫩卡拉卡拉舞蹈团将出演代表剧目《一千零一夜》，给我们讲述众多传说中的一个故事。我们希望这个节目能让您感受到黎巴嫩充满活力的文化。无形的文化是构建更美好城市和更美好生活不可或缺的组成部分。

在结束我的发言之前，我想再次对中国政府和人民给予黎巴嫩的支持表示感谢。

我还要感谢我们的合作伙伴给予的大力支持，没有他们，世博园里就不会有黎巴嫩馆。在这里，我想特别提到黎巴嫩中央银行，比布鲁斯银行，Solidere公司和比布鲁斯市政府。

我还要感谢黎巴嫩商界和黎巴嫩代表团的成员，感谢你们的支持和出席。

最后，我想对我们经济和贸易部敬业的工作团队表示感谢，他们付出了不懈的努力，他们是黎巴嫩参展2010上海世博会每一步成功背后的功臣。

交流活动

中方代表与黎巴嫩共和国国家馆日代表团主要成员合影

Its an honor for me to be at the Expo in Shanghai representing the Republic of Lebanon.
This Expo is truly impressive event and most importantly it unites 189 countries under the theme Better life.

لقد تشرفت بزيارة هذا المعرض الذي يجمع ١٨٩ دولة من العالم في كنف الشعب الصيني العظيم ونحن نؤكد على العلاقات الطيبة التي تجمع لبنان بالصين منذ اقدم العصور.

محمد الصفدي
وزير الاقتصاد والتجارة
لبنان

Mohammad Safadi
Minister of Economy
Lebanon.

很荣幸能够代表黎巴嫩共和国参与此次上海世博会。该届世博会的确令人印象深刻，更重要的是“城市，让生活更美好”这一主题把全球 189 个国家联系在了一起。

穆罕默德·萨法迪

黎巴嫩馆日代表团
所赠的金属材质艺术品

黎巴嫩馆日的民俗舞蹈表演

刚果民主共和国国家馆日

2010年6月23日

在馆日仪式上的中方代表致辞

今天，非常高兴出席在世博园区举办的刚果民主共和国馆日活动。在此，我代表中国政府和中国人民，对刚果（金）国家馆日的举办表示热烈祝贺。

刚果（金）是中国传统友好合作伙伴。近年来，在两国领导人的共同关心和推动下，双方秉持真诚友好、平等相待的原则，政治互信日益加强，经贸、文教、卫生等领域的务实合作成果丰硕，双边关系呈现快速发展的良好势头。上海世博会得到了包括刚果（金）在内的国际社会大力支持。我们对此表示衷心感谢。

刚果（金）的展示主题为“繁荣的城市”，以“本色”为展示核心，以自然、纯粹的风格来展现国家的魅力，表达了资源、人与城市结合的发展理念，为广大发展中国家探索城市化道路进行了有益的探索。

刚果（金）馆的展示以矿体为中心，围绕“刚果（金）—印象”、“刚果（金）—还原”、“刚果（金）—发展”，展示了刚果民主共和国最本色的魅力和对未来发展的憧憬，深受游客们喜爱。我们相信，刚果（金）馆一定成为上海世博会的亮点。

再过一个星期，刚果（金）将迎来独立50周年纪念日，我们在此向兄弟的刚果（金）人民表示热烈祝贺，衷心祝愿刚果（金）在未来的发展道路上不断取得新的成就！

最后，衷心祝愿中国和刚果（金）友谊长青，祝愿本次活动圆满成功，祝愿伯纳德·毕昂多·桑戈先生和诸位来宾身体健康！

刚果（金）馆（C片区，非洲联合馆）

上海世博会中国政府副总代表 王四法

刚果民主共和国商务与中小企业部部长 伯纳德·毕昂多·桑戈

在馆日仪式上的外方代表致辞

上海世博会是全球性的盛会，值此刚果民主共和国馆日之际，请首先允许我向中国人民和中华人民共和国主席致以衷心的谢意，感谢你们对我和我国代表团的热情接待。

我愿代表我国政府和人民，感谢上海世博会组委会为刚果民主共和国的顺利参展所付出的努力。

上海世博会“城市，让生活更美好”的主题无疑是在阐释着这样一个道理：作为一切发展的核心动力，人类要在促进自身发展的良好环境下，追求自身的完善与进步。

作为了解世界的一扇窗，上海世博会不但为参展方和数千万参观者提供了发现世界的机会，而且激励了人们的竞争意识。

通过本次参展，刚果民主共和国一定会在现有基础上，巩固与中国在外交、商业、文化、科技等领域的交流合作。

刚果民主共和国位于非洲的中心，是中非地区幅员辽阔的国家，领土总面积为234.5万平方公里，人口约6000万。

刚果民主共和国拥有丰富的自然资源，水资源和矿产资源。气候为热带雨林气候，拥有数百万公顷的可耕地面积，有利于农业多样性的发展。而所有的这些资源仍需进一步的开发利用。

它是非洲商贸交流的枢纽，是非洲整体发展中一个具有战略意义的环节。

它同时也是许多国家的原材料进口国。集众多优势于一身的刚果民主共和国，将凭借自身潜力，闪耀于非洲大陆，甚至是世界舞台上。

我们为本国和国外投资者提供众多投资机会，尤其是在以下领域：

矿产及碳氢化合物。刚果民主共和国拥有种类丰富的矿产和极大的开采可能性。可开采的资源包括钻石、黄金、铜、石油、钶钽铁矿等。

农业、森林与水资源。刚果民主共和国的热带雨林面积占非洲热带雨林总面积的45%，可开采600万立方米原木，并可于出口之前在当地进行加工。这里还拥有许多珍贵的木材，黑檀木、伟吉木、柄桑木、沙贝列木、纳嘎缅茄木、梯亚玛木、红檀香木等等。

刚果河的流量为每秒4万立方米，是继巴西亚马逊河之后的第二大河流，为内陆水运提供了非常好的条件。

电能潜力约为10万兆瓦。

工业与旅游业。工业方面，刚果民主共和国将在纺织、皮革、水泥、汽车制造、有色金属的加工生产等领域，为投资者提供投资机会。

此外，刚果民主共和国的特色旅游景点众多。其动植物种类数量位列非洲国家前列，并拥有许多自然保护区和公园。旅馆业同样具有良好的投资前景。

银行与保险。这是一个正在经历结构调整的行业，投资机会和投资项目众多，例如：国家级主要公路线和农田道路的建设整修、机场基础设施的改造、铁路线翻修、通过疏通水道、设立航标来提高水路的运输能力。其他基础设施设备的建设改造包括：学校、医院、居民住房等。

通讯领域同样拥有丰富的投资机会，包括在广阔的领土上铺设固定电话通讯网络，在首都金沙萨安装大功率国家和国际转换器。

我要告诉大家，在刚果民主共和国内的投资活动是安全可靠的，因为我们成立了专门的机构和组织进行管理，并且设立了相应的法律法规，例如：设立国家投资促进署，简称 ANAPI，这是在刚果民主共和国进行投资的唯一窗口；设立劳动与贸易法庭，商人代表为其中成员；刚果民主共和国是非洲商法统一组织（OHADA）成员国，并签署了一系列保护促进本国与其他国家之间投资的双边协议，这些都是我国政府发出的强烈信号，表明本国改善投资与商业环境的坚定决心。

近年来，刚果民主共和国重新获得了相对稳定的局势，通过民主、自由、透明的选举，建立了政府部门与机构，并实施了一系列有益于民的宏观经济改革。

其他领域的改革也在如火如荼的进行，目的是使矿产与石油业更加自由化。此外，我国还在投资、采矿、林业、劳动力市场等领域颁布了新的法律法规。

对外贸易方面，出口量不断提高。商品与服务的出口额曾经在 2002 年降至历史最低点，仅占国内生产总值的 21%，2005 年，这个数字提高到了 34%。但是，我国的出口商品种类仍然十分单一，主要集中在食品和物资设备领域。

尽管如此，对外贸易仍持续顺差，2005 年本国进口覆盖率达到 102%。

刚果民主共和国是世界上最落后的国家之一，正处于冲突后期。

2006 年 7 月颁布的《减贫战略文件（DSRP）》中明确指出：私有行业和贸易行业是巩固国家经济发展的支柱型产业之一，通过优化商业环境，制定相关的规章制度和机构，实现经济整合。

但奇怪的是，我们发现在贸易领域存在着不公平的现象。发达国家现在应重视国家间的贸易平衡，促进贸易公平。我们需要重新定义行业规则，以缓冲全球经济不景气带来的影响，特别是对不发达国家的影响。

这就是为什么我们必须要采取向不发达国家引进先进技术的政策，从而增强当地的生产能力，使他们更具有竞争力，创造更多的价值，从而衍生出一个鼓励出口的商业政策。

为了使您了解更多，刚果国家发展策略中的《贸易一体化诊断研究（EDIC）》可以帮助我们对农业有更多的认识：

- 赤道省的棕榈和花生；
- 东部地区的大米，棉花和菜豆；
- 加丹加省和西开赛省的玉米和花生；
- 北基伍省的奶酪；

政府应保证健康的宏观经济环境，从而鼓励商业的发展，建立有利于国民经济积累的金融体系，同时选择那些可以带来经济增长、创造就业的投资项目。

我强烈希望中国能够帮助刚果民主共和国获得发展本国经济的资金，促进可持续发展，消除贫困。

最后，刚果民主共和国祝贺中华人民共和国在各个领域所取得的卓越成绩，是中国向不发达国家敞开了大门，让他们融入区域一体化和多边贸易体系中。

祝中刚两国的合作与友谊万岁！

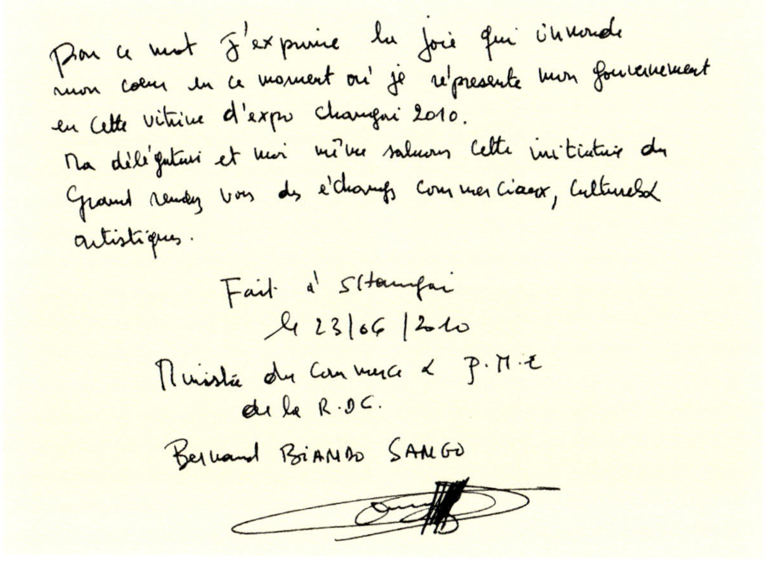

Par ce mot j'exprime la joie qui inonde mon coeur en ce moment où je représente mon gouvernement en cette vitrine d'expo Changai 2010.
Ma délégation et moi même saluons cette initiative du Grand rendez vous des échanges commerciaux, culturels et artistiques.

Fait à Shangai
le 23/06/2010
Ministre du Commerce & P.M.E
de la R.D.C.
Bernard BIANDO SANGO

我谨在此对于能够代表我国政府参加上海世博会表达内心激动和喜悦。

我代表团和我本人祝愿这一盛大的商务、文化、艺术盛会取得圆满成功。

伯纳德·毕昂多·桑戈

交流活动

中方代表与刚果民主共和国国家馆日代表团主要成员合影

刚果（金）馆日代表团所赠的木雕

刚果（金）馆日科斯纳科斯舞蹈团的精彩表演（一）

刚果（金）馆日科斯纳科斯舞蹈团的精彩表演（二）

斯洛文尼亚共和国国家馆日

2010 年 6 月 24 日

在馆日仪式上的中方代表致辞

6 月的盛夏骄阳似火，上海世博会更加精彩纷呈。今天，我们共同迎来了斯洛文尼亚国家馆日。借此机会，我谨代表中国政府和上海世博会组委会，对斯洛文尼亚国家馆日的举办表示热烈祝贺，对远道而来的帕霍尔总理及各位嘉宾表示诚挚欢迎!

世博会是荟萃人类文明成果的盛会，也是世界各国人民共享欢乐和友谊的盛会。一个半世纪来，人类前进的脚步在世博会上留下了不灭的印迹。世博会超越信仰、地域和种族界限，把世界各地的人们汇聚在一起，沟通心灵，增进友谊，加强合作，共谋发展，成为闪耀全球智慧、聚焦国际视野、启迪人们心灵的殿堂。

追求更美的城市、更好的生活、更深的情谊是全世界、全人类共同的理想，上海世博会紧紧围绕“城市，让生活更美好”的主题，秉承“理解、沟通、欢聚、合作”的理念，为世界各国展示发展成果、交流发展经验、促进共同发展提供了舞台。

斯洛文尼亚被誉为“中欧绿宝石”，景色秀丽，人杰地灵，文化气息浓厚。今天，斯洛文尼亚以独具匠心的创意，通过八本“打开的书”，向我们展示斯洛文尼亚城市的发展。书籍是人类进步的阶梯，承载着人类智慧的结晶，记录了包括城市在内的人类社会发展进程。中国古人讲：“开卷有益”。今天，在这座构思精妙的斯洛文尼亚国家馆内，我们将通过视觉、听觉、触觉甚至嗅觉带来的梦幻效果，畅游书海，跨越时空，感受卢布尔雅都“世界图书之都”的文化气息，欣赏布莱德湖畔的宁静之美，惊叹波斯托伊纳溶洞的鬼斧神工。斯洛文尼亚国家馆以这种独特的方式，对“城市，让生活更

斯洛文尼亚馆（C 片区，租赁馆）

中国国务院国务委员兼秘书长 马凯

斯洛文尼亚总理 博鲁特·帕霍尔

美好”的世博主题作出了充满文化和自然气息的诠释，充分体现出人与城市、人与自然和谐相处的理想境界。

中国与斯洛文尼亚相距遥远，但两国的交往源远流长。早在 280 年前，斯洛文尼亚人刘松龄就来到中国，开启了中斯文化交流的大门。中斯建交以来，两国关系发展顺利。双边经贸、人文等领域合作快速推进，取得可喜成果。中斯友好、携手前进、共谋发展的理念早已深入两国人民的心中。我们相信，上海世博会将在中国人民和斯洛文尼亚人民之间搭建起又一座理解、友谊与合作的平台，推动两国关系不断向前发展。

这是世博会第一次以“城市”为主题。我们相信，上海世博会将打开未来之门，引领新的生活方式，促进人类与城市、自然的和谐相处。相信我们生活的城市将更加美丽，我们拥有的地球家园将更加美好，我们的未来将更加光明。

最后，再次祝愿斯洛文尼亚国家馆日活动取得圆满成功！

在馆日仪式上的外方代表致辞

今天看到斯洛文尼亚国旗升起在这里，我感到非常的激动。19 年前，当时我是斯洛文尼亚议会最年轻的议员之一，看到我们的国旗升起在卢布尔热亚那蔚蓝的天空的时候，我的心情同样激动。当时斯洛文尼亚刚刚迎得独立。今天我和大家分享激动的心情主要是因为在过去 19 年当中斯洛文尼亚取得了长足的进步，现在我们已经得到国际社会的承认，我们已经加入欧盟，加入欧元区，成为 OECD 的成员。斯洛文尼亚虽然是一个小国，但是我们有着远大的理想。今天我非常荣幸在我们赢得独立 19 年之后作为总理来访问上海参加世博会。昨天在北京，我和中国的吴邦国委员长以及温家宝总理进行了富有成果的会谈，我相信我们的这种会谈会进一步加深我们两国之间的友好合作关系。斯洛文尼亚作为欧洲中部的一个小国，我们也一直尽我们自己最大的努力来不断促进我们两国之间的关系以给我们两国人民带来实实在在的好处。现在在斯洛文尼亚国内我们致力于促进经济的发展，也致力于吸引外商投资。我这次来到上海参加斯洛文尼亚的开馆活动，不光是为了这个，我来访问中国也是希望能够加深我们两国之间的友谊和合作。我们希望能够使我们的朋友遍天下。在斯洛文尼亚我们会尽我们最大的努力来促进我国和中国以及两国人民之间的友好合作和友谊。这对我们非常重要，对每一个人都非常重要。昨天在北京我也邀请中国的工商界到斯洛文尼亚去寻求经济发展的机会，那么今天我也想借此机会邀请你们大家所有的人到欧洲的中心去参观斯洛文尼亚。你们将会亲眼看一看在斯洛文尼亚我们是如何将我们的梦想变成现实。

我们斯洛文尼亚的发展是一个成功的经历，是一个成功的故事。最后，我想借此机会邀请所有的在场观众去参观欧洲和世界上最漂亮的首都之一——卢布尔亚娜，看看我们的乡村和我们的人民进行交流，了解我们的文化，相信你们一定能感到不虚此行。

交流活动

中方代表与斯洛文尼亚共和国国家馆日代表团主要成员合影

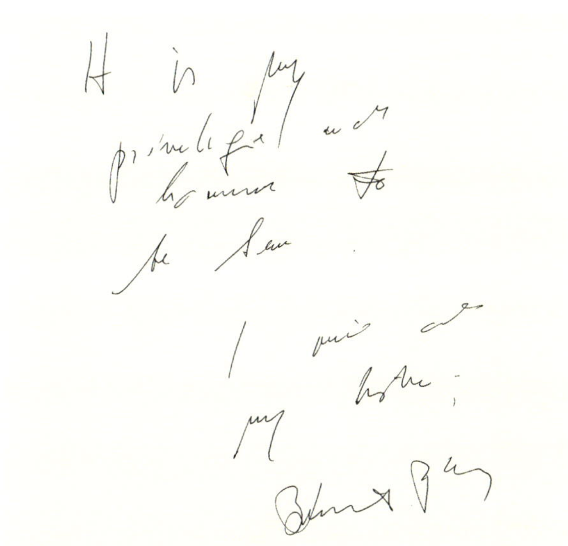

It is my privilege and honour to be here.

很荣幸能够来到这里。

博鲁特·帕霍尔

斯洛文尼亚馆日的音乐会（一）

斯洛文尼亚馆日代表团所赠的瓷马

斯洛文尼亚馆日的音乐会（二）

莫桑比克共和国国家馆日

2010 年 6 月 25 日

在馆日仪式上的中方代表致辞

今天，我们相聚在美丽的世博园区，共同参加莫桑比克国家馆日活动。今天也是莫桑比克独立和中莫建交35 周年纪念日。我谨代表中国政府和人民，对莫桑比克独立和中莫建交 35 周年表示热烈祝贺，向出席活动的各位来宾表示热烈欢迎，对莫桑比克给予上海世博会的支持表示衷心感谢，并预祝本次活动圆满成功。

莫桑比克是中国在非洲的好朋友、好伙伴、好兄弟。在莫桑比克人民争取民族解放斗争时期，中国政府和人民就曾提供了大量无私的帮助和支持，两国人民结下了深厚的战斗友谊。建交 35 年来，两国友好合作关系始终健康顺利发展，双方在政治、经贸、农业、文教、卫生等领域开展了卓有成效的交流与合作。

世博会是人类文明的盛会，是世界各国人民交流合作的平台，一届成功、精彩、难忘的世博会离不开世界各国的支持。莫桑比克积极参与上海世博会，以“地区繁荣、美好生活”为主题，展示内容独特、传统色彩浓郁，展示了莫桑比克城市建设所取得的成就，展示了注重地区发展规划和可持续发展的理念。我们相信，世博会期间，来自世界各地的游客将能在此领略到莫桑比克绮丽的自然风光、历史文化。我们相信，本届世博会一定能进一步巩固中莫两国传统友谊，使两国人民增进了解、加深友谊！

最后，再次预祝本次活动圆满成功！祝阿尔杜尔部长及各位来宾身体健康！

莫桑比克馆（C 片区，非洲联合馆）

中国文化部副部长 欧阳坚

莫桑比克文化部部长 阿曼多・阿尔杜尔・若昂

在馆日仪式上的外方代表致辞

值此上海世博会莫桑比克国家馆日之际，我非常荣幸地向各位来宾致辞，今天是6月25日，是我们纪念莫桑比克独立35年的日子，同时也是莫中两国建交35年的日子。

请允许我通过此次庆祝活动向在座的各位表示敬意，并向世界各国人民特别是中华人民共和国的人民传达来自莫桑比克人民的友好、和平和友爱之情。

同时，我要向中国政府和中国人民致以敬意，感谢你们组织了这次国际盛会。本届世博会汇集了世界各地250多个国家和国际组织，增进了世界各国人民彼此的友好关系。

本届世博会还为各国展示创新的理念以及分享经济、科学、技术、社会、文化、合作、和平、团结和人类发展等方面的丰富经验提供了平台。随着“2010联合国国际文化和睦年”活动的开展，本届世博会更承载了重大的意义。

中国一直通过创新的方式来解决和平与发展等关键问题，在推进各国人民之间相互尊重的政策方面也保持着悠久的传统，使其在本世纪初成为世界上最有前途的国家之一和世界上最大的经济体之一。因此，我要称赞中华人民共和国政府和人民的远见，令世界各国人民可以同中国共享发展机遇，同时我相信，我们定能克服在促进人类和平与发展过程中所遇到的各种挑战。

在此基础上，中国的远见和路径将成为一种重要的参考依据，不仅是莫桑比克，更多努力消除贫困的国家都将因此受益。

莫中两国人民之间的交往可以追溯到带领莫桑比克走向独立的民族解放武装斗争之初，今天正是我们庆祝35周年的日子。这一历史性事件同样离不开中国对于莫桑比克解放阵线的大力支持。

事实上，莫桑比克在很大程度上受益于同中国之间进行的双边和多边合作。基础设施、技术和人员培训等领域的各种合作协议的不断签署，反映了莫桑比克和中国之间长久以来存在的深厚友谊。在此仅举几例：目前，中华人民共和国正在为莫桑比克的重大基础设施项目提供资金和建设，特别是马普托国际机场的重建，以及国家体育场、新共和国总检察院大楼和新最高法院大楼的建设，此外，还有全国各地一系列的路桥建设项目等。

尊敬的各位来宾，上海世博会的主题为“城市，让生活更美好”，反映出本世纪人类社会普遍发展过程中备受关注的问题。城市环境和生活质量的发展，是世界上许多国家和政府的工作重点。我们认为，要想实现“城市，让生活更美好”的目标，只有加强不同社区和文化的和谐共处并追求城市与农村地区之间的均衡发展才有出路。因此，一个不考虑传统和社区文化的开发项目将不可能达到预期的效果。

莫桑比克参展上海世博会的主题是“地区，让生活更美好”。它凸显了我们对于城市化进程和国家发展的特别关注，对此，我们还确定了“反贫困规划”中“作为可持续发展地极和基地的地区”的执政愿景。

在本届世博会上，莫桑比克馆的目的是传达莫桑比克在消除贫困和大多数人所罹患的疾病方面的真实形象。展馆能够向游客展示我国在卫生、教育、农业、环境、社会福利、文化、旅游、公共工程以及住房、能源、科技、规划和发展等各领域取得的进展。

我们相信，此次世博会定会为我们提供足够的空间去寻求解决人力和自然资源管理、房屋政策、公民生活条件的改善、当前各地区生活情况，以及建筑、景观、经济、社会和文化等涉及莫桑比克人民各根本方面问题的答案。

值得强调的是，能够体现莫桑比克文化的 Timbila 和 Nyau 已被宣布为“人类口头与非物质文化遗产杰作”，而莫桑比克岛也被联合国教科文组织宣布为“世界文化遗产”。我们准备借此机会宣传莫桑比克的旅游景点，如美丽的海滩、风景、古迹和公园等，在此仅举几例。

赞比西河上的大桥和卡奥·拉巴萨水电站（HCB）构成了我们展台设计的基本元素。这些元素都以面板形状展示在我们展台的地板上。

卡奥·拉巴萨水电站是非洲乃至世界上同类最大的项目之一，代表了莫桑比克独立后的发展矩阵，同时也是“进步、人民之间的了解和世界和平的象征”——已故的萨莫拉·马谢尔总统于 1986 年 9 月 17 日在松戈村这样说道。由莫桑比克政府拨款的这个巨大的水电项目推进了我国正在进行的农村电气化工程，改善了莫桑比克人民的生活条件和质量。如今，莫桑比克利用这个电力源推动地区的发展，并将电力出口到南非、津巴布韦以及较近的马拉维等国。

赞比西河上最近建成的“阿曼多·埃米利奥·格布扎”大桥是国家经济的重要催化剂，更是莫桑比克人民自豪和骄傲的因素。这是一处为全国各地生产的货物提供繁忙而不间断的交通基础设施，在整合资源的同时形成了更大的经济活力，进而在全国范围内加强了民族团结。随着农村的综合发展，我们致力于确保水资源、野生动物资源、森林资源和矿产资源能够得到合理和可持续利用，并在尊重自然生物多样性的同时保护生态系统。

女士们、先生们，莫桑比克参加上海世博会的重要性不仅限于我们刚才所说的一切。我们还考虑到其他更加有利的因素：

• 中国在经济、科技和社会等领域所取得成就的经验；

• 莫桑比克主要经济指标的增长；

• 莫桑比克在文化和社会文化表现形式方面的多样性，可为各国提供不同的经验和机会；

• 莫桑比克经济和社会领域的发展可通过投资得到优化，同时还须寻求能够提供其他比较优势的新市场；

• 莫桑比克在城市管理和农村与城市“世界”相互依存方面的重要经验；

• 良好的合作关系和彼此的深厚友谊将莫中两国政府和人民紧紧联系在一起。

可以看出，上海世博会能够提供十分难得的机会，使我们能够分享到好的经验和展示我国的积极形象，并能为莫桑比克和谐的可持续发展创造良好的投资环境。

最后，鉴于上海世博会取得了巨大成功，请允许我代表莫桑比克共和国总统阿曼多·埃米利奥·格布扎阁下、莫桑比克政府和莫桑比克人民向尊敬的中华人民共和国主席胡锦涛阁下、中国政府和中国人民致以最亲切的问候。

感谢上海世博会。

É uma grande honra para mim
estar aqui a comemorar o dia nacional
de Moçambique e os 35 anos de relações
de amizade entre os nossos dois países.
Estas relações serão cimentadas acima de
tudo com o aprofundamento das relações
culturais.

Bem haja a nossa amizade,

Armando Artur João
25.06.2010

我非常荣幸参加莫桑比克国家馆日活动，莫中两国在此次活动中进行了深入的交流互动，我相信，莫中两国的友谊定会进一步加深。

阿曼多·阿尔杜尔·若昂

交流活动

中方代表与莫桑比克共和国国家馆日代表团主要成员合影

莫桑比克馆日的传统歌舞表演（一）

莫桑比克馆日的传统歌舞表演（二）

索马里联邦共和国国家馆日

2010年6月26日

索马里馆（C片区，非洲联合馆）

在馆日仪式上的中方代表致辞

今天，我们相聚在风景优美的黄浦江畔，相会在游人如织的世博园区，隆重庆祝索马里共和国国家馆日，共同领略索马里带给我们的精彩与难忘。我谨代表中国政府和中国人民，对索马里国家馆日的举行表示热烈祝贺，对出席今天活动的嘉宾表示诚挚欢迎，并对索马里给予中国上海世博会的支持表示衷心感谢。

中国和索马里有着深厚的传统友谊。索马里是第一个与中国建交的东非国家，今年恰逢两国建交50周年。半个世纪以来，双方始终真诚友好、互信互助，两国关系平稳健康发展。

世博会是荟萃世界文明、启迪人类发展的盛会和殿堂。世界各国通过世博会，加深了理解、消除了隔膜、加强了交往、增进了友谊、扩大了合作。

上海世博会得到了包括索马里在内的国际社会的大力支持。索马里国家馆采用大空间、大分割、似隔非隔的空间形态，以醒目的蓝白色调和流畅简约的线条，勾勒出了一个充满神秘感和现代感的特色展馆，将索马里独特的历史文明、优越的地理位置、和谐的城市发展理念以及神奇的沙漠景观一一展现在游客面前。相信索马里国家馆一定能给各国游客带来别样的美丽，成为上海世博会上的一大亮点。

最后，我代表中国政府和中国人民，衷心祝愿索马里国家馆日活动和索马里国家馆的展览展示均取得圆满成功！祝愿中索两国友谊万古长青！

上海世博会中国政府副总代表 蒋正云

索马里石油与能源议员委员会主席 阿卜杜拉希・优素福・穆罕默德

在馆日仪式上的外方代表致辞

我谨代表索马里联邦共和国政府，对中华人民共和国政府给予索马里联邦共和国和整个非洲的支持与热情款待表示衷心感谢，正是这种支持和热情款待让我们成为了上海世博会这一历史性盛会的一份子。

索马里联邦共和国非常高兴能参与第一个在发展中国家举办的注册类世博会。此次世博会让参展的一些发展中国家，比如参加上海世博会的非洲国家，看到希望，它们通过学习此次世博会的经验，也可以在不久的将来主办此类盛会。

如今，随着全球城市化进程的加快，城市相关的问题日益显现。科学化的城市发展和解决城市发展中的问题，已成为人类社会的共同关注。上海世博会选择“城市”为主题，向世界集中展示各国城市发展中的最佳实践、模式、成功经验和未来理念，让人们分享城市建设的经验、理念和探讨未来城市发展方向，并成为追求以宜居环境、健康工作方式、和谐社会等为重要特征的可持续发展的典范。

面对城市化进程的加速，索马里一向致力于构建平衡的可持续发展的城市，不管这个任务多么艰难。我们衷心希望此次以城市为主题的上海世博会能汇集全球智慧，使得世界各国人民能一起探索未来人类的生存和发展之路。

上海世博会是探索 21 世纪城市生活潜力的一次盛会，也是城市发展的重要时刻。到 2010 年，世界人口预计有 55% 将生活在城市中。未来城市生活的前景是全球关注的课题，所有的国家，不管是发达国家还是欠发达国家，以及他们的人民，都与之息息相关。上海世博会以“城市，让生活更美好”为主题，是第一届以城市为主题的世博会，吸引了全球的目光。

在上海世博会 184 天期间，索马里联邦共和国将全面展示其文化和城市文明，交流我们的城市发展经验，宣传先进的城市理念，探索新世纪里新的城市生活方式和工作条件。我们希望能学习如何构建生态友好型社会，并在全球范围内保持人类的可持续发展。

在这个新时代，上海世博会将为科学技术创新、文化多样性和未来双赢合作等领域的发展做出贡献，以新世纪创新和互动为主音符，谱写一曲动人的旋律。

最后，祝上海世博会取得圆满成功。

交流活动

中方代表与索马里联邦共和国国家馆日代表团主要成员合影

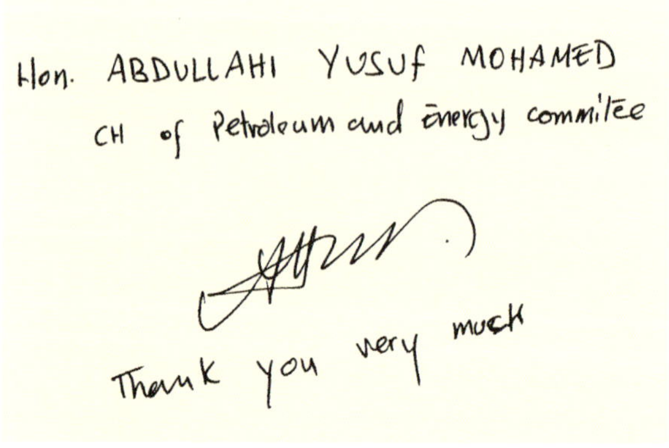

Hon. ABDULLAHI YUSUF MOHAMED
CH of Petroleum and energy commitee

Thank you very much

非常感谢。

阿卜杜拉希·优素福·穆罕默德

索马里馆日代表团所赠的特色工艺品

索马里馆日的文化交流活动（一）

索马里馆日的文化交流活动（二）

世界水理事会荣誉日

2010年6月26日

在荣誉日仪式上的中方代表致辞

我代表中国政府和上海世博会组委会，对世界水理事会举行上海世博会荣誉日表示诚挚祝贺！对福勋主席阁下出席今天的荣誉日活动表示热烈欢迎！

世博会是人类文明成果荟萃的伟大盛会，是各国人民展示聪明才智的广阔舞台，是推动世界和平与发展的重要途径。上海世博会是探讨人类城市生活的盛会，它充分融合了“科技世博”、“生态世博”、“文化世博”等先进理念，为各国人民创新、合作、交流提供了重要平台，是一次规模空前、名副其实的全球盛会，是一次打开未来城市之门、促进人类文明发展的盛会。我们相信，在所有参与者的共同努力下，上海世博会一定会成为成功、精彩、难忘的世博会，必将为人类可持续发展留下一份丰厚的精神遗产。

世界水理事会作为首个确认参展上海世博会的非政府组织，非常重视世博会在推进世界文明交流，尤其在宣传水的重要性，提高对水资源的认知方面所起的重要作用。通过世界水理事会、上海世博局和中国水利部的共同努力，世界水理事会展馆于5月1日对公众开放，每天吸引了大量的观众。世界水理事会馆以独特的创新视角，从各方面诠释着“生命之水，发展之水”的展馆主题。作为展馆特色之一的“儿童角”以巧妙的互动方式让孩子们在游戏中轻松地学习到水资源知识，令人印象深刻。展馆中的多媒体显示屏为观众提供了纵览世界水事、畅游五湖四海的立体平台。世界水理事会还将在世博会期间举办一系列活动周以及“城市与水”摄影竞赛。这些精心组织和策划的活动让我们直观地理解了“水，让城市更美好”的深刻内涵，同时也让我们充分

世界水理事会馆（B片区，国际组织联合馆）

中国水利部副部长 胡四一

世界水理事会主席 洛克·福勋

认识到水资源在人类创造更美好城市和更美好生活过程中发挥的重要作用。

世界水理事会是目前世界上水资源领域最负盛名的国际组织之一。由世界水理事会所发起的三年一届的"世界水论坛"是目前全球规模最大，影响最广，参会人数最多的国际水事活动，近几年水论坛的规模均达数万人，150 多个国家派政府代表团出席，会议所发表的部长级宣言和其他文件对全球涉水问题的战略及对策具有重要影响。我国水利主管部门及相关水利机构近年来与世界水理事会在全球水资源领域的交流与合作富有成效，于 2009 年 7 月签署了合作谅解备忘录，建立了全面和长期友好合作关系。我相信，上海世博会无疑将会把中国与世界水理事会的互惠合作提高到一个新的水平，共同推进全球水问题的解决。

全球水资源问题千差万别，人类社会正面临着各种水资源的挑战。今天的世界水理事会荣誉日，将使我们在短短时间内，跨越全球各地，了解全球水资源现状，体会水对城市发展和人类生活的重要价值。相信世界水理事会荣誉日活动将使每一位到访者收获颇多，使我们更加珍惜水资源，更好地利用和保护水资源，实现"水，让城市更美好"的目标。这就是世博会的魅力所在，也是世界各国人民追求更美的城市、更好的生活、更深的情谊，共同缔造人与人、人与自然和谐共存，实现人类可持续发展的生动例证。

最后，祝愿今天的世界水理事会荣誉日活动取得圆满成功！

在荣誉日仪式上的外方代表致辞

女士们，先生们：非常高兴参加上海世博会水理事馆的荣誉日活动。

随着能源、化工建设的发展以及人口的增长，世界水资源正在面临前所未有的威胁，水资源供需矛盾突出，水污染问题也越来越严重。这是一个世界性的问题，需要各国携手应对。

中国是一个大国，是世界上最重要的国家之一，和许多其他国家一样，中国也面临许多水资源的问题，比如干旱、水资源匮乏、卫生等问题。中国水利界的同行，为应对这些问题，付出了巨大的努力，在水土资源开发利用、综合治理、保障饮用水安全等领域投入了大量资金，也取得了显著成效。因此，中国应对这些问题的经验可以为全世界所用，而世界水理事会在相关问题上的经验也可以给中国以借鉴。

去年中国水利部加入了世界水理事会，这使我们与中国在关键议题上有更多的合作可能。希望世界水理事会和中国一起，寻求更有效的措施，更合理地保护和利用水资源。世界水理事会为能与中国这样一个重要的国家建立紧密的合作关系而感到高兴和自豪，中国拥有悠久的治水历史和丰富的治水经验，世界水理事会参加中国 2010 年上海世博会，将在双方合作史上写下精彩的一页。 我们很高兴有这个机会通过世博会提高人们对水问题的认识，在中国以及更多的地方，促进未来城市用水的变革。我们将利用此平台总结、交流水与卫生领域的实践和创新经验，激发民众行动、促进加强“水团结”，共同参与应对水危机。

衷心感谢中国水利部、上海世博局、太湖流域管理局和上海水务局在世界水理事会馆的建设和运行方面所提供的大力支持。并希望同中国水利部门加强合作，共同推进水资源的可持续利用和保护事业，为人类社会的可持续发展造福。

交流活动

中方代表与世界水理事会荣誉日代表团主要成员合影

Thank to china, its people,
its leaders to allow water to
be hosted during this magnificent
Shangai Expo.
All together make and facilitate
access to water and sanitation for all.

Loïc Fauchon
President
World Water Council
Shangai 26-06-10.

感谢中国、中国人民和中国的领导，让水在精彩的上海世博会中得以展示。大家一起努力让所有人都能获得水和卫生。

洛克・福勋

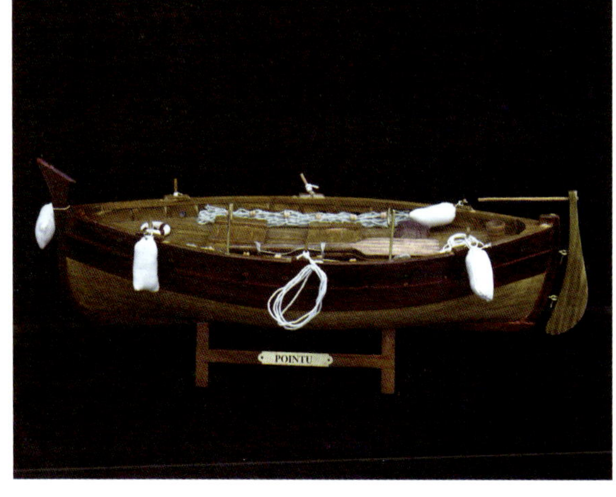

世界水理事会荣誉日代表团所赠的木质帆船

塞尔维亚共和国国家馆日

2010 年 6 月 27 日

塞尔维亚馆（C 片区，租赁馆）

在馆日仪式上的中方代表致辞

很高兴我们相聚黄浦江畔，共同参加上海世博会塞尔维亚国家馆日的活动。在此我代表中国政府和上海世博会组委会对塞尔维亚国家馆活动的举办表示诚挚的祝贺，对远道而来的各位嘉宾表示热烈的欢迎。世博会是人类文明成果荟萃的伟大盛会。举办世博会不仅展示了世界最新创意成果和科技成就，而且也为各国相互沟通、交流学习搭建了一座平台。中国 2010 年上海世博会以“城市，让生活更美好”为主题，秉承进步、创新、交流的精神，通过充分展示城市文明发展的成果、经验和先进的理念，体现了人类社会对未来美好生活的向往和憧憬。塞尔维亚馆以独特的角度，生动诠释了世博的理念，置身其中，借助时间机器，我们充分领略塞尔维亚欧洲花园式的自然风光，共同分享塞尔维亚现代化城市的发展成果，亲身感受塞尔维亚人民追求美好生活的执著和激情。

在中国人民的心目中塞尔维亚人杰地灵，是一个英雄的国度。上世纪 80 年代初，南斯拉夫电影“桥”曾经风靡中国，给整整一代中国人留下了难以磨灭的印象。中国和塞尔维亚虽然相距遥远，但两国人民间的传统友谊历久弥坚，随着时光的推移，中塞两国战略合作伙伴关系不断发展。双方在经贸、人文等领域的合作不断深化，给两国人民带来了实实在在的利益。我们真诚的希望通过上海世博会这一平台，中塞两国人民能够进一步加深了解、增进友谊，中塞两国的互利合作能不断深化，友好交流更加丰富多彩。

最后祝愿塞尔维亚国家馆日的活动取得圆满成功。

中国上海市市长　韩正

塞尔维亚总理　米尔科·茨韦特科维奇

在馆日仪式上的外方代表致辞

我十分感谢大家能够抽出时间光临我们的国家馆日。我们为参加此次世博会做了充分的准备，非常希望向中外参观者介绍塞尔维亚的各个方面，包括塞尔维亚的经济潜力、科技发展、文化。同时也希望介绍塞尔维亚的传统和习俗。我十分感谢上海市以及中华人民共和国给予我们参加这次世博会所提供的各方面的帮助。我也非常感谢中华人民共和国和我们发展在各个领域的关系。我们的双边关系已经达到战略合作伙伴关系。

上海世博会是前所未有的盛会。据我了解，不管是从参展国家的数量或者是吸引的观众数量都是前所未有的。我相信，通过这次世博会，通过那么多人的参观，各个国家都能够建立更亲近的关系。我也相信塞尔维亚也能够和中国、和其他国家建立更亲近的关系，而且通过世博会发出一些今后加强合作的一些新信号。塞尔维亚希望将世博会作为合作和友谊的桥梁。通过世博会和中国加强经济、政治、文化等各领域的合作。我们期待着世博会发挥这样一个积极的作用。

请允许我再一次感谢大家的到来，大家的光临，再一次感谢我们东道主。我希望你们大家今后能够有机会访问塞尔维亚，看到我们美丽的国家。我祝愿大家身体健康，幸福！

Задивљен сам привредним
и свим другим успесима
Народне Републике Кине.
Посебно сам задивљен градом
Шангајем и његовим економским
потенцијалима.
Честитам на организацији
Експо 2010 и захваљујем
на помоћи српском учешћу

27/06/2010

中国经济和其他各项事业取得的成绩令我钦佩，特别是上海经济发展潜力给我留下深刻印象。祝贺 2010 年世博会成功举办，感谢贵国为塞尔维亚参展提供的帮助。

米尔科·茨韦特科维奇

交流活动

中方代表与塞尔维亚共和国国家馆日代表团主要成员合影

塞尔维亚馆日代表团所赠的木质酒壶

塞尔维亚馆日的文化活动

在馆日仪式上的中方代表致辞

我代表中国政府和上海世博会组委会，对柬埔寨举行上海世博会国家馆日表示诚挚祝贺，对出席今天馆日活动的各位嘉宾表示热烈欢迎。相信柬埔寨国家馆日活动将使每一位到访者流连忘返。

世博会是人类文明成果荟萃的伟大盛会，每一届世博会都成为见证人类文明发展的驿站，在全球范围内推动广泛的国际交流，为各国开阔视野、展现自我提供了机会和舞台。世博会始终高举进步的旗帜，崇尚创新的精神，坚持开放的道路，倡导和谐的理想，不断开启人类重新认识世界的窗口。

本届上海世博会以“城市，让生活更美好”为主题，体现了人类社会对未来更美好生活的设想和憧憬。在所有参与者的共同努力下，上海世博会一定会成功、精彩、难忘，成为增进世界各国人民友谊的盛会，促进人类进步的盛会，推动创新和共同发展的盛会。

柬埔寨是一个拥有悠久历史和灿烂文明的东方古国。今天，驻足在 1000 平方米的柬埔寨馆，我们看到了一幅生动的柬埔寨全景，仿佛置身于代表柬埔寨文明与智慧的吴哥古迹，触摸到柬埔寨时代进步的脉搏，分享到柬埔寨人民享受美好生活的欢乐，也让我们感受到柬埔寨人民对“城市中的文化生活”的独特理解和诠释。

中柬两国人民自古就友好往来。建交半个多世纪以来，两国关系不断得到巩固和发展。事实证明，发展中柬友好合作符合两国人民的根本利益，也有利于促进本地区的和平、稳定与繁荣。我相信，上海世博会将为中柬两国和两国人民增进相互了解、深化双边合作提供新的契机。

柬埔寨馆（B 片区，租赁馆）

中国商务部部长助理 王超

柬埔寨国务大臣兼商业部大臣 占蒲拉西

中国和柬埔寨是友好近邻，澜沧江—湄公河像一条纽带把两国人民紧紧联系在一起。今天的柬埔寨国家馆日将使我们在短短时间内，伴随着南旺舞的脚步，穿行于吴哥古迹之间，欣赏王宫前的龙舟竞渡，领略柬埔寨人民的智慧和创新精神。这就是世博会的魅力所在，也是包括中柬人民在内的世界各国人民追求更美的城市、更好的生活、更深的情谊，共同缔造人与人、人与自然和谐共存，实现人类可持续发展的生动例证。

祝愿今天的柬埔寨馆日活动取得圆满成功。

在馆日仪式上的外方代表致辞

作为柬埔寨展区总代表，我谨代表柬埔寨王国政府和洪森首相对中国2010年上海世博会的召开表示祝贺！中国政府通过不懈努力，成功地在处于中国中心地位的上海举办此次世博会，会期从5月1日至10月31日长达半年，我对此致以最崇高的敬意。

我还想感谢上海世博会组委会和国际展览局支持柬埔寨顺利参展。

世博会每五年举办一次，选择全人类共同关心的话题为主题，是世界上历史最悠久、规模最大的全球性盛会之一。上海世博会的主题是“城市，让生活更美好”，是由“我们如何应对城市发展的巨大潜力和带来的挑战”这一问题演变而来。应对城市变化带来的机遇和挑战时，我们必须怀有一种紧迫感。因此，柬埔寨正致力于寻找一个所有政策制定者和普通民众都赞成的愿景，即有关未来城市和如何实现最佳城市管理的愿景。

与我国悠久的历史文化一脉相承，柬埔寨通过国家馆积极参与2010年上海世博会，与大家分享我们的生活经验和民族文化，展现我国始于公元前1世纪的璀璨文化。为让游客了解更多柬埔寨的丰富文化、历史传承和灿烂文明，我们选择了世博会副主题“城市多元文化的融合”，并在柬埔寨馆里展示了三个不同的历史时期，包括古代吴哥时期、15世纪的洛越时期和当代柬埔寨，以表现生活、文化和城市如何和谐共存。就这点而言，我真诚邀请文拉妮夫人和其他嘉宾参观位于世博园区B片区的柬埔寨国家馆。

除了在世博会庆祝柬埔寨国家馆日外，柬埔寨今天也很荣幸能举办“电信和未来城市”论坛，组织花车游行和柬埔寨艺术家进行文艺表演。

和所有柬埔寨同胞一起，柬埔寨王国政府对中国政府和人民的诚挚谢意载入史册，感谢中国政府和人民在帮助柬埔寨重建过程中作出的巨大贡献。

最后，我祝愿上海世博会取得巨大的成功。通过今天柬埔寨国家馆日的活动，我想向世界各国人民转达柬埔寨首相洪森的问候和良好愿望，希望全人类都能生活在和平和欢乐中，在更美好的城市里实现更美好的生活。

感谢各位拨冗出席柬埔寨国家馆日庆祝活动，祝大家身体健康，幸福快乐。

交流活动

中方代表与柬埔寨王国国家馆日代表团主要成员合影

占蒲拉西的签名

柬埔寨馆日代表团所赠的银质容器

柬埔寨馆日的歌舞表演（一）

柬埔寨馆日的歌舞表演（二）

丹麦王国
国家馆日

2010年6月29日

丹麦馆（C片区，自建馆）

在馆日仪式上的中方代表致辞

我代表中国政府和上海世博会组委会，对丹麦举行上海世博会国家馆日表示诚挚祝贺，对腓特烈王储殿下出席今天的馆日活动表示热烈欢迎。相信丹麦国家馆日活动将使每一位到访者流连忘返。

世博会是人类文明成果荟萃的伟大盛会。世博会高举进步的旗帜，在全球范围推动了广泛的国际交流，为世界各国开阔视野、展示自我提供了机会和舞台。世博会始终崇尚创新的精神，有力地促进了各国走向现代化和国际化的进程，在推动世界经济社会发展中发挥着不可替代的作用。世博会倡导和谐的理念，这一理念超越了信仰、地域和种族的界限，把各国人民汇聚在和平、友爱、合作的世博大家庭里。

本届上海世博会以"城市，让生活更美好"为主题，是历史上首届以"城市"为主题的综合类世博会。这体现了人类社会对未来更美好生活的设想和憧憬。在所有参与者的共同努力下，上海世博会一定会成功、精彩、难忘，成为增进世界各国人民友谊的盛会，促进人类进步的盛会，推动创新和共同发展的盛会。

丹麦童话在中国家喻户晓。今天，我们欣喜地置身于童话般的丹麦国家馆，感受着丹麦惬意的生活气息。首次离开故土的小美人鱼雕像端坐在展馆中央，这无疑是丹麦国家馆的一大亮点。作为一个"自行车王国"，丹麦更是借助世博会这一平台，将绿色出行的理念带到中国、推向世界。相信游客们在迷你海滨广场漫步时，在广场外围的草坪上休息野餐时，在自行车上游览世博园区时，会对更美好的城市生活多一份憧憬和思索。

在很多中国人眼中，丹麦是一个发达且浪漫的国度。

中共上海市委副书记 殷一璀

丹麦王储 腓特烈

中国同丹麦建交以来，两国关系始终平稳发展。中丹在经贸、科技、农业、交通运输、文化、环保等各领域的合作富有成果，地方、民间交往活跃。国际金融危机以来，中国已经取代美国，成为丹麦在欧盟外的第一大贸易伙伴。我相信，上海世博会无疑将成为中丹两国增进相互了解、深化友好合作的又一契机。

中国与丹麦虽然相距遥远，但今天的丹麦国家馆日，将使我们重温丹麦王国的童话故事，增进对丹麦人民、文化以及生活方式的了解。世博会使我们有机会直观地学习丹麦人民在城市发展的同时与大自然和谐共存的宝贵经验。这就是世博会的魅力所在，也是人类追求可持续发展的生动例证。

祝愿今天的丹麦馆日活动取得圆满成功。

在馆日仪式上的外方代表致辞

作为丹麦世博委员会主席，我感到很荣幸也很高兴欢迎各位前来出席上海世博会丹麦国家馆日庆典仪式。借此机会，我要感谢东道主中国举办了如此重大的盛会。

今天亲莅现场，我深刻体会到贵国为 200 多个国家和国际组织集中在此参展所付出的巨大努力。我坚信，上海世博会必将促进各国相互了解，搭起联系人民的文化纽带。

丹中两国的友好关系历久弥新，成果丰硕。今年正逢两国建交六十周年。当时，丹麦是最早承认中华人民共和国的西方国家之一。参展上海世博会让丹麦能够进一步加强巩固和中国的双边关系。

丹麦参博的规模也是史无前例的。我们投入了巨大的精力和资源，丹麦各地方政府和企业都积极投身于此。

我们认为上海世博会是介绍丹麦、和全世界分享丹麦价值观的好机会。我斗胆说一句，在践行“城市，让生活更美好”的主题方面，丹麦人民和企业真正为世界带来不同。

丹麦馆向游客展示了丹麦的城市风光和丹麦人的生活。和每一座丹麦城市一样， 体验丹麦馆的最佳方式就是步行，这样游客可以悠闲地欣赏周围的环境。亦或来一次活力四射的自行车之旅。和中国一样，丹麦也是一个自行车大国。在丹麦馆里有几百辆自行车供游客使用。

我们邀请了部分最杰出的年轻艺术家参与丹麦馆的设计工作。我们希望给游客一种置身于现代童话的感觉。这个童话故事用文字、图片、音像多种方式娓娓道来。

众所周知，我们也从丹麦请来了一位特殊的客人——小美人鱼。这位安徒生经典童话里的主人公远渡重洋，从丹麦来到了中国。

这是小美人鱼第一次离开自己的家乡——哥本哈根港口。她的到来体现了中丹两国的友情，推动进一步的文化交流对话。

最后对东道主中国的巨大努力表示我的景仰之情，并对世博会的成功举办表示衷心祝贺。

交流活动

中方代表与丹麦王国国家馆日代表团主要成员合影

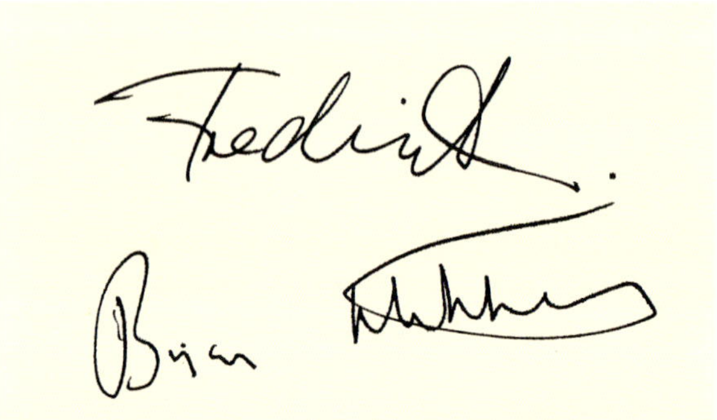

丹麦王储腓特烈的签名

馆日活动中丹麦皇家合唱团的精彩演出

丹麦馆日代表团所赠的银质水壶

吉布提共和国
国家馆日

2010 年 6 月 30 日

在馆日仪式上的中方代表致辞

今天，非常高兴出席在世博园区举办的吉布提馆日活动。在此，我代表中国政府和中国人民，对吉布提政府给予中国 2010 年上海世博会的支持表示衷心感谢。

中吉两国虽相距遥远，但两国人民的友谊深入人心。自建交以来，双方始终平等相待、真诚互助。近年来，两国高层交往日益频繁，友好关系的内容不断丰富，各领域务实合作成果丰硕。两国关系堪称大小国家友好相处的典范。

上海世博会得到了包括吉布提在内的国际社会大力支持。以“吉布提，经济枢纽”为主题的吉布提馆，展示了吉布提丰富的旅游资源和国际大港口的风采。馆内的“达布瓦塔”传统民居真实地再现了吉布提的风土人情，深受中国和各国观众的喜爱。我们相信，吉布提国家馆将以其特有的风采成为上海世博会受人关注的亮点。

最后，衷心祝愿中吉友谊永葆青春，祝愿本次活动圆满成功，祝愿哈斯娜部长和诸位来宾身体健康！

在馆日仪式上的外方代表致辞

我很荣幸代表吉布提共和国官方代表团参加在我们的好朋友——美丽的中国举办的盛会——上海世博会，并十分高兴率领此次 30 余人的吉布提官方代表团，带着吉布提丰富而多彩的文化来到上海。

值此吉布提独立 33 周年之际，我要自豪地说，十多年来，在总统伊斯梅尔·奥马尔·盖莱阁下的英明领导和创新精神的指引下，吉布提的经济、政治及社会各方面都在相对短暂的时间内得到了长足发展。

吉布提馆（C 片区，非洲联合馆）

中国文化部副部长 王文章

吉布提旅游部长 哈斯娜・巴尔卡特・达乌德

事实上，吉布提坚定地扎根于21世纪并为改善人民生活做出了各种努力，如港口基础设施建设（自由贸易区、集装箱港、石油站），国内及国际私有企业的增加促进了经济的发展，银行数量的增多，国家优先建设教育和医疗体系，贫困人群扶助组织的建立，多党及分权的政治局面，男女平等的逐步实现等。吉布提致力于解决民生问题，要实现这个目标，必须在“劳动光荣”的价值观基础上，以人民积极创新为依托，加强社会安全建设，如总统所承诺，通过积极参与打击索马里海盗，维护海洋秩序及和平解决与厄立特里亚的分歧，为地区和世界和平作出贡献。

Longue vie à l'amitié sino-djiboutienne qui à travers cette merveilleuse exposition ne pourra que se renforcer.

Félicitations au gouvernement chinois qui démontre une fois de plus ses capacités à organiser des événements grandioses, à la mesure de son histoire et de sa culture.

Merci pour votre accueil

Ministre du Tourisme de la République de Djibouti

Hasna Barkat Daoud

中吉两国人民友谊万岁，这次的世博会将会加强我们两国的友谊。

祝贺中国政府成功举办了这一与贵国历史和文化相匹配的盛会！

感谢贵方的接待。

哈斯娜・巴尔卡特・达乌德

交流活动

中方代表与吉布提共和国国家馆日代表团主要成员合影

吉布提馆日代表团所赠的民族特色工艺品

吉布提馆日中的艾绒塔巴乐队的歌舞表演

加拿大
国家馆日

2010 年 7 月 1 日

加拿大馆（C 片区，自建馆）

在馆日仪式上的中方代表致辞

我代表中国政府和上海世博会组委会，对加拿大举行上海世博会国家馆日表示诚挚祝贺，对米夏埃尔·让总督阁下出席今天的馆日活动表示热烈欢迎。相信精彩的加拿大馆日活动将成为上海世博会的又一亮点。

世博会是荟萃人类文明成果的盛会。创立 159 年来，世博会始终秉持进步、创新、交流的核心价值观，倡导和平、友谊、和谐的理念，不断开启人类重新认识世界的窗口，也为世界各国人民展现自我、沟通心灵、增进友谊、共同进步提供了重要机会和舞台。

本届世博会以“城市，让生活更美好”为主题，充分体现了人类社会对未来更美好生活的憧憬。在所有参与者的共同努力下，上海世博会一定会成功、精彩、难忘，为人类可持续发展留下丰厚的精神财富，书写人类各种文明交流互鉴的新篇章。

加拿大是历届世博会的热情支持者和积极参与者。作为加拿大献给世界的珍贵礼物，1967 年蒙特利尔世博会和 1986 年温哥华世博会已永远留在人们美好的记忆之中。加拿大是最早确认参展上海世博会的国家之一，加拿大馆是本次世博会最大的国家馆之一，马克·罗斯韦尔（大山）先生是最为中国公众熟知的世博会总代表之一。加拿大馆以先进的技术、引人入胜的展示内容和富有创造性的节目编排，使我们充分领略到加拿大人民的智慧和创新精神，以及对人与人、人与自然和谐共存的不懈追求。我们对加拿大馆的精彩展出表示热烈祝贺。

中国和加拿大虽然相隔浩瀚的太平洋，但两国人民的友好交往源远流长。第二次世界大战期间，中加两国人民并肩战斗，白求恩大夫的英雄事迹在中国家喻户晓，

中共中央政治局委员、上海市委书记、上海世博会组委会第一副主任委员 俞正声

加拿大总督 米夏埃尔·让

成为中加友谊的永恒象征。1970 年 10 月，中加正式建交，两国关系揭开了新的历史篇章。40 年来，中加关系取得长足发展，双方在经贸、教育、科技、文化等广泛领域的交流与合作取得丰硕成果，两国人民相互了解与友谊日益加深。

几天前，胡锦涛主席对加拿大进行了成功的国事访问，两国领导人就全面推进中加战略伙伴关系达成重要共识，为中加关系的长远发展指明了方向。我相信，上海世博会将成为增进两国人民相互了解与友谊的重要平台，为推动双方各领域交流与合作注入新的动力。

祝愿加拿大馆日活动和加拿大参加此次上海世博会取得圆满成功。

在馆日仪式上的外方代表致辞

2010 年 7 月的第一天，在这个意义非凡热情洋溢的场合，我们共同庆祝加拿大参加中国 2010 年上海世博会。

请允许我大声说：“加拿大国家馆日快乐！”今天也是加拿大建国 143 周年。在这美好的节日氛围里，我想对我们的中国朋友说，中加友谊对我国至关重要！白求恩大夫的故事无疑就是最佳佐证。

不久之前，我有幸在加拿大总督府，位于首都的丽都厅会见了到访的胡锦涛主席。当时我曾提到，今年是两国正式建交 40 周年。事实上，作为第一批与中国建交的西方民主国家，加拿大早在 1970 年 10 月 13 日就与中国建立了外交关系。

时至今日，两国业已在各个领域成为了精诚合作的朋友和重要的战略伙伴。双方的合作堪称典范，我们也定当以此为基石，进一步拓展合作交流的渠道。这无疑也是加拿大的心愿。我们热切期盼与中国拓展合作交流，加深战略合作，并进一步巩固各领域的民间合作。

昨天，我与百名复旦学子及两国的城市规划师进行了交流。我欣喜地发现，发展双边合作不仅是两国政府之愿，更反映了两国群众的心声。但正如我昨天也强调过的，我们的对话与合作必须是对等的。加拿大有所付出，也应当有所斩获。

目前，加拿大华人已超 100 万，仅次于欧洲裔。同时，中文已成为除英语、法语两种官方语言之外的第三大用语。

这是我们源远流长的友谊的体现。我也想借今日之机向为加拿大作出重大贡献的华人表示衷心的感谢。中国有句话说得好：“友谊地久天长！”

上海世博会是有史以来规模最大的同类盛会。我们应以此为契机，进一步宣传保护地球，共荣共生的理念。

在本次友谊之旅中，我将以加拿大总督的身份，访问广州、北京以及成都，并向在 2008 年地震中遭受重创的群众带去衷心的慰问。

本届世博会的主题为：“城市，让生活更美好。”根据联合国报道，城市化已经蔓延到了地球的每个角落。在这样的背景下，这样的主题确实发人深省。

我们应当扪心自问：“什么使城市更美好？”只有寻求到了答案，才能使城市生活更美好，社会更和谐。

上世纪以来，城市人口出现了爆炸性增长。鉴于此，加拿大很荣幸能与我们亲爱的中国朋友一起探讨城市空间中人类可持续发展这一重要议题。

就我所知，加拿大馆迄今为止的参观人次已突破 200 万。我要祝贺世博会的组织方，上海是一个创造奇迹的城市。正如我在加拿大常说的，在这里，一切皆有可能！

正是这种超凡的想象力让世博会美梦成真。愿我们也能插上想象的翅膀，创造一个更美好的世界，并将我们精诚合作的友谊和坚实的战略合作伙伴关系发扬光大！

祝中加友谊长存！

立足上海，我们要向全世界宣布："加拿大国家馆日快乐！"

交流活动

中方代表与加拿大国家馆日代表团主要成员合影

On the occasion of the visit of
Their Excellencies the Right Honourable
Michaëlle Jean
Governor General of Canada
and Mr Jean-Daniel Lafond
Thursday, July 1st, 2010

À l'occasion de la visite of
Their Excellencies the Right Honourable
Michaëlle Jean
Governor General of Canada
and Mr Jean-Daniel Lafond
le Jeudi 1er Juillet 2010

À l'amitié longue et durable
entre nos peuples
To lasting friendship

祝友谊长存。

米夏埃尔·让

加拿大馆日代表团所赠的银盘

加拿大馆日的文艺演出

美利坚合众国国家馆日

2010年7月2日

在馆日仪式上的中方代表致辞

首先，我代表中国政府和上海世博会组委会，对美国举行世博会国家馆日表示诚挚祝贺，对奥尔布赖特女士率美国“总统代表团”出席今天的馆日活动表示热烈欢迎。

世博会是展示人类文明成果的盛会，也是世界各国人民加强了解，增进友谊的聚会。世博会始终崇尚创新的精神，坚持开放的道路，倡导和谐的理念，为推进人类文明进步发挥了重要作用。

美国曾多次成功举办世博会，为世博会的发展作出了贡献。我们同样期待着上海世博会成为一届成功、精彩、难忘的世博会。上海世博会以“城市，让生活更美好”为主题，体现了人类社会对未来更美好生活的憧憬。上海世博会属于中国，也属于世界。我们相信，在所有参与者的共同努力下，上海世博会一定会成为促进人类进步、推动创新和共同发展的盛会。

在世博园中，美国馆宛如一只雄鹰展翅翱翔。雄鹰代表美国人民的勇气和力量，也体现了美国馆“拥抱挑战”的主题。美国馆从形式到内容、从服务到设施，体现出创新、可持续、多样性的理念，独具魅力，吸引着来自世界各地的游客。我再次就美国馆的成功设立向你们表示衷心的祝贺！

中美两国人民的友谊源远流长，中美两国的合作惠及世界。早在150多年前，第一批华人就远涉重洋，到美国繁衍生息，为美国的经济社会发展作出巨大贡献。60多年前，当世界站在战争与和平的十字路口时，中美两国为了人类的正义并肩作战。中美建交以来，两国关系经历风雨，但总体上不断向前发展。当前，

美国馆（C片区，自建馆）

中国全国人大外事委员会主任委员 李肇星

美国前国务卿 奥尔布赖特

两国高层和各级别交往十分密切，在经贸、反恐、能源、环境、执法、卫生等领域的交流与合作不断深化，就重大国际地区问题保持着有效的沟通和协调。在新的时期，我们愿与美方一道努力，推动两国关系沿着积极合作全面的轨道不断向前发展！

人文交流是中美关系发展的重要基础。近年来，在双方共同努力下，中美人文交流不断增强。中美已经建立了 36 对友好省州和 153 对友好城市关系。我们每天有数千人往返于太平洋两岸。不久前，中美人文交流高层磋商机制在北京正式建立。美方在今后四年将派 10 万名学生来华留学，中方也将在四年内派 1 万名学生赴美攻读博士，上海世博会也已成为中美人文交流的重要平台，为中美两国和两国人民增进相互了解、深化双边合作提供新的契机。

克林顿国务卿今年 5 月参观上海世博会中国馆时说，她看到了中国的辉煌历史、现代活力和未来希望。我们则在美国馆感受到了美国人民的激情和梦想。这就是世博会的魅力所在。我们不必顾忌语言障碍和文化差异，只要用心体会就更能理解彼此。因为我们有一个共同的梦想，那就是：追求更美好的生活、更深厚的友谊，促进人类的可持续发展，实现人与人、人与自然的和谐共存。

祝美国馆日活动取得圆满成功！

在馆日仪式上的外方代表致辞

李肇星主任委员，非常高兴再次在这里见到你，我的老朋友。非常荣幸今天由你来接待我。我非常荣幸能够作为奥巴马总统参加世博会美国国家馆日的代表团团长和我的同事们一起来到这里。我非常兴奋能有这个机会参观上海世博会。

在这里，我不但看到上海这个大都市的发展，也看到了令人称奇的世博会的进展，这完全体现了中国的能力。在我担任国务卿的四年中，我一共来过中国五次，也就是说一年不到一点就要来一次。我们当时所谈论的一些议程，说明我们两国之间的友谊非常的重要，而自此之后，我们两国的友谊又取得了长足的进展。现代的中国又恢复了它历史的辉煌，再次成为世界经济的领导，而且同美国之间又建立起很多新的联系。这些关系可以体现在最高的层面，比如说我们两国的国家领导人相互见面、讨论一些共同关注的问题，如东亚安全、核扩散、国际贸易、反恐等等。就在上周，奥巴马总统邀请胡锦涛主席对美国进行正式访问，而在去年 11 月，奥巴马总统也已经访问过北京和上海。就在那次旅行中，奥巴马总统给大家描述了他对中美关系的愿景，他认为两国之间的关系应该是积极的、合作的。而他的愿景在美国对上海世博会美国馆的参与中得到了体现。

中美关系的发展在民间交往上得到了体现。比如说商业人士的交往、旅行者、科学家、学术人士之间的交往。在我担任国务卿期间，我们驻上海的总领事馆，每年会向中国的公民发放 5 万份赴美签证。而今年这个数字将翻到 3 倍。刚才李大使已经提到目前在美国求学的中国的学生已经达到 10 万之多，越来越多的美国学术界开始把他们的部分时间花在了中国。就在最近在北京举行的中美战略和经济对话中，我们的克林顿国务卿和中国的刘延东国务委员已经推出了一个新的计划，要大大增加在华的美国留学生的数量。只要大家环顾一下会场四周就会看到越来越多的年轻美国人对中国感兴趣。在美国馆工作的很多美国的学生大使们以前都参加过来中国的学术交流项目。他们在美国馆担任了迎接来访者的重要任务。其实他们就和美国馆一样，反映了美国愿意增强中美两国之间友谊的一种承诺。我们美国馆已经迎来了200万名的参观者，包括胡主席以及中国各省的高级领导者。我们认为美国馆是一个良好的平台，来自各个不同文化的人群可以集中在一起进行讨论、进行展览、进行演出。

我们觉得在世博会、世博园之外也可以再组织一些其他的活动来扩大世博会的影响。比如我们就组织了我们的学生大使去参观了上海本地的儿童医院和其他一些地方。而我昨天也非常荣幸有机会参观了一个上海的一座小学。在那里，有一个叫 Roots and Shoots 的展览，当地的小学生们用自己的方法进行有机花园的耕作。而世博会的主题“城市，让生活更美好”和美国也是一致的。我们希望在经济发展的过程中，一定要保护环境。美国馆也展示了美国在环保方面的科技，希望通过这些科技能够促进世界经济以可持续的方式进行发展。我们非常骄傲，因为我们美国馆是碳中性的，我们诚挚的愿意和中国以及其他国家的人民一起合作，让我们的世界以更低碳的方式持续下去。我们都相信美中两国之间必须要进行坦诚布公的合作，这样才能让世博会的主题“城市，让生活更美好”在未来得以实现，不管我们的下一代是生活在上海，旧金山、波士顿还是北京。

必须承认，我这次刚刚到上海，还没有机会对世博会进行好好的探索，不过我刚刚很荣幸地参观了给我留下了深刻印象的中国馆。我还看了中国馆的一个电影，回顾了上海在1980年代的家庭生活，这就让我想起了我的第一次上海之旅，那是1979年。中国馆给我留下了这样一个印象，中国馆所有的展品都在向我展示中国将有如何辉煌的未来。我要祝贺上海市政府和上海世博协调局，祝贺他们这么好的工作。而且我也要向所有为美国馆的建设作出过贡献的人致以亲切的问候。希望大家在即将到来的美国国庆日中过得尽兴。不过在我结束演讲之前，我还要给大家稍微介绍一下接下来的娱乐节目。一个来自美国南加州大学的乐队即将为我们进行表演。他们这个大学是建立于1880年。这个乐队的成员超过300名，来自南加州大学的各个专业。而这个乐团叫南加州大学特洛伊行进乐团，它已经成长为最令人兴奋、最有创新性的美国乐队。很快大家就会看到他们精彩的表演。大家和我一起鼓掌欢迎南加州大学特洛伊行进乐团。独立日快乐！

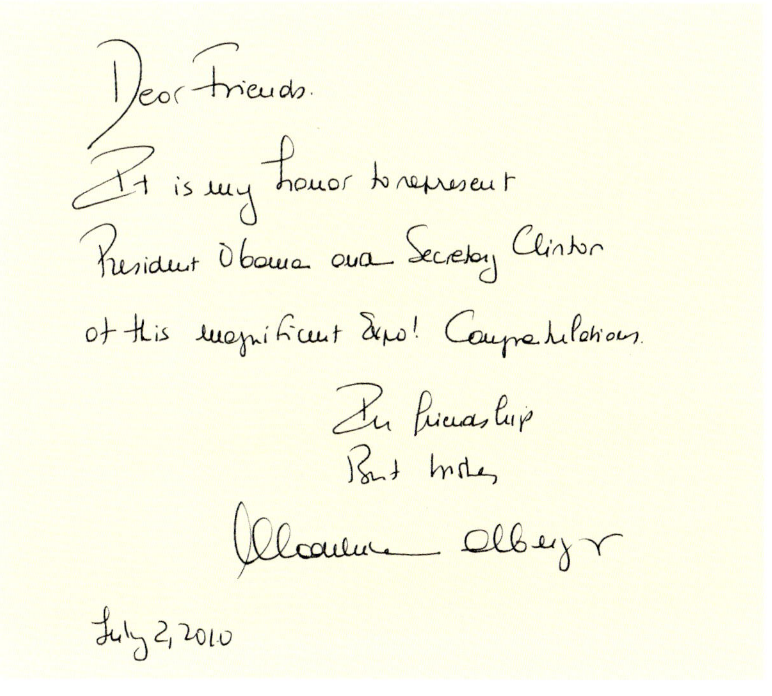
Dear Friends.

It is my honor to represent President Obama and Secretary Clinton at this magnificent Expo! Congratulations.

In friendship
Best wishes

July 2, 2010

亲爱的朋友们：

很荣幸能代表总统奥巴马及国务卿克林顿参加此次精彩的世博会！谨表祝贺。

奥尔布赖特

交流活动

中方代表与美利坚合众国国家馆日代表团主要成员合影

美国馆日的文艺表演（一）

美国馆日代表团所赠的礼品

美国馆日的文艺表演（二）

布隆迪共和国国家馆日

2010年7月3日

在馆日仪式上的中方代表致辞

我代表中国政府和上海世博会组委会，对上海世博会布隆迪国家馆日表示诚挚祝贺，对恩桑泽外长出席今天的馆日活动表示热烈欢迎。相信布隆迪国家馆日活动会给每一位到访者留下美好而深刻的印象。

世博会是人类文明传承轨迹的体现，把不同国度、不同民族、不同文化背景的人们汇聚在一起，为各国开阔视野、展现自我提供了机会和舞台。世博会给国际社会留下了追求进步、崇尚创新、开放共荣、倡导和谐的宝贵精神财富，为推动人类文明进步发挥了重要而独特的作用。

上海世博会是在发展中国家举办的首次世博会。展会围绕“城市，让生活更美好”的主题，充分展示城市文明成果、交流城市发展经验、传播先进城市理念，为新世纪人类的居住生活探索崭新的模式。相信在所有参与方的共同努力下，在包括布隆迪在内的广大发展中国家的支持下，本届世博会一定能成为一届成功、精彩、难忘的盛会。

布隆迪国家馆日的主题是“人与自然共存”。在这里，我们可分享到勤劳智慧的布隆迪人民在国家重建和经济复兴过程中所取得的成果，以及首都布琼布拉与乡村繁荣发展、互利双赢的成功经验。此外，我们还可以驻足特色工艺品展区，欣赏布隆迪特色农产品、渔业产品、传统医药产品，以及各种工业和手工艺品，充分领略大自然的馈赠和布隆迪特色手工业的完美结合。特别值得一提的是，布隆迪国家大鼓团作为全球最优秀的打击乐团之一将举行精彩表演，给我们带来一场原汁原味的布隆迪风情盛宴。

布隆迪馆（C片区，非洲联合馆）

上海世博会中国政府总代表 华君铎

布隆迪对外关系和国际合作部部长 奥古斯汀·恩桑泽

中布两国和两国人民有着深厚的传统友谊。我们有相似的历史遭遇，现在面临共同的发展任务。长期以来，双方相互理解、相互支持，政治互信与日俱增，经贸、文教等各领域合作不断结出新的果实。我相信，上海世博会将为中布两国和两国人民增进了解、深化合作发挥桥梁作用，推动两国友好合作关系持续发展。

让我们在布隆迪大鼓团奋进激昂的鼓点声中，充分感受布隆迪人民乐观、坚定和豪放的民族性格，倾听他们心灵的呼唤和生命的呐喊。

祝愿今天的布隆迪馆日活动取得圆满成功。

在馆日仪式上的外方代表致辞

我非常高兴来到上海这座古老而美丽的城市，代表布隆迪共和国政府参加上海世博会的各项活动，特别是 7 月 3 日的布隆迪国家馆日。

布隆迪共和国政府向中国政府及各相关部门致意，祝贺你们在上海世博会的筹办和举办过程中所做的杰出的组织工作。

借此良机，我向中华人民共和国主席胡锦涛阁下转达布隆迪共和国总统恩库伦齐扎阁下的良好祝愿，他最近刚以 91.62% 的高票再次当选总统。

正如在 2000 年的德国汉诺威世博会和 2005 年的日本爱知世博会一样，此次布隆迪政府也积极参与了上海世博会，在富有民族特色装饰的展馆内展出了多种多样的布隆迪土产。这些产品实际上都来源于自然，包括艺术品、手工艺品和农产品。

通过这些展品，参观者可以领略布隆迪的温和气候：在这个国家，几乎所有的农作物都可以生长，动植物资源既丰富又多样。例如在植物方面，有一种名为“Umuvugangoma”的树，可以用来制作布隆迪圣鼓。这只是在我国一些地区生长的众多野生树木中的一种。在圣鼓表演中，鼓手们一边敲击圣鼓一边舞蹈，周围年轻的女孩跳着如大自然般优雅的舞步。这样的艺术在世界上是独一无二的。

布隆迪选择了尊重自然环境的城市化和工业化战略。因此，上海世博会的主题“城市，让生活更美好”和布隆迪馆的主题“人与自然共存”可以说是完美契合。

通过刚才的描述，你们可能已经明白，布隆迪有很多优势，其中一些还没有得到很好的开发利用。因此，布隆迪共和国政府出台了一系列法律条文和行政措施，鼓励国内和国外的投资者来开发这些优势资源，促进布隆迪的发展。

在这些投资促进措施中，有投资法，有关于税收减免的法律，有关于创立和组织布隆迪投资促进局的法令，还有关于投资法中税收减免法律的例外条例。我们的投资环境非常安全，这来自于布隆迪人民在大选中再次表现出的对恩库伦齐扎总统阁下的坚定支持。

2006 年 11 月在北京召开的中非峰会提出了双赢模式，中国政府也出台了互利合作政策，我想借此机会鼓励中国企业和其他机构积极来布隆迪投资。

在讲话的最后，我想衷心感谢中国政府大力支持布隆迪前来参加此次世博盛会，感谢我的代表团和所有艺术家们在这里受到的中国特有的热情周到的接待。

最后，我还要衷心感谢所有不管是在现场还是在远方的人们，你们为上海世博会的成功，为 2010 年 7 月 3 日布隆迪国家馆日的成功都做出了积极的贡献。

交流活动

中方代表与布隆迪共和国国家馆日代表团主要成员合影

Le Burundi est très heureux d'avoir été invité à cette Exposition Shanghai 2010 et très honoré d'animer un stand.

Puisse cette exposition amener le monde entier à se resserrer davantage pour aider les pays en développement, spécialement les pays africains à faire des pas rapides vers le développement.

Grand succès à l'Expo Shanghai 2010

Vive l'amitié et la solidarité internationales.

Augustin Nsanze
Ministre de la Coopération Internationale du des Relations Extérieures
Burundi.

布隆迪对受邀参加上海世博会感到非常高兴，并对能够为活动有所助益深表荣幸。

这一盛会将全世界更紧密的团结起来，帮助发展中国家，特别是非洲国家能够更加快速的发展。

祝上海世博会圆满成功。

国际友谊和团结万岁。

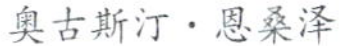

奥古斯汀·恩桑泽

布隆迪馆日代表团所赠的木质大鼓

布隆迪馆日的大鼓表演

卢旺达共和国国家馆日

2010年7月4日

卢旺达馆（C片区，非洲联合馆）

在馆日仪式上的中方代表致辞

首先，请允许我代表中国政府和上海世博会组委会，对上海世博会卢旺达国家馆日表示诚挚祝贺，对马库扎总理、各位贵宾来华出席今天的馆日活动表示热烈欢迎。

世博会是一个大舞台，它汇聚全球智慧和人类文明的成果，使世界各国有机会展现自我，诠释梦想，交流互鉴。世博会始终坚持“和平、进步、友爱、合作”的宗旨，秉承创新的精神，坚持开放的态度，倡导和谐的理念，超越地域、信仰和种族，冲破动荡、冲突和战争，把各国人民联系在一起，为各国开阔视野、展现自我提供了机会和舞台。

上海世博会是第一次在发展中国家举办的世博会。我们相信，这是中国的机遇，也是所有发展中国家的机遇，对广泛传播和弘扬世博会理念、促进世界和平与发展必将产生深远影响。我们邀请包括卢旺达在内的世界各国人民共同探讨“城市，让生活更美好”这一主题，充分展示城市文明成果、交流城市发展经验、传播先进城市理念。相信在各方共同努力下，本届世博会一定能成为一届成功、精彩、难忘的盛会。

今天，让我们聚焦卢旺达，探究这个美好国度的丰富内涵。卢旺达馆为我们展示了最近15年内该国取得的重大成就，以及首都基加利市独特的魅力。这座被联合国授予人居奖的非洲典范城市见证了一个民族的重生和国家的繁荣。步入馆内，我们可以看到卢旺达特有的建筑装饰、展示基加利市新面貌的图片以及卢旺达特有的茶叶、咖啡和手工艺品等。这些图片和实物讲述了智慧的卢旺达人民如何战胜困难重建城市和国家的故事。相信卢旺达馆将让中国和世界各国人民更加深入、全面地

中国国有资产监督管理委员会主任 李荣融

卢旺达总理 贝尔纳·马库扎

了解卢旺达。

中卢关系长期友好，两国人民一直是好朋友、好伙伴、好兄弟。中卢同为发展中国家，都面临着发展经济、改善民生的重任。让上海世博会成为一条多彩的纽带，把中卢两国人民紧紧地连在一起，让两国人民更加了解、更加亲近。

祝愿今天的卢旺达馆日活动取得圆满成功。

在馆日仪式上的外方代表致辞

今天，我怀着荣幸而愉快的心情参加上海世博会卢旺达国家馆日活动。请允许我借此机会，代表卢旺达共和国总统保罗·卡加梅阁下和卢旺达人民，向中国领导人和中国人民致以亲切的问候。

首先，向我们的朋友、成功举办本届上海世博会的东道主——中华人民共和国政府表示诚挚的感谢和由衷的钦佩。尽管我从基加利抵达上海访问的时间有限，但本届世博会的精彩壮观和勃勃生机，上海这座城市和上海人民的热情好客，都给我留下了极为深刻的印象。

上海世博会无疑是一次全球多样性和谐共融的庆典！同时，感谢中国政府为帮助包括卢旺达在内的许多非洲国家参与这次全球盛会所作的努力。我们认为，这是卢中两国深厚友谊的重要标志，也是中华人民共和国始终致力于帮助非洲发展的表现。

选择7月4日作为本届世博会卢旺达国家馆日，是因为这一天对于卢旺达人民具有特殊的意义。这一天象征着卢旺达的解放；无数卢旺达人摆脱了过去被奴役被排挤的生活而获得解放。这一天，也象征着卢旺达的民族和解与重生。

16年前，在伟大领袖的带领下，我们卢旺达人民怀着坚定的决心和对国家的热爱，结束了1994年图西族大屠杀的悲剧。这一天也呼应了本届世博会的主题：“城市，让生活更美好”，因为它标志着卢旺达的解放和卢旺达政府为所有卢旺达人民的美好生活而付出的不懈努力。

卢旺达参加本届世博会展示的主题是“基加利市：新生的卢旺达经济繁荣的中心”。卢旺达的参展意在纪念7月4日这个国家的重生。在很多方面，我们国家从1990年开始的解放事业仍在以另一种方式继续进行。

我们今天所从事的解放事业是要将我们的国家从贫困、疾病和其他长期困扰卢旺达的各种苦难中解放出来。我可以很高兴地说，通过良好的治理，依靠卢旺达人民坚韧不拔的决心，我们正逐步取得成功。

今天，也是一次邀请全世界分享卢旺达人民的成就、共庆卢旺达的成功与进步的机会。我们特别希望感谢包括中国人民在内的许多为我们的斗争作出贡献的朋友，你们始终不离不弃，一如既往地支持卢旺达的解放。

在经济方面，我们与中国人民不断增长的经贸投资充分证明了卢旺达比以往更加开放。2009年，卢中两国双边贸易较2008年增长了6.4%，现在仍保持增长势头。而且，卢旺达还被世界银行《2010年营商环境报告》评为全球营商环境改革最优国家。这也是卢旺达一直以来为改善本国商业经营环境不懈努力的证明。卢旺达致力于改革经济和发展适宜贸易投资的环境，这对可持续的经济发展具有重要意义，卢旺达的努力赢得了国际和地区社会的赞许。

卢旺达是东非共同体成员国之一，与肯尼亚、坦桑尼亚、乌干达和布隆迪组成面向1.3亿多消费者的共同市场，而且，卢旺达也是东南非共同市场成员国之一，东南非共同市场总人口超过4.5亿，国内生产总值达4500亿美元，最后，卢旺达还是大湖经济共同体成员国之一，随着卢旺达对外联系的不断扩展和深入，它已经成为通向具有战略性和盈利性的区域市场和非洲其他国家的门户。

今天的卢旺达致力于保护环境和文化遗产，维护和平与稳定，加上卢旺达人民的热情好客，卢旺达已经成为最受欢迎的旅游目的地之一。

因此，我们鼓励投资者投资“绿色经济”，并认真考虑卢旺达在这一领域的出色表现，分享卢旺达提供的独特机遇。

在此，请允许我借此机会祝贺中华人民共和国为本届世博会选择了这一主题，这与我们为人类的美好生活而改善城市的环境保护理念不谋而合。

我们相信，上海世博会必将帮助我们重塑城市，吸引更多的游客和投资者来到卢旺达，为我们的产品挖掘潜在市场。

对我们而言，上海世博会也是一个重要的学习平台，在这里，我们与希望建立可持续伙伴关系的参展方分享不同的文化经历，分享为本国人民创造美好生活的共同目标。

最后，再次感谢各位出席本届世博会卢旺达国家馆日，感谢主办方的大力支持。

我建议还未参观卢旺达国家馆的各位嘉宾前往参观我们的展馆，欢迎大家在不久的将来到卢旺达旅游观光，发掘机会。

这个千山之国将展颜欢笑恭候您的光临!

感谢各位与我们共同庆祝卢旺达解放日。

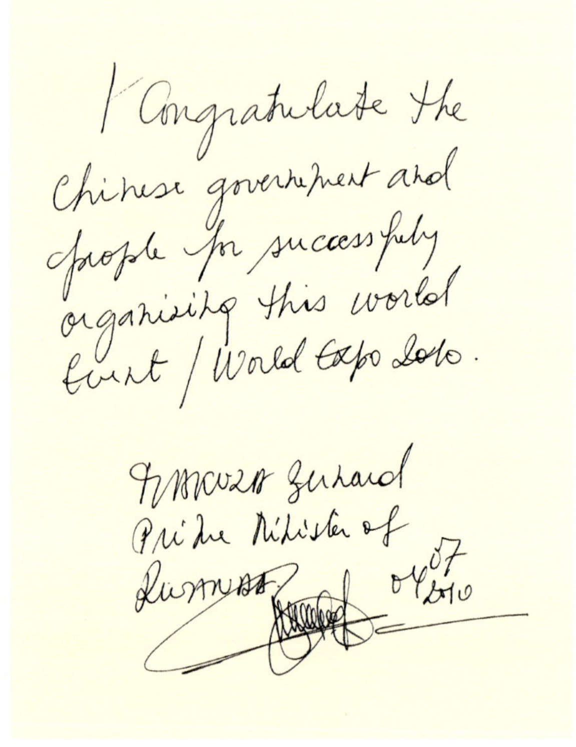
I Congratulate the Chinese government and people for successfully organising this world event / World Expo 2010.

Makuza Bernard
Prime Minister of Rwanda
07/04/2010

祝贺中国政府和中国人民成功举办此次世界盛会——2010世博会。

贝尔纳·马库扎

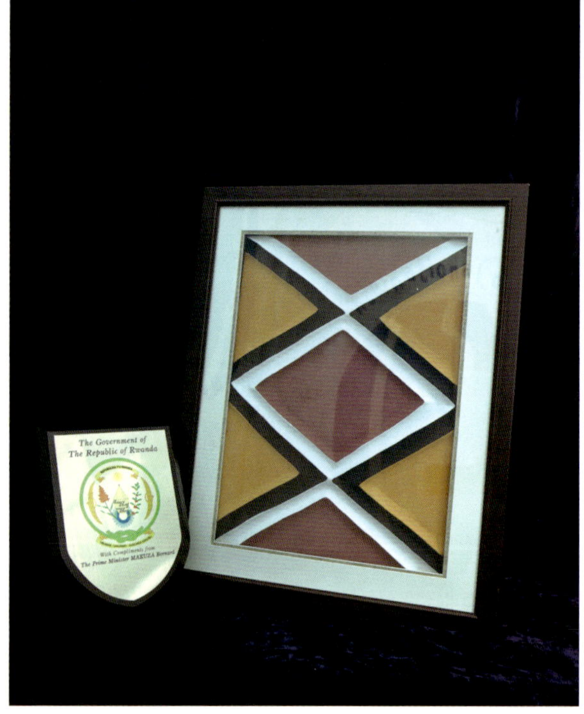

卢旺达馆日代表团所赠的艺术品

交流活动

中方代表与卢旺达共和国国家馆日代表团主要成员合影

卢旺达馆日的文艺表演（一）

卢旺达馆日的文艺表演（二）

科摩罗联盟国家馆日

2010年7月6日

科摩罗馆（C片区，非洲联合馆）

在馆日仪式上的中方代表致辞

首先，请允许我代表中国政府和上海世博会组委会，对科摩罗国家馆日表示诚挚的祝贺，对伊迪·纳杜瓦姆副总统、各位部长及贵宾专程来华出席上海世博会表示热烈的欢迎。

今天是科摩罗独立35周年纪念日。在这个日子举办科摩罗国家馆日活动，具有特殊的意义。科摩罗是首次参加世博会，科摩罗馆以“城市和生态旅游的共存”为主题，通过城市、火山、海洋三个展区充分展示奇特的地理风貌、神奇的物种和古老的文明，让观众在短短的时间里，领略科摩罗自然和社会风光，领悟科摩罗人民对人与自然和谐共生和可持续发展的孜孜追求。相信科摩罗馆将让中国和世界各国人民更加深入、全面地了解科摩罗。

中科两国虽远隔重洋，但两国和两国人民之间有着兄弟般的深厚情谊。1975年科宣布独立后，中国是第一个与之建交并设立使馆的国家。35年来，无论国际风云如何变幻，两国始终相互尊重、平等相待、肝胆相照，友好合作关系不断巩固和发展。在中科建交35周年之际，上海世博会犹如一条神奇的纽带，把中科两国人民紧紧地连在一起，让两国人民相互更加了解、更加亲近。

最后，谨向科摩罗国庆35周年表示热烈祝贺，并预祝今天的科摩罗国家馆日活动取得圆满成功！

在馆日仪式上的外方代表致辞

今天，我非常荣幸来到上海世博会和大家相聚，共同庆祝7月6日科摩罗独立纪念日。

中国农业部副部长 张桃林

科摩罗副总统 伊迪·纳杜瓦姆

首先我要感谢你们的热情接待，和部长先生刚才那番热情洋溢的讲话。请您接受科摩罗政府和人民的友好问候，我们十分重视与中国的关系。同时我也要感谢所有受邀来参加科摩罗独立 35 周年庆典的来宾们。

35 年的独立，见证着中国和科摩罗之间 35 年的外交合作，35 年的技术和文化合作；更重要的是，35 年间，中国在科摩罗联盟的援建项目越来越多样化，两国各届政府不断努力拉近民众之间的距离。

在历史上，中华人民共和国是全世界第一个和科摩罗建立外交关系的国家，最先承认了这个在殖民地上建立起来的全新的独立国家。

此次科摩罗政府特地派代表团来到上海世博会，这体现出我国政府殷切希望加强与贵国的外交关系，在一些有前景的领域拓展合作。

我国此次参展，也体现出我们越来越重视环境保护问题。

实际上，为了响应“城市，让生活更美好”的主题，我国特地选择生态旅游作为重点，向各位和七千万游客展示我们不容置疑的巨大旅游潜力，包括独一无二的自然遗产，原汁原味的本土文化，安全稳定的生活环境，以及积极投身生态旅游、热情好客的村落社区。

除了大家在印度洋其他岛屿上都能找到的蓝天白云，椰林树影，水清沙白，科摩罗还拥有本地独有的动植物。

我们科摩罗特有的动物包括三亿五千万年前出现的世界上最古老的鱼类——腔棘鱼，马达加斯加和科摩罗独有的马基狐猴，还有科摩罗狐蝠。

在我们花香四溢的群岛上，植物也同样非常丰富，您会看到除了兰花以外，本地棕榈、奇香无比的依兰和茉莉花把科摩罗装点成一片热带天堂。

科摩罗是继马达加斯加之后的世界第二大香草生产国，所生产的香草世界闻名，多用于制糖业。

莫埃利岛修建的海洋公园也促进了可持续发展的旅游业，积极响应了提倡环保的国家和国际公共政策。

莫埃利海洋公园拥有非常丰富多样的动植物品种，包括一种植物大蝙蝠，其体型可超过 1.5 米，还有科摩罗当地特有的马基狐猴。

另外，很多学术研究工作也在莫埃利海洋公园里展开。那里越来越成为一个与众不同的旅游胜地，人们可以在那儿观察海龟筑巢产卵，也可以放心地与座头鲸游水嬉戏。

莫埃利海洋公园早在 1994 年就被联合国环境规划署列为珊瑚、大海龟、儒艮及鲸类的保护区，这里确实是一片与众不同，引人入胜的地方……

我们来到上海，就是为了向大家展示如何把发展盈利性的旅游业和保护生态环境完美结合起来。

所以我邀请大家去参观科摩罗馆，伴随着民族歌舞，大家会欣赏到科摩罗的地理风貌、手工业、歌舞、天堂般的原始美景、海洋公园、海龟，以及高耸入云的卡尔塔拉火山，附近还有邻居马达加斯加的猴面包树，耳畔还会传来毛里求斯和塞舌尔展馆的克里奥尔音乐。

最后，我迫不及待地要告诉大家，昨天，世界上最古老的鱼——腔棘鱼的珍贵标本亮相科摩罗馆。这是科摩罗元首给中国的馈赠，之前被小心地存放在北京自然博物馆展出。

科摩罗政府充分意识到生态旅游的巨大潜力，一直致力于以环保和谨慎的方式发展生态旅游，从而保证景点的商业开发和生态系统的保护能齐头并进。

交流活动

中方代表与科摩罗联盟国家馆日代表团主要成员合影

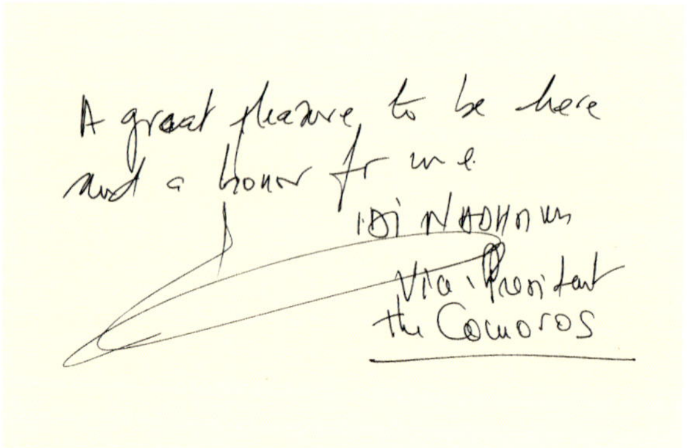

A great pleasure to be here
and a honour for me
IDI NADHOIM
Vice President
the Comoros

很荣幸能够来到这里。

伊迪·纳杜瓦姆

科摩罗馆日代表团所赠的香料

科摩罗馆日的庆祝演出（一）

科摩罗馆日的庆祝演出（二）

坦桑尼亚联合共和国国家馆日

2010年7月7日

在馆日仪式上的中方代表致辞

今天，非常高兴出席在世博园区举办的坦桑尼亚国家馆日活动。在此，我代表中国政府和中国人民，对坦桑尼亚政府给予中国2010年上海世博会的支持表示衷心感谢。

坦桑尼亚是中国在非洲的“全天候”朋友。1964年建交以来，两国友好合作关系一直顺利发展。近年来，两国高层互访频繁，政治互信不断增强，经贸合作规模持续扩大，结构不断优化。两国在文教、卫生等社会发展领域的合作取得丰硕成果。

上海世博会得到了包括坦桑尼亚在内的国际社会大力支持。坦桑尼亚的展示主题为“坦桑尼亚可持续发展的城市化”，以首都达累斯萨拉姆和旅游胜地桑给巴尔岛为例，展现城市生活、艺术和文明的画卷，让参观者体验其中的“和谐之韵”。网上世博会关于坦桑尼亚馆的展示内容丰富，具有坦桑尼亚特色。

坦桑尼亚展馆以特有的乌木色为主色调，以富有现代感的整体造型搭配古色古香的草秆屋檐，彰显城市化进程与自然的和谐。同时，馆内还展示了桑给巴尔岛的传统木门和民俗工艺品，以及城市建设的一些重要举措，呈现坦桑尼亚的风土人情，给参观者诸多启迪和思考。我们相信，坦桑尼亚馆一定会成为上海世博会的亮点。

最后，衷心祝愿中国和坦桑尼亚友谊长青，祝愿本次活动圆满成功，祝愿娜古部长和诸位来宾身体健康！

在馆日仪式上的外方代表致辞

今天高朋满座，来自世界各地的商业领袖、决策者、

坦桑尼亚馆（C片区，非洲联合馆）

中国外交部办公厅主任 张明

坦桑尼亚工业贸易部部长 玛丽·娜古

地区和国际组织代表及其他各位贵宾济济一堂，能有这样难得的机会在此致辞，我深感荣幸。

之所以难得是因为我们有机会在此强调发达国家、发展中国家和国际组织等国际社会成员建立并巩固密切合作和伙伴关系以实现可持续的城市生活的重要意义。

请允许我在此代表坦桑尼亚向协助我国参展 2010 年上海世博会的中华人民共和国政府致以最崇高的敬意和最衷心的感谢。中国政府的支持体现了坦中两国几十年来的深厚友谊。

从 1851 年首届伦敦万国博览会举办至今，世博会已经走过了 159 年的历史。从首届博览会到上海世博会，世博会始终吸引了全球各地的踊跃参与。无论举办地在哪个洲，哪个国家，世博会始终是孕育新概念、新思想和技术创新的最佳摇篮。世博会启迪人们科学地认识全球面临的主要社会经济问题。并为了解决这些社会经济问题将全世界凝聚在一起。

过去 20 年来，坦桑尼亚参与了多届世博会，与国际社会协同合作，迎接全球共同面临的挑战和机遇。

与历届世博会一样，“城市，让生活更美好”这一主题赋予了 2010 年上海世博会全球性的重要意义。当今世界有一半人口居住在城市。在坦桑尼亚的主要城市，城市化及其对环境和社会生活的影响使这一主题在坦桑尼亚有了更好的诠释。

坦桑尼亚人口约 4000 万，其中 30% 居住在城市。然而，和世界其他地区一样，越来越多的人们从农村向城市迁移。快速城市化对城市及其周边地区的社会和环境带来负面影响已是公开的秘密。无规划的低质量住宅，环境恶化，道路和排水系统等基础设施匮乏，垃圾处理问题，缺水及卫生条件恶劣，这些都是显而易见的问题。缺乏排水设施不仅本身是一个问题，而且是滋养疟疾蚊虫等传染病昆虫的温床。与之类似，道路建设不足还给贫穷的城市居民增加了生活成本。

在世界各地，城市化进程出现的原因各不相同，但都给城市带来压力，使城市居民无法享受更好的生活。在一些地区，伴随着高生育率，在失业、住宅和基础设施水平低下、教育卫生设施等社会资源匮乏等“推动因素”作用下，越来越多的人从农村地区向城市迁移。其他“推动因素”包括希望获得更好的工作、其他经济机会、更好的教育，以及最重要的现代化的生活方式等。坦桑尼亚的城市化发展是以上一个或多个因素共同影响的结果。不幸的是，我们的城市并未做好迎接移民的准备，试图摆脱贫困生活的人们从农村来到城市，最终却仍然生活在贫困中。

坦桑尼亚联合共和国政府认识到这些挑战，已制定了应对策略，使坦桑尼亚的城市更加适宜生活。我们已经利用本地资源启动了一系列项目，但有效应对城市化带来的挑战仍需要当地、国家和国际社会携手进行政策干预。坦桑尼亚在采取措施应对城市化的不利影响的过程中，得到了发展合作伙伴、非政府组织和国际组织的支持。

根据本届世博会的主题，坦桑尼亚展示了多个为应对上述挑战而实施的项目。请允许我借此机会邀请各位前往参观位于非洲联合馆内的坦桑尼亚馆，您将看到以下展示项目：

（1）社区基础设施升级计划；

（2）安全城市计划；

（3）达累斯萨拉姆快速交通项目；

（4）《京都议定书》框架下的“清洁发展机制”项目；

关闭姆托尼垃圾场，改建沼气发电厂；

（5）达累斯萨拉姆市清洁垃圾填埋场建设；

（6）达累斯萨拉姆市乌本戈公交枢纽商业规划；

（7）建设国家文化剧场的可行性研究；

（8）达累斯萨拉姆市现代屠宰场运营介绍；

（9）起草制定桑给巴尔岛危险生存方式的管理指南和治理措施；

（10）在桑给巴尔岛逐步取消含铅汽油。

除上述项目以外，农村地区的项目投资也是控制人口从农村向城市迁移的可持续解决办法。坦桑尼亚政府将一如既往地实行对世界各地投资者具有吸引力的政策。

此外，坦桑尼亚还拥有富饶的自然资源，因此，我邀请广大投资者来坦桑尼亚发掘以下领域的投资机会：

（1）农业领域，坦桑尼亚的可耕地面积约8800万公顷，其中已开发利用不到1000万公顷。适宜灌溉农业的耕地面积超过100万公顷，但目前只有其中16万公顷得到相应利用。

（2）农产品加工，农产品加工领域的投资机会包括食品加工和非食品加工。

（3）纺织业，纺织业的选择包括投资兴建轧棉厂、纺纱厂、综合型纺织厂、各类服装生产厂等。

（4）皮革产业，坦桑尼亚每年生产约260万件皮革制品。皮革产业对外开放，投资机会包括兴建现代化皮革制造厂和生产成品皮革等。

（5）肉奶产业，坦桑尼亚是非洲第三大畜牧国，约有牛1900万头，绵羊和山羊1700万只，肉奶加工和包装等子产业蕴含大量投资机会。

（6）捕鱼及渔业产品，坦桑尼亚的河流与湖泊面积约6.2万平方公里，沿印度洋的海岸线约长1424公里，专属经济区约223000平方公里，为捕鱼业和其他渔业相关活动提供了巨大的商机。

（7）木材和木材产品，有投资潜力的领域包括工业用林种植和木材产品生产等。

（8）矿产和矿产加工，坦桑尼亚蕴藏丰富的宝石、金矿、坦桑石、烃油、天然气和煤等矿产资源，矿产开采、提炼、加工、熔炼、切割、打磨等行业都提供了丰富的投资机会。

（9）旅游，为保护本国宝贵的野生动植物资源，坦桑尼亚境内有塞伦盖蒂大草原等15座国家公园、恩戈罗自然保护区等32个狩猎保护区和大量自然保护区，其面积总和超过全国陆地面积的25%。非洲最高峰乞力马扎罗山位于坦桑尼亚境内，桑给巴尔岛则盛产各种香料。

请允许我用2010年5月在坦桑尼亚召开的世界经济论坛非洲会议上联合国人类住区规划署（联合国人居署）秘书长兼执行主任的一段话结束今天的致辞：“我们必须为自己设定目标。要释放自己的潜力，我们也必须认识到这是一片从农村向城市转变的土地，这要求我们必须大力发展工业化。”

让我们博采众长，让2010年上海世博会引领我们更好地创新和投资，让我们将“城市，让生活更美好”的理念变为现实。

我此次访问2010上海世博会标志着坦桑尼亚与中国这个伟大国家的友谊。我谨代表坦桑尼亚联合共和国总统贾卡亚·基奎特阁下、坦桑尼亚人民及我自己向中国政府、中国人民这一伟大的民族表示感谢，感谢你们为坦桑尼亚参与世博会给予的支持。

我们欢迎你们去坦桑尼亚。欢迎大家来。

玛丽·娜古

My Visits to the Shanghai Expo 2010, Marks the Friendship that exist between Tanzania and Great Country of China. On behalf of The President of The United Republic of Tanzania His Excellency Dr. Jakaya Mrisho Kikwete and People of Tanzani and on my own behalf would like to thank The Goverment and People of this Great Nation for the support extended to make our partcipation possible.
We welcome you to Tanzania. Come one Come all.
AHSANTENI SANA NA KARIBU TANZANIA: NCHI YA KILIMANJARO NA ZANZIBAR. JAMBO

MARY MICHAEL NAGU
MINISTER FOR INDUSTRY, TRADE AND MARKITING

交流活动

中方代表与坦桑尼亚联合共和国国家馆日代表团主要成员合影

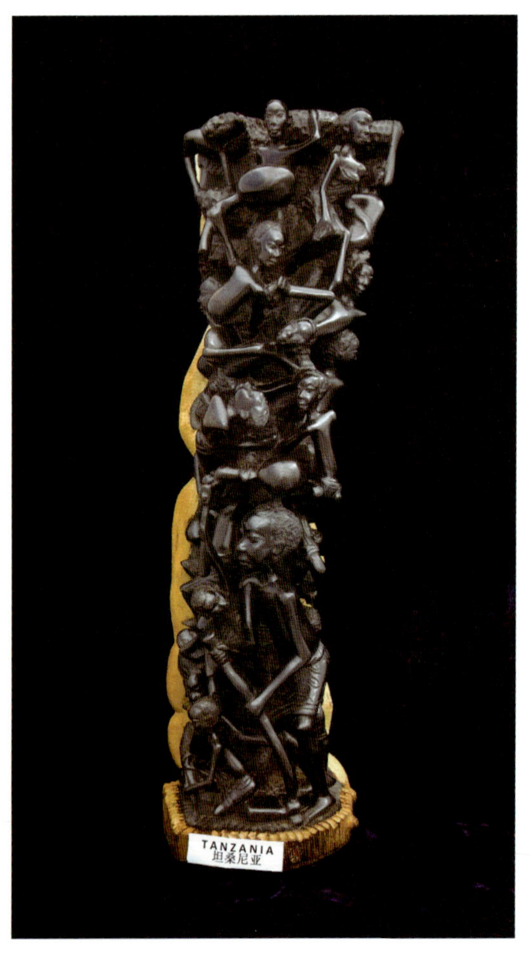

坦桑尼亚馆日代表团所赠的木雕

坦桑尼亚馆日的歌舞表演（一）

坦桑尼亚馆日的歌舞表演（二）

加纳共和国国家馆日

2010年7月8日

在馆日仪式上的中方代表致辞

今天，非常高兴出席在世博园区举办的加纳国家馆日活动。在此，我代表中国政府和中国人民，对加纳政府给予中国2010年上海世博会的支持表示衷心感谢！

中加有着深厚的传统友谊，今年是两国建交50周年。近年来，在双方共同努力下，两国各层次、各领域人员交流日趋频繁，政治互信日益加深，务实合作不断拓展，双边友好关系稳步健康发展。中方高度重视中加关系，愿与加方共同努力，将两国传统友好关系不断提升到更高水平。

上海世博会得到了包括加纳在内的国际社会大力支持。加纳馆的展示主题是“花园之城”。展馆以加纳标志性的建筑——自由与公正之门和传统民居为参照，富有浓郁的加纳特色，深受广大参观者喜爱。

馆内展示了加纳的西非城市特色和城乡发展环境，反映了加纳独特的城市发展理念、对生态资源的正确使用和保护以及积极健康的城乡互动。展馆装饰富有加纳民居特色，通过度假圣地、工业发展、草药、民族服饰、布艺等风土人情的展示，让游客从多方面感受一个传统的加纳。加纳馆将人性化的一面和可持续发展的态度展示给大众，这也是对于未来、下一代甚至是地球的最好防护措施和改善措施的展示。我们相信，加纳馆一定会成为上海世博会的亮点。

最后，衷心祝愿中国和加纳友谊长青，祝愿本次活动圆满成功，祝愿汉娜·特塔赫部长和诸位来宾身体健康！

加纳馆（C片区，非洲联合馆）

上海世博会中国政府副总代表 蒋正云

加纳贸易和工业部部长 汉娜・特塔赫

在馆日仪式上的外方代表致辞

非常荣幸有机会在上海世博会加纳国家馆日仪式上向在座各位政府官员、外交官、企业高管及其他嘉宾致辞。我谨代表加纳总统和加纳人民向邀请加纳参加本届世博会的东道主中华人民共和国政府和中国人民致敬，并对中国政府为确保加纳参展而提供经济援助表示感谢。

各位贵宾，世博会是荟萃人类奇思妙想的大舞台。从 1851 年伦敦万国工业博览会举办以来，世博会作为经济、科技和文化交流的盛会，赢得了日益显著的地位。世博会已经成为并将继续作为展示历史经验、交流创新理念、展现团队合作精神和启迪未来的重要平台。

本届上海世博会，是首届在发展中国家举办的注册类世博会，这充分体现了发展中国家在经济建设中突飞猛进的发展。

我很高兴地注意到，几十年来，加纳与中国在政治、文化和经济领域一直保持着良好的关系。可以说，没有中华人民共和国的大力支持和无私帮助，就不会有加纳今天的成就。从农业、能源、基础设施到金融和其他领域，加纳正日益成为中国企业的投资聚集地。

近年来，两国的双边贸易节节攀升，中国也已成为加纳最大的外国直接投资来源国，目前在加参与项目近 500 个。

加纳参展 2010 年世博会充分表明了加纳政府致力于参与国际社会努力推动、深化和分享“城市，让生活更美好”这一主题理念。加纳希望通过参与世博这一特别的机会实现以下目标：加强与中国的双边合作，探索环保型经济发展方式，推动加纳实现城市现代化，更好地开拓中国和其他亚洲国家市场，提高加纳初级农产品价值，进一步发掘加纳生态旅游潜能。

一项联合国近期预测显示，在未来一年之内，世界一半以上的人口将居住在城市，城市人口将历史上首次超过农村人口。在发展中国家，这一变化将更加明显。据预测，发展中国家将有超过 70% 的人口生活在城市。

加纳和其他发展中国家一样，也在经历从农村到城市的大规模人口迁移带来的拥堵、贫民区等一系列社会问题。加纳政府认识到这些问题，并已采取多种战略措施遏制这一势头。因此，参展 2010 年世博会恰巧是一次促进加纳与其他参展方交流学习相关经验的机会。

因此，加纳选择“花园之城”作为展示主题，是希望向世界传达一条简单的信息：明智利用资源，在推动社会经济发展的同时加强环境保护。

加纳馆用传统的鼓点和号角迎接每一位参观者，表达我们张开双臂欢迎您这位特别的来宾。加纳的热情好客使其成为所在次区域的经济活动中心。如果不是在世界杯上的糟糕运气让我们被乌拉圭淘汰出局，我们将非常乐意在世博会展示大力神杯。加纳馆的设计初衷是让参观者了解加纳。当游客们离开加纳馆时，他们已经对广受欢迎的加纳可可和肯特布有所了解——可可是我们大家都钟爱的巧克力的主要原料，肯特布是一种加纳特产的布料。其他值得一提的展品还有各种工业产品、手工艺品和设计独特的服饰等。

概括而言，加纳展示主题的目标是同时推动农村和城市地区的经济加速增长和社会发展。加纳也努力发展有益身心健康、促进社会良性互动、推动社区发展的社区休闲活动，以加强环境教育，改善人与自然的关系，保护和利用开放空间，提高营养食品生产和食品安全。

关注加纳发展的人都知道，加纳发现了丰富的石油资源，并有望在 2010 年下半年开采出第一滴石油。这为多个经济领域提供了重要的投资机会，加纳政府目前正在制定政策以确保加纳的石油发现成为造福民众的“福音而不是诅咒”。

同时，我们也在积极制定政策，维持与所在次区域中的兄弟国家和世界其他国家和平友好共处，拓展经济合作。这一切努力使加纳重拾信心，重塑其适宜商业投资的国家形象。

加纳的确已经整装待发，准备迎接大规模投资，而且大量理由表明加纳不愧非洲投资目的地的明智之选。加纳是非洲尤其是西非次区域的一隅和平之地，政治环境稳定，民主政治制度牢固。这不仅为投资者确保了法治环境，而且加强了投资者的人身安全。

最后请让我说，加纳的经济环境适宜商业投资。我很高兴地邀请中国和私营部门分享加纳不断涌现的丰富商机。

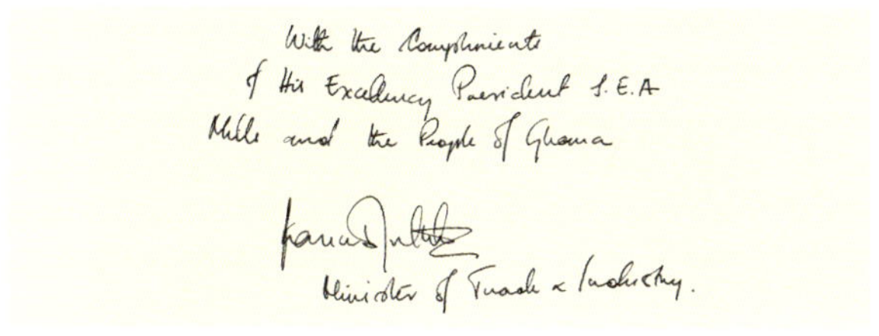

With the Compliments
of His Excellency President J.E.A
Mills and the People of Ghana

Minister of Trade & Industry.

谨代表约翰·埃文斯·阿塔·米尔斯总统阁下及加纳人民致意。

汉娜·特塔赫

交流活动

中方代表与加纳共和国国家馆日代表团主要成员合影

加纳馆日代表团所赠的木雕和艺术画

加纳馆日的文艺表演

新西兰
国家馆日

2010年7月9日

新西兰馆（B片区，自建馆）

在馆日仪式上的中方代表致辞

首先，请允许我代表中国政府和上海世博会组委会，对上海世博会新西兰国家馆日表示诚挚祝贺，对约翰·基总理阁下的到来表示热烈欢迎。新西兰积极参与上海世博会，是首批接受中国邀请参与上海世博会和最早启动场馆建设的国家之一。约翰·基总理阁下亲自来华出席新西兰国家馆日活动，充分体现了新西兰政府和人民对中新关系和上海世博会的高度重视与大力支持。

世博会创立159年来，在全球范围内推动了广泛的国际交流，为世界各国开阔视野、展示自我提供了良机和舞台，有力推动了各国走向国际化和现代化的进程。世博会是荟萃人类文明成果的盛会，为推动人类文明进步发挥了重要而独特的作用。

上海世博会是第一次在发展中国家举办的世博会。开幕以来，各参展方围绕“城市，让生活更美好”的主题，展示城市文明成果，交流城市建设经验，传播先进城市发展理念，探讨新的、更好的人类居住、生活、工作模式。我相信，在包括新西兰在内的各参与方共同努力下，上海世博会一定会成为一届成功、精彩、难忘的盛会，为增进世界各国人民友谊、促进人类文明和进步作出重要贡献。

中新友好往来源远流长。建交38年来，两国关系保持良好发展势头。特别是近年来，双方高层及各级别交往频繁，政治互信不断增强，务实合作成果斐然，中新自由贸易协定实施顺利，两国人文交流丰富多彩。事实证明，一个持续稳定发展的中新全面合作关系，符合两国和两国人民的根本利益，有利于地区乃至世界的和平与繁荣。

中国国务院国务委员、公安部部长 孟建柱

新西兰总理 约翰·基

新西兰曾经多次参与世博会，经验丰富。此次新西兰政府和人民对参与上海世博会尤为重视。新西兰国家馆以“自然之城：生活在天地之间”为主题，设计新颖，造型独特，深受广大观众特别是年轻观众喜爱。今天，我来到这里，充分领略了鲜明独特的新西兰毛利文化和风土人情，更感受到了体现新西兰人科技创新和自然之美的现代城市文明。

对中国人民而言，地处遥远南半球的新西兰，从未像今天这样离我们这么近。我们相信，上海世博会一定会为中新双方进一步加强经贸、教育、科技、文化、旅游等广泛领域交流合作注入新的活力，成为增进两国人民友谊的新平台。

最后，祝新西兰国家馆日活动取得圆满成功，祝新西兰在上海世博会有精彩表现，祝中新友谊长存。

在馆日仪式上的外方代表致辞

首先，我要感谢国务委员孟建柱先生专程从北京赶来参加我们新西兰国家馆日的活动，让我感到不胜荣幸。

同样，我还要感谢上海市人大主任刘云耕、外交部副部长崔天凯。非常高兴能够来到这里，并祝贺各位举办了一届成功的世博盛会。

与中国的关系对于新西兰的经济前途至关重要。中国是新西兰第二大贸易伙伴，也是我们第二大出口市场。

2008 年，新西兰成为与中国签订自由贸易协定的第一个发达国家，我们希望确保中新双方的企业都能享受到该协议的惠益。签订自由贸易协定是新西兰对华关系中四个“第一”中的重要一环。

新西兰是第一个与中国完成入世谈判的发达国家，第一个承认中国市场地位的发达国家，也是第一个与中国开启自由贸易协定谈判的发达国家。

新西兰非常重视与中国的友谊，因此，参与世博对我们来说非常关键。新西兰是率先签订世博参展协议的国家之一，之后我们采用创新设计打造了新西兰国家馆，介绍新西兰清洁、绿色的理念以及良好的投资商业环境。

新西兰将派遣一系列由部级与市级领导挂帅的企业代表团参与上海世博会有关活动，以确保新西兰的企业家与他们的中国伙伴能够充分利用世博会带来的机遇。

我们希望能帮助企业家在中国建立持久的联系，新西兰政府也会致力于在中国设立更多长期机构。新西兰愿意与各位精诚合作，进一步推动两国的经济发展，实现持久繁荣。

我想再次表达参与世博盛会的喜悦之情。期望今天下午能有机会参观中国国家馆以及其他更多的展馆。

交流活动

中方代表与新西兰国家馆日代表团主要成员合影

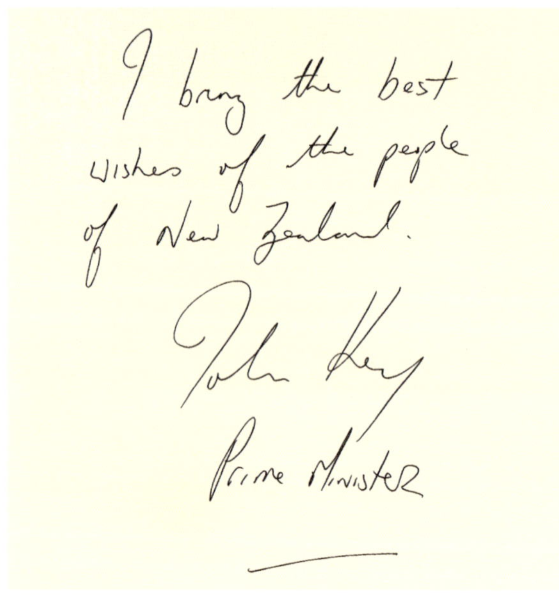

I bring the best wishes of the people of New Zealand.

John Key

Prime Minister

我带来了新西兰人民最美好的祝愿。

约翰·基

新西兰馆日代表团所赠的宝石挂件装饰画

新西兰馆日的文艺表演（一）

新西兰馆日的文艺表演（二）

在馆日仪式上的中方代表致辞

今天，很荣幸能够参加苏丹共和国国家馆日活动。首先，请允许我代表中国政府和人民对远道而来的苏丹贵宾表示热烈的欢迎！对世博园区开园以来，苏丹国家馆的精彩表现表示衷心的祝贺！对苏丹政府和人民给予上海世博会的支持表示诚挚的谢意！

中苏两国人民有着深厚的传统友谊。建交五十多年来，两国各领域友好合作关系始终健康稳定发展。中苏高层交往频繁，政治互信不断增强，在国际事务中保持着密切协调和良好配合。近年来，中苏各领域务实合作日益深化，成果丰硕。双方在中非、中阿合作论坛框架下的合作与交流不断加强。中苏合作给两国人民带来了实实在在的好处，已成为“南南合作”的典范。

苏丹馆以“城市与和平”为主题，展馆分为三个区域，展区一通过展示苏丹的历史风貌、建筑特色和城市发展成就，展现和平对苏丹的重要意义，憧憬更美好的未来；展区二为多媒体播放区，播放苏丹历史及迷人的风光短片；展区三为休闲文化区，展示苏丹传统手工艺品。开园以来，苏丹馆吸引了大量参观者流连驻足，取得了巨大成功。

最后，祝各位来宾身体健康！祝苏丹馆在上海世博会上取得圆满成功！

在馆日仪式上的外方代表致辞

今天，我很高兴在上海世博会苏丹国家馆日活动上发言。这是有史以来第一次在发展中国家举行的世博会，我们同样自豪，也无比钦佩。世博会的规划组织井井有条，

苏丹馆（C 片区，非洲联合馆）

上海世博会中国政府副总代表 吴久洪

苏丹外贸部长 埃利亚斯·恩雅莱尔·瓦克森

堪称完美，是中国政府又一次成功举办的大型国际盛事。我也想祝贺上海世博局出色的运营工作，确实令人称道。

苏丹馆的参展主题“城市与和平”旨在向游客展示我国的历史，和平建设以及都市的进步；反映我们如何在《全面和平协议》生效后停止内战重获和平并通过和平方式解决权力分享和财富分配问题，以及统一的苏丹国家政府如何通过可持续发展为人民谋求更加美好的生活。

我谨代表非洲国家，特别以苏丹的名义，向中国政府对非洲联合馆提供的慷慨援助表示感谢，如果没有贵国的帮助，非洲联合馆一定不会如此成功和精彩，并吸引了大量的中国游客。

请允许我再次向中国政府对我国代表团的盛情款待和精心安排表示感谢。

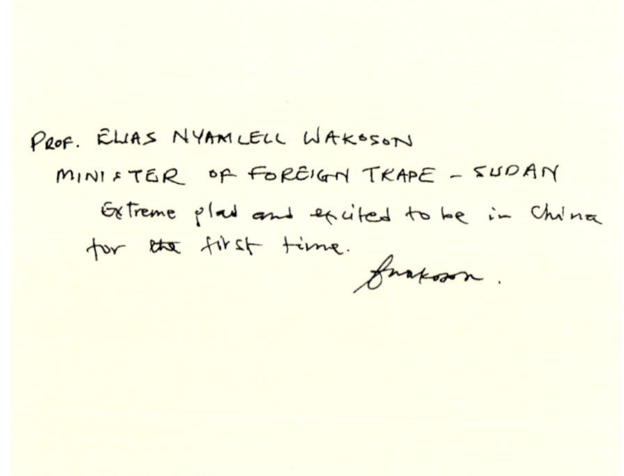

PROF. ELIAS NYAMLELL WAKOSON
MINISTER OF FOREIGN TRADE - SUDAN
Extreme glad and excited to be in China for the first time.
Wakoson.

第一次到访中国非常高兴、非常兴奋。

埃利亚斯·恩雅莱尔·瓦克森

苏丹馆日代表团所赠的象形木雕

交流活动

中方代表与苏丹共和国国家馆日代表团主要成员合影

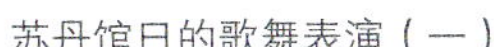

苏丹馆日的歌舞表演（一）

苏丹馆日的歌舞表演（二）

基里巴斯共和国国家馆日

2010年7月12日

在馆日仪式上的中方代表致辞

今天，我们相聚中国上海，相聚在美丽的世博园区，共同庆祝基里巴斯国家馆日！我谨代表中国政府和人民，对基里巴斯国家馆日的举办表示热烈祝贺，对各位嘉宾的到来表示诚挚欢迎。

中国和基里巴斯两国人民一直怀有友好感情。我们两国有过友好交往的历史，中方曾经为基里巴斯经济社会发展提供了力所能及的帮助。

本届世博会上，包括基里巴斯在内的太平洋岛国集体参展，展馆主题为“太平洋——城市灵感的源泉”，这与上海世博会“城市，让生活更美好”的主题相得益彰，展馆内分别展示了太平洋岛国魅力神奇的自然景观、独具特色的人文环境和热情奔放的民俗风情，相信将为太平洋岛国地区走向世界开创新的窗口。希望贵国的积极参展有助于促进两国在文化和经贸等领域的往来。我们期待太平洋联合馆及基里巴斯馆在世博会上的精彩展示。

最后，我代表中国政府和中国人民，祝福基里巴斯国家馆日活动取得圆满成功！祝中基两国友谊之树常青！

基里巴斯馆（B片区，太平洋联合馆）

在馆日仪式上的外方代表致辞

各位来宾，女士们，先生们，在开始今天的正式发言之前，请允许我向大力支持我们参加本届世博会的一些人员及组织表示感谢，没有你们的帮助，我们此次恐难成行。首先要感谢中国政府和中国人民，感谢你们的热情邀请，更要感谢在上海的这段时间你们的热情接待。

同时也要感谢上海世博局的领导和工作人员，感谢你们大力推动了我们的参展工作，另外要感谢中国政府

中国上海世博会事务协调局副局长　邵慧翔

基里巴斯上海世博会总代表　塔若达克・提纳克

为此次基里巴斯馆的建设、员工开支和文艺演出提供必要的资金支持，以及其他参展所需的物流费用。

另外也要感谢太平洋岛国论坛和南太旅游组织，特别是我们太平洋馆馆长加尼劳女士以及太平洋馆员工们的辛勤工作，没有你们的投入和坚持，我们今天不会成功在此举办国家馆日。

需要感谢的人太多，在此无法一一提及，所以这里我想向所有给予我们鼎立支持的人表示我最衷心的感激。

中国一直是南太平洋旅游组织的重要成员，中国在很多方面为该组织的其他成员提供了宝贵的帮助。此次基里巴斯参加上海世博会，不仅仅是代表着对一个联合太平洋岛国社区的支持，更是体现出我们将不遗余力推动该地区作为一个整体的旅游和投资贸易。

中国是一个巨大的旅游市场，但是，我有信心充满魅力的太平洋岛国可以从中国巨大的旅游市场中分一杯羹。

在座的各位可能听过我们最新的营销口号：非同寻常的基里巴斯等待非同寻常的你。这听上去可能有点奇怪，但是我们希望把最真实的我们呈现给世界。基里巴斯不仅仅是一个游泳池，或者一个披着舒服的浴巾晒太阳的地方，在这里，你将可以体验非同一般的旅游项目，感受太平洋海岛无限的风光，领略我们独特的文化。同时，基里巴斯还是海水游戏钓鱼和竞赛钓鱼的胜地。

除了旅游业之外，我们同时也想与中国商界探讨未来的投资和贸易合作。我相信我们将与我们的潜在投资贸易伙伴在相关领域保持联系，进一步促进我国的经济发展。

此次我方代表团包括相关贸易官员和民营企业代表，他们将在上海逗留一段时间，他们将会很乐意回答您的咨询，为您提供旅游和投资贸易合作上的便利。

今天，我们在此庆祝我国的国庆日，我们本国人把它称之为基里巴斯独立纪念日。今天的活动是我们摆脱殖民统治后庆祝的第 31 个纪念日。

独立纪念日是我国最重要的公共节日，在这一天，全球的基里巴斯人将普天同庆，在这一天，所有的基里巴斯人将和家人朋友聚集一堂举办各种庆祝活动，包括文化互动，如传统舞蹈，歌唱和体育活动，并结合教堂礼拜、感恩以及和解等其他活动。

今天我们在上海的庆祝活动相比较而言是比较简短的，在基里巴斯，我们的庆祝活动有时候会持续一整周。但是很有幸能与在座各位以一种简洁欢庆的方式庆祝这一天。我相信稍后的文化演出中，通过传统舞蹈和歌唱将为各位呈现我们独特的文化。今天我们在上海举办基里巴斯国家馆日，与此同时，在基里巴斯也在举办各种庆祝活动。

女士们，先生们，希望各位都能抽空参观我们的基里巴斯馆，并且更为重要的是，在不久的将来亲身拜访基里巴斯，热情好客的基里巴斯人欢迎您来体验我们世外桃源般的海岛和独特的文化。

交流活动

中方代表与基里巴斯共和国国家馆日代表团主要成员合影

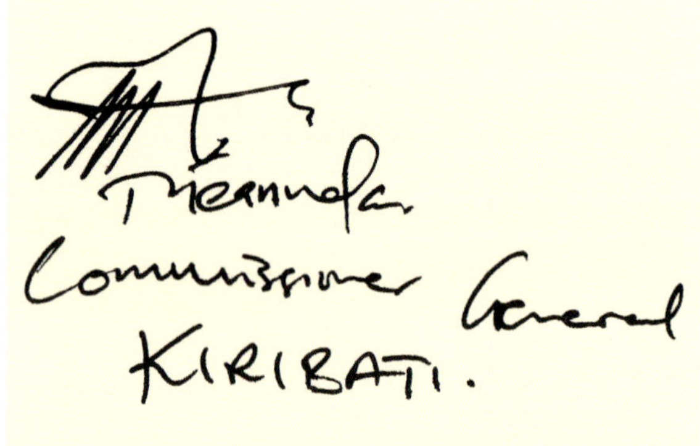
Commissioner General
KIRIBATI.

塔若达克·提纳克的签名

基里巴斯馆日的舞蹈表演（一）

基里巴斯馆日代表团所赠的竹质帆船工艺品

基里巴斯馆日的舞蹈表演（二）

东帝汶民主共和国国家馆日

2010年7月13日

在馆日仪式上的中方代表致辞

首先，我代表中国政府和上海世博会组委会，对东帝汶举行上海世博会国家馆日活动表示诚挚祝贺，对奥尔塔总统亲临上海出席今天的活动表示热烈欢迎。相信独具特色的东帝汶馆日活动将给每一位到访者留下美好的印象。

始于1851年的世博会是展示人类文明成果的伟大盛会。159年来，每一届世博会不论在哪里举办，都成为反映人类文明进步和社会发展的缩影，成为激发人类创造力的重要平台。世博会在全球范围内推动了广泛的国际交流，促进不同文化的融合和不同民族的相互了解，为沟通国与国之间的关系和加深各国人民的友谊做出了巨大贡献。

“城市，让生活更美好”是本届上海世博会的主题。在世博会期间，世界各国充分展示了城市文明成果，交流城市建设经验，传播先进城市发展理念。相信上海世博会将为探索新的、更好的人类居住、生活、工作模式，为人类可持续发展留下一份丰厚的精神遗产。

作为独立不久的新生国家，东帝汶首次参加世博会就给我们留下深刻印象。我们高兴地看到，东帝汶馆以“和我们在一起，和自然在一起”为主题，利用现代科技手段，充分展现了东帝汶迷人的热带风光和传统的民俗民风，再现了东帝汶人民与自然和谐相处的美好场景，展示了城市建设与自然的和谐发展。馆内极富民族特色的东帝汶民居、琳琅满目的木雕石雕等工艺品以及表现东帝汶各族人民热情奔放、憧憬美好生活的歌舞表演，令参观者仿佛置身于美丽安详的东帝汶。

中国和东帝汶是隔海相望的友好邻邦，两国人民的

东帝汶馆（A片区，亚洲联合馆）

中国公安部副部长 刘京

东帝汶总统 若泽·拉莫斯·奥尔塔

友好交往源远流长。2002 年两国建交以来，双边关系发展顺利，各领域交流与合作不断扩大，双方在国际和地区事务中保持良好的沟通与协调。中方将继续本着“与邻为善，以邻为伴”的方针，大力推进与东帝汶的友好关系和互利合作。我相信，上海世博会这一平台，将进一步增进两国人民的相互了解和友谊，推动中国和东帝汶睦邻友好合作关系不断向前发展。

最后，祝愿东帝汶馆国家馆日活动取得圆满成功。

在馆日仪式上的外方代表致辞

我非常高兴与大家齐聚一堂，共同庆祝上海世博会东帝汶国家馆日。

此次世博会是迄今为止最具创造力、最盛大的一次世博会。首先，请允许我向中国政府和人民就这一巨大成就表示祝贺。同时我也要感谢中方给予我们的慷慨协助，使东帝汶能够精彩地展示自己多姿多彩的国家。

我深知建成这个国家馆背后需要做大量的工作。东帝汶相关国家机构、世博委员会、公民社会、公营及私营部门之间的精诚合作，以及众多工作人员的辛勤工作，使得我们能够携手共同向世界展示我们伟大祖国的多姿多彩，平静祥和且不失坚韧。

上海世博会使得中华人民共和国成为全球瞩目的焦点，也让东帝汶向上百万的参观者和全世界展示了自己。

中国作为世界领先的经济体，向东帝汶这样一个刚刚起步的经济体提供展示自己的机会和场地，可谓伟大之举。当然，我国的经济正以其巨大的增长潜力吸引着来自世界各地的投资。

作为世界上最年轻的国家之一，我们的经济增长率彰显了我国经济的韧性，以及我们为提高人民生活水平而付出的努力。中华人民共和国在取得惊人的发展速度的同时，通过使用可再生能源和对资源的妥善管理来保护环境，是我们希望学习的榜样。我也认识到，我们地球的存亡正受到热带雨林快速流失、冰川融化和温室气体的威胁。气候变化是我们所面临的最重大挑战之一。我们必须直面挑战。很多发达国家在毁坏了自己的森林、河流与海洋后才开始关注气候变化问题。亚洲可以在应对气候变化方面起到领导作用。很多亚洲国家，特别是中国，已经展示了我们完全可以在创造繁荣和稳定的同时避免对我们赖以生存的生态系统造成破坏。我呼吁亚洲在应对气候变化所带来的巨大威胁方面起到带头作用。

东帝汶对发展的追求不会以破坏美丽的生态环境作为代价。生态环境中凝结着我们和我们先人的伟大精神。在祖先精神的指引下，东帝汶历经磨难，最终得以独立建国。此后，我们努力发展最偏远的地区，并一直致力于维护我国的平衡与稳定。

我真诚地希望今天齐聚在这里的各位都能有机会亲眼看看我国的海岸，我相信你们定会对我国从热带沿海平原到云雾缭绕的内陆山区所呈现出的秀丽景色而赞叹不已。我国展示的主题为“和我们在一起，和自然在一起”。当你来到我们当中，我可以保证你就能置身于大自然之中。我想再一次强调，“和我们在一起，和自然在一起”。

我国的展馆充分展示了历代东帝汶人民为保护环境与生态系统的平衡所付出的努力。我们的人民深刻地认识到在大自然赐予我们的礼物中蕴涵着一种精妙的平衡。从山顶潺潺流下的清澈泉水，热带雨林中野生动物之间的平静和谐，都提醒我们负有保护环境的神圣职责。

我深信只有我们以及其他所有的国家与大自然一起

追求可持续发展，才能保持地球的生衍不息。因为只有在尊重历史、文化和环境的基础上所取得的发展才能给予我们的人民应得的稳定与优质的生活。我们必须着力保护生物多样性及其延续性。我国取得民族独立的历史与我们对自然的热爱相互交织。在我们历史上经历挫折磨难的时候，总是大自然母亲为我们提供了庇护。在东帝汶人民需要的时候她总是敞开怀抱，因此，我们致力于在发展城市和农村地区的过程中保护我们的自然母亲。

在努力争取可持续发展、稳定与保护环境之间的平衡的同时，我们也深刻认识到城市规划必须遵循“城市，让生活更美好”的理念。我们在平衡现代的生活方式与清洁安全的环境方面正取得巨大的成绩。那些无论是生活在城镇里还是我国众多村庄里的年轻人的梦想绝不能成为短期利益的牺牲品。

东帝汶拥有独特、多样和丰富的历史。这历史深触我们首都帝力大街上人们的心灵，贯穿于我们枝繁叶茂、雨水充沛的森林之中，又直冲我们凉风习习的峻山顶端。我们国家的灵魂呼吁我们与我们的河流、山脉和小溪和谐共存。森林中的鸟儿唱出了男女老少的共同愿望。

在经济发展和增长中我们面临很多挑战。在多方的敦促下，我们开始改善我国的基础设施并争取国家发展。但是，我们也深知，如果我们不能把祖先留给我们的奥妙的精神遗产和资源丰富的大自然交到我们后代人的手上，他们不会对我们心存感激。

我们看到中国所取得的变化是巨大的。当我们走上国家发展的道路时，我们认识到我们正沿着中国这个伟大国家的足迹前行。当我们展望未来的发展时，时时会想起中国人民所取得的成就。我们必须记住中华人民共和国，这个拥有近14亿人口的大国所取得的成就无疑是一个奇迹。

这个展馆只呈现了东帝汶人民心灵、思想和灵魂的一小部分。但正是这惊鸿一瞥打开了一个由自然赋予我们的美丽、多样的神奇世界。我们要全力保护并滋养这份美丽。

再次感谢为这个展馆的成功而付出辛勤工作的所有人。

若泽·拉莫斯·奥尔塔的签名

东帝汶馆日代表团所赠的民族工艺品

交流活动

中方代表与东帝汶民主共和国国家馆日代表团主要成员合影

东帝汶馆日的传统歌舞表演（一）

东帝汶馆日的传统歌舞表演（二）

马拉维共和国国家馆日

2010年7月14日

在馆日仪式上的中方代表致辞

今天，我们相聚中国上海，相聚在美丽的世博园区，共同庆祝马拉维国家馆日！我代表中国政府和人民向远道而来的马拉维贵宾表示热烈的欢迎！向你们给予上海世博会的大力支持表示衷心的感谢！

世博会是跨越了种族、跨越了文化、跨越了国家和地区的伟大盛会。在各国人民的积极参与和大力支持下，中国2010年上海世博会成功开幕，顺利运行，成为促进世界多元文化交流合作的重大历史机遇。

上海世博会得到了包括马拉维在内的国际社会大力支持。马拉维总统穆塔里卡携夫人不远万里专程前来参加上海世博会开幕式，中方对此表示感谢。以“马拉维—睿智之举，带来美好生活”为主题的马拉维馆，展示原生态的马拉维风采和马拉维的现代文明，展馆构思巧妙，展现了在城市更新与文化传承、经济转型与城乡互动、环境变化与城市责任方面的经验和解决方案，深受大家喜爱。我们相信，马拉维馆一定会成为上海世博会的亮点之一，也一定会成为促进中马两国人民友谊和理解的有效平台。

中国与马拉维建交两年多来，两国关系保持良好发展势头。双方政治互信不断增强，经贸合作全面展开，文化、教育、卫生等人文领域的交流合作卓有成效。穆塔里卡总统出席上海世博会开幕式期间与胡锦涛主席亲切会晤，两国领导人全面规划了双方各领域的友好合作，为两国关系的进一步发展指明了方向。中方愿同马方共同努力，全面落实两国元首达成的共识，进一步加强双方在经贸等领域的合作，造福两国和两国人民。

最后，衷心祝愿马拉维在本届世博会上参展成功，

马拉维馆（C片区，非洲联合馆）

上海世博会中国政府副总代表 蒋正云

马拉维旅游、野生动物与文化部部长 安娜·卡奇科

祝愿马拉维国家馆日活动顺利，祝愿卡奇科女士和各位来宾身体健康！

在馆日仪式上的外方代表致辞

我非常荣幸地代表马拉维政府在此发言。首先，请允许我转达马拉维共和国总统宾古·瓦·穆塔里卡阁下的亲切问候与美好祝愿，总统阁下本人非常希望能够亲临今天的庆祝活动。

我要感谢中国政府与人民给予我本人及我国代表团的热情款待。自 2007 年 12 月 28 日马拉维与中国建立外交关系以来，本次访问是两国政府间关系不断巩固发展的又一里程碑。

今天世博会迎来了马拉维国家馆日。借此机会，我们要向大家介绍我国的贸易及投资情况，让大家可以了解马拉维所蕴含的商机。首先我想强调的是，从 2004 年至今马拉维的经济发展势头良好，取得了一系列重大进展。实际 GDP 年平均增长率为 6.3%，在 2009 年达到了 7.7%。由于采取了有力的财政与金融政策，通货膨胀水平大幅降低，在 2007 与 2008 年分别为 7.9% 及 8.7%。相比 2007 年的 8.6%， 2008 年的实际 GDP 增长率达 9.7%，实现了强劲增长，也超过了撒哈拉以南非洲国家为实现千年发展目标所需达到的 6% 的目标。与此同时，人口贫穷率也从 65% 下降到了 40%。

有必要指出的是投资与贸易是所有国家发展的关键所在。有鉴于此，马拉维政府在马拉维增长与发展策略（MGDS）中，提出了将马拉维从进口消费型国家转变为出口生产型国家的愿景。该策略确定了马拉维的发展框架，也是所有增长计划的核心所在。策略包括五大方面内容，分别是可持续的经济增长、社会保障、社会发展、基础设施建设以及政府治理的改善。

考虑到策略在实施过程中的系统性，我国政府确立了九项重中之重，其中富含了巨大的投资机遇。这九个重点领域包括：农业与粮食安全，绿色地带计划与水资源开发，教育与科技，交通基础设施与恩桑杰世界内陆自由港建设，气候变化、自然资源与环境管理，农村综合发展，公共卫生、环卫建设与艾滋病 / 艾滋病毒管理，青年培养与赋权以及能源、矿业与产业发展。以上九大领域的发展不但将带来各个领域的投资机会，还将帮助马拉维实现繁荣富强。

绿色地带计划是一个综合性的农业项目，涵盖各种农作物的生产，提供农业、农产品加工及农商领域的多种投资机遇。我国政府划拨了 100 万公顷的土地支持这一计划。此外，我们也欢迎对灌溉用水坝建设、水产养殖、退耕还林以及发电等急需项目感兴趣的投资者。

矿产业将会成为推动我国经济增长的新领域。已经建成投产的铀矿将会带来可观的出口收入，其他已探明的矿产还包括铌、矾土、煤炭以及黄金。马拉维还有着丰富的石灰石、宝石等其他矿产资源，投资前景广阔。

可投资的领域还包括磷肥生产、水泥制造、工业陶瓷及涂料和珠宝制造等等。马拉维政府也希望吸引能源产业的投资，以开发我国尚有待利用的1025兆瓦左右的发电能力。

另一个有待投资的产业是交通运输，主要的项目除了改善与国外市场连接的计划以外，还包括促进我国融入多边贸易体系的希雷－赞比西航道建设计划、内陆综合交通设施建设以及恩桑杰世界内陆自由港的设立。这些项目的建设将会缩减高达60%的国际运输成本，从而降低我国的生产成本并使出口更富竞争力。

其他的投资机会还包括机场、铁路与湖泊管理的公私合营，绕城公路与高速公路的养护及收费，公路、铁路与港口建设方面的合作以及空中导航基础设施的建设。

水陆空的各种交通方式及其相关基础设施是制造型及出口型经济中人员、货物与服务自由流通的大动脉。计划中的公私合营项目将会涉及服务与管理的承包、租赁、特许经营与项目投融资的特许权方式等等。

我们计划以公私合营的方式兴建从莫桑比克的贝拉港通往马拉维恩桑杰港的输油管道，该项目还将包括在恩桑杰港修建运营一座炼油厂。

在农业与粮食安全方面，我们认为粮食生产是保障粮食安全与投资的关键。农业领域的投资机遇还包括农产品加工、存储及其他配套设施建设及灌溉技术，以促进生产力的提升。

在教育及科技领域，政府计划加强研究与技术开发以提高经济的生产力。可投资的领域还包括学前、小学、中学以及高等教育。

马拉维意在通过恩桑杰世界内陆自由港的开发，实现我国经希雷河与赞比西河向印度洋的开放并建成一座超现代化的内陆港。这将大幅减少交通以及商业成本，据估计交通成本的缩减可达60%。该计划将成为通往更广阔出口市场的跳板，造福东南非共同市场与南部非洲发展共同体的其他内陆国家，覆盖人口将达5亿，GDP规模将达6250亿美元。其他的投资机会还包括旅游、交通设施、机场建设等等。

农村综合开发将推动乡村产业的发展，由于大多数农业加工的原材料来自农村地区，这将是一项非常重要的计划。

青年的培养。通过对私营孵化机构的投资可以培育青年人的创业活动。马拉维政府鼓励青年人创业，最近，我们设立了总额30亿克瓦查（约合2000万美元）的青年发展基金并邀请私营部门共同参与。此外，马拉维也正在积极实施农村地区金融及非金融机构的合作社发展计划。

能源产业是另一个有着巨大投资潜力的领域。马拉维的发电能力超过1000兆瓦，而目前得到利用的不到300兆瓦，因此在投资电厂建设以促进经济发展方面存在很多机遇。在世博会期间，我们会介绍一系列的大型项目并寻求合作。

建立综合性的棉花产业对于马拉维的发展至关重要。马拉维有能力生产超过50万吨的棉绒以及10万吨左右的棉籽，在轧棉、纺纱、织造、印染及制衣产业有很大的投资空间。我们感谢中国政府成立了马拉维棉花公司，改变了我国棉花产业的发展格局。

在烟草加工方面，马拉维每年的烟草产量在19万至23万吨左右，烟草是马拉维主要的外汇收入来源，占到出口总额的70%以上以及GDP产值的15%。但尽管如此，马拉维却没有一家卷烟制造企业。

我想强调的是，马拉维有着良好的商业环境来开展上述各项计划，政府提供各种富有竞争力且便于实施的激励机制以确保企业的成长。大家手上的材料中已经介绍了种种激励方案以及投资机会，详细情况将在稍后另作介绍。

在这里不得不提的是马拉维所提供的市场机遇。根据美国的非洲增长和机遇法案（AGOA）以及欧盟的除武器外的所有产品协定（EBA），马拉维享受美国及欧盟市场的免关税待遇，此外我国还与很多国家签署了双边的贸易协议。所有这一切都为投资者开拓海外市场提供了便利条件。

马拉维蕴含着巨大的机遇，加上我们奉行的有利于商业发展的政策，支持投资与贸易的发展，前景广阔。希望大家来我国踊跃投资，我向大家保证，穆塔里卡总统的政府会尽一切可能确保您的企业有一个安全的运营环境。

交流活动

中方代表与马拉维共和国国家馆日代表团主要成员合影

I Anna Kachikho MP Minister of Tourism wildlife & Culture
in Malawi I have come to represent
the President on this Malawi Day
at 2010 Expo. the first time
Malawi is participating

I wish China well & that
we be successful in our
business together for the
betterment of our people.

God bless China
God bless Malawi

[signature]
Minister of Tourism wildlife &
culture 15/07/2010

这是马拉维有史以来首次参展世博会。本人，马拉维旅游、野生与文化部长安娜·卡奇科，谨代表本国总统出席马拉维国家馆日活动。在此表达我对中国的良好祝愿，并祝愿中马两国在促进人民福祉的事业中共同取得新的成就。

祝福中国！

祝福马拉维！

安娜·卡奇科

马拉维馆日代表团所赠的工艺品

马拉维馆日的民间歌舞表演

马尔代夫共和国国家馆日

2010年7月15日

在馆日仪式上的中方代表致辞

今天，非常高兴出席在世博园区举办的马尔代夫共和国馆日活动。在此，我代表中国政府和中国人民，对马尔代夫政府给予中国2010年上海世博会的支持表示衷心感谢。

中马两国人民友好交往历史悠久。建交38年来，中马关系始终健康、顺利发展，堪称大小国家平等相待、真诚合作、和睦相处的典范。中国政府奉行“与邻为善、以邻为伴”的周边外交方针，将马尔代夫作为中国睦邻周边外交不可缺少的一环。我们愿在和平共处五项原则基础上，进一步巩固中马传统友谊，深化各领域互利合作，推动中马传统友好关系持续稳定向前发展。

上海世博会得到了包括马尔代夫在内的国际社会大力支持。马尔代夫的展示主题为“马尔代夫的明天”，展馆通过对文化、艺术、旅游、环境、渔业以及城市化的阐述，描绘出了如何将这些产业与文化传承和环境保护相结合的蓝图，向世界呈现马尔代夫式的现代生活。

最后，衷心祝愿中国和马尔代夫友谊长青，祝愿本次活动圆满成功，祝愿拉泽部长和诸位来宾身体健康！

在馆日仪式上的外方代表致辞

首先请允许我对于中国政府举办上海世博会表示最诚挚的祝贺，感谢贵方给予我们如此宝贵的机会来向世界展示马尔代夫。我相信上海世博会会为各个国家提供一个很好的文化交流平台。我也非常感激世博会能让每个参展国都有机会能庆祝其国家馆日。

在六个月的会期里有将近7000万参观者将参观上

马尔代夫馆（A片区，亚洲联合馆）

中国国家旅游局局长 邵琪伟

马尔代夫经济发展部长 穆罕默德·拉泽

海世博会，这给马尔代夫提供了卓越的平台来向世界展示其文化、遗产和社会。

对于中国政府和上海世博会组织者给予马尔代夫参展提供的经济援助及其他各方面的慷慨支持，我感到非常感激。请各位欣赏由我们才华横溢的表演者专门为我们国家馆日带来的文化演出。

欢迎各位在接下来的两天里观看我们的其他文化演出，也欢迎参观位于亚洲联合馆的马尔代夫馆。

请允许我再次感谢中国政府和上海世博会组织者对马尔代夫馆一如既往的支持。

To all friendly Chinese

Thank you for the Freindly and warm hospitality. China will remain a great Country and Civilization. Wish you the very best from the Maldives.

[signature]

致所有友善的中国人：

感谢你们友好和热情的款待。中国将会仍是个伟大和文明的国度。马尔代夫给你最美好的祝福。

穆罕默德·拉泽

交流活动

中方代表与马尔代夫共和国国家馆日代表团主要成员合影

马尔代夫馆日代表团所赠的木质帆船工艺品

马尔代夫馆日的歌舞表演（一）

马尔代夫馆日的歌舞表演（二）

哥伦比亚共和国国家馆日

2010年7月16日

哥伦比亚馆（C片区，租赁馆）

在馆日仪式上的中方代表致辞

我谨代表中国政府和上海世博会组委会，对哥伦比亚举行上海世博会国家馆日表示热烈祝贺，对远道而来的贝穆德斯外长阁下和各位嘉宾表示诚挚欢迎。

世博会是人类文明成果荟萃的伟大盛会，每一届世博会都成为见证人类文明发展的驿站，在全球范围内推动广泛的国际交流，为各国开阔视野、展现自我，提供了机会和舞台。世博会始终高举进步的旗帜，崇尚创新的精神，坚持开放的道路，倡导和谐的理想，不断开启人类重新认识世界的窗口。

本届上海世博会以“城市，让生活更美好”为主题，体现了人类社会对未来更美好生活的设想和憧憬。在所有参与者的共同努力下，上海世博会一定会成功、精彩、难忘，成为世界人民大团圆的盛会，促进人类进步的盛会，推动创新和共同发展的盛会。

在往届世博会上，哥伦比亚多次给世界各国人民带来精彩的展示。今天，哥伦比亚人民再次为大家奉献了一座精美的展馆。展馆设计和布局融合了哥伦比亚传统文化和现代科技元素，从过去、现在和未来角度生动诠释了“激情哥伦比亚，活力都市”的主题。在这里，我们可以跟随色彩绚丽、翩翩起舞的蝴蝶走进亚马孙热带雨林，沿着加勒比海岸美丽的沙滩探寻神秘的圣菲利佩城堡，到高山之巅倾听印第安人不老的“黄金国”传说，在咖啡、鲜花和绿宝石的环绕中体验马尔克斯笔下的风土人情，充分领略南美城市的魔幻魅力，切实感受哥伦比亚人民的激情与活力。

中国与哥伦比亚虽远隔重洋，但两国人民间友谊源远流长。今年恰逢中哥建交30周年。建交以来，两国

中国外交部部长助理 吴海龙

哥伦比亚外交部部长 海梅・贝穆德斯・梅里萨尔德

关系发展顺利。双方高层交往频繁，政治互信不断加深，在经贸、科技、文化、旅游等领域务实合作富有成果，中哥友好深入人心。不久前，桑托斯副总统来华出席上海世博会开幕式。我相信，上海世博会将进一步增进两国人民的相互了解，并为中哥互利友好合作提供新的机遇。中方愿同哥方一道，不断增进了解与友谊，着力深化各领域务实合作，推动中哥友好合作关系又好又快向前发展。

再过4天，哥伦比亚将迎来独立200周年纪念日。我谨代表杨洁篪外长向贝穆德斯外长阁下，并代表中国政府和人民向贵国政府和人民致以热烈的祝贺和良好的祝愿！

祝愿哥伦比亚国家馆日活动取得圆满成功！

在馆日仪式上的外方代表致辞（提纲）

一、世博会与哥伦比亚

・“城市，让生活更美好”是本届世博会的主题。

・“用心探索哥伦比亚”是本馆的主题。本馆将竭力展现出哥伦比亚各地区最好的风貌，并展示投资、旅游、科技、生产发展、文化及学术交流的机会。

・已有150万人进入上海世博会的哥伦比亚馆参观，其中90%为中国人。

・一位在我国极富盛名的巴耶那多歌手已来到世博会，他怀着对中国无比的热情，希望在他的新歌中加入中文歌词来让中国观众吟唱并且使他们了解哥伦比亚音乐。

・今晚19时，丰塞卡将登台表演。

二、中国与哥伦比亚

・2010年是两国建交30周年。双边关系的最重要的基础之一是承认“一个中国”原则。

・上周，在商务部长访华期间，双方签署了《中国旅游团队赴哥伦比亚共和国旅游实施方案的谅解备忘录》。

・2009年11月在波哥大召开了第三届中国—拉丁美洲峰会：超过300名中国企业家赴哥伦比亚参会。

・双方已签署投资保护协议。

・学术交流：从2006年起，中国学生开始赴哥伦比亚学习西班牙语。

交流活动

中方代表与哥伦比亚共和国国家馆日代表团主要成员合影

Con profunda gratitud,
afecto, y admiración
de Colombia.

我谨代表哥伦比亚表达我们的感激之情和钦佩之情。

海梅·贝穆德斯·梅里萨尔德

哥伦比亚馆日代表团所赠的装饰器皿

哥伦比亚馆日的文艺表演

加勒比共同体日

2010 年 7 月 17 日

在共同体日仪式上的中方代表致辞

我代表中国政府和上海世博会组委会，对加勒比共同体日的举行表示诚挚祝贺，对圭亚那贾格迪奥总统、多米尼克利物浦总统和格林纳达托马斯总理以及来自其他加勒比国家各位贵宾的光临表示热烈欢迎。相信加勒比共同体日活动将使每一位参观者流连忘返、回味无穷。

自 1851 年创办以来，世博会一贯秉承进步与创新的精神，倡导开放与和谐的理念，不断激励人类重新认识世界。弹指一挥间，世博会至今已走过近 150 年的辉煌历程。历届世博会都成为人类文明成果的集大成者，成为人类文明进步的见证者，成为国际交流与合作的推动者，成为人民友谊的缔造者。

上海世博会是首次在发展中国家举办的世博会，也是有史以来第一次以城市为主题的世博会，体现了人类社会对未来更加美好生活的愿景。上海世博会是国际经济、社会与人文领域的大盛会，是各参展方充分展示自身文化以及经济、科技发展水平的重要舞台，也是世界各国人民相互交流、谋求共同发展繁荣的历史机遇。相信在所有参与者的共同努力下，上海世博会一定会成功、精彩、难忘。

加勒比风景瑰丽迷人，人民热情友善，文化激情洋溢。今天，我们有幸来到加勒比共同体联合馆，近距离欣赏浓郁的加勒比风情，碧水蓝天的海岛风光、繁忙壮观的现代化港口、醇香的朗姆酒和咖啡、精美绝伦的手工艺品，让我们大家充分领略了加勒比传统特色和现代发展完美结合的无穷魅力。

中国和加勒比虽然相距遥远，但友谊源远流长。早在 1806 年，就有中国侨民抵达特多，成为连接中国与

加共体联合馆（C 片区，加共体联合馆）

中共中央政治局委员、上海市委书记、上海世博会组委会第一副主任委员 俞正声

加勒比共同体日代表团团长 圭亚那总统 巴拉特·贾格迪奥

加勒比经济关系和民间友好往来的重要纽带。1972 年，圭亚那和牙买加在英语加勒比国家中率先与中国建交，揭开了中加关系的新篇章。30 多年来，特别是进入 21 世纪，中国与加勒比的关系呈现健康、积极、快速发展的良好势头，双方在政治、经贸、科技、教育、文化、国际等领域的合作不断深化，为双方人民带来实实在在的利益。我相信，上海世博会必将为中加双方进一步加深了解、深化友谊、扩大合作提供新的契机。

中国和加勒比国家同属发展中国家，均面临着相同的发展任务。中国一向从不断增强与发展中国家团结合作的战略高度来看待和发展同加勒比各国的友好合作关系。2008 年 11 月，中国政府发表了首份对拉丁美洲和加勒比政策文件，阐明了中国将致力于同拉丁美洲和加勒比国家建立和发展平等互利、共同发展的全面合作伙伴关系。中方愿继续同加方共同努力，创造中加关系更加美好的明天。

祝愿加勒比共同体日活动取得圆满成功。

在共同体日仪式上的外方代表致辞

我非常高兴今天能够代表加勒比共同体的政府和人民在这里发表演讲。我要感谢中华人民共和国政府以及上海世博会事务协调局对加共体代表团的热情欢迎，特别要感谢你们给了我们参加此次世博盛会的机会。

在这里，我要特别提及加共体成员国之一海地。今年年初海地发生了强烈的地震，震后中华人民共和国向海地人民所提供的慷慨援助对当地的灾后重建起到了至关重要的作用。现在海地的情况依然非常严峻，但即便如此，海地依然参与了加共体展馆的展示，不禁令人既赞叹又感到鼓舞。我要特别感谢上海世博局对海地参展所提供的帮助。

早在 2002 年 12 月，加勒比地区国家就全力支持中华人民共和国申办此次世博会，因为我们深信中国有能力有远见承办规模如此盛大的活动。不仅如此，我们也相信上海以其先进的基础设施和技术发展以及丰富的文化遗产，是最适合承办这次主题为“城市，让生活更美好”世博会的城市。

中国再一次超越了世界的预期，美丽的世博园和中国馆充分展示了中国人民在设计方面的精巧和创新能力。

加共体非常重视此次参展机会，展示在这个地球村中我们加勒比地区的风采。加勒比共同体联合馆反映了我们多样的文化和传统，正是这些文化和传统赋予了我们地区的人民引以为豪的独特的加勒比风情。这种特色体现在我们的艺术、时尚、美食、音乐和文化表演中，今天在这个特别日子我们将把所有这些呈现给在座的各位。

中国持续的高经济增长率和快速的现代化进程使其成为了一个全球经济强国。但是，中国仍然积极维护发展中国家，特别是小国和那些容易受到大宗商品市场波动、有失公允的贸易安排和因气候变化而日益严重的自然灾害威胁的国家的利益。

正如去年 12 月我在哥本哈根的发言中所说的那样，发展中国家承认中国在国际社会应对气候变化的努力中可以起到关键的作用。中国在发展可再生能源技术和资源的可持续利用方面取得了巨大的进步。中国的科学家和工程师们正奋战在许多重要减排项目和产业的研究、开发与实施工作的前沿。

与中国越来越多的合作将深化我们对这个独特、伟大的国家和人民的了解。我们国家之间与日俱增的交往将使我们向共同的期望迈进。最早的中国移民于1806年首次到达加勒比地区，距今已有200多年的历史了。早期中国移民的后裔成为了医生、法官、商人、艺术家、科学家和政治家。圭亚那的首位总统亚瑟·钟就是一名华裔。这是中国人民才华的有力印证。生活在加勒比地区的中国人已经成为了我们共同遗产和文化的一部分。

上海世博会是我们加强国家间交往的众多渠道之一，我们将不断扩大在旅游、农业和其他领域的合作机会，并积极推动投资以及资本与人员的流动。中国是世界的未来，通过与中国的联盟，我们也能成为未来的一部分。在未来，卓越的科学技术以及跨文化的交流将成为人类发展的关键。

最后，我谨代表加勒比共同体，祝2010年世博会取得圆满成功，祝中华人民共和国繁荣昌盛。

交流活动

中方代表与加勒比共同体日代表团主要成员合影

BETTER CITY, BETTER LIFE
HAS BEEN THE HALLMARK
OF CARIBBEAN-CHINA
RELATION AS IT IS THE
THEME OF THIS EXPO
2010 SHANGHAI
MAY OUR COUNTRIES
GROW TOGETHER
IN STRENGTH

S/GENERAL
CARICOM

2010上海世博会的主题“城市，让生活更美好”已经成为加勒比共同体与中国关系的明证。

祝愿我们发展更加强劲。

加共体秘书长 埃德温·卡林顿

The Caribbean Development Bank congratulates the Government and People of China on its magnificent achievement with the World Expo. We look forward to the continued good friendship and collaboration between the Bank and China.

Compton Bourne
President
Caribbean Development Bank
17 July 2010

加勒比开发银行祝贺中国政府和人民此次世博会所取得的巨大成就。我们期望继续发展加开行同中方的良好友谊与合作。

加勒比开发银行行长 康普顿·伯恩

安提瓜和巴布达旗帜

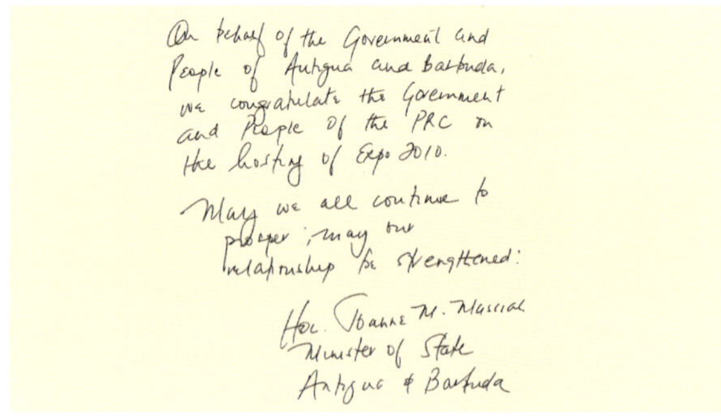

On behalf of the Government and People of Antigua and Barbuda, we congratulate the Government and People of the PRC on the hosting of Expo 2010.

May we all continue to prosper; may our relationship be strengthened:

Hon. Joanne M. Massiah
Minister of State
Antigua & Barbuda

谨代表安提瓜和巴布达政府和人民祝贺中华人民共和国政府和人民成功举办2010世博会。

祝愿安巴和中国两国持续繁荣昌盛；祝愿双边关系进一步加强。

安提瓜和巴布达司法部长　乔安妮·马沙

巴哈马旗帜

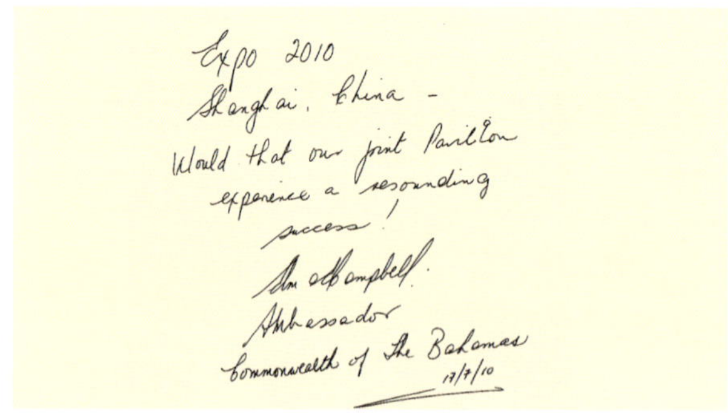

Expo 2010
Shanghai, China -
Would that our joint Pavilion experience a resounding success!

Ambassador
Commonwealth of the Bahamas
17/7/10

中国上海2010世博会

希望我们的联合展馆给您带来非同一般的感受！

巴哈马驻华大使　埃尔玛·坎贝尔

巴巴多斯旗帜

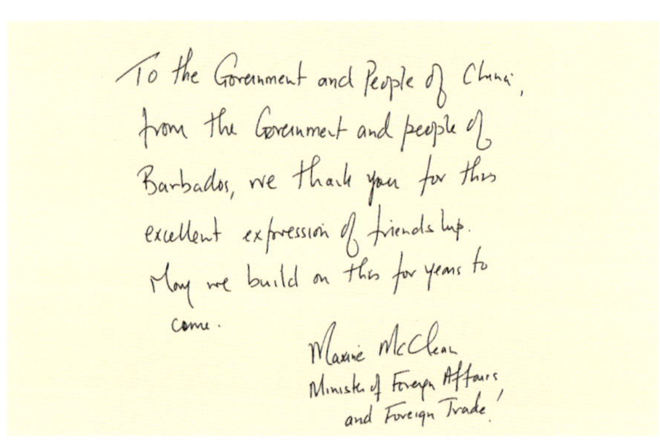

To the Government and People of China, from the Government and people of Barbados, we thank you for this excellent expression of friendship. May we build on this for years to come.

Maxine McClean
Minister of Foreign Affairs and Foreign Trade.

巴巴多斯政府及人民致中国政府和人民：

感谢贵国表现出的友好情谊。希望我们在未来继续深化我们的友谊。

巴巴多斯外交和外贸部长　玛克辛·麦克林

多米尼克旗帜

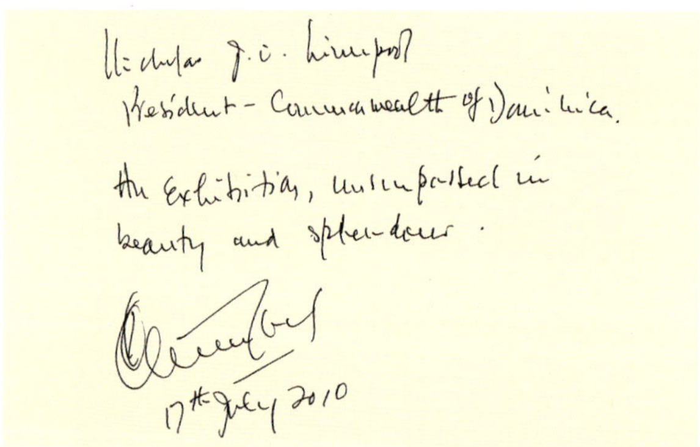

Nicholas J.O. Liverpool
President - Commonwealth of Dominica.

An Exhibition, unsurpassed in beauty and splendour.

17th July 2010

多米尼克总统：

该届世博会展现了史无前例的美与精彩。

多米尼克总统　尼古拉斯·利物浦

格林纳达旗帜

EXPO 2010 is an excellent opportunity for bringing people of different cultures together. An opportunity is also created for the Global family to get to know each other.

Tillman Thomas.
P.M. of Grenada

2010世博会为具有不同文化背景的人提供了相互结识的绝好时机，也是世界大家庭加深相互了解的良好机会。

格林纳达总理 蒂尔曼·托马斯

圭亚那旗帜

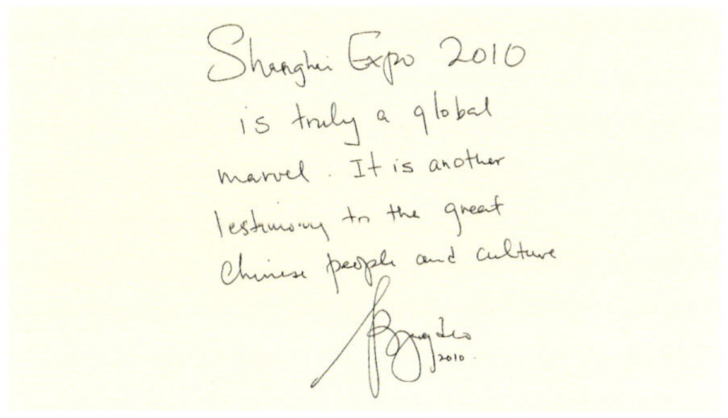

Shanghai Expo 2010 is truly a global marvel. It is another testimony to the great Chinese people and culture

2010

2010上海世博会的确是一大世界奇迹。中国又一次证明了其人民及文化的伟大。

圭亚那总统 巴拉特·贾格迪奥

海地旗帜

Après le terrible tremblement de terre qui lui a coûté plus de trois mille morts, Haïti a le plaisir de participer à l'Expo 2010 qui se tient dans la belle ville de SHANGHAI. Que cet événement renforce les liens entre les peuples de la Caraïbe et celui de la grande Chine.

Pierre André Dunbar
Chef de la délégation haïtienne.

在经历了造成三十万同胞遇难的可怕地震灾害后，海地很荣幸地参加了这次在上海举办的这一盛大的世博会。

希望这一活动能够加强海地和中国两国人民之间的友谊。

海地贸工总司长 皮埃尔·安德烈·敦巴

牙买加旗帜

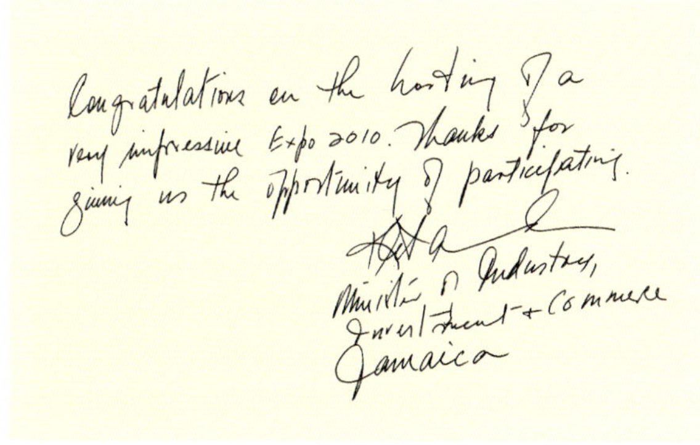

Congratulations on the hosting of a very impressive Expo 2010. Thanks for giving us the opportunity of participating.

Minister of Industry, Investment + Commerce
Jamaica

祝贺此次令人印象深刻的2010世博会成功举办。感谢给予我们的参会机会。

牙买加工业、商业和投资部长 卡尔·萨姆达

圣基茨和尼维斯旗帜

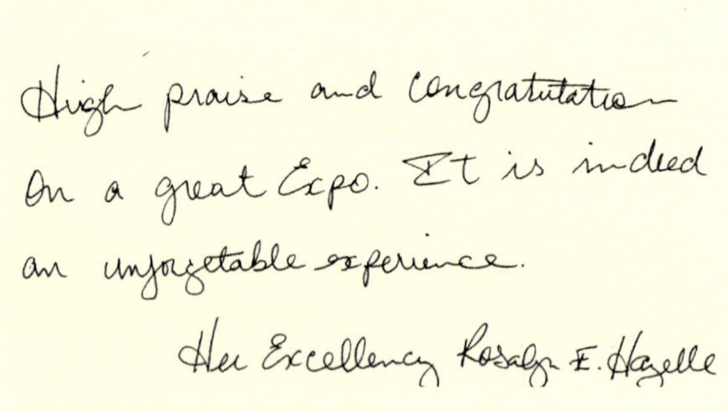

High praise and congratulation
on a great Expo. It is indeed
an unforgettable experience.

Her Excellency Rosalyn E. Hazelle

高度赞扬并祝贺此次世博会。它的确令人难忘。

圣基茨和尼维斯大使 萝莎琳·哈泽勒

圣卢西亚旗帜

Congratulations to the Government and
people of the PRC for the successful
hosting of Expo Shanghai 2010.

Mangal.
Charlotte Tessa Mangal.
Minister of Commerce, Industry
& Consumer Affairs
Saint Lucia.

祝贺中华人民共和国政府和人民成功举办 2010 上海世博会。

圣卢西亚工业、商业和投资部长 夏洛特·泰莎·曼加勒

圣文森特和格林纳丁斯旗帜

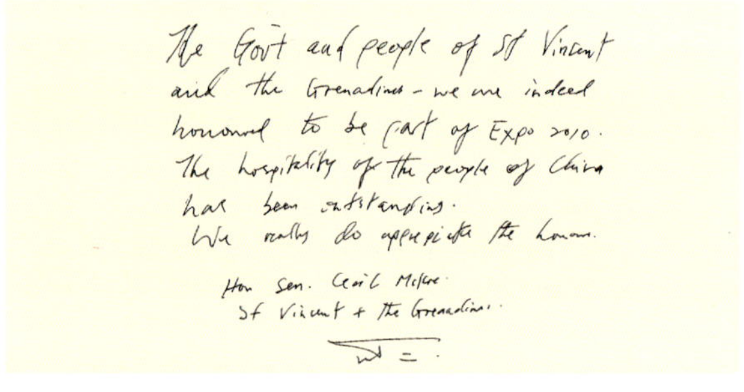

The Govt and people of St Vincent
and the Grenadines - we are indeed
honoured to be part of Expo 2010.
The hospitality of the people of China
has been outstanding.
We really do appreciate the honour.

Hon Sen. Cecil McKie
St Vincent + the Grenadines.

圣文森特和格林纳丁斯政府和人民—我们非常荣幸能够参与 2010 年世博会。 中国人民的热情好客令人难忘。我们对此表示感激。

圣文森特和格林纳丁斯青年和体育部长 塞西尔·麦凯

苏里南旗帜

Government of the People's Republic of China
Government of Shanghai Municipality.

Please accept the appreciation of Suriname
for the excellent organisation of the
Caricom Day of Honor on the World Expo 2010.
This Expo will be the best achievement for the
People of China, the People of the Caribbean,
and the World community.
Congratulations & Many Thanks.

Mohamed Ishak Soerdkarta
Ambassador of Suriname in China
17/07/10

中华人民共和国政府，上海市政府：

请接受苏里南对 2010 世博会加勒比共同体日的成功举办的谢意。这届世博会是中国人民、加勒比人民及国际社会的最大成就。

祝贺你们并深表谢意。

苏里南驻华大使 穆罕默德·伊萨克·苏罗卡索

特立尼达和多巴哥旗帜

Congratulations to the City of Shanghai for a job well done on Expo 2010 and efforts in furthering China-Caricom relations.

Urvashi Ramnarine
Counsellor
High Commission of Trinidad & Tobago
Delhi 17/12/10

祝贺上海市在 2010 世博会的良好表现及为深化中国 – 加勒比关系而进行的努力。

特立尼达和多巴哥参赞 乌瓦时·兰那里

加勒比共同体日代表团所赠的工艺品

加勒比共同体日的文艺表演

斯里兰卡民主社会主义共和国国家馆日

2010年7月18日

斯里兰卡馆（A片区，租赁馆）

在馆日仪式上的中方代表致辞

我谨代表中国政府和上海世博会组委会，对斯里兰卡举行上海世博会国家馆日表示诚挚祝贺，对贾亚拉特纳总理出席今天的馆日活动表示热烈欢迎。相信斯里兰卡国家馆日活动将给每一位到访者留下深刻而美好的印象。

世博会是各国人民展示聪明才智、相互学习借鉴的广阔舞台。多年来，世博会始终高举进步旗帜，崇尚创新精神，坚持开放道路，倡导和谐理念，促使人类不断重新认识世界、认识自身。随着工业化和城市化的发展，城市为人们生活提供了各种便利，同时也带来了严峻挑战。如何实现城市的和谐、可持续发展是摆在世界各国面前的一个重大而紧迫的课题。本届上海世博会以“城市，让生活更美好”为主题，为各国人民展示城市文明成果、交流城市建设经验、共同探讨解决现有问题的各种方案、提出对未来城市生活的美好设想提供了机会，将为人类可持续发展留下一份丰厚的精神遗产。

斯里兰卡对解决城市问题、提高生活质量这一问题进行了独到的思考和探索，令人耳目一新。斯里兰卡馆独具特色，美轮美奂。缤纷多彩的天花板展示着精美的蜡染工艺，做工细腻的艺术品讲述着城市历史的发展演变，技艺精湛的手工艺者演示编织、木雕等传统绝技，艺术家们把原汁原味的当地音乐、舞蹈呈现在广大参观者面前。这一切让我们有幸领略到斯里兰卡悠久的历史文化，切身感受当地的风土人情和斯里兰卡人民的热忱纯朴，同时生动诠释了“传统到现代的转变”这一主题。它提醒我们，在享受现代科技成果、普及现代生活方式的同时，也应从古代文明中发掘智慧，保持内心的宁静，实现人与人、人与自然之间和谐共存。只有这样，才能

中国上海市市长 韩正

斯里兰卡总理 萨纳亚克·贾亚拉特纳

使我们的城市和生活更加美好。

中斯两国人民的友好交往源远流长。建交53年来，中斯友好关系健康顺利发展，建立了真诚互助、世代友好的全面合作伙伴关系。两国政治互信不断加深，经贸、人文领域合作日益拓展，两国人民的友谊与日俱增。当前，中斯友好合作面临着重要机遇和广阔前景。我深信，上海世博会将为中斯两国人民增进了解、巩固友谊、深化合作提供新的契机。

祝愿斯里兰卡国家馆日活动取得圆满成功。

在馆日仪式上的外方代表致辞

我很荣幸在2010年上海世博会斯里兰卡国家馆日发言。共有246个国家与国际组织参与了本届主题为“城市，让生活更美好”的上海世博会，斯里兰卡也是参展国之一。

我想在此重要时刻向中国政府与人民在上海这座伟大的城市成功举办2010世博会表示祝贺。上海对于斯里兰卡人民来说非常亲切，因为它是我国的商业首都科伦坡的姐妹城市。

两年以前，中国刚刚举办了历史上参赛人数最多的奥运会之一。现在，通过举办上海世博会这场类似甚至更大型的活动，中国再次吸引了全世界的关注。这是新中国历史上的又一次重要活动，展示了中国对可持续发展、世界和平、进一步加深各国间相互理解和民间交流事业的投入与决心。

世博会已经成为举世公认的盛会，它拉近世界各国的距离，交流思想，分享人类发展的经验。它为全人类提供了一个平台，集思广益，寻找方案应对全球挑战。它也为增进各国的相互理解与认同，展示各国文化提供了平等的舞台。

世博会也为所有参展国家提供了难得的机会，向国际社会展示本国贸易、投资和旅游方面的资源。比如各国都有机会举办国家馆日活动，以更好的在各自的领域宣传推广自己。

斯里兰卡高度重视参展上海世博会，我也很高兴注意到斯里兰卡是最早做出承诺支持并确认参展的国家之一。

斯里兰卡与中国都是历史悠久的国度，两国间的友好关系也日久弥坚。自两国于1957年建交以来，这一建立在相互尊重和共同意识形态基础上的双边关系不断发展，双方的相互理解得以进一步加深。参展上海世博会对斯里兰卡以及所有国家来说都是一件大事。我坚信世博会必将加强两国在各领域的交流，让双方的发展都更上一层楼。

在这里，我还必须强调斯里兰卡在打击分裂主义恐怖分子叛乱的关键时刻从中国得到的援助。中国为斯里兰卡维护主权与领土完整的努力提供了物质和道义上的支持，这证明中国是我们在困难时期的坚定朋友。

在我们成功击败分裂主义恐怖分子之后，中国政府又在我国旨在改善人民社会经济条件的发展工作中发挥了关键的作用。

今天，正当我们在此庆祝斯里兰卡国家馆日之际，首先在我脑海中浮现的就是斯里兰卡馆与中国馆“东方之冠”毗邻而立。中国馆展示了城市发展的中国智慧这一核心主题。“斯里兰卡在上海世博会中得到了一个绝佳的机会以讲述自己的故事，并在中国以及全世界人民的眼中打造更为出色的国家形象。”古代最伟大的探险家之一马可波罗曾将斯里兰卡描绘成“世界上最美的岛屿之一”，斯里兰卡也被誉为全世界最美丽的旅游目的地。我很高兴的告诉大家，在击败了恐怖主义之后，我们已成功恢复了我国的形象，同时，这也进一步推动了斯里兰卡旅游与贸易的发展。

斯里兰卡馆对我国的形象进行了绝佳描述。我们希望那些参观我馆的游客会受到启发前往我国旅游。我们斯里兰卡人民非常骄傲地与全球伟大的国家与城市齐聚上海，向世界宣布斯里兰卡是一个旅游和商贸的绝佳目的地。

我很高兴的宣布：从 2010 年 7 月 1 日起，斯里兰卡政府正式启动科伦坡与上海间的直航，从而在两国间揭开了航空往来的新篇章。

最后，我想向所有为斯里兰卡参展世博会付出辛勤努力的朋友们，尤其是我们斯里兰卡馆的总代表，参加过十届世博会的 Hubert Jayakody 先生，表示感谢。

我们庆祝今天这个特殊的日子，不仅是为强调我们与最重要的朋友中国之间不断发展的伙伴关系，同时也为促进双边关系做出巨大贡献的两国人民喝彩。因此，我想借此机会，代表拉贾帕克萨总统，代表斯里兰卡的政府与人民，并以我个人的名义，向中华人民共和国，向今天到场的上海市市长韩正阁下表示诚挚的谢意，感谢你们所提供的重要帮助与热情款待。我们热切并自豪的期待两国友好互利的双边关系继续深化发展。

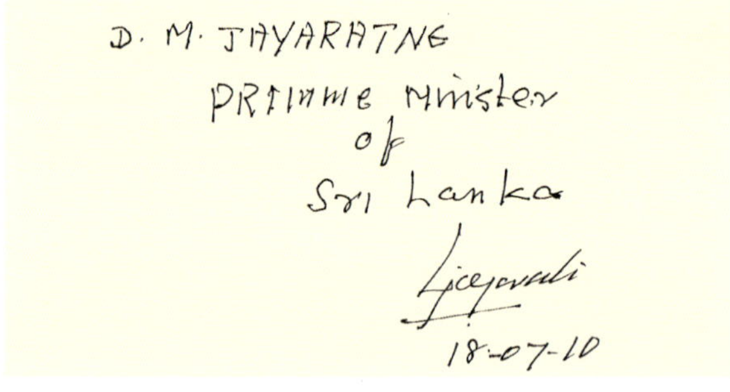

萨纳亚克·贾亚拉特纳的签名

交流活动

中方代表与斯里兰卡民主社会主义共和国国家馆日代表团主要成员合影

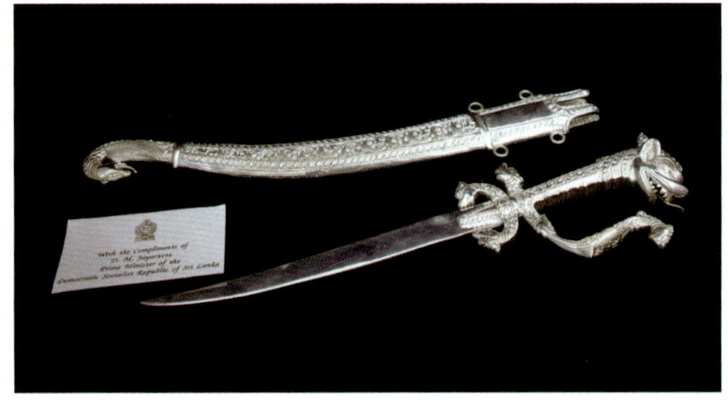

斯里兰卡馆日代表团所赠的礼物

斯里兰卡馆日的文艺表演

毛里塔尼亚伊斯兰共和国国家馆日

2010年7月19日

在馆日仪式上的中方代表致辞

今天，我们相聚在中国上海，在美丽的世博园共同庆祝毛里塔尼亚伊斯兰共和国国家馆日。首先，我代表中国政府和人民向远道而来的毛里塔尼亚贵宾表示热烈的欢迎！向你们为上海世博会作出的重大贡献表示衷心的感谢！

中毛两国人民有着深厚的友谊。今天恰逢中毛建交45周年。建交以来，两国关系稳步发展，中毛友好深入人心。双方政治上相互尊重、平等相待，经济上互利合作、共同发展，国际事务中相互支持、密切配合。中国政府感谢毛里塔尼亚政府长期以来在台湾、涉藏、涉疆等问题上给予中方的宝贵支持。中方珍视同毛里塔尼亚的传统友谊，愿意同毛方一道，进一步发展两国真诚友好、全面合作的关系，拓展双方在渔业、能源、矿产、文化、卫生、人力资源培训等领域的合作，以造福两国和两国人民。

世博会不仅是各国展现综合国力、最新科技成果、传统文化和价值观的绝佳平台，也是促进各国人民之间相互了解和友谊的重要舞台。毛里塔尼亚政府十分重视上海世博会，认为上海世博会对毛中关系意义重大，毛里塔尼亚馆以“毛里塔尼亚古老城市与现代城市间的对立统一”作为主题，充满沙漠古城建筑氛围，展示了沙漠古城和现代城市努瓦克肖特两种城市印象，充分展示了兼具阿拉伯文明和非洲本土文明双重属性的独特的毛里塔尼亚文明。

希望借助世博会“理解、沟通、欢聚、合作”这一平台，中毛两国合作和两国人民的友谊跃上新的台阶。

最后，祝毛里塔尼亚馆在上海世博会取得圆满成功！

毛里塔尼亚馆（C片区，非洲联合馆）

中国国家工商行政管理总局副局长 付双建

毛里塔尼亚商业、手工业与旅游部长 邦巴·乌尔德·达拉曼

祝中毛两国人民友谊源远流长！

在馆日仪式上的外方代表致辞

首先我要感谢中国政府和人民，自从我的代表团和我本人来到中国这片古老而美丽的土地和上海这个令人赞叹的城市，就受到了你们热情洋溢和无微不至的接待。同时我也要祝贺中国政府和人民选择上海来举办世博会，这场全球盛事现在已经取得了令人瞩目的成功。

今天我十分荣幸地代表毛里塔尼亚伊斯兰共和国政府来主持上海世博会的毛里塔尼亚国家馆日仪式。选择7月19日作为我们的馆日，绝不是一个偶然。毛里塔尼亚政府希望以此来纪念1965年的7月19日（星期一），就是在这一天，刚刚获得独立主权的毛里塔尼亚与中华人民共和国建立了外交关系。

今天我们一起庆祝建交45周年，刚好也是星期一，借此机会我祝愿中华人民共和国和毛里塔尼亚伊斯兰共和国的友好合作关系不断增强、拓宽、巩固，以造福两国人民。

世博会主题“城市，让生活更美好”号召人类在21世纪要更加团结，创造和谐的生存环境，以适应气候变化带来的新风险；因为现在全球超过半数的人口都居住在城市，因为气候变化，很多人的生活条件十分艰苦。

各国城市扩张带来了众多压力，这需要全人类进行共同思考，在一些城市特有的问题上进行经验交流。目标是找到在地球这个人类共同的家园里获得更美好生活的有利条件。

如今的上海是全世界最美丽的大都市之一，因而也是举办新千年的这届世博会的最佳之地。早在申博阶段，毛里塔尼亚就出于两国的传统友谊，大力支持上海申办，并在国际展览局成员国中积极支持上海的申办主题。

如今，共和国总统穆罕默德·乌尔德·阿卜杜勒·阿齐兹阁下（H.E.M. Mohamed Ould Abdel Aziz）也一如既往地不懈努力，推动两国关系不断巩固和发展。

同样，我国也竭尽所能，保证在世博会非洲馆内带来一场高质量的展览。毛里塔尼亚馆展出了我国不同形式的民居，其中包括首都努瓦克肖特（Nouakchott）风貌和古城民居，这些古城起源于11世纪，已于1996年被联合国教科文组织列入人类遗产名录。

这些多种多样的民居和建筑形成了非常显著的对比。尽管面临着沙漠化和资源短缺的威胁，毛里塔尼亚人仍然用他们的智慧和才干为城市居民创造更好的生活，建出了如此多样化的民居。

我们展出的内容涵盖了四座古城兴格提（Chinguitty）、瓦丹（Ouadane）、提希特（Tichitt）、瓦拉塔（Oualata）和首都努瓦克肖特市（Nouakchott）。

截至今天，中国2010年上海世博会已经迎来了超过2500万游客。最后，我想再次祝愿世博会取得圆满成功。

最后，我衷心邀请上海市民来参观我们毛里塔尼亚伊斯兰共和国国家馆。

交流活动

中方代表与毛里塔尼亚伊斯兰共和国国家馆日代表团主要成员合影

La splendeur de la chine va en grandissant, l'exposition 2010 chine en est une illustration parfaite. Le pays regorge de potentialités diverses.

Bamba ol Daramane.
Ministre du Commerce, Artisanat et Tourisme.
Republique Islamique de
MAURITANIE

中国盛世愈加繁荣，上海世博会就是最好的证明。毛里塔尼亚具有多样的潜能。

邦巴·乌尔德·达拉曼

毛里塔尼亚馆日代表团所赠的特色地毯

毛里塔尼亚馆日的歌舞表演

萨尔瓦多共和国国家馆日

2010年7月20日

萨尔瓦多馆（C片区，中南美洲联合馆）

在馆日仪式上的中方代表致辞

今天，我们相聚中国上海，相聚在美丽的世博园区，共同庆祝萨尔瓦多国家馆日！我谨代表中国政府和人民，对萨尔瓦多国家馆日的举办表示热烈祝贺，对各位嘉宾的到来表示诚挚欢迎。

世博会是跨越了种族、跨越了文化、跨越了国家和地区的伟大盛会。在各国人民的积极参与和大力支持下，中国2010年上海世博会成功开幕，顺利运行，成为促进世界多元文化交流合作的重大历史机遇。

上海世博会得到了包括萨尔瓦多在内的国际社会大力支持。以"萨尔瓦多，火山之国"为主题的萨尔瓦多馆，展馆风格原始粗犷，展示了萨尔瓦多独有的火山地貌、古老文明以及萨尔瓦多人利用丰富的地热和水力资源，为创造更优质的生活和美好的城市而作的努力，深受大家喜爱。我们相信，萨尔瓦多馆一定会成为上海世博会的亮点。

最后，衷心祝愿萨尔瓦多在本届世博会上参展成功，祝愿萨尔瓦多国家馆日活动顺利，祝愿奥托·西格弗里德·雷耶斯·莫拉莱斯副议长和各位来宾身体健康！

在馆日仪式上的外方代表致辞

很荣幸出席上海世博会萨尔瓦多国家馆日活动，本届世博会是世界上规模最大的科技与发展博展会，它必将成为世博发展史中的重要篇章。

今天，我怀着极其喜悦的心情来到中华人民共和国，分享在这样一个拥有悠久历史文化的国家举办的大型世界博览会，众所周知，这里孕育了最古老的文明，它向

中国贸促会副会长 王锦珍

萨尔瓦多共和国国民议会副议长 奥托·西格弗里德·雷耶斯·莫拉莱斯

世界展示了将传统文化与现代文明结合在一起的能力。

对于萨尔瓦多人民来说，中华人民共和国自 1949 年成立以来，就以其独立自主的发展道路成为世界的楷模。此时此刻，我想起中华人民共和国主席胡锦涛阁下在建国 60 周年时的讲话：“继续同世界各国人民一道推进人类和平与发展的崇高事业，推动建设持久和平、共同繁荣的和谐世界。”

正如胡锦涛主席所讲的那样，中国成功地应对了世界金融危机并且成为最早迈向经济复苏的国家之一，预计 2010 年经济增长预期将达到 8%，从而赢得了全世界普遍赞誉。

也正因如此，本次在上海这个美丽繁荣的城市举办的世博会是一个成功的证明，上海世博会所要达到的目标是实实在在的并且是可以有目共睹的，其中当然也包括来自五大洲的 190 个国家和 56 个国际组织所代表的多元性、创造性和执着精神。

本届世博会主题是“城市，让生活更美好”，举办方借此承诺将给世界留下宝贵的财富，因此，城市无疑成为一个广泛、民主和有代表性的话题，也正因如此，中国给予了我国各级立法机构平等的代表权，保障了人与人之间、地区与地区之间以及种族与种族之间的平等。

同样，本届世博会还表现出创新和领先的一面，人们可以利用这个机会就发展当今时代所需要的城市模式交流各自的建议。当务之急是，考虑每个人的身份和特质，从可持续角度出发，开辟一个具有包容性和创造性、适应环境并且满足居民需要的城市发展项目。

本届世博会给我们出的题目是，在持久建设一种蓬勃发展和共同负责的经济的基础上，建立一种多文化共存、以宽容和民主原则为基础的和谐社会，实现科技和文化的同步发展。这也必将要求我们把城市发展与农村发展结合起来。

今天我们在萨尔瓦多国家馆举行国家馆日活动，我个人认为，这里不仅能展示我们的创意，更能折射出萨尔瓦多人民在执着追求繁荣昌盛的道路上所表现出来的不屈不挠的精神，我相信，这些展示能够与其他参展国的展示共同汇成一幅内容丰富的展示画卷。

我们对城市发展的关注，不仅包括经济问题，还包括安全和防灾问题，一直以来，我们的大城市持续受到气候变化和自然环境的威胁，我们也注意到，在现政府的领导下，我们正在与各级市政府以及民间社会部门共同建立预防和发展政策，使之成为一项持久的减灾政策。我们特别希望看到着眼于市民保障和家庭社区休闲的城市发展方案。

我国在城市发展中所面临的另一个重要问题是，保护丰富的多元文化历史遗产，在萨尔瓦多汇集了众多西班牙殖民前文化、西班牙文化以及混血文化，如今我们已经非常重视保护并向世界宣传这些文化。我们还将与咖啡种植有关的传统文化列入保护范围，这也是萨尔瓦多国家馆重点展出的内容。如今咖啡已经成为广为流行的饮品，在我们国家肥沃的土地上也大面积地种植咖啡豆，能够向全世界供应多种品质上乘的咖啡。

萨尔瓦多的国土面积虽小，但萨尔瓦多人民特别能吃苦耐劳，我们到这里来不仅是为了展示我们有限的成就，更是为了从本届博展会中学会如何发展，因为我们明白，只有互相融合与平等交流才能促进人类的发展。

从普遍意义上讲，只有全世界团结一致，只有全世界共同分享能够帮助人类战胜饥饿、疾病、恶劣气候以及自然灾害的技术和科学创新，只有在尊重人民独立自主和尊重国际法的基础上建立一个公正和平的全球秩序，才能实现真正的繁荣昌盛。

感谢这次盛会的组织者为我们提供表达建议的机会，也感谢各国的观众愿意给萨尔瓦多这样一个小国家提供机会。

本人谨代表萨尔瓦多共和国国民议会以及萨尔瓦多人民，邀请各位到萨尔瓦多国家馆来了解并亲身体验我们的想象和创意。

交流活动

中方代表与萨尔瓦多共和国国家馆日代表团主要成员合影

En ocasión del Día Nacional de El Salvador en la World Expo Shanghai 2010 deseo expresar mi admiración por los impresionantes logros económicos, sociales, culturales y técnico-científicos de la República Popular China, y, en particular, de los ciudadanos de Shanghai.
¡Muchos éxitos siempre!
Un amigo
Sigfrido Reyes
Julio 20, 2010.

值此2010年上海世博会萨尔瓦多国家馆日之际，我谨对中华人民共和国，特别是上海市在经济、社会、文化和科技领域取得的辉煌成就表达本人诚挚的敬意，并预祝中国不断取得更多成就！

奥托·西格弗里德·雷耶斯·莫拉莱斯

萨尔瓦多馆日代表团所赠的工艺品

萨尔瓦多馆日的文艺表演

全球环境基金荣誉日

2010年7月20日

在荣誉日仪式上的中方代表致辞

非常高兴参加今天的活动。首先，我代表中国政府和上海世博会组委会，对全球环境基金荣誉日活动的举办表示诚挚祝贺！对长期以来关心、支持中国环境保护事业和节能减排工作的全球环境基金、以及世界银行、联合国开发计划署、联合国工业发展组织等国际组织代表出席今天的荣誉日活动表示热烈欢迎！

全球环境基金是目前环境保护领域最重要的多边国际机构之一。作为《联合国气候变化框架公约》、《联合国生物多样性公约》、《联合国防治沙漠化公约》、《关于持久性有机污染物的斯德哥尔摩公约》等国际环境公约的主要资金机制，全球环境基金多年来通过向广大发展中国家提供赠款，开发实施相关环境保护项目，促进了环境领域的国际合作，为提高全球环境效益、保护人类赖以生存的地球做出了突出贡献。

中国是全球环境基金的创始成员国、捐资国和最大受援国之一。中国政府与全球环境基金一直保持着良好合作关系。截至目前，全球环境基金累计承诺为中国的88个国家项目提供约8亿美元赠款，覆盖生物多样性、气候变化、国际水域、土地退化、持久性有机污染物等多个领域，辐射30个省（自治区、直辖市）。此外，中方还参与了27个由多个国家共同实施的区域和全球赠款项目。全球环境基金不仅为中国带来了优惠资金，还带来了国际先进环境保护和管理理念，推动了中国的环保事业和经济可持续发展，加强了中国履行相关国际环境公约的能力，保证了履约工作顺利进行，增强了公众的可持续发展意识。同时，中国长期以来通过实施基金赠款项目促进环境保护的努力也得到国际社会的高度

全球环境基金馆（B片区，国际组织联合馆）

中国财政部副部长 朱光耀

全球环境基金主席 莫妮卡·芭布

认可，项目实施经验为其他发展中国家提供了有益的借鉴和启示。

世博会历来是展示新观念、新技术、新创意的重要平台，它鼓励发挥人的创造性和主观能动性，促进人类健康发展。上海世博会“城市，让生活更美好”的主题，对处于不同发展阶段的国家和人民而言都具有重要意义。如本届世博会所体现的，人类正在与时俱进地不断创新，积极应对城市化进程中出现的新问题、新挑战，追求更宜居的环境和更高质量的生活。

全球环境基金受邀举办此次活动，正是因为其一直注重通过推广先进的环保技术和管理机制，提高全球环境效益，实现人口、资源、环境可持续发展。作为中国与全球环境基金在技术创新领域项目合作的典范之一，芭布女士亲自提议的“中国燃料电池公共汽车商业化示范项目”顺利实施，其中，北京燃料汽车示范子项目在奥运期间发挥了重要运输和展示作用；上海子项目也在世博会期间示范运行，这一项目的实施帮助北京和上海两大城市公交系统获得燃料电池汽车商业化运营的有益经验，提高了这一创新技术商业化和产业化能力。我相信，这一项目的实施能为中国城市未来发展清洁、廉价、高能效的交通工具提供有益的经验。

最后，我想再次感谢大家出席今天的全球环境基金荣誉日活动，并预祝该活动取得圆满成功。

在荣誉日仪式上的外方代表致辞

我非常荣幸在上海世博会同各位一道庆祝全球环境基金荣誉日。非常感谢你们的参与。

全球环境基金是一个拥有 182 个成员国的独特合作机制，我们与国际机构、民间团体以及私营部门密切合作，在当地进行投资，保护全球环境，以应对当今诸如气候变化、物种灭绝、土地和水资源的污染等最大的环境挑战。

近 20 年来，全球环境基金同中国的伙伴密切合作，在当地进行投资以激发具有全球性影响的创新。正是通过这些创新，我们构建更好的城市，更美好的生活，而这恰恰是上海世博会的主题。

作为世界最大的环境基金，全球环境基金为发展中国家提供资金和技术援助。中国是我们最大的合作伙伴，我们有令人印象深刻的纪录，富有丰硕成果的历史，以及大有前途的未来，这些将成为其他国家效法的范例。

我不想仅仅讲以上这些：请允许我分享一组数据来讲述一个故事。在过去 19 年中，全球环境基金在中国资助了大约 100 个项目，提供了 8.2 亿美元的赠款，撬动了来自政府、企业、民间团体和其他合作伙伴的 70 亿美元的联合融资。

我们一同取得了诸多成就，包括应对气候变化的挑战、生物多样性的保护、减少食品和饮用水中的危险杀虫剂以及通过更完善的土地管理保护粮食安全。

在气候变化领域，在全球环境基金的支持下，中国成为第一个展示清洁高效燃料电池公交车商业运营的发展中国家，这种公交车在 2008 年北京奥运会期间首次投入使用，现在上海世博会也正在使用。这些展示在中国各地激发了公共部门和私营部门对低碳替代公交工具的投资。随后我们会乘坐体验一下燃料电池公交车。

除城市中心之外，全球环境基金还在诸多乡镇发挥了引人注目的影响，包括投资于节能手段以帮助当地制造业工厂在保持运行的同时大幅削减有毒污染和二氧化碳的排放；在农村家庭推广可再生能源；通过土地与水资源管理减少贫困并提高气候适应力。诸如此类的项目影响了上百万中国人的生活并为中国的可持续发展做出了贡献。

我们在中国资助的项目很多，我可以讲述很多的故事。但最关键的是全球环境基金在中国的项目实实在在地推动了可持续发展，既造福了当地人民又保护了全球环境。

对于我们在中国的成就，我十分自豪。这些成就是我们与政府、伙伴机构、民间团体和企业一同取得的。在全球环境基金最近成功完成赠资金之际，我们开启了新的征程。我们很自豪地分享本届世博会的理念，秉承传统，继往开来。

交流活动

中方代表与全球环境基金荣誉日代表团主要成员合影

Congratulations on a very impressive exhibit which shows the wonders of China Development

Monique Barbut
20/07/2010

祝贺该次令人印象深刻的展会，它显示了中国发展的奇迹。

莫妮卡·芭布

全球环境基金荣誉日代表团所赠的工艺品与书籍

博茨瓦纳共和国国家馆日

2010年7月21日

博茨瓦纳馆（C片区，非洲联合馆）

在馆日仪式上的中方代表致辞

首先，请允许我代表中国政府和上海世博会组委会，对博茨瓦纳举行上海世博会国家馆日表示诚挚祝贺，对梅拉费副总统出席今天的馆日活动表示热烈欢迎。相信博茨瓦纳国家馆日活动将使每一位到访者流连忘返。

世博会走过159个春秋，历久弥新，始终保持旺盛的生命力。这种活力源自人们对地域、种族和信仰的超越，源自人们对和平、合作与进步的渴望和追求。159年来，世博会始终坚持“和平、进步、友爱、合作”的宗旨，秉承创新的精神，坚持开放的态度，倡导和谐的理念，超越地域、信仰和种族的界限，把各国人民联系在一起。

本届上海世博会以“城市，让生活更美好”为主题，体现了人类社会对未来更美好生活的设想和憧憬。我相信，在所有参与者的共同努力下，上海世博会一定会成功、精彩、难忘，成为增进世界各国人民友谊的盛会，促进人类进步的盛会，推动创新和共同发展的盛会。

博茨瓦纳风景如画，资源丰富，人民纯朴，发展潜力巨大，享有“非洲宝石之国”的美誉。博茨瓦纳展馆以“和平的遗产”为主题，展示了博茨瓦纳走向现代化的过程，体现了它作为旅游之地、商业中心和生活之所的魅力。

中博传统友谊源远流长，两国人民一直是好朋友和好伙伴。今年是两国建交35周年。35年来，双边政治互信不断增强，各领域的交流与合作富有成果，两国人民之间的相互了解和友谊日益加深。中博都是发展中国家，都面临着发展经济，改善民生的重任。相同的梦想和相似的奋斗历程拉近了彼此间的距离，让我们互帮互

中国上海市副市长　胡延照

博茨瓦纳副总统　蒙帕蒂·梅拉费

助、携手前行，共同创造更加美好的明天。

中博相距万里之遥。就让上海世博会成为我们两国加强交流、扩大合作、增进友谊的桥梁，推动中博友好合作关系不断向前发展。

祝愿今天的博茨瓦纳国家馆日活动取得圆满成功。

在馆日仪式上的外方代表致辞

我今天非常荣幸也非常高兴与各位一起参加这一喜庆的盛会！这一活动必将使两国政府与人民的联系更为紧密。

我为伟大的中国人民和所有上海世博会的参与者和参观者带来了博茨瓦纳共和国政府与人民热情的兄弟般的问候。

在此我想向中华人民共和国政府表达我们诚挚的谢意，也感谢上海世博会组织者的热情邀请。感谢他们给了我们机会展示博茨瓦纳丰富的文化遗产、产品和商业机会。

各位也许已经了解，博茨瓦纳于 1966 年 9 月 30 日取得独立，因此如果不是日期与他国冲突的话，我们会更希望在 9 月 30 日这天在上海庆祝博茨瓦纳国家馆日。虽然如此，我们还是接受 7 月 21 日作为我们的上海世博国家馆日并让这重要的一天名垂青史。

中国对于非洲的坚定支持表明中国是我们的伟大而可靠的朋友。没有中国的无私帮助我们不可能战胜面临的一些政治和社会经济挑战。

我们在中非合作论坛等合作进一步加强了两国的政治经济关系，也充分表明中国有愿望和决心继续成为非洲可信赖的朋友。

毫无疑问中国已经成为众多非洲国家的战略经济伙伴，因而为这些国家人民的发展与转型事业做出了贡献。

中博两国堪称极优的双边关系是由两国间众多的合作协议为基础的，其目的是通过提供资源和技术援助推动社会经济发展。

我们因此热烈欢迎并感谢中博文化、经济和科技合作框架下的各类项目为我们所提供的众多机遇。博茨瓦纳珍视中国人民的善意与慷慨。

本届世博会的主题是“城市，让生活更美好”。这一主题不仅象征着人们改善环境的愿望，同时希望生活环境更为宜居、舒适和可持续。

尽管我这次对上海的访问非常短暂，但当驱车在城市中穿越时，我已经注意到上海的城市环境绿意盎然而且装点美观。上海几乎可以和世界上任何一个现代都市相媲美。因此本届世博会的主题也是最合适不过的了。

博茨瓦纳本届世博展示的主题是“和平的遗产”。我们之所以选择这一主题是因为和平对于美好生活意义非凡。博茨瓦纳尤其受到上海的启发，希望将我们的城市和乡村环境改善得与上海一样。

我的祖国博茨瓦纳大约有 200 万人口，是南非关税同盟（SACU）、世界贸易组织（WTO）、南非发展共同体（SADC）贸易议定书和欧盟（EU）等双边与多边贸易协议的签署国。这些协议让博茨瓦纳的产品能自由地进入世界上最大的市场。

我们因此诚邀您来博茨瓦纳投资。

交流活动

中方代表与博茨瓦纳共和国国家馆日代表团主要成员合影

A very splendid occasion which I was honoured and privileged to attend together with my colleague the Minister of Trade & Industry and the rest of my delegation.

21/7/2010

Vice President of Botswana

很荣幸能够与我的同事，贸工部长和代表团其他成员一同参与此次盛会。

蒙帕蒂·梅拉贵

博茨瓦纳馆日的文艺表演

博茨瓦纳馆日代表团所赠的民族工艺品

阿曼苏丹国
国家馆日

2010年7月22日

在馆日仪式上的中方代表致辞

首先，我代表中国政府和上海世博会组委会，对阿曼举行上海世博会国家馆日表示诚挚祝贺，对阿曼国家委员会主席蒙泽里阁下出席今天的馆日活动表示热烈欢迎。相信阿曼国家馆日活动将给每一位到访者留下美好而深刻的印象。

每一届世博会都是见证人类文明发展的驿站，在全球范围内推动广泛的国际交流，为各国开阔视野、展现自我，提供了机会和舞台。世博会始终高举进步的旗帜，崇尚创新的精神，坚持开放的道路，倡导和谐的理想，不断开启人类重新认识世界的窗口。

本届上海世博会以“城市，让生活更美好”为主题，体现了人类社会对未来更美好生活的设想和憧憬。在所有参与者的共同努力下，上海世博会一定会成功、精彩、难忘，成为增进世界各国人民友谊的盛会，促进人类进步的盛会，推动创新和共同发展的盛会。

中国与阿曼之间的友好交往源远流长。早在1200多年前，阿曼古船“苏哈尔”号就曾抵达中国，成为两国人民友好交往的一段佳话。两国建交后，特别是近年来，中阿关系全面深入发展，经贸、能源、人文等领域友好合作不断加强。2008年，阿曼首都马斯喀特作为北京奥运会圣火在阿拉伯和海湾地区唯一的传递点，见证了两国传统友谊的崭新华章。四川汶川特大地震灾害发生后，阿曼提供了真诚援助，中方对此铭记在心。我相信，上海世博会为促进两国人文交流，深化双边合作提供了又一个良好契机。

阿曼馆以其巧妙的构思成为本届世博会上一道亮丽的风景。阿曼馆融合了阿拉伯特色与现代风格，让我们

阿曼馆（A片区，自建馆）

中国国家能源局副局长 刘琦

阿曼国家委员会主席 叶海亚・马哈福兹・蒙泽里

领略到阿曼独特的自然风光和深厚的文化积淀，也展示出阿曼强调人与自然和谐相处、注重可持续发展、创造美好城市生活的发展理念。

阿曼馆建筑外观体现了古城尼兹瓦和港口城市苏哈尔的风貌，也让人联想到古船“苏哈尔”号。这艘航船今天将带领我们开启一段探索阿曼古老文明和丰富地貌的历史之旅，也将承载我们驶向追寻美好城市生活的未来。世博会的魅力正在于此，它让世界各国人民跨越国界，共同分享人类的智慧结晶，也为人类实现城市和谐、可持续发展留下一份丰厚的精神遗产。

最后，祝愿今天的阿曼馆日活动取得圆满成功。

在馆日仪式上的外方代表致辞

为了庆祝阿曼苏丹国国庆40周年纪念日这一光辉的日子，为了庆祝阿曼苏丹国在伟大的卡布斯・本・赛义德苏丹陛下的领导下所实现的现代化复兴，以及在这40年的复兴岁月中阿曼苏丹国为了实现可持续发展而在各个领域和方面所取得的成就和所实现的全面发展，阿曼苏丹国非常高兴能够参与和加入这一世界性的盛会。阿曼之所以参加本届世博会，其出发点是把阿曼苏丹国和中华人民共和国连接在一起的特殊历史关系和文化渊源，到今天，这种特殊的关系和渊源已经在所有领域都取得了发展和进步。此外，阿曼苏丹国之所以参加本届世博会，还因为阿曼笃信本届世博会的总主题及其各个分主题具有重要意义，本届世博会涉及了我们社会正在经历的高速发展问题，特别是涉及了当今世界的一个重要问题，即人的问题。毫无疑问，这当中包括了向各国人民和各个民族展示获得有尊严的生活的多种途径，而这是建立一个现代化国家并保证我们的国家不断成功发展的最重要因素。

阿曼苏丹国已经将实现可持续发展目标和对城市及乡村进行正确规划的目标列为其发展政策优先考虑的问题，这就是阿曼苏丹国今天和众多友好的兄弟国家以及一些相关的国际组织和区域性组织参与这一世界性盛会的原因所在，因为，阿曼苏丹国和这些友好国家及相关国际和地区组织非常高兴能够通过参与此次世博会向诸位传递它们的经验。在真主的帮助下，阿曼苏丹国在持续不断地付出更多努力，通过对阿曼各个城市进行健全和完整的规划与管理，为这些城市提供一种更好的生活。阿曼苏丹国制订了兼顾阿曼城市现在和未来的一系列战略与规划。此外，阿曼苏丹国还将永远致力于从一些友好国家在这方面的成功经验中不断获益。

阿曼苏丹国国家馆的建筑设计及其馆内的陈列展示和说明，无不展示出阿曼苏丹国在城市发展和管理方面的历史性建设经验和现代化建设经验，展示出阿曼苏丹国在这些领域对未来的期望，展示出乡村和城市之间过去和现在都始终存在的牢固关系，展示出阿曼城市中的经济繁荣和文化多元化。

今天是上海世界博览会阿曼苏丹国国家馆的国庆日，组织者将提供一个平台，用来突出展示阿曼苏丹国在规划和管理城市方面所付出的努力，特别是阿曼苏丹国还是一个拥有众多历史建筑和古迹的国度，这些历史建筑和古迹在城市规划和管理方面都拥有辉煌而杰出的记录。特别是阿曼的建筑都能够一方面使城市和乡村和谐交融，另一方面使阿曼的各个城市之间彼此联系。阿曼苏丹国参与此次世博会就是从侧面反映上述这种独特性的一个宝贵机会，其中展示了包括文化、遗产、建筑艺术以及阿曼人民的故事等在内的各个方面的内容。

最后，我要向友好的中华人民共和国政府以及国际展览局为成功举办这次重要的国际展览所付出的巨大努力表示万分的感谢和极大的赞誉！此次世界博览会为各个参展国家提供了一次展示其成就和规划的机会，而这些成就和规划都与本次世博会的主题“城市，让生活更美好”息息相关。同时，本次世博会也提供了一次机会使得来自世界各地的专家学者们能够相聚一堂，以便通过展览所承载的主题来努力实现展会管理的目标。感谢诸位光临世博会阿曼苏丹国国家馆！衷心感谢所有出席阿曼苏丹国国家馆日庆祝活动的来宾！祝愿诸位顺利如意！

愿仁慈的真主赐福您。

بسم الله الرحمن الرحيم

لسررنا والوفد المرافق زيارة اكسبو شنغهاي ٢٠١٠ متمنيا للقائمين
على هذا المعرض التوفيق والنجاح والعلاقات العمانية الصينية مزيدًا
من التقدم لصالح شعبي البلدين الصديقين

٢٠١٠/٧/٢٢

奉至仁至慈的真主之名

我很高兴率团参观上海世博会。我衷心地希望本次世博会取得圆满成功，中阿两国的友好关系取得进一步的发展。

叶海亚·马哈福兹·蒙泽里

交流活动

中方代表与阿曼苏丹国国家馆日代表团主要成员合影

阿曼馆日代表团所赠的银质工艺品

阿曼馆日的文艺表演

世界贸易组织荣誉日

2010年7月22日

世界贸易组织馆（B片区，联合国联合馆）

在荣誉日仪式上的中方代表致辞

我代表中国政府和上海世博会组委会，对世贸组织荣誉日庆典活动在上海世博会隆重举行表示诚挚的祝贺，对世贸组织总干事拉米先生专程出席今天的活动表示热烈欢迎。

世博会是人类文明成果荟萃的伟大盛会。从伦敦的水晶宫到布鲁塞尔的原子球，从芝加哥的菲力斯摩天轮到上海世博园，1851至2010年，159年间、39届世博会见证了人类社会的发展和进步，每一届世博会都是人类社会迈上新台阶的标志。本届上海世博会以“城市，让生活更美好”为主题，汇集了全球城市发展的最佳实践经验，从全新的视角重新认识城市的作用，探索人们对城市未来更美好生活的构想。从这个意义上说，世贸组织荣誉日以“贸易，让城市更美好”为主题，与世博会的主题“城市，让生活更美好”十分契合。

在过去的60多年里，以关贸总协定和世贸组织为核心的多边贸易体制为全球贸易建立起一个稳定的合作平台。60年间，国际贸易额增长了30倍，世贸组织成员增长了7倍，从最初23个发展到今天的153个，为世界经济繁荣做出重大贡献。

2001年，中国经过15年的不懈努力正式成为世贸组织的一员。九年来，中国政府始终是多边贸易体制的坚定支持者，始终是自由贸易原则的忠实维护者，忠实履行承诺，认真行使权利，在多边经济舞台上发挥了重要的建设性作用。

明年，我们将迎来中国加入世贸组织十周年。因此，我们在上海世博会庆祝世贸组织荣誉日，共同见证和分享国际贸易体制60年的发展成果，共同回顾和总结中国

中国商务部副部长 高虎城

世界贸易组织总干事 帕斯卡尔·拉米

加入世贸组织九年来走过的光辉历程，具有重要意义。

世贸组织荣誉日的活动内容丰富，形式多样。启动仪式结束后，将举行“城市在贸易中的作用”报告会，就城市与贸易的关系进行深入探讨。我们还可以在联合国馆欣赏到精彩的图片展和宣传短片，总干事拉米将就大家关心的问题与公众互动。

大家可以看到，上海世博会的会徽是中国汉字中世界的“世”，而世贸组织的标志是旋转的地球，两个标志具有异曲同工之处，拉近了中国与世贸组织的距离，向人们展示着这样一个理念：在全球化时代，世界是一个村落，所有国家和地区只有拿出全球视野，在共同的原则基础上，同舟共济，方能共同迎接更美好的未来。

预祝今天的世贸组织荣誉日活动取得圆满成功。

在荣誉日仪式上的外方代表致辞

我非常高兴造访中国并参加上海世博会世界贸易组织荣誉日。今天是值得庆祝的一天。庆祝世界人民、各个国家和国际组织汇聚到了一起。庆祝和平、合作、开放和友谊的精神。

这就是世界贸易组织所代表的精神。也是中国在十年前加入世贸组织大家庭时所秉持的精神。

中国于2001年11月加入世贸组织，这一历史性的时刻对于世贸组织和多边贸易体系来说都可说是最重要的事件。说得大胆一些，这也是新中国历史上极具意义的事件。

“双赢”这种说法已经是老生常谈了。但近乎所有的国际协议中都不可避免的使用到这一词语。

加入世贸组织让中国更具公信力，也让我们真正成为“世界”性的贸易组织。让世界各地的学者、经济学家到商业领袖和外交家都更加关注和支持本组织。中国两字原本的意思是“中央之国”，现在我们将它从全球经济的边缘带到了正中心，这对于我们大家而言，尤其是对中国人民而言都是巨大的成就。

这一成就绝非轻而易举的。从申请到最后成功加入世贸组织，中国总共花费了15年的辛勤努力和专注奉献。有些人说这费时太长，有些人说这个过程太过政治化太过复杂。也许吧，但是请想想中国为了成为世贸组织成员国所付出的努力吧。

我认为，中国加入世贸组织是邓小平先生于1979年开始实行的改革开放政策的一部分。农业也许是经济中最先经历改革的部分，很快中国便打开国门，欢迎贸易和投资。

对于中国而言，加入世贸组织是与其国内改革密不可分的一个步骤。让中国对各种货物、服务、理念、人员和资金开放，是中国领导人计划已久的。

中国的改革开放使得经济更加富有活力。新的理念、工艺和技术正不断涌入中国。

谁又能预料到这位勇敢的改革家能取得如此大的成功呢？进行改革以来，中国已经有数亿人脱离了贫困。中国很快将成为世界第二大经济体。去年，中国已成为全球最大的工业制成品出口国。

还有另外一个原因说明了为什么世贸组织成员的身份，以及漫长到几乎令人沮丧的入世过程帮助了中国的发展。邓小平先生和其他中国领导人认识到他们实施的改革将总是会遇到反对。他们认为加入世贸组织将给中国带来很多，包括进入更多更广泛的市场，世贸组织成员国的完整权利，运用争端解决机制的权利，以及为21

世纪全球贸易书写新规则的一席座位。但是对于中国领导人来说，世贸组织成员身份则不仅仅是上述的这些，中国入世帮助巩固并加强了中国改革开放政策的起草，以及 20 多年来的实施。一直到今天仍有如此影响。

随着巨大的中国市场变得越来越富有，各个国家比如赞比亚、澳大利亚、巴西和美国等对华出口也出现了大幅上升。在中国建立分支机构的公司都获利颇丰。在全球经济危机时期，大多数发达国家都陷入经济萧条，有些情况还相当不稳定，中国的高增长和对进口的强烈需求无疑是稳定世界经济的重要因素。对于很多发展中国家而言，不仅仅是亚洲国家，还包括非洲和拉丁美洲的国家，中国市场对于保障他们的经济增长和发展来说都是至关重要的。中国还积极地通过援助计划、贸易以及贸易援助来帮助较贫困的伙伴进行发展。

但这并不是说中国如此快速的发展一路无阻。在中国新经济形势下，大量涌入沿海城市寻找工作的人给当地政府带来了巨大挑战，他们需要确保基本的基础设施需求，确保为所有人提供适当居所、交通、学校和医疗卫生。

路上更多的车子，地上更多的工厂，空中更多的飞机意味着越来越多的温室气体。中国在建设和谐社会时需要应对的最重要的国内挑战就是可持续发展。这也是需要中国参与应对的全球挑战，即解决环境问题。

中国在不到十年前才加入了世贸组织，但是对我们很多人来说似乎是很久之前的事了。这个世界的经济、社会、科技和地缘政治都发生了巨大的改变。世界舞台上出现了新的角色。2010 年，全球贸易出现了新的力量。中国将成为全球贸易和其他活动的中心。但是我们地球面对的困难，需要应对的挑战，即使是中国这样的超级大国也无法单独解决。

我们面临的全球问题需要全球共同来解决。不论是现在还是将来，只有全球共同努力才能应对气候变化，促进发展，确保对流行病的充分应对，以及让全球贸易体系更加公平合理。

这就是为什么对于中国和世界来说，像世贸组织这样的国际组织变得越来越重要。这就是我们希望在世贸组织荣誉日上传达的信息：让我们共同努力，实现梦想。

交流活动

中方代表与世界贸易组织荣誉日代表团主要成员合影

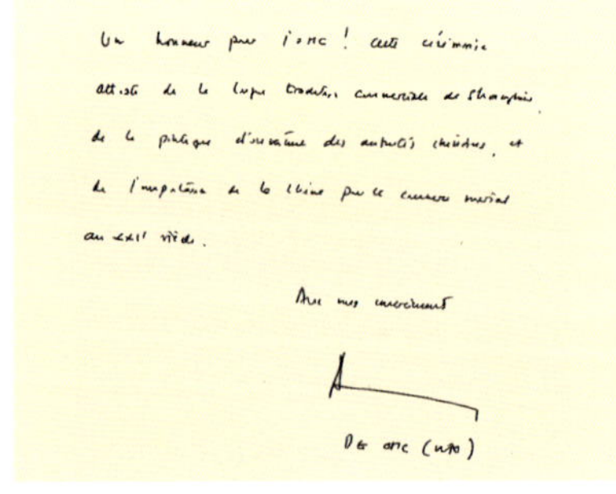

Un honneur pour l'OMC ! Cette cérémonie atteste de la longue tradition commerciale de Shanghai, de la politique d'ouverture des autorités chinoises, et de l'importance de la Chine pour le commerce mondial au XXIe siècle.

Avec mes remerciements

DG OMC (WTO)

世界贸易组织谨此表示愉快！这一盛事体现了上海人民的热情和中国人民的友好开放，中国将在 21 世纪的世界上发挥越来越重要的作用。

非常感谢。

帕斯卡尔·拉米

世界贸易组织荣誉日代表团所赠的画册

阿拉伯埃及共和国国家馆日

2010 年 7 月 23 日

在馆日仪式上的中方代表致辞

今天，我们相聚在黄浦江畔，相会在美丽的世博园区，共同参加埃及国家馆日活动。我谨代表中国政府和人民，向出席活动的各位来宾表示热烈欢迎，对埃及给予中国 2010 年上海世博会的支持表示衷心感谢，并预祝本次活动圆满成功。

埃及是最早与新中国建交的阿拉伯和非洲国家，也是最早与中国建立战略合作关系的发展中国家之一。建交以来，两国关系发展顺利，在政治、经济、文化、教育、科技、旅游等各领域广泛合作，取得了丰硕成果。

今年是中埃建立战略合作关系后第二个十年的开局之年。上海世博会为中埃战略合作提供了一次新的宝贵机遇。以“开罗，世界之母”为主题的埃及馆，通过八件不同法老时期的国宝级文物，丰富的实物展品、影片、图片等，呈现了埃及悠久的历史和璀璨的文明，探讨了当今和未来的挑战，反映了埃及人民对未来的追求。

我们相信，世博会期间，来自世界各地的游客将能在此领略到埃及美丽的自然风光、悠久灿烂的历史文明。我们相信，本届世博会将进一步扩大中埃人文交流，增进两国人民友谊，巩固两国政治互信，促进经贸交流，推动中埃战略合作关系迈上新台阶！

最后，再次预祝本次活动圆满成功！祝里兹克大使阁下及各位来宾身体健康！

在馆日仪式上的外方代表致辞

我很荣幸，也很高兴能与各位嘉宾共同庆祝上海世博会埃及国家馆日这一重要时刻，欢迎各位的光临。今天的

埃及馆（C 片区，租赁馆）

上海世博会中国政府副总代表 赵振宇

埃及驻华大使 艾哈迈德·里兹克

活动不仅仅对于埃及人民意义重大，对于其他第三世界国家的人民来说也是如此。因为我们也是在这里隆重庆祝埃及革命57周年。当时中埃关系中那段极具历史意义的光辉岁月仍然让人记忆犹新，早在1956年，我们在阿拉伯和非洲国家中率先与中国建立了外交关系。两国共同领导了追求民族解放和独立的国际斗争，一举扫除了多年来殖民和剥削的阴影。而今，以中埃两国之间的战略合作伙伴关系为指导，我们将在各个领域加强双边紧密合作，与此同时，我们也将在国际舞台携手努力，争取世界和平与安全，并为建立公平公正的国际秩序贡献力量。

过去的半个多世纪中，我们已经在中国举办了50多次埃及国庆活动，而今年的国庆由于在上海世博园举行而具有特殊意义。这是历史上首次由发展中国家主办世博会。对中国人民来说，它不仅能够诠释中国的发展成就，同样也能够体现中国在推动全球经济增长过程所发挥的领导作用。

在中华人民共和国，特别是上海举办世博会，本身就是世博史上的一次里程碑，同样也为中国骄人的发展史添上了华彩的一章。250个国家、地区和组织参加了上海世博会，让世博园成为一个罕见的大熔炉，来自五湖四海的文化，文明与艺术成就荟萃于此，此外，还有人类科技经济成果的独特展示。在本届世博会中，中国诠释了一种国家进步的模式，全国人民砥砺前行，各级领导高瞻远瞩，让这个国家不断勇攀高峰，登向国际政治、经济新秩序的顶峰。

埃及参与2010年上海世博会的方式不仅体现了本届世博会的特色，同样也体现了埃及作为世界最古老文明之一所拥有的丰富历史遗产，以及作为领先的新兴经济体在当代取得的成就。特别是埃及国家馆首次展出了极少离开法老故乡的古埃及珍品文物原件，为中埃两国深厚的传统友谊与当代战略合作关系做出了最佳诠释。

针对上海世博会的主题，埃及馆展示了我们为了协调人口分布以及克服城市人口密度过高问题所进行的都市社区市政规划管理工作。通过已经建立或正在建立的众多经济与工业城市及区域，我们希望进一步推进埃及的经济社会发展，不断提高经济增长率并巩固主要新兴经济体以及对外资最具吸引力的非洲经济体的地位。

我们想向世博会组织方表示深深的谢意，世博会的精心筹备与高效运行正好彰显了中国政府特别是上海市政府的工作效率和敬业精神，同时，还要感谢各位与埃及方面的精诚合作，让埃及国家馆与今天的活动同样精彩成功。

最后，我想再次强调今天在上海世博会举行的埃及国家馆日的活动绝不是一次寻常的世博活动。它彰显了自1999年两国建立战略合作伙伴关系以来双方建设性互动，体现了超过半个世纪的深情厚谊，并向我们保证两国的未来将比过去更加美好。

交流活动

中方代表与阿拉伯埃及共和国国家馆日代表团主要成员合影

I am very honoured to celebrate
the Egyptian national day in Shanghai
expo 2010 that presents a great landmark
of the future of great China.
thank you very much
A. Rizk
Amb. of Egypt

非常荣幸能够庆祝2010上海世博会埃及国家馆日，该届世博会是伟大中国通向未来的里程碑。

非常感谢。

艾哈迈德·里兹克

埃及馆日代表团所赠的画册

埃及馆日的文艺表演（一）

埃及馆日的文艺表演（二）

塞内加尔共和国国家馆日

2010 年 7 月 24 日

塞内加尔馆（C 片区，非洲联合馆）

在馆日仪式上的中方代表致辞

今天，我们相聚在黄浦江畔，相会在美丽的世博园区，共同参加塞内加尔国家馆日活动。我谨代表中国政府和人民，向出席活动的各位来宾表示热烈欢迎，对包括塞内加尔在内的国际社会给予中国 2010 年上海世博会的支持表示衷心感谢，并预祝本次活动圆满成功。

在中塞两国领导人的亲自关心和推动下，双方真诚友好、互尊互信，各层次交往频繁，在经贸、文教、卫生等领域合作富有成效，特别是双边贸易额连年增长，两国友好合作关系不断深入发展。

上海世博会为中塞双边关系的发展注入了新的动力。以“基础设施建设，可持续与和谐发展的推动力”为主题的塞内加尔馆，将传统与现代结合，展现了塞内加尔在保护环境、改善经济生活环境所做出的不懈努力。“特让加”乐队的演出，粗犷奔放，非洲风情浓郁，展现了塞内加尔充满活力的“好客之邦”形象。

我们相信，塞内加尔的展示和演出，将给来自世界各地的游客留下深刻印象。本届世博会也将进一步扩大中塞人文交流，增进两国人民友谊，推动中塞关系迈上新台阶！

最后，再次预祝本次活动圆满成功！祝尼昂部长及各位来宾身体健康！

在馆日仪式上的外方代表致辞

首先，我谨代表塞内加尔共和国总统阿卜杜拉耶·瓦德阁下、塞内加尔总理并以我个人的名义，向中华人民共和国对塞内加尔代表团的热情款待表示衷心的感谢。

中国商务部副部长 蒋耀平

塞内加尔贸易部部长 阿马杜·尼昂

同时，请允许我就此次盛会的顺利举办向国际展览局、中国政府，尤其是上海世博会的组织部门表示热烈的祝贺，对各方为此不遗余力的努力表示诚挚的感谢。

上海世博会是一个汇聚了190个国家和56个国际组织的国际盛会。今天，2010年7月24日，星期六，是塞内加尔在上海世博会上展示自己的日子。同时，今天的国家馆日活动也是一个让世人更好地了解塞内加尔各个方面的绝好机会。此外，在上海世博会期间，塞内加尔会努力展示在经济、基础设施、文化、旅游以及环境方面的种种优势。

由此，在参考了上海世博会“城市，让生活更美好”的主题后，塞内加尔展区总代表确定了塞内加尔以“基础设施建设，可持续与和谐发展的推动力”为参展主题。

众所周知，基础设施在一国的经济发展中发挥了不可替代的重要作用。基础设施是发展的重要动力，大大加快了世界经济一体化的进程。

塞内加尔共和国总统阿卜杜拉耶·瓦德阁下对此领会深刻，从执政初始就制定了以基础设施建设为基础的方针。因此，我国所选择的展示主题是恰当而贴切的。

事实上，塞内加尔在进行基础设建设时十分注重其质量，选择建设那些可以带动经济崛起，并走上可持续发展道路的基础设施。因此，塞内加尔全国境内进行的一系列工程建设，必将提升塞内加尔作为旅游目的地的形象，增强国家竞争力。

建设这些大工程不仅是为了搞活经济，使塞内加尔成为西非经济货币联盟框架内首要的投资目的国，同时也是为了促进个人投资和出口贸易的国际大环境的形成。因此，在塞内加尔的展区内介绍这些国家新变化就显得十分必要了。

塞内加尔展馆由塞内加尔建筑师协会设计完成，展示了新一代具有国际水平的基础设施，主要有：

新国际机场：占地面积约2000公顷，将使塞内加尔成为西非通往世界各地航空运输的首选交通枢纽和技术中转站。

连接达喀尔和迪安尼究两城的收费高速公路：连接位于首都达喀尔42公里以外的新国际机场，将补充巩固经济增长的必要条件，促进沿“达喀尔—捷斯”一线经济发展和新投资开发区的兴起。

铁路：为连接塞内加尔和周边地区；促进塞内加尔在西非经济货币联盟市场内的出口；增进塞内加尔东部矿产资源的开发，特别是马塔姆市的磷酸盐和法莱梅市的铁；满足达喀尔和其周边地区有效的陆路交通的需求。

未来港口：为使达喀尔港的基础设施得到延伸和实现现代化，提高吞吐量，扩展港口功能，使其充分发挥拉动国家和区域经济增长的作用。

同时，我们也十分重视人民生活水平的提高和自然资源的管理，特别值得一提是以下两项重点工程：(1)“绿色长城”，这项区域性的创举旨在抵御撒哈拉沙漠南向入侵，并改善萨赫勒—撒哈拉地区人民的生存条件。(2)“生态村”，旨在建设“生态、参与、团结和负责”的村庄和空间，配备可供食品自给自足的园圃、市场或供给网络。这些生态村不仅是可持续发展理念的实践，同时也是塞内加尔为全世界减少温室气体的排放和缓解全球变暖而做出的贡献。

展馆也重点展示了塞内加尔文化的各个方面。

塞内加尔“特让加”文艺团队的主题演出分为不同的方面：旅游、文化工业、手工业艺术。如此以来，在整个上海世博会期间，有关我国的历史遗迹、文化、环境、旅游和经济的展示都将在塞内加尔展台得到体现。

最后，达喀尔城市腾飞的重点——城市化，也是这次展示的重点之一。

在简要介绍了我国参加上海世博会的参展目的之后，我热烈邀请各位参加塞内加尔馆日的所有其他活动，特别是相关的文化活动。

在此，我预祝本次活动取得圆满成功，塞中两国的良好关系使得中国已成为塞内加尔的首要合作伙伴，祝两国的友好关系日臻完善。

交流活动

中方代表与塞内加尔共和国国家馆日代表团主要成员合影

L'Exposition universelle de SCHANGHAÏ, en
cette journée du 24 juillet 2010, Journée du Sénégal,
consacre l'amitié et l'engagement des peuples chinois
et sénégalais de sceller une nouvelle relation politique
et économique qui traduit, définitivement, le choix
d'une vie commune. Je remercie, au nom de son Excellen
ce, Maître Abdoulaye Wade, Président de la République
du SÉNÉGAL, et au nom du Gouvernement sénégalais, le
Peuple chinois, son gouvernement ainsi que le Gouvernement
régional de Schanghaï, pour l'ensemble des mesures prises,
qui ont permis une participation réussie des délégués
africains à cette exposition à nulle autre pareille.

SCHANGHAÏ le 24 juillet 2010

Amadou Niang
Ministre du Commerce de la Répu-
blique du SÉNÉGAL

上海世界博览会在2010年7月24日塞内加尔馆日这一天，体现了中国人民和塞内加尔人民的友谊以及双方对建立新型政治和经济关系的承诺，这体现了双方共生的选择。我谨此代表塞内加尔总统阿卜杜拉耶·瓦德阁下以及塞内加尔政府，向中国人民、中国政府以及上海市政府，对贵方为非洲代表成功参加这一无与伦比的盛会所做的一切，表示深深的感谢。

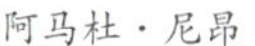

阿马杜·尼昂

塞内加尔馆日代表团所赠的工艺品

塞内加尔馆日的文艺表演

约旦哈希姆王国国家馆日

2010年7月25日

在馆日仪式上的中方代表致辞

今天，我们相聚在风景如画、热闹非凡的世博园区，共同庆祝约旦国家馆日活动，共同领略约旦无穷的魅力与别样的精彩。我谨代表中国政府和上海世博会组委会，对约旦国家馆日的顺利举办表示热烈祝贺，对莅临上海参加约旦国家馆日活动的各位嘉宾表示诚挚欢迎。

约旦是中国的好朋友、好伙伴，两国友谊源远流长。自1977年建交以来，在双方的共同努力下，中约关系取得长足发展，政治互信不断增强，双边贸易快速增长，文化和民间来往频繁。特别是近年来，中约高层交往密切、互利合作不断扩大，为两国友好合作关系的发展注入新的动力。

上海世博会得到了包括约旦在内的国际社会的大力支持。别具一格的约旦馆，将一系列富有历史文化特征的展项，通过“历史、现代、未来”三个主要展区的展示，为我们揭开了约旦古代文明的神秘面纱。展馆内所展示的佩特拉古迹，仿佛将我们带回远古的约旦，在气势恢弘的卡兹尼宝库里，欣赏“阿里巴巴与四十大盗”故事的精彩上演。独具特色的约旦馆，还让我们充分感受到约旦宝贵历史遗产的绚烂多姿、悠久社会文化的博大精深以及别样“沙画”艺术的独特魅力。约旦馆在为我们解读“人与城市、自然、生活”之间和谐之道的同时，使游客对美好明天和幸福未来充满了无限的憧憬和向往。

世博会是人类文明发展与传承的驿站，世界各国人民通过世博会加深了理解、消除了隔膜、加强了交往、增进了友谊。我们相信，中约两国一定能以上海世博会为契机，共同推动经济、文化、艺术等领域的合作迈上新的台阶、取得新的飞跃。

约旦馆（A片区，亚洲联合馆）

上海世博会中国政府副总代表 苏健

约旦驻华大使 安马尔·哈姆德

上海世博会期间，约旦馆展示的灿烂文明和多彩文化，给来自五湖四海的游客留下了深刻的印象。我们相信，约旦馆一定会得到越来越多游客的喜爱、青睐和好评。

最后，祝愿约旦国家馆在中国2010年上海世博会上取得圆满成功！祝愿中约两国友谊万古长青！

在馆日仪式上的外方代表致辞

首先，对于大家来到上海世界博览会参加约旦国家馆日的庆祝活动，我表示欢迎，我很高兴和大家一同参加这一重大的盛会，这一盛会是在这样的理念下举办的：促进城市和生活的发展，进而为在这个星球上的人类提供一种有尊严的和清爽的生活。

我很高兴地代表约旦哈希姆王国的国王、政府和人民，向友好的中华人民共和国表示无尚赞赏和崇高的敬意！因为，中国为举办此次重大的国际性盛会付出了巨大的努力，本次世博会使得国际社会有机会深化互动的内涵、共叙国际友情和真实情况，以使世界各地的人们彼此交流经验和知识，并使得全世界的大多数国家聚集到了同一个地方。

本次世博会汇聚了全世界的190个国家和56个国际组织，让每个国家都能够展示其科学、技术和文化方面的经验，彼此交流意见，并鼓励合作和创新，展望一个更加美好的未来。这对于中国是一次完整的记录，特别是在全世界在各个领域内正在经历着飞速发展的背景下。

约旦哈希姆王国相信，亚当和夏娃的子孙们彼此之间的各种文明进行互动、不同文化相互交融，以及各种建设性意见相互碰撞具有重要的意义，我们认为本次世界博览会提供了一次绝佳的机会，来了解地球上各国人民的伟大创新和经验并从中获益，我们认为，对于人类合作使生活的各个领域达到先进的现代化水平的真诚愿望而言，这是一种有效的整合方式，是一次真实的实践。

立足于本次上海世界博览会“城市，让生活更美好”的主题及其各个分支对话论坛的主题，约旦馆提出的主题是“我们的城市，我们的生活”，这和本届世博会的主题是相契合的，约旦馆涵盖了约旦城市发展的三个阶段：历史、现代和未来，列举了约旦城市的发展历程，首先是佩特拉古城，奈伯特阿拉伯人在岩石上建造了这座城市，并在该城内提供了供水系统和安全系统以及其它的生活设施，他们所取得的成就使得佩特拉古城被列为世界“新七大奇迹”之一。

接下来是现代阶段，以便使人们对约旦人的生活、他们的城市以及约旦和一个稳定的政权享有的安全与稳定所赖以存在的基础有所了解，该政权正在致力于通过连续的皇家倡议继续向其国民提供体面的生活。这些皇家倡议的目的旨在向约旦人民提供各个年龄阶段的保障，因为人民是我们所拥有的最富贵的财富，也是构筑生活和城市的基石。阿卜杜拉二世国王陛下和拉尼娅·阿卜杜拉王后不断采取系统的努力，关怀约旦的儿童和青少年，因为这些儿童和青少年决定着我们致力于实现的理想能否成功。

在最后一个阶段，展示了约旦首都安曼和死海地区的一些主要项目：安曼结合了传统与现代；而死海，则是通过约旦人的努力，这个不毛之地已经变成为一个充满现代艺术活力的地区；亚喀巴地区作为约旦唯一的海上门户，已经变成为一个经济特区，正经历着快速的发展、吸引着旅游业投资、约旦本地和阿拉伯以及国外的住宅投资。

此外，约旦馆内还展示了约旦的旅游推广，并展示和出售一些对于约旦来说具有相对重要性的商品，例如来自死海的产品，以及一些手工艺品和用彩色沙子所作的沙画表演。

在伟大的侯赛因国王之子——阿卜杜拉二世国王陛下的领导下，在城市和乡村的建设与发展方面，通过一些短期、中期和长期战略，约旦已经以一种与其挑战和需要规模相适应的方式迈出了最初的几步。这些战略的重点是，让私营部门更加积极和广泛地参与为人类生活提供合适环境的过程。

此外，约旦通过提高公民的意识，来集中发挥其公民自身的作用，并通过学校课程中的约旦民族教育、通过民间社会、非政府组织机构和志愿者组织来保护环境，并在约旦的乡村 与城市中建设更加美好的生活。

在约旦，我们以一种综合和多样化的方式来处理城市问题和生活中的问题，因为大自然赋予我们的是自然资源和金融财政资源的匮乏以及本地区的政治事件，究其原因，和世界上的大多数国家相比，由于中东的地区性危机所造成的影响，我们面临着 些挑战。这些危机影响到了规划、计划以及一些开发项目，不得不对这些规划和项目进行修改以应对挑战。

最后，请允许我为中国政府所提供的支持表示感谢，中国政府提供了这些支持和帮助以使约旦能够参加本届上海世界博览会并获得成功。同时，我还要祝愿设在巴黎的国际展览局在继续组织诸如此类的重大活动中取得进步和成功。

我们希望转达约旦哈希姆王国国王侯赛因之子阿卜杜拉二世陛下和拉尼娅·阿卜杜拉王后陛下对于中国国家主席阁下，以及友好的中华人民共和国人民和政府的问候和祝愿！

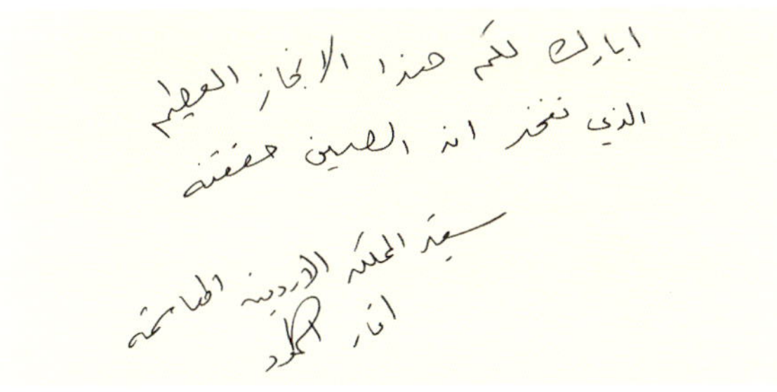

我祝贺中国所取得的这项伟大的成就。

安马尔·哈姆德

交流活动

中方代表与约旦哈希姆王国国家馆日代表团主要成员合影

约旦馆日代表团所赠的特色日用品

约旦馆日的歌舞表演（一）

约旦馆日的歌舞表演（二）

古巴共和国
国家馆日

2010年7月26日

在馆日仪式上的中方代表致辞

今天，我们怀着喜悦的心情迎来了古巴共和国国家馆日。首先，请允许我代表中国政府和人民对远道而来的古巴贵宾表示热烈的欢迎！对世博园区开园以来，古巴国家馆的精彩表现表示衷心的祝贺！对古巴政府和人民给予上海世博会的支持表示诚挚的谢意！

中古两国人民友谊源远流长，古巴是第一个同新中国建交的拉美国家，中国政府一直高度重视发展中古关系，自1960年建交以来，两国关系稳定发展。近年来，在双方的共同努力下，中古高层交往频繁，各领域务实合作成效显著，在国际事务中配合密切，两国人民间的友谊与日俱增。2006年4月14日，古巴正式确认参加上海世博会，系第一批确认参展的国家之一。同年12月，古巴主席劳尔·卡斯特罗致函温家宝总理，再次确认古巴参展。2008年12月17日，古巴正式与中方签署参展合同，并确认参加网上世博会，是第一个与中国签署参展合同的拉美国家。

古巴馆主题为“每个人的城市”，展馆由信息局、商店、酒吧等多种建筑物组成，这些建筑物虽然类型不一，却和谐地交织在一起，使参观者仿佛在古巴某个小镇的中心穿行。多功能的公共广场不仅代表了古巴城市的核心，也诠释了展馆的主题理念：为每一位城市居民提供平等机会，使之能够积极参与城市的建设和变迁。

最后，祝各位来宾身体健康！祝古巴馆在上海世博会上取得圆满成功！

古巴馆（C片区，租赁馆）

上海世博会中国政府副总代表 赵振宇

古巴外贸及外国投资部副部长 阿莱利奥·莫依奈达·马丁内斯

在馆日仪式上的外方代表致辞

我谨代表古巴共和国政府感谢本届世博会组委会以及上海市政府对古巴方面的热情接待和关照。同时也感谢有这么多的杰出人士和朋友们参加上海世博会古巴国家馆日活动。

今天对古巴人民来说是一个具有历史意义的一天。1953年7月26日，费德尔·卡斯特罗率领革命青年攻打了蒙卡达兵营和卡洛斯·曼努埃尔·塞斯佩德斯兵营，从此点燃了反对巴蒂斯塔独裁政权的革命斗争之火。1959年革命胜利之后，7月26日这一天被确定为古巴国家起义纪念日。

蒙卡达事件主要体现了维护社会正义以及建立一个平等社会的理想，用我们的民族英雄何塞·马蒂的话说，就是“建立一个包容所有人并有利于所有人的社会”。这句话与古巴国家馆“建立一个包容所有人的城市”的主题是最贴切的。这个主题也成为引领我们的革命以及参加上海世博会的指导原则，通过参加在中华人民共和国这样一个美丽的国家举办的世博会，我们可以找到许多相似之处，特别是那些有关社会和谐与可持续发展的主题，所以说，古巴国家馆的主题是再恰当不过的。

古巴国家馆正式开放之后，通过五彩纷呈的文化艺术表现形式，使成千上万人得以了解古巴社会最独特的面貌。我们希望古巴国家馆能够继续引领人们思考如何促进人与人之间和平共处，如何在大城市以及现代城市中心找回更多的人际交往空间，我们共同的愿望是，不分种族、宗教、文化、政治面貌和社会背景，人人机会平等。

我们还借助世博会这一平台，开展其他一些商机推广活动，并谋求与中国市场进行贸易往来，因为我们看到，确实存在继续发展双边关系的巨大潜力，而继续发展双边关系对于我们来说具有战略意义。

我们参加2010年上海世博会，特别是在今天这个体现爱国主义的日子，使我们更有机会延续并巩固中古两国人民50年来友好和团结的纽带。

古巴有幸成为最早向中国人民表示支持的国家之一。我们还是最早承认新中国的拉丁美洲国家，1960年9月2日，数十万古巴人民表示支持最高革命领袖同中华人民共和国建交，同年9月28日，两国正式建立外交关系。这在现代国际关系史上是空前绝后的事件，同时也为中古两国双边关系奠定了牢固的群众基础。

我们要强调的是，今天中古两国双边关系正处在历史最佳时期。古巴共产党与中国共产党保持高层政治对话，并坚持建设具有各自国家特色的社会主义。两国建交50年来，经贸关系持续升温并且还在不断完善当中，力争实现互惠双赢的经贸关系。

值此中古建交50周年的时候，我谨代表我的国家向中国人民、中国共产党以及中国政府表示衷心的感谢，因为你们帮助古巴战胜了美国封锁所带来的经贸和金融困境。中国不屈服于那些不正当的单边封锁法案，这正在古巴人民所要感谢的。

正如最高领导人费德尔·卡斯特罗所说的那样，“中国和古巴的关系成为今天仍然坚持社会主义理想的两个国家之间合作透明的典范。”

再次感谢所有到场参加古巴国家馆日活动的各位嘉宾，再次感谢上海世博会主办方成功举办了此次盛会。

交流活动

中方代表与古巴共和国国家馆日代表团主要成员合影

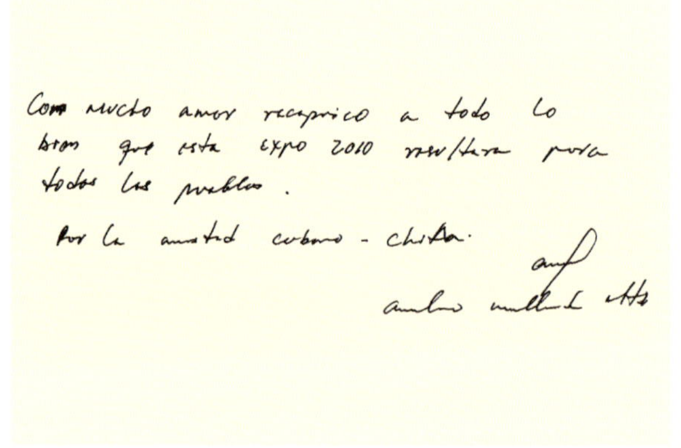

Con mucho amor recíproco a todo lo
bueno que esta expo 2010 resultara para
todos los pueblos.
Por la amistad cubano - china.

古巴馆日代表团所赠的名酒与服饰

我为2010上海世博会向全世界人民展示的美好未来深感欣喜。

愿古中友谊长存！

阿莱利奥·莫依奈达·马丁内斯

古巴馆日的文化交流活动（一）

古巴馆日的文化交流活动（二）

在馆日仪式上的中方代表致辞

今天，很荣幸出席所罗门群岛国家馆日活动。我谨代表中国政府和上海世博会组委会，对所罗门群岛国家馆日活动的顺利举办表示热烈祝贺，对各位嘉宾的到来表示诚挚欢迎。

上海世博会得到了包括所罗门群岛在内的国际社会的大力支持。在上海世博会上，所罗门群岛国家馆不仅展示了罕见的艺术珍品、独特的风土人情、著名的排箫表演，而且还展示了所罗门群岛灿烂的历史文化、丰富的旅游资源以及绝好的贸易投资机会。所罗门群岛的展示为世界各国游客打开了一扇了解贵国经济、文化、旅游、艺术等领域的窗户。

世博会是人类文明发展与传承的驿站。世界各国人民通过世博会加深了理解、消除了隔阂、加强了交往、增进了友谊。中所两国一定会以上海世博会为契机，按照世博会“理解、沟通、欢聚、合作”的理念，不断增进相互了解和友谊，加强两国在经贸、文化等领域的交流与合作，为两国人民的福祉做出积极贡献。

我们相信，所罗门群岛所展示的灿烂文明、精彩创意以及和谐生活，一定会给来五湖四海的游客留下深刻的印象，所罗门群岛馆一定会受到越来越多游客的欢迎和喜爱。

最后，祝所罗门群岛国家馆在上海世博会上取得圆满成功！祝所罗门群岛经济蓬勃发展，人民幸福安康！

在馆日仪式上的外方代表致辞

我很荣幸代表所罗门群岛政府，本国文化旅游部以

所罗门群岛馆（B片区，太平洋联合馆）

中国上海世博会事务协调局副局长 蔡放鸣

所罗门群岛文化和旅游部常务秘书长 路克・埃塔

及本国人民，欢迎各位参加上海世博会所罗门群岛国家馆日。

无论是组织这样大规模的全球性盛事，还是我们这个小小的太平洋岛国来参加2010上海世博会，都绝非易事。虽然面临着经费问题、路途遥远等种种挑战，我们依然来到了上海，参加了本届世博会。

尽管过程艰难，但我们仍然十分重视此次参展。我谨代表所罗门群岛政府和人民，深切感谢中华人民共和国政府和人民对我们伸出的援助之手，正是你们提供的65万美元经济援助，才使我们得以顺利参展。

同时我也要感谢南太平洋旅游组织和太平洋岛国论坛秘书处对我们参展的大力协助。

本届世博的主题“城市，让生活更美好”显然回应了人类共同的需求，在个人、国家和全球危机前，我们都渴望过上更美好的生活。

所罗门群岛并没有大的城市，所以我们的主题是“和谐的文化与自然，让生活更美好”。

这一主题可以概括为两点：

首先所罗门群岛是一个文化丰富、物产丰饶的国家；岛上有九个大区，使用多种语言；岛上居住着美拉尼西亚人，波利尼西亚人和密克罗尼西亚人。我们的文化十分独特又充满活力，各位不妨亲身感受一番。其次，许多岛上的自然环境遭到了破坏。由于海平面的上升，许多小岛和村庄都面临淹没的危险。森林被过度开采，渔业资源日渐枯竭，气候变化对环境带来了致命的影响。

不幸的是，如果我们无法减缓或控制这些变化，那我们国家的自然与文化将有很可能遭受影响。

为了所罗门群岛的人民能过上更美好的生活，和谐的自然与文化将是政府努力的目标。

从商业的角度来说，我想你们中大多数人应该已经看过我们展示的产品了。如果需要更多信息， 请联系我们的工作人员。

而对于希望能来所罗门群岛这一人间天堂度假的朋友们，我保证，你们将得到远超城市能够给予的体验。

我们是一个农业经济的国家，依赖于农业和捕鱼，但我国的大规模矿产、渔业和旅游业也蕴含着巨大潜力。在这些领域中，我们需要更多的外商直接投资来刺激经济，因为虽然我们接受的援助资金其数量相当于GDP的46%，但其中一大部分并没有进入经济领域。

此次所罗门群岛政府在预算中拨出了一笔资金，坚信参与上海世博会定能促进本国经济的发展。中国是世界上最大的市场之一，所罗门群岛必须在传统的资源之外寻找贸易投资和旅游业发展的契机。通过参加本次上海世博会，我相信我们国家将在世界和区域经济发展中开辟新的航道。我们坚信所罗门群岛一定会在这样的发展中获利。在我们今天的国家馆日后不久，所罗门群岛将在8月4日迎来大选。我们希望选举出的新领导人能富有远见、使命感和一腔热情，逐步提升人民生活并推进可持续发展。

本次参展使得中国和全世界能够认识我们国家，了解我们国家。在接下来的流程中，我们将继续向您展示我们这个充满欢乐的小小国度。

交流活动

中方代表与所罗门群岛国家馆日代表团主要成员合影

Thank you so much for
your Welcome.
We have enjoyed everything
Thank
...

非常感谢贵国的欢迎。
我们度过了愉快的时光。
谢谢。

路克·埃塔

所罗门群岛馆日的文艺表演

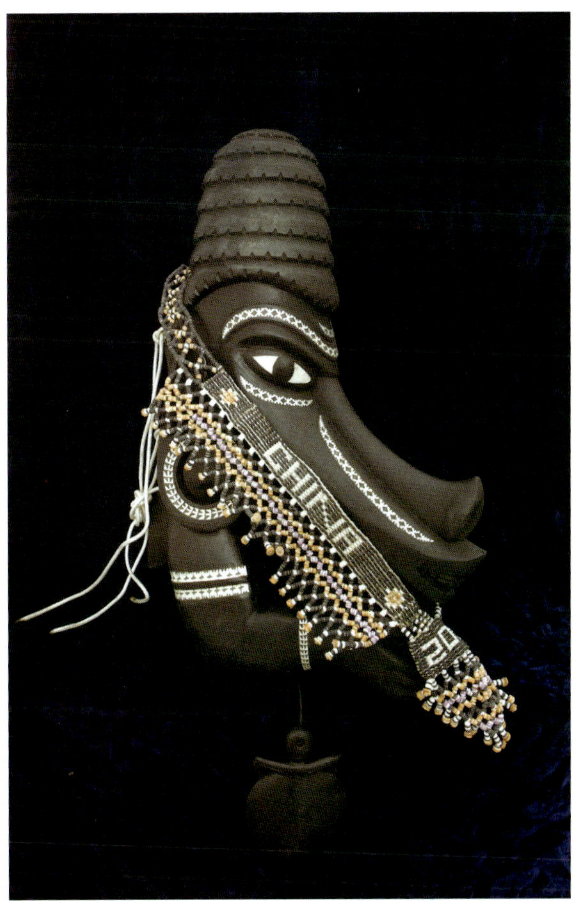

所罗门群岛馆日代表团所赠的木雕

秘鲁共和国 国家馆日

2010 年 7 月 28 日

秘鲁馆（C 片区，租赁馆）

在馆日仪式上的中方代表致辞

今天是秘鲁共和国国家馆日，有机会出席馆日活动，我深感荣幸。首先，我代表中国政府和人民，对秘鲁国家馆日的举办表示热烈的祝贺！向出席本次活动的贵宾表示诚挚的欢迎！向你们给予上海世博会的大力支持表示衷心的感谢！

秘鲁是拉美的重要国家，也是最早同中国建交的拉美国家之一。近年来，中秘关系发展迅速，各领域务实合作取得长足进展。2008 年，胡锦涛主席和加西亚总统成功实现互访，中秘建立战略伙伴关系。2009 年 4 月，詹彼得里副总统访华，中秘签署自由贸易协定。11 月，全国政协主席贾庆林访秘。今年 3 月，中秘自贸协定正式生效实施，双边关系步入全面发展的新阶段。

世博会是展示世界政治、经济、科技和文化发展成就的平台，也是国家间的交流与合作的平台。秘鲁政府高度重视参加上海世博会，2007 年 3 月即确认参展，是较早确认参展的国家之一。秘鲁馆以“食物哺育城市”作为展馆主题，围绕秘鲁对世界饮食的贡献以及丰富多样的烹饪传统，在演绎主题的同时强调了城市自古至今的演变。

希望借助世博会“理解、沟通、欢聚、合作”这一平台，中秘两国合作和两国人民的友谊跃上新的台阶。

最后，祝秘鲁国家馆在上海世博会取得圆满成功！祝中秘两国人民友谊万古长青！

在馆日仪式上的外方代表致辞

我尊敬的朋友，居一杰大使先生，刚刚对我们的双

上海世博会中国政府副总代表 居一杰

秘鲁驻华大使 哈罗德·福赛斯

边关系进行了一个良好的回顾，而我本人却没能很好的做到这一点。我想说，中国和秘鲁两国间的战略伙伴关系，条件已经成熟。居大使先生对于双边关系的了解是很深刻的，因为他在中国驻秘鲁大使馆工作了多年。我们秘鲁和中国是两个非常重要的海洋大国，中间的太平洋把我们分开的同时，更多是把我们紧密地联系着。我们两国的文化都对人类作出了巨大的贡献，但我想说的是我们的文化对人类未来的文明可以作出更大的贡献。我们秘鲁有一个传统，就是我们参加了所有历届世博会，从刚刚说的芝加哥到伦敦，到塞维利亚以及最近的一次西班牙的萨拉戈萨都参加了。因而，正如刚刚居一杰大使所提到早在2007年我们就确认参与上海世博会，这一点也就不足为怪。我想说的是能够成为世博会历史上前所未有盛事的参与者，我们深感荣幸。我们的馆虽然建得不是很奢华，但是我们有一颗巨大包容的心，这一点可以通过参访游客的数量来体现。游客的数量一次又一次刷新了我们的历史纪录。世博会是一个文化盛事，我相信这也会进一步证明秘鲁的文化魅力所在。“食品哺育城市”是秘鲁国家馆的主题，我想说在我们国家馆有秘鲁烹饪很好的代表。秘鲁和中华人民共和国是战略伙伴。秘鲁和中国间的经贸水平已经一次次刷新了历史纪录，达到了前所未有的水平。秘鲁和中华人民共和国对未来的友谊怀有深切的信任。秘鲁和中华人民共和国一起在今天的世博会庆祝秘鲁的国家馆日。应该说这里有一个幸福的巧合，上海世博会秘鲁国家馆日和秘鲁国家独立日正好是巧合，同样是7月28日。我们对出席今天活动的各位领导致以深切的谢意，你们很好的代表了中国政府。我们对于上海市政府也表示感谢。对尊敬的上海世博局领导们表示感谢，是你们的决定使得我们秘鲁国家馆在上海世博会取得成功。我想跟你们确认我的承诺，就是我们秘鲁馆在剩下的三个月的时间当中将继续为世博的参访者们提供与上海世博会高度相称的精彩展示。我以秘鲁国家、政府和人民的名义向你们致以最真诚的感谢。

能够出席2010年上海世博会秘鲁国家馆日庆典，我深感荣幸，在此谨代表我国政府和人民向中国政府以及世博有关部门为秘鲁参加此次世博盛会所提供的便利致以诚挚谢意。

哈罗德·福赛斯

PROFUNDAMENTE HONRADO POR
REPRESENTAR AL PERU EN NUESTRO
DIA NACIONAL EN EXPO SHANGHAI
2010, EN LA OCASIÓN DE
EXPRESAR LA GRATITUD DEL PUEBLO
Y GOBIERNO PERUANOS A LAS
AUTORIDADES DE LA RPCHINA
Y DE EXPO POR LAS FACILIDADES
BRINDADAS PARA NUESTRA
PARTICIPACIÓN EN ESTA GRANDIOSA
EXPOSICIÓN UNIVERSAL.

HAROLD FORSYTH, EMBAJADOR DEL PERÚ

交流活动

中方代表与秘鲁共和国国家馆日代表团主要成员合影

秘鲁馆日代表团所赠的工艺品

秘鲁馆日的文艺表演（一）

秘鲁馆日的文艺表演（二）

在馆日仪式上的中方代表致辞

今天，上海世博会罗马尼亚国家馆日活动隆重举行。我谨代表中国政府和上海世博会组委会，对此次活动表示诚挚祝贺，对巴孔斯基外长出席馆日活动表示热烈欢迎。相信罗马尼亚国家馆日活动，将给每一位到访者留下深刻美好印象。

世博会是见证人类文明发展的驿站，也是各国人民展示聪明才智的广阔舞台。它始终高举进步的旗帜，崇尚创新的精神，坚持开放的道路，倡导和谐的理想，不断开启人类重新认识世界的窗口。本届世博会以“城市，让生活更美好”为主题，体现了人类社会对未来更美好生活的设想和憧憬。它充分融合了“科技世博”、“生态世博”、“文化世博”等先进理念，为各国人民创新、合作、交流提供了重要平台，是一场规模空前的全球盛会。

罗马尼亚是中东欧地区的重要国家，具有悠久历史和灿烂文化。电影《斯特凡大公》、名曲《云雀》在中国几乎家喻户晓，喀尔巴阡山、多瑙河三角洲的风景引人入胜。罗马尼亚人民能歌善舞、热情好客。在上海世博会上，罗马尼亚展馆独具匠心的“青苹果”造型，表达了绿色城市、健康生活和可持续发展等理念，展示了民族智慧和风土人情，诠释了罗马尼亚人民对美好幸福生活的向往。参观者可零距离感受罗马尼亚，欣赏民间歌舞，品尝美酒美食。相信罗马尼亚的“青苹果”将为所有参观者带来健康和快乐。

罗马尼亚是世界上第三个同新中国建交的国家。建交60多年来，两国始终相互尊重、平等相待、彼此支持，各领域交流与合作成果丰硕。展望未来，两国关系前景广阔。中方愿同罗方共同努力，推动中罗友好关系不断

罗马尼亚馆（C片区，自建馆）

上海世博会中国政府总代表 华君铎

罗马尼亚外交部长 特奥多尔·巴孔斯基

迈上新台阶。

上海同布加勒斯特虽相距遥远，但世博会将她们紧紧联系在一起。这正是世博会的魅力所在。我相信，上海世博会将为中罗两国和两国人民增进友谊、深化合作提供新的契机。

祝罗马尼亚国家馆日活动取得圆满成功。

在馆日仪式上的外方代表致辞

欧洲向来为中国文化的魅力所倾倒，而我也知道对于欧洲文化，中国也并非不为所动。三个世纪以前（1675－1678），有一位罗马尼亚学者和外交官尼古拉·米列斯库（Nicolae Milescu）游遍了中国的大江南北，给我们留下了精彩的旅行游记，生动有趣的描绘了这片广袤的国土。正如前人米列斯库，我自己也不禁为这个与过去不可同日而语的国家所惊叹。当你亲眼看到这个生机勃勃、雄心万丈的国度，那些东方主义的论调顿时显得如此苍白无力。

如同中国一样，罗马尼亚正在经历深刻的转型，尽管与中国相比，年事已高的欧洲大陆似乎是个慢性子。21世纪，欧洲国家罗马尼亚再次踏上了自我认识的历程，希望向世界展示我们既尊重历史，又富有现代精神的形象。以绿色城市为主题的罗马尼亚国家馆被昵称为“青苹果”，就恰如其分的展现了这种形象。正如我们的中国朋友，我们热爱自己千年的历史，却拒绝背上历史的包袱；正如我们的中国朋友，我们追求技术进步，却拒绝牺牲我们的环境和过去的投入。

因此，我们带给中国朋友的“青苹果”象征着两种诱惑和邀请。第一，邀请中国朋友来欣赏美丽奇幻的自然风光和悠久的文化传统。我们希望能迎来众多中国游客光临，我们一定能让各位不虚此行。第二，各位已经品尝了我国的美酒佳肴，欣赏了经典名曲，通过这样的惊鸿一瞥，希望各位对亲自前往罗马尼亚探究她的无穷魅力充满期待。我们可以向各位保证，你们一定会在罗马尼亚感到宾至如归，并发现两国之间是如此相似——人民都同样友善热情。

上海世博会中的罗马尼亚馆还富有更多内涵。它向中国投资者发出了盛情邀请。罗马尼亚正在对现有发电厂升级以及新建发电厂等项目进行规划，中国的公司已受邀参加投标。我们要建造新的公路基础设施和工业设施，非常欢迎中国的专家与资本参与。中国现已成为罗马尼亚第17大投资国，而且我相信在该领域合作的潜力可谓无穷无尽。

农业也是罗马尼亚最具前景的领域之一。我们拥有在欧洲污染程度最轻的农业用地。我们希望保持这种状态。因此，罗马尼亚有条件成为生物农产品的重要出口国。

简而言之，罗马尼亚拥有技术与农业方面的潜力和丰富的旅游及传统资源。罗马尼亚有意愿，也有资源加强与中国在经济，文化和学术方面的交流。现在，罗马尼亚已经能看到很多中国产品，但我们还希望看到更多的投资者，旅游者和留学生。

在上海的罗马尼亚馆同样也向国内的罗马尼亚人民传达了一种信息，是充满信任，极具现代感，甚至先锋精神的信息。尽管面临经济危机的挑战，罗马尼亚依然拥有雄心、人才、技术和愿景，在中国打造了引人入胜的罗马尼亚国家馆，成为展示罗马尼亚的窗口。

最后，我想感谢中国朋友们的热情款待以及对世博会的精心组织。我不仅要邀请他们参观我们绿色城市国家馆，还要邀请他们来罗马尼亚实地感受它的无穷魅力。祝我们两国间的友谊天长地久，永葆青春。最后，我要向世博会组委会，罗马尼亚政府总代表费尔迪南德·纳吉先生以及所有为罗马尼亚馆日和上海世博会的成功做出贡献的人表示热烈的祝贺。

交流活动

中方代表与罗马尼亚国家馆日代表团主要成员合影

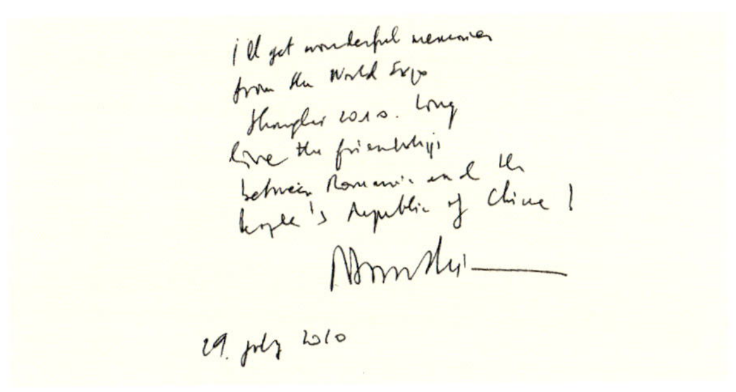

I'll get wonderful memories
from the World Expo
Shanghai 2010. Long
live the friendship
between Romania and the
People's Republic of China!

29. july 2010

2010上海世博会给我留下了美好的回忆。罗马尼亚和中华人民共和国间的友谊万岁！

特奥多尔·巴孔斯基

罗马尼亚馆日代表团所赠的工艺品

罗马尼亚馆日的歌舞表演（一）

罗马尼亚馆日的歌舞表演（二）

加蓬共和国国家馆日

2010年7月30日

加蓬馆（C片区，非洲联合馆）

在馆日仪式上的中方代表致辞

今年5月，加蓬共和国总统阿里·邦戈阁下出席了上海世博会开幕式。今天，我谨代表中国政府和上海世博会组委会，对上海世博会加蓬国家馆日表示诚挚祝贺，对比约格·姆巴总理来华出席馆日活动表示热烈欢迎。

世博会是凝聚人类智慧和创新精神的伟大盛会，为世界各国开阔视野、展示自我提供了机会和舞台。它始终坚持以科学精神凝聚智慧，以人文精神启迪心灵，以创新精神叩问时代，秉承开放的道路，倡导和谐的理想，不断开启人类认知的新世界。

上海世博会以“城市，让生活更美好”为主题，为各国展示城市文明成果、分享城市建设经验、探讨城市生活方式打造了广阔平台，也为各国交流城市发展理念、共同研究城市化命题提供了难得机遇。

加蓬国家馆是非洲联合馆中一颗璀璨的明珠，它通过13个自然公园展现了加蓬丰富的森林、水资源和漫长的海岸线，从居住建筑、工作生产、交通、人文、环保五个层面，集中挖掘加蓬对“城市与乡村完美结合”理念的贯彻与延展，以及加蓬人民在传统文明与现代文明和谐发展中所作的贡献，努力营造出一种城市与乡村完全融合的氛围。今天的加蓬馆日活动将给我们一个难得的机会去领略加蓬独特的自然景观和风土人情，去体验加蓬人民的好客与热情。让我们用眼睛去观察，用心灵去感受，共同见证加蓬人民是怎样理解和实现人与自然和谐相处的。

中加两国有着十分深厚的传统友谊。建交36年来，在两国几代领导人的精心培育和亲自推动下，中加关系取得了长足发展。双方高层互访频繁，政治互信不断增强，

中国卫生部部长 陈竺

加蓬总理 保罗·比约格·姆巴

经贸、文教、卫生合作富有成效，在国际和地区事务中保持了密切协调与配合。我相信，上海世博会必将进一步增进中加两国人民的相互了解，为推动两国关系的进一步发展提供新的契机。

祝加蓬馆日活动取得圆满成功。

在馆日仪式上的外方代表致辞

不到四年以前，也就是 2006 年的时候，我曾经陪着我们的老总统奥马尔·邦戈阁下来到上海访问。这次的访问也是在中非合作论坛北京峰会之前的访问。在这次访问当中奥马尔·邦戈总统参观了世博会的工地，他也是第一位签署了参与世博会协议的外国元首，两年以后他派我来到上海，让我来介绍我们加蓬馆的主题。当时奥马尔·邦戈总统说，中国与加蓬的关系非常良好，所以加蓬应该参加上海世博会。因此在我们今天庆祝加蓬馆日的时候，我希望大家默哀一分钟表示对加蓬已故总统的怀念。谢谢大家。

尊敬的卫生部长先生，我们对这次世博会的主题表示非常欢迎。现在发展中国家人口正在急剧的上涨，我们还没有准备好来接受这种人口的密集度。所以说，我们需要更好地管理城市空间，并且更好地管理我们的城市环境。因为人只有在健康的环境中才能获得全面的发展。因此，我们加蓬馆展示了如何来实现城市环境以及农村环境的健康。部长先生，我想请你向胡主席以及中国政府转告我们对你们的感谢，感谢你们支持我们在这里举办国家馆日活动。我不但要祝贺加蓬馆日获得圆满成功，还要祝上海世博会获得圆满成功。

加蓬馆日代表团所赠的木质落地灯

加蓬馆日代表团所赠的纪念邮票

交流活动

中方代表与加蓬共和国国家馆日代表团主要成员合影

S'inspirer de l'expérience riche et dynamique de la Chine pour, en particulier, faire du Gabon un pays émergent.
Tel est le souhait, entre autres, du Gabon au moment où ce grand pays organise à SHANGHAI l'Exposition Universelle de 2010, avec succès.
L'occasion de la journée Nationale du Gabon, célébrée ce jour vendredi 30 juillet 2010 peut et doit constituer un élément durable dans cette voie.

Paul Biyoghe MBA
Premier Ministre,
Chef du Gouvernement gabonais

惊讶于中国丰富而富有活力的各项活动，尤其是为参展国举办的论坛。加蓬祝愿中国这个伟大的国家在上海举办的2010年世界博览会取得圆满成功。

谨此2010年7月30日周五加蓬国家馆日之际，举办的活动令人难忘。

保罗・比约格・姆巴

加蓬馆日的文艺表演（一）

加蓬馆日的文艺表演（二）

阿尔及利亚民主人民共和国国家馆日

2010年7月31日

在馆日仪式上的中方代表致辞

很高兴在盛夏时节与阿尔及利亚的朋友们相聚黄浦江畔。首先，我谨代表中国政府和上海世博会组委会，对阿尔及利亚国家馆日表示热烈祝贺，对贝勒卡迪姆国务部长兼总统个人代表及各位嘉宾表示诚挚欢迎。

世博会是展示人类智慧与进步的舞台，也是各国人民共享欢乐和友谊的盛会。一个半世纪来，人类前进的脚步在世博会上留下了不灭的印迹。世博会超越信仰、地域和种族界限，把世界各地的人们汇聚在一起，沟通心灵，增进友谊，成为闪耀全球智慧、聚焦国际视野、启迪人们心灵的殿堂。

建设更美的城市、创造更好的生活是各国人民共同追求的理想。上海世博会紧紧围绕“城市，让生活更美好”的主题，秉承“理解、沟通、欢聚、合作”的理念，为世界各国展示发展成果、交流发展经验、推动互利合作、促进共同繁荣提供了新的舞台。

在中国人民心中，阿尔及利亚是英雄的国度，也是文化历史底蕴深厚的国家。阿尔及利亚人民不畏牺牲、争取独立自由、捍卫民族尊严、建设美好家园的精神及取得的成就令我们钦佩。今天，我们领略到阿尔及利亚馆以“父辈的屋子”为主题，通过借鉴卡什巴旧城要素充分展示的北非建筑风格。仿佛穿越时光隧道，身临古朴城镇，感受和体味阿尔及利亚祖辈生活的宁静与从容。登上“城市”顶层，人们骤然发现老城的屋顶成为大型投影屏幕，展示着阿尔及利亚对现代城市的规划及未来城市的设想。阿尔及利亚国家馆以这种独特的方式，展现过去、现在和未来城市文化的和谐关系，给我们留下深刻而美好的印象。

阿尔及利亚馆（C片区，租赁馆）

中国铁道部副部长 彭开宙

阿尔及利亚国务部长兼总统个人代表 阿卜杜勒·阿齐兹·贝勒卡迪姆

中国与阿尔及利亚虽然远隔万里，但两国人民有着深厚的传统友谊。特别是建交半个多世纪以来，两国在各领域的合作均取得了可喜的成果。2004 年，胡锦涛主席成功对阿尔及利亚进行国事访问，与布特弗利卡总统共同确立了中阿战略合作关系。我们相信，上海世博会将在中阿两国人民之间搭建又一座理解、友谊与合作的桥梁，推动两国战略合作关系取得新的发展。

祝愿阿尔及利亚国家馆日活动取得圆满成功！

在馆日仪式上的外方代表致辞

早上好。今天我很荣幸代表阿尔及利亚总统布特弗利卡阁下出席上海世博会阿尔及利亚馆日活动。值此欢乐时刻，我谨代表总统阁下向中国政府和人民以及上海市领导和世博会的负责人表示热烈祝贺。祝贺本届世博会所取得的辉煌成功。目前，世界各国都公认 2010 年上海世博会在展会规模、参观人数、国际媒体关注和建筑艺术领域的创新方面都是世博会历史上史无前例的。在成功举办 2008 北京奥运会后两年，中国再次克服重重困难在极其艰苦的国际环境下组织了如此规模宏大的世博会。本次世博会不但规模宏大，组织工作严谨，展馆设计前卫，而且符合当今世界的潮流，实现了现代和传统建筑的完美融合，体现了中国人民的聪明才智。中国人民在艺术领域的天赋和创新精神在此次世博会上体现了淋漓尽致。本次世博会的主题是“城市，让生活更美好”，该主题无疑具有战略意义和全球眼光，因为它设计了当今人类面临的最现实的问题和最紧迫的挑战，如城市的无限制扩张、资源的过度利用以及环境的恶化等等。

通过这一主题，上海世博会呼吁人们思考如何重塑人类社会，尤其是利用高科技手段实现这一目标。从更广义的角度上来说，本届世博会所要表现的是城市的未来和未来的城市。上海正是诠释这一主题的最佳例证。上海素有“东方新娘”的美誉，在这里，现代化给生活带来的影响固然难以避免。但上海却巧妙地实现了现代化建设和环境保护的平衡。当前，全球变暖威胁了全人类的生活，受到国际社会的广泛关注。在这一背景下，本届世博会的主题变得更加重要。如何处理好提高生活质量和城市化之间的关系对中国这样的大国而言至关重要。中国不但要满足日益增长的城市化需求，还要着力解决城市化带来的污染等问题。在此情况下，中国成了倡导使用绿色能源的先驱。遍布上海市的绿地清楚表明人民生活质量的提高和城市化进程可以兼顾。人民生活的需求和城市扩大的需求可以兼顾。在本届世博会上，阿尔及利亚馆紧扣世博会主题，展示了生活质量和城市化进程的紧密联系。阿尔及利亚是一个历史悠久的国度，其文明可以追溯到数千年前，阿尔及利亚有着传统的阿拉伯伊斯兰特色，同时又着力于现代化建设。阿尔及利亚的古老与现代在阿尔及利亚馆的设计中得到充分体现。展馆一方面展示了阿尔及利亚传统大城市的悠久历史和建筑艺术。另一方面也展示了阿尔及利亚准备在 2025 年前建设 10 座新城的宏伟目标。阿尔及利亚馆全方位展示了阿尔及利亚经济、社会、文化、艺术、青年和传统领域的发展。但阿尔及利亚此次参加世博会最为重要的原因还是同中国这一伟大国度的深厚友谊。阿尔及利亚是最早确认参加世博会的国家之一。两国的友好关系始于阿尔及利亚独立伊始，在各领域都取得了巨大发展。2008 年 12 月，在两国建交 50 年之际，两国领导人曾共同回首半个世纪以来两国关系的发展历程。两国最高领导人的频繁互访、两国领导人间的深厚友谊和共同意愿使得两国关系不断升华。2004 年 2 月，胡锦涛主席首次访问非洲时，两国确立了战略合作伙伴关系。2006 年 11 月，穆特富利卡总统访华时，两国签订了协议为进一步发展这一关系制定了蓝图。从那以后，两国关系在政治互信和互利共赢的基础上取得了令人瞩目的发展。在经济领域，两国贸易额由 2000 年的不到 2 亿美元增长到今天的 50 多亿美元。中国公司为阿尔及利亚的发展作出了重大贡献，其工程涉及建筑、铁路、水利等各领域的国家重点工程。其中，最重要的要属横贯阿尔及利亚的东西公路，这一工程可能也是中国公司在海外承建的最大项目。两国关系不仅局限于经贸领域，在投资和技术转让等领域也实现了持续发展。

最后，我要感谢上海世博会和阿尔及利亚馆的负责人。我一踏上上海这座美丽的城市就受到了你们热情的款待，同时我谨代表阿尔及利亚总统阁下并以我个人的名义对本届世博会和阿尔及利亚馆的成功表示诚挚的祝贺。

交流活动

中方代表与阿尔及利亚民主人民共和国国家馆日代表团主要成员合影

奉至仁至慈的真主之名

我很高兴能参观上海世博会。我谨代表阿尔及利亚总统阿卜杜·阿齐兹·布特弗利卡主持上海世博会阿尔及利亚国家馆日，并转达他对中国所取得的伟大成就的祝贺。

中阿两国友谊源远流长，我们衷心地希望上海世博会取得圆满成功。

阿卜杜勒·阿齐兹·贝勒卡迪姆

بسم الله الرحمن الرحيم

سعدت كثيرا بحضوري في معرض شنغهاي
وتشرفت بتمثيل فخامة الرئيس عبد العزيز بوتفليقة
في الاشراف على اليوم الوطني الجزائري في هذا المعرض
الذي يعبر بصدق عن عظمة الصين
فما أحاطنا به الأصدقاء الصينيون يعبر
عن عراقة الصداقة التي تربط الشعبين الجزائري والصيني
كل التمنيات بنجاح المعرض في شنغهاي وبنجاح الصين

عبد العزيز بلخادم

阿尔及利亚馆日代表团所赠的工艺品

阿尔及利亚馆日的文艺表演(一)

阿尔及利亚馆日的文艺表演(二)

萨摩亚独立国国家馆日

2010年8月1日

在馆日仪式上的中方代表致辞

我谨代表中国政府和上海世博会组委会，对萨摩亚举行上海世博会国家馆日表示诚挚祝贺，对图伊拉埃帕总理阁下和夫人出席今天的馆日活动表示热烈欢迎。相信精彩的萨摩亚馆日活动将成为上海世博会的又一亮点。

世博会是荟萃人类文明和展望未来构想的盛会。创立一个半世纪以来，世博会始终秉持进步、创新、开放、和谐的价值观与理念，不断开启人类重新认识世界的窗口。它见证着人类从落后走向进步、从封闭走向开放、从冲突走向合作的发展历程，为世界各国人民开阔视野、展现自我、交流合作、共同发展提供了重要机会和舞台。

本届世博会以“城市，让生活更美好”为主题，充分体现了人类社会对未来更美好生活的憧憬。在包括萨摩亚在内的所有参与者共同努力下，上海世博会一定会成功、精彩、难忘，成为世界各国人民增进了解与友谊的盛会，为人类创新和可持续发展留下丰厚的精神遗产，书写人类各种文明交流互鉴的新篇章。

萨摩亚是南太平洋的一颗璀璨明珠，自然景观美丽神奇，民族文化独具特色，人民淳朴好客、热情奔放。萨摩亚国家馆展示了萨摩亚独特的文化和物产以及人与自然和谐共存的美好生活，将萨摩亚人民的乐观精神传递给每一位参观者，并以独特的角度诠释了“城市，让生活更美好”的世博会主题。相信此次萨摩亚参展上海世博会，必将为世界人民深入了解萨摩亚，增进萨摩亚同世界各国的交流与互动，推动萨摩亚经贸、旅游等相关领域的发展提供新的平台。

中国和萨摩亚虽然相隔遥远，但两国人民的友好交往历史悠久。早在19世纪末就有华人漂洋过海远赴萨摩

萨摩亚馆（B片区，太平洋联合馆）

中国国家林业局局长 贾治邦

萨摩亚总理 图伊拉埃帕·马利埃莱额奥伊

亚，为当地开发和建设作出了贡献。1975年11月6日，萨摩亚成为最早与中国建交的太平洋岛国之一。建交35年来，中萨关系取得长足发展，双方在经贸、文化、教育等广泛领域的交流合作不断扩大，两国人民之间的友谊历久弥新。中萨关系已成为中国同太平洋岛国友好合作的典范。我相信，上海世博会将为两国人民加深了解、深化友谊提供新的契机，为双方各领域交流与合作的发展注入新的动力。

祝愿萨摩亚馆日活动和萨摩亚参加此次上海世博会取得圆满成功，祝愿图伊拉埃帕总理阁下和夫人以及其他贵宾在上海逗留愉快。

在馆日仪式上的外方代表致辞

能参加上海世博会，萨摩亚深感荣幸，同时也不胜喜悦。对于一个小小的南太岛国来说，能有机会向成千上万世博游客展示萨摩亚，并经由现代通信技术和因特网实时输送图像和信息，向全球各地的观众介绍我们的国家，感到十分幸运。

因此，我谨代表我们国家和人民向中国政府以及上海市给予我们的慷慨援助与精心安排表示感谢，如果没有你们的帮助，萨摩亚一定无缘本届世博会。

通过参与并举办国家馆日活动，我们希望也能尽自己的绵薄之力，向世人展示上海世博会的确是一次全球盛会，所有国家，无论大小贫富，都齐聚一堂，介绍世界上最值得推广、开发和保护的成果。

萨摩亚向来以“南太平洋上的明珠”闻名于世，我们的展品则呈现了我国部分文化，贸易和旅游宝藏。我们在上海展示了我国的文化艺术，包括萨摩亚风格独特的传统文身、瑙努果草药，由于品质出众而被众多跨国企业应用于保健和个人护理产品中的初榨橄榄油，还有来源于萨摩亚热带雨林中的深层自流水。

作为中国公民出境旅游目的地国之一，萨摩亚的自然美景闻名遐迩。郁郁葱葱的丛林掩映着洁白的沙滩，其间点缀着五颜六色的花朵，生机勃勃，令人心旷神怡。我们非常自豪，能向来到萨摩亚的游客提供独特而高品质的产品，让无论是休闲、娱乐，还是寻求文化教育体验的游客都能尽兴而归。

在萨摩亚，周日是我们的祈祷日。同样也是我们从一周繁忙的工作中解放出来偷得浮生半日闲的日子。所以，我们也希望今天来到世博会场的嘉宾也能够轻松愉快享受来自萨摩亚的精彩文艺表演，从中也可以体会我们在萨摩亚向所有的游客贵宾所呈现的风采。

对于萨摩亚以及众多土地资源有限而城市人口激增的小岛屿国家来说，世博会关于城市发展的主题非常具有现实意义。

通过参与上海世博会，我们不仅获得了梦寐以求的机会，得以放眼看世界，同样也能开阔思路，将未来发展的无限可能带回萨摩亚，让人民的生活更美好。

萨摩亚与中国的关系非常紧密，而今年恰逢两国建交35周年，其实，我们两国之间的联系可以追溯到100年以前。当时，来萨摩亚务工的中国人决定以萨摩亚为家，这些早期的移民对萨摩亚的各个领域都做出了卓越的贡献。这一传统延续至今，我们代表团中的一些成员就是当时中国移民的后代。

最后，我要祝贺中华人民共和国政府以及上海市成功的实践了城市，让生活更美好的主题。无论从哪个方面来看，上海都气度不凡，让人印象深刻。显然，你们的远见卓识和不懈努力创造了举世瞩目的经济成就，也缔造了上海的成功。

因此，世博会为萨摩亚提供了绝佳的机会，可以在中国展示我们在方方面面的合作机会，包括贸易、能源、通讯和旅游。

祝上海世博会获得圆满成功，感谢太平洋联合馆馆长和她的团队以及参与组织萨摩亚国家馆日活动的每一个人。

交流活动

中方代表与萨摩亚独立国国家馆日代表团主要成员合影

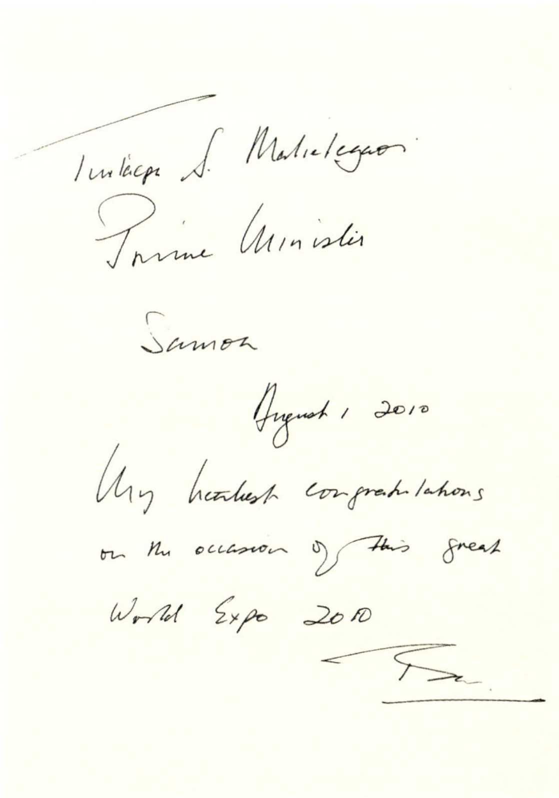

Tuilaepa S. Malielegaoi
Prime Minister
Samoa
August 1, 2010
My heartiest congratulations on the occasion of this great World Expo 2010

值此盛大的2010年世界博览会之际致以我诚挚的祝贺。

图伊拉埃帕·马利埃莱额奥伊

萨摩亚馆日代表团所赠的木质盆雕

萨摩亚馆日的民间歌舞表演

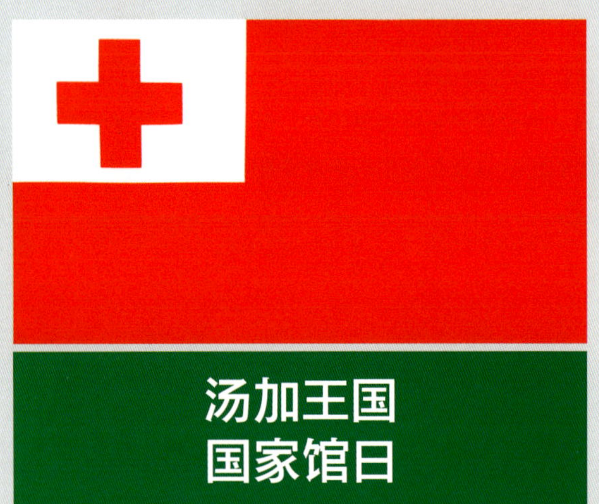

汤加王国国家馆日

2010年8月2日

汤加馆（B片区，太平洋联合馆）

在馆日仪式上的中方代表致辞

很高兴代表中国政府和上海世博会组委会出席汤加王国国家馆日活动。借此机会，我谨对汤加国家馆日的举行表示诚挚祝贺，对皮洛莱乌公主殿下和各位嘉宾的到来表示热烈欢迎！

世博会是人类文明发展与传承的驿站，是世界各国人民展示聪明才智、交流发展成果的重要舞台。各国、各地区、各民族通过世博会加深了解，增进友谊，交流互鉴，共同促进人类社会不断进步。上海世博会以“城市，让生活更美好”为主题，传承和发扬了“理解、沟通、欢聚、合作”的世博精神，为世界各国人民携手追求更美的城市、更好的生活、更深的情谊以及更和谐的家园提供了新的平台。

汤加是地球上最早迎接日出的国家之一。汤加此次积极参加上海世博会，充分体现了对中方举办上海世博会的支持。上海世博会也为汤加人民提供了向世界展示自身独特魅力的舞台，为来自全球各地的参观者打开了一扇了解汤加、接触汤加的窗口。在上海世博会汤加馆，人们可以体验一个古老而又焕发着青春活力的汤加，一个人与自然和谐相处的汤加，一个融入国际社会而又保持着独特民族文化传统的汤加。我相信，汤加秀美纯净的自然环境、浓郁质朴的风土人情、热情奔放的歌舞表演，一定会给来自世界各国的参观者留下深刻印象。

中汤自1998年建交以来，两国关系发展顺利，各领域交流合作不断扩大，相互了解和友谊日益加深。上海世博会犹如一条神奇的纽带，把中汤两国人民连在一起，为双方友好合作关系的发展注入新的活力。中方愿与汤方共同努力，进一步深化友谊，扩大交流，拓展合作，

中国上海市副市长 唐登杰

汤加公主 萨洛特・皮洛莱乌・图伊塔

为增进两国人民的福祉和亚太地区的和平、稳定与发展做出积极贡献。

最后，祝愿汤加馆日活动和汤加参加此次上海世博会取得圆满成功！

在馆日仪式上的外方代表致辞

请允许我代表汤加国王乔治·图普五世、汤加政府和汤加人民对中国政府和中国人民给我们这次参加国家日的机会表示感谢。今天是汤加国家馆日，同时也是国王的生日，我们也借此送上对汤加国王的生日祝福。我要非常感谢上海世博会组织方所有工作人员给我们的参与提供无尽的便利。这也使太平洋联合馆的工作进展越来越好。我还要感谢太平洋联合馆馆长伯娜德特·加尼劳女士和南太平洋旅游组织能把 14 个太平洋国家组织参加这次世界的盛会。汤加王国非常感谢你们所有的努力，没有你们大力支持和帮助，我们的这条路不会这么顺利。这次世博之旅对我们来说并不是一项简单的任务，但大家也看到了参加上海世博会无疑会给汤加王国带来更多的发展机会。

上海世博会的主题是“城市，让生活更美好”，这个主题对于我们而言，有两个意义。第一，汤加王国不仅仅是唯一的，也是地球村的成员，不论有多小，它有利于并改善我们生存的地球。第二，虽然我们没有像上海这么大的城市，但是我们有很小的村庄和小镇。即使我们面临很多的挑战，但是我们能更好地生活。有一个小方法可以改善我们的生活，那就是贸易。我们这次来上海就是相信能通过这次旅行提高我们生活的同时，也能和中国人民一起分享我们的文化和遗产。人们可以通过旅行接受恭敬，世界上最重要的字眼就是“人”。汤加人是波利尼西亚人，我们一直相信波利尼西亚人是从中国南方和东南亚移民过来的。我邀请你们所有人都来汤加旅游。汤加是世界上第一个看到日出的国家，也是南太平洋上唯一一个有国王的王国。你们来看汤加王国展品的时候，我们欢迎你们去看看我们从太平洋来的姐妹和兄弟的国家。在结束我的介绍前，请允许我向中华人民共和国对我们的热情款待表示最真挚的谢意。我国代表团认为此次中国上海世博之行给我们留下了深刻的印象。

接下来，也邀请所有在场的贵宾欣赏来自汤加王国的舞蹈团带来的精彩表演，也欢迎各位到汤加王国的场馆去了解汤加王国的文化和遗产。欢迎大家来汤加王国的场馆看为什么库克船长在 1772 年来我们国家三次并称我们是“友爱之岛”，欢迎大家！

交流活动

中方代表与汤加王国国家馆日代表团主要成员合影

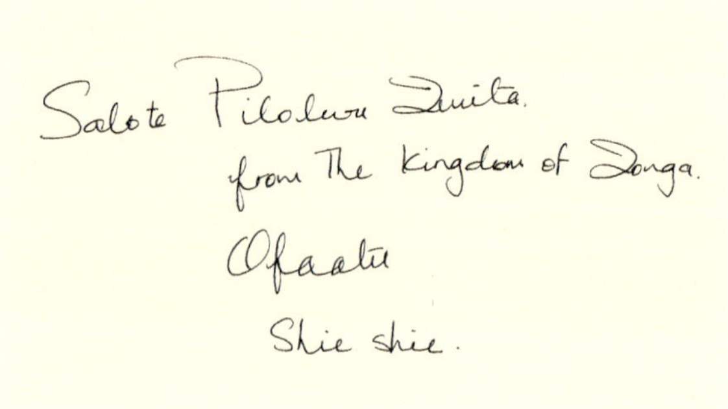

Salote Pilolevu Tuita.
from The Kingdom of Tonga.
Ofaatu
Shie shie.

谢谢！

萨洛特·皮洛莱乌·图伊塔

汤加馆日代表团所赠的木质盆雕

汤加馆日的民间歌舞表演（一）

汤加馆日的民间歌舞表演（二）

尼日尔共和国 国家馆日

2010年8月3日

在馆日仪式上的中方代表致辞

今天，很荣幸能够参加尼日尔国家馆日活动。首先，请允许我代表中国政府和人民对远道而来的尼日尔贵宾表示热烈的欢迎！对世博园区开园以来，尼日尔国家馆的精彩表现表示衷心的祝贺！对尼日尔政府和人民给予上海世博会的支持表示诚挚的谢意！

尼日尔是西非地区有着悠久文明的国度，在人类发展史上留下了闪光的足迹。我相信，尼日尔选择今天作为自己的国家馆日并非偶然，50年前的8月3日正是尼日尔赢得民族独立的日子。在此后的半个世纪中，尼日尔人民秉持“博爱、劳动、进步”的立国箴言，自强不息，奋斗进取，各项事业不断取得新的成就。我们对此表示祝贺，并衷心祝愿尼日尔经济社会发展，人民安居乐业。中尼两国虽然远隔重洋，但友谊的纽带将两国人民紧紧相连。在长期共同奋斗的历程中，中尼两国人民相互理解、相互支持，结下了深厚的兄弟情谊。在当前新的历史时期，中尼友谊焕发出更加强大的生命力，成为推动两国各领域合作持续发展的不懈动力。展望未来，我们对两国友好合作的发展前景充满信心。中国愿继续与尼日尔加强各领域合作，携手应对挑战，共同开创中尼友好合作关系的美好明天。

尼日尔馆位于非洲联合馆内，主题为“控制城市扩张，推动城市发展”。展馆分为三个板块，第一板块“城市脉搏”，展示尼日尔城市化进程；第二板块“文化精品”，展示尼日尔的珍贵文物和手工艺精品；第三板块“活力生活”，展示尼日尔农牧业生产场景。开园以来，尼日尔馆吸引了大量参观者流连驻足，取得了巨大成功。

最后，祝各位来宾身体健康！祝尼日尔馆在上海世

尼日尔馆（C片区，非洲联合馆）

上海世博会中国政府副总代表 陈公来

尼日尔商业、工业与青年企业家促进部副秘书长
扎达·玛丽亚马

博会上取得圆满成功！

在馆日仪式上的外方代表致辞

首先，我谨代表尼日尔商业、工业与青年企业家促进部部长哈米德·艾哈迈德阁下，转达军政府领导人萨卢·吉博阁下对中华人民共和国主席胡锦涛阁下的致意。

同时，我也要向本届世博会的组织者致敬。这是一届举世无双的盛会，因为：

- 时间长达六个月；
- 参展方的数量和质量令人瞩目；
- 各种活动十分丰富。

在提到尼日尔国家馆日之前，我想特别盛赞我们两国间的良好合作关系。事实上，中国和尼日尔本着双赢原则保持着紧密关系，我们非常高兴地看到，中国在尼日尔开展了一系列十分重要的项目。例如：

- 尼亚美的多功能体育场建设工程；
- 尼日尔河上的尼亚美二桥建设工程；
- 石油勘探和津德尔炼油厂建设工程；
- 矿产勘探，特别是萨尔卡达姆纳的铀矿勘探；
- 塔瓦地区的卡奥水泥厂工程；
- 尼亚美国立医院的疟疾防治中心建设工程；
- 提供奖学金和实习机会。

两国贸易也不断发展：贸易量逐渐增加，中尼双方企业家的联系不断增强，贸易方面的法律法规得到很好的实施。

今天我们在上海庆祝尼日尔国家馆日，同时也是我国独立 50 周年纪念日。我想借此机会向大家简要地介绍一下尼日尔。

- 尼日尔于 1960 年 8 月 3 日独立，立国箴言为“博爱、劳动、进步”；
- 人口约为 1400 万；
- 首都是尼亚美。

我国与各方合作进行的改革使我们获得了宏观经济的稳定。2002 至 2006 年，年经济增长率保持在 4%。

2008 年，国民生产总值增长 9%，居西非国家经济货币联盟（UEMOA）之首。

政治决策主要建立在以下基础上：

- 运用民主体系使民众意愿得到表达；
- 使政治和经济生活的参与者得到法律保障；
- 实施良政。

经济决策主要围绕以下几个中心：

- 市场经济；
- 在所有经济领域取消国家垄断，实现自由竞争；

・国家退出生产部门和竞争领域；

・加入区域和地区一体化进程。

针对这些决策，我国实施了一系列措施和改革。主要包括：

・基本取消了所有垄断；

・通过了自由定价和自由竞争法律；

・通过取消许可证和非关税壁垒，实现对外贸易自由化。自此，除碳氢化合物以外，来自所有地区的所有商品都能自由进口；

・对出口商品免除关税；

・完善国内税制。

我们还出台了一系列法律：

・投资法：投资者享受该法规定的各项措施，为期五年，可延长；

・矿产法：规定了四种矿业许可证：勘探许可证，研究许可证，大小型矿产企业开采许可证和手工开采许可证；

・石油法：规定了以下几种许可证：勘探许可证，石油研究许可证，开采临时许可证和石油（开采）特许权。

在以下各方面，尼日尔还蕴含着巨大潜力：

・矿产和能源：尼日尔地下蕴藏着丰富的自然资源。我们的战略是，一方面促进矿产开发的多样化，另一方面促进合作伙伴的多样化；

・农业：在农业方面，将特别强调高营养作物和经济作物的种植，特别是谷物和工业作物；

・动物资源：我们的战略是通过对牛的品种进行基因改善，提高牛肉和牛奶的产量。具体行动是在上游发展专业养殖场，在下游促进养殖产品的储藏和加工企业的发展。

・交通领域：国家交通战略的目标是优化基础设施管理，促进交通工业活力；

・贸易和服务领域：贸易方面，大力推动商品、设备的进口，并向邻国出口一些产品；

・旅游领域：战略是建立和整治新的旅游景点，对这些景点进行宣传和营销。

你们会发现，尼日尔是一片充满经济潜力的土地。各合作伙伴和其他私营部门的投资者应该抓住机遇，来尼日尔放心地拓展他们的业务，因为我们采取了一切措施确保企业顺利发展。

希望在未来，我们可以依赖各位尼日尔的朋友和合作伙伴，共同开展伟大事业，造福于我们英勇的人民。

En ce jour mémorable, commémorant le cinquantenaire de l'indépendance du Niger, c'est un insigne honneur pour la délégation du Niger de se retrouver sur la terre soeur de la République populaire de Chine pour fêter notre journée nationale. Cela témoigne de l'excellence des relations de coopération de façon générale qui unissent nos deux pays et qui s'améliore de plus en plus dans le sens du partenariat gagnant gagnant. Vive la coopération Sino-Africaine, vive la coopération Nigero-Chinoise!

值此尼日尔独立50周年这一值得铭记的时刻，尼日尔代表团对于能够在中华人民共和国的土地上庆祝其国家馆日深感荣幸。这表明我们两国间全面友好合作关系正朝着共赢伙伴的方向不断迈进。

中非合作万岁！

尼中合作万岁！

扎达・玛丽亚马

交流活动

中方代表与尼日尔共和国国家馆日代表团主要成员合影

尼日尔馆日代表团所赠的工艺品

尼日尔馆日的民间歌舞表演

吉尔吉斯共和国国家馆日

2010年8月4日

在馆日仪式上的中方代表致辞

首先，我谨代表中国政府和上海世博会组委会，对吉尔吉斯斯坦举行上海世博会国家馆日表示衷心的祝贺，对乌梅塔利耶夫部长出席今天的馆日活动表示热烈欢迎。

百年世博会是一部记录人类文明发展的宏伟史册，也是一个显现世界各国独特风采和发展理念的广阔舞台，更是一座联系各国人民、促进国际交流的友谊桥梁。本届上海世博会的主题是“城市，让生活更美好”，体现出人类社会对创造更美好生活的理想和憧憬。相信在包括吉尔吉斯斯坦在内的各参与方的共同努力下，上海世博会一定会成功、精彩、难忘，成为增进世界各国人民友谊、促进人类社会进步、推动创新和共同发展的伟大盛会。

美丽的高山之国吉尔吉斯斯坦是中亚这片广袤土地上一颗璀璨的明珠。在吉尔吉斯斯坦馆内，我们看到了一幅历史传统与现代文明、自然美景与繁华都市完美结合起来的奇妙景象。置身吉牧民的传统毡房那高高的拱顶之下，有宾至如归之感；青翠的草原和成群的牛羊，让人体会与自然和谐共处的美好感觉。我们也可以伴着悠扬淳朴的冬不拉乐曲，聆听千古传唱的古老民谣，体味那独特迷人的吉尔吉斯风情；我们还可以进入比什凯克这座向世界开放的城市，了解快速发展中的新吉尔吉斯斯坦。

中吉两国是山水相连的友好邻邦，两国人民传统友谊源远流长。自古以来，举世闻名的丝绸之路就将我们两个民族紧密连接起来。建交18年来，中吉睦邻友好合作关系健康发展，各领域交流与合作取得丰硕成果。回顾过去，展望未来，我们对两国关系的前景充满信心，

吉尔吉斯斯坦馆（A片区，亚洲联合馆）

中国外交部部长助理 程国平

吉尔吉斯共和国 经济调解部部长 埃米利·乌梅塔利耶夫

愿继续本着相互尊重、平等相待的原则，推动中吉双边关系和互利合作持续健康深入发展。

我们知道，今年对吉尔吉斯斯坦来说是不平静的一年。作为友好邻邦，我们真诚希望吉尔吉斯斯坦人民能够克服面临的困难，实现国家稳定、社会和谐、经济发展。中国政府和人民愿为此提供力所能及的帮助。今天，吉尔吉斯斯坦国家馆日顺利举行。希望这象征着吉尔吉斯斯坦人民将尽快走出艰难时刻，迎接灿烂美好的未来。

虽然上海和比什凯克相距万里，一个在东海之滨，一个在天山山麓，但中吉两国人民建设更宜居的城市、创造更美好的生活的追求是相通的，深化传统友谊、加强交流合作的愿望是一致的。希望中吉双方充分利用世博会这一平台，以吉尔吉斯斯坦参加上海世博会为契机，推动中吉两国和两国人民增进相互了解、加强双边合作，促进世界的和平发展和人类的和谐进步而共同努力。

祝愿吉尔吉斯斯坦国家馆日活动圆满成功。

在馆日仪式上的外方代表致辞

请允许我代表吉尔吉斯共和国政府欢迎今天所有参加吉尔吉斯斯坦国家馆日庆典活动的嘉宾，并忠心感谢上海这座美丽的城市为我们共和国参与上海世博会所做的帮助及盛情款待，上海确实是世界上最大的金融和商业城市之一。

今年的世博会的主题是“城市，让生活更美好”，这个世博会成功的展现了世界城市的发展进步，促进了相互了解渗透及思想观念的发展，促进了不同国家人民之间的人文交流，增加互利的成就，并共同寻找未来发展的道路。

吉尔吉斯斯坦一贯奉行睦邻友好政策，是中国通往中亚地区的大门，今天吉尔吉斯斯坦的经济与我们伟大的邻邦有着千丝万缕的联系。吉中双边关系将达到一个新的发展水平。我们两国之间有着许多令人鼓舞的成功合作案例，允许我们在这方面的合作再进行质的飞跃。

我深信，我们的各位嘉宾，各位朋友，在参观了吉尔吉斯斯坦展馆后，将更加充分、深入了解我们的国家。

吉尔吉斯斯坦是一个发展中国家，正在进行市场经济和巩固民主等方面的改革。政府正在尽最大的努力为发展经济和减少贫困而建立一个良好的投资环境。

我们拥有很大的水电发展潜力和良好的发展农业和畜牧业的气候条件。吉尔吉斯斯坦一向以优美的自然风光和丰富资源著称，山川河流、高山湖泊众多，山峰林立，从天山山脉一直延伸到帕米尔高原，峡谷幽深，盆地广阔，原始森林面积广阔，到处体现着自然之美，为发展旅游业创造了得天独厚的条件。

关于我国的主要宏观经济指标，应该指出，据2010年上半年的统计，尽管各经济方面增速都在放缓，国内生产总值却增长了5.0%，工业总产值比去年同期增加了41.8%。

其现代工业生产主要集中在五个经济领域：冶金、

建材、食品加工、纺织和服装加工业，能源领域占工业生产总值的 88%。

今天吉尔吉斯斯坦与世界上 120 多个国家有贸易往来。吉尔吉斯斯坦近年来扩大了对外贸易关系，积极参与多边、区域及双边组织，如世界贸易组织、独联体、欧亚经济共同体、上海合作组织、经合组织，以及其他组织。吉尔吉斯斯坦是独联体国家中第一个加入世贸组织的国家，证明了其对自由贸易的承诺。

在经济危机前，每年贸易增长迅速。贸易稳步增长开始于 2002 年到 2008 年，外贸总额增长 5 倍，2009 年面对全球的金融危机，吉尔吉斯共和国和其他国家一样，大幅外贸减少。然而，今年尽管我们国家发生了严重的事件，贸易额却是在不断的上升，据上半年的统计，外贸额增长达 9%。

在我国，给予外国投资者国民待遇，创造一个平等的竞争环境。应该指出的是，新的税法实行非常低的税率，税收数量由 16 个减为 8 个，增值税率由 20% 降至 12%，并引入了小企业税率，简化税收程序。

通过这几年改革经验，近几年的投资额增长了 3–4 倍，并在 2008 年达到了最高峰。关于这一点，为吸引投资，我们建立了自由经济区，在经济区里将享受特别关税制度、巨大税收优惠以及简化外国公民出入境手续。

其最具有投资吸引力的行业有：采矿、水电、金融服务、电信、制造、旅游和建筑等。

近年来我们的主要投资量来自于哈萨克斯坦、英国、中国、俄罗斯、土耳其等国。

我要指出的是，从 4 月事件开始，我国新领导人背负着发展吉尔吉斯斯坦国家的重任，积极致力于解决一系列重大问题。

今年 7 月 15 日由议会组成了一个过渡政府，2010 年 10 月 10 日将举行议会选举。

2010 年 6 月 27 日在吉尔吉斯共和国成功地举行了全民公决，通过了新宪法并选举产生了合法总统，任期到 2011 年底。

这些措施的实施将有助于加强公众对政府的信任、国家的稳定，并为吉尔吉斯共和国进一步发展创造基础。

吉尔吉斯斯坦参加世博会得到了很多中国朋友的支持，上海世博会组委会为我们筹备吉尔吉斯斯坦日提供了全方位的协助。在这里我谨向您和全体关心及支持我们的人表示衷心的感谢。

感谢大家，祝大家和平、幸福、繁荣！

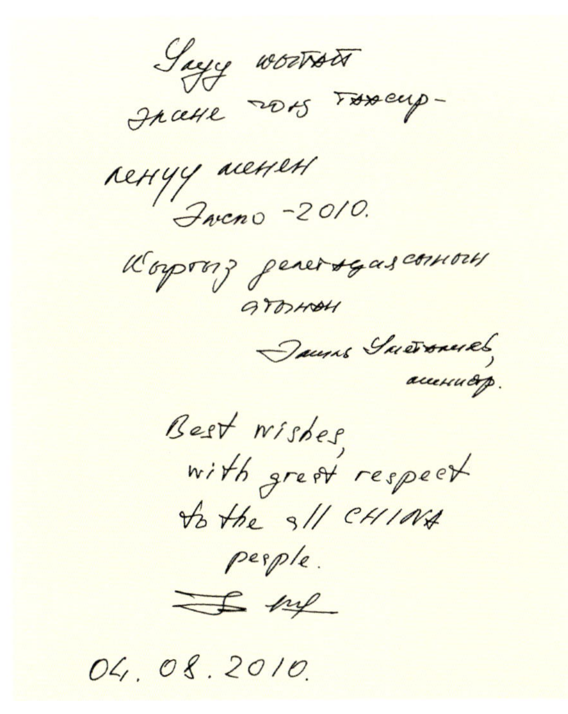
ленуу менен
Экспо -2010.
Кыргыз делегациясынын
атынан
Эмиль Уметалиев,
министр.

Best wishes,
with great respect
to the all CHINA
people.

04.08.2010.

向所有的中国人献上最美好的祝愿。

埃米利·乌梅塔利耶夫

吉尔吉斯斯坦馆日代表团所赠的工艺相框

交流活动

中方代表与吉尔吉斯共和国国家馆日代表团主要成员合影

吉尔吉斯斯坦馆日的文艺表演（一）

吉尔吉斯斯坦馆日的文艺表演（二）

库克群岛
国家馆日

2010年8月5日

在馆日仪式上的中方代表致辞

今天，我们共同迎来了上海世博会库克群岛国家馆日。首先，请允许我代表中国政府和上海世博会组委会，对库克群岛国家馆日的举办表示诚挚祝贺，对远道而来出席馆日活动的威格莫尔副总理表示热烈的欢迎。

世博会是人类文明成果荟萃的伟大盛会，“一切始于世博会”。创立159年来，世博会始终秉持进步、创新、开放、和谐的精神与理念，不断开启人类认识世界的窗口，为世界各国开阔视野、展现自我、增进交流提供了机会和舞台。

上海世博会是第一次在发展中国家举行的世博会，以“城市，让生活更美好”为主题，体现了人类社会对未来更美好生活的设想和憧憬。各参展方围绕这一主题，充分展示城市文明成果，交流城市建设经验，传播先进城市发展理念，探讨以人为本的居住、生活、工作模式，将会为人类的可持续发展留下宝贵的精神财富。

上海世博会是太平洋岛国第一次以集体形式亮相的世博会，太平洋联合馆是仅次于中国馆和非洲联合馆的第三大馆，体现了中国与太平洋岛国之间的亲密友好的关系。在以“太平洋——城市灵感的源泉”为主题的太平洋联合馆里，库克群岛展区将世外桃源的岛国风情带到了观众面前。在这里，生机勃勃的热带雨林映衬着碧蓝如洗的天空，清澈见底的海水拍打着 纯净洁白的沙滩，而演员们热情奔放的歌舞表演又让我们真切感受到库克群岛人民的纯朴善良和乐观向上。人与自然和谐共处的可持续发展方式，正是美好城市生活的最好体现。

中库两国自1997年建交以来，双边关系发展顺利，经贸、人文等各领域交流与合作日益密切，两国人民的

库克群岛馆（B片区，太平洋联合馆）

中国农业部副部长 牛盾

库克群岛副总理 罗伯特·威格莫尔

相互了解和友谊不断加深。威格莫尔副总理亲自率团出席库克群岛国家馆日活动，充分体现了库方对上海世博会和中库关系的重视，我们对此表示衷心的感谢。

我们一贯主张，国家不分大小、强弱、贫富，都是国际社会的平等成员，彼此应该互相尊重，平等相待，友好相处。我们愿与库方一道，以本次世博会为契机，进一步扩大交流合作，推动两国关系不断迈上新的台阶，实现共同进步发展，造福两国人民。

最后，我祝上海世博会库克群岛国家馆日活动取得圆满成功。昨天是库克群岛的宪法日，在此，我祝愿库克群岛繁荣昌盛，人民安居乐业！

在馆日仪式上的外方代表致辞

首先，请允许我对上海世博会热情的款待致以诚挚的谢意。

今天，我们相聚在此，见证一个重要的历史时刻，并充分利用这一千载难逢的机遇。从 1851 年至今，上海世博会是世博会历史上首次在发展中国家举办的综合性世博会。而今，我们只需环顾四周，就可以看到每一处都彰显着本届世博会杰出的成就。我认为，上海世博会的成就主要归功于以下两方面。第一，中华人民共和国政府高瞻远瞩，上海市政府以及世博会组织方所做出的不懈努力促成了今日的辉煌。第二，中国人民对世博会饱含热忱，热情款待世界各地的人民。对此，请允许我代表库克群岛政府和人民致以崇高的敬意。

上海世博会对于我国也具有历史性的意义。多年来，库克群岛曾多次远赴其他国家参与世界博览会。然而，本届世博会是库克群岛首次以积极姿态参展的世博会。能够参与本届世博盛会并与其他邻国共同在太平洋联合馆参展，库克群岛感到荣幸之至。

在此，我们也衷心地感谢中国政府给予的大力支持，使我们得以顺利参展。我特别感谢世博会的组织方、太平洋联合馆馆长 Bernadette Rounds Ganilau 女士长期以来的坚定支持。同时，也感谢库克群岛的工作人员，他们是：Almond Numanga 女士、Kura Taruia 女士、Demitra Neophitou 女士和 Michael Jonassen 先生——感谢你们的热情工作，向参观者充分展现了库克群岛的热情好客。

审视当今形势，我们更加认同本届世博会“城市，让生活更美好”这一主题。上海如今已是国际化大都市，其重要性越发显著。在世博会的带动下，上海将更加引人注目。

全球人口统计数据表明，现今约有 55% 的人口居住在城市。未来，无论国家大小，这一比例将继续攀升。不管国家规模如何，库克群岛也将符合这一增长趋势。换言之，库克群岛也会面临城市化进程所带来的诸多挑战和难以应对的变化。与此同时，我们需要保护传统文化，因为这是民族灵魂之所在。

这也引出了世博会的另一重大使命，即促进跨文化沟通，加强国家之间和人民之间的相互了解并巩固友谊。正如我之前所述，今天正是实现这一目标的良好机遇。

库克群岛是世界上众多小国之一，人口约1.3万，以波利尼西亚人为主。我们拥有15个岛屿，分布在太平洋120万平方公里的海域内，地处澳大利亚和南美洲之间。我们和中国隔海相望，然而，两国向来注重巩固友谊、紧密联系、促进合作。

比如，中国政府多年来一直为库克群岛提供慷慨援助，对此我们感激不尽。我们也相应地从中国进口数目众多的商品。

不久前，中库两国政府签署协议，为中国公民到库克群岛观光旅游提供便利。在上海期间，我也将和专家详细探讨，确保为库克群岛的中国游客提供最佳的待遇和服务。我也借此机会邀请大家到库克群岛旅游，我们十分乐意招待远道而来的中国友人。

中国和库克群岛两国人民以及世界其他各国人民，向来喜爱珍珠以及珍珠打造的名贵首饰。库克群岛的黑珍珠享誉全球，而且拥有手艺精湛的工匠。此次，随团前来的有两位库克群岛珍珠管理局的代表，他们负责与有关人士接洽向中国出口黑珍珠和黑珍珠首饰的相关事宜。在座诸位如有对此感兴趣的人士，请与他们联系。

我国人口稀少、国土面积有限；然而，我国的渔业、海床矿产等海洋资源异常丰富。未来，我们将开发这些资源、进一步改善民生。本届世博会提供了良好机遇，我们将与中国政府进一步探讨未来的有关合作和共同开发的项目。

库克群岛因其独特的文化感到自豪。值此之际，我们希望展现本国文化中的一大特色，即歌舞表演。接下来，我们的歌舞团将为大家献上精彩纷呈的演出。

本届世博会精彩、难忘，是一次历史性的盛会。世博会将为库中两国乃至各国之间的合作播下希望的种子。库克群岛将承担自己的角色，在这一伟大历程中发挥必要的作用。

交流活动

中方代表与库克群岛国家馆日代表团主要成员合影

罗伯特・威格莫尔的签名

库克群岛馆日代表团所赠的特色饰品

库克群岛馆日的特色歌舞表演（一）

库克群岛馆日的特色歌舞表演（二）

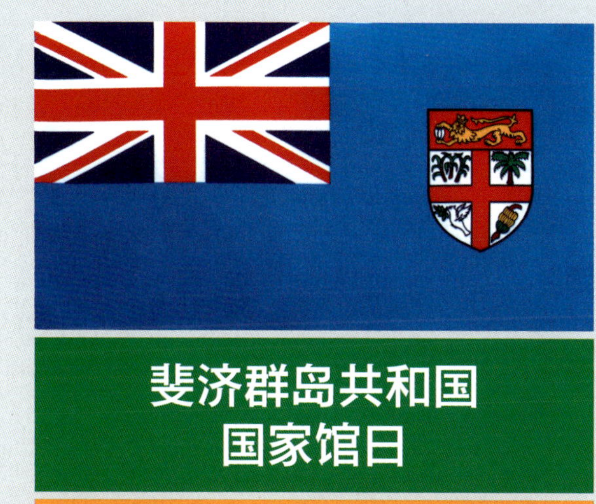

斐济群岛共和国国家馆日

2010年8月6日

在馆日仪式上的中方代表致辞

我代表中国政府和上海世博会组委会，对斐济举行上海世博会国家馆日表示衷心祝贺，对姆拜尼马拉马总理阁下和夫人出席今天的馆日活动表示热烈欢迎。

自1841年创立以来，世博会始终秉持进步、创新、交流的核心价值观，不懈推动人类生活方式的转变，不断引领人类发展的最新理念，不断积淀人类最优秀的文化传统，也为世界各国人民展现自我、沟通心灵、增进友谊、共同进步提供了重要机会和舞台。

上海世博会传承“欢迎、沟通、展示、合作”的发展理念，把世界各国的人们团结在一起，不分种族，不分宗教信仰，不分国籍，共同演绎了“城市，让生活更美好”的主题，表达了现代人对新型城市、环保城市、更自然化城市、更人性化城市的追求和向往。我们愿与包括斐济在内的各参展方共同努力，将上海世博会办成推动“和平、友谊、和谐”的成功盛会。

斐济是太平洋岛国地区的重要国家，是世博会的积极支持者和热情参与者。斐济国家馆不仅展示了斐济经济社会发展成就，也给我们带来了浓郁的南太平洋岛国气息，让参观者领略到这一“天堂岛国”隽秀神奇的自然景观、独具特色的人文环境和淳朴热情的民俗风情，尽享古老与现代元素完美结合的海上城市文明与魅力。相信上海世博会将为斐济走向世界搭建重要桥梁，也为世界进一步了解这片美丽的群岛打开机会之窗。

中国有句古语：志合者，不以山海为远。中国与斐济虽然远隔重洋，但两国人民的友谊源远流长。早在200多年前，就有中国人前往斐济，同当地人民和睦相处，共同为斐济开发建设作出贡献。1975年11月，斐济在

斐济馆（B片区，太平洋联合馆）

中国民政部部长 李立国

斐济总理 乔萨亚·沃伦盖·姆拜尼马拉马

太平洋岛国中率先与中国建交，揭开了两国关系的新篇章。建交35年来，中斐关系经受住了时间和国际风云变幻的考验，在各领域均取得长足发展。双方高度重视发展两国关系，始终视对方为好朋友、好伙伴，相互尊重，平等相待，真诚合作。

上海世博会再次将中斐两国人民汇聚在一起，共同见证人类文明发展的丰硕成果，探讨人与人、人与自然和谐共存之道。无论过去、现在、将来，中国人民都珍视同斐济人民的友谊。我们愿与斐济朋友们携手同行，以上海世博会和今年中斐建交35周年为契机，继续相互支持、通力合作，将中斐友好关系不断推上新的高度。

祝愿斐济馆日活动和斐济参加此次上海世博会取得圆满成功。也请在座的斐济朋友们带去我们对斐济人民最诚挚的问候和最良好的祝愿！

在馆日仪式上的外方代表致辞

今天来到精彩纷呈的上海世博会参加斐济共和国国家馆日活动，我十分高兴。精彩的上海世博会见证和凝聚着中华人民共和国政府和人民的坚定信念和辛勤劳动。在此，我谨就上海世博会的成功举办向中国政府和人民表示热烈祝贺。中华人民共和国政府为包括斐济在内的诸多国家展台提供了大力支持和帮助。我也要对此表示感谢。毫无疑问，斐济与中国保持着友好而亲切的关系。在“一个中国”原则基础上建立起来的斐中外交关系已经跨过了35个年头。而两国人民的交流则可追溯到1800年后期第一批中国商人来到斐济的时候。由于中国对斐济政府的改革鼎力相助并给予充分理解，斐中关系在过去三年发展尤其迅速，我愿借此机会在此公开表示，中国的确是我们拥有真智慧的真朋友。

作为改革的一部分，斐济奉行向北看政策，我们致力于培育和发展新的关系，我们还加入了不结盟运动，向全世界宣誓斐济愿与世界各国携手合作。我们参加上海世博会可谓恰逢其时，近200个国家共同倡导“城市，让生活更美好”这一主题。我们坚信“合作与理解”必将为所有人民带来更加美好的生活。斐济馆不仅让参观者领略斐济的特色文化和民俗风情，并且展示了斐济及包括中国在内的其他所有国家所面临的机遇，在此我欣喜的告诉大家我们已经开通了由斐济国家航空公司—太平洋航空所提供的香港与斐济之间的直航。这就意味着中国及其他国家现在完全可以同南太平洋的枢纽斐济实现直接连通。空中直航将给旅游业带来无限机遇，创造投资机会，促进区域合作，当然也会让人民之间的交往更加紧密。

尊敬的李部长、胡市长、韩大使，各位尊敬的贵宾们，女士们，先生们，请允许我借此机会代表斐济政府和人民再一次对中华人民共和国主办上海世博会表示热烈的祝贺。

交流活动

中方代表与斐济群岛共和国国家馆日代表团主要成员合影

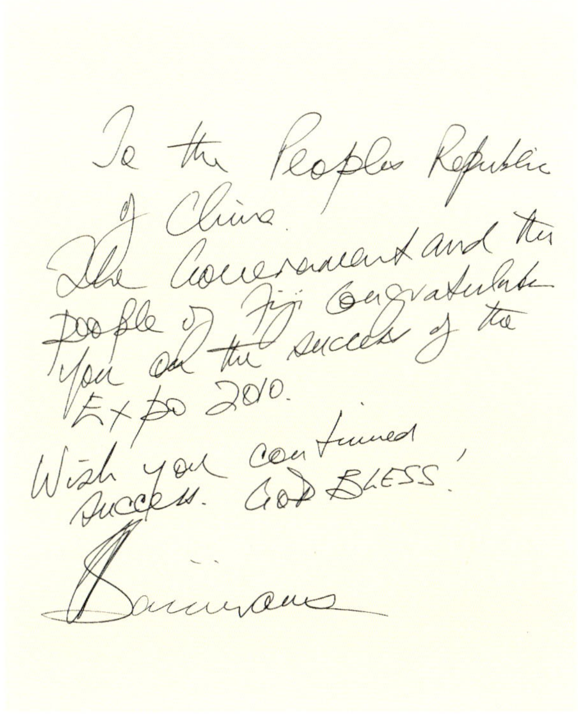

To the Peoples Republic of China.
The Government and the people of Fiji Congratulate you on the success of the Expo 2010.
Wish you continued success. GOD BLESS!

致中华人民共和国，斐济政府和人民祝贺2010世博会的成功举办。

祝愿你们继往开来。上帝保佑你们！

乔萨亚·沃伦盖·姆拜尼马拉马

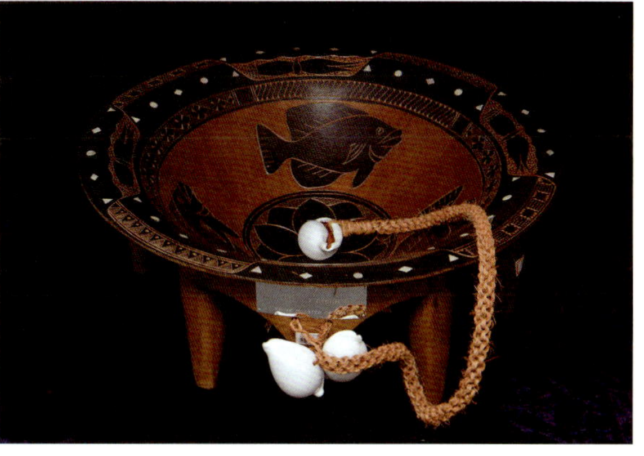

斐济馆日代表团所赠的岛国特色器皿

斐济馆日的特色歌舞表演

新加坡共和国 国家馆日

2010 年 8 月 7 日

新加坡馆（B 片区，自建馆）

在馆日仪式上的中方代表致辞

首先，我代表中国政府和上海世博会组委会，对新加坡举行上海世博会国家馆日活动表示诚挚祝贺，对李奕贤政务部长出席今天的馆日活动表示热烈欢迎。相信新加坡国家馆日活动将给每一位到访者留下美好而难忘的印象。

“一切始于世博会”，这句广为传颂的名言道出了世博会的巨大影响力。世博会是集中展示人类文明成果的盛会，也是推动国际交流和促进世界各国人民友谊的聚会。它为世界各国相互借鉴、展现自我提供了机会和舞台，促进了国际化和现代化进程，弘扬了创新精神、开放道路与和谐理念，不仅极大地激发了人们创造物质财富的积极性和热情，而且给人类留下了宝贵的精神财富。

上海世博会是第一次在发展中国家举办的注册类世博会，也是第一次以城市发展为主题的世博会。“城市，让生活更美好”，这一主题体现了人类对未来美好生活的憧憬。在所有参与者的共同努力下，上海世博会必将促进人与城市和谐发展，增进各国人民友谊，推动创新和共同发展，并对人类进步产生积极和深远的影响。

新加坡一直是世博会的积极参与者，我们曾在多届世博会上欣赏到新加坡的精彩展示。上海世博会新加坡馆是新加坡在历届世博会上修建的最大的国家馆。它以“城市交响曲”为主题，集中展示了新加坡独具特色的文化、城市发展的先进理念和花园城市的迷人魅力，让参观者领略到新加坡人民对“平安、文明、幸福”城市的深刻理解和诠释。

中新两国是亲密的友好领邦。今年是中新建交 20 周年。20 年来，两国领导人往来和接触频繁，各领域合

中国商务部副部长 傅自应

新加坡贸工部政务部长 李奕贤

作成效显著，各层次交流广泛深化，特别是两国人民的交往日益密切。新加坡是众多中国学子出国求学深造的首选国度，也有越来越多新加坡人来中国学习工作。我相信，上海世博会将为中新两国和两国人民增进相互了解、深化互利合作提供新的契机。

上海与新加坡同为亚洲传统贸易中心，联系十分紧密，友谊源远流长。今天新加坡国家馆日活动，可以让我们领略新加坡东西方文明交汇、多民族和谐共处的独特魅力。这也正是世博会的魅力所在，可以让包括中新两国人民在内的世界各国人民汇聚在一起，沟通心灵，增进友谊，加强合作，共谋发展，携手缔造人类未来的美好生活。

最后，祝愿新加坡馆日活动取得圆满成功。

在馆日仪式上的外方代表致辞

8 月 9 日是新加坡的国庆日，今天，我非常高兴能够来上海，参加世博会新加坡馆日，和大家一起庆祝新加坡的生日！

首先，我要祝贺上海成功举办世界博览会。无论是策划还是执行，中国都向世界展示了超强的组织能力。这是世博会有史以来规模最大的一次，有 190 多个国家和 50 多个国际组织参加，集中展示世界各地的灿烂文化。据我所知，世博会营运至今，已经接待了 3500 多万名访客，正在朝向最终目标——7000 万名访客迈进。

城市化带来全球性的环境问题和社会挑战。本次世博组委会选择“城市，让生活更美好”为主题，不但及时，而且富有远见。我觉得，世博会是各国文化之间的一场良性互动，彼此分享独特的理念，探讨如何打造未来城市，为我们的下一代创造更好的生活环境。

最近几年，建设宜居城市的共同理念，深化了新加坡和中国之间的合作。早期的苏州工业园，近期的天津生态城，都体现了世博会的主题。这两个项目，也承载了我们打造未来城市的共同愿景。

新加坡非常高兴能够参加这场历史性的世博会，上海世博会新加坡馆，也是我们参加世博会以来规模最大的一次。我们很愿意和世博会的参观者，分享新加坡的多元文化和城市建设方便的独特经验，也期待并欢迎大家参观新加坡馆。

2010 年，是新中关系的重要里程碑，我们共同庆祝新中国建交 20 周年。为了纪念这个里程碑，中国和新加坡签署了一项培育大熊猫的合作研究协议，中国将向新加坡借出一对大熊猫，为期 10 年。迎接大熊猫的准备工作正在进行当中，预计明年下半年完成。经过一段适应期，公众可以在 2012 年上半年，到游河探索乐园观赏大熊猫。这对可爱的使者是新中两国友好关系的象征，将两国人民更加紧密地联系在一起。

多年以来，新中两国的外交关系不断加深与拓展。

其中一个重要领域是建立在投资与贸易基础上的强大双边经贸关系。中国是新加坡投资的首选之地，同时，新加坡是中国第五大投资地。在贸易领域，中国是新加坡第三大贸易伙伴，新加坡是中国第八大贸易伙伴。

这种强大的经贸关系源自人民间的友好纽带，可以追溯到19世纪，中国移民首次飘洋过海，来到新加坡。他们有精明的生意头脑，勤劳、智慧的精神，也带来语言、文化和各地美食。随着时间的推移，他们逐渐融合成为新加坡社会的一部分。

今天，这种纽带还在继续发展。中国移民来新加坡定居、工作，许多人已经在工作中建立了很强的人脉和友谊，作为社区的一员，备受欢迎。反之亦然，新加坡人到中国各地定居的人数也逐年上升，受到中国人民的热情欢迎。

去年，尽管有金融危机的影响，新加坡还是迎来了近100万名中国游客，而且今年，我们预计会有超过100万的中国游客到访新加坡。每年到中国游览的新加坡人，也将近100万人次。

以“城市交响曲”为主题，世博会新加坡馆在结构上像一个音乐盒，展示新加坡的探索成果。这包括发展与可持续发展、城市化与绿化、传统与现代、多元种族和睦相处等。配合可持续发展的主题，新加坡馆的外观由可再循环的金属制成。新加坡已经取得成功进展的两大环保主题，水和花园，也是展馆的特色。通过在音乐喷泉和舞台举办的文艺表演，参观者可以体验我们的多元文化。游客也可以在馆旁的食品摊位品尝狮城美食。与此同时，也可以在三楼的屋顶花园，领略花园城市的风貌，观赏专为世博会新加坡馆培育的胡姬花品种“新沪交响曲”石斛兰。在二楼展厅，参观者可以随新加坡内阁资政李光耀先生走一段新加坡城市发展的影像之旅，也可以观赏由狮城本土音乐才子呈现的新加坡馆主题曲“感动每一刻”。新加坡馆内，还有多个展览，显示新加坡在城市规划、水处理技术和环境管理方面的成绩，正是这些成绩，将新加坡打造成为充满活力的环球都会。

在此，我要向上海世博会新加坡馆日的主办机构表示诚挚的感谢，感谢所有在新加坡馆担任引导员的志愿者，特别要感谢傅自应副部长和上海世博会事务协调局的精心款待。各位嘉宾，各位朋友，今天，我们在这儿庆祝新加坡国庆，一起唱国歌和爱国歌曲。让我们共同祝愿生活在这块土地上的人民，祝福参与世博会的国家和机构。

最后，感谢大家和我们分享新加坡四十五周年国庆的喜悦！

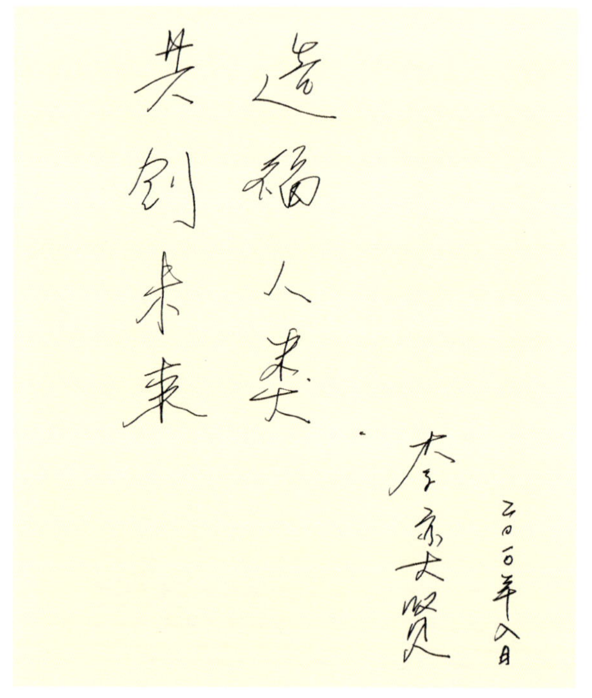

李奕贤的题词

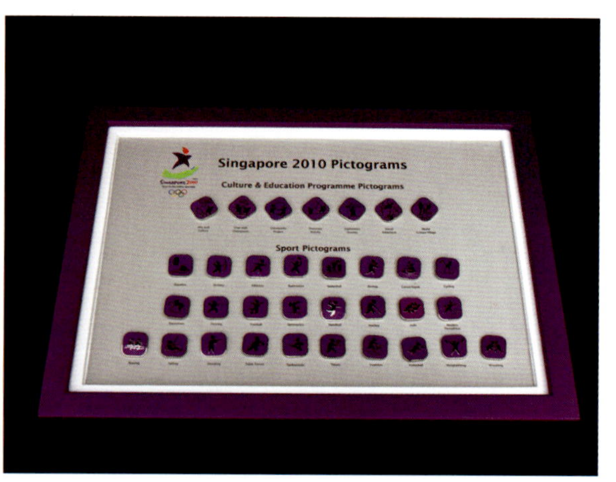

新加坡馆日代表团所赠送的特色的艺术品

交流活动

中方代表与新加坡共和国国家馆日代表团主要成员合影

新加坡馆日的歌舞表演（一）

新加坡馆日的歌舞表演（二）

科特迪瓦共和国国家馆日

2010年8月8日

科特迪瓦馆（C片区，非洲联合馆）

在馆日仪式上的中方代表致辞

首先，请允许我代表中国政府和上海世博会组委会，对科特迪瓦举行上海世博会国家馆日活动表示诚挚祝贺。

世博会走过了159年的光辉历程。她自诞生之日起，就是国际经济、社会、人文、科技领域的盛会，为各国展现自我、开阔视野、交流合作提供了机会和舞台。“和平、进步、友爱、合作”是世博会的宗旨，创新和开放是世博会的精神。正是这样的精神力量，引领着人类在实现发展与进步的道路上阔步前行。

上海世博会是第一次在发展中国家举办的世博会。她以“城市，让生活更美好”为主题，展示城市文明成果，交流城市发展经验，探索城市发展前景，憧憬城市生活的美好未来。在这一主题下，世界各国的多样文明与独特文化汇聚到上海世博园，人类的智慧与梦想在这里绽放。

科特迪瓦历史悠久、美丽富饶，人民勤劳勇敢、热情好客。科特迪瓦展馆分为“传统”、“经济”、“环境”三个展区。蘑菇状的部落民居、木栅栏和小山墙使人们仿佛置身于平和安逸的科特迪瓦传统生活之中。香醇的咖啡和可可，精美的木雕工艺品，让人们对科特迪瓦蓬勃发展的农业和手工业有了感性认识。新型的城市和秀丽的海滨风光相映成辉，描绘出一幅人与自然和谐相处的美丽画面。在这里，历史传承、经济发展和环境保护有机结合，充分体现了“城市多元文化融合”这一展馆主题。

中科建交27年来，两国关系一直顺利发展。双方真诚友好，在双边和国际事务中相互支持、相互帮助，各领域合作成果丰硕。中科都是发展中国家，面临相同的发展重任，在许多重大国际和地区问题上有相同或相

上海世博会中国政府总代表 华君铎

科特迪瓦外交与非洲一体化部部长 让·马利·卡库·热尔韦

似的立场。我相信，上海世博会将为两国人民架起一道友谊的桥梁，帮助彼此增进了解，加强合作，促进两国友好合作关系不断发展。

祝愿今天的科特迪瓦国家馆日活动取得圆满成功。

在馆日仪式上的外方代表致辞

值此上海世博会科特迪瓦国家馆日之际，我愿在此传达科特迪瓦人民对中国人民的诚挚问候。科特迪瓦政府一贯重视与中国的合作，并以两国之间长久以来紧密友好的关系而自豪。

几个月前，一支科特迪瓦代表团刚刚访问过上海，我们非常高兴能够在高层领导的陪同下，再次来到这座美丽的城市，我们的代表团成员包括四位部长以及一些商务人士，这足以体现出我们两国人民之间的友好关系。

我愿借此机会对中科两国间的合作做出充分肯定，也请您向中方高层领导人转达我们的问候与谢意，同时感谢中方对科特迪瓦代表团的盛情接待。

举办世博会这一全球性的盛会，对于贵国来说，不仅是一次挑战，同时也证明了中国人民的智慧和国家的经济潜力。

这项全球性的活动也正在以它的方式，通过拉近各个国家和人民之间的距离，建立普遍的价值观。

科特迪瓦参加了前几届世博会，自然也不能错过上海世博会这一欢庆两国间友谊，向中国人民的智慧和创造力致敬的绝佳机会。无疑，中国已载入世博会的史册，我愿在此见证这一事实。

我和我的代表团荣幸而欣喜的看到，上海世博会自开幕以来所取得的巨大成功。

我希望以没能出席今天活动的科特迪瓦总统洛朗·巴博阁下以及索罗总理的名义，祝贺上海世博会所取得的无与伦比的成功。

吸引了200多个参展方的上海世博会，通过“城市，让生活更美好”的主题，邀请人们共同来思考人类平衡和谐的生活问题。

本届世博会将住房、基础设施建设、服务等与城市发展密切相关的问题作为核心内容，呼吁全球人民共同创造美好的生活家园。

科特迪瓦以“城市多元文化的融合”为参展主题，很好的反映出科特迪瓦城市的现状，在阿比让，不仅生活着本国各族人民，还有来自邻国的同胞。

同样，科特迪瓦展馆通过下部垂直、上部相互交错的木质外围栅栏的设计，也体现出城市居民的融合。城市无疑是文化交融、探索民族间融合与和谐的最佳场所。

最后，我代表科特迪瓦政府再次感谢今天举行的国家馆日活动。我和我的代表团都将永存这段美好的回忆，我们会记住中国这个伟大的国家，她通过人民的活力和领导人的高瞻远瞩，在当今动荡的全球大背景下，发出比以往任何时候都要更加夺目的光芒。

交流活动

中方代表与科特迪瓦共和国国家馆日代表团主要成员合影

Au nom du peuple Ivoirien et de ses dirigeants, je voudrais saluer ici les efforts gigantesques du peuple chinois et de son gouvernement pour relever les grands défis du développement. Ces efforts témoignent du génie propre du peuple chinois, de son potentiel humain et de son économie. Je voudrais également honorer la permanence de l'amitié entre nos deux peuples.

Shanghai le, 8/08/2010

Jean. Marie Kacou Gervais
Ministre des Affaires Etrangères
et de l'Intégration Africaine.

谨以科特迪瓦人民和代表团的名义，我在此祝贺中国人民以及中国政府为迎接发展的巨大挑战所做出的卓绝努力。这些努力体现了中国人民自己的智慧、中国人力资源以及中国经济的潜力。

我在此还要祝福我们两国人民的友谊地久天长。

让·马利·卡库·热尔韦

科特迪瓦馆日代表团所赠的特色工艺品

科特迪瓦馆日的歌舞表演

南非共和国
国家馆日

2010年8月9日

在馆日仪式上的中方代表致辞

今天，我们怀着喜悦的心情迎来了南非国家馆日。首先，请允许我代表中国政府和人民对远道而来的南非贵宾表示热烈的欢迎！对世博园区开园以来，南非国家馆的精彩表现表示衷心的祝贺！对南非政府和人民给予上海世博会的支持表示诚挚的谢意！

中南两国人民有着深厚的传统友谊。在南非人民反对种族隔离制度的长期斗争中，中国人民始终坚定地同南非人民站在一起。建交12年来，两国关系全面快速发展，双方已成为重要的战略合作伙伴。两国高层互访、会晤频繁，政治互信不断增强，经贸合作不断深化。双方在文化、教育、科技、卫生、旅游等领域的合作取得了丰硕成果。两国在重大国际和地区事务中保持着密切沟通和协调，共同维护发展中国家的集体利益。中方高度重视发展同南非的关系，愿与南方一道，进一步增进政治互信，深化各领域务实合作，加强在国际和地区重大问题上的协调配合，不断把中南战略伙伴关系推向前进。

南非馆位于世博园C片区非洲联合馆南面，面积2000平方米，是世博园中最大的租赁馆之一，上海世博会也是南非历届世博会参展投入最多的一届。展馆以"一个现代经济的崛起——是时候了"为主题，展现南非持续发展的经济、城市化道路的成就和不断改善的人民生活，向世人展示了一个为全体人民谋福祉、消除种族歧视和性别歧视、创建平等和谐社会的新南非。开园以来，南非馆吸引了大量参观者流连驻足，取得了巨大成功，成为中国民众了解新南非发展成就的窗口，也成为促进中南友好交往与合作的平台。

最后，祝各位来宾身体健康！祝南非馆在上海世博

南非馆（C片区，租赁馆）

中国全国妇联副主席 孟晓驷

南非非洲人国民大会主席 巴莱卡・姆贝特

会上取得圆满成功！

在馆日仪式上的外方代表致辞

很高兴能在南非国家妇女节的同一天参加中国上海世博会南非国家馆日的庆典活动。对于南非来说，今天有两大盛事值得庆贺，一是我们参加了上海世博会，二是我们的妇女节。

请允许我向大家简单地说明为什么今天对于南非来说特别重要。早在1956年，我们就设立了妇女节。当然，当时是出于南非内部的历史原因，然而今天的庆祝活动具有更加深远的意义，因为妇女权利是与世界上所有的女性密切相关的重要问题。回顾过去的50年，我们一路走来，看到女性在社会中的地位发生了变化。当今社会，女性得到了更好的教育，因此得以进入高层，成为社区、社会和世界的领袖，甚至可以说撑起了大半边天。

无论是对女性作用的认可，还是女性的地位提高，中国的女性可以说很有发言权。在这里，女性多年来一直在政府高层，教育界等方方面面发挥作用，并引领社会的发展。所以，每当看到世博会“城市，让生活更美好”的主题，我们就会发现女性在此过程中发挥的重要作用和领导力。因此，我们很高兴有机会来到这里与各位分享我们的心得，同样也能够学习中国的经验。

不仅如此，今天我们还要庆祝上海世博会南非国家馆日。我们很高兴能在世博会搭建起一座国家馆。它展示了当代南非的风采，同样也展示了自1998年中国与南非建交以来双边关系的发展历程。时至今日，南非已经成为中国在非洲最大的贸易伙伴，自从数月前开馆以来，我们已经发现人们对南非怀有浓厚的兴趣。上海世博会为我们提供了一个理想的平台，可以向世界展示南非的特色。南非馆的展示当然少不了在南非举行的2010年世界杯，此外还包括社区再造，美酒佳肴，文化，贸易和投资。我们希望在接下来的三个月中能够继续向更多的游客介绍南非的方方面面。

最后，我想以南非国家馆的主题做一个总结，Ke Nako，意为时机已到，我们说现在南非向世界展示自我的时机已到，我们为自己感到自豪的时机已到。而今，认可女性为社会所作贡献的时机已到。我们感谢所有的女性、母亲、姐妹和女儿，感谢她们为我们的权利，为南非的生活更加美好而进行的奋斗，我们感谢上海世博会为我们提供机会来中国讲述我们自己的故事。

交流活动

中方代表与南非共和国国家馆日代表团主要成员合影

This is a most important day in the relationship between China and South Africa. We will keep the fires burning in the interest of our two peoples. Better Cities Better Life speaks to what is important to our women back home on this National Pavilion Day which is also National Womens Day!!

Baleka ANC National Chairperson

9 August 2010

今天是中南关系中极为重要的一天，为了两国人民的利益我们双方要继续保持两国间业已存在的友好关系。南非国家馆日也是南非的妇女节，在这样一个日子里，“城市，让生活更美好”道出了对于南非妇女来说至关重要的东西！

巴莱卡·姆贝特

南非馆日代表团所赠的当地特产

南非馆日的文艺表演

乍得共和国国家馆日

2010年8月10日

乍得馆（C片区，非洲联合馆）

在馆日仪式上的中方代表致辞

今天，很荣幸能够参加乍得国家馆日活动。首先，请允许我代表中国政府和人民对远道而来的乍得贵宾表示热烈的欢迎！对开园以来，乍得国家馆的精彩表现表示衷心的祝贺！对乍得政府和人民给予上海世博会的支持表示诚挚的谢意！

近年来，中乍关系发展势头良好。双方在涉及各自核心利益和重大关切问题上相互理解，相互支持，政治互信进一步增强，经贸、文教、卫生等领域合作不断取得新成果。双方在国际事务中也进行了良好的协调与配合。建立长期健康稳定的中乍关系符合两国根本利益。中方愿与乍方一道，本着真诚友好、平等互利、团结合作原则，进一步加强友好往来，深化各领域务实合作，推动两国关系不断迈上新台阶。

乍得馆有五个主要展区：序厅——雅丹地貌的城市、民族风情区、经济资源区、城市规划区、互动体验区。序厅外景造型凸现乍得雅丹地貌的特点，并设序幕墙放映电影，展现乍得瑰丽独特的自然景色和淳朴热情的民族风情。民族风情区的外观构造借鉴乍得传统的圆顶房屋。观众在展区内除了可以看到实物展品，还可以通过特别设置的多媒体窗口了解乍得的民族风俗。经济资源展区用巧妙构造的屏风与前面展区分隔开，进行石油资源相关展示。通过图片展示，观众将了解乍得以石油资源为基础，发展经济，改善城市规划，建设和谐城市的理念。城市规划区，让观众了解乍得城市规划的相关项目。在互动体验区，通过一些互动多媒体装置，展示乍得的城市规划。在特别产品展示区，观众将鉴赏到乍得美丽的布料、首饰、家庭装饰等民族文化产品。开园以来，

中国国家广电总局副局长 张海涛

乍得文化、青年和体育部部长 吉贝特·尤努斯

乍得馆吸引了大量参观者流连驻足，取得了巨大成功。

最后，祝各位来宾身体健康！祝乍得馆在上海世博会上取得圆满成功！

在馆日仪式上的外方代表致辞

非常荣幸也非常高兴能够代表我的国家，在上海世博会乍得国家馆日仪式上致辞。

借此机会，我想首先转达乍得共和国总统伊德里斯·代比·伊特诺阁下对中华人民共和国主席胡锦涛阁下，以及中国人民的深情问候。

女士们，先生们，请允许我在今天这个隆重的场合，对中国和乍得两国之间多领域的合作关系做出高度评价。

中国是一个对文化和人才极其重视的国家。在这个日新月异的国度里，前进的步伐从未停止。我们仍然对2008年北京奥运会所获得的巨大成功记忆犹新。今天，当我们身处上海世博会，这个全球最具影响力的活动之一的盛会中，我坚信，它的全面成功是毫无疑问的。中国是所有发展中国家的楷模，也为乍得树立了学习的榜样。

美丽而强大的中国始终珍视团结与友谊，而团结与友谊的真谛必将在本届世博会中得以体现。

今天的国家馆日仪式正好举行在乍得共和国国庆日的前一天，我愿在此向兄弟般的中国人民发出邀请，邀请你们加入到乍得人民的庆祝活动中，欢庆这个值得纪念的日子。

面对上海世博会缤纷炫丽的活动，以及其所取得的成绩，我们祝贺组织者，并感谢他们为本届世博会的成功不遗余力的付出他们的智慧和辛勤劳动。

在结束讲话之前，我愿向上海世博会组织方所有工作人员致以诚挚的感谢，感谢他们对我和我的代表团自抵达美丽的上海以来，所给予的热情接待和一系列的便利。

愿中乍两国间的合作持续发展。

交流活动

中方代表与乍得共和国国家馆日代表团主要成员合影

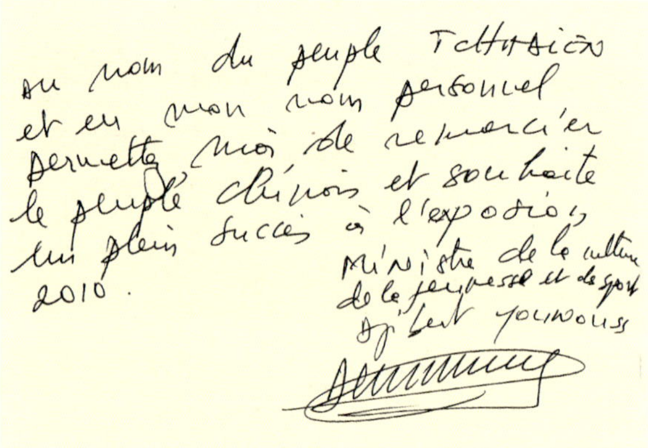

au nom du peuple Tchadien
et en mon nom personnel
permettez moi de remercier
le peuple chinois et souhaite
un plein succès à l'exposition
2010.
Ministre de la culture
de la jeunesse et des sports
Djibert Younous

谨以乍得人民以及我个人的名义向中国人民表示感谢，并祝愿 2010 年上海世博会圆满成功。

贝吉特・尤努斯

乍得馆日的文艺表演（一）

乍得馆日代表团所赠的工艺品

乍得馆日的文艺表演（二）

津巴布韦共和国国家馆日

2010年8月11日

在馆日仪式上的中方代表致辞

首先，请允许我代表中国政府和上海世博会组委会，对津巴布韦举行本届世博会国家馆日表示诚挚祝贺，对穆加贝总统阁下出席今天的馆日活动表示热烈欢迎。

世博会是荟萃人类文明成果的盛会，也是世界各国人民进行文化交流、相互了解、共享欢乐和友谊的盛会。诞生159年来，历届世博会都是人类最新科技成果的发布和展示平台，引领着时代科技的进步，同时也促进着不同文化之间的交流互动、相互学习，促进着人类社会的共同发展。

上海世博会以“城市，让生活更美好”为主题，主题展馆凝聚着人类对城市建设的卓越智慧，展示了人类对未来生活的美好憧憬，为人类共同探讨最佳城市的发展道路提供了难得机遇。相信此次世博会将打开未来城市的大门，引领新的生活方式。

津巴布韦景色秀丽，举世闻名的维多利亚大瀑布壮观绝伦，令人神往。津巴布韦也是非洲文明古国，大津巴布韦遗址见证了她的辉煌历史，其高超的建筑艺术和造型别致的石雕让世人叹为观止。世博会津巴布韦展馆以“改造社区家园，创造美好生活”为主题，展示了津巴布韦的美丽景色、国家发展成就以及津巴布韦人民在城市建设中所体现的智慧。

中津友谊源远流长，从大津巴布韦遗址发掘出的中国明朝的青瓷碎片表明中津之间的交往历史悠久。在津巴布韦争取民族独立的斗争时期，中津两国人民并肩战斗，结下了深厚的友谊。津巴布韦独立当天，两国即建立了外交关系。建交以来，我们在各自国家建设事业中相互帮助，在共同发展的道路上相互支持。今年是中津

津巴布韦馆（C片区，非洲联合馆）

中国住宅和城乡建设部部长　姜伟新

津巴布韦总统　穆加贝

建交 30 周年，上海世博会津巴布韦馆日活动的隆重举行为我们增添了新的欢乐气氛。我相信，中津两国将充分利用世博会这一平台，进一步扩大双边友好往来，增进相互了解和友谊，在新的历史起点上推动中津关系不断深入发展。

祝愿今天的津巴布韦馆日活动取得圆满成功。

在馆日仪式上的外方代表致辞

首先我想感谢世博局以及上海市政府和上海人民，另外我要感谢中华人民共和国政府和中国人民。自从我们来到这个伟大而有历史重要性的城市——上海，这个东方明珠之后，我们就受到了当地的热情接待。我要感谢大家的热情好客，而且我也非常荣幸参加上海世博会的津巴布韦国家馆日活动。中国在 2008 年的时候主办了获得巨大成功的北京奥运会，那么这一次中国又再一次展现了巨大的成功，它给参展的国家、城市、地区和各个组织提供了非常完备的设施。津巴布韦非常荣幸能够成为参加非洲联合馆 42 个国家当中的一员。我们也非常感谢中方能够慷慨解囊，帮助我们解决建馆的一些资源。中国取得了重大的成就，它不仅仅成为主办世界博览会的第一个发展中国家，它也成为历史上规模最大的世博会的主办国。因此，在这里我要代表津巴布韦政府和人民来赞扬中华人民共和国，赞扬你们全心全意帮助大家建立起一个全球交流的平台，来推动建设平衡和可持续性发展的城市。我们非常衷心的祝贺中国如此成功的举办了世界博览会。

各位尊敬的来宾，本次世博会的主题是“城市，让生活更美好”，在这个主题中，中国为大家指出了我们这个时代最大的一个社会挑战，这个挑战也是值得大家瞩目的。事实上，我们认为本届世博会的主题是中国和津巴布韦一直致力于的这种可持续性对话的延续。毫无疑问，我们有必要在城市化以及保护我们的环境和确保可持续性发展这两者之间达成一个平衡。因此，我们希望本届世博会所展示的各种各样的创新产品和技术能够帮助我们制定一些解决方案和政策来改善我们的生活质量、推动我们的经济增长和我们城市的社会发展。而同时我们的发展也必须是可持续性的。根据联合国的数字，预计在今年年底的时候全世界城市人口将会占总人口的 55%。所以城市化以及它所带来的后果是我们大多数的国家我们普遍面临的挑战。我们今天的世界正在越来越多的关注能源的制约、气候变化以及人口过多所带来的挑战。我们也一直在致力于寻求快速城市化所带来的挑战的解决办法。因此选择上海作为本次世博会的主办城市是再合适不过的。因为上海是全世界非常有名的大都市，而且我知道上海在制定并且实施一些绿色政策方面也是走在前列的。那么在城市居住肯定有很多可以想象到的好处，而且我们看到在世博会所展示的一些科技的创新，它也能够给大家带来很多的好处。但除此之外，这个城市她的文化是多面化的、多元化的，因此这种多样化的文化也给大家带来很多教育上的意义。另外还有一些娱乐性的意义。

各位尊敬的来宾，在我刚才的讲话当中我已经指出本次世博会的主题“城市，让生活更美好”和很多国家包括津巴布韦都是息息相关的。尽管津巴布韦在很多地区，尤其是农村地区，但是我们仍然不能逃脱城市化所带来的压力。所以我们的津巴布韦馆就设定了一个主题“改造我们的社区来创造更加美好的生活”。这个主题之下我们还分了两个分主题，那就是“改善农村地区的生活以及改善城市社区的生活”。对我们来说我们是清楚认识到这样一个事实，那就是只有当你改善农村地区的生活时，你才能减少城市生活的压力。除了我们的津巴布韦馆所设定的主题之外，我们还有很多重要的价值。因为我们预计到会有数百万中国和外国的游客来参观我们的展馆。这给我们提供了一个非常难得的机会来向大家展示津巴布韦最好的一面，那就是它的历史、传统、文化、旅游的多样化以及它的贸易和投资的机会。因此我们希望来参观的游客能够感受到我所说的这种种津巴布韦美好的一面，并且能够进一步的加深我们的友谊，推动我们的合作。我们希望我们的津巴布韦馆能够实实在在地向大家展示津巴布韦人民热情、好客以及友善的精神。关于津巴布韦和中国的双边关系，我们两国自从津巴布韦争取民族解放战争的时期开始就已经享有共同的目标和理想。当时中国在向津巴布韦提供物质以及道义的支持，来支持我们的独立和自主运动的时候，就一直站在最前线。因此，自然而然的我们就想和中国这样一个全天候的好朋友结下战略性的关系。我想中国一直是在我们最需要帮助的时候和我们站在一起的。

今年也是中国与津巴布韦双边关系当中又一个里程碑。因为今年是我们两国建交 30 周年。在我们建交 30 周年当中，中国一直在双边以及各种多边的场合支持津巴布韦。这也进一步巩固了我们两国之间已经非常牢固的友谊。而在津巴布韦方面，我们也是坚定地支持“一个中国”政策。

各位尊敬的来宾，我非常自豪地看到在过去的几年当中，我们在很多的各种领域，包括经济、贸易、技术、文化和其他的领域都有非常良好的合作。我们也从中国的慷慨当中受益良多，包括中方向我们提供了很多的农业器具以及粮食的援助。因为当时无情的天气影响了津巴布韦农作物的收成。另外我们在中非合作论坛的框架之下也有一系列的合作项目以及其他的一些合作。所以尊敬的来宾们，你们可以放心，津巴布韦的人民和津巴布韦的政府会和中国人民和政府一起努力来继续开拓我们互利的合作，更多、更新的一些方式和领域。而且我们的确有很多地方可以做的，比如我们要进一步推动我们的贸易和经济的关系，加强人与人之间的合作，进一步推动我们的合作，包括在国际事务上。另外还要加强在中非合作论坛框架之下的合作等等。

最后，我想说的也是大家经常说的，世界上有三种不同的人，一种就是在一些大事件发生的时候只是在旁边观看；第二种是那种会问“发生了什么事情的人”；第三种是能够做成大事的人。我想上海的世博局、上海市的人民和政府以及中华人民共和国的政府和人民他们的确是属于第三种人，那就是他们能做成大事业的人。所以他们完全有理由为成功的举办上海世博会而自豪。请允许我再一次代表津巴布韦、代表我的国家并且以我个人的名义来祝贺上海这一伟大的城市，来祝贺你们成功的主办了上海世博会。我们希望能够看到更多的城市能够有更多绿色的、可持续性发展的未来。

I express on behalf of the Government and People of the Republic of Zimbabwe my gratitude and appreciation for the role granted us to exhibit at this Expo. I do so cognisant of the very close historical relations between China and Zimbabwe and, indeed, hope these relations will continue to grow from strength to strength in future, assisted mainly by vigorous trade and general economic cooperation. Once again, thank you, for allowing us a Pavilion at the Expo.

R. G. Mugabe
President of Zimbabwe

我谨代表津巴布韦共和国政府和人民对给予津巴布韦展现自己的机会表示感激及赞赏。我深知中国与津巴布韦间深厚的历史关系，也确实希望在未来通过不断增长的贸易及经济合作将两国的关系推向深入。再一次感谢贵国提供给津巴布韦世博会设立展馆机会。

穆加贝

津巴布韦馆日代表团所赠的工艺品

交流活动

中方代表与津巴布韦共和国国家馆日代表团主要成员合影

津巴布韦馆日的民族歌舞表演（一）

津巴布韦馆日的民族歌舞表演（二）

瑞士联邦国家馆日

2010年8月12日

在馆日仪式上的中方代表致辞

我代表中国政府和上海世博会组委会，对瑞士举行上海世博会国家馆日表示诚挚祝贺，对洛伊特哈德主席出席今天的馆日活动表示热烈欢迎。

世博会是荟萃人类文明成果的盛会，每一届世博会都成为见证人类文明发展的重要驿站，同时世博会也是世界各国人民共享欢乐和友谊的聚会。诞生159年来，世博会把不同国度、不同民族、不同文化背景的人们汇聚在一起，沟通心灵，增进友谊，加强合作，共谋发展。

本届世博会是第一次在发展中国家举办的注册类世博会，也是历史上首次以“城市”为主题的世博会。世界各国各地区以世博会为平台，围绕“城市，让生活更美好”的主题，充分展示城市文明成果、交流城市发展经验、传播先进城市理念，探讨新的、更好的人类居住、生活、工作模式，将为人类可持续发展留下一份丰厚的精神遗产。

瑞士素有“世界花园”的美誉，环境优美，适于人居。同时，瑞士也是世界上经济最发达的国家之一，机器设备制造、医药化工、食品及金融服务业发达，技术先进。如何做到经济发展与环境保护并重、城市建设与乡村开发并举，我想，瑞士人民找到了很好的答案。瑞士馆的主题是“城市和乡村的互动”，充分体现了城市和乡村相互依存、互惠共生的关系，强调人类、自然与科技的完美平衡。在这里，大家可以乘坐来自阿尔卑斯的缆车，从负荷沉重的城市升入山林、草原的世界，聆听大自然的声音；可以走近绵延不断、雄伟壮丽的阿尔卑斯山脉，欣赏大自然的鬼斧神工；可以倾听15位瑞士朋友讲述对环保的见解、对未来的憧憬，了解瑞士在创新和可持续发展方面的经验和成就。

瑞士馆（C片区，自建馆）

中国保监会主席 吴定富

瑞士联邦委员会主席 多丽丝・洛伊特哈德

自世博会开幕以来，瑞士馆深受游客喜爱，日均接待游客量超过1.2万人，这是瑞士馆的成功，也体现了中国人民希望了解瑞士、增进同瑞士人民友谊的强烈愿望。今年是中瑞建交60周年。瑞士是最早承认中华人民共和国的西方国家之一，对此中国人民不会忘记。建交60年来，两国关系发展良好，政治互信不断加深，各领域互利合作持续扩大。中国是瑞士在亚洲的第二大贸易伙伴。瑞士在2007年承认中国完全市场经济地位。尽管受到国际金融危机影响，2009年中瑞双边贸易仍保持了较高水平，今年上半年两国贸易额达97亿美元，同比增长126.9%。两国在文化、旅游、环保和人员培训等领域的交流与合作富有成果，在国际和地区事务中也保持着良好的沟通与协调。中方视瑞士为欧洲重要的合作伙伴，愿与瑞方共同努力，进一步深化各领域务实合作。这不仅符合两国和两国人民的利益，也有利于世界经济的复苏。

最后，祝瑞士馆日活动取得圆满成功！

在馆日仪式上的外方代表致辞

2010年是多么特别的一年。它不仅见证了中国举办的第一届也是有史以来最盛大的一届世博会，还标志着中华人民共和国与瑞士两国建交60周年。我非常高兴今天能够来到上海世博园在这里和大家共同庆祝瑞士国家馆日。瑞士以呈现瑞士国家馆以及巴塞尔、日内瓦和苏黎世城市案例馆的方式参加这一历史性的世界博览会。本着“城市，让生活更美好”这一主题，上海世博会反映出全球对环境等问题的普遍关注，并为国家之间如何解决这些问题交流宝贵知识经验提供了一个绝佳的平台。作为本届世博会的参展国之一，瑞士不仅希望展现理想的、创新的、可持续的瑞士式解决方案，同样渴望借此机会与各国互相学习，从而追求更高的生活质量以及更和谐的未来。大家一道分析、一道研究、一道开发，这是十分重要的。气候与环保等问题并不以国家边界为限，强调全球合作的重要性是因为我们都必须关爱这个地球，我们只有这样一个地球。我十分高兴的看到在去年签署的两份谅解备忘录的基础上中瑞两国在环境等相关问题上正在稳步推进合作。在瑞士，商业界、科学界与政府合作非常的密切，共同维持并促进我国比较有名的高质量生活。我国的私营部门生机勃勃、欣欣向荣、高度创新，不断为这个人口密集的地球所发生的问题拿出新的解决方案。在瑞士馆，大家可以看到许多事例，反映了瑞士是如何应对诸如大气质量、水质量、人口迁移和生物多样性等环境问题的。例如，密集的交通网络、森林的可持续利用、废弃物的热处理、大气质量持续监控以及已经发展多年的玻璃与铝的回收系统，瑞士之所以在这些领域里能够取得成功是因为绝大多数的瑞士人民相信资源必须得到可持续的利用，他们并相应采取了积极的行动。在城市最佳实践区里的巴塞尔、日内瓦及苏黎世三个瑞士城市的案例馆则向大家展现了水管理领域中的一些创新方案。

上海世博园的瑞士馆欢迎大家并希望大家在发现瑞士——一个创新与平衡的国家中享受乐趣。我想借此机会感谢各位领导和世博的组织方给予的通力合作并让瑞士得以参加此届世博会。我代表瑞士和瑞士人民感谢大家的合作和参与。我们为庆祝瑞中建交60周年而骄傲、自豪，并对两国进一步发展和深化这段良好的关系，为提高两国人民的生活水平充满了期待。

交流活动

中方代表与瑞士联邦国家馆日代表团主要成员合影

In the name of the Swiss Confederation I commend and thank the People's Republic of China and the Expo Organization Committee for the successful Expo 2010 and the excellent presentation.

President of the Swiss Confederation

我代表瑞士联邦，赞赏并感谢中华人民共和国及世博会组织委员会成功举办 2010 世博会及其精彩展示。

多丽丝·洛伊特哈德

瑞士馆日的文艺表演（一）

瑞士馆日代表团所赠的特色工艺品

瑞士馆日的文艺表演（二）

多民族玻利维亚国国家馆日

2010年8月13日

在馆日仪式上的中方代表致辞

今天，我们相聚中国上海，相聚在美丽的世博园区，共同庆祝玻利维亚国家馆日！首先，我代表中国政府和人民向远道而来的玻利维亚贵宾表示热烈的欢迎！向你们为上海世博会做出的重大贡献表示衷心的感谢！

中玻同属发展中国家，建交25年来，两国关系发展顺利。近年来，在双方共同努力下，中玻友好合作关系不断取得新进展，双方政治互信加深，两国在经贸、文化、教育、科技、军事等各领域交流与合作日益扩大。在国际事务中，双方保持良好协调与合作。2009年9月，胡锦涛主席在出席联合国系列峰会期间，与莫拉莱斯总统举行了会晤，就进一步发展两国关系达成重要共识。

上海世博会不仅是各国展现综合国力、最新科技成果、传统文化和价值观的绝佳平台，也是促进各国人民之间相互了解和友谊的重要舞台。玻利维亚积极参与上海世博会，是首批确认参展的国家之一。玻利维亚国家馆将“幸福生活的城市社区”作为展示主题，通过电影、互动多媒体、实物展品等各种方式，生动诠释了玻利维亚人对“生活的美好”这一理念独特而深刻的理解，展示了玻利维亚绚烂多姿的文化民俗，体现城市社区人与人之间、人与自然之间的和谐。

希望借助世博会“理解、沟通、欢聚、合作”这一平台，中玻两国合作和两国人民的友谊跃上新的台阶。

最后，我代表中国政府和中国人民，祝福玻利维亚国家馆取得圆满成功！

祝中玻两国友谊之树常青！

玻利维亚馆（C片区，中南美洲联合馆）

上海世博会中国政府副总代表 居一杰

玻利维亚国防部长 鲁文·萨阿韦德拉·索托

在馆日仪式上的外方代表致辞

玻利维亚政府很荣幸能够利用中华人民共和国政府举办这样一场世界盛会的机会，向国际社会推荐玻利维亚所主张的新型综合发展模式，这种发展模式体现在和谐、平等以及尊重地球母亲，大自然就是一个鲜活的生命，有原则也有权利。

玻利维亚从 2009 年 2 月开始执行新的《国家政治宪法》，新宪法体现了玻利维亚人民浓厚的情怀，即要求建立一个具有社会正义且人人平等的国家，从而实现国家的全面发展。

玻利维亚原住民人口超过 70%，其余则是白人和混血人种，自 180 多年前独立以来，他们就掌控着玻利维亚的政治和经济大权，使玻利维亚陷入贫困和不平等之中，因此，玻利维亚需要重新找回立国之本，并且致力于国家的结构变革。

2006 年，身为印第安人的埃沃·莫拉莱斯历史性地当选玻利维亚总统，首次对玻利维亚的政治、经济和社会进行深入的改革。

在埃沃·莫拉莱斯总统的领导下，“美好生活”这句富有哲理的话成为常用语，这句话被人们理解为人与社会之间在尊重文化多样性和同一性的前提下相聚在一起。这是一种不存在权力失衡问题的社会共存，因为“如果有其他人生活不好，就不可能做到生活美好”。与自然和谐平等地共处是社会形式的一部分，也就是说，“我们周围处处都和谐”。

从更广义的角度来讲，要与地球、自然轮回、宇宙、历史以及一切生命形式和谐共处。

以前在玻利维亚实行的公共政策都是着眼于西方的发展模式，这些政策造成的结果就是，让别人花钱使自己生活得更好，财富集中的少数人手里，一些人剥削另一些人，处处是利己主义和一盘散沙，对他人的生活漠不关心。因此，玻利维亚主张“共同生活美好”，这里没有剥削与被剥削，没有排斥与被排斥，也没有忽视与被忽视。

“美好生活”意味着自我完善而不去攀比、共同分享而不从近邻处谋利、人与人之间以及人与自然之间和谐共处，这些都是保卫大自然、自己和全人类生活的基础。“如果对他人的生活漠不关心，就只剩下对个人生活的关心，顶多包括对家庭的关心。”

因此，玻利维亚提出这项建议，希望全球去思考、去讨论、去实践，让我们回归早期文明所经历的生活文化，在这里，一切都是生活，一切都原地不动地保持着平衡；在这里没有饥饿与贫困，全体社会成员都能得到满足；在这里家庭幸福，个人与个人之间以及社会群体与自然之间和谐相处；在这里儿女们为了生活接受教育，老人们不会被抛弃而自生自灭。换句话说，就是发展成为一种共同社会，在这样一个社会里，我们所有人都关心所有人，关心我们周围的一切，这样才能实现美好生活。

正如埃沃·莫拉莱斯总统所指出的，我们要维护自然资源、反对破坏自然、尊重印第安人权利、维护人民独立自主以及追求一个更加公正、平等和多极化世界。

为此，玻利维亚于 2009 年 4 月份在联合国提议，从下列角度考虑制定《地球权利宣言》：

1. 生存的权利：任何生态系统、动植物、冰川、河流或湖泊都不会因为人类不负责的行为而消亡。

2. 再生的权利：人类在地球上的活动要有一定的限度，让动物、植物、森林、水源以及大气层本身能够获得恢复和再生。

3. 绿色生存的权利：河流、鱼类、动物、树木以及地球本身都有权处在无毒害无污染的健康环境当中。

4. 与一切和谐共处的权利：地球构成了地球上的一切以及我们所有人赖以生存的系统。地球有权与人类平等相处。

玻利维亚政府为应对气候危机所提出的保护地球倡议树立了一种新的世界环保意识，因此，联合国在 4 月 22 日世界地球日活动中，宣布埃沃·莫拉莱斯总统为“地球英雄和卫士”。

另外，玻利维亚曾举办了首届气候变化与地球权利的世界人民大会。来自 142 个国家的 29000 多人参加了此次会议，通过这次会议，使人们意识到，地球到处都在遭受因大面积砍伐森林所引发的干旱和洪水的侵袭。

应玻利维亚的倡议，联合国大会于 2010 年 7 月 30 日宣布，为确保人们完全享有生活权，人人都有权享有清洁饮用水，这是一项基本人权，目的是避免世界人民的基本需要继续被商业化。

正因如此，玻利维亚在上海世博会上提出了“创造美好生活的城市社区”的主题，希望人们意识到，地球需要我们开始全新的综合发展进程，不会破坏生态系统，并且尊重地球的权利。这就是说，我们应当在埃沃·莫拉莱斯总统实行的变革进程中树立全新的城市生活方式。

最后，我谨代表玻利维亚政府祝贺玻利维亚国家馆日活动，希望所有来宾能够认同玻利维亚提出的“美好生活”这一新的哲学观点。

Para el maravilloso
pueblo chino y para la
gran Feria Shanghai 2010,
el Gobierno Boliviano y el
pueblo boliviano, les expresan
su más fraterno y respetuoso
homenaje.
Shanghai, Agosto 2010.

RUBEN SAAVEDRA
MINISTRO DE DEFENSA
BOLIVIA

玻利维亚政府和人民谨向伟大的中国人民和 2010 年上海世博盛会致以最诚挚的敬意！

玻利维亚馆日代表团所赠送的工艺品

交流活动

中方代表与多民族玻利维亚国国家馆日代表团主要成员合影

玻利维亚馆日的文化交流活动

馆日活动中玻利维亚歌唱家的精彩表演

厄瓜多尔共和国国家馆日

2010年8月14日

厄瓜多尔馆（C片区，中南美洲联合馆）

在馆日仪式上的中方代表致辞

我谨代表中国政府和上海世博会组委会，对厄瓜多尔举行上海世博会国家馆日表示热烈祝贺，对远道而来的帕蒂尼奥外长阁下和各位嘉宾表示诚挚欢迎。

世博会是人类文明成果荟萃的伟大盛会，每一届世博会都成为见证人类文明发展的驿站，在全球范围内推动广泛的国际交流，为各国开阔视野、展现自我，提供了机会和舞台。世博会始终高举进步的旗帜，崇尚创新的精神，坚持开放的道路，倡导和谐的理想，不断开启人类重新认识世界的窗口。

本届上海世博会以“城市，让生活更美好”为主题，体现了人类社会对未来更美好生活的设想和憧憬。在所有参与者的共同努力下，上海世博会一定会成功、精彩、难忘，成为世界人民大团圆的盛会，促进人类进步的盛会，推动创新和共同发展的盛会。

在往届世博会上，厄瓜多尔多次给世界各国人民带来精彩的展示。今天，我们再次看到了设计独特、寓意深刻的厄瓜多尔馆。展馆设计和布局融合了传统文化和现代科技元素，从不同角度生动诠释了“厄瓜多尔的城市和古迹：文化的传承与多样性”的主题。在这里，极具东方文化特色的“太阳穹顶”将我们带入了一个多元包容、兼收并蓄的魅力国度。无论是基多和昆卡这两座被联合国教科文组织列入“人类文化遗产”的历史名城，还是被誉为“生物进化活博物馆”的加拉帕戈斯群岛，都向我们生动展示了厄瓜多尔地理、生物和文化的多样性，并体现了厄瓜多尔人民与世界各国人民一道，共同缔造传统与现代、人类与自然和谐共存，实现人类可持续发展的美好愿望。

中国外交部副部长 张志军

厄瓜多尔外交、贸易和一体化部部长 里卡多·阿曼多·帕蒂尼奥·阿洛卡

中国与厄瓜多尔虽远隔重洋，但两国人民之间的友谊源远流长。今年恰逢中厄建交30周年。近年来，双方高层往来频繁，政治互信不断加深。两国在经贸、文化、教育、科技、旅游等领域交流与合作日益扩大。在国际事务中，双方保持良好协调与合作。我相信，上海世博会将进一步增进两国人民的相互了解和友谊，并为深化中厄互利友好合作提供新的契机。中方愿与厄方一道，不断增进两国各领域务实合作，推动中厄友好合作关系又好又快向前发展，造福两国人民。

祝愿厄瓜多尔国家馆日活动取得圆满成功！

在馆日仪式上的外方代表致辞

很高兴今天在这个特别的地方，千年文明的摇篮、上海世博会的举办地，举行厄瓜多尔共和国国家馆日活动，作为本届世博会的参展国，我们将展示厄瓜多尔所拥有的自然财富以及经济、旅游和商贸潜力。我们所要展示的内容是厄瓜多尔政府所实施的开放战略的一部分，目的是把厄瓜多尔产品推向全世界更多更广的市场，正如中华人民共和国所做的那样，为我们进行互利互惠的贸易往来提供了巨大的商机。厄瓜多尔正在重新树立自己的贸易优势项目，这也是为了通过商贸活动来促进我们在其他国际关系领域的发展。

正因如此，厄瓜多尔决定积极参加本届世博会，向中国以及出席上海世博会的100多个国家的代表展示我国所具备的各种发展潜力。我们还希望借此机会让人们知道厄瓜多尔现政府为建设现代化基础设施所付出的努力，通过现代化基础设施的建设，可以使厄瓜多尔成为亚洲产品进入南美市场的重要通道。为了实现这一目标，我们正在修建新的港口和机场，此外还包括公路和铁路扩建项目，这些基础设施将能够保障产品和服务的顺利流通。

今天恰逢基多宣布独立201周年纪念日，基多是伊比利亚美洲最早宣布独立的城市，基多开创的自由之路最终使西班牙统治下的美洲殖民地获得解放。因此，厄瓜多尔首都基多被誉为“美洲之光”。昔日最早独立的国家，在两个世纪后的今天，厄瓜多尔正在进行一次深入的变革，重申了1809年解放运动所号召的主权原则和理想，并准备实现第二次独立，从而在国际关系中实现真正的独立自主、尊重与平等，在国内实现民主正义和团结。

我想感谢各位参加厄瓜多尔国家馆日活动，请各位与我一起为厄瓜多尔人民的自由干杯，为厄中两国政府和人民之间日益密切的关系干杯，为本次重大国际盛会的成功举办干杯，在这一盛会上，各位将有机会近距离感受我们的历史、我们的文化以及我们的传统，同时品味厄瓜多尔产品的色香和品质。

交流活动

中方代表与厄瓜多尔共和国国家馆日代表团主要成员合影

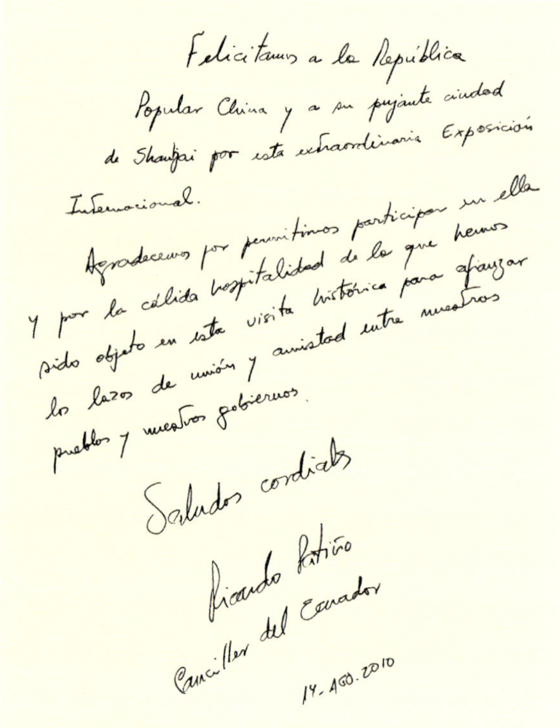

Felicitamos a la República Popular China y a su pujante ciudad de Shanghai por esta extraordinaria Exposición Internacional.

Agradecemos por permitirnos participar en ella y por la cálida hospitalidad de la que hemos sido objeto en esta visita histórica para afianzar los lazos de unión y amistad entre nuestros pueblos y nuestros gobiernos.

Saludos cordiales

Ricardo Patiño
Canciller del Ecuador
14-AGO-2010

热烈祝贺中华人民共和国及欣欣向荣的上海成功举办了此次精彩的世博盛会。

能够躬逢其盛，我们备感荣幸，并对中方给予的热情接待表示感谢。我深信，此次具有历史意义的访问必将深化两国政府和人民之间的关系和友谊。

谨致诚挚问候！

里卡多·阿曼多·帕蒂尼奥·阿洛卡

厄瓜多尔馆日代表团所赠的工艺品

厄瓜多尔馆日的传统歌舞表演

上海世博外事

——上海世博会重大活动 馆日 境外贵宾接待实录

中国2010年上海世博会事务协调局
上海市人民政府外事办公室　编

（下卷）

中国出版集团　东方出版中心

在馆日仪式上的中方代表致辞

今天，我们相聚中国上海，相聚在美丽的世博园区，共同庆祝巴拿马国家馆日！

中国和巴拿马同属发展中国家，在维护世界和平与促进经济发展方面有着共同的追求和目标。中国人民一直对巴拿马人民怀有友好情谊。近年来，中巴人员往来日益频繁，两国经贸合作不断扩大。中方重视发展同巴拿马的关系，愿着眼长远，继续加强双方人员往来和经济、文化等领域交流与合作，不断增进相互了解。

上海世博会不仅是各国展现综合国力、最新科技成果、传统文化和价值观的绝佳平台，也是促进各国人民之间相互了解和友谊的重要舞台。巴拿马馆的主题是“与世界相连的巴拿马城，一个可持续发展的现代化城市”，通过巴拿马运河模型，展示蓝天绿草为背景的现代化城市，为参观者了解巴拿马、喜欢巴拿马，提供了一个独特的展示舞台。

希望借助世博会“理解、沟通、欢聚、合作”这一平台，中巴两国合作和两国人民的友谊跃上新的台阶。

最后，祝巴拿马国家馆取得圆满成功！

祝中巴两国友谊之树常青！

在馆日仪式上的外方代表致辞

感谢各位出席今天的上海世博会巴拿马国家馆日庆祝活动。在此，我谨代表巴拿马代表团向诸位致敬。

首先，请允许我对上海世博局和国际展览局的大力支持和配合致以热烈的掌声。如今，世界各地的参观者共聚上海世博会，共同见证有史以来规模最大、组织井

巴拿马馆（C片区，中南美洲联合馆）

中国上海世博会事务协调局副局长 朱咏雷

巴拿马旅游部长 萨洛蒙·萨马

然有序的国际盛会。在上海世博会期间，预计游客人数将达到 7000 万人次。世博会的运营、组织、接待工作有条不紊，让我非常赞叹。我再次祝贺世博会的成功举办。

我也希望借此机会祝贺上海市政府。上海具有悠久的历史，一直以贸易、制造业、金融等经济活动享誉全球。本届世博会的成功举办，进一步巩固了上海作为文化中心的国际地位。

中巴两国隔海相望、相距甚远；然而，我们拥有的共同经历不胜枚举。200 多年来，勤劳勇敢的中国劳工为巴拿马的建设事业付出了辛勤的汗水。今天，巴拿马为当地团结、兴旺的华人团体感到无比自豪。

同时，中国是巴拿马运河的第二大使用国。现今，巴拿马运河扩建工程正在施工阶段。未来，越来越多的中国船只、出口物资以及资本将经由巴拿马运河进入大西洋，到达加勒比海沿岸地区。

最后，感谢主办方出席今天的馆日活动，与我们一同见证这一重要历史时刻。今天，我们带来了一台精彩纷呈的节目。稍后，巴拿马顶级的艺术家将为大家演绎巴拿马的民族歌舞。

August 16th 2010
We are honored to be here
as witness of history
for better city better life
for all the world
Salomon Shamah
Minister of tourism
Republic of panama

2010 年 8 月 16 日

很荣幸来到这里并见证了全世界之“城市，让生活更美好”这一历史时刻。

萨洛蒙·萨马

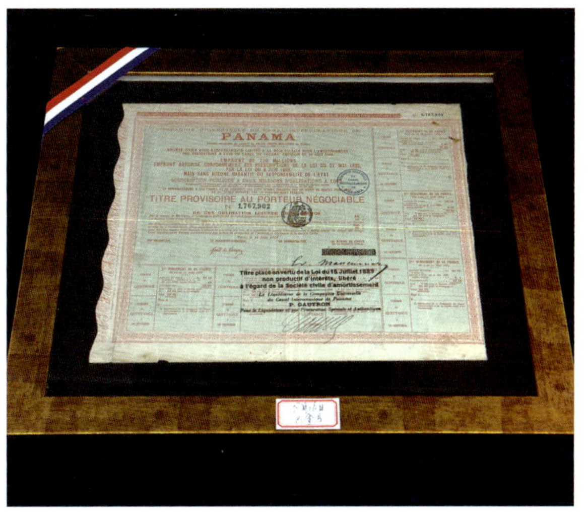

巴拿马馆日代表团所赠的纪念品

交流活动

中方代表与巴拿马共和国国家馆日代表团主要成员合影

巴拿马馆日的民族歌舞表演（一）

巴拿马馆日的民族歌舞表演（二）

赤道几内亚共和国国家馆日

2010年8月16日

赤道几内亚馆（C片区，非洲联合馆）

在馆日仪式上的中方代表致辞

首先，我代表中国政府和上海世博会组委会，对赤道几内亚举行上海世博会国家馆日活动表示诚挚祝贺，对奥比昂总统出席今天的活动表示热烈欢迎。今天，让我们相聚在这里，一起来感受赤几的独特魅力，体会这个国家带给我们的精彩。

世博会是人类各种文明成果荟萃的伟大盛会，为各国开阔视野、展现自我提供了机会和舞台。可以说，世博会就像是一首气势恢宏的交响乐，每个参展国都可以在这里发出自己的声音、奏出自己的华彩乐章。正是所有参展国的精心参与，才造就了世博会的精彩纷呈，这充分体现了我们这个世界的文明多样性。

举办世博会是中国的百年梦想。世博会见证着中国从一个积贫积弱的古老国度成为一个举世瞩目的发展中大国的艰辛历程。今天，中国终于有能力承办一届高水平的世博会，邀请世界各国相聚在浦江之滨，一起来讨论“城市，让生活更美好”这一主题。相信在所有参与者的共同努力下，上海世博会一定会成功、精彩、难忘，成为增进世界各国人民友谊的盛会，促进人类进步的盛会，推动创新和共同发展的盛会。

赤道几内亚是一颗镶嵌在几内亚湾的璀璨明珠。赤几展馆提出的“城市的可持续美丽”主题既呼应了上海世博会的主题，也浓缩了赤几人民对未来城市发展的畅想。走进赤几展馆，我们不仅能领略赤几迷人的海岸风光，同时也能看到赤几人民在兼顾能源开发利用与环境保护方面的智慧结晶。

中、赤几两国虽然相距遥远，但两国人民有着深厚的传统友谊。建交40年来，两国关系全面顺利发展，

中国海关总署署长 盛光祖

赤道几内亚总统 特奥多罗·奥比昂·恩圭马·姆巴索戈

两国人民已成为真诚友好、平等相待、互帮互助的好朋友、好伙伴。我相信，上海世博会一定会为中、赤几两国和两国人民增进相互了解、深化互利合作提供新的契机。

祝愿今天的赤几馆日活动取得圆满成功。

在馆日仪式上的外方代表致辞

首先我代表赤道几内亚共和国政府感谢中华人民共和国主席胡锦涛阁下邀请我国参加上海世博会。上海世博会为各国之间增进了解、相互合作提供了绝佳的契机。同时上海世博会使我们有机会共同讨论如何建立一个更加和平和更加稳定的世界。借此机会，我向中国政府表示祝贺，祝贺中国政府举办世博会的正确决定，这也展现了中国政府执行改革开放政策的决心、执行有利于发展中国家共同发展、分享人类技术成果的决心。我认为中国的这一政策同时也具体体现在中国在中非论坛框架下对非洲国家所给予的合作。

在最近的三年中，中国举办了一系列重要的活动：这是2008年的北京奥运会、2009年中国纪念中华人民共和国成立60周年的大庆活动和2010年的世博会。这一系列的活动有利于让世界进一步了解中国所执行的对外开放政策与促进世界发展的一些政策，更有利于世界各国加强对中国的了解。借此机会，我要感谢中国对赤道几内亚，对我们赤道几内亚政府代表团给予的热情友好的接待。同时也感谢中国政府为赤几参加此次世博会所提供的便利。赤道几内亚通过参加此次上海世博会可以进一步向世界各国展现在最近十年中我们为了把赤几建设成为新兴国家而所付出的努力。然而我们生存的这个世界同时也是充满了各种矛盾的，既有好的事物，也有不好的事物。就像昨天8月15日上海世博会，我们本来应该举行赤几国家馆日的活动，但是由于中国舟曲的特大山洪和泥石流灾害造成了上千人丧生，这也使我们要推迟这一活动的举行。借此机会，我要再一次向中国政府和人民表达我们的哀悼之情。

与世界其他国家一样，我们赤道几内亚为此次灾难造成的众多人员的伤亡表示哀悼。同时我们相信中国人民一定能从灾难中得以恢复。

贵宾们，女士们，先生们，赤道几内亚认为经济、社会发展的成果和科技发展的成果是属于全人类的。任何一个国家、国际组织和个人都无权垄断这些成果。因此，我国认为上海世博会为各国之间加强交流提供了契机，为各国之间交流在经济、科技发展方面的经验也提供了契机。这些最后一定能够促进整个人类社会的发展与合作。我们赤道几内亚在经济上既不是强国，同时我们的技术发展也不是非常先进。所以我们赤道几内亚政府没有能力把我们所拥有的丰富的自然资源充分地转换为人民可以享用的发展成果。然而，在最近的十年中，我们政府却做出了巨大的努力使得赤道几内亚自己取得了发展，同时也为世界很多其他国家的发展作出了自己的贡献。

在最近的几年中，我们赤道几内亚每年拿出30亿美元的预算来投资于各种社会服务的基础设施建设项目。这些项目是由赤道几内亚政府所规划的，是为了人

民的福利而服务的，具体是由许多友邦企业来承担的。在这方面我们看到很多中国企业也承担了赤几经济社会发展的建设项目。所以此次赤几参加2010年的上海世博会，我们也借此机会向世界各国提出邀请，希望这些具有技术优势的国家能够参加赤几的各个社会经济建设项目，使我们最终到2020年能够把赤几建设成为一个新兴国家。

关于赤几发展在最近十年中所取得的成就，各位可以通过参观上海世博会赤道几内亚国家馆得到印证。那么我们赤几在最近十年中所作出的努力最主要是一方面开发国家的自然资源。另一方面是保护自然环境。赤道几内亚可以为外国投资者提供无限的商机。一方面外国投资者可以从事一些通过国家和政府融资的项目，另一方面外国投资者也可以通过私人融资项目进入赤道几内亚市场。我们在矿业、渔业、农业、旅游业、服务业等各个方面都能提供优秀的商机。同时赤道几内亚政治稳定，我们可以为投资者提供法律和行政上的保障，赤道几内亚今天已经成为投资者的绿洲。借此机会，我也向中国政府表示祝贺。

在近半个多世纪的时间中，中国经济取得了重大发展。中国目前也是世界上重要的经济强国之一。上海世博会也成为体现中国发展的一个重要的窗口。那么同时，我们赤道几内亚希望通过参加上海世博会进一步加强与中国的合作，学习中国的经验，使我们能够摆脱国家落后的状态。赤道几内亚在1968年取得独立以来，中国一直是我们无条件的朋友和伙伴。无论是在好年景还是在坏时候，中国始终给予我们赤几足够的帮助使我们赤几能够减少国家在发展中所面临的困难。我认为这也是赤中两国友谊的一个宝贵的财富。我们双方应该努力挖掘两国友谊的财富使其能够造福两国人民。

借此机会，我国政府愿意重申与中国发展友好关系的决心。中国与赤几两国的合作业已转化为造福两国人民的各项成果。我们珍视与中国的友谊，我们希望进一步加强中国赤几之间的合作，以使两国能够更好地应对当今世界的各项挑战。最后，我还要借此机会，向中兴通信公司以及其他的一些中国企业为赤几参加此次上海世博会活动提供的便利表示感谢。我希望向各位中国企业家和投资者表示欢迎。赤道几内亚在等候你们。

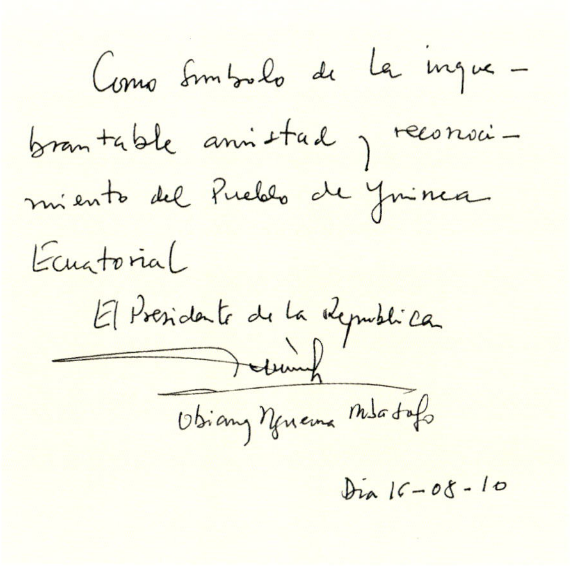
Como símbolo de la inquebrantable amistad y reconocimiento del Pueblo de Guinea Ecuatorial

El Presidente de la República

Obiang Nguema Mbasogo

Día 16-08-10

（此次世博盛会）已成为赤道几内亚人民（对中国）加深了解、巩固友谊的象征。

特奥多罗·奥比昂·恩圭马·姆巴索戈

赤道几内亚馆日代表团所赠送的书籍、雕塑

交流活动

中方代表与赤道几内亚共和国国家馆日代表团主要成员合影

赤道几内亚馆日的民族歌舞表演（一）

赤道几内亚馆日的民族歌舞表演（二）

马绍尔群岛共和国国家馆日

2010年8月17日

在馆日仪式上的中方代表致辞

今天，我们相聚中国上海，相聚在美丽的世博园区，共同庆祝马绍尔群岛国家馆日！

中马两国人民一直怀有友好感情。两国曾有过友好交往历史，其间，中方为马绍尔群岛经济社会发展提供了力所能及的帮助。双方在贸易、渔业等领域保持了良好合作。中方欢迎并积极协助包括马绍尔群岛在内的太平洋岛国集体参展上海世博会。

位于太平洋联合馆的马绍尔群岛国家馆展示了马独特的风土人情和丰富的海洋旅游资源，给参观者留下深刻印象，也增进了中国人民对马绍尔群岛的了解。相信上海世博会将为马绍尔群岛走向世界开创新的窗口，希望马方参展能够对中马两国文化和经贸等领域往来起到积极促进作用，也希望借助世博会“理解、沟通、欢聚、合作”这一平台将中国人民的友好情谊传递给千里之外的马绍尔群岛人民。

最后，祝马绍尔群岛国家馆取得圆满成功！

马绍尔群岛馆（B片区，太平洋联合馆）

在馆日仪式上的外方代表致辞

我谨代表马绍尔群岛共和国尤其是夸贾林环礁人民向在座各位带来最热情的问候！我们非常感谢所有对我来访提供帮助和支持的人，所到之处，我们受到了热情的款待，我们一定会将这份友谊和善意在回国后传达给我们的岛国人民。

这次在上海世博会，我们首次带来了马绍尔群岛最受欢迎、历久不衰的传统舞蹈，它的起源具有传奇色彩，其旋律和歌词充满了神秘而非凡的力量。这支古老的舞

中国贸促会副会长 张伟

马绍尔群岛共和国参议员 迈克尔·卡布阿

蹈脱胎于对世界的梦和幻想，但每当它翩翩舞起，都能让观众的心灵为之震撼。这种舞蹈起源于乌吉环礁地区，是乌吉人民代代传承最钟爱的传统。但很多马绍尔群岛的人并没有亲见过这种舞蹈，因为它只有在特殊场合和在卡宾梅托也就是西马绍尔长老的祈福下才会演出。

马绍尔人在家园首领的监督和教导下，世世代代都认真而虔诚地保存着这种舞蹈的独特性。对我们的文化来说，这种舞蹈是非常神圣的。

今天我们将这舞蹈带到中国，共庆这个文化交融的日子。上海世博会为我们提供了一个难得的机遇，让两国人民能够在温暖的友谊和互相尊重中相聚在一起，也让我们这个小国有机会将自己最精华的传统文化与世界上最伟大的民族共享。我们十分珍惜这个难得的机会，并想借此机会说一声：我们是你们的朋友。尽管马绍尔群岛只是个小国，但我们想自豪地对这个世界说：我们伸出热情的双臂欢迎大家来我国做客，并与你们共享我们对自然之爱、对土地之爱、对海洋之爱，展现我们太平洋地区独特的文化之美。我们愿与大家共享这一切。

今天这一文化交流活动的确是一个绝佳而不同寻常的机会，为两国友谊打下了坚实基础。传统知识和艺术形式可以移除交流的障碍，促进共同理解和良好关系。了解太平洋邻国，尊重相互文化、尊重自然定能为我们的和平紧密合作开辟一条道路。

今晚在太平洋馆的舞台，我们邀请大家一起观赏JOBWA舞蹈，中国是一个发展日新月异的伟大国家，我们十分敬重和欣赏，今晚这场演出将是我们呈献给中国观众的礼物。

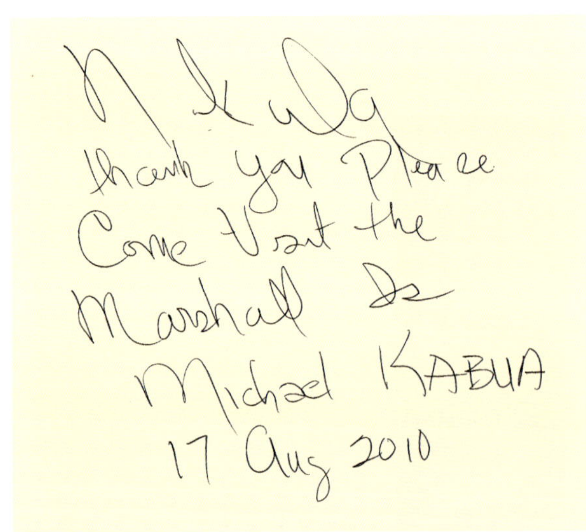
Iakwe
thank you Please
Come Visit the
Marshall Is
Michael KABUA
17 Aug 2010

谢谢你们，请到马绍尔群岛观光。

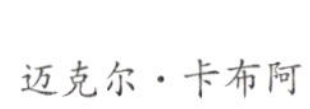

马绍尔群岛馆日代表团所赠的工艺品

交流活动

中方代表与马绍尔群岛共和国国家馆日代表团主要成员合影

马绍尔群岛馆日的传统舞蹈表演（一）

马绍尔群岛馆日的传统舞蹈表演（二）

印度共和国国家馆日

2010年8月18日

在馆日仪式上的中方代表致辞

今天，我们相聚在风景如画的黄浦江畔，共同庆祝印度国家馆日活动，共同感知印度悠久的历史和灿烂的文化，共同领略印度无穷的魅力与别样的精彩。我谨代表中国政府和上海世博会组委会，对印度国家馆日的举办表示热烈祝贺，对各位嘉宾的到来表示诚挚欢迎。

中印互为重要邻国，也是新兴发展中大国。自1950年建交以来，两国关系不断发展，日臻成熟。进入新世纪，在双方领导人的关心和推动下，中印关系步入快速发展轨道，已经超越了双边范畴，具有全球和战略意义。两国建立了面向和平与繁荣的战略合作伙伴关系，高层互访频繁，经贸、文化等各领域交流与合作不断加强，在应对国际金融危机、气候变化等重大国际地区问题上保持良好沟通与协调。中印关系正面临重要机遇，发展前景广阔。

上海世博会得到了包括印度在内的国际社会的大力支持。以“城市与和谐”为主题的印度馆，设计精巧，造型独特，把植物与金属相融合的设计，使整个建筑在呈现古色古香韵味的同时，又散发出了勃勃的生机与活力。在展馆展示上，印度馆将现代技术与传统文化完美融合，通过“时空隧道”，惟妙惟肖地演绎了印度从古至今的城市生活形态，把印度千年的历史文化、多样的宗教文化、快速的科技发展以及城市和农村的融合等呈现在观众面前。除此之外，印度人民还把贵国激情的歌舞表演、美味的传统饮食、精彩的瑜伽表演、精致的手工制品等带到了黄浦江畔，带给了来自五湖四海的游客，深受大家欢迎，也极大地增进了中国人民对印度的了解和喜爱。

印度馆（A片区，自建馆）

中国商务部副部长 陈健

印度商工部政务部长 辛迪亚

世博会作为人类文明发展与传承的驿站，世界各国人民通过世博会加深了理解、消除了隔膜、加强了交往、增进了友谊。在上海世博会上，富有特色的印度馆给我们展示了贵国灿烂的文明和精彩的创意，给来自世界各国的游客留下了十分深刻的印象。我们相信，印度馆一定会成为上海世博会上最受欢迎的展馆之一。

最后，祝印度国家馆在中国2010年上海世博会上取得圆满成功！祝印度经济蓬勃发展，人民幸福安康！

祝中印两国友谊万古长青！

在馆日仪式上的外方代表致辞

今天能够在此致词，我深感荣幸。

中国和印度同为世界文明古国。中国人民和印度人民之间文化渊源深厚，经贸往来频繁，民间交流密切。有文字记载的中印两国关系至少可追溯至公元2世纪。公元前402年，中国的法显和尚远赴印度。在印度生活的十年间，他翻译了诸多梵文经卷。我们的历史见证了两国之间频繁的文化交流，我们分享理念和知识，双方因此受益匪浅。时值20世纪，印度医生柯棣华受印度国会委任，于1938年随同印度援华医疗队到中国协助抗日。中印两国源远流长的历史和文化交流，让我们紧密相连，也为未来的密切合作奠定了坚实的基础。

今年正值中印两国建交60周年。60年前，两国经济并不发达。然而今天，我们两国的人口总计占全球的三分之一，而且即将成为世界主要大国。在全球经济危机导致发达国家经济疲软这一背景下，我们两国的经济增长率之高，实属罕见。

我深刻认同中印两国众多学者、政府官员和领导人的意见，深信中国和印度有责任共同为两国人民实现平稳、持续经济的增长，并且应当大力推进区域的和平稳定，以进一步实现中印作为21世纪两大主要亚洲国家所持有的宏伟目标。

我相信，本届世博会的印度馆见证了印度的美好梦想：我深信，借助世博会这一千载难逢的机遇，印度虎和中国龙之间的纽带已经在中印两国人民的层面上缔结了。

竹子搭建的印度馆每日接待游客量已超过25000人次。在此，我希望向中华人民共和国政府、上海世博局以及所有支持单位致以诚挚的谢意：正是通过各方的努力，印度的文化、科学发展才得以呈现给中国人民。

印度幅员辽阔，民族文化、语言习俗等传统多样，是一个古今文明相互交织的独特国度。本届世博会的印度馆恰恰表现了我国在传承至今的多样化中寻求平衡、和谐的发展模式。印度的古代文明容纳了现代文明和现代科技成果，印度馆的展示和独特的风格也兼容并蓄地呈现着现代城市和农村地区的特色。

在当今科技迅猛发展的时代，人类面临着应对全球变暖的重大课题。印度与自然的关系显得尤为重要。长久以来，我们一直与自然和谐共处，而“和谐共处”这一理念历来就是印度生活方式和价值观的核心所在。为了进一步突出印度的可持续发展道路，我们选用了环保的材料作为主要建材，从而设计、搭建我们的展馆。印度馆的生态元素不胜枚举，包括太阳能板、水幕瀑布、风车、高渗透砖瓦、树木、植物和竹子等素材。

印中两国同为大国，而且是增长迅猛的两大经济体。正因如此，我们也是自然资源的主要消耗国。双方需要进一步加强合作，以实现可持续发展。

印度和中国的国土面积相加，是欧洲和北美地区的

两倍之多。当前，美国消耗着 1/4 的世界原油。与此同时，随着印度和中国的工业化进程不断加快，我们可以预见未来有限的全球石油储备将面临巨大压力。从能源消耗角度看，印度和中国的现代化进程和城市化进程不断加快，如此一来，在纸张、木材、钢铁、铁矿以及其他自然资源的使用方面，也将面临巨大压力。

中国和印度的传统文化向来重视灵性的修为、品德涵养以及和谐共存等理念，对待物质的享受，我们向来淡然处之。现代社会的消费观，应该和传统道德修养相结合，这有助于我们在物欲横流的世界寻求平和、宁静。我们需要不断反省，不断更新我们的内在，倾听古人的劝勉。节能和环保技术应当融入到亚洲的古代文明中，和自然完美的融合，从而构建创新的解决方案并实现可持续发展，拯救我们的人民、帮助他们摆脱贫困的生活。我们的创新成果包括，印度自主设计和研发的汽车——售价仅为 2000 美元，不足 100 美元的经济型电脑等大众产品。

我们欣喜地看到，过去十年间，印中双边贸易额呈现大幅增长态势。世纪之初，双边贸易额为 30 亿美元，而两国 2008 至 2009 年度的贸易额已攀升至 420 亿美元。印中的双边贸易额在本财政年度将再创历史新高。如此看来，中国将成为印度最大的贸易伙伴国。

过去几年，印度一直致力于在中国开拓制药、农产品和信息技术的市场。印度已经在中国各地举办了一系列的贸易展会，产生了积极的影响，同时也展现了印度在上述众多领域的实力。

我相信，中国不久将出台新政策，从而降低印度的信息技术公司、制药公司进入中国市场的门槛。印度衷心希望中国能够降低从印度进口制造设备和农产品的高额关税。

我坚信印中两国坚固的贸易关系将进一步维护持久稳健的印中双边关系。

印度欢迎中国在基础设施建设等高增长型领域进行投资。一些中国企业已经在印度进行颇具规模的投资，包括在印度高速发展的电信产业进行投资。

然而，在港口、高速公路等基础设施建设方面，印中两国的合作潜力仍然有待发掘。近年来，中国在印度基础设施建设方面的投资持续攀升。然而，与印度政府未来五年在基础设施建设领域多达 5000 亿美元的投入计划相比，目前的投资潜力有待进一步开拓。

我们预计，印度 5000 亿美元的基础设施建设投资中，有 30% 至 50% 将来自私营部门，这一块将吸引众多的中国企业参与其中。印度非常赞赏中国通过政府和私营的合作模式推动基础设施建设的做法。我认为印度应该学习、效仿这一做法，在印度本国推出基础设施建设的项目。

仅今年上半年，中国的工程企业已经在印度拿到 40 亿美元的建筑承包项目。此外，印度的汽车业增长尤为迅速，保持着每年 20% 的增长率，这一产业也吸引了来自中国汽车行业的大量资本。而且，两国在医护、物流、旅游和经济特区等诸多领域仍然存在广阔的合作机遇。

印度的信息技术产业享誉全球，而中国在制造业方面具有强大优势。如果能够有机结合，那么两国有望在很大程度上实现互利共赢。中国在设备制造方面具有显著优势，这将在印度改善基础设施建设方面发挥重要作用。与此同时，印度在金融、教育和医疗方面具有专业水准，可以提供宝贵的经验供中国借鉴。

印度和中国是相濡以沫的合作伙伴。我相信，两国之间应通过对话和磋商解决当前的经济贸易争端。此外，作为亚洲的两大发展中国家，区域合作将促进我们联手，共同在国际舞台上大放异彩。

现今，印度正在全球范围内加速收购公司、企业。印度的输出资本呈现前所未有的增长态势，而中国也吸引了印度的企业家。印度的公司高度重视开拓中国的市场，从而提高面向中国的出口额。

展望未来，我相信两国政府将采取必要的措施，大力推动企业间的交流和两国人民间的互访。两国将继续为企业界打造透明、公平的贸易环境和投资环境。中国和印度将致力于确立公平、合理、新型的国际经济秩序，并且维护众多发展中国家的利益。

总而言之，当前印中两国的利益正在以前所未有的方式紧密结合。我相信，21 世纪的新形势将把两国的社会经济发展目标紧密联结。在诺贝尔经济学奖获得者阿马蒂亚·森的最近新著作中，他曾提到："在人类的第一个千年，印度和中国相互学习借鉴，而借鉴历程的意义之深远，即便延续到第三个千年也不会消减。"我确信，中国和印度这两个伟大的民族将继续相互扶持、加深贸易往来和人民的互访交流，在世界重大问题上发挥更加重要的作用。

交流活动

中方代表与印度共和国国家馆日代表团主要成员合影

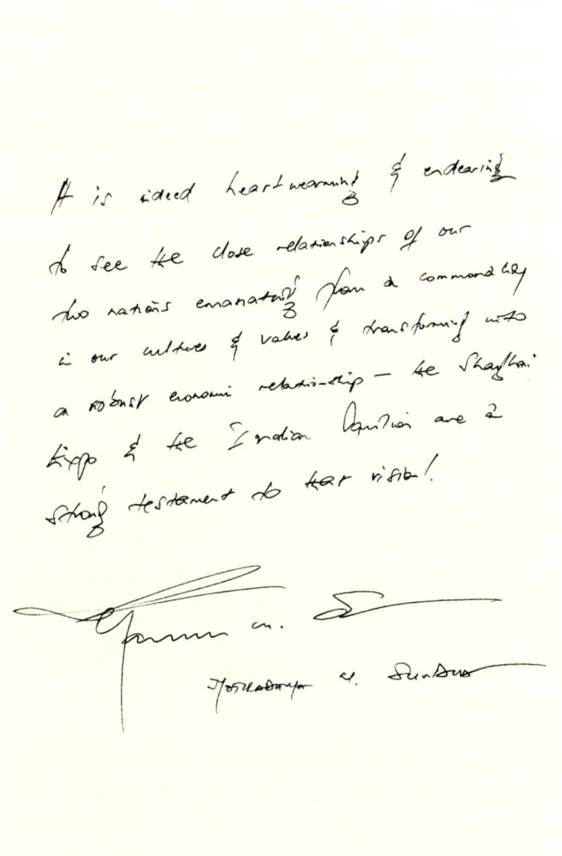

It is indeed heartwarming & endearing to see the close relationships of our two nations emanating from a commonality in our cultures & values & transforming into a robust economic relationship – the Shanghai Expo & the Indian Pavilion are a strong testament to that vision!

Jyotiraditya M. Scindia

看到两国如此紧密的关系令人激动和兴奋，这源于两国在文化、价值观及经济关系改革中相似性。上海世博会及印度馆将证明给游客看。

辛迪亚

印度馆日代表团所赠的工艺品

印度馆日的舞蹈表演

阿富汗伊斯兰共和国国家馆日

2010年8月19日

在馆日仪式上的中方代表致辞

我谨代表中国政府和上海世博会组委会，对阿富汗举办国家馆日活动表示诚挚祝贺，对阿哈迪部长率团出席表示热烈欢迎。今天正值阿富汗独立91周年纪念日，这使本次活动更加富有意义。我愿借此机会，向阿富汗朋友致以节日的祝贺。相信今天的活动将给每一位到访者留下美好而深刻的印象。

世博会是人类文明成果荟萃的伟大盛会。多年来，世博会在全球范围内推动了广泛的国际交流，为世界各国开阔视野、展示自我、相互学习提供了机会和舞台，有力地促进了各国走向国际化和现代化的进程，在全球传播了进步、创新、开放、和谐的精神和理念。本届上海世博会以“城市，让生活更美好”为主题，荟萃了全球各地的创新成就，展现了丰富的地域风情和多元文化，特别是为世界各国展现城市文明成果、交流城市建设经验、探讨更好的人类居住、生活、工作模式提供了机会，将为人类可持续发展留下一份丰厚的精神遗产。

阿富汗历史悠久，文化灿烂，人民勤劳勇敢，为人类文明进步做出了重要贡献。近年来，阿富汗人民以不屈不挠的奋斗精神，克服种种困难，在国家重建事业中取得令人瞩目的成就。阿富汗国家馆以“亚洲的心脏，机遇与资源之地”为主题，展现了阿富汗丰饶的物产和优秀的文化。在这里，人们可以看到高超的建筑艺术、精美的宝藏和工艺品、富有生活气息的家具用品等，领略阿富汗的独特魅力以及阿富汗人民开放的胸怀和视野，感受这片“机遇与资源之地”的勃勃生机。

中国同阿富汗是传统的友好邻邦。中阿建交55年来，特别是阿富汗和平重建以来，中阿友谊与合作不断深化，

阿富汗馆（A片区，亚洲联合馆）

上海世博会中国政府副总代表 张春祥

阿富汗商工部部长 安瓦尔·哈克·阿哈迪

建立和发展睦邻互信、世代友好的全面合作伙伴关系。我相信，上海世博会将为加强两国各领域合作、促进两国人民友好往来提供新的契机。

祝愿阿富汗国家馆日活动取得圆满成功。

在馆日仪式上的外方代表致辞

很荣幸能有机会在 2010 年上海世博会上庆祝我国的国家馆日活动。在此我谨向中国政府和上海世博会组织者表达阿富汗政府和人民最衷心的感谢。我们深知组织如此宏大的一场国际盛事，并且保持成功运行，需要付出多少努力。这里我想向中国政府和世博会组织者对你们所取得的成功表示祝贺。

此次是阿富汗首次参加世博会。作为一个刚经历过冲突，现在还饱受诸多安全、经济和社会问题困扰的国家，能够参与到本次国际盛会对我们而言是一个巨大的成就。当所有的阿富汗人民看到他们的国旗能够与其他 200 多面国旗一起飘扬在世博会上空时，这种激动之情是难以用言语来表述的。同时我们有幸能够把阿富汗文化带到本届世博会，现在每天能吸引 50 万游客参观。因此，我们需要特别向中国政府在资金上和精神上的支持表示感谢。

除了跨文化交流之外，上海世博会也有利于加强所有参展国之间的贸易联系，尤其是中国与各参展国之间的贸易联系。中国与阿富汗之间的贸易往来源远流长，两国人民从中受益匪浅。阿富汗从中国进口了大量的商品，但阿富汗对中国的出口还比较有限。我们正在加强这方面的工作，希望在中国政府和民间各方的帮助之下，今后几年阿富汗对中国的商品出口能有所增长。

请允许我再一次向中国政府和上海世博会组织者表示感谢，感谢贵方举办本次盛会，以及邀请并支持阿富汗参与其中。

最后向各位送上本人最美好的祝福。

Aug 19, 2010

It is great to be among my chinese friends on our national day (Afghanistan). I am impressed with the modern appearance of Shanghai and the very traditional hospitality of the chinese government officials, the World Expo officials and the residents of Shanghai. Thank you so much for the invitation.

Best wishes
Anwar-ul-Haq Ahady
Minister of Commerce and Industries of Afghanistan.

很高兴能在我们的国家馆日（阿富汗）与中国朋友在一起。我对上海的现代化，中国政府官员，世博会官员及上海人民的热情款待印象深刻。非常感谢贵国的邀请。

安瓦尔·哈克·阿哈迪

交流活动

中方代表与阿富汗伊斯兰共和国国家馆日代表团主要成员合影

阿富汗馆日代表团所赠的毛毯

阿富汗馆日的歌舞表演（一）

阿富汗馆日的歌舞表演（二）

多哥共和国国家馆日

2010 年 8 月 20 日

多哥馆（C 片区，非洲联合馆）

在馆日仪式上的中方代表致辞

首先，请允许我代表中国政府和上海世博会组委会，对多哥举行国家馆日活动表示诚挚祝贺，对福雷总统和各位贵宾的光临表示热烈欢迎。

世博会是承载人类光荣与梦想的盛会。自诞生以来的一个半世纪里，世博会始终坚持以科学精神、人文关怀和创新理念，探讨与人类生存和发展息息相关的重大命题，在点燃人类智慧，促进社会进步，见证时代发展的同时，也为不同地域、不同民族、不同文化的国家相互沟通交流，展示文化魅力和激情活力提供了广阔舞台。

上海世博会是第一次在中国举办的世博会。我们希望通过奉献一届成功、精彩、难忘的盛会，加强与各国的沟通和交流，展现中国坚持和平发展、谋求互利共赢、建设和谐世界的理念。我们愿同包括多哥在内的世界各国人民一道，围绕“城市，让生活更美好”这一主题，分享城市文明成果、交流城市发展经验，共同探讨城市生活的新模式，描绘未来发展的美好蓝图。

“多哥”在当地语言中的意思为“水岸”，是一个美丽的国家。首都洛美是一座拥有蓝色海岸、银色沙滩、绿色椰林，引发无限遐想的海滨城市。此次多哥展馆的主题是“城市经济的繁荣”，着重描述洛美城的过去、现在和未来。今天，就让我们跟随时光的脚步，去领略洛美古老与现代珠联璧合的独特魅力，赞叹勤劳智慧的多哥人民在城市建设和国家发展中取得的可喜成就，见证他们励精图治、迈向美好未来的坚定信念。多哥展厅特色鲜明的建筑风格、美轮美奂的艺术精品、多哥国家舞蹈团精彩纷呈的音乐舞蹈将为我们带来一席原汁原味的民族风情盛宴。让我们尽情沉醉于这个独特国度的文

中国外交部部长 杨洁篪

多哥总统 福雷·埃索齐姆纳·纳辛贝

化胜境中吧！

在全球化深入发展，世界格局发生深刻变化的新时期，中国和多哥作为真诚友好、平等合作的好兄弟、好伙伴，在和平与发展的道路上有着广泛的共同利益。让我们借助上海世博会这一桥梁，传承友谊，交流互鉴，在新的历史起点上继续开创中多友好合作关系的美好未来。

祝愿今天的多哥馆日活动取得圆满成功。

在馆日仪式上的外方代表致辞

首先我想说的是，自从到达“东方明珠 ”——上海这座伟大而美丽的城市，多哥代表团和我本人就受到了热情周到的接待，让我们倍感荣幸。

同样我还要感谢所有在场的来宾，你们的光临为上海世博会多哥国家馆日仪式增光添彩。

最近，贵国遭受泥石流和洪涝灾害袭击，造成重大人员和财产损失，我想再次向中国政府和人民表达我的深切哀悼和同情。所有多哥人民与你们团结一心，对受灾家庭的痛苦感同身受，他们和我共同祝愿受灾群众早日重建家园。

正如大家所知，上海的文化腾飞和经济活力已经并将继续极大地提升中国的影响力，我也很高兴上海被选为 2010 世博会的主办城市。这一选择是面向未来的选择；同时也是对中国取得的成就的一次致敬。今天，中国已经变成一座桥梁：不同文化间的桥梁，传统和现代间的桥梁，现在和未来间的桥梁。

我要热烈祝贺中国人民和中国领导人，你们以高质量的组织工作和丰富多彩的活动使 2010 上海世博会成为历史上独一无二的盛会。

对我们每个人来说，这届世博会的主题“城市，让生活更美好”是一个邀请，邀请世界上所有的人民利用自己的优势、技术、创新和特长，互相学习，互相提升。2010 上海世博会的主题同样邀请我们思考应对城市挑战的新战略，在各方面找到更好的做法，以帮助我们改善同胞们的日常生活。

正是出于这样的精神，多哥选择了一个意义重大的主题：“城市经济的繁荣”。

事实上，围绕发展的城市改造正是目前多哥正致力于进行的伟大事业。我们希望把我们的城市建设为富有活力的经济中心。我们有坚定的决心，要把这项事业深入开展下去。我们要把城市打造为生活舒适，利于中小型企业创业的环境，这些企业会进行投资，创造财富和就业，促进多哥走上持久繁荣之路。

正是出于这样的愿景，我们来上海参加世博会。我想借今天的机会和各位分享我们的坚定决心，要让首都洛美恢复曾经的辉煌，成为向世界开放的、展现我国各地区和乡土风貌的美丽窗口。

大家在参观多哥馆时可以看到，我们的展览完全围绕洛美这座几世纪以来因为贸易、旅游、金融和港口服务业慢慢发展起来的城市，展现它的过去、现在和未来。

但保证城市经济的繁荣是一个巨大的挑战。要应对

这个挑战，就必须有计划性地发展基础设施。正因为如此，多哥政府经济复兴战略的轴心之一就是改造主要地区中心城市的基础设施。这个战略的目标是给城市生产力的恢复提供一个有利的框架，使我们在保护环境的同时实现城市的持久振兴。

因此我们决定，要特别重视主要城市的公路设施和卫生设施，尽快完成这些设施的改造工程。

在这里，我要向中华人民共和国，向中国人民和领导人再次表达我的深深谢意。几十年以来，你们不断陪伴和支持我们建设可靠和适合国情的基础设施网络，以改善人民的生活水平。

两年前，我国遭受洪涝灾害，多处桥梁垮塌，贵国给予了紧急援助，帮助我们进行重建工作。我想再次强调，这一援助行动在我国人民心中至今仍记忆犹新。

中多合作的洛美地区医学中心最近刚刚落成并揭幕，这也是我们的骄傲，因为除了可以给人民提供医疗服务，它还以创新的建筑风格为首都洛美的市容市貌增添了亮丽的一笔。

卡拉会议大厦和凯盖体育场同样也是悠久丰富、成果显著的中多合作的典范。贵国在多哥援建的工程名单可能比长城还要长，一天的时间也罗列不完。

今天，多哥受到了最高礼遇，我想在这样的日子里向中国人民和领导人表达我的深厚谢意，感谢你们给多哥提供了资金、技术、人力和物流支持，使我们能够来参加 2010 上海世博盛会。我热切希望借此世博契机，展示多哥的巨大潜力，更好地了解中国文化的根基，探索其他民族的财富，以便建立新的合作，实现共同繁荣。

中多合作万岁！祝愿 2010 上海世博会圆满成功！

- Un grand pays au dynamisme exceptionnel : la République Populaire de Chine
- Une grande ville au rayonnement culturel mondial : Shangai
- Un évènement unique dans l'histoire des expositions universelles Shangai 2010

Faure E. GNASSINGBE
Président de la République Togolaise
Shangai 20 août 2010

一个充满非凡活力的伟大国家：中华人民共和国
一座闪耀世界文化光芒的伟大城市：上海
一次载入世博史册的独特盛会：2010 年上海世博会

福雷·埃索齐姆纳·纳辛贝

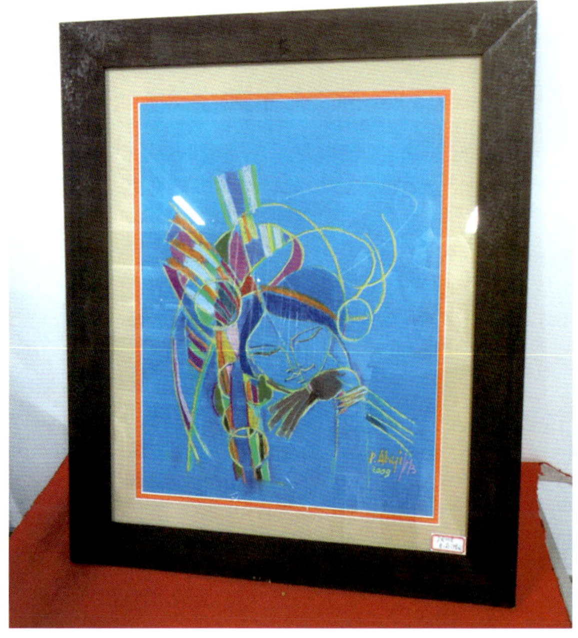

多哥馆日代表团所赠的工艺品

交流活动

中方代表与多哥共和国国家馆日代表团主要成员合影

多哥馆日的文艺表演（一）

多哥馆日的文艺表演（二）

尼日利亚联邦共和国国家馆日

2010 年 8 月 21 日

尼日利亚馆（C 片区，租赁馆）

在馆日仪式上的中方代表致辞

今天，我们相聚在风景如画、热闹非凡的世博园区，共同庆祝尼日利亚国家馆日活动，共同领略尼日利亚馆的魅力与精彩。我谨代表中国政府和上海世博会组委会，对尼日利亚国家馆日的顺利举办表示热烈祝贺，对莅临上海参加尼日利亚国家馆日活动的各位嘉宾表示诚挚欢迎。

近年来，中尼传统友好关系呈现良好的发展势头，双方建立并巩固了战略伙伴关系。中尼双方各层次、各领域的人员来往密切，经贸互利合作不断深化，在国际事务中保持着良好的合作关系。

上海世博会得到了包括尼日利亚在内的国际社会的大力支持。尼日利亚馆以“我们的城市——和而不同”为主题，展馆外墙设计上采用了非洲七大奇迹之一的“祖马岩”，并将尼日利亚国旗颜色融入其中，设计精巧，富有韵味。馆内等候门厅处设置的棕树造型，营造了尼日利亚独具特色的风情。展馆通过“西非海岸璀璨之光”、“崛起中的和谐之国”和“商业区”三个展区的展览展示，就如何让不同文化、不同民族的城市实现共同繁荣，进行了深入探讨，很好地演绎了本届世博会“城市，让生活更美好”的主题。自 5 月 1 日以来，尼日利亚馆精彩的展示，打开了游客对尼日利亚以及非洲文化认识和了解的又一扇窗口，受到了大家的喜爱和好评。

世博会作为人类文明发展与传承的驿站，世界各国人民通过世博会加深了理解、消除了隔膜、加强了交往、增进了友谊。我们相信，中尼两国一定能借助上海世博会的东风，促进双方多领域的交流与合作迈上新的台阶、翻开新的篇章。

最后，祝愿尼日利亚国家馆在中国 2010 年上海世博

上海世博会中国政府副总代表 王永秋

尼日利亚工商业部长 贾布里勒·马汀斯·库耶

会上取得圆满成功！祝愿中尼两国友谊万古长青！

在馆日仪式上的外方代表致辞

今天我很高兴来到上海世博会参加尼日利亚馆日，这一具有划时代意义的庆祝活动。今天的活动不仅向世人展现了尼日利亚的政治和经济发展，也巩固并加强了尼日利亚和中国的双边关系，乃至增进尼日利亚和各国之间的相互关系。本次活动是一个绝佳的平台。借此，尼日利亚将展示在石油、天然气、工业、矿产、制造业、住房建设、旅游等各方面的投资机会。并且展示尼日利亚丰富的历史文化遗产，同时此举有助于尼日利亚推广有待发展的潜力，并且消除当前关于我们伟大祖国的误解和消极的看法。

大使阁下，女士们，先生们，本届政府自执政以来实施了诸多政策，旨在改善人民的生活水平。尼日利亚政府发布了多项鼓励政策，通过可持续性增长恢复尼日利亚的经济。有鉴于此，尼日利亚政府确立了开放的市场经济体制，学习国外的先进方法和治理经验，并大力保护私有产权。

尼日利亚位于非洲西部，国土面积为 92.4 万平方公里。尼日利亚自然资源丰富，蕴含大量的天然气、石油、铁矿、煤炭、大理石、铅、锌等金属和少量的铝矿等资源。尼日利亚的人口为 1.5 亿，是非洲的人口大国之一。我们的经济增长率保持在 7.23%，外汇储备为 360 亿美元，通货膨胀率控制在 10.3%，石油的日均产量为 260 万桶，货币币值在过去几年相对稳定。尼日利亚的人才众多，物质资源丰富，有望成为非洲最大的经济体，进而成为全球经济体系中举足轻重的大国。本届政府高瞻远瞩，下定决心，计划在 2020 年之前把尼日利亚发展成世界排名前 20 位的经济发达国家。本届政府自执政以来，大力加强良性营商环境的建设，以促进经济活动和商务往来。与此同时，政府注重市场机制的作用，旨在保护私营企业和经济自由度，高度重视培养人力资源，引进先进技术，生产高附加值产品，扩大本国产品的出口量。

大使阁下，女士们，先生们，上海世博会的主题是“城市，让生活更美好”，这一理念将为 21 世纪的上海，这一国际化大都市勾勒出发展方向。上海世博会关注由城市发展所引发的各类问题。如人口拥堵、污染、暴力和斗争。这些问题的根源在于人和自然之间的失衡，精神层面和物质世界失衡。我确信尼日利亚在上海世博会上受益匪浅，尼日利亚政府也会向上海学习国际化都市的发展策略和宝贵经验，然而近年来的发展过程告诉我们尼日利亚更需要的是全新的发展模式，尤其是如何兼顾工业化进程和结构调整之间的关系。只有这样尼日利亚才能把握 21 世纪的脉搏。我也衷心希望在上海世博会的收获能够有助于我国企业家提高营商能力，并且与国外商家共同启动更多工程、项目，而不仅仅是利用尼日利亚现有的贸易机遇和投资机遇。此外，政府所采取的经济改革措施也将借由本届世博会得到充实和完善。

尊贵的来宾们，女士们，先生们，我愿重申我国政府的立场和决心，我们将加大力度清除基础设施的障碍以确保尼日利亚的实体经济继续呈现稳健、可持续的增长态势。政府的现阶段目标是采取补救措施以改善我们的投资环境，对于能源、交通、中长期债务方面存在的问题，我们并非置若罔闻。尼日利亚政府将全力以赴，着力解决与制造业相关的供电问题，尼日利亚政府将继续实施已故总统奥玛鲁·穆萨·亚拉杜瓦的大赦令。如今

随着尼日尔三角洲形势稳定，我们改善供电和配电的愿望将得到实现，为此我们将不遗余力的在全国范围内开展用电工程，并以此创造就业，消除贫困并且实现经济增长。在此，我想重申联邦政府的主张，在古德勒克·乔纳森总统的领导下，我们将继续拓宽经济基础，大力建设有利于制造业和投资发展的环境，进而实现从石油出口向非石油出口的转型。我们欢迎投资者充分利用遍及全国的出口加工区。如今，尼日利亚的采矿业已经发展得有声有色，尼日利亚拥有丰富的矿产资源。经过合理开发，这一领域有望成为实现经济增长的新动力。实际上，矿产资源遍及尼日利亚的各个角落，你很难找到哪个州没有矿产资源。此外，尼日利亚的矿产采用了国际一流的开采方式，着重强调透明、公开、开采安全、所有权划分以及投资收益。尼日利亚政府对采矿业的定位是在采矿业进行大刀阔斧的改革，通过资金支持、法律规范、机构发展、能力培养以及地理数据采集等方式支持在采矿业的投资项目。尼日利亚的采矿业具有惊人的潜力，我们需要外国投资商加入并合作，共同开发这一领域。

尊贵的来宾们，女士们，先生们，尼日利亚发展工业的主张在2020年计划草案中阐述得淋漓尽致。这并非信口空谈。我们需要在政治上强有力的领导，公共和私营部门的通力合作以便实现这一伟大目标。时下正值尼日利亚政治改革，古德勒克·乔纳森总统领导下的政府将参加明年举行的公平大选。

最后，我谨代表尼日利亚政府和人民向大家承诺，我们将沿着当前发展道路奋勇前进，在发展过程中我们将高度重视安全、海关、港口等领域的改革以便在全球经济日趋融合的背景下改善我们的贸易环境。我们也希望能够和更多的投资商和合作伙伴共同努力，实现互利共赢。尼日利亚迫切需要增加与中国乃至各个参展国的贸易和投资机会。尼日利亚期待和中国及其他发达国家、发展中国家开展技术、资本的合作。在此，我希望呼吁广大投资商妥善把握尼日利亚当前稳定的政治经济形势，积极与尼日利亚商界开展合作，为尼日利亚构建民主、发达、繁荣的社会贡献一份力量。

在此，我宣布尼日利亚国家馆日庆祝活动正式开始。尼日利亚联邦共和国万岁！伟大的中华人民共和国万岁！谢谢各位！愿好运常伴！

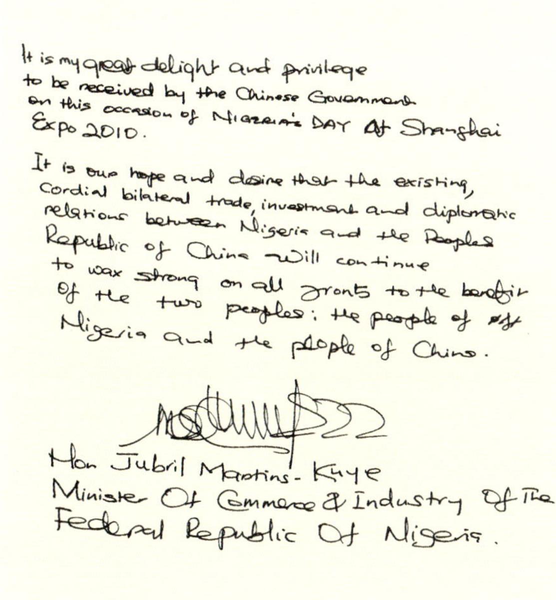

It is my great delight and privilege to be received by the Chinese Government on this occasion of Nigeria's DAY At Shanghai Expo 2010.

It is our hope and desire that the existing, Cordial bilateral trade, investment and diplomatic relations between Nigeria and the Peoples Republic of China will continue to wax strong on all fronts to the benefit of the two peoples: the people of Nigeria and the people of China.

Hon Jubril Martins-Kuye
Minister Of Commerce & Industry Of The Federal Republic Of Nigeria.

值此2010上海世博会国家馆日之际，我对中国政府的款待备感高兴和荣幸。

我们希望并期望，尼日利亚和中华人民共和国之间现有的真挚的双边贸易、投资和外交关系在各个方面持续深化，为两国人民，即尼日利亚人民及中国人民带来福祉。

贾布里勒·马汀斯·库耶

尼日利亚馆日代表团所赠的工艺品

交流活动

中方代表与尼日利亚联邦共和国国家馆日代表团主要成员合影

尼日利亚馆日的文化交流活动（一）

尼日利亚馆日的文化交流活动（二）

匈牙利共和国国家馆日

2010年8月22日

匈牙利馆（C片区，租赁馆）

在馆日仪式上的中方代表致辞

今天，我们相聚在风景如画的黄浦江畔，共同庆祝匈牙利国家馆日活动，共同感知匈牙利悠久的历史和灿烂的文化，共同领略匈牙利无穷的魅力与别样的精彩。我谨代表中国政府和上海世博会组委会，对匈牙利国家馆日的举办表示热烈祝贺，对各位嘉宾的到来表示诚挚欢迎。

匈牙利是最早承认并与新中国建交的国家之一，两国和两国人民之间保持着传统友谊。近年来，两国领导人互访频繁，政治互信不断加强，双方在经济、科技、文教等领域的合作日益扩大，成果显著。

上海世博会得到了包括匈牙利在内的国际社会的大力支持。以“和谐、创新、热情 ”为主题的匈牙利馆，设计精巧，极富特色，充分展现了匈牙利人的聪敏才智和无穷智慧。展馆以1000多根从天而降的木头营造出了原生态的“城市森林”意境，在音乐、灯光的变化下，参观者踏上了一段神奇、美妙、舒适的感官之旅。首次在世界上正式亮相的匈牙利国宝级发明“不倒翁”冈布茨，向全世界展示了匈牙利科学、智慧和创新的国家形象，也反映了匈牙利坚强不屈、富有创意的民族精神。

自开馆以来，匈牙利馆独特的设计理念和建筑风格已吸引了300多万游客前往参观。上海世博会期间，热情的匈牙利人民还将为我们精心打造匈牙利优秀的民族音乐、动画电影、庆典游行、时装表演、文化论坛多种形式的活动。

世博会作为人类文明发展与传承的驿站，世界各国通过世博会加深了理解、消除了隔膜、加强了交往、增进了友谊。在上海世博会上，匈牙利馆给我们展示了灿

上海世博会中国政府副总代表 朱祖寿

匈牙利文化事务国务秘书 索赤·盖佐

烂的文明和精彩的创意，给来自世界各国游客留下了深刻的印象，提升了世界人民对匈牙利的了解。我们相信，匈牙利馆一定会成为上海世博会上一道美丽的风景。

最后，祝匈牙利国家馆在中国 2010 年上海世博会上取得圆满成功！祝匈牙利经济蓬勃发展，人民幸福安康！

祝中匈两国友谊万古长青！

在馆日仪式上的外方代表致辞

请允许我，以匈牙利代表团的名义衷心地祝贺上海世博会到目前为止取得的巨大的成功。中华人民共和国在 2008 年成功举办夏季奥林匹克运动会之后，在短时间内再次承担举办此次世界级别的大型盛会并实现了所能达到的最高水平。上海，可以说是中国最多姿多彩的，对世界其他地区最开放的2010年世界博览会举办城市。在这半年的时间中，超过千万的观光者被吸引到了这里，描绘出了世界人文中心城市的景象，与此同时，忠实地反映出了在世界大融合的今天如何保持现有的文化多样性。我可以向大家保证，在承担全球责任，可持续发展，以及培养环保生态意识等大家的共同目标上，中国和匈牙利可以成为可靠的合作伙伴，成为坚强的联盟。

我非常荣幸，在世博会匈牙利国家馆日，这个特别的场合成为匈牙利文化传播的代表。近年中华人民共和国和匈牙利共和国的伙伴关系在不断深化。从匈牙利国家经济，和匈牙利人民的愿望出发都希望与未来的世界经济中心——中国培养出深厚友好的关系。

我们国家是第一批承认并与中华人民共和国于 1949 年建交的国家之一。在过去 61 年的外交关系中，持续的关系建设和双边对话，结成友好的合作交流伙伴。尽管面对各种各样的问题中匈两国间可能在观点上有偏差，但我依然相信，我们的合作在所有的领域都取得了显著的成就，并且在未来国家之间、两国人民之间的关系纽带也将继续强化。

通过注意相互介绍本国的传统和文化，能更好更深入地了解对方，实施和扩大交流项目。比如在 2007 年 9 月至 2008 年 6 月期间成功地在中国举办匈牙利年，在中国八大城市组织了经济、文化、餐饮和旅游各方面的活动。还有一个现象很好地展示了两国间坚固的关系，就是越来越多的匈牙利中学生和大学生学习中文，认识中国的文化，申请到中国学习的奖学金；中国的学生也逐年增加选择到匈牙利留学深造。我很高兴位于布达佩斯的孔子学院作为最优秀的中文学习机构至今已经运行

到第四年，极大地帮助我们的中文学习并传播中国文化。我希望能够推进布达佩斯的孔子学院在未来成为地区的中文中心。我们感谢并支持在中方的建议下于布达佩斯建立起一个中国文化的中心。在匈中关系中占据重要位置的还有在匈牙利定居的、地区中最大的、约有3万人口的华裔社区。我们相当骄傲，自2004年起在布达佩斯建立起欧洲唯一的双语教学的中文小学。

新一届的匈牙利政府也很重视将两国之间的友好关系持续加强，在新的领域扩大合作。我希望，我们精心准备的这一整天的丰富多彩的节目能够赢得中国观众的喜爱，将我们与中国人民的距离更加拉近一些。我们的目标是，让中国人民更加熟悉匈牙利，包括匈牙利的文化和传统，引起大家的兴趣择日来我们国家旅行，亲临其境得到更多的感受。作为推介和展示匈牙利国家的媒介，我们有三个外交事务代表处：驻北京大使馆、上海领事馆以及在今年2月份新开设的重庆领事馆，在此我向在当地一直提供细致完善工作的同事们致谢。匈牙利馆至今已经吸引到了许多中国观众参观。我们希望更多的参观者让这里的热闹保持下去，并且更多地发现这个建筑物里与众不同的地方。

尊敬的女士们和先生们！最后请允许我感谢中国的主办方，特别是世博会组委会办公室的领导以及工作人员，感谢你们允许并鼓励我们今天在这个令人激动的非凡的城市中介绍和展示匈牙利。衷心祝愿上海世界博览会继续取得更多的辉煌！

交流活动

中方代表与匈牙利共和国国家馆日代表团主要成员合影

Földrajzilag távol, lélekben közel.
Egy erősödő barátság meggyőződésében,
Szőcs Géza

相距遥远，心灵相近。
友谊在信念中与日俱增。

索赤·盖佐

匈牙利馆日代表团所赠的工艺品和酒

匈牙利馆日的文艺表演（一）

匈牙利馆日的文艺表演（二）

利比里亚共和国国家馆日

2010年8月23日

利比里亚馆（C片区，非洲联合馆）

在馆日仪式上的中方代表致辞

首先，请允许我代表中国政府和上海世博会组委会，对利比里亚举行国家馆日活动表示诚挚祝贺，对博阿凯副总统的光临表示热烈欢迎。副总统阁下去年访问上海时，世博会展馆仍在建设中。而今，一座融合世界文明与智慧的世博园区正在喜迎世界各地来宾。

世博会已经走过159个春秋，它就如一位宽容的智者，用超越地域、种族和信仰的博大襟怀，把世界各国人民联系在一起，为他们打造出一个展现自我、交流合作的大舞台。这座舞台诠释着人类对“和平、进步、友爱、合作”的渴望和追求，记载着人类文明发展进步的光辉足迹。

本届世博会以“城市，让生活更美好”为主题，体现了人类社会对未来更美好生活的向往和追求。如大家所知，当前人类的活动和工业化的机轮给城市生活带来了许多我们未曾预料的负面影响，气候变化、水资源短缺和环境污染等使我们面临严峻挑战。我们的确需要认真反思城市发展的可持续性问题。今天，上海世博会邀请世界各国人民共同寻找打开未来城市大门的钥匙。我相信，在全球智慧的共同参与和努力下，我们一定能够获得启迪和前行的动力，上海世博会一定会成为一届成功、精彩、难忘的盛会。

利比里亚是非洲最早成立的共和国。独立以来，利比里亚人民在西非大地上书写着自强不息的奋斗诗篇。今天，我们将通过利比里亚展馆来了解这个古老而年轻的国度，欣赏“非洲雨都”的秀美，分享利比里亚人民重归和平之路的喜悦，见证利比里亚人民在建设国家、创造更美好未来道路上迈出的坚实步伐。

中国文化部副部长 赵少华

近年来，中利友好合作关系蓬勃发展，双方在各自国家建设事业中相互帮助，在涉及各自核心利益问题上相互支持，成为互尊互信的好朋友，真诚合作的好伙伴。上海世博会为中利两国人民进一步加深了解，拓展合作提供了新的良好契机。让我们携起手来，为中利友好，为推动人类文明的进步而共同努力。

祝愿今天的利比里亚国家馆日活动取得圆满成功。

在馆日仪式上的外方代表致辞

今天，我们相聚在美丽的上海，共同欢庆 2010 年中国上海世博会利比里亚馆日。首先，请允许我代表非洲第一位女总统——利比里亚共和国总统埃伦·约翰逊·瑟利夫以及利比里亚人民向诸位致以诚挚的问候。本届世博会的主题是“城市，让生活更美好”，利比里亚能够参与这一国际盛事，我们感到荣幸备至。此时此刻，我们强烈的感受到，上海世博会打破了社会、政治、经济和文化的壁垒，让地球村的人民通过相互合作、相互了解，再次紧密团结在一起。长期以来，利中两国之间保持着深厚的友谊和密切的关系。因此，参加中国举办的这一国际盛事，利比里亚感到无比自豪。

非洲各国与中华人民共和国之间的关系，始于 20 世纪六七十年代。那时的中国，正在积极突破西方国家的重重阻挠，以进一步维护民族独立和争取国家主权。而此时的非洲各国，也正在积极争取独立、开展反对殖民主义和种族压迫的斗争。多年来，中国和非洲国家在政治上相互扶持，并建立了稳固的友谊。坚固的政治纽带也为中非关系未来的发展奠定了基石。这一点，如今我们有目共睹。

利比里亚副总统 约瑟夫·尼乌马·博阿凯

今天，我们共聚上海这座魅力之都，庆祝利比里亚国家馆日。值此之际，我希望向大家简要介绍我国的历史和文化：利比里亚位于非洲西部，近赤道以北；国土面积为 111370 平方公里（43,000 square miles），海岸线全长 579 公里（350 miles）。1847 年，美国黑奴移民到西非海岸，与当地本土部落共同建立了当时的利比里亚。我们经历了独裁、军政府管制、内战、政变的艰难历程。2005 年，利比里亚举行内战后首次总统和议会选举，曾担任世界银行经济学家的埃伦·约翰逊·瑟利夫女士当选总统，并成为非洲第一位女性总统。

从文化角度来讲，利比里亚人民以随和、热情闻名遐迩。利比里亚的人口构成和文化呈现多样化态势，然而我们的国民相处融洽。现今，我国境内使用的语言共有 16 种，官方语言为英语。基督教和伊斯兰教为我国主要宗教派别，此外，还有佛教、巴哈伊、摩门教以及其他少数传统的宗教派别。

利比里亚的首都以美国第五任总统詹姆斯·门罗的名字命名为蒙罗维亚。蒙罗维亚曾经饱受内战的蹂躏；而今，这座城市的现代化基础设施逐步建立，这与中国提供的援助密不可分。埃伦·约翰逊·瑟利夫总统任职五年以来，利比里亚发生了天翻地覆的变化，从一片饱受战争摧残的焦土迅速呈现出现代化的全新面貌。

在结束 14 年内战后重建国家的过程中，中华人民共和国对我们利比里亚来说一直是一个忠实的伙伴。在利比里亚的战后时期，利中两国的友好关系不断发展、成果显著。当前，利比里亚政府致力于战后重建，抚平饱受内战之苦的人民心中的创伤，值此之际，我也希望向中华人民共和国政府致敬：感谢贵国在利比里亚发展的历程中所给予的无私援助。如今，中国的承包商为我

国首都蒙罗维亚主要街道的重建工程付出着辛勤的汗水。我国的医疗和教育部门今年发展势头良好，中国政府在我国投入 2010 万美元，建设了我国第一个高等学府——利比里亚大学。我们的医疗卫生事业得到了中国医护工作者的大力援助，他们在我国的各大医院和医疗中心默默奉献。近来，中国政府在我国人口密集的政治区修建拥有 200 张床位的现代化医院。今年 7 月 26 日，正值我国庆祝独立 163 年之际，中国政府将这所医院正式移交给利比里亚政府。这项工程，对于我们两国的关系具有深远的意义。

在农业领域，中国政府目前为利比里亚农业部提供援助，帮助我国粮食和畜牧业两大部门增加产量。感谢中国政府为我们建造了现代化的农业技术成果转移中心，为我们农业部门培养人才。总之，中国政府为利比里亚提供的援助项目不胜枚举，中国是支持利比里亚战后重建的坚强后盾。

中国政府为利比里亚提供的慷慨援助，也表明了贵国对我国政府充满信心，相信我们能够合理使用援助资源。在来访上海之前，我率领代表团访问了广州和深圳。从我抵达的那一刻开始，我无数次地赞叹所见到的繁荣和发达的景象，深感中国的建设速度如此惊人。我们深信，中国作为遥遥领先的发展中国家和增长最为迅速的经济体，其发展经验可以供众多第三世界国家学习和借鉴；与中国的合作，必将使双方互利共赢。

利比里亚这些年的发展告诉我们，2000 年中非合作论坛首届部长级会议的倡议并非空谈，中国和非洲需要在平等互助的基础上开展磋商，增进了解，加强共识，促进友谊，深化合作。部长级会议让利比里亚在内的非洲众多国家感到这一战略伙伴关系的重要意义。这也正是利比里亚因参加本届世博会而感到自豪的原因所在：我相信，上海世博会将为两国进一步开拓富有建树的合作领域，为两国彼此信任、相互尊重、互利共赢的合作和文化交流打下坚实的基础。

贸易和商业往来让两国人民受益匪浅，我们也将继续加强连接两国的经济纽带。如今，商业和投资的大门已经完全敞开，我相信，未来两国人民的交流和商务往来将更加频繁。

最后，请允许我再次向中华人民共和国政府和热情善良的中国人民致以最高的敬意。此外，也向甘肃舟曲特大泥石流灾害的遇难者和其他自然灾害的遇难者致以深切的哀悼。灾区人民经受着自然灾害的摧残，远在非洲大陆的利比里亚人民也感同身受。

感谢主办方的精心安排和周到款待，让我们得以顺利参展。相信，本届世博会将为利比里亚和中国的文化、历史增加新的内涵。感谢组织方在展馆建设阶段给予利比里亚的大力帮助，这将继续促进两国人民的相互了解和友谊，进而通过相互学习推进文化、艺术领域的发展。

交流活动

中方代表与利比里亚共和国国家馆日代表团主要成员合影

We come to this 2010 Expo as a bond of true friendship and cultural ties between our two countries. Aug. 23, 2010

我来到 2010 世博会，证明了两国间的真正友谊及文化纽带会持续深化。

约瑟夫·尼乌马·博阿凯

利比里亚馆日代表团所赠的工艺品

利比里亚馆日的文艺表演（一）

利比里亚馆日的文艺表演（二）

乌克兰
国家馆日

2010年8月24日

在馆日仪式上的中方代表致辞

今天，我们相聚在风景如画的黄浦江畔，相会在游客如潮的世博园区，隆重庆祝乌克兰国家馆日活动，共同领略乌克兰带给我们的精彩与难忘。我谨代表中国政府和中国人民，对乌克兰国家馆日的举办表示热烈祝贺，对远道而来的各位嘉宾表示诚挚欢迎，对乌克兰对中国上海世博会的大力支持表示衷心感谢。

中乌两国友谊源远流长。早在数千年前，丝绸之路就架起了中乌两国沟通与交流的桥梁。近年来，两国来往日趋密切，交流日趋频繁，双边关系发展顺利。两国不仅保持着良好的政治交往，而且在经贸、科技、人文、教育等领域合作日益扩大、成果显著。

上海世博会得到了包括乌克兰在内的国际社会的大力支持。在上海世博会的筹办中，乌克兰是最早确定参加上海世博会的国家之一。乌克兰馆以“从远古迈向现代”为主题，通过一系列富有民族特色的元素，向世界展示了乌克兰城市文明建设的成果以及未来城市发展的理念，诠释了乌克兰对本届世博会“城市，让生活更美好”主题的深刻理解。上海世博会期间，乌克兰人民还给世界游客精心准备了精彩的陶艺表演、欢快的音乐演奏以及饕餮的风情美食。我们相信，乌克兰馆的精彩展示一定能得到各国游客的热烈欢迎，独具特色的乌克兰馆一定会成为上海世博会上的一个亮点。

世博会不仅是展示世界文明的舞台，而且也是世界各国加深理解、消除隔膜、增进友谊、扩大合作的平台。我相信，中乌两国一定能借助世博会的东风，实现两国各领域交流与合作的进一步深化。

最后，我代表中国政府和中国人民，衷心祝愿乌克

乌克兰馆（C片区，租赁馆）

上海世博会中国政府副总代表 姚培生

乌克兰经济部副部长 皮亚特尼茨基·瓦列里

兰国家馆在中国2010年上海世博会上取得圆满成功！祝愿乌克兰经济蓬勃发展，人民幸福安康！

祝中乌两国友谊万古长青！

在馆日仪式上的外方代表致辞

首先，请允许我代表乌克兰馆总代表、乌克兰经济部部长瓦西里楚什科先生，感谢上海世博会事务协调局为我们提供了这样一个机会，在世博园区内庆祝乌克兰馆日。

今天的乌克兰馆日庆典活动也正巧是庆祝我国独立19周年。正是在今天我们的民众决定，乌克兰要作为一个独立的国家存在。

因此，今天在世博会上举行的乌克兰国旗升旗仪式具有重要的意义。蓝黄色的乌克兰国旗凝聚着国民精神，其中包含着乌克兰民族千年以来的希望与意志。蓝色和黄色象征着我们的农民先辈们在这边土地上开始孕育了我们的文化。

金色的麦田，蓝色的天空；湛蓝的第聂伯河，金黄的沙滩；自古以来，几个世纪之前这一直都是在我们土地上的美景。黄色象征火焰，蓝色象征寒冷，是两个事物存在的极点，但是融汇在一起。

我们遵循先辈们的脚步，继续实现我们共同的梦想，在我们的土地上耕作，我们热爱它，用自己的劳动美化它，在美好、安全、和谐的环境中培育我们的孩子，与邻国和谐友好相处。

而对本届上海世博会的参与又一次很好地见证了乌克兰人民的精神。

本届世博会如同往届是一次全世界规模的盛会。关于这一点，参展方数量、各国展馆中的展示、参展的积极性都得到了证实。尤其是令人震惊的参观者人数，让上海世博会成为令人最为难忘的一次盛会。

今天我们很难想象，为本届世博会的成功举办，工作人员付出了多少地辛苦工作及努力。就好像许多中国人相信世博会的顺利举办，而且这个信念在世博会开幕以前就早已存在。乌克兰作为第一个与上海世博会组织者签署参展合同的参展方，也同样感到非常的荣幸与自豪。

本届世博会乌克兰的参展经验将会是独一无二的，因为乌克兰第一次拥有一个独立的展馆。它的设计和布展都是以“从远古迈向现代”为主题而进行的。

展馆内有乌克兰科学院的展台，展示了现代化的科学建筑设计，旨在改善城市的生活环境。在馆内的三个大屏幕上投放的是介绍乌克兰的短片，除此之外，馆内还有乌克兰民俗乐团表演，当然还提供乌克兰菜肴。

我想强调的是，馆内乌克兰的民俗文化展示，乐队表演，还有馆内工作人员的团结合作，为广大游客创造了一个美丽的、吸引人的乌克兰馆。

我想借此机会，再次感谢中方，感谢以上海市人民政府和上海世博会事务协调局为代表的各位同事，感谢你们对本届世博会乌克兰馆的参与给予的巨大支持与帮助。

最后，我想祝贺各位乌克兰公民，尤其是在中国工作的乌克兰公民，节日快乐！祝各位生活幸福快乐，拥有更多的创作灵感，时时刻刻感受到祖国的联系。

交流活动

中方代表与乌克兰国家馆日代表团主要成员合影

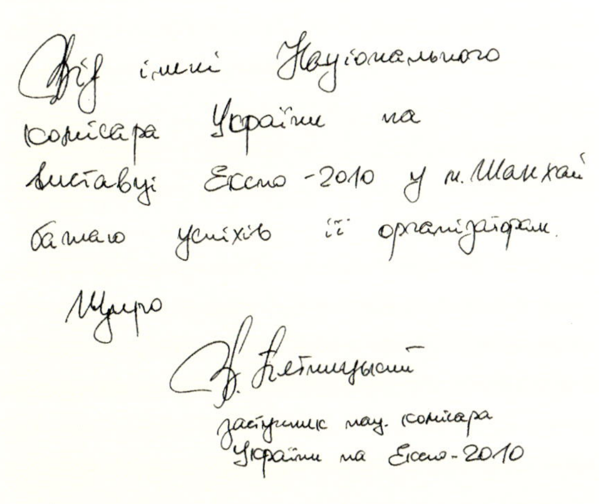

Від імені Національного
комісара України на
виставці Експо-2010 у м. Шанхай
бажаю успіхів її організаторам.

Щиро

заступник нац. комісара
України на Експо-2010

皮亚特尼茨基・瓦列里的题词

乌克兰馆日代表团所赠的礼物

乌克兰馆日的文艺表演（一）

乌克兰馆日的文艺表演（二）

乌拉圭东岸共和国国家馆日

2010年8月25日

在馆日仪式上的中方代表致辞

我谨代表中国政府和上海世博会组委会，对乌拉圭举行上海世博会国家馆日表示诚挚祝贺，对阿斯托里副总统阁下和各位嘉宾出席今天的馆日活动表示热烈欢迎。

世博会是人类文明成果荟萃的伟大盛会，每一届世博会都成为见证人类文明发展的里程碑。世博会为推动全球范围内广泛的国际交流，为促进世界各国人民的了解和增进友谊提供了重要机会。世博会始终高举进步的旗帜，崇尚创新的精神，坚持开放的道路，倡导和谐的理想，不断开启人类重新认识世界的窗口。

“城市，让生活更美好”是本届上海世博会的主题，体现了人类社会对未来更美好生活的设想和憧憬，印证了各国人民对创建“平安、文明、幸福”城市的不懈追求。我相信在所有参与者的共同努力下，上海世博会一定会成功、精彩、难忘，成为增进世界各国人民友谊、促进人类进步、推动创新和共同发展的盛会。

乌拉圭是独具特色的南美洲国家，享有“南美瑞士”的美誉。她拥有舒适宜人的天然海滩、生机盎然的草原风光、古朴沧桑的殖民风格建筑，还有风味独特的烤肉、热情优美的坎东贝舞、回味清新的马黛茶，这一切都令人心生向往。今天，呈现在我们面前的乌拉圭馆风格别致，如同置身于一个环绕在迷人景色之中的城市中心广场，向我们生动诠释了“品质生活、城市生活”的主题，让我们充分感受到乌拉圭现代、宁静的都市生活与绿色、天然、清新的自然景观的完美结合，让我们亲身体验到一个多姿多彩的乌拉圭，深切感受到乌拉圭人民致力于推动经济和社会可持续发展、提高全体人民生活水平的

乌拉圭馆（C片区，中南美洲联合馆）

中国国土资源部副部长 贠小苏

乌拉圭副总统兼国会主席、参议长 达尼洛·阿斯托里

精神风貌。

中乌两国虽然相距遥远，但两国人民保持着传统友谊。我们高兴地看到，建交22年来，在双方共同努力下，两国关系取得长足发展。双方保持高层交往，政治互信加深。双边经贸、金融、文教等各领域的交流合作富有成果，合作领域不断拓宽。在国际和地区事务中，双方保持良好沟通和配合。中乌已成为真诚信赖的好朋友、互利合作的好伙伴。我相信，上海世博会必将为两国和两国人民进一步加深了解、深化友谊、扩大合作提供新的契机。

最后，我衷心祝愿乌拉圭国家馆日活动取得圆满成功，相信乌拉圭国家馆将给每一位到访者留下深刻印象。

在馆日仪式上的外方代表致辞

我很高兴也很荣幸率领乌拉圭代表团来到中华人民共和国参加2010年上海世博会乌拉圭国家馆日活动。

首先，我要以全体代表团的名义感谢贵国政府和人民的热情好客，使我们有了一种宾至如归的感觉。今天恰逢乌拉圭宣布独立185周年，在这样一个日子里参加上海世博会对我们有特殊的意义。

我们相信，今天举行的乌拉圭国家馆日活动必将成为中乌两国深化双边关系过程中的崭新一步。自1988年两国建立外交关系以来，双方之间友好合作的纽带不断得到加强。

中国的蓬勃发展不仅对世界经济、社会以及政治平衡起到至关重要的作用，同时对也乌拉圭具有实际的战略意义。我们国家的国土面积不大，但却具有很大的潜力，通过国际干预使其获得实现繁荣的基本条件，同时有机会均衡改善我国人民的生活条件。

中国是乌拉圭极其重要的出口市场，预期未来乌拉圭对华出口将会不断增长。2009年，乌拉圭对华出口额达到6.12亿美元，使中国成为乌拉圭的第二大出口目的地。2010年上半年，对华出口额达到5.45亿美元，已接近2009年全年的出口额，这预示着今年贸易流量将会有显著增长。

另一方面，乌拉圭为中国提供了一个良好的投资环境，中国对乌拉圭的投资额正在不断增长。我们欢迎中国企业到乌拉圭去，乌拉圭制定了具有连续性的明确的投资规则，以及一项很有吸引力的投资鼓励制度。

当然，两国政府和人民之间的友谊也在其他领域得到加强，比如在文化发展方面加强团结并创造精神财富。因此，当中国遭受自然灾害的时候，乌拉圭人民向中国政府和人民伸出了援助之手。中国也利用自己的语言知识以及历史悠久的文化传统长期致力于乌拉圭青年的人力资源培训以及职业培训。

亲爱的朋友们，正如大家所看到的那样，我们有理由相信与中华人民共和国的友好合作关系是非常牢固的。当我们看到两国人民正在走向更美好生活的时候，我们也感到非常激动。或许来参加上海世博会使我们更加坚定了继续沿着这条路走下去的信心。

交流活动

中方代表与乌拉圭东岸共和国国家馆日代表团主要成员合影

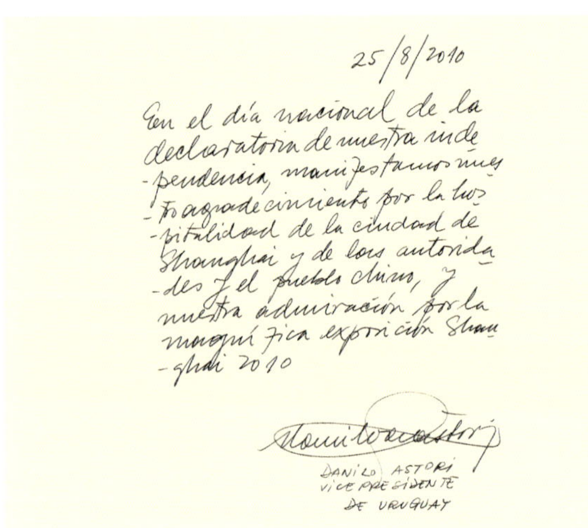

25/8/2010

En el día nacional de la
declaratoria de nuestra inde
-pendencia, manifestamos nues
-tro agradecimiento por la hos
-pitalidad de la ciudad de
Shanghai y de las autorida
-des y el pueblo chino, y
nuestra admiración por la
magnífica exposición Shan
-ghai 2010

DANILO ASTORI
VICE PRESIDENTE
DE URUGUAY

值此乌拉圭国家馆日及独立纪念日之际，我谨对中国政府和人民及上海市给予的热情接待表示衷心感谢，并就精彩的2010年上海世博会向中方表达钦佩之意。

达尼洛·阿斯托里

乌拉圭馆日的文艺表演（一）

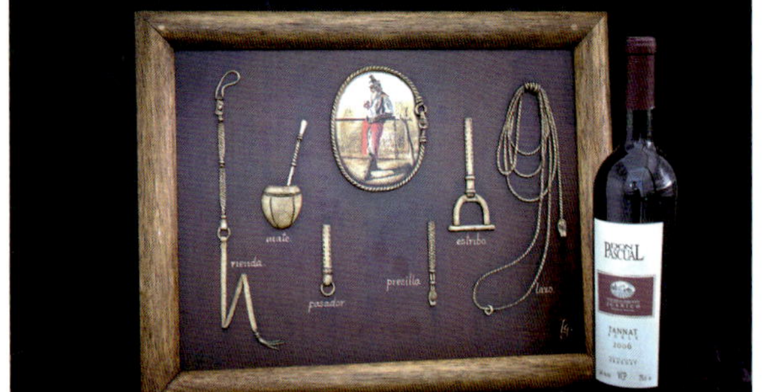

乌拉圭馆日代表团所赠的纪念相框及红酒

乌拉圭馆日的文艺表演（二）

纳米比亚共和国国家馆日

2010年8月26日

纳米比亚馆（C片区，非洲联合馆）

在馆日仪式上的中方代表致辞

今天，我们相聚在黄浦江畔，相会在美丽的世博园区，共同参加纳米比亚国家馆日活动。我谨代表中国政府和人民，向出席活动的各位来宾表示热烈欢迎，对包括纳米比亚在内的国际社会给予中国2010年上海世博会的支持表示衷心感谢，并预祝本次活动圆满成功。

中纳传统友谊深厚。今年是两国建交20周年。20年来，两国建立起了高度的政治互信，在经贸、教育、卫生、文化等领域和国际事务中进行了卓有成效的合作，成为休戚与共的“全天候”朋友。

上海世博会为中纳友好合作提供了一次新的宝贵机遇。以“体验生活多样性”为主题的纳米比亚馆，展示了纳米比亚传统生活方式、城市社区以及在自然和野生动物保护等方面的成就。世博会期间，来自世界各地的游客在此领略到纳米比亚美丽的自然风光和丰富多彩的文化，分享纳米比亚带来的欢乐。

我们相信，本届世博会将进一步扩大中纳人文交流，增进两国人民友谊，巩固两国政治互信，推动双方友好合作关系迈上新台阶！

最后，再次预祝本次活动圆满成功！

祝根哥布部长及各位来宾身体健康！

在馆日仪式上的外方代表致辞

我非常高兴能够来到中国，来到上海这座历史名城出席上海世博会纳米比亚国家馆日的庆祝活动。

首先，我要转达纳米比亚共和国总统希菲凯普涅·波汉巴阁下对中华人民共和国主席胡锦涛阁下的亲切问候，

上海世博会中国政府副总代表 王永秋

纳米比亚贸易与工业部长 哈格·根哥布

以及对这一全球盛会成功举办的热烈祝贺，此次世博会的参展方数量和参观者人数都将创造世博会的历史。

我也非常高兴纳米比亚能在世博会期间庆祝自己的国家馆日。同时，今天也是纳米比亚的英雄日，这又为今天的庆祝活动增添了特殊的意义。

今天，我们在这里庆祝纳米比亚国家馆日，而我们的总统正在位于纳米比亚南部的吕德里茨，重新安葬在20世纪初期德国占领我国期间惨遭杀害的纳米比亚人的遗骨，以纪念英雄日。

大家都知道，8月26日对纳米比亚及其人民是具有重要历史意义的日子。它被命名为英雄日，因为正是在1966年的这一天，纳米比亚人组党（SWAPO）领导的纳米比亚人民解放军（PLAN）打响了武装解放斗争的第一枪，开始了国家争取独立，反对种族隔离、殖民主义和外国侵略的民族解放运动。

因此，在今天庆祝世博会纳米比亚国家馆日是再合适不过的了。我们要感谢世博会的主办方同意纳米比亚选择今天作为上海世博会国家馆日。

另外，我还要特别强调纳米比亚与中国之间在相互尊重的基础上建立起来的长期友谊和精诚团结。中国政府和人民在我国争取解放斗争过程中给予了人组党（SWAPO）政治、物质和精神上的支持。自我国1990年3月21日获得独立以来，中国一直对我国的发展给予慷慨的援助。今年早些时候，双方在温得和克共同庆祝了两国建立外交关系20周年。我们非常高兴能和中国一起分享城市发展机遇，共同应对挑战。

当今，世界上的主要城市无论是对全球经济还是创新的贡献都是巨大的。令中国人引以为豪的是中国的主要城市已跻身于世界先进城市的行列。

城市将成为这个时代的主导力量。根据上海世博会的精神，我想我可以说城市是21世纪的英雄。城市发展的实例比比皆是：温得和克、拉各斯、开罗、约翰内斯堡。而更为重要的是这些城市未来将扮演的角色。

我还是来谈谈我熟悉的纳米比亚。20年前，温得和克的人口只有147000人，仅占全国总人口的9%。今天，纳米比亚20%的人口居住在温得和克。再加上我国其他的城市，几乎一半纳米比亚人都居住在城市或是城镇中。

本次世博会的主题“城市，让生活更美好”既有现实意义又积极向上。曾几何时，城市规划者还在讨论着城市扩张式的发展。而现在我们关注的是为更好的生活创造更好的城市。纳米比亚深刻认识到了这一趋势。我们城市的发展方式绝非杂乱无序。我们致力于打造绿色、清洁、安全的城市，以保障人们舒适的生活与高效的工作。简而言之，我们以我们的城市为荣。

同时，我们也非常关注农村地区的环境，以及纳米比亚标志性的“广袤大地”。

纳米比亚馆的主题是“体验生活多样性”，展示了我国城市化发展、丰富的农村环境和“广袤大地”。

纳米比亚在很多方面都是独一无二的。我们有美丽的城市、精心维护的基础设施、原生态的“广袤大地”，而且保护环境也被纳入到我们庄严的宪法中。

我们在上海世博会上展示了我们的城市，我们丰富多样的文化遗产和我们的自然资源。我们希望这些展示能激起大家对我们国家的兴趣。

无论你是来投资，来进行合作开发，或者仅仅是旅游，我们都将敞开怀抱欢迎你来到我们的城市，来到我们的野生动物园，来到我们的大自然。

最后，我要特别感谢中华人民共和国政府和人民对

包括纳米比亚在内的发展中国家所给予的帮助，使我们能参与此次世博盛会。尤其中国自身还是一个发展中国家，但即使在近来面对多次地震、洪水等自然灾害的情况下，中国依然无私地与参展的发展中国家站在一起，更使这种帮助弥足珍贵。同时我们也向最近一次坠机事故中的罹难者表示最沉痛的悼念。

感谢中国政府和人民的热情款待和友好情谊。

希望大家能喜欢我们的纳米比亚馆。

交流活动

中方代表与纳米比亚共和国国家馆日代表团主要成员合影

We are indeed honored to be here home away from home with our Chinese dear friends to enjoy this very historic Expo2010.

Congratulations for successfully hosting this World event.

Minister of Trade Namibia.

很荣幸来到这里，与亲爱的中国朋友一道享受2010世博会这一历史盛举。

祝贺成功举办此次世界盛会。

哈格·根哥布

纳米比亚馆日代表团所赠的工艺品

纳米比亚馆日的文艺表演

塞浦路斯共和国国家馆日

2010年8月28日

在馆日仪式上的中方代表致辞

今天，我们相聚在黄浦江畔，相会在美丽的世博园区，共同参加塞浦路斯国家馆日活动。我谨代表中国政府和人民，向出席活动的各位来宾表示热烈欢迎，对包括塞浦路斯在内的各参展方给予中国2010年上海世博会的支持表示衷心感谢，并预祝本次活动圆满成功。

中塞建交以来，双边关系发展良好，政治、经贸、人文等领域的交流与合作取得积极成果，两国在国际事务中保持良好的协调与合作。

上海世博会为中塞的友好合作提供了一次新的宝贵机遇。以“互动之城”为主题的塞浦路斯馆，是塞浦路斯城市的缩影，浪漫地展示了塞浦路斯自然生态与人文创造、历史与未来、传统与科技以及各国人民之间的密切互动。世博会期间，来自世界各地的游客在此领略到了塞浦路斯独特美丽的自然风光、悠久灿烂的历史文明，分享到塞浦路斯带来的欢乐。

我们相信，本届世博会将进一步扩大中塞人文交流，增进两国人民友谊，巩固两国政治互信，推动中塞友好合作关系迈上新台阶！

最后，再次预祝本次活动圆满成功！祝西里基欧蒂斯部长及各位来宾身体健康！

在馆日仪式上的外方代表致辞

在今天这个特殊的日子里，作为塞浦路斯代表团的团长，我谨代表我的祖国，欢迎大家来到我们专为上海世界博览会而修建的展馆“维纳斯之家”。对于塞浦路斯共和国而言，2010年是里程碑式的一年，适逢塞浦

塞浦路斯馆（C片区，欧洲联合馆）

中国国家税务总局副局长 王力

塞浦路斯内政部长 内纽克里斯·西里基欧蒂斯

路斯共和国建国 50 周年。因此，塞浦路斯展馆及塞浦路斯参加的所有世博会活动，都是为了庆祝这一盛典。

同时，请允许我感谢主办国对塞浦路斯代表团的热情款待，这反映了两国人民之间的互相尊重和团结。中国人民正在经历一段困难时期，近一段时间来，中国部分地区受到灾难性洪水的侵害，我在此转达塞浦路斯人民的同情和支持。正如大概两年前发生在中国四川省的破坏性大地震一样，现在，塞浦路斯人民同样愿意在能力范围内向受灾民众提供人道主义援助。

中国人民和塞浦路斯人民之间互相尊重和团结，构筑了两国人民之间传统友谊的稳固基石，互相尊重及深入的真诚合作，是中国和塞浦路斯两国关系的特点。自从 1960 年塞浦路斯共和国独立之后，尤其是在针对本国的民族问题方面，我们把中国作为一个稳定、持续的政治合作伙伴。

由于我们承诺尊重国际法，中国和塞浦路斯在双边关系和各种国际事务上一直保持良好的互信和合作关系。考虑到中国作为联合国安理会常任理事国的立场，及塞浦路斯作为欧盟成员国的立场，我们愿意进一步加强和丰富两国之间多领域的合作，谋求双方互惠互利。

当然，自从 1971 年两国正式建立外交关系，我们之间的合作不仅仅局限于严肃的政治领域，在经济领域的合作也得到发展并还在不断发展过程中。值得一提的是，每年塞浦路斯从中国进口总值为 3.104 亿欧元的产品，每年大约 4000 名塞浦路斯游客来中国旅游。中国占塞浦路斯出口总额的 2.3%，是塞浦路斯出口产品第九大市场。两国在教育方面也有密切的合作，两国都有奖学金计划，很多中国学生愿意去塞浦路斯学习深造。如果考虑到 2004 年塞浦路斯正式加入欧盟之后，成为欧洲通往东方的大门等多种优势，上述已取得的出色成绩可以得到更进一步显著发展。另外一个值得关注的重要元素就是塞浦路斯的经济，尽管面临前所未有的全球经济危机，金融分析师发现，塞浦路斯经济一直保持安全、稳定和低风险，并且呈正增长率。同时，2008 年塞浦路斯正式加入欧洲货币联盟，拥有欧盟所有国家中最低的企业所得税率，还与大概 41 个国家签订了避免双重征税协定。

塞浦路斯参加上海世博会，使我感到非常自豪，无论是世博会的规模，还是世博会的组织，都远远超过了我的所有预期，事实上，这是有史以来最令人印象深刻的展览会。

世博会的主题不仅在学术层面具有重大意义，在其他层面上也是如此，它将城市和城市人生活质量联系到了一起。尽管各城市规模、经济情况和生活习惯不同，但世界各地的许多城市如今都面临相同的挑战。在本届世博会上，提出了这个问题并提供了推荐的解决方案，极大地有助于实现可持续发展及改善世界各地人民的生活质量。

此外，世博会总结了人类历史和文化，为实现人类能够拥有更加美好的明天这一远景目标，提供了一个机会，来尝试应对未来的挑战。在世博园内，我们有机会能够了解世界各地的文化和成就。

在这种情况下，塞浦路斯为大家呈现了“维纳斯之家”展馆。展馆采用类似民居的建筑风格，引领游客了解塞浦路斯悠久的历史与文化。其文化像中国文化一样历史悠久。两国在世界文化的东方，迈着相同的步伐，发现了铜并最早制造了货币，还为发展贸易而探索大海。塞浦路斯的战略位置，处在多种文化的十字路口，受不

同文化的影响，成就了其多元文化的特色。就如同中国，多民族撰写了不同的文化特色。

展馆还展示了岛上居民的日常生活，其城市化步伐和自然风光。通过虚拟画面，中国游客可以切身体会真实的塞浦路斯并欣赏岛屿的美丽。游客还可以通过宣传片和利用虚拟手段展现出来的未来塞浦路斯将要建造的建筑物体，来了解塞浦路斯。最后，在大型“门廊”边欣赏“海景”，将为您呈现一场颜色的盛宴，及反映塞浦路斯文化的图片。

塞浦路斯共和国建国50年来，从一个纯粹农业型经济的殖民地，到如今已经发展出多种类型的经济发展模式。当地居民的生活质量得到全世界的认可，经济增长率稳步上升，每年吸引着数百万游客。塞浦路斯的城市已发展成为现代化的欧洲城市，能够提供良好的就业、文化和娱乐条件。其所提供的服务是最高档次的服务，教育在发展中发挥关键性的作用。

10月1日是塞浦路斯的独立日，也是中华人民共和国的国庆日，塞浦路斯共和国将庆祝其独立及50年来所取得的经济奇迹，并展望塞浦路斯的未来。

最后，请允许我向世博会组委会在整个展馆建设过程中对我们提供的帮助和理解表示由衷的感谢，并向本届令人印象深刻的世博会和其出色的组织表示祝贺。希望大家度过一段美好“维纳斯之家”的旅程，我相信大家会感受到我们塞浦路斯人的热情好客。

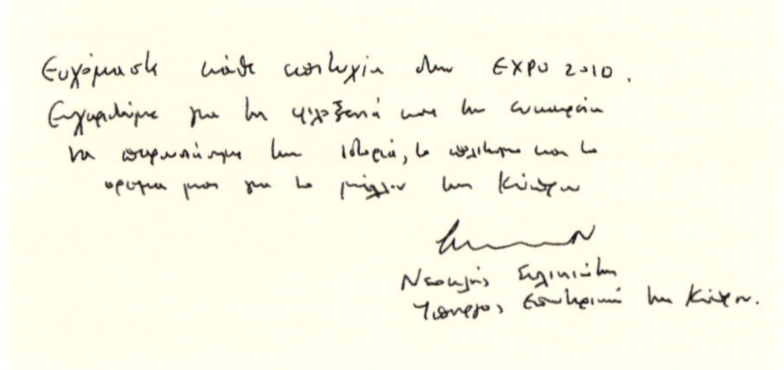

内纽克里斯·西里基欧蒂斯的题词

交流活动

中方代表与塞浦路斯共和国国家馆日代表团主要成员合影

塞浦路斯馆日代表团所赠的工艺品

塞浦路斯馆日的文艺表演

公共交通国际联会荣誉日

2010 年 8 月 28 日

公共交通国际联会馆（B 片区，国际组织联合馆）

在荣誉日仪式上的中方代表致辞

今天，我们相聚在黄浦江畔，相会在美丽的世博园区，共同参加公共交通国际联会荣誉日活动。我谨代表中国政府和人民，向出席活动的各位来宾表示热烈欢迎，对包括公共交通国际联会在内的各参展方给予中国 2010 年上海世博会的支持表示衷心感谢，并预祝本次活动圆满成功。

以“城市的未来在于公共交通体系的完善”为主题的公共交通国际联会展馆，通过图片、影片、模型、游戏等生动方式，展示了 125 年公共交通历史、世界优秀公交城市的蓝图、来自全球各地的创新公共交通元素，以及对未来城市的展望，这给世界各地的游客对公共交通推动城市的美好环境留下了深刻印象。

我们相信，公共交通国际联会展馆，将成为本届世博会的亮点之一，进一步增进中国人民和世界人民对公共交通国际联会的了解。

最后，衷心祝愿公共交通国际联会展示成功，祝愿本次活动顺利，祝愿汉斯秘书长和诸位来宾身体健康！

在荣誉日仪式上的外方代表致辞

公共交通国际联会（UITP）非常荣幸能够参加中国 2010 年上海世博会，并建立自己的展馆。此次世博会搭建了一个良好的平台，使得公共交通国际联会能够向全世界推动公共交通的使用。我们相信“公共交通”是“未来的解决之道”！

此次世博会的主题“城市，让生活更美好”彰显了城市发展的重要性，因为现在世界上超过一半的人口居

上海世博会中国政府副总代表 赵亚力

公共交通国际联会秘书长 汉斯·雷特

住在城市当中。“城市，让生活更美好”这一主题表达了所有人类希望在未来城市环境中过上更加美好生活的共同愿望。随着城市人口数量的不断增加，要实现这个目标，就必须依靠公共交通。

自上世纪50年代以来，交通的能源需求已增长了五倍，而且全球的能源总体需求也在不断上升。只要世界上交通的主要能源来源是化石燃料，那么全球变暖和能源安全这两大社会问题就将一直是一对矛盾。我们每个人都有责任来解决这个问题。

公共交通本身就可以解决当今世界所面临的很多问题，例如：能效，污染和气候变化。公共交通国际联会已经认识到了这一点，通过不断的思考与努力，我们启动了名为“公共交通：智能绿色的解决方案”的宏大战略，其目标是要在2025年将公共交通在全球的使用率翻一番。

因此，公共交通国际联会积极参与上海世博会，并通过自己的展馆向人们展示公共交通无愧为我们城市和我们未来的真正解决之道。通过184天展示，我们让参观者认识到了公共交通在提供安全、可持续、高成本效益的移动解决方案方面的重要性。如果没有公共交通，现在的市民和城市将会面临更大的出行挑战。

高效的公共交通能帮助城市解决很多重大问题，例如：

- 公共交通给经济带来了活力；
- 公共交通让地球更自由地呼吸；
- 公共交通缓解了交通拥堵；
- 公共交通为每个人带来四通八达的出行便利。

为实现目标，我们必须关注以下五个领域：

- 提供便捷的服务，让公共交通成为市民出行的首选；
- 制订高瞻远瞩、统筹规划的城市政策；
- 创建全新的商业文化；
- 保证稳定的筹资和投资机制；
- 积极使用奖惩并重的战略。

我相信上海世博会的影响将是持久的。公共交通国际联会参与世博会只是我们在全球推动使用公共交通的一个开始，或是我们系列行动的一部分。我们呼吁世界上所有的交通部门和市民能和我们一起推广公共交通，并由此实现我们“城市，让生活更美好”的梦想。

在这里，我要特别感谢上海世博会事务协调局，正是贵局大力热情的支持确保了我们参展的成功。上海世博会将是人类历史上最成功的世博会之一，而且毫无疑问，它是到目前为止规模最大、最令人难忘的一次世博会！

同时，我也代表公共交通国际联会，向上海市交通运输和港口管理局自我会参展准备阶段以来给予我们的一贯大力协助表示最诚挚的感谢。如果没有贵局这样一个真正的伙伴的帮助，我们的展示不会取得如此巨大的成功。

最后，还要特别感谢公共交通国际联会在亚太地区和全球的成员。你们抓住2010年世博会的契机，与公共交通国际联会一起共同推动公共交通的使用。从政府主管部门到交通行业的运营者，从媒体到供应商，我们都在为一个共同的梦想而努力，那就是到2025年将公共交通的使用率翻一番，因为我们相信公共交通是我们未来的解决之道！

交流活动

中方代表与公共交通国际联会荣誉日代表团主要成员合影

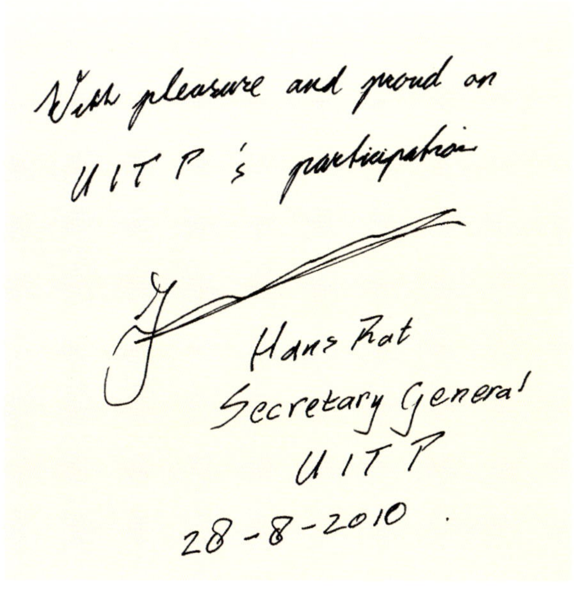

With pleasure and proud on UITP's participation

Hans Rat
Secretary General
UITP
28-8-2010.

对公共交通国际联会的参展感到荣幸和骄傲。

汉斯·雷特

公共交通国际联会荣誉日代表团所赠的工艺品

密克罗尼西亚联邦国家馆日

2010年8月29日

在馆日仪式上的中方代表致辞

很高兴代表中国政府和上海世博会组委会出席密克罗尼西亚联邦国家馆日活动。借此机会，我谨对密联邦举行上海世博会国家馆日表示诚挚祝贺，对阿利克副总统阁下和夫人以及各位嘉宾的到来表示热烈欢迎！

世博会是人类文明成果荟萃的伟大盛会。每一届世博会都成为见证人类文明发展的驿站，在全球范围内推动广泛的国际交流，为各国开阔视野、展示自我提供机会和舞台。世博会给国际社会留下了追求进步、崇尚创新、坚持开放、倡导和谐的宝贵精神财富，为推动人类文明进步发挥了重要而独特的作用。

上海世博会为各国提供了一个开放的展示舞台。“城市，让生活更美好”的主题深刻描绘了人类社会未来城市生活的梦想——创新而又重视生态友好，进步而又不乏可持续性、和谐性之美。在所有参与者的共同努力下，上海世博会一定会成功、精彩、难忘，为人类可持续发展留下丰厚的精神财富，书写人类各种文明交流互鉴的新篇章。

密克罗尼西亚联邦自然景观美丽神奇，人文环境独具特色，人民热情好客。密联邦此次积极参加上海世博会，充分体现了对中方举办上海世博会的支持。密联邦馆展示了岛国独特的自然风貌、深厚的文化底蕴以及人与自然和谐共存的可持续生活方式。参观者能欣赏到密联邦的传统歌舞，亲身感受当地的风土人情和密联邦人民的质朴与热忱。我相信，上海世博会将为世界人民深入了解密联邦，增进密联邦人民同世界各国人民的交流与互动提供新的平台，为推动密联邦经贸、旅游等相关领域的发展创造新的机遇。

密克罗尼西亚馆（B片区，太平洋联合馆）

中国上海市副市长 屠光绍

密克罗尼西亚副总统 阿利克·阿利克

密联邦是中国在太平洋岛国地区的好朋友、好伙伴。中密自 1989 年建交以来，两国关系取得长足发展。双方高层交往频繁，相互了解与信任日益加深，在经贸、农业、渔业、文化、教育等广泛领域的交流合作不断扩大，在国际和地区问题上也保持了很好的沟通与协调。中方愿与密联邦朋友们携手同行，以上海世博会为新的契机，深化友谊，扩大交流，拓展合作，推动中密关系迈上新的台阶，更好地造福两国人民。

祝愿密联邦馆日活动和密联邦参加此次上海世博会取得圆满成功，祝愿阿利克副总统阁下和夫人以及其他贵宾在上海逗留愉快。

在馆日仪式上的外方代表致辞

今天，能够来到上海见证这一特别的时刻，我感到荣幸备至。我相信，我的夫人以及所有密克罗尼西亚代表团的成员也有同感。此刻，从我国两个州遴选的演职人员和密克罗尼西亚馆的日常工作人员也感到无比自豪。今天，代表密克罗尼西亚联邦及其人民出席这一举世瞩目的场合，我深感荣幸。也希望借此机会，向中国政府和人民致以诚挚的谢意，尤其感谢今天随团而来的工作人员，感谢你们周到、精心的安排。

密克罗尼西亚参加上海世博会得到了中华人民共和国政府的大力支持。值此之际，我也希望向中国政府和中国人民转达密克罗尼西亚政府诚挚的谢意，感谢你们的鼎力合作，让我们得以参与第 41 届世博会。早在今年 5 月，我国总统伊曼纽尔·莫里曾亲自出席本届世博会开幕式。

今天是世博会密克罗尼西亚馆日。此时此刻，能够和我的同胞、世博的官员、友人、同事以及所有莅临今天馆日活动的嘉宾一同分享这激动人心的时刻，我感到由衷的欣慰。今年，参加上海世博会是我国的重大任务，我想借此机会向世博的官员、参展者和参观者致以诚挚的问候。我真诚的邀请你们来太平洋联合馆参观。

我们也真诚地希望在世博会期间，世界友人能够参观我们的展馆，感受充满异国风情的展品，和我们岛国的人民亲切地交流，欣赏我们精彩纷呈的文艺节目。我们首场文艺节目将稍后上演。借助这些展示活动，我们期待参观者能够领略我们岛国特有的文化，感受我们当地祥和、丰富、渴望自由的社会氛围；也希望借此机会和多方人士开展合作。

我本人高度认同本届世博会的主题。“城市，让生活更美好”，反映了人类共同向往更好的城市生活和优美的城市环境的愿望。上海在发展的同时兼顾自然环境，以人为本的社会氛围和便利的公共设施让人感到在中国范围内，上海这座城市最能够契合本届世博会的主题。此外，本届世博会庞大的展览规模，频繁的活动和论坛，将“城市，让生活更美好”这一主旨传达给参观者，从

预计7000万人次的参观人数而言，这将是有史以来最盛大的一届世博会。

如今，随着远道迁移而来的岛民不断增加，从农村地区迁入中心地带的人口持续攀升，密克罗尼西亚联邦也呈现出都市生活的面貌。因此，我深刻认同本届世博会的主题。借助世博会这一平台，我们不仅可以展现自我，也可以了解他国的文化和风土人情，学习借鉴如何借助城市这一环境塑造美好生活。

只有通过互相学习，我们方可塑造美好的生活，让每个人都拥有平静、和谐的一方净土。本届世博会的会徽图案是三个人手拉手在一起，这象征了彼此的友谊、尊重和扶持。这枚会徽也敦促人们要相互学习、借鉴，从而为大家创造美好的生活。

我也想借此机会祝贺中国政府和中国人民成功举办本届世博会，这的确是继北京奥运会之后的又一大国际盛事。本届世博会，得到了众多国家和国际组织的参与和支持，参观人数预计突破7000万人次，是历史上规模最大、影响最广泛的国际盛会。更让人感到赞叹的是，本届世博会是首届在发展中国家举办的世博会，这一点对中国具有深远的意义。

我国仅仅是一个岛国，能够有幸参与本届世博会，实属难得，我们感激之至。参与上海世博会，是出于我国的强烈意愿，也是出于密克罗尼西亚和中华人民共和国之间的友好关系。

密中两国建交20年以来，双方本着尊重彼此核心利益的原则，尤其是一个中国的原则，保持着密切的关系，双方因此受益匪浅。随着密中两国的关系不断发展，双方已经在彼此的国家设立使馆，高层互访等人员交流日益频繁，文化交流活跃。在教育学术交流的推动下，目前，密克罗尼西亚联邦的30名学生正在中国大陆各地的学校求学、深造。

今天，我发觉，从我国的参展规模和参与力度看，上海世博会是我国参与最深入、投入最多的一届世博会。这也符合密中两国加强人员交流，加强私营企业等各个领域合作，互利共赢的宗旨。在此基础上，我国领导人出席了开幕式并参加今天的国家馆日活动，我们也期待和中国政府一起分享闭幕式，为184天的世博会画上完美的句号。

最后，我想衷心地感谢上海人民的热情款待和周到安排，让我们能够在美丽的上海亲身感受“城市，让生活更美好”。也感谢所有协助我国政府的人员，他们是在北京的外交官员、负责展馆的密克罗尼西亚学生，以及从我国本土远道而来的随团代表。在上海，我感到家一般的温馨。我相信，本届世博会对于中华人民共和国政府在内的各方都将富有建树、成果显著。

On behalf of the Delegation from the Federated States of Micronesia to the World Expo to Shanghai, I would like to extend our sincere appreciation to the people and government of the People's Republic of China our utmost appreciation for the warm welcome extended to my delegation. We wish you the best and a successful Exposition.

Alik L. Alik
Vice President

我谨代表来参加上海世博会的密克罗尼西亚联邦代表团，对中华人民共和国政府及人民给予代表团的热情欢迎表示最衷心的感谢。祝愿贵国举办一次最好的和成功的博览会。

阿利克·阿利克

密克罗尼西亚馆日代表团所赠的工艺品

交流活动

中方代表与密克罗尼西亚联邦国家馆日代表团主要成员合影

密克罗尼西亚馆日的文艺表演（一）

密克罗尼西亚馆日的文艺表演（二）

西班牙王国
国家馆日

2010 年 8 月 30 日

在馆日仪式上的中方代表致辞

我代表中国政府和上海世博会组委会，对西班牙举行上海世博会国家馆日表示诚挚祝贺，对萨帕特罗首相出席今天的馆日活动表示热烈欢迎。同时，我也想借此机会对西班牙荣获 2010 年南非世界杯冠军表示热烈祝贺。

世博会是人类文明成果荟萃的伟大盛会，为世界各国展示自我、相互交流提供了机会和舞台。斗转星移，世博会已经走过了 159 个春秋，为人类社会留下了追求进步、崇尚创新、开放共荣、倡导和谐的宝贵精神财富，为推动人类文明进步发挥了重要而独特的作用。

今年，世博会第一次在发展中国家中国举办，以“城市，让生活更美好”为主题，充分展示城市文明成果、交流城市发展经验、传播先进城市理念。我相信，上海世博会将书写中国人民同各国人民交流互鉴的新篇章，也将书写人类各种文明交流互鉴的新篇章。

西班牙与世博素有渊源，1992 年和 2008 年两届世博会均给世人留下了美好回忆。在上海世博会上，西班牙国家馆是面积最大的自建馆之一，由 8524 块藤条板巧妙搭建成一个巨大的篮子，又从不同角度呈现出汉字“日”、“月”、“友”的形状。参观者在这座集古朴自然、现代创新和中国元素于一身的建筑中，穿越时空，了解西班牙城市发展的历史，领略浪漫的西班牙风情。最受欢迎的是象征未来的机器娃娃米格林，他已成为上海世博会的“明星宝宝”。

中西两国交往源远流长，早在 16 世纪就共同开辟了“海上丝绸之路”。当前，两国友好交流与合作已扩展到各个领域。双方各级别交往密切，经贸、财政、文化、教育、科技等各领域合作蓬勃发展。西班牙是欧盟重要

西班牙馆（C 片区，自建馆）

中共中央政治局委员、上海市委书记、上海世博会组委会第一副主任委员 俞正声

西班牙首相 何赛路易斯·罗德里格斯·萨帕特罗

经济体，也是中国在欧盟内的主要贸易伙伴之一。我们高度重视发展同西班牙的关系，愿与西班牙一道，挖掘合作潜力，扩大双方在环保、电讯、清洁能源等领域的合作，推动经济、社会实现可持续发展，造福两国和两国人民。让我们以上海世博会为契机，在城市变迁的掠影中，与“小米宝宝”一同期待中西关系的美好未来！

最后，祝愿西班牙馆日活动取得圆满成功。

在馆日仪式上的外方代表致辞

今天，我能够参加在上海世博会西班牙馆日的活动，感到非常的荣幸。这次世博盛会给了西班牙一个非常好的机会，向中国人民展示我们国家丰富的文化、丰富的语言资源、我们优秀的企业家，以及我们在世界国际舞台上创新的能力。另外，我也想在这里重申这次世博盛会是西班牙政府促进和中国政府之间友好关系非常重要的一个机会。中国是西班牙政府非常重要的一个合作伙伴。这次上海世博会是继2008年北京奥运会之后，中国政府再一次举办的世界性的盛会，这再一次证明了中国政府非常完美的组织能力以及积极参与世界型活动的积极态度。

请允许我再一次向中国政府表示，这次世博盛会的举办非常完美。西班牙政府非常重视与中国政府发展战略性的合作伙伴关系。2005年胡锦涛主席访问西班牙的时候，两国政府曾经确定了西班牙和中国之间的战略合作伙伴关系。温家宝总理访问西班牙的时候再次重申，西班牙是中国政府在欧洲最好的朋友。朋友之间的表示是用事实来进行的，所以这次西班牙政府用最大的努力来参与这次世博盛会并且向世界展示西班牙的现代面貌。在这次西班牙政府参与上海世博会是继2007年西班牙中国年之后，西班牙政府的另一个促进中国和西班牙之间的关系的一次重要的举措。希望这次能够达到我们西班牙政府的目的。西班牙政府也非常希望这次西班牙馆除了是世博会上最大的展馆之一，还可以成为最受欢迎的展馆之一。我们现在高兴地宣布每25天我们就能迎来100万观众。我们非常希望能够向这个伟大的国家的人民展示西班牙的现代面貌。

西班牙不仅有丰富的文化、历史，还有现代的科学技术创新。这都是我们非常希望向中国人民展示的。在这六个月的世博盛会中，西班牙馆还不间断的举办多种多样的文化活动，我们争取能够最大利用这次极好的机会向中国人民展示西班牙的各个方面。我们还希望在这六个月期间能够展示西班牙的企业、西班牙的名牌、西班牙的语言，还有科技、艺术等等。我特别要感谢的三位电影导演，里卡斯·露娜，瓦希勒·马蒂还有伊萨维·寇。他们为西班牙展馆作出了非常卓越的贡献。另外我还要特别感谢西班牙馆美食餐厅的负责人贝德拉·拉鲁贝先生，他把我们西班牙的美食带到了中国人民的面前，尤其是西班牙非常有名的卡帕斯。

上海世博会还有各个西班牙的自治大区积极地参

与。他们带来了非常丰富的活动。在国际展览局以及上海世博会主办方的框架下，西班牙的三个城市，马德里、巴塞罗那、毕尔巴鄂也参加了世博盛会的最佳实践区的案例展示，通过他们的方式把符合世博会主题的“城市，让生活更加美好”的案例展示给中国的观众。我想借此机会特别向这三个城市的代表以及这三个城市的市政府表示感谢。我想重申，西班牙政府会通过西班牙国家国际展览署向这三个城市参加上海世博会提供所有的帮助和支持。感谢西班牙国家国际展览署的主席何塞·噢哈尼噢·萨拉里斯先生，他为我们带来非常高质量非常漂亮的展馆。另外，我还要感谢这个展馆的设计师事务所米拉里斯，这个设计师事务所为中国观众特别设计了符合西班牙既传统又现代的展馆。另外我也要特别感谢这个展馆的设计师撒格列博未女士，她为我们中国观众带来了一个非常好的设计。另外，我也要特别感谢西班牙政府的总代表马迪利亚泰勒女士。作为西班牙政府的代表，在世博会期间她为西班牙的展馆作出了非常多的努力。我希望她和她的团队在剩下的三个月时间继续在西班牙馆工作。我也要感谢西班牙馆的馆长以及西班牙馆里所有的工作人员，感谢他们作为西班牙政府的代表在世博盛会中工作。

上海世博会，无论是它的面积、参与的国家和组织的数量以及参观的人数都是历史上空前、最盛大的一次盛会。这也是各个政府间交流的非常好的一个机会。毫无疑问，这次世博盛会向世界展示了现代的中国，为全世界的人民带来关于生活质量的讨论以及解决的办法。我们能够共同看到将来宜居生活的未来是什么样子。这次西班牙政府特意从西班牙带来了世界杯的大力神杯，现在正在西班牙馆的“小米宝宝”旁边进行展示。再次祝贺中国！再次祝贺上海！我们之间永远是最好的朋友！

Para China, en esta grandiosa Exposición Universal con la amistad y el reconocimiento de España.

J. Zapatero

Agosto 2010.

此次世博盛会有助于巩固中国与西班牙两国之间的友谊，并加深中国对西班牙的了解。

何赛路易斯·罗德里格斯·萨帕特罗

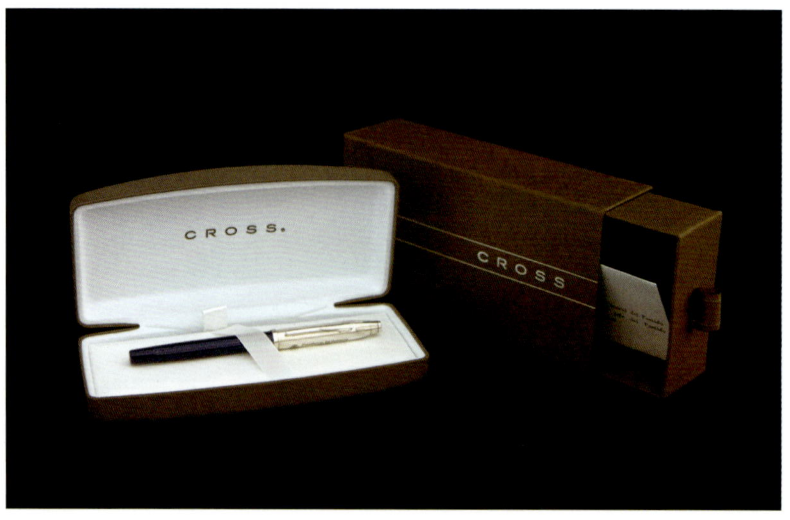

西班牙馆日代表团所赠的钢笔

交流活动

中方代表与西班牙王国国家馆日代表团主要成员合影

西班牙馆日的文艺表演（一）

西班牙馆日的文艺表演（二）

乌兹别克斯坦共和国国家馆日

2010年8月31日

在馆日仪式上的中方代表致辞

今天，我们相聚在黄浦江畔，相会在美丽的世博园区，共同参加乌兹别克斯坦国家馆日活动。我谨代表中国政府和人民，向出席活动的各位来宾表示热烈欢迎，对包括乌兹别克斯坦在内的各参展方给予中国2010年上海世博会的支持表示衷心感谢，并预祝本次活动圆满成功。

乌兹别克斯坦是中国的友好近邻。建交18年来，中乌关系发展顺利。两国高层往来频繁，政治互信不断加深，经贸、能源、安全、人文等各领域务实合作不断扩大，在联合国、上海合作组织等多边框架内合作富有成效，为促进两国和地区的稳定与发展作出积极贡献。

上海世博会为中乌友好合作提供了一次新的宝贵机遇。造型别致的乌兹别克斯坦馆，通过对城市的历史、现在、未来以及乌兹别克斯坦生活方式的生动展示，让世界各地的游客在此领略到乌兹别克斯坦独特的魅力，分享到乌兹别克斯坦带来的欢乐。

我们相信，本届世博会将进一步扩大中乌人文交流，增进两国人民友谊，巩固两国政治互信，推动中乌友好合作伙伴关系迈上新台阶！

9月1日将是贵国独立19周年纪念日。借此机会，我向乌方朋友们表示热烈的祝贺和良好的祝愿。

最后，再次预祝本次活动圆满成功！祝加尼耶夫·埃廖尔副总理阁下及各位来宾身体健康！

在馆日仪式上的外方代表致辞

我很高兴借此机会，代表乌兹别克斯坦政府和全体人民，在此欢迎上海世博会乌兹别克斯坦国家馆日所有

乌兹别克斯坦馆（A片区，租赁馆）

中国国家发改委副主任 苏波

乌兹别克斯坦副总理 加尼耶夫·埃廖尔

参加人员，感谢您支持并参与乌兹别克斯坦国庆节。

我们真诚地感谢中华人民共和国政府的热情接待，以及参加上海世博会的热情邀请。

在今天活动开幕之际，我想指出，参加上海世博会对乌兹别克斯坦来说意义非同寻常，因为这是一个绝好机会，可以将国家短时间内自主发展的成就与业绩公诸于世。

具有深刻意义的是，19 年前的 1991 年 8 月 31 日，乌兹别克斯坦共和国宣告了自己的独立。今天，2010 年 8 月 31 日，我们欢聚一堂，共同庆祝这个具有历史意义的重要时刻。

乌兹别克斯坦在过去的岁月里曾饱尝艰辛，但我们的共和国、人民和政府英勇无畏，承受住了时间的考验。此外，由乌兹别克斯坦共和国总统伊斯兰·卡里莫夫领导实施的“乌兹别克斯坦发展模式”，其正确性得到了证实并获得了广泛认可。

向自由社会市场经济过渡的“乌兹别克斯坦模式”以乌兹别克斯坦共和国总统伊斯兰·卡里莫夫制订的五项基本原则为基础，即：第一，经济优先于政治。经济改革不应受制于意识形态，国内外经济关系不应受到各种教条、信条和陈规陋习的束缚；第二，国家是主要的改革者。它负责确定主要优先事项，改革的方向与阶段，制订国家发展计划，并坚持贯彻落实。第三，在社会生活各领域法律至上。所有人都应遵守民主通过的宪法与法律；第四，根据国内人口状况实施强有力的社会保障政策。在贯彻市场关系的同时，必须采取有效措施落实对居民的社会保障，特别是贫困和多子女家庭、退休人群；第五，结合客观经济规律，循序渐进地过渡到市场关系。

由于遵循了这些原则，乌兹别克斯坦自独立初期起就成功实施了一系列复杂措施，为保障经济的持续增长奠定了坚实的基础，目前已成为地区的领先工业中心。

我国积极的投资政策，工业及基础设施领域的技术现代化，有助于建立和发展高新技术产业 – 即汽车制造、气体化学、电气工程、石油和天然气机械、铁路机械、医药、纺织、家具和建材工业。

今天我们有理由声明，随着我们的逐年进步，所实行的经济发展模式的正确性与可靠性得到了证实。

您可以亲自评判，乌兹别克斯坦保证了宏观经济的稳定和 GDP 的强劲增长速度，2004 至 2007 年 GDP 年均增长超过了 7%。在过去的两三年里，当经济衰退几乎席卷全球时，乌兹别克斯的 GDP 增长却超过了 8%，这是证实我们经济政策效果的可靠数据。

今天在乌兹别克斯坦实施的改革开放、国家经济现代化、经济结构多样化方面的周密政策，大大遏制了经济危机与其他困难的不利影响。为消除当前全球金融危机的冲击及其不利影响，我国已通过并实施了《2009–2012 年反危机计划》，旨在解决以下主要任务：

首先，要进一步推进现代化进程、企业的技术与工艺设备更新，广泛采用现代科学技术。这主要涉及到基础经济产业、出口导向产业与本地产业。

其次，在当前局势急剧恶化的情况下，采取具体措施，以支持出口企业在国外市场的竞争力，出台其他出口鼓励政策。

第三，通过采取严格的节约制度，鼓励降低生产开支和产品成本，来提高企业的竞争力。

第四，采取措施来推进电力现代化、减少耗电量、实行有效的节能措施。

第五，在全球市场需求下降的情况下，通过刺激国

内市场需求来扶持本国企业，这对保持经济高速增长具有十分重要的作用。扩大本地化生产计划可以有效完成既定目标，产量预计增加三到四倍。

由于乌兹别克斯坦实行得力反危机措施，取得了积极的宏观经济指标。在困难的 2009 年，国内生产总值增长了 8.1%，工业生产增长了 9%，农业增长了 5.7%，总投资额增加了约 26%，其中外商投资为 68%。

外贸盈余超过了 23 亿美元，平均工资增长为 40%，实际收入增长 26.5%。

我国的对外债务未超过国内生产总值的 9.5%，乌兹别克斯坦的外汇储备增长了三倍。

通货膨胀水平为 7.4%，没有超出 2009 年的临界值。在过去的一年里，乌兹别克斯坦已成为世界上国家预算比国内生产总值盈余 0.2% 的少数几个国家之一。

我们很高兴地强调，我国去年能够提高的这些指标。例如，2010 年上半年，经济增长了 8.0%，工业生产增长了 8.0%，农业增长了 6.9%，国家预算比国内生产总值盈余 0.2%，通货膨胀率为 4.0% 或是在预计参数的范围内。

今年上半年，商品与服务出口额增长了 14.3%，外贸顺差超过了 25 亿美元。

吸收外资总额约为 17 亿美元，其中外商直接投资为 15.7 亿美元，与去年同期相比增加 1.5 倍。

乌兹别克斯坦在实施反危机措施时取得的成就已获得了国际权威金融与经济机构的认可，如国际货币基金组织，世界银行，亚洲开发银行和其它一些世界主要金融机构。

鉴于这些引人注目的成就，乌兹别克斯坦 2010 年社会经济发展的主要目标和优先方向为：继续和深化改革，实现国家的复兴和现代化，坚定履行《2009–2012 年反危机计划》，并在此基础上保证经济的高速稳定增长以及和宏观经济的平衡。

增长潜力，近年来投产的新现代化设施，工业和社会基础设施的发展，改革和经济自由化的系统实施，营造有利投资环境，这些使我们得以预计，在 2010 年：⑴ 国内生产总值和工业生产增长 8.3%，农业增长 5%；⑵ 经济投资额相对于国内生产总值增长 30%；⑶ 确保出口增长 8.5%，通过增加高附加值产品的份额，切实改变出口结构；⑷ 我们政府要继续实施紧缩的财政和货币政策，首先通过应用现代化节能技术来坚持节约制度。通货膨胀水平预计为 7% – 9%。

乌兹别克斯坦制定了最优惠的投资制度，能够吸引外国资本和技术的大量涌入。

我们已经与自己的国际合作伙伴实施了一系列重要的战略性投资项目，其中包括：第一，与美国通用汽车公司一起在阿萨卡市成立轿车合资生产企业，与日本五十铃公司一起在撒马尔罕市成立公共汽车合资生产企业，并同德国曼公司一起在该市成立载重汽车合资生产企业；第二，与法国德希尼布公司合作的布拉尔炼油厂；第三，与 ABB 公司合作的舒尔坦天然气化学综合体；第四，与中国中信公司合作的昆格勒纯碱厂；第五，与印度 Spenteks 公司、韩国 DEU International 公司、土耳其 Mimatash 公司等合作的数十家公司纺织企业。

我们关注的重点是基础设施项目的投资，包括乌兹别克斯坦国家公路建设与改建的大型项目的实施，为此得到了亚洲开发银行总计 5600 万的优惠贷款。

我们将继续开展国家铁路运输系统发展和现代化的相应工作。随着日资的加入，将在塔什古扎尔 – 拜孙 – 库姆库尔干的新铁路线上架设五座桥梁。

2009 年大力兴建以纳沃伊机场为基础的国际联运中心，它是在纳沃伊州建立的自由工业区的主要项目之一。在过去的一年里，从大韩航空公司租赁的现代运输机在国家航空公司机场完成了 330 多次的国际飞行，运送了约 8500 吨货物，这使得纳沃伊市机场融入到全球的物流系统中。

这些具有战略意义的重要项目的实施，对我国经济跃居领先地位具有重大意义。例如在塔什干、纳沃伊和塔利马尔占热电站建造蒸汽燃气设备；在生产聚乙烯和丙烯的苏尔吉利矿床的基础上建立乌斯秋尔特天然气化学综合体；建立生产聚氯乙烯和烧碱的新型综合体；在穆巴列克天然气处理厂和舒尔坦油气公司建造生产丙烷丁烷混合物的装置，以提高液化气的生产；将新安格连热电站发电机组改成煤燃料；组织汽车发动机的生产及其他一系列重要措施。

现代化的乌兹别克斯坦是一个强大、多元化、自给自足的经济体。在平等、相互尊重和信任的基础上，我们共和国愿意同世界各国进行合作。

最后，我想再次向在这个庄严的日子里与我们欢聚，参加我们独立纪念日庆祝活动的各位，致以诚挚的敬意和感谢。

交流活动

中方代表与乌兹别克斯坦共和国国家馆日代表团主要成员合影

С уважением и
пожеланиями дальнейшего
процветания.

谨致以崇高敬意和美好祝福，祝愿未来繁荣昌盛。

加尼耶夫·埃廖尔

乌兹别克斯坦馆日代表团所赠的工艺品

乌兹别克斯坦馆日的文艺表演

列支敦士登公国国家馆日

2010年9月1日

在馆日仪式上的中方代表致辞

我代表中国政府和上海世博会组委会，对列支敦士登公国举行上海世博会国家馆日表示诚挚祝贺，对阿洛伊斯摄政王储和屈策尔首相出席今天的活动表示热烈欢迎。相信列支敦士登国家馆日活动将使每一位到访者近距离感受到这一美丽国度的独特魅力。

世博会是人类不同时代文明的集结地，也是世界未来发展的明灯。诞生159年来，世博会踏着人类进步的足迹一路走来，历久而弥新。历届世博会都凝聚了各国、各族人民的热情和智慧，不断把有助于人类发展的新观点、新理念和新技术奉献给世人。世博会开启了人类重新认识世界的窗口，成为世界文明交流、交融的重要纽带。

本届世博会以“城市，让生活更美好”为主题。各国充分展示城市文明成果，传播先进城市发展理念，将为人类可持续发展留下一笔丰厚的精神财富。在所有的参与者的共同努力下，上海世博会必将成为一次推动创新、促进合作的盛会，一次凝聚信心、促进共同发展的盛会。

列支敦士登在德语的意思是“璀璨的石头”。其面积虽不能与中国相比，但她拥有绮丽的自然风光，经济高度发达，人民生活富足，堪称阿尔卑斯山流光异彩的钻石。今天的展馆则是列支敦士登精华的展示。它生动演绎了列支敦士登创新科技、改善人居、保护环境等方面成果，处处彰显着人与自然和谐发展的理念。无论是奇幻炫丽的天然水晶，妙趣横生的邮票拼贴还是富有创意的城市图景，都令人频频驻足，流连忘返。

列支敦士登是最早与中华人民共和国建交的西欧国家之一，今年适逢中列建交60周年。60年来，中列关

列支敦士登馆（C片区，欧洲联合馆）

中国卫生部党组书记、副部长 张茅

列支敦士登摄政王储 阿洛伊斯·列支敦士登

系发展良好。双方在经贸、文化、旅游等领域的合作日益密切。列方积极参加上海世博会，是首次在欧洲以外地区参展。此次王储殿下和首相阁下更是联袂来华出席世博会有关活动。中国一贯主张国家不分大小、贫富、强弱，一律平等。中国政府重视发展中列关系，愿与列方共同努力，继续加强政治互信，平等互利，坦诚相待，推动两国友好持续健康发展。

置身于今天的列支敦士登馆，我们仿佛来到美丽的欧洲大陆，畅游在白雪覆盖的阿尔卑斯山谷，陶醉于宝石般镶嵌其间的河流湖泊，体验着列支敦士登人民的智慧和创新精神，这正是世博会的魅力所在。是世博会缩小了我们心灵的距离，将包括中列人民在内的世界各国人民紧紧联系在一起。让我们携起手来，共同缔造人与人、人与自然和谐共存的新世界，实现人类可持续发展的新篇章！

祝愿今天的列支敦士登国家馆日活动取得圆满成功！

在馆日仪式上的外方代表致辞

十分荣幸今天能在2010年上海世博会列支敦士登国家馆日上向各位致辞。我谨代表列支敦士登的公民，感谢中国政府和人民组织了这样一届出色的世界博览会。这为各国提供了一个绝佳的机会，互相对话，学习互相尊敬，共创“城市，让生活更美好”的未来，而这一点，也体现在列支敦士登展馆的主题之中。

我同时要感谢中国邀请列支敦士登前来参展，并特别安排了国家馆日。作为从人口角度来说地球上最小的国家之一，我们对于中国这个泱泱大国伸出的友谊之手深怀谢意。大国向小国所表现出的尊敬也会将我们带向“更美好的生活”，因为它创造了一个公平与和平的世界。

对于列支敦士登而言，世界博览会是个向世界和中国展示自己的绝佳机会。我们得以展示自己的国家，我们与世界的联系，尤其是与中国的联系。

列支敦士登是个什么样的国家呢？这是一个坐落于瑞士与奥地利之间的特别的国度。她的国体是君主立宪制，一方面结合了政治上十分活跃的君主间接民主制，另一方面是广泛的直接民主制度。列支敦士登通过同时加入两个经济区的方式融入欧洲，一方面与瑞士形成关税同盟，一方面加入欧洲经济区。列支敦士登不仅以优美的阿尔卑斯山区风光闻名遐迩，同时也具有非常多样化的经济。其支柱产业是遍布全球的出口制造商，他们的雇员大部分来自列支敦士登境外，另一支柱产业是从事私人银行业务、信贷、保险与基金管理的金融公司。

那列支敦士登和世界、和中国又有怎样的关系呢？尽管列支敦士登只有36000名居民，但仍然尽力与各国保持良好关系，并加入了许多国际组织。欧洲范围内包括欧洲委员会、欧洲自由贸易联盟（EFTA）、欧洲经济区以及欧洲安全与合作组织。世界范围内包括联合国和世界贸易组织。作欧洲自由贸易联盟的成员国，我们和大多数的欧洲国家以及许多亚洲、美洲及非洲国家签订了自由贸易协议。

今年是中国与列支敦士登建交60周年。特别是在过去的20年间，在列支敦士登加入联合国之后，两国政治关系突飞猛进，在文化方面，列中两国曾两度联合发行邮票；在贸易方面，列支敦士登和中国公司互相进口，互相投资。在过去几年间，列中两国的贸易量稳步上涨，即使在2008至2009年金融危机之时也是如此。

尽管列支敦士登馆不是上海世博会面积最大的展

馆，却是唯一拥有三个展馆的国家：上海一个，我国首府瓦杜兹一个，还有一个网上展馆。通过许多文化活动，我们得以进一步推动中国和列支敦士登的友好关系。

我坚信世博结束后，我们两国的关系将得到突飞猛进的发展。祝中国2010上海世博会获得无与伦比的成功！我希望不断增长的参观者中有更多的人都来参观列支敦士登馆，了解我们的国家，甚至决定来这里旅游。

交流活动

中方代表与列支敦士登公国国家馆日代表团主要成员合影

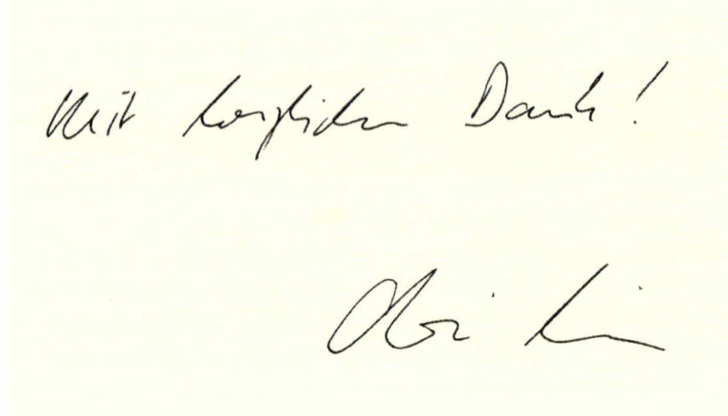

衷心感谢！

阿洛伊斯·列支敦士登

列支敦士登馆日代表团所赠的工艺品和书籍

列支敦士登馆日的音乐表演

毛里求斯共和国国家馆日

2010 年 9 月 1 日

毛里求斯馆（C 片区，非洲联合馆）

在馆日仪式上的中方代表致辞

首先，我谨代表中国政府和上海世博会组委会，对毛里求斯举行上海世博会国家馆日，表示诚挚的祝福！对贾格纳特总统及各位贵宾出席今天的馆日活动，表示热烈的欢迎！

世博会是人类文明成果荟萃的伟大盛会，每一届世博会都成为见证人类文明发展的驿站，在全球范围内推动了广泛的国际交流，为各国开阔视野、展现自我提供了机会和舞台。中国 2010 年上海世博会以“城市，让生活更美好”为主题，充分展示城市文明发展的成果、经验和先进理念，探寻以人为本的城市居住、生活、工作模式，将会为人类可持续发展留下一份丰厚的精神遗产。

毛里求斯素有“印度洋明珠”的美誉。美国作家马克·吐温说：“上帝先创造了毛里求斯，再按毛里求斯创造了天堂。”此次毛里求斯首次作为单独国家参加世博会，以“岛国城邦”为主题，围绕多元文化融合、经济的繁荣、城市空间新格局和科技创新，展示了毛里求斯宝贵的历史遗产、怡人的田园生活和璀璨的多元文化。这种人与自然和谐共处、不同文化和谐共生的美景，正是本届世博会主题的生动诠释。

中国与毛里求斯虽远隔重洋，但两国人民之间的友谊源远流长。早在 18 世纪，就有华人远渡重洋到毛里求斯。中毛建交 38 年来，两国始终互相尊重、平等相待，双边关系保持健康稳定发展。特别是近年来，两国友好合作的发展势头更加强劲，政治互相信任持续增强，人员交往愈加频繁，经贸等各领域合作不断拓展。我深信，上海世博会将为中毛两国人民，提供增进互相了解和友

中国上海市市长 韩正

毛里求斯总统 阿内罗德·贾格纳特

谊的新契机，为深化双边友好合作注入新的动力。

最后，祝愿毛里求斯国家馆日活动取得圆满成功！

在馆日仪式上的外方代表致辞

首先，我代表毛里求斯政府和人民，向今天参加上海世博会毛里求斯馆日的各位来宾们，致以诚挚的问候。在此，特别感谢世博会主办方的热情款待和精心安排。

上海世博会是一项国际盛会。毛里求斯能够参与本届世博会，感到无比自豪。今天，对于毛里求斯参展上海世博会，具有特殊的意义。三年以来我们紧锣密鼓的筹备和辛勤的汗水化作了今天的成就和辉煌。

我祝贺中华人民共和国政府成功举办本届规模空前、精彩难忘的世博会。众多国家的积极参与、群众的参观热情，进一步衬托出本届世博会的宏大和精彩。这杰出的成就是中国政府和人民共同努力、有效开展工作的结果。

本届世博会，是首届在发展中国家举办的世博会；也是毛里求斯在中华人民共和国的支持和协助下，首次在非洲联合馆拥有自己的独立展馆。

值此之际，我希望向中国政府和中国人民表达诚挚的谢意，感谢你们的支持和帮助，让毛里求斯得以顺利参展2010年上海世博会。

世博会是一扇面向世界的窗口，也为我们提供绝佳的机会，让人们得以相互了解，并且加深对彼此的理解。

世博会的一大成就在于，我们将更加明确如何实现“城市，让生活更美好”这一目标。多年以后，当人们再次回顾上海世博会时，会发现上海世博会对于积极改善城市生活具有决定性的意义。

如今，我们相聚上海，共同庆祝人类共同的成就，感受世界多姿多彩的文化。借助上海世博会，我们充分地展示丰富的文化遗产、经济的繁荣和社会的和谐，这也象征着两国之间蓬勃发展的友好关系。

近年来，中国经济的快速增长以及全面建设的惊人步伐，让我们切实地感受到中国迅速崛起。举世瞩目的上海世博会进一步向全球展示了中国的辉煌成就。

自1972年建交以来，毛中两国关系发展稳定，而今已深入至社会生活的方方面面。毛里求斯率先承认中华人民共和国是中国人民的合法代表。我们一如既往，始终坚持一个中国原则。

中华人民共和国主席胡锦涛于去年访问我国，我们感到荣幸备至。此次友好访问，意义重大，在毛中两国的关系史上，具有决定性的意义。

我们在中非合作论坛框架下的合作，为两国关系的拓展进一步打开局面。2006年中非合作论坛北京峰会，确立了中非的战略伙伴关系——这在中非关系史上具有里程碑的意义。随后，胡锦涛主席亲自宣布，中国政府将选择毛里求斯作为五个经贸区的代表，这一点我们感激之至。

毛里求斯和中国的友好关系，堪称发展中国家团结互助的典范。

上海世博会毛里求斯馆的主题契合本国实际，定为“岛国城邦”。借此展现了毛里求斯地处要塞的地理优势、蓬勃的经济发展、不断推进的现代化进程、强烈的环保意识、和谐共存的多元文化、珍贵的艺术、历史遗产和丰富的自然资源。

毛里求斯馆的设计，植根于丰富的文化遗产，着眼于展示美好生活的远景：未来，人们将享受便利的设施

和简单随意的生活方式 所带来的乐趣。

展馆的设计和外观，展示了我国丰富文化的锦绣画卷，集欧、亚、非三大洲的历史、文化之大成。如此一来，毛里求斯馆和非洲联合馆内的众多展馆完美融合、并且相得益彰。

为了纪念毛里求斯参展 2010 年上海世博会，我们在本国发布了蓝色纪念币，纪念币的样本也陈列在毛里求斯馆。纪念首日封也同样在馆内展览。以此纪念毛中两国的友谊，并且表达毛里求斯对上海世博会的重视。

在此，我诚挚地邀请各位参观毛里求斯馆，感受展馆独特的设计，观赏馆内的展品，了解毛里求斯作为岛国所特有的旅游、投资机遇。

我们希望，通过各位在展馆简要了解毛里求斯的风土人情，大家能够对我们的国家产生浓厚的情趣。

最后，再一次感谢主办方的大力支持和周到安排。

愿毛中两国友谊万古长青！

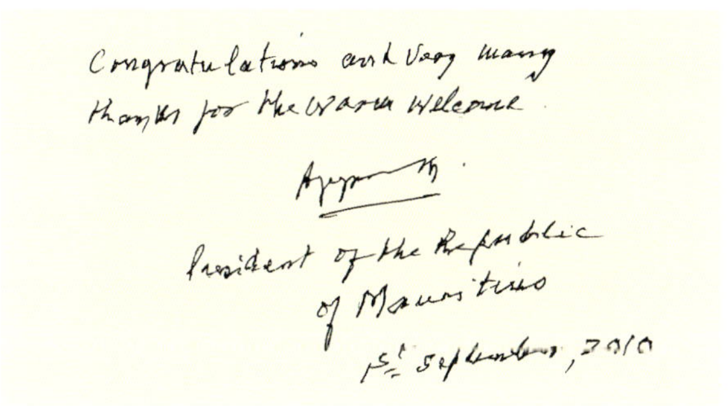
Congratulations and very many thanks for the warm welcome.

President of the Republic of Mauritius

1st September, 2010

祝贺并非常感谢贵国的款待。

阿内罗德·贾格纳特

交流活动

中方代表与毛里求斯共和国国家馆日代表团主要成员合影

毛里求斯馆日代表团所赠的工艺品

毛里求斯馆日的歌舞表演

越南社会主义共和国国家馆日

2010年9月2日

在馆日仪式上的中方代表致辞

今天，我们相聚在黄浦江畔，相会在美丽的世博园区，共同参加越南国家馆日活动。我谨代表中国政府和人民，向出席活动的各位来宾表示热烈欢迎，对包括越南在内的各参展方给予中国2010年上海世博会的支持表示衷心感谢，并预祝本次活动圆满成功。

今年是中越建交60周年和中越友好年，两国关系发展面临新的机遇。在两国高层领导的关心下，双方在政治、经济、科技、文化等领域的交流合作进展良好，两国人民友好往来日益频繁。

上海世博会为加强中越友好交流提供了一次新的宝贵机遇。越南馆通过独具特色的建筑外观、可持续使用的建筑材料、丰富多彩的展示手段，生动展现了河内这座千年古城的历史、现在、未来以及越南独特的文化与人民的和谐生活，深受游客的欢迎。

我们相信，本届世博会将有利于进一步扩大中越人文交流，增进两国传统友谊，巩固两国政治互信，推动中越友好合作关系迈上新台阶！

最后，再次预祝本次活动圆满成功！祝黄俊英部长及各位来宾身体健康！

在馆日仪式上的外方代表致辞

首先，我代表越南社会主义共和国政府及我个人向各位致以热烈的祝贺和问候，感谢上海市政府和人民及上海世博会组委会给我们代表团热情周到的款待。恰值越南社会主义共和国65周年国庆，我非常荣幸地代表越南社会主义共和国政府参加在美丽繁荣的上海市举办

越南馆（A片区，租赁馆）

中国国家旅游局副局长 杜一力

越南文化体育旅游部长 黄俊英

的 2010 年世界最大的事件之一——上海世博会。各位朋友，65 年来，在越南共产党的领导下，越南人民在为政治、独立、自由的斗争中及建设发展祖国的事业中，越过了无数艰难、牺牲和考验。越南 20 年来进行的革新开放事业中已取得了具有历史意义的成就，社会政治稳定，经济持续的增长，人民的物质精神生活不断地得到改善。在世界上，越南的地位和形象日益提高。在 2020 年越南发展战略中，越南将基本成为民富国强、社会公平、民主和文明的现代工业国。

恰值越南社会主义共和国 65 周年国庆、纪念越中两国建交 60 周年及越中友好年，上海世博会越南馆更有特别的意义。越南 2003 年已经是国际展览局的成员国，虽然只是两次展览，但都给人留下了深刻的印象。越南作为东南亚及大洋洲国家之一，在 2005 年日本爱知世博会仪式中被推介，也是 2008 年西班牙萨拉戈萨世博会 104 个展台之一。越南一直支持上海举办世博会，我们将其视为向中国乃至世界人民介绍越南的国土、越南的人民其文化特色宝贵的机会，特别是恰值越南首都河内纪念升龙—河内千禧年，对于越南而言这是互相交流、学习及吸取发展精华的机会。2010 年上海世博会越南展区位于亚洲国家和地区的区域内，面积 1000 平方米，展览主题是“河内升龙 1000 年”，响应了上海世博会的主题“城市，让生活更美好”。越南馆的设计具有浓郁的越南特色，是该展唯一的采用竹子编织的展馆。借助各种精美多样的布展、空间造型设计和各类文化艺术表演，展馆非常富有魅力。四个月以来，越南馆吸引了众多观众为上海世博会的成功作出积极贡献。

尊敬的各位，2010 年对于越南是非常有意义的一年。越南纪念升龙—河内千禧年，越南是 2010 年东盟主席，期望越南和中国以及邻邦、合作伙伴为世界的团结、昌盛，为亚洲及世界的和平稳定、合作发展一起奋斗。

参加上海世博会，体现了越南与世界各国人民一起合作、为世界人民和平、公平和昌盛发展的共同目标而奋斗的意愿！恰值上海世博会越南国家馆日及越南社会主义共和国国庆 65 周年，我谨代表越南政府和人民为使我们能向世界朋友献上我们的国土和人民，越南特色的文化造就顺利条件的中国政府、有关部门、上海世博会组委会、各组织及中国朋友致以诚挚的感谢。我们也感谢上海市政府和普陀区政府在这段时间来给予我们的帮助。祝各位身体健康！祝越中两国的友谊千古长青！感谢各位！

交流活动

中方代表与越南社会主义共和国国家馆日代表团主要成员合影

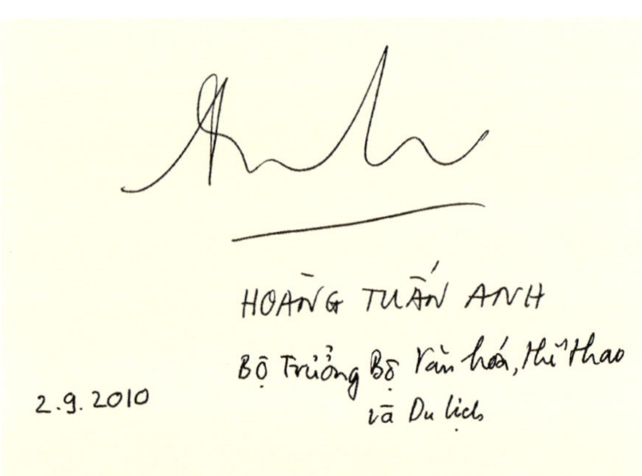

黄俊英的签名

越南馆日代表团所赠的工艺品

越南馆日的歌舞表演（一）

越南馆日的歌舞表演（二）

尼泊尔联邦民主共和国国家馆日

2010年9月3日

尼泊尔馆（A片区，自建馆）

在馆日仪式上的中方代表致辞

我谨代表中国政府和上海世博会组委会，对尼泊尔举行上海世博会国家馆日表示诚挚祝贺，对苏加塔副总理兼外长出席今天的馆日活动表示热烈欢迎。相信尼泊尔国家馆日活动将给每一位到访者留下难忘的印象。

世博会是人类文明成果荟萃的伟大盛会，也是各国集中展示其文化艺术成就的多边舞台。从创办以来，世博会始终高举进步旗帜，崇尚创新精神，坚持开放道路，倡导和谐理念，促使人类不断开拓视野，与时俱进。随着工业化和城市化的大发展，城市在推动经济社会发展方面发挥着越来越重要的作用，也面临着越来越严峻的挑战。统筹经济发展和环境保护是各国面临的重大而紧迫的课题。上海世博会以"城市，让生活更美好"为主题，为各国人民展示城市文明、交流城市建设经验、共同探讨应对挑战、提出美好设想提供了机会，将为增进世界各国人民友谊、促进人类进步、推动创新和共同发展作出重要贡献。

尼泊尔是佛教发源地之一。尼南部城市蓝毗尼是佛祖释迦牟尼的诞生地。尼泊尔馆回顾了首都加德满都的发展历程，突出加德满都作为"寺庙之城"的特色，堪称尼泊尔传统工艺和现代文明的完美结晶。尼泊尔馆以大型佛塔为主体，周围环绕不同历史时期有代表性的民间房舍，显示了尼泊尔人民杰出的建筑才华和高超的艺术成就。尼泊尔馆的展品和装饰品都是纯手工工艺制作，由约350户尼泊尔家庭耗时近两年完成，这是一项了不起的成就。漫步尼泊尔馆，我们不但能够欣赏到精巧绝伦的雕刻工艺和美轮美奂的佛塔建筑，还可以领略到尼泊尔悠久的历史文化，切身感受到当地的风土人情。

中国国家人口和计划生育委员会副主任 赵白鸽

尼泊尔副总理兼外交部长 苏加塔·柯伊拉腊

尼泊尔是中国的传统友好邻邦，两国人民的友好交往源远流长。建交55年来，中尼关系始终健康稳定发展，建立了世代友好的全面合作伙伴关系，堪称大小国家平等相待。和平共处的典范。两国政治上高度互信，经济上互利互惠，人文上相互交流，双边各领域合作不断推进，在重大国际地区问题上也保持良好配合。我深信，上海世博会将为中尼两国人民增进相互了解、巩固传统友谊、深化互利合作提供新的契机。

祝愿尼泊尔国家馆日活动取得圆满成功。

在馆日仪式上的外方代表致辞

今天，我们欢聚一堂，共同庆祝上海世博会尼泊尔国家馆日。我很荣幸能够有机会在上海，在尼泊尔国家馆为这一历史性的时刻点燃来自于佛祖释迦牟尼的诞生地蓝毗尼永恒和平之火。大约两周前，我在蓝毗尼点燃和平之火并将其亲手交给和平接力队员，今天，看到它完成了这段历史征程，从万里之外安全抵达上海世博会，我激动万分。这团永恒和平之火将成为佛祖为全人类保佑和平，传播慈悲与博爱的象征。

我想借此机会向由阿姆里特·拉特纳·萨科亚（Amrit Ratna Shakya）副总代表牵头的执行专家组以及其兢兢业业、才华横溢的团队表示感谢，感谢你们为大家打造了如此美轮美奂的尼泊尔国家馆。执行专家组为这次盛会进行了精心规划和准备，并投入无限创意与热忱，如果没有他们的努力，我们绝对无法以这种精致绝伦而又震撼人心的方式出现在这次世博盛会之中。祝贺你们建造了这座宏伟的丰碑，以加德满都城的传说为主题的尼泊尔国家馆凝聚了我国的艺术、建筑、工艺和文化成就，风格简洁，富有创意。

中国和尼泊尔之间的文化交流源远流长。早在公元5世纪初，尼泊尔高僧佛陀跋陀罗就曾到访中国。7世纪中叶，尼泊尔尺尊公主与松赞干布联姻也已成为两国传统文化交流史上的一段佳话。13世纪后半叶，尼泊尔著名工艺美术家和建筑师阿尼哥（Araniko）经由西藏来到中国，为两国人民间更加深入的文化交流揭开了序幕。阿尼哥在中国建造的宝塔、舍利塔和雕像，不啻为两国之间长期文化交流的见证。今天大受欢迎的尼泊尔国家馆未来也必将成为巩固双方文化纽带的标志。

早在公元11世纪以前，中国的朝圣者与游客就发觉了尼泊尔的迷人之处，他们来到尼泊尔游历，领略当地的风土人情。法显和玄奘就是尼泊尔人最熟悉的两位早年来自中国的游客。这些交流与接触为双方奠定了坚实的基础，使我们得以在当代建立并进一步巩固互利的双边关系。

我很高兴的看到佛教依然是两国人民之间久经时间考验的纽带。作为佛祖释迦牟尼的诞生地，尼泊尔对这一历史悠久的文化纽带深感自豪，并期望双方能进一步增强对彼此的兴趣，加深对彼此的了解。

作为中国的近邻，尼泊尔向来对中国怀有良好的祝愿，并为中国在各领域获得的成就而高兴。中国的经济崛起确实令世人瞩目。通过经济发展，中国在相对较短的时间内帮助大量人口摆脱贫困，并已成为世界第二大经济体。今年五月在上海揭幕的世博会吸引了国际社会的广泛参与，大受好评。在我看来，世博会本身就是一种标志，彰显了当代中国社会与日俱增的地位以及受世人拥戴的程度。

建立在和平，真诚，理解，相互尊重与合作基础上

的中尼关系向来以和平共处五项原则为指导。我们一直保持着和谐的双边关系，这符合双方追求持久和平的共同愿望。中国已成为我们稳定而珍贵的发展伙伴。友好的中国政府和人民为尼泊尔的发展计划提供了持续的金融与技术合作支持，对此我们深表感激。

2011 年将是尼泊尔旅游年。尼泊尔国家馆在世博会中大受欢迎，每日接待游客超过 5 万名，与此同时，越来越多的人也了解到佛祖释迦牟尼的诞生地是尼泊尔的蓝毗尼，我希望这些能在今后吸引众多的中国游客来尼泊尔参观旅游。

我还要借此机会邀请中国的企业家和商界人士来尼泊尔投资创业，开放自由的经济政策让尼泊尔成为水电，旅游和基建开发项目投资的一片热土。

最后，我要感谢中国政府和人民对我和代表团的盛情款待，感谢世博会组委会对今天馆日活动所作的精心准备。最后，我一定要再一次地向执行专家组表示我的感激之情，感谢他们含义隽永的构思，规划与设计，让尼泊尔国家馆成为凝聚传统性与现代性的佳作，与上海世博的主题丝丝入扣，与上海世博园浑然天成。

I am honourd to participate in world Expo 2010
Hope this will strenthen china Nepal relations
and bring us closer and help to make
people to peopl relations stronger.
Thank you
Sujata Koirala
3rd Sep. 2010
Nepal national day

我很荣幸能够参与 2010 世博会。希望此举会深化中国尼泊尔关系，使我们更加亲密，使两国人民间关系更稳固。

谢谢。

苏加塔·柯伊拉腊

交流活动

中方代表与尼泊尔联邦民主共和国国家馆日代表团主要成员合影

尼泊尔馆日代表团所赠的工艺品

尼泊尔馆日的文艺表演

斯洛伐克共和国
国家馆日

2010年9月4日

在馆日仪式上的中方代表致辞

今天，上海世博会斯洛伐克国家馆日活动隆重举行。我谨代表中国政府和上海世博会组委会，对此次活动表示诚挚祝贺，对加什帕罗维奇总统出席馆日活动表示热烈欢迎。相信斯洛伐克国家馆日活动，将成为每一位到访者美好的回忆。

世博会是见证人类文明发展的驿站，也是各国人民展示聪明才智的广阔舞台。本届上海世博会以“城市，让生活更美好”为主题，它充分融合了“科技世博”、“生态世博”、“文化世博”等先进理念，体现了人类社会对未来更美好生活的设想和憧憬。为各国人民创新、合作、交流提供了重要平台，是一场规模空前的全球盛会。

在以往的世博会上，我们曾多次欣赏到斯洛伐克的精彩展示。今天，再次看到了构思巧妙的斯洛伐克馆。斯洛伐克是一个美丽的国家，斯洛伐克以“人类的世界”为切入点，巧妙地把城市生活和斯洛伐克文明发展的轨迹相结合，展现了斯洛伐克历史文化繁荣发展的昨天和今天。这里有古朴的家具、精美的器皿、奢华的服饰，美好往事的点点滴滴跃然在目。而现代数码科技又向我们展现着今日斯洛伐克在政治、经济、人文等诸多领域取得的光辉成就，跨越历史，抚今追昔，简单而令人神往。

中斯两国和两国人民友谊源远流长。我们不会忘记，斯洛伐克是世界上最早承认新中国的国家之一。去年是中斯建交60周年，胡锦涛主席成功访斯，有力地推动了两国各领域的友好交流与合作。60多年来的历史证明，在相互尊重、平等互利、互不干涉内政等原则基础上发展双边关系，符合两国和两国人民的根本利益。我相信，上海世博会将为中斯两国和两国人民增进相互了解、深

斯洛伐克馆（C片区，租赁馆）

中国人力资源和社会保障部部长、国家公务员局局长 尹蔚民

斯洛伐克总统 伊万·加什帕罗维奇

化双边合作提供新的契机。

上海到布拉迪斯拉发虽距离遥远，但今天的斯洛伐克馆将引领我们飞向远方。巍峨高耸的塔特拉山是民族精神的脊梁，激励着斯洛伐克人民奋发图强；雄伟壮丽的斯皮什城堡是世界文化的瑰宝，洗尽铅华，仍是中欧闪亮的明珠；蓝色的多瑙河静静地流淌，哺育了斯洛伐克儿女。世博会，一次充满魅力的盛会，我想这也是包括中斯人民在内的世界各国人民追求更美好生活、实现人类可持续发展的生动例证。

祝斯洛伐克国家馆日活动取得圆满成功。

在馆日仪式上的外方代表致辞

我很高兴能够在上海问候各位——本次世博会的组织者和参观者们。这一天，对我的祖国——斯洛伐克共和国来说，是特别的一天。

请允许我用特别的语言对那些世博会富有创造力的组织者们表达我的感激之情，这届世博会展示了当今世界不同区域之间的华丽文化。我个人也对这次世界性展会兴趣盎然。它的主题“城市，让生活更美好”，简洁恰当地指出了当前的挑战：那就是如何通过城市的发展来提高城市居民的生活水平和居住质量，这是一个紧急同时也是复杂的任务。在上海，我们共同地在寻找一种方法和模式，来保持城市发展和自然发展的平衡。

上海，作为世界上最大的城市之一，是一个合适的地方来探讨这些现存问题并且在这里我们共同寻找合理的答案。这个城市繁荣的经济，发达的商业和便利的内陆交通为中国内地以及世界上其他地方的人们创造了许多商机，也为人们提供了高质量的生活。它吸引了许多人来此创业，这个城市的人口达到了2000万并且在持续增长。生活在这里的人们来自世界各地，尽管他们有不同的种族，不同的信仰和社会背景，但是他们能够共同和谐地生活在此。而这也和上海世博会的主题一致，共同展示出了一个多文化和开放的上海。

我很期待去参观不同的展馆，尤其是中国的展馆：东方之冠。原汁原味的中国式建筑深深地吸引了我。我相信，它能够给我一个特别的机会，去感受一个拥有5000年历史文明国度的来自心灵的讯息。尤其是在过去30年，中国通过改革开放，逐渐成为一个举世瞩目的开放和现代的国家。

我很高兴，斯洛伐克也有机会在这个世界性的展览中向全世界展示我们自己的风采。

这也有助于巩固斯洛伐克和中华人民共和国之间长期友好关系。在去年，我们共同庆祝了双方建交60周年。我们双方的共同合作，也进入了一个更高的历史时期。去年，中华人民共和国主席胡锦涛先生访问斯洛伐克也证实了这一点。我很确定，斯洛伐克参与上海世博会，将会促进两国国家和地方之间的包括贸易和投资等领域的进一步合作。这种趋势是十分良好的，我们可以期待今年斯洛伐克和中国的双边贸易将会创造一个新的纪录。

为了让您更好地从自身的视角去了解我们，斯洛伐克，这个欧盟成员国，为您介绍中欧这个具有多彩的历史和现代化的地区：它有着富饶的大自然、种类多样的动植物、矿泉和温泉。我真诚邀请您参观斯洛伐克馆。斯洛伐克馆的口号是“为了人类的世界”。我们想要表达的是共同合作推动全球社会共同繁荣发展的愿望。我们想要共同维护世界和平，保持健康生活，保护环境，

保护自由和文化遗产。

今天，在斯洛伐克国家馆日这天，我们比平时更希望向您展示我们的展馆，斯洛伐克是一个绿色的国度，她对环境保护负责，同时也在经济和政治上取得了很多成就。斯洛伐克是这样一个旨在提高人们生活质量的国家，也十分注意支持对外资投资的支持，通过创建一个稳定良好的投资环境来吸引外资，扩大经济规模。我们的主要措施包括稳定的欧元汇率和规模适当的税率。另外，我们有高素质的人才，合理的劳务工资，专供投资准备的良好土地，国家支持政策和逐渐完善的基础设施。

我相信，经过斯洛伐克这次展览，我们能够向您展示我们所拥有的充满吸引力的东西：除了休闲，文化，治疗，高品质的生活，也包括商务和企业等商业领域。基于此，我邀请您尽情参观我们的展馆，享受我们的服务。

世博会及其组织者们希望能够满足每一个游客的好奇心，同时也希望所有的游客都能对每一个展馆都有良好的印象，而这，也是每一个展馆的希望。

交流活动

中方代表与斯洛伐克共和国国家馆日代表团主要成员合影

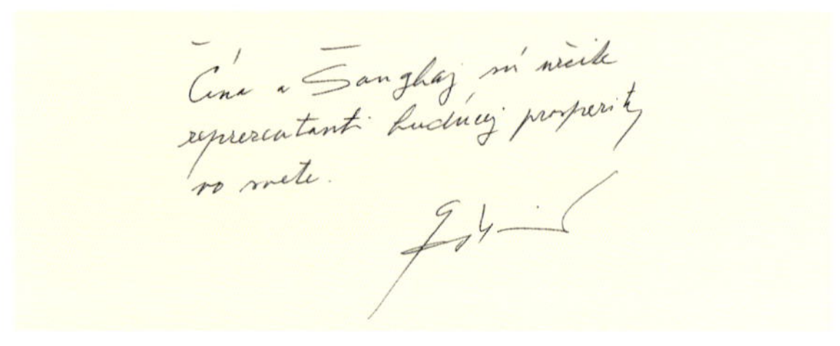

Čína a Šanghaj sú [illegible]
reprezentanti budúcej prosperity
vo svete.

中国以及上海的确是世界繁荣的典范代表。

伊万·加什帕罗维奇

斯洛伐克馆日代表团所赠的礼物

斯洛伐克馆日的文艺表演

泰王国
国家馆日

2010年9月5日

泰国馆（B片区，自建馆）

在馆日仪式上的中方代表致辞

我代表中国政府和上海世博会组委会，对泰国举行上海世博会国家馆日表示诚挚祝贺，热烈欢迎阿披实总理出席今天的馆日活动，相信泰国国家馆日活动将给每位到访者留下深刻而美好的印象。

世博会是人类文明成果荟萃的伟大盛会，是见证人类文明发展的重要驿站。世博会在全球范围内推动了广泛的国际交流，为各国开阔视野、展现自我提供了机会和舞台，有力地促进了各国走向国际化和现代化的进程。世博会始终高举进步旗帜，崇尚创新精神，坚持开放道路，倡导和谐理想，不仅极大地激发了人们创造物质财富的积极性，同时也给人类留下宝贵的精神财富。

本届世博会以“城市，让生活更美好”为主题，体现了人类社会对未来更美好生活的设想和憧憬。我们相信在所有参与者的共同努力下，上海世博会一定会成功、精彩、难忘，成为增进世界各国人民友谊的盛会，促进人类进步的盛会，推动创新和共同发展的盛会。

泰国物产富饶，风光秀丽，泰国人民勤劳勇敢，热情好客。今天，在这具有浓郁泰国风情的展馆中，我们仿佛置身于传说中的“微笑国度”，进行了一次难忘的神奇之旅。通过先进的声、光、电演示，泰国馆为我们展示了一个人类与自然和谐生存的国家，一个各民族、各宗教和各种文化和睦相处的社会，一种积极向上、乐观包容的精神，让我们感受到泰国人民对城市文明的独特理解和诠释。

“中泰一家亲，绵延千秋好”，泰国诗琳通公主殿下亲自创作的这一诗句，正是两国关系的生动写照。我们高兴地看到，具有千年悠久历史的中泰关系正在不断

中国全国政协副主席 李兆焯

泰国总理 阿披实

焕发出勃勃生机。双方各领域互利合作稳步发展，为两国人民带来越来越多的福祉，也为地区和世界的稳定与繁荣做出了重要贡献。我相信，上海世博会将为深化中泰双方务实合作，增进两国人民之间的了解与友谊提供新的契机。

上海与曼谷相距遥远，但今天的泰国国家馆日让我们跨越崇山峻岭，在湄南河上泛舟而行，畅游美丽的天使之都，在人与自然的水乳交融中感受泰国的宁静祥和，领略泰国人民的智慧、热情和创新精神。这正是世博会的美丽所在，它生动展示了包括泰国人民在内的世界各国人民追求美好生活的美好愿望，勾勒出人与人、人与自然和谐共处，实现可持续发展的美好蓝图。

衷心祝愿泰国馆日活动取得圆满成功！

在馆日仪式上的外方代表致辞

我很高兴能够来到上海这个美丽的城市参加上海世博会。

首先，我谨恭贺中华人民共和国政府和人民以及世博组织者对2010年上海世博会的宏伟建设和卓越管理。有 190 个国家参加了这次盛会，迄今为止，已经有超过 4500 万的游客参观了本届世博会。它的显著效果可以说是有目共睹。而我相信，当世博会结束的时候，参观的人数将会超过 7000 万的预定目标。事实上，在令人瞩目的游客之中，泰王国公主玛哈扎克里·诗琳通殿下上个月来到上海，花了三天时间参观了多个世博展馆。

上海世博会的所占面积之大以及其举办的规模，使得它当之无愧成为了有史以来规模最大且最壮丽的世博会之一，而我深信即使在多年后它将依然令人记忆犹新。

今天是一个特殊的日子，因为它标志着上海世博会的“泰国日”。在这一天，我们把目光聚焦在象征“泰国及泰式风情”的许多方面。当然，嬉戏、太阳、大海和沙滩这些泰式特征早已广为人知。但是泰式风格还有很多。

我们真诚希望通过这次泰国国家馆日的举行能让您更喜爱泰国，或从我们国家文化和习俗的瑰宝中发现新事物。

有机会参与上海世博会对我们来说具有重要意义。

鉴于当代的发展趋势和我们所面临的紧迫挑战，这次世博会以“城市，让生活更美好”为主题是非常适宜的，因为它表明了经济繁荣和环境可持续性之间的依存关系。这两者可以同时蓬勃发展，而不以牺牲其一为代价。我想上海这座城市本身就是对这个主题真正含义的最佳诠释。此外，上海世博会的成功激励泰国在不久的将来申办一届世博会，或许是 2020 年世博会。

从更广的前景看，世博会可以说是缩短了世界的距离，使全球各地的人们能够有机会互相学习彼此的知识和经验。世博会真正地体现了极致的文化外交。

在双边关系层面上，世博会进一步加强了中泰两国之间亲密友好的关系——这个已维持了几百年的友好关系。今年同时也是中泰建交 35 周年。中泰两国地缘相近、血脉相亲、文化相通。泰国人口中很大一部分由华人群体组成。因此，多年来，我们两国在许多领域都有着良好的关系和合作。两国高层互访频繁，双边贸易、投资和旅游业蓬勃发展，令人满意，并显示着巨大的开拓潜力，特别是在加强两国联系上，通过东盟框架和大湄公河次区域经济合作，泰国和中国的关系变得更为密切。

我很高兴至今已有超过 400 万游客参观过泰国馆。

我希望在本次世博会剩余展期内，这个参观人数将继续增加。如果这个数字能够转化为未来访泰的中国游客人数的话，那就更美妙了。泰国馆的建设展示了泰国的内涵以及我们王国所要向游人展现的内容。我衷心希望在参观泰国馆后，您会对我们国家留下一个更美好的印象，真正成为我们泰国的“大使”和“拥护者”。

感谢大家今天到此与我们共同庆祝泰国国家馆日。

阿披实的签名

交流活动

中方代表与泰王国国家馆日代表团主要成员合影

泰国馆日代表团所赠的工艺品

泰国馆日的歌舞表演

朝鲜民主主义人民共和国国家馆日

2010年9月6日

在馆日仪式上的中方代表致辞

今天，我们相聚在黄浦江畔，相会在美丽的世博园区，共同参加朝鲜国家馆日活动。我谨代表中国政府和人民，向出席活动的各位来宾表示热烈欢迎，对包括朝鲜在内的各参展方给予中国2010年上海世博会的支持表示衷心感谢，并预祝朝鲜国家馆日活动圆满成功。

中朝两国是山水相连的友好邻邦。在两国最高领导人的直接关心和双方共同努力下，中朝关系发展良好。去年，双方以纪念建交60周年为契机，举办了两国关系史上首个友好年活动，成功实现了两国总理互访。今年，金正日总书记先后两次成功访华，同胡锦涛总书记等中国党和国家领导人就双边关系和共同关心的问题达成了许多重要共识，为两国关系发展注入了新的活力。

上海世博会是朝鲜首次参加的世博会，这为中朝友好合作提供了一次新的宝贵机遇。以“人民的乐园”为主题的朝鲜馆，按照“历史与现实相结合”的理念，通过雕塑、造型物、图片和电视片等形式，展示了平壤的历史文化、现代建筑、民俗风情、人民生活等各个方面，展现了“公园中的城市”——平壤市的面貌，受到了海内外游客的欢迎。

我们相信，本届世博会将进一步扩大中朝人文交流，增进两国人民友谊，推动中朝友好合作关系迈上新台阶！

最后，再次预祝朝鲜国家馆日活动圆满成功！祝黄鹤元相及各位来宾身体健康！

在馆日仪式上的外方代表致辞

适逢上海世博会朝鲜馆日，我要向以郭允冲同志为

朝鲜馆（A片区，租赁馆）

中国住房和城乡建设部副部长 郭允冲

朝鲜城市经营相 黄鹤元

首的各国及国际机构的代表们表达深深的谢意。

1851 年首次召开至今近 150 年，这一路走来，在世界各国家地区及国际机构参与世博会的同时，世界博览会也为人类社会及经济文化为主的各领域发展，提供了国际性的交流平台。

以“城市，让生活更美好”为主题的本次世博会，不仅是首次在发展中国家举办，也是首次将人类期望生活幸福，城市美好这一愿望作为基调，在全世界范围内引起了广泛的关注。

在世界关注下，此次上海世界博览会也是展现在以尊敬的胡锦涛同志为总书记的中国共产党的领导下、和谐发展中的中国国家实力的新契机。

我国以“人民的乐园”为主题参加了本次上海世博会。

我国国家馆占地面积 1000 平方米，由“今天的平壤”、“公园中的城市”、“我们人民的幸福生活”等四部分组成，对在伟大领袖金正日同志的英明领导下，以人民的陆上乐园——美丽现代的平壤城市风貌和我国国民的幸福生活为主，在建设社会主义强国的过程中取得的成果及发展面貌进行了直观的展示。

在此我向为保障 2010 年上海世界博览会和“朝鲜馆日”活动顺利进行做出不懈努力的中国政府，世界博览会、上海世博局表示感谢。

在经历了历史的各种考验后，朝中两国关系在当前两国最高领导人的带领下，有了进一步的发展，并不断地向前迈进。

去年 5 月，伟大领袖金正日同志对中华人民共和国进行了非正式访问，两国老一辈领导者之间经历过艰苦的革命斗争，并结下了深厚的不可摧毁的友谊。此次访问是十分具有历史意义的事件。

我们应像过去一样，在未来的日子里，愿与中国的同志们为加深两国人民间的友谊而共同努力。

很高兴此次上海世界博览会让朝中两国与以世界博览会为主的世界各国国际机构在各个领域内进行了深层的交流与合作，同时也希望上海世博会能取得更大的成功。

朝鲜馆日代表团所赠的工艺品

交流活动

中方代表与朝鲜民主主义人民共和国国家馆日代表团主要成员合影

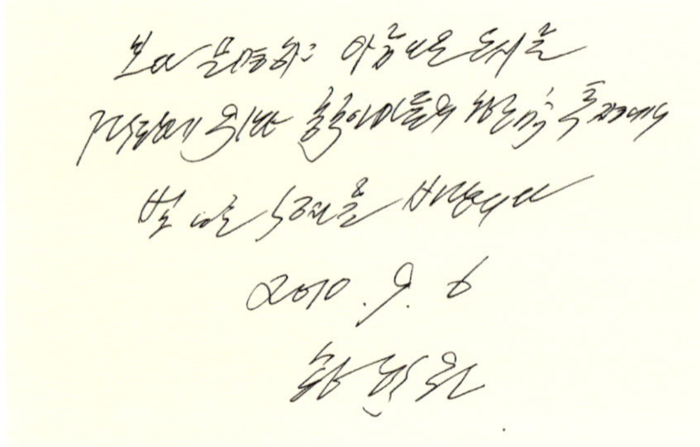

2010.9.6

真心祝愿和支持中国人民为了建设更加文明、更加美好的城市所举办的全人类盛会。

黄鹤元

朝鲜馆日的歌舞表演（一）

朝鲜馆日的歌舞表演（二）

前南斯拉夫马其顿共和国国家馆日

2010年9月7日

在馆日仪式上的中方代表致辞

值此金秋时节，我们共同迎来了马其顿国家馆日。借此机会，我谨代表中国政府和上海世博会组委会，对马其顿国家馆日的举办表示热烈祝贺，对远道而来的巴伊拉米部长及各位嘉宾表示诚挚欢迎！

世博会的历程勾勒出人类文明发展的轨迹。一项项重大发明通过这里传播全球，深刻改变人类的生活和生存方式。来自世界各地的人们汇集在这里，超越信仰、地域和种族界限，沟通心灵，增进友谊，加强合作，共谋发展，给世界留下了追求进步、崇尚创新、开放共荣、倡导和谐的宝贵财富，为推动人类文明进步发挥了重要而独特的作用。上海世博会在世博会历史上首次以“城市，让生活更美好”为主题，围绕“城市，让生活更美好”的主题，秉承“理解、沟通、欢聚、合作”的理念，为世界各国展示发展成果、交流发展经验、促进共同发展提供了广阔的舞台。

在以往的世博会上，世界各国人民曾领略过马其顿的风采。今天，马其顿再次带来独具匠心的创意，以“蜂巢”结构全方位演绎了“城市延续”的主题，倡导绿色环保、人类和谐共处的理念。一个个错落有致的六边型，一幅幅充满浓郁生活气息的画面，营造出温馨的气氛，让我们得以感受斯科普里别样的城市生活风情，陶醉于“巴尔干珍珠”奥赫里德的湖光山色，感慨于历史的变迁和生命的延续，马其顿正是以这种方式，对“城市，让生活更美好”的世博主题作出了独特的诠释，充分体现人与城市、人与自然和谐相处的理想境界。

马其顿馆（C片区，欧洲联合馆）

中国与马其顿远隔千山万水，但两国人民有着深厚的传统友谊。中马关系正常化以来，两国关系发展顺利，

上海世博会中国政府副总代表 姚培生

马其顿劳动和社会政策部部长 杰拉尔·巴伊拉米

各领域合作稳步推进。我们相信，上海世博会将成为中马两国人民之间一条多彩的纽带，推动两国各领域互利合作不断向前发展。

作为荟萃人类文明成果的盛会，世博会已成为世界各国人民共享欢乐和友谊的盛会，承载着人类超越自我的梦想。当今人类社会发展面临种种挑战，世界从来没有像今天这样迫切需要交流与合作。上海世博会是中国的机遇，也是世界的机遇。让我们携起手来，共同创造更美的城市、更好的生活，共建和平、共谋发展、共享繁荣。

最后，再次祝愿马其顿国家馆日活动取得圆满成功！

在馆日仪式上的外方代表致辞

今天能够出席上海世博会马其顿国家馆日我感到十分荣幸。上海世博会是绝佳的平台，借此世界各国得以展示各自的文化、特色和成就，也可以在经济、文化、科技领域寻求合作、寻找商机。

首先，请允许我祝贺本届世博会成功举办，这也再一次表明中华人民共和国政府在国际重大活动中占有先导地位。与此同时，我也希望马其顿丰富的文化和自然资源、传统风俗和国家魅力能够在上海世博会得到完美展现，也希望马其顿馆能够吸引更多中国友人和其他各国的友人前来参观。马其顿壮观的自然风光、精致的传统美食、自然健康的食品、丰富的自然资源、精彩纷呈的文化、传统与现代的相互交融以及我国特有的葡萄酒——这些都陈列在马其顿馆等待大家探索和体验。

女士们，先生们，马其顿和中华人民共和国之间的传统友谊深厚，经济关系密切，商贸往来频繁，合作领域广泛，这些让双方得以互利共赢。马中双方签署合作协议的 15 年来，两国的经济关系稳步加强，双方共同推动私营企业发展，致力于拓展企业的内部商贸合作。双方在组织贸易展览、展会和技术论坛等领域相互协助。根据马中协议，双方有责任和义务举办马中商业论坛以此促进两国企业加强直接交流，进一步稳固企业的经贸合作关系。在马其顿的对外贸易伙伴国中，中国排名第八。因此，加强与贵国的合作对马其顿的企业至关重要。今年上半年，马中双边贸易额累计高达 1.658 亿美元，占马其顿对外贸易总额的 4.2%。马中两国在能源开发领域，保持着良好的合作关系。中国水电集团曾参与马其顿科佳电站工程。中国专家毫无保留地与马其顿专家分享利用可再生能源领域的相关心得和经验，这让马其顿受益匪浅。马其顿经济规模有限，然而经济模式开放；因此，外商投资具有特殊的意义。

长期以来，马其顿一直关注中国，希望扩大招商引资规模。据了解，中国企业计划在汽车配件、信息技术、

农产品加工、商务服务和外包、制药、建筑、房地产、旅游和基础设施建设等领域开展投资。马其顿共和国和中华人民共和国保持着有效经济合作；此外，马中两国在互相尊重主权和领土完整、平等互利、和平共处的基础上，不断加强两国的政治关系。在两国政府和双方下属机构的有力带动下，在双方签署的各项协议的有效引导下，马中两国在经济、贸易、教育和文化领域的交流和合作日益频繁。

最后，祝愿马其顿和中华人民共和国继续在上述各领域开展广泛的合作，共同促进两国商贸活动的繁荣发展。

Голема благодарност до Претставниците на Владата на Народна Република Кина за пречекот кој што ни го приредија за Државниот Празник на Р.М. 8 Септември.
Со почит
Џелал Бајрами

感谢中华人民共和国政府代表在上海世博会马其顿国家馆日活动期间给予我们的热情接待。

杰拉尔·巴伊拉米

交流活动

中方代表与前南斯拉夫马其顿共和国国家馆日代表团主要成员合影

马其顿馆日代表团所赠的工艺品

马其顿馆日的文艺表演

大不列颠及北爱尔兰联合王国国家馆日

2010年9月8日

在馆日仪式上的中方代表致辞

我代表中国政府和上海世博会组委会，对英国举行上海世博会国家馆日表示诚挚的祝福，对约克公爵、安德鲁王子殿下出席今天的馆日活动表示热烈的欢迎。

我还清楚地记得第一次看到英国馆设计图样时的惊讶和欣喜。这个设计一经公布就得到中国人的赞扬，并被视为最有创意的场馆。中国公众给它起的“蒲公英”这个名称真是再形象不过了，非常好地反映了英国馆传播友谊的愿望。

如今，这颗硕大的“蒲公英”绽放了四个月，迎来了500多万名游客。让人们认识了一个多彩的英国，一个既拥有悠久历史和身后文化底蕴的国家，同时又是一个充满活力、崇尚创新的现代国家。

中国与世博会结缘正是在英国，1851年中国商人徐荣村将12包“荣记湖丝”送往伦敦世博会，并获得金奖。159年后的今天，中国人终于迎来了自己的世博会。经过一个半世纪的等待，世博会对于中国人有着更加不同寻常的意义。四个月来，上海世博会的参观者已经突破了3000万人。

上个月，我陪同欧盟外交与安全政策高级代表阿什顿走访贵州花溪区高坡民族乡杉坪村。在那里，我们看到许多人刚刚解决温饱问题，知道了中国南方有很多地方没有暖气，冬天只能靠生火炉来取暖。

随着中国经济的不断发展，更多的人将进入城镇化的潮流，更多的人期待提高生活水平，而且他们也有这个权利。中国现在所面临的挑战，就是如何以可持续的方式满足人们的愿望。

上海世博会对中国人来说，是一扇观察世界的窗口，

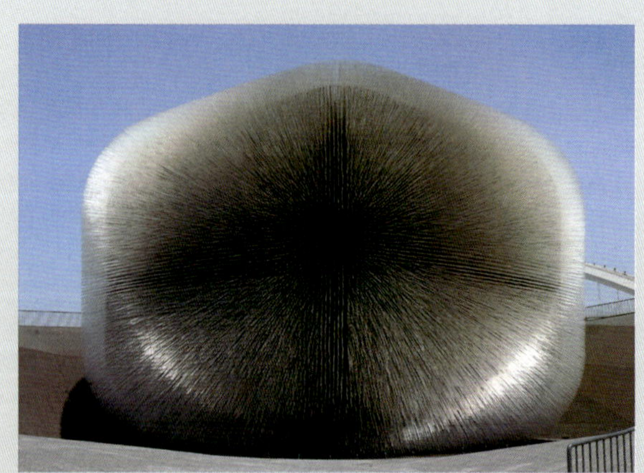

英国馆（C片区，自建馆）

中国外交部副部长 傅莹

英国约克公爵 安德鲁王子

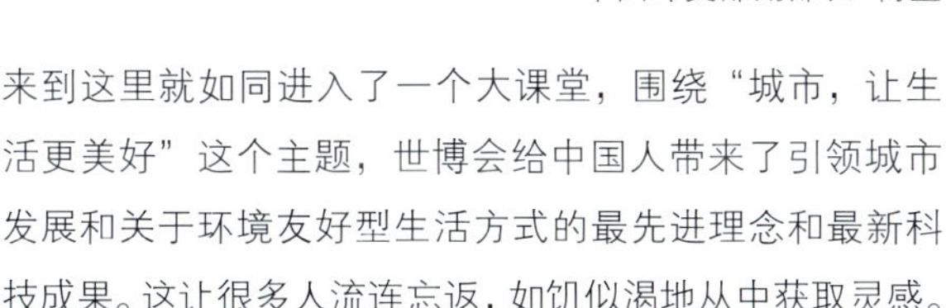

来到这里就如同进入了一个大课堂，围绕“城市，让生活更美好”这个主题，世博会给中国人带来了引领城市发展和关于环境友好型生活方式的最先进理念和最新科技成果。这让很多人流连忘返，如饥似渴地从中获取灵感。

上海世博会对世界来说，也是一扇观察中国的窗口，看看那些来自中国各地、各个年龄、各个民族、各种职业的参观者们，他们宁可数小时地排着长队，就为了看一眼各国场馆内的展示。难到他们每个人不都是中国的形象大使吗？他们以自己的热情展示着中国人对世界的浓厚兴趣与合作的强烈愿望。

我坚信，上海世博会将为中国和世界更加健康的合作与发展作出宝贵的贡献。为此，我们要感谢英国和所有参加世博会的国家。

愿世博会像“蒲公英”一样，将交流和友谊的种子洒遍全中国，洒遍全世界。

祝愿今天的英国馆日的活动取得圆满成功。谢谢大家！

在馆日仪式上的外方代表致辞

作为上海世博会英国代表团团长，我非常高兴地欢迎大家参加今天的庆典。

今天，我们欢聚一堂共同庆祝英中两国的紧密联系。通过像今天演出这样的活动，我们将邀请您与我们共同庆祝两国间深厚和不断发展的伙伴关系。

今天的文艺演出是我们之间深厚的合作伙伴关系的良好实例。我相信大家一定会喜欢由英国国家芭蕾舞团和上海芭蕾舞团共同创作的芭蕾舞剧《爱有多重》。作为英国国家芭蕾舞团的资助人，我很高兴能与您分享他们的作品。之后的芭蕾舞剧《天鹅之旅》也是由两国年轻舞者合作的作品。虽然遥远的距离为两国舞者的排练造成了困难，但由两国团队倾力打造的世界级作品不久也将呈现在大家眼前。

除了文化交流的不断深入，英国和中国在其他众多领域开展了良好的合作。我们在国际事务中承担着共同的国际责任，在其他广泛领域，如低碳发展、科技与创新、体育、文化、教育、贸易和投资合作方面发挥着重要作用。同时，我们两国人民的交流在过去几年也获得了长足的发展。上海世博会在进一步推动双方的相互理解方面发挥了重要的作用。这次世博会突出了分享知识经验、以及通过直接交流建立信任是建立有效的合作伙伴关系

的基础。而世博会的主题“城市，让生活更美好”旨在为我们共同面临的挑战寻求共同的解决方案。

英中合作伙伴关系将在未来几年发展到一个新的高度。我们都是全球化的受益者，我们两国的经济是互补的。作为合作伙伴，英国企业将为中国未来的经济发展做出贡献。发展对外贸易和投资关系将成为英国政府经济战略的关键组成部分。因此，鉴于中国是当今全球经济增长的引擎，新一届英国政府无疑将非常重视与中国的全面战略合作伙伴关系。这也是为什么我们的财政大臣乔治·奥斯本今年 5 月把中国作为他欧洲之外第一个访问的国家，并宣布英国对商业合作开放。

这也是为什么我们新上任的外交大臣威廉·黑格在今年 7 月访华时对中国的领导人说英国和中国应该成为合作伙伴，共同推动经济增长。简而言之，推进与英国的商业合作应成为中国发展战略的一部分，就像与中国的商业合作是英国经济战略的一部分一样。作为全球化的两大受益国，英国和中国应加强合作，并使两国真正成为推动增长的合作伙伴。

自世博会开始以来，英国馆在过去四个月已经接待了 500 多万的游客。我们网上世博会的展馆也吸引了数以亿计的游客。而且我们从中国公众、企业和许多贵宾那里得到的反馈也超出了我们的预期。英国馆已经成为了两国商业和世博后可持续关系的良好平台。

如果您还没有机会去参观英国馆，我真诚地邀请您在未来两个月去我们的展馆体验一番。同时，我们的“蒲公英”展馆被选为世博会最具创意的展馆令我们非常高兴。在今年 6 月，作为英国设计师最杰出海外设计，这一建筑也赢得了英国建筑 Lubetkin 奖。这些都充分证明了我们的设计师托马斯·赫斯维克的创造力，以及我们世博团队的全情投入。在世博会结束后，我们展馆的种子“触须”就会像真正的蒲公英一样发放给中国和英国的学校和机构，它们是真正播种未来我们两国合作和交流的种子。

最后，我要感谢世博会英国馆创始赞助商的大力支持，感谢你们对于英国世博团队精彩世博之旅的支持以及对于世博项目的影响力，同时，再一次祝贺中国政府和上海人民成功举办了此次世博会。

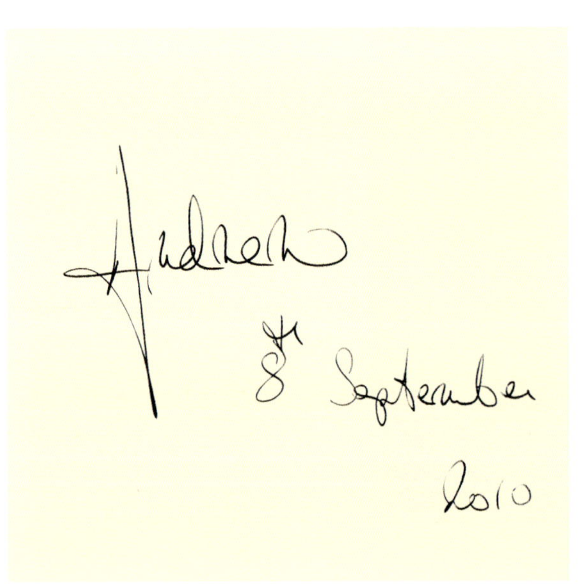

安德鲁王子的签名

英国馆日代表团所赠的工艺品

交流活动

中方代表与大不列颠及北爱尔兰联合王国国家馆日代表团主要成员合影

英国馆日的舞蹈表演（一）

英国馆日的舞蹈表演（二）

在荣誉日仪式上的中方代表致辞

今天，我们相聚在黄浦江畔，相会在美丽的世博园区，共同参加国际信息发展网荣誉日活动。我谨代表中国政府和人民，向出席活动的各位来宾表示热烈欢迎，对包括国际信息发展网在内的各参展方给予中国2010年上海世博会的支持表示衷心感谢，并预祝本次活动圆满成功。

以“城市援救与和谐生活、国际沟通与合作”为主题的国际信息发展网展馆，通过“液体玻璃”技术喷涂、“大爱无疆”等字样和图案、“光立方”灯珠展示，以及丰富多彩的论坛、富有特色的吉祥物、形式新颖别致的徽章，生动展现了环保、节能、高新技术和针对城市和谐发展的国际救援等相关内容，传递了“更美好的生活、更美丽的地球”的心愿，也给世界各地的游客留下了深刻印象。

我们相信，国际信息发展网展馆，将成为本届世博会的亮点之一，进一步增进中国人民和世界人民对国际信息发展网的了解。

最后，衷心祝愿国际信息发展网展示成功，祝愿本次活动顺利，祝愿丹尼尔·巴瑞奥总干事和诸位来宾身体健康！

在荣誉日仪式上的外方代表致辞

今天，我们在此庆祝的不仅仅是上海世博会事务协调局支持和推动的国际信息发展网荣誉日。国际信息发展网是联合国经济及社会理事会授权的Ⅰ类国际非政府组织。我们感到似乎已为这些天准备了许多年了。25年

国际信息发展网馆（B片区，租赁馆）

中国上海世博会事务协调局副局长 陈先进

国际信息发展网总干事 丹尼尔·巴瑞奥

来，在完成联合国委派的任务时，国际信息发展网便已开始实施执行技术信息促进系统。这是第一个致力于促进发展中国家间技术、贸易和投资机会的国际系统。

从那时开始，国际信息发展网采取的所有行动，发起的所有项目都致力于缩小发达国家和发展中国家及其人民之间的差距。

比如在与欧洲委员会合作的过程中，我们创建了AL-INVEST项目来促进拉美和欧洲国家间的商业和投资。我们还创建了SAI，这是第一个促进这两个区域间贸易和投资的互联网接入系统。同样还有WINNER项目，这是第一个促进男女平等以及提升微型和小型女性企业家能力的地区间项目。我们的努力还表现在ETNA中，即美洲环境技术网络。该网络整合了城乡的环境可持续发展、尊严以及人民福利战略等，其中很多都属于8个千年发展目标。今天也是千年发展目标十周年纪念日。

192位国家元首共同签署《联合国千年宣言》，推动改善世界最贫穷国家的社会和经济条件，能够在这同一天庆祝本组织荣誉日，我们感到万分自豪。

实现宏伟目标的路途是不平坦的。有些国家已经实现了很多目标，而有些尚未取得任何进展。已实现宏伟目标的国家中就包括了中国，其贫困人口数目从4.52亿减少到了2.78亿。

根据联合国公布的2009年千年发展目标报告，这些目标的实现受到缓慢的经济增长甚至经济负增长、资源减少、发展中国家较少的贸易机会影响，另外援助国还有可能减少援助也影响到目标的实现。

那么要实现千年发展目标，我们需要些什么呢？

如果可以的话，请允许我问一个较敏感的问题：千年发展目标是否像当初设想的一样成为了这样一个指标，指示我们希望建立的更平等的世界，有益于帮助所有人实现理想的生活，并且从今往后能够根据社会平等、生态可持续发展和人类尊严等目标来实现个人和集体道德价值。

当今世界面临着很多危机，都威胁到人类文明的生存。仅仅依靠“特别”模式和战略、新技术补救或权益的金融补救行动是难以解决现在面对的危机的。这些危机是系统而有结构性的，需要前所未有的全盘思考以及相应的共同行动。我们需要有一个全局观，连接所有人和生活支持系统。

我们面对的切实挑战是实现人口和环境的动态平衡，将经济现代化与文化传统和社会福利结合起来、允许人类改善自身生存条件、不受阻碍的实现自身潜能、并且不给环境带来任何不可逆转的伤害。

经济学家根据推测来衡量消费者信心，其结果表示消费者信心与社会发展和福利相关。国内生产总值，即GDP通常被用来衡量国家福利。

当我们看到喜马拉雅山小王国不丹决定其国家重点关注的不再是GDP，而是GDH，国民幸福总值时，也许现在是时候退出GSP，即可持续产品总值的概念了，也就是几千年前孔子所说的小康，这是胡锦涛主席希望在中国建立的和谐社会。

我们国际信息发展网正全面致力于推动这一理念，我们已准备好全力推动相关的新项目和新平台。

中华人民共和国是最早加入国际信息发展网的国家之一。国际信息发展网一直通过各种项目和活动支持邓小平同志领导的中国改革开放进程。

国际信息发展网决定建立一个独立的展馆，背后有很多原因。首先是为了感谢中国中央及地方政府、私有

行业、社会和文化力量对国际信息发展网和我们的项目的信心。

其次，世博会为我们提供了特别的机会，让我们在展馆内展示如何通过构建更有活力的城市，来让公民过上更好的生活。

此外，我们希望展馆的影响能超越世博会这一超凡的世界盛事，继续成为中国各地方政府的关注焦点，以此寻找平台发起总体规划和项目，并为中国和其他国家提供贸易和投资机会。

尽管世博会还有两个月时间才结束，但我们可以说国际信息发展网馆是我们启动在中国第二步也是最重要的行动的最佳平台。

感谢各位的聆听并同我们一起庆祝如此重要的一天。

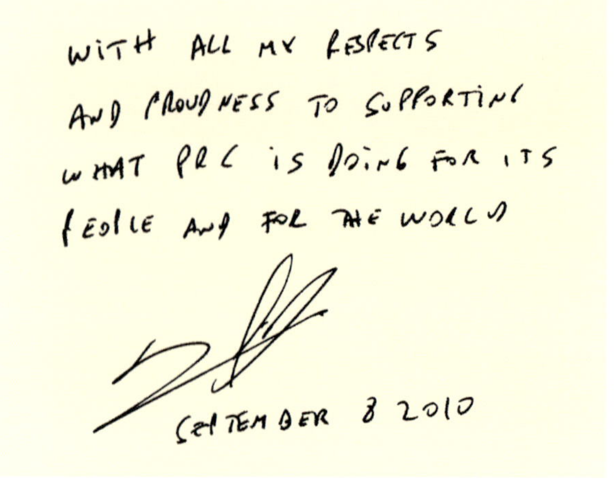

我怀着尊重和自豪支持中国为其人民和世界所做的一切。

丹尼尔·巴瑞奥

交流活动

中方代表与国际信息发展网荣誉日代表团主要成员合影

国际信息发展网荣誉日代表团所赠的礼物

国际信息发展网荣誉日的文化交流活动

在馆日仪式上的中方代表致辞

今天是肯尼亚共和国国家馆日，有机会出席馆日活动，我深感荣幸。首先，我代表中国政府和人民，对肯尼亚国家馆日的举办表示热烈的祝贺！向远道而来的肯尼亚贵宾表示诚挚的欢迎！向你们给予上海世博会的大力支持表示衷心的感谢！

中肯友谊源远流长。1963 年建交以来，两国关系健康发展。近年来，中肯友好合作关系加速发展，双方高层互访频繁，政治互信不断增强，在涉及各自重大利益的问题上相互支持，在经贸及文教、卫生等社会发展领域合作成果丰硕。中方视肯尼亚为在非洲的重要合作伙伴，愿与肯方一道，进一步深化中肯友谊，拓展务实合作，推动中肯长期稳定、互利互惠的友好合作关系持续深入发展！

世博会是展示世界政治、经济、科技和文化发展成就的平台，也是国家间的交流与合作的平台。肯尼亚馆的主题是“发现之城，和谐之城”，通过展现肯尼亚丰富的野生动物资源、美丽富饶的土地以及独特的城市个性，向海内外参观者充分展示了“可持续发展战略”，展示了肯尼亚城市与自然间的和谐平衡以及城市发展中所遇到的难题。波马斯（Bomas）文化村艺术团在园区的精彩演出，也极大地增进了中国人民和各地游客对肯尼亚的多民族文化艺术的了解。

希望借助上海世博会“理解、沟通、欢聚、合作”这一平台，中肯两国合作和两国人民的友谊跃上新的台阶。

最后，祝福肯尼亚国家馆取得圆满成功！

祝中肯两国友谊之树常青！

肯尼亚馆（C片区，非洲联合馆）

中国 2010 年上海世博会执委会副主任　周汉民

肯尼亚贸易部部长　奇劳・阿里・姆瓦圭雷

在馆日仪式上的外方代表致辞

我代表肯尼亚政府和人民，并以我个人的名义，非常高兴地欢迎各位出席肯尼亚国家馆日活动。肯尼亚很荣幸能够参加上海世博会。

很高兴能与各位在此共同庆祝世博会肯尼亚国家馆日。对于肯尼亚来说，这是自 5 月 1 日世博会开园以来的一个重要里程碑。

能够参与演绎世博会“城市，让生活更美好”的主题让我们深感自豪，因为这正是肯尼亚国家发展议程的重点所在。世博会使得肯尼亚有机会与国际社会一道探索如何应对人类所面临的挑战，尤其是快速的城市化进程给环境保护所带来的挑战。

因此，世博会提供了一个重要契机，让我们来发掘 21 世纪城市生活及变革的巨大潜力。肯尼亚在世博会上推广“发现之城，和谐之城”的理念，突出展现融合历史与现在、本土与国际、传统与现代、人工与自然于一体的城市环境。

肯尼亚展馆分为四个主要展区：一是新城内罗毕，内罗毕是肯尼亚的首都及最大的城市，同时也是非洲东部及南部地区的金融、通讯、交通及医疗卫生中心。在离内罗毕主要商务区不远处有一个大型的野生动物园，这在全球的大都市当中是绝无仅有的。老城拉穆展区展示了拉穆这一联合国教科文组织评定的世界遗产的风貌及其在中肯两国关系中的重要意义。此外，肯尼亚的蒙巴萨市也是著名的度假胜地。展出的内容还包括正在日益成为肯尼亚又一中心城市的基苏木及其与美国总统奥巴马先生的独特渊源。

另一展出的主题是村寨 Maasai 及其所展现的肯尼亚丰富多彩的文化。除了产品和服务方面的展览之外，展馆还展示了肯尼亚的特色旅游产品、作为区域商业中心的风采以及为全球体育事业特别是中长跑运动的发展所作的独特贡献。

请允许我借此机会回顾肯尼亚与中国之间的深厚情谊。自 1963 年建立外交关系以来，两国保持了长期的友好和睦关系。位于拉穆岛上的拥有 600 多年历史中国古迹就是两国关系有着深厚的历史积淀的最好的证明。

肯尼亚与中国之间的合作不断地向前迈进。在贸易、教育、卫生、能源、农业及合作发展领域，两国已签署了多项协议及谅解备忘录。2003 年，中国授予肯尼亚旅游目的地国家地位。中国国际广播电台调频在内罗毕的播出，内罗毕大学孔子学院的设立，肯尼亚全国青年服务培训学院的建设和设备的完善，以及肯尼亚肯尼杰莫肯雅机场至乌胡鲁高速公路与联合国环境署公路的改造都是两国关系中的重要里程碑，这些都将有力地推动两国人民间的交往与了解。齐贝吉总统阁下本人也是出席 4 月 30 日世博会开幕式的非洲国家元首之一。

我要在此转达我国对中国政府的感激之情，感谢你们在包括体育、卫生、能源、教育、道路、信息通讯技术、人力资源发展以及文化等领域给予我们的帮助。

两国的双边贸易额也取得了长足进展。虽然中国在两国贸易往来中居于顺差地位，但肯尼亚对中国的出口

已经从2003年的670万美元增加到了2008年的2909万美元，平均每年增长超过34.13%。

另一方面，肯尼亚从中国的进口也稳步上升，从2003年的1.054亿美元增加到了2008年的9.098亿美元，平均年增长率约为54%。

令我们感到欣喜的是两国正在开展磋商，以求通过增加来自肯尼亚的出口促进双边贸易的平衡。事实上，两国在贸易以及其他的双边合作领域仍然有着巨大的发展空间。

我们期待在教育往来与合作、交通运输产业建设及现代化以及旅游产业间进一步深化合作。

我向中国政府与人民，尤其是上海以及世博会的组织者致意，感谢你们对于我们代表团的热情款待。我想重申的是肯尼亚希望继续促进两国间友好和睦关系的发展。

最后，我想感谢中华人民共和国政府对于肯尼亚发展的长期支持。

我坚信中国2010年上海世博会将会有助于全球城市的可持续发展。各参展国可以开展合作，推行在世界各地实施并得到展示的新型发展计划。

再次欢迎大家出席今天的肯尼亚国家馆日庆祝活动以及将于明天在花园饭店举办的商贸论坛，并就肯尼亚的贸易、投资及旅游商机展开讨论。

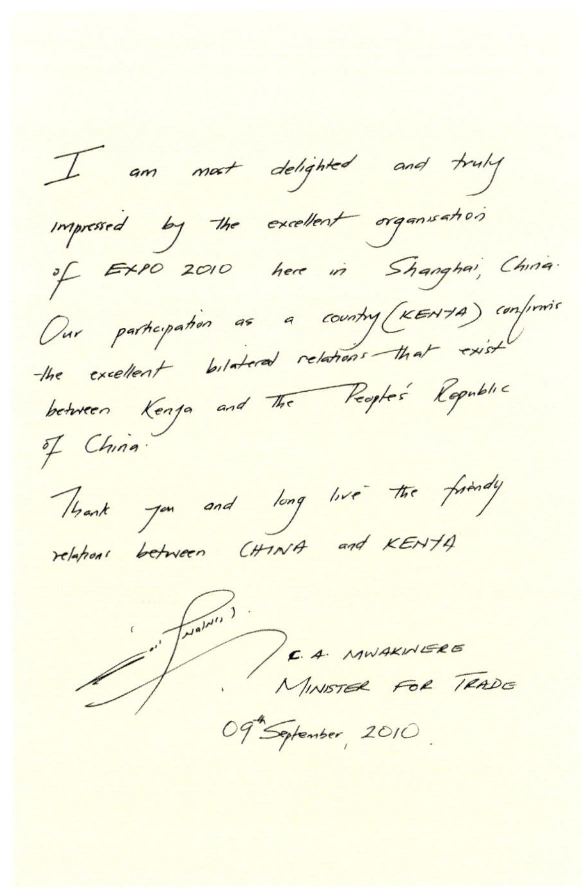

I am most delighted and truly impressed by the excellent organisation of EXPO 2010 here in Shanghai, China. Our participation as a country (KENYA) confirms the excellent bilateral relations that exist between Kenya and the Peoples' Republic of China.

Thank you and long live the friendly relations between CHINA and KENYA

C. A. MWAKWERE
MINISTER FOR TRADE
09th September, 2010

2010年上海世博会令人印象深刻并倍感愉快。肯尼亚作为一个国家的参与体现了两国间业已存在的良好双边关系。

此致谢意，祝中肯友谊万古长青。

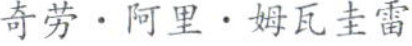
奇劳·阿里·姆瓦圭雷

肯尼亚馆日代表团所赠的工艺品

交流活动

中方代表与肯尼亚共和国国家馆日代表团主要成员合影

肯尼亚馆日的歌舞表演（一）

肯尼亚馆日的歌舞表演（二）

博鳌亚洲论坛荣誉日

2010年9月9日

博鳌亚洲论坛馆（B片区，国际组织联合馆）

在荣誉日仪式上的中方代表致辞

我代表中国政府和上海世博会组委会，对博鳌亚洲论坛举行世博会荣誉日活动表示诚挚祝贺，对福田康夫理事长、曾培炎副理事长、周文重秘书长和各位理事的到来表示热烈欢迎，对博鳌亚洲论坛对中方承办世博会给予的宝贵支持和大力协助表示衷心感谢。

世博会走过159个春秋，历久弥新，始终保持旺盛的生命力。这种活力源自人们对地域、种族和信仰的超越，源自人们对和平、合作与进步的渴望和追求。世博会在全球范围内推动着广泛的国际交流，为全人类了解自我、正视历史、开创未来提供了大好的机会。

博鳌亚洲论坛成立九年多来，本着平等、互惠、合作、共赢的宗旨，就亚洲发展的现实和长远课题集思广益，成为亚洲及世界各国政、商、学界对话和交流的重要平台，为促进地区经济合作、增进各国相互了解和友谊发挥了重要的作用。今年4月份结束的论坛2010年年会，围绕绿色复苏的主题，就亚洲和世界发展方式转变、经济结构调整进行了深入的探讨，为后国际金融危机时期亚洲的绿色复苏和可持续发展提供了箴言良策。

在各方积极推动和共同努力下，博鳌亚洲论坛第一次参加世博会，必将为本次全球盛典的磅礴画卷留下浓墨重彩的一笔！论坛展馆采用蓝、银色调搭配，体现了科技感、现代感、国际化；以论坛标志中的“ASIA”为原型作为展台主体，体现了论坛希望通过区域的进一步整合、推进亚洲国家发展的愿望；将标志中的圆形做成球状，与圆弧形咨询台相响应，体现了“理解、沟通、合作共赢、建立和谐城市和美好

中国外交学会会长 杨文昌

博鳌亚洲论坛理事长 福田康夫

未来”的含义。

我相信，通过世博会这一平台，将进一步增进世界公众对博鳌亚洲论坛的了解，论坛的国际和地区影响力将进一步得到提升。

中国政府重视和支持多层次、多渠道、多领域的对话和合作。作为东道国，我们为论坛的成长和成就感到高兴，也愿同关心亚洲发展的各国一道，继续为论坛的发展提供力所能及的帮助，支持博鳌亚洲论坛办出特色、办出水平，为促进地区经济发展与合作做出更大贡献。

最后，祝愿博鳌亚洲论坛荣誉日活动圆满成功。

在荣誉日仪式上的外方代表致辞

首先，我代表博鳌亚洲论坛，向出席论坛世博纪念活动的各位来宾表示热烈的欢迎。上海世博会作为世博历史上最成功的一次大会，有助于促进世界各国人民的理解和交流。我非常荣幸能够参加这样的盛会。博鳌亚洲论坛馆和纪念日是向上海市民和众多的世博游客介绍论坛十年来的发展历史，再次表明为亚洲经济一体化作贡献这一宗旨的良好契机。在此，我要特别向中国政府、上海市政府、上海世博会事务协调局的支持和合作表示衷心的感谢。

博鳌亚洲论坛是在20世纪末亚洲金融危机以后世界经济形势发展和变革中诞生的。亚洲地区的一些高瞻远瞩的政治家们积极推动建立一个由亚洲人民主导、反映亚洲利益和观点、汇聚亚洲共识、为亚洲经济一体化作贡献的“亚洲”论坛。经过十年的不懈努力，博鳌亚洲论坛已经取得了很大的进步。当今亚洲已经成为拉动世界经济增长的重要引擎，地区内的贸易和投资不断创造新的纪录。博鳌亚洲论坛也为此作出了应有的贡献。

现在，世界经济正在从危机中逐步恢复。战胜危机需要世界的共同努力。世界各国政府、企业和学界的领导们为了促进相互理解，建立信任关系，扩大共识，需要更加紧密地沟通和交流。为此，博鳌亚洲论坛将继续发挥其独特的作用。

博鳌亚洲论坛是一个年轻的国际组织，亚洲经济一体化任重而道远。为了亚洲大家庭更好的明天，希望大家今后一如既往地支持和参与我们的工作。

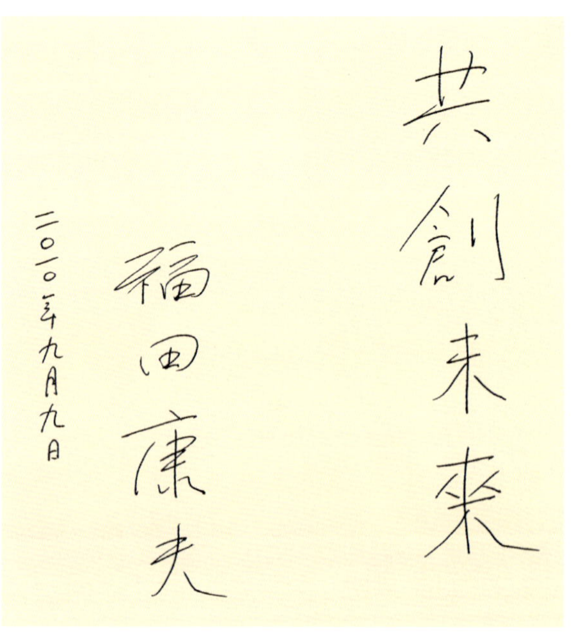

共创未来

福田康夫

交流活动

中方代表与博鳌亚洲论坛荣誉日代表团主要成员合影

博鳌亚洲论坛荣誉日的文艺表演（一）

博鳌亚洲论坛荣誉日的文艺表演（二）

博鳌亚洲论坛荣誉日代表团所赠的工艺品

埃塞俄比亚联邦民主共和国国家馆日

2010年9月10日

在馆日仪式上的中方代表致辞

首先，请允许我代表中国政府和上海世博会组委会，对迪里尔部长及各位贵宾前来出席上海世博会埃塞俄比亚国家馆日活动表示热烈欢迎。相信埃塞俄比亚国家馆日活动一定会给每一位到访者留下美好而深刻的印象。

世博会是展现人类文明成果、见证人类文明发展的伟大盛会，它把不同国度、不同民族、不同文化的人们汇聚到一起，为各国人民加强交流、谋求发展提供了机会和舞台。上海世博会是首次在发展中国家举办的世博会，也是继北京奥运会后，中国举办的又一次重要国际盛会。各参展方围绕“城市，让生活更美好”的主题，展示城市文明成果，交流城市发展经验，传播先进城市理念，为人类居住、生活、工作探索新模式。相信在包括埃塞俄比亚在内的所有参展方的共同努力下，本届世博会将成为一届成功、精彩、难忘的盛会，为缔造生态和谐的社会和促进人类可持续发展作出贡献。

素有“非洲屋脊”之称的埃塞俄比亚美丽而古老。埃塞俄比亚高原和青尼罗河孕育了闻名于世的阿克苏姆文明。贯穿于埃塞俄比亚、肯尼亚、坦桑尼亚的东非大裂谷诉说着人类的起源。勤劳而善良的埃塞俄比亚人民努力奋斗，使国家在新世纪继续焕发出勃勃生机。今天，埃塞俄比亚国家馆的主题是“城市的综合遗产——埃塞俄比亚经验”，我们将有机会了解到埃塞俄比亚丰富的旅游资源和独特的城市个性以及当地城市与自然的和谐平衡。

中国与埃塞俄比亚虽相距遥远，但友谊源远流长。埃塞俄比亚是最早与中国开展交往的非洲国家之一。两国人民的交往可追溯到公元1世纪。中埃建交以来，两国始终真诚友好，平等相待，在各个领域开展务实合作，

埃塞俄比亚馆（C片区，非洲联合馆）

中国外交部部长助理 刘振民

埃塞俄比亚文化旅游部长 穆罕默德・迪里尔・戈迪

友谊与合作关系不断发展。特别是近年来，双方致力于发展全面合作伙伴关系，政治上增进互信，经贸上加强合作，在国际事务中密切配合，两国关系更趋紧密。我相信，上海世博会将为中埃两国和两国人民增进了解和友谊提供新的契机，为深化中埃双边友好合作注入新的动力。

最后，祝愿今天的埃塞俄比亚馆日活动取得圆满成功。

在馆日仪式上的外方代表致辞

首先，请允许我代表埃塞俄比亚联邦民主共和国政府，代表埃塞俄比亚世博会的整个代表团以及以我本人的名义衷心地感谢各位能够参加今天的馆日活动。

在这个美丽的秋天，我们不仅仅会庆祝埃塞俄比亚的国家馆日，还有一系列其他值得庆贺的事情。

在这个月或者今天，除了上海世博会一系列精彩的活动，我们即将迎来埃塞俄比亚年历的除夕。根据埃塞俄比亚自己的历法，明天我们就将展开盛大的庆祝活动，庆祝 2003 年幸运之年。我想借此机会祝贺大家能够和我们一起庆祝埃塞俄比亚的新年，也恭喜大家能在 2010 年过上两次新年。我同样也想祝贺大家，因为根据埃塞俄比亚的历法，每个人都年轻了 7 岁。

今天同样也是穆斯林斋月的结束之日，所以我也想借此机会祝贺全世界的穆斯林朋友们，祝你们开斋节快乐。这个节日我们在埃塞俄比亚也一样会庆祝。

而在本月的 9 月 8 日，全世界的犹太人，包括埃塞俄比亚的犹太人也迎来了犹太历法中 5771 年新年。

我同样也知道中国人有着庆祝中秋节的传统。在这一天月亮是最圆的。我知道在中国这一天也是月饼节。我了解了“月饼”的中文意义。在这一天，中国的家庭会团圆。这是非常具有社会以及精神意义的。

而现在我们每一个人都是全球化世界大家庭的成员，自从最早的人类开始在地球母亲上行走，也就是在非洲埃塞俄比亚的一个叫阿尔法的地方。人类就一直致力于解决我们所面临的各种严峻的挑战。而自从 1851 年伦敦万国工业博览会之后，我们发现解决挑战一个重要的方法就是举行世界博览会。

我坚信上海世博会反映了人类改造城市的决心，我们希望城市能够真正成为一个中心，我们可以享受不同的文化，可以实现经济的繁荣，可以实现科技的进步，同时也可以生活在一个低碳、绿色的环境里，能够享受城市和农村之间的良好的交融。而这个思想也是我们确立埃塞俄比亚馆的一个中心思想。

在埃塞俄比亚，我们那些古老的城市都是由过去的皇帝以及穆斯林统治者设计并建造的。比方说这些城市包括阿克苏姆城、共德尔城、拉里贝拉城以及哈勒尔城，它们都有着非常严肃的精神及政治意义。它们也促进了人类文明的发展。

但是我同样认为全世界都应该知道的一点就是非洲的古老的城市以及非洲本身从未对全球变暖造成过不良影响。正如我们的首相梅赖斯在不同的场合重申的那样，非洲的生态系统是全世界最脆弱的生态系统之一，而我们对于气温的变化也是非常脆弱的。非洲在全球变暖面前无路可退，我们能做的只有寻求赔偿和帮助以尽量减少损失。

在埃塞俄比亚的展馆里，我们也可以享受到咖啡豆，因为咖啡正式发源于我们国家。但是我知道在中国人们更喜欢茶叶。我想邀请大家共同参加在埃塞俄比亚馆内举行的咖啡派对。我们可以坐在一个具有民族风情的大

伞之下，这也象征着人类之间的和谐与团结。埃塞俄比亚参加本次世博会也是想向世界昭示我们有着上千年的传统。这个传统就是不同的文化以及宗教之间的宽容与和平共处，而这也是我们的城市适合人们居住的一个重要原因之一。而更重要的是，我们现在城市与农村的现状昭示出我们消除贫困的决心。我们同样也希望通过我们人民的努力实现国家的经济增长。

各位尊敬的来宾，今年我们将迎来中埃两国建交 40 周年。而同时埃塞俄比亚航空公司也将庆祝其开通中埃航线 50 周年。目前在埃塞俄比亚有 1230 个中国投资项目，总价值达 25 亿美元。我们相信世博会这样的全球盛会将会进一步促进中国在非洲以及全世界的投资与贸易。同时我也想借此机会感谢中国对于非盟实现非洲大陆和平与发展所作出的努力。我同样也想感谢中国援建阿迪斯、阿贝巴的非盟总部大楼，这是中国给非洲的一份大礼。谢谢中国，我们的朋友！

交流活动

中方代表与埃塞俄比亚联邦民主共和国国家馆日代表团主要成员合影

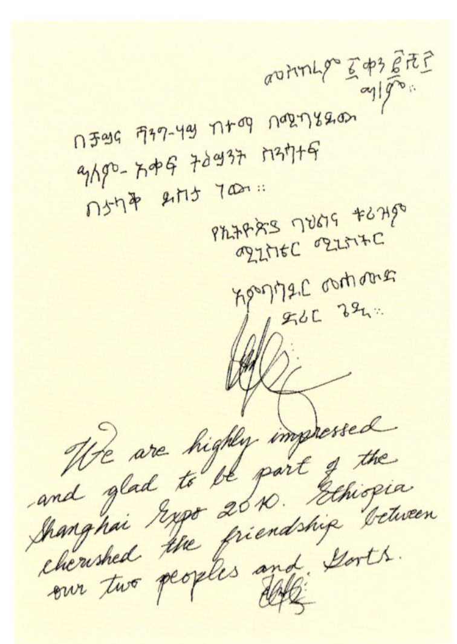

We are highly impressed and glad to be part of the Shanghai Expo 2010. Ethiopia cherished the friendship between our two peoples and Gov'ts.

我们很感动也很高兴参与到 2010 上海世博会中来。埃塞俄比亚珍视两国人民和政府间的友谊。

穆罕默德·迪里尔·戈迪

埃塞俄比亚馆日代表团所赠的工艺品

埃塞俄比亚馆日的歌舞表演

冰岛共和国国家馆日

2010年9月11日

冰岛馆（C片区，租赁馆）

在馆日仪式上的中方代表致辞

我代表中国政府和上海世博会组委会，对冰岛举行上海世博会国家馆日表示诚挚祝贺，对格里姆松总统出席今天的馆日活动表示热烈欢迎。

创新是世博会不竭的力量源泉。159年前，世博会在伦敦拉开序幕，成为集中展示人类文明成果的国际性盛会。从那以后，蒸汽机、轮船等发明从展品走进人类生活，许多当年被斥为“异想天开”的设想如今已经成为人类不可或缺的伙伴。百余年来，世博会历久弥新，早已成为人类放飞自己梦想的精彩舞台。

与此同时，世博会也是全世界不同民族、不同文化、不同社会间相互交流的舞台。在这里，来自五大洲、四大洋的人们充分交流彼此关于构建美好未来的理想，许多成功的经验得到广泛借鉴。可以说，“追求进步、开放共荣、推动和谐”已经成为世博会标志性的理念，为人类文明的不断发展做出了重要贡献。

本届上海世博会的主题“城市，让生活更美好”，是历史上首届以“城市”为主题的综合类世博会，契合当今世界发展的重要课题。自开展以来，上海世博会已经走过了100多个成功、精彩、难忘的日子，各国参展者们通过风格各异的场馆设计、案例展出等为人们勾勒出未来城市异彩纷呈的发展方向。我相信，在所有参展者的共同努力下，承载着对未来美好设想与憧憬的上海世博会，必将在人类历史上留下浓墨重彩的一笔。

冰岛毗邻北极，独特的地貌、丰富的地热、无边的冰川、美丽的北极光等造就了这个神奇的“冰与火的国度”。大自然在赋予了冰岛丰富资源的同时，也赋予了冰岛人民与波涛、严寒斗争的勇气以及建造美好家园的

中国农业部部长 韩长赋

冰岛总统 奥拉维尔·拉格纳·格里姆松

智慧。来到玲珑剔透、造型犹如“冰立方”的冰岛馆，我们仿佛能感受到从北极传来的阵阵清风和冰岛的清新花香，在炎炎夏日带给我们丝丝清凉和屡屡清香。我们可以漫步走过冰岛火山岩墙前，伴随着空灵旷远的音乐置身于360度全景投影中，与冰岛的美丽景色和城市生活亲密互动。在这里，我们可以领略到火山喷发和绵延冰川的磅礴气势，欣赏到“蓝湖”和间歇喷泉的神奇之美，也可以分享冰岛人民在建设自己家园过程中取得的精彩成就，深切感受到《萨迦》后代与孕育冰岛的大自然之间的深刻联系。

中国和冰岛虽相距遥远，幅员不同，但两国和两国人民传统友好。中冰建交39年来，两国各领域的交流与合作进展顺利，为两国人民带来了实实在在的利益。我相信，上海世博会将为中冰两国和两国人民增进相互了解、深化互利合作带来新的动力。

世博会的魅力在于不同文明的对话与交流。在今天的冰岛馆日，让我们共同欣赏“冰立方”的独特之美，领略“冰与火的国度”的自然风貌，体验冰岛的历史和清洁发展的现代生活。相信冰岛国家馆日活动将使每一位来访者感到不虚此行。

祝愿今天的冰岛馆日活动取得圆满成功。

在馆日仪式上的外方代表致辞

很荣幸在冰岛国家馆日见到大家，共同庆祝上海世博会的巨大成功。

中冰友谊是冰岛未来愿景的重要一环，我们非常感谢中国人民以及胡锦涛主席和温家宝总理所代表的中国领导人对我国的善意。在中国，无论我们走到哪里，冰岛都是一个家喻户晓的名字，人们对我们的火山、冰川、天然热喷泉、江河湖泊和绿色山谷津津乐道，也对变化光影下无穷变幻的风景悠然神往。

近来年，冰岛已经吸引了为数众多的中国游客，我们希望来自贵国的游客数量与日俱增，也期盼世博会冰岛馆的成功会促使更多的中国人赴冰岛旅游，享受独特的自然风光。

我向大家承诺：在这个开放而安全的国家里，中国游客一定会得到朋友般的热情款待。同时，冰岛也是世界上最年轻的国家，其国土至今仍在不断增长之中。

大自然也充分影响了我国的文化、艺术、设计、音乐和绘画，而这一切都在上海世博会的冰岛馆里得到了充分展示。

冰岛馆的灵感来自于水和能源，这两者也是实现“城市，让生活更美好”不可或缺的要素。很幸运，冰岛拥有大量形态各异的水资源：河流湖泊中的淡水、渔业资源丰富的海水以及全欧洲最大的冰川中封存的冰冻水。

我国不仅淡水、冰冻水储量丰富，还同时拥有大量的热水、地热温泉以及地热资源。半个世纪以来，我们不断探索开发我国丰富的地热水资源，大力发展水电业；时至今日，冰岛业已成为全球清洁能源第一大国。

我年轻的时候，冰岛超过80%的能源要靠进口的煤和石油。而今，城镇供暖系统使用的能源全部来自以

地热为主的清洁能源，而发电也同样100%靠清洁能源储备实现。

与全球其他国家，特别是发展中世界共享清洁能源技术是冰岛新一轮国际愿景的重要内容。地热和水电带来了巨大的经济效益，使冰岛从一个农渔业国转变成了当今世界上最富裕的福利国家之一。即使遭受了最近的金融危机也依然如此。

地热资源的经济和社会效益不仅仅在于是一种能源，它亦可用于温室或其他高效农业生产方式以种植高价农作物，为水疗和美容泥疗供应热水，创立城乡休闲医疗中心，从而提高各地生活水平。

用地热替代进口石油供城市采暖节约了大量开支。每十年因无需进口煤和石油而节省的资金相当于我国一整年的国民生产总值。

这无疑是一场革命性的转变，它不仅确保了我国经济长久的内生性优势，也为全球作出了巨大贡献。

冰岛的电力以及工程公司足迹遍布全球， 积极参与了位于中国、印度、东亚、中美、东西欧、中东、俄罗斯以及美国的各类地热项目。

我们的经验也为中国提供了新的机遇，贵国围绕地热开发制定的经济战略取得了巨大成功。

2002年，江泽民主席对冰岛的国事访问在两国能源合作中具有里程碑式的意义。当时，我陪江主席参观了奈斯雅维里尔地热发电厂。这家由雷克雅未克能源公司兴建的电站距离首都约一小时车程，与辛格韦利尔国家历史公园相距不远。参观完毕后，江主席的兴奋之情溢于言表，并称已为中国清洁能源的未来勾勒了新的蓝图。

无独有偶，近年来我有幸见到胡主席、温总理时也感受到了同样的憧憬。特别是几天前与习近平副主席的会面中，他亦宣布冰岛将是中国实现地热转型的首要合作伙伴，两国当共同努力将清洁能源输送到中国的各个地区。

这一转型将帮助中国成为全球清洁能源的排头兵。未来10到20年，中国将大力发展太阳能、风能、水电、地热以及各种清洁能源，并一举超越欧盟、美国、日本成为各主要经济体中排名第一的清洁能源大国。

在中国迈向成功的道路上，能助中国一臂之力，冰岛倍感荣幸。我们要让中国的城市不再有燃煤和烟尘，让人民的生活变得更健康、更富裕。

我们的合作不止于此。中国和冰岛都是地震频繁的国家，为此我们也已向最近地震中的遇难群众及其家人和社区表达了沉痛哀思和深切悼念。

我本次访问的议题之一就是商讨中冰两国专家如何开展地震监控和救援计划方面的合作，从而将未来地震的伤害降到最低。

双方科学界的合作也可以选择冰川研究为另一切入点。通过对两国冰川融化的研究，特别是对被称为世界第三极的喜马拉雅山的研究，将进一步揭示不可逆的气候变化带来的威胁，尤其是对全世界海洋湖泊造成的严重影响。

冰岛馆对水的展示说明了水资源对于实现清洁能源未来的重要意义。要传达的信息很明确：我们应确保水仍然是一种福音；地热能源可以为中国带来洁净的空气；而各种形态的水资源也应当是明年中冰建交40周年纪念活动的主题。

我再次向中国政府、上海市、世博会组织方以及数百万访问过冰岛馆的群众表示感谢。今天能与大家欢聚一堂我们倍感荣幸！

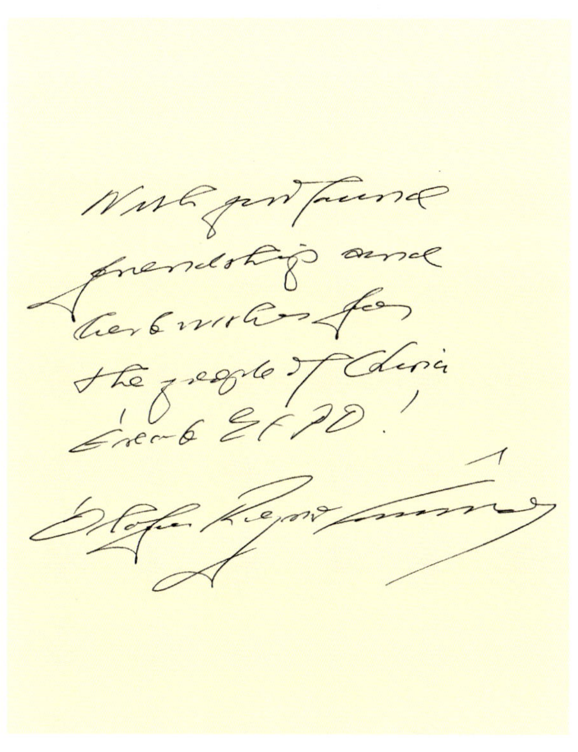

祝友谊长存，并向所有中国人民问好，感谢世博会。

奥拉维尔·拉格纳·格里姆松

交流活动

中方代表与冰岛共和国国家馆日代表团主要成员合影

冰岛馆日代表团所赠的礼物

冰岛馆日的文艺表演

马来西亚国家馆日

2010年9月12日

在馆日仪式上的中方代表致辞

今天是马来西亚国家馆日，有机会出席馆日活动，我深感荣幸。首先，我代表中国政府和人民，对马来西亚国家馆日的举办表示热烈祝贺！向远道而来的马来西亚贵宾表示诚挚的欢迎！向你们给予上海世博会的大力支持表示衷心感谢！

近年来，中马关系全面快速发展。两国高层交往频繁，各领域合作成效显著，人员往来日益密切。在国际与地区事务中，双方也保持着良好的协调与配合。去年，两国隆重庆祝建交35周年，胡锦涛主席访马，纳吉布总理访华，双方签署战略性合作共同行动计划等多项合作文件，推动两国关系迈上了新台阶。中方高度重视发展与马来西亚的友好关系，愿与马方一道，继续推动两国战略性合作关系不断向前发展。

世博会是展示世界政治、经济、科技和文化发展成就的平台，也是国家间交流与合作的平台。马来西亚馆以“和谐城市生活，融洽马来西亚”为主题，向各国游客精彩展示了马来西亚的独特风情和团结的民族精神。参观者不仅可以领略槟城、马六甲等世界文化遗产的魅力，体验普通马来西亚家庭的快乐生活，还能欣赏到特色艺术品及其制作过程，增进了中国人民和各地游客对马来西亚的了解和友谊。

希望借助上海世博会“理解、沟通、欢聚、合作”这一平台，推动中马两国合作和两国人民友谊迈上新台阶。

最后，预祝马来西亚国家馆日活动取得圆满成功！

祝中马友谊之树常青！

马来西亚馆（B片区，自建馆）

中国国家旅游局副局长 王志发

马来西亚旅游部长 黄燕燕

在馆日仪式上的外方代表致辞

首先，我谨向各位受邀出席“一个马来西亚”文艺演出的来宾表示热烈的欢迎和衷心的感谢。您的光临充分显示了您对于了解马来西亚的兴趣和热情。

值此马来西亚独立53周年之际，我们非常高兴能与中国的同行们和国际来宾们分享我们国家多种族社会丰富多彩的文化传统。今年我们国庆的主题是“一个马来西亚促进改革”，反映了我们国家爱国主义以及和而不同的精神。

每年的8月31日，不同种族和宗教信仰的马来西亚人民欢聚一堂，共同庆祝国庆（即独立日），缅怀先辈为争取国家独立作出的牺牲。

马来西亚非常感激迄今为止我们所得到的帮助。自1957年独立以来，马来西亚取得了许多令人自豪的成就，特别是在国家和地区发展、国际关系和社会经济发展方面取得了巨大成就。目前，我们正不断努力，进一步提高我们的国际竞争力。国庆也进一步促进了马来西亚和全世界的相互了解。我们热诚欢迎来访游客，并一直期待各国人民都能到我们国家去看一看。

我们邀请大家参加此次活动，是旨在让大家了解马来西亚的多元文化传统以及相关的旅游产品和服务。

传统舞蹈和音乐在表演艺术中占有特别的一席之地。民族节日是观看文艺演出的最佳时机，例如马来西亚的开斋节、中国的传统春节、印度的屠妖节、沙巴和沙捞越州的丰收节等。

马来西亚有众多节庆活动。在每年的特定时间，都有公共节庆和巡演活动。如每年5月份持续一个月之久的“缤纷马来西亚”等展示马来西亚多元文化，以及国庆的庆祝活动。

稍后，大家将看到马来人、华人、印度人和原住民的传统舞蹈表演。所有的表演都将激发您游览马来西亚众多名胜的兴趣。

当然，我们需要媒体朋友和旅行社帮助我们在中国宣传马来西亚。我们将进一步把马来西亚发展为一个安全的旅游目的地，并提供多样化的旅游产品和活动以吸引每位游客。

要真正了解马来西亚，就必须先了解马来西亚的人民。一旦你了解了马来西亚的人民，你才能真正了解为什么一个由这么多民族组成的国家能实现融合。

马来西亚邀请所有游客参与我们一年无间断的文化发现和庆祝活动。我也热烈邀请大家参观世博会马来西亚国家馆，以进一步了解我们国家的旅游名胜。

最后，我借此机会向各位对我们旅游推广活动的支持表示衷心的感谢。如果没有你们的支持，我们去年就很难吸引2360万游客，并取得同比增长了7.2%的好成绩。

我们期待继续得到您全力的支持和帮助，以确保我们未来的所有市场推广活动能获得成功。再一次感谢今天应邀出席此次活动的来宾们。我真诚地希望各位喜欢我们为大家安排的文艺演出。

交流活动

中方代表与马来西亚国家馆日代表团主要成员合影

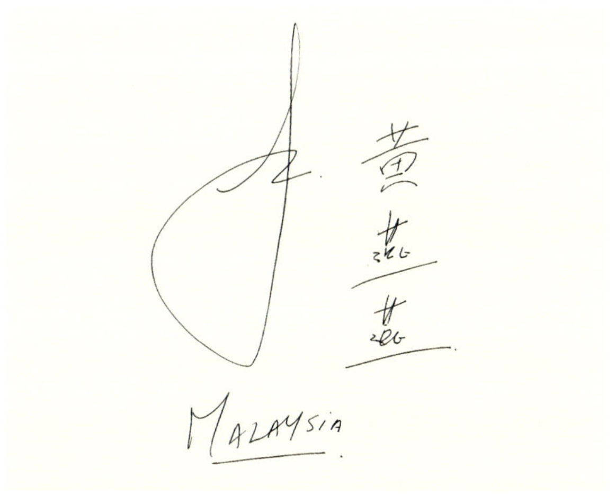

黄燕燕的签名

马来西亚馆日的文艺表演

马来西亚馆日代表团所赠的工艺品

摩尔多瓦共和国国家馆日

2010 年 9 月 12 日

在馆日仪式上的中方代表致辞

今天，我们相聚黄浦江畔，共同出席上海世博会摩尔多瓦国家馆日活动。我谨代表中国政府和上海世博会组委会，对摩尔多瓦举办上海世博会国家馆日活动表示热烈祝贺，对菲拉特总理的出席表示诚挚欢迎！

世博会是人类文明成果荟萃的伟大盛会。159 年来，从推出先进的工业产品，到展示综合国力，再到倡导新型生活方式和理念，世博会不断推陈出新，记载人类文明的发展轨迹。2010 年上海世博会以“城市，让生活更美好”为主题，充分展示城市文明发展的成果，交流城市建设经验，探讨人类更好的生活方式。相信在所有参与者的共同努力下，上海世博会必将成功举办，成为各国人民展示发展成果、交流发展经验、促进共同繁荣的盛会。

摩尔多瓦是东欧平原上的“阳光之国”。这里丘陵谷地交错，土地肥沃，孕育着勤劳智慧的人民，哺育着灿烂悠久的文化。摩尔多瓦的美丽风光，热情好客的人民，香醇浓郁的美酒，是享誉世界的名片。今天，我们站在倒金字塔状的玻璃视频墙前，精致的美景如画般呈现在我们面前，馥郁芬芳的美酒，带给我们丰富的感观体验，让我们在闲庭信步间畅游摩尔多瓦的湖光山色，品味闻名遐迩的葡萄酒文化。

相知无远近，万里尚为邻。中摩两国虽相距遥远，但两国人民交往历史久远，传统友谊深厚。建交 18 年来，中摩关系健康稳定发展，政治互信不断加深，各领域交流与合作成果显著。相信通过上海世博会这一平台，两国人民一定能够进一步加深了解，增进友谊，为中摩世代友好、深化双边合作打下坚实基础。

摩尔多瓦馆（C 片区，欧洲联合馆）

中国商务部国际贸易谈判代表兼副部长 高虎城

摩尔多瓦总理 弗拉基米尔·菲拉特

最后，我祝愿摩尔多瓦国家馆日活动取得圆满成功。谢谢大家。

在馆日仪式上的外方代表致辞

很荣幸在上海参加今天的摩尔多瓦日开幕仪式。非常感谢主办方举办了这么一场令人印象深刻的盛会。这既是一个展示 21 世纪世界经济形势的盛会，也是一次充分展示摩尔多瓦在世界经济中所扮演的角色的机会，更是一次增进摩中友谊，巩固摩中关系的盛会。

我敢肯定地说，我们所有人都为这场博览会的规模所震慑。它象征着中国和其他国家在这几十年来取得的成就。但更重要的是，这个展会还象征着未来，象征着全球经济一体化的方向，和过去相比，在这样的经济环境下，地理距离的影响越来越小。摩尔多瓦馆在上海的出现就是一个证明。

十年前，从摩尔多瓦的角度来说，中国仅仅是一个遥远的大国。而现在，中国，对我们而言，已经是一个越来越重要的伙伴。我们与这个伙伴已经在一系列项目上展开了合作，而且将进一步深化这种合作。

如果你看世界地图，你会发现摩尔多瓦共和国是一个小国家，并且离中国边境相对较远。但是因为全球经济一体化的缘故，摩尔多瓦在距离和大小方面的劣势已经越来越无足轻重。对于发展互惠互利的经济关系来说，对发展紧密活跃的经济关系来说，距离已经不再是障碍。因为史无前例的经济的、文化的和政治的联系的加强，距离已经越来越小。中国在如此短的时间内深深植根于全球经济一体化的进行就证明了这一点。

从摩尔多瓦共和国的规模来看，我们摩尔多瓦人喜欢说摩尔多瓦是一个小国家，但是有着光明的未来。这个光明的未来，我指的是摩尔多瓦一贯实行的改革政策将引领我们加入欧盟。我们国家超过 70% 的人希望看到摩尔多瓦加入欧盟。我也坚信我们能达到这个目标。虽然这一目标尚未完全实现，但摩尔多瓦已经半融入欧盟经济圈了。现在，摩尔多瓦已经站在世界上最大的整合市场——欧盟市场的边缘了。不久的将来，我们还会和欧盟创造一个货币自由兑换的区域。

与此同时，我们也同俄国和其他前苏联国家实现了货币自由兑换。这个定位让我们和欧盟以及俄罗斯和乌克兰都有紧密的商业联系。从地域上看，我们得以受惠于西方的欧盟和东方的独联体两大市场，让我们有机会触及 7 亿多消费者。这个地理位置给我们提供了两大重要机遇，一是作为新的国家参与到商业体系中去，一是与外部决定来摩尔多瓦投资的伙伴进行合作。

显然地，近几年来，全球经济遭遇了一系列打击。这些情况限制了全球经济的交流。摩尔多瓦共和国成功击退了世界经济危机的侵袭。2009 年，根据金融稳定指数，摩尔多瓦排名世界第五。这对很多人来说都是一个奇迹。确实，充足的资本和较低的呆坏账率为摩尔多瓦的金融体系提供了保障。感谢有这两个支柱，我们得以将金融危机的影响降低到最小程度。也因此，今年上半年摩尔多瓦的经济增速高达 4.7%。

但全球经济危机对包括摩尔多瓦在内的更多国家来说恰恰是一个机会，因为人们得以反思经济发展的模式。

经济危机反而对我们有一个促进的效果。我们不再满足于先前的经济模式。在这样的背景下，我们尽可能地鼓励创新和信息技术的发展。现在，摩尔多瓦本土公司已经在为英国、非洲国家、俄罗斯和中美洲国家提供IT服务。我们想将这些成功进一步放大，以便为构建一个可持续发展的模式打下基础。因此，今年4月，我们加入了世界银行的一项刺激计划。这其中就包括电子化。此前有国家成功实现了这个转化。它们摒弃了官僚的旧模式，实现了管理电子化，减轻了管理之于商业环境的负担并使公共服务的价值最大化。这些国家就是我们的导师。

我们成功地让我们的伙伴们确信我们有一个宏伟的愿景。3月在布鲁塞尔争取增加对摩中期援助的时候，我们就向顾问团展现了这一愿景。我们称之为“摩尔多瓦一重新启程”。我们已经为实现这一愿景迈出了第一步。去年，我们已经采取了一系列重要的改革措施。为此，在世界银行进行的一项关于“商业成本”的最有革命精神的国家的评比中，摩尔多瓦名列前十。我们一直致力于创造一个更有益于发展商业的环境。这一举措不仅仅会使摩尔多瓦受益，也会使我们的外来合作伙伴受益。我坚信，从这个意义上来说，中国就是我们的一个重要伙伴。借此机会，我也想说我此行来中国有几项任务，排在前列的就是确立和促进与中国在工业、基础设施建设方面的发展的合作伙伴关系并向中国市场推广摩尔多瓦葡萄酒。

最后，我还想鼓励来看摩尔多瓦展馆的各位不要仅局限于来上海。欢迎各位来摩尔多瓦看一看。我们确信能为全球居民提供良好的商业和旅游机会。在当今高度全球化的形势下，各国也都享有全球化的利益。而实现这一利益要求各国在全球范围内建立起合作伙伴关系甚至是建立深厚的友谊。这一点既适用于中国，也适用于摩尔多瓦。因此，本次来访中国，我希望能强化摩中友谊。地理上的距离既不会对这一友谊造成影响，更不应成为障碍。

非常感谢各位对我国和摩尔多瓦产品显示出的兴趣。我也诚挚地邀请各位来摩尔多瓦看一看，亲身感受一下摩尔多瓦人民的热情好客和对朋友的坦诚。

Impresionat de măreţia descoperită în cadrul vizitei Centrului expoziţional din Shanghai, uimit de progresul impunător şi realizările pozitive orientate spre ameliorarea vieţii locuitorilor Planetei, vreau să adresez o urare frumoasă de prosperare Republicii Populare Chineze în calitate de ţară gazdă şi tuturor popoarelor reprezentate aici. Printr-un efort comun, guvernele de pe Planetă au reuşit să stopeze războaie, să prevină conflicte, să creeze condiţii pentru dezvoltarea şi ameliorarea calităţii vieţii. Să transmitem generaţiilor ce vin o Planetă curată şi înfloritoare, bogată prin diversitatea ei culturală şi prin dorinţa oamenilor de a trăi în pace şi bună înţelegere.

V. Filat

弗拉基米尔·菲拉特的题词

摩尔多瓦馆日代表团所赠的名酒和书籍

交流活动

中方代表与摩尔多瓦共和国国家馆日代表团主要成员合影

摩尔多瓦馆日的文艺表演（一）

摩尔多瓦馆日的文艺表演（二）

蒙古国
国家馆日

2010 年 9 月 13 日

在馆日仪式上的中方代表致辞

我代表中国政府和上海世博会组委会，对蒙古举行上海世博会国家馆日表示诚挚祝贺，对赞登沙特尔外长出席今天的馆日活动表示热烈欢迎。相信蒙古国家馆日的活动一定会给每一位到访者留下深刻而美好的印象。

世博会是人类文明成果荟萃的伟大盛会，始终高举进步的旗帜，崇尚创新的精神，坚持开放的道路，倡导和谐的理念，不断开启人类重新认识世界的窗口。本届上海世博会以“城市，让生活更美好”为主题，体现了人类社会对未来更美好生活的设想和憧憬。在所有参与者的共同努力下，上海世博会一定会成为增进各国人民友谊、促进人类进步的盛会，成为推动创新和共同发展的盛会。

以“戈壁与城市”为主题的蒙古馆，通过声、光、画等多种现代科技手段，从多个角度向观众展示蒙古独特的魅力。蒙古是一个游牧文明与定居文化水乳交融的国度。广袤的国土上既有无垠的草原、神奇的戈壁、丰富的资源，也有不少蓬勃发展的现代化都市。当前，蒙古以更加开放的姿态面向世界，正在走上快速发展的道路。我相信，历史的积淀与现时代的活力和谐相融，必将极大地促进蒙古各项事业的发展。未来的蒙古必将吸引世界更多的赞叹目光。

蒙古馆所展示的巨型恐龙蛋模型、珍贵的恐龙骨骼和恐龙蛋化石寓意深刻。在人类文明高速发展的今天，无论是自然环境还是城市环境，都像蛋壳一样脆弱。人类在自身发展的进程中，只有顺应自然、保护环境，才能真正收获幸福，才能永续我们美好的生活。这一深刻的创意，令我们感受到蒙古人民在追求经济社会发展的

蒙古馆（A 片区，亚洲联合馆）

上海世博会中国政府总代表 华君铎

蒙古对外关系与贸易部长 贡布扎布·赞登沙特尔

同时，对城市进步和人类生存的深切关注和思考。

中蒙是友好近邻，两国人民的友谊源远流长，友好与合作始终是两国关系的主旋律。两国关系在今年步入新的甲子，呈现更为广阔的发展前景，我们对中蒙关系的未来充满信心。蒙古总统额勒贝格道尔吉阁下出席了上海世博会的开幕式，今天赞登沙特尔外长又莅临蒙古馆日。我们欢迎更多的蒙古朋友来上海访问，参加世博会各种活动。相信上海世博会将为中蒙两国和两国人民增进了解、深化合作提供新的契机。

让我们和着悠扬的马头琴声，聆听开阔的长调，共同感受蒙古国的独特魅力吧。

祝蒙古馆日活动取得圆满成功。

在馆日仪式上的外方代表致辞

成为人类和平和发展的盛会是世博会活动从第一次举办到至今已经走过了一个多世纪的历程，而且它是世界各国人民期待着的最大的也是最愉快的活动之一。

今天，我们在中国改革开放的中心之一上海，举办的上海世博会馆蒙古国家馆日活动。我们有了难得的机会能够宣传蒙古历史、文化、传统习惯取得的成绩。我感到非常荣幸。世博会汇集展示了各国的民族特色、传统习惯、文化艺术等文明，而且共享科技发展与进步的主要平台。

除此之外，世博会是有益于团结的盛会。华君铎阁下提到上海世博会，共有 246 个国家及国际组织正式参加，有 180 个馆，世界各国的人民欢聚在一起长达 180 多天。开辟了世界各国人民相互了解、友谊合作的新道路。来自 200 多个国家和国际组织的政界、商界代表人物参观这次盛会。至今 5000 万人已经参观了上海世博会。借此机会，我代表蒙古国政府对国际展览局、中华人民共和国政府及上海市人民成功举办本次盛会表示衷心的感谢。

蒙古国非常重视和参加每次世博会，对于蒙古人民而言，上海世博会是近距离亲眼看到人类社会经济、社会、科技发展和进步，也是向世界学习的重要聚会。“城市，让生活更美好”这一世博主题不是随便选取的，城市化是从人类起源到社会化过程当中的最重要现象，城市化和社会化的内涵是一样的。

蒙古人民是有着十分崇拜和热爱大自然、土地和山水的传统习惯的民族。蒙古国政府开始启动矿业中的项目，比方说与国外投资者签订了 OT 项目投资协议。OT 铜矿位于在蒙古国南戈壁地区，储藏量为 33 亿吨，还有位于在南戈壁的 TT 项目。开发这些重大项目的同时，建设符合于现代标准的新城市和城区以及基础设施是必要的。为了我们达到近期未来重大目标，这次世博会能够发挥积极作用，对此蒙古人民视为“吉祥”之兆。这次世博会蒙古国选取戈壁与城市的主题，演绎合理的使用祖先留给我们的自然资源，正确的策划、开发戈壁地区，建立一个对自然无害的智能城市。

最后，蒙古国对参加上海世博会过程中给予我们全面支持、协助的国际展览局、主办者中华人民共和国以及和我们积极合作的各位朋友表示衷心的感谢。

交流活动

中方代表与蒙古国国家馆日代表团主要成员合影

Шанхай Экспо сайхан
арга хэмжээ болж байна
Сайхан хот Сайхан амьдрал
сэдэвт Шанхай арга хэмжээг
амжилттай зохион байгуулсан
БНХАУ-ын Засгийн газар
Зохион байгуулах хороонд
Талархал илэрхийлье

2010. 09. 13.

上海世博会正在成功举办，谨向成功举办主题为“城市，让生活更美好”的上海世博会的中国政府和组委会表示感谢。

贡布扎布·赞登沙特尔

蒙古馆日代表团所赠的工艺品

蒙古馆日的文艺表演（一）

蒙古馆日的文艺表演（二）

尼加拉瓜共和国国家馆日

2010 年 9 月 14 日

尼加拉瓜馆（C 片区，中南美洲联合馆）

在馆日仪式上的中方代表致辞

今天，我们相聚中国上海，相聚在美丽的世博园区，共同庆祝尼加拉瓜共和国国家馆日！我代表中国政府和人民，向远道而来的尼加拉瓜贵宾表示热烈的欢迎！向你们给予上海世博会的大力支持表示衷心的感谢！

世博会是跨越了种族、跨越了文化、跨越了国家和地区的伟大盛会。在各国人民的积极参与和大力支持下，中国 2010 年上海世博会成功开幕，顺利运行，成为促进世界多元文化交流合作的重大历史机遇。

中国重视发展与尼加拉瓜的关系，愿着眼长远，继续加强双方人员往来和经济、文化等领域交流与合作，增进相互了解，为双边关系发展多做积累工作。

以“尼加拉瓜，独特……新颖”为主题的尼加拉瓜馆，构思巧妙，体现了尼加拉瓜“湖泊和火山之国”的特色景观，讲述了尼加拉瓜人民对现实生活的热爱，以及对更好生活条件、更好城市的追求。

我们相信，尼加拉瓜馆一定会成为上海世博会的亮点。

最后，衷心祝愿尼加拉瓜在本届世博会上参展成功，祝愿尼加拉瓜国家馆日活动顺利，祝各位来宾身体健康！

在馆日仪式上的外方代表致辞

我们的代表团来自遥远的尼加拉瓜，尼加拉瓜国家很小，但在美洲地理政治上非常重要，因为我们处在美洲的中心，成为南美与北美之间的桥梁。我们愿意与所有参加上海世博会的代表团一起交流尼加拉瓜取得的成就以及面临的困难。

中国人民对外友好协会副会长 李建平

尼加拉瓜尼中友协会会长 巴尔亚多·阿尔塞·卡斯塔尼奥

我们来参加本届世博会为的是全球人民的兄弟情谊和团结一致，不过，现在我们正遭到气候变化以及经济失调的威胁，这暴露出今天的世界是非常不平等的，我们的世界正在经历着战争、饥荒、疾病、暴力、种族和文化歧视、环境破坏以及其他违背人性的事情。但是，在上海世博会乐观主义精神的感召下，我们来了！

首先，我们以尼加拉瓜政府和人民的名义感谢中国政府和人民给予我们大力支持，使我们能够参加本届世博会，亲眼见证并体验中华人民共和国取得的伟大成就，尽管发生了国际金融危机，但中国仍保持了较高的经济增长指数。这也是尼加拉瓜人民渴望达到的发展水平。

我们祝贺本届上海世博会的所有组织者们，因为把全世界200多个国家和国际组织聚集一堂需要很大的努力和毅力，这离不开中国人民的坚韧不拔和工作效率，中国人民所拥有的悠久历史文化推动了科学、文化、艺术、哲学、文字以及经济发展。我们希望从中国身上学习如何在面对现代化挑战的同时仍能坚持祖先的良好传统。我们也向参加本届世博会的其他代表团表示祝愿，这些代表团来参加上海世博会肯定也有着相同的意图、原因和目标。

在此，我谨就三个方面发表一下意见：首先，我们提议选择今天这个日子举行国家馆日活动，是因为1856年9月14日是具有历史意义的一天，也是民族解放运动中具有象征意义的一天；正是在这一天，我们的农民军队以弱胜强打败了美国人威廉沃克尔部队的入侵。如今已经过去了150多年，我们的人民曾说过，伟大不是因为块头，而是因为我们血脉中流淌的勇敢和理想。这句话所体现的精神给尼加拉瓜国家馆的主题“尼加拉瓜，独特……新颖”赋予了生命。

然而，尼加拉瓜的古朴并不是只在精神、理想和词语中反映出来，同时还体现在无数的美景和自然财富、品类繁多的野生动植物，它们在各种不同的栖息环境、微观世界以及植被群落中繁衍生息。我们的国土连接两大洋：大西洋和太平洋，在那里可以看到火山带以及世界第二大湖泊。从事泥陶制作和木工的艺术家用他们的双手创造着灵感的价值。我们是中美洲最安定的国家，而在拉丁美洲，我国也是继阿根廷、智利和乌拉圭之后第四个享有公民保障的国家。尼加拉瓜还是一个旅游的天堂！

尼加拉瓜政府委托本人介绍尼加拉瓜在最近三年半以来所取得的收获，这也是我们坚持的发展目标，那就是，在消除持续近20年的文盲现象、低入学率以及文化黑暗之后，争取让我们的人民过上更好的生活。今年，尼加拉瓜成为最早消灭文盲现象的拉美国家之一。

尼加拉瓜政府同意把发展教育作为政府优先政策，这是因为教育是实现社会平等以及经济发展的根本，并且从原则上讲，人民的自由和强大也依赖于教育。

尼加拉瓜实行免费医疗卫生政策，目的是提高卫生服务质量，修建新型现代化医疗中心，为尼加拉瓜人民提供免费的专业医疗服务，增加儿童接种疫苗的比例，提供母婴医疗服务，设立眼科医院和心脏专科医院等。

我们还通过执行住房政策、基础设施政策、社会发展计划、社会保障计划、粮食安全计划等，希望为所有尼加拉瓜人提供体面的、正当的以及平等的发展条件。

本届世博会的主题“城市，让生活更美好”，对应了尼加拉瓜政府的处事逻辑；尼加拉瓜政府认为，如果人类不能获得足够的粮食、饮用水、教育、医药以及一个像样的住宅，就根本谈不上更美好的生活、安全以及

发展。只有当今天的孩子们至少能生活在一个相对较舒适的社会时，才有可能实现一个更美好的生活。

面对着快节奏的全球化以及文化趋同的势头，我们失去了一部分文化遗产、传统和财富；然而，我们大家相聚在本届世博会，就是为了分享我们的民俗、我们的文化、我们的经验以及我们面临的挑战，为了告诉人们，我们的身份是建立在团结与和平基础上而不是建立在冲突与分歧基础上的人民。我们的尼加拉瓜人民渴望得到一个所有人都有更美好生活的世界。

交流活动

中方代表与尼加拉瓜共和国国家馆日代表团主要成员合影

Nuestras expresiones de amistad con la República Popular China y su pueblo con motivo del día nacional de Nicaragua en la Expo Shanghai 2010.

En nombre de la Delegación Oficial de Nicaragua reiteramos viva la amistad de China y Nicaragua!

14/9/10.-

值此2010年上海世博会尼加拉瓜国家馆日之际，我谨在此表达尼加拉瓜对中华人民共和国及其人民的友好情谊。

我谨代表尼加拉瓜代表团，再次祝愿中尼友谊长存！

巴尔亚多·阿尔塞·卡斯塔尼奥

尼加拉瓜馆日代表团所赠的工艺品

尼加拉瓜馆日的文艺表演

危地马拉共和国国家馆日

2010年9月15日

在馆日仪式上的中方代表致辞

今天是危地马拉共和国国家馆日，有机会出席馆日活动，我深感荣幸。

首先，我代表中国政府和人民，对危地马拉国家馆日的举办表示热烈的祝贺！向远道而来的危地马拉贵宾表示诚挚的欢迎！向你们给予上海世博会的大力支持表示衷心的感谢！

中方重视发展同危地马拉的关系，愿着眼长远，继续加强双方人员往来和经贸、文化等领域交流与合作，增进相互了解，为双边关系发展多做积累工作。

世博会是展示世界政治、经济、科技和文化发展成就的平台，也是国家间的交流与合作的平台。危地马拉馆以“玛雅人的遗产——一个永恒的春天”作为场馆主题，着眼于危地马拉的悠久文化，以舞蹈表演、美食、考古遗迹等展项让参观者深刻感受危地马拉文化的多样性，展示危地马拉城市的现代管理和对美好未来生存模式的探究，为参观者了解危地马拉、喜欢危地马拉，提供了一个独特的展示舞台。

希望借助世博会“理解、沟通、欢聚、合作”这一平台，中危两国合作和两国人民的友谊跃上新的台阶。

最后，祝危地马拉国家馆在上海世博会取得圆满成功！

祝中危两国人民友谊源远流长！

在馆日仪式上的外方代表致辞

首先我要代表危地马拉感谢中国为我们提供这样一个机会，让我们能够参加历史上最大规模的世界博览会，

危地马拉馆（C片区，中南美洲联合馆）

中国人民对外友好协会副会长 李建平

危地马拉总代表 佩德罗·巴诺亚

让世界共同分享中国人民展现出来的最美好的一幕。

本届世博会无疑是所有博览会当中普及面最广一次盛会，其规模已扩大至省和城市，周到的东道主始终陪伴在我们每一个人的身边，让我们不会忘记，我们来到了中国。

本届世博会所反映出来的不仅仅是数字、规模以及观众和参展国的数量，更多的是包括我们在内的所有参展国家的心声。

伴随着千万张笑脸，那些青年志愿者们随时准备提供最好的服务，尽管有语言障碍并且天气炎热，但恰到好处的友善和热情总能确保他们完成自己的任务。相互交换的那些国旗徽章将会伴随着许多共同的回忆、感受和遐想，同时，本届世博会的主题也告诉我们，只有更好的生活方式和人际关系，才能有一个更好的社会。

有那么多简单但却铭刻在成百上千万观众心中的细节之处，使我们要在中国这样一个蒸蒸日上的、多元的、民族和谐的国家驻足六个月去欣赏，并且用中国悠久的历史文化去充实自己。

危地马拉是一个小国，但却拥有许多的传统文化、连绵不断的美景、丰富的自然资源以及一种特有的考古文物，从而使我们有机会接近人类创造的五大悠久文化中的两个，这就是玛雅文化和中国文化，同时也使我们成为世界上唯一拥有某种先古遗产的国家之一。

危地马拉能够参加上海世博会，主要是得到了中国—危地马拉合作和贸易商会以及有关机构的大力支持，其中包括危地马拉旅游局。

危地马拉在上海世博会上的主要收获之一是危地马拉入选参加在苏州举行的世界论坛，这是六大世界论坛之一，其主题是关于人类文化遗产，在此次论坛上，著名的考古学家理查德·汉森向人们介绍了位于我国的全球最大的“拉旦塔”巨型金字塔。

最后，我要表达一下我国的期望，希望所有人都是积极的和宽容的，并且知道我们对地球的承诺，希望我们统一目标，为追求一个更美好的社会和一个更美好的世界而奋斗。

交流活动

中方代表与危地马拉共和国国家馆日代表团主要成员合影

Con un fraternal saludo
agradecimiento por el apoyo,
amistad y cariño, uniendo esfuerzos
Por objetivos comunes de amistad
Y Por un futuro mejor.
Felicitaciones por la mejoR
Exposicion mundial de toda
La historia con cariño
del Pueblo del corazon
del mundo maya.

Pedro Barnoya

我谨在此致以亲切的问候，对中方的友好帮助和热情款待表示感谢。我们将为了友谊这一共同目标和更美好的未来而一起努力。

来自玛雅文明中心的人民祝贺中国举办了历史上最精彩的一届世博会。

佩德罗·巴诺亚

危地马拉馆日代表团所赠的工艺品和书籍

危地马拉馆日的文艺表演

墨西哥合众国国家馆日

2010年9月16日

在馆日仪式上的中方代表致辞

今天，我们相聚在中国上海，在美丽的世博园共同庆祝墨西哥合众国国家馆日。今天也是墨西哥独立200周年纪念日。首先，我代表中国政府和人民向墨西哥政府和人民表示热烈的祝贺，并向远道而来的墨西哥贵宾表示热烈的欢迎！向你们为上海世博会作出的重大贡献表示衷心的感谢！

中墨同属发展中大国，都面临着维护世界和平、促进共同发展的任务。目前，中墨高层交往频繁，经贸合作日益扩大，各领域的友好交流与合作富有成果，在国际和地区事务中保持密切合作。墨西哥是中国在拉美地区的好朋友、好伙伴。中方愿与墨方共同努力，不断丰富两国战略伙伴关系的内涵，推动两国互利友好合作持续、健康发展。

世博会不仅是各国展现综合国力、最新科技成果、传统文化和价值观的绝佳平台，也是促进各国人民之间相互了解和友谊的重要舞台。墨西哥国家馆以“更好的生活”为场馆主题，设计新颖，展馆外观是由色彩斑斓的风筝和碧绿的草地组成的“风筝森林”，展馆内分“过去”、“现状”、“未来”三个展区，展示了墨西哥城市建设取得的成就以及对未来美好生活的期盼。

希望借助世博会“理解、沟通、欢聚、合作”这一平台，中墨两国合作和两国人民的友谊跃上新的台阶。

最后，祝墨西哥国家馆在上海世博会取得圆满成功！

祝中墨两国人民友谊源远流长！

墨西哥馆（C片区，自建馆）

上海世博会中国政府副总代表 陈笃庆

墨西哥驻华大使 豪尔赫·瓜哈尔多

在馆日仪式上的外方代表致辞

今天是墨西哥独立战争200周年纪念日，这一天是所有墨西哥人欢欣鼓舞的日子，同时也是庄严肃穆的日子，因为这一天要求我们去思考历史与演变，要求我们调整未来的视角，要求我们确定建设更加自由更加繁荣国家的道路，实现有福同享以及法律面临人人平等的理想。

卡尔德龙总统在第四份国情咨文当中指出，墨西哥是“一个正在建设中的国家”，他呼吁说，不仅要纪念过去的，还要“改造将来的”。卡尔德龙总统的讲话用在本届世博会墨西哥国家馆具有特别的意义，在这里，墨西哥提出了对未来的展望，即城市里更美好的生活，这恰恰对应了本届世博会的主题。

让所有墨西哥人更体面地生活的愿望也是一种曾经鼓舞墨西哥独立战争的精神力量。200年前，伊达尔戈神父在多洛雷斯镇号召印第安农民和军人领袖团结起来，为所有墨西哥人争取一个自由和主权的国家。后继的人们秉持同样的理想和信念，经过十一年的不懈斗争，最终实现了国家的独立。由于他们的努力，墨西哥成为一个新的独立国家，并且在近两个世纪以来，不断积累经验、成果以及一种相互尊重及和平发展的传统。

传统与现代的融合正是本届上海世博会的伟大奇迹之一。在此次国际会晤中，人们可以就在未来的城市中生活更美好这个题目交换意见，在未来的城市里，文化间和谐共处也是日常生活的组成部分。墨西哥此次是作为一个和平主义和生机勃勃的国家来参加本届世博会，墨西哥拥有令人骄傲的文化遗产，并且必将继续取得持续的发展和进步。墨西哥是一个仅有两百年历史的新兴国家，但其文化根源则有数千年的历史。

在过去的200年里，墨西哥为世界奉献了许多礼物，如咖啡、玉米、鳄梨、辣椒等。从16世纪开始，每年往返于阿卡普尔科和马尼拉的中国之船，在亚洲和拉丁美洲之间建立了友谊的纽带。因此，中国在我们的文化传统中名声赫赫，从糖果包装纸到墨西哥妇女喜爱的特色服装，到处都有中国元素。

装点墨西哥国家馆的风筝是中墨两国人民本着互信互利原则深入友好合作关系的象征和见证。墨西哥和中国拥有共同的利益和事业，比如探索一个更加民主的国际体制，在和平、对话以及同等发展机会的基础上，促进国与国之间更加平等公正地相处。中墨两国不仅对自己国家本身感到骄傲，同时也在学着吸取历史的经验教训。

值此良辰美景，我祝愿，墨西哥的进步统一和变革不仅能给墨西哥人带来更美好的生活，还能进一步深化与中国之间互谅和友好的关系。今天，东道主中国与我们共同庆祝墨西哥独立200周年，我们感到万分的欣喜。

交流活动

中方代表与墨西哥合众国国家馆日代表团主要成员合影

Es con gran orgullo que celebramos el bicentenario de la independencia de México en la Expo Shanghai 2010. Junto con nuestros amigos chinos decimos ¡Viva Shanghai! ¡Viva China! y

¡VIVA MEXICO!

Jorge Guajardo

能够在2010年上海世博会期间欢庆墨西哥独立两百周年，我们倍感自豪。

让我们与中国朋友齐声高呼：上海万岁！中国万岁！墨西哥万岁！

豪尔赫·瓜哈尔多

墨西哥馆日代表团所赠的工艺品

墨西哥馆日的文艺表演

巴布亚新几内亚独立国国家馆日

2010 年 9 月 17 日

在馆日仪式上的中方代表致辞

我代表中国政府和上海世博会组委会，对巴布亚新几内亚举行上海世博会国家馆日表示诚挚祝贺，对卡普里斯部长阁下和各位嘉宾出席今天的馆日活动表示热烈欢迎！昨天巴新迎来了独立 35 周年庆典，借此机会，我愿向巴新人民致以最热烈的节日祝贺！

世博会创立 159 年来，始终秉持进步、创新、交流的核心价值观，倡导和平、友谊、和谐的理念，不懈推动人类生活方式的改变，不断积淀人类最优秀的文化传统，不断开启人类重新认识世界的窗口。如今的世博会已成为人类文明发展与传承的驿站，也为世界各国人民展示自我、沟通心灵、增进友谊、共同进步提供了重要机会和舞台。

上海世博会把世界各国不同肤色、不同种族、不同宗教信仰的人们团结在一起，共同演绎“城市，让生活更美好”的主题，表达了现代人对新型城市、环保城市、更自然化城市、更人性化城市的追求和向往，体现了人类社会对未来更美好生活的设想和憧憬。相信在包括巴新在内的所有参与者的共同努力下，上海世博会一定会成为推动“和平、友谊、和谐”的成功盛会。

巴新是太平洋岛国地区面积最大、人口最多的国家，素有“天堂鸟之国”的美誉。巴新此次积极参加上海世博会，卡普里斯部长专程来华出席巴新国家馆日活动，充分体现了巴新对上海世博会的高度重视和大力支持。上海世博会也为巴新人民提供了向世界展示自我的舞台，为各国人民深入了解巴新，增加巴新与各国交流与互动打开了一扇窗口。世博会开幕以来，巴新馆独具创意的布展风格，引人入胜的展示内容和精彩纷呈的文艺

巴布亚新几内亚馆（B 片区，太平洋联合馆）

上海世博会中国政府副总代表 赵振宇

巴布亚新几内亚商业和工业部长 加布里埃尔·卡普里斯

表演吸引了上百万参观者到访。我相信他们都充分领略到巴新美丽神奇的自然风貌、热情奔放的民俗风情以及充满魅力的民族文化。在此，我们对巴新馆在本届世博会上的精彩展示和取得的巨大成功表示热烈祝贺！

中、巴新两国的友好交往源远流长。1976 年，索马雷总理作出与中国建交的战略决定，中、巴新关系掀开了新的历史篇章。建交 34 年来，特别是近年来，两国关系稳步发展，各领域合作成果丰硕，双方友谊进一步加深，给两国和两国人民带来了实实在在的利益，也为促进地区和平、稳定与发展作出了积极贡献。

今天，中、巴新两国人民通过上海世博会再次相聚，共同见证两国以及人类文明发展的丰硕成果，探讨人与人、人与自然和谐共存之道，对进一步增进中、巴新两国人民的相互了解和友谊、发展中、巴新关系具有重要意义。展望未来，我们对中、巴新关系的美好前景充满信心，愿与巴新朋友们一道携手同行，继续相互支持、通力合作，将中、巴新友好关系不断推上新的高度。

祝愿巴新馆日活动和卡普里斯部长此次中国之行取得圆满成功。也请在座的巴新朋友们带去我们对巴新人民最诚挚的问候和最良好的祝愿！

在馆日仪式上的外方代表致辞

今天，我们共聚上海世博会，庆祝巴布亚新几内亚国家馆日。今年是我国独立 35 年，值此之际，我们也得以在上海世博会展现我们的创新成果。

我国于今年发布了《巴新 2050 年规划》，启动了液化天然气工程建设项目，参展上海世博会，取得了很多举世瞩目的成就。在我们的独立日这一天，巴布亚新几内亚全国人民需要忆苦思甜，以便共同应对未来经济和政治层面的重大挑战。

在独立 35 周年之际，我们的确有很多值得庆祝和自豪的成就。然而，从决策者的角度，我认为 2010 年最具有深远意义的，莫过于《巴新政府建设发展蓝图——2050 年规划》的发布。到 2050 年，我们要发展成智慧、理性、公正、富足、幸福的国家。

《规划》包括七大要素：（1）注重人才培养，侧重性别公平，着力培养青年群体，加强人才建设力度；（2）提高收入，兼顾自然资源开发和经济发展二者间的平衡关系；（3）改善政府服务机制，提高政府服务水平；（4）加强国家安全保障，巩固国际关系；（5）着力实现环境可持续发展，积极应对气候变化问题；（6）加强公民的道德建设，注重文化修养、社会的全面发展；（7）实施战略性全盘规划，统筹兼顾。

今后，我国的经济社会发展方向，发展规划，政府资源分配等相关工作将完全依照《规划》开展。巴布亚新几内亚将坚持这一立场，在思想上做好充分准备，进行机构体制改革，确保能够在 40 年后达成我们的目标。

《规划》中的措施，将进一步推进巴布亚新几内亚的经济转型。就我们的主要贸易伙伴而言，随着我国经济走上全球化道路，经济和社会将得到进一步整合。中国是我国第六大贸易伙伴国。在未来两年拉姆镍矿和液化天然气的稳定生产，将进一步推进两国的贸易关系。中国政府提供优惠贷款，建成了太平洋渔业工业园区，这将成为巴布亚新几内亚乃至太平洋地区金枪鱼的主要加工产区。未来 4 年，巴布亚新几内亚有望成为世界上最大的金枪鱼出口国。

自 1976 年 10 月 12 日两国建交以来，巴新和中国的双边关系在政治互信、平等对话的基础上，日趋走向成熟。两国之间的高层互访和民间互访频繁，商业合作紧密。2009 年 12 月，中国副总理亲自到访我国；今年 9 月，我国总理也亲自访问中国。

巴布亚新几内亚和中国的贸易和经济关系发展良好，贸易额有望再创历史新高。巴布亚新几内亚也由衷希望扩大贸易范围、扩充投资模式。近来，包括中冶集团、中国石化等大批中国公司，正在从采矿、农业、石油等领域切入巴新的贸易和投资部门。

如今，中国已经成为国际贸易体系中一支强大的经济力量。巴布亚新几内亚要看准时机，把握中国巨大的市场潜力，增加我国自然资源和农产品的出口。

日前，中国石化和我国的埃索高地公司签署首脑协议，计划每年向中国出口 200 万吨天然气。这一举措，把两国双边贸易关系带入全新的发展阶段。

毫无疑问，在座诸位已经亲身感受到上海世博会的活力，见证了中国 30 年来翻天覆地的变化。中国，从一个世界加工厂转变成中等发达的国家；在未来 10 年，快速的经济增长将使中国成为世界最强有力的经济体。

借此机会，我希望代表巴布亚新几内亚向中国政府致以诚挚的谢意，感谢贵国在魅力之都上海热情款待巴布亚新几内亚代表团；也向上海世博局和上海市民致以由衷的敬意，祝贺上海世博会成功举办。本届世博会为未来的世博会标定了全新的水准，我坚信这一定会带来切实的益处。

本届世博会的主题“城市，让生活更美好”，反映了人类对美好生活环境的共同向往。巴布亚新几内亚人口只有 600 余万，却拥有丰富的自然资源；在《规划》中提到，我国要发展成为智慧、理性、公正、富足、幸福 的国家，这与本届世博会的主题完全吻合。

世博会为各国首脑、各界人士和广大群众提供相互交流的舞台，举办了文娱体育活动和政治经济论坛。世博为国家之间、各种文化之间的密切交流和相互了解提供了绝佳的机遇和平台。

上海世博会同样为巴布亚新几内亚提供了展示我国自独立之后所取得的丰硕成果。我国在电信等领域取得了突飞猛进的发展。

巴布亚新几内亚和其他太平洋岛国共同面临着诸多挑战以及不可能短时间攻克的难题。然而我们希望着眼当前，以高新技术产业为起点寻求进一步发展。

巴布亚新几内亚拥有多元的文化，丰富的艺术形式，独特的民风民俗；此外，我们拥有尚待开发的土地、海洋资源，以及大片未开垦的热带雨林。

巴布亚新几内亚认为，中国增长迅速，目前正在扩充在其他国家的投资模式。在此，我们需要提出，巴布亚新几内亚是理想的投资之地，我国拥有中国以及其他工业化国家扩大工业生产规模所需的自然资源。

自世博会开幕以来，巴布亚新几内亚学到很多宝贵经验，也会把上海世博会的主题和先进工作经验应用到我国相关领域：在人才培养和自然资源开发方面，塑造长远价值并打造核心实力。本届世博会将引领巴布亚新几内亚向知识经济的道路迈进，提高产值，增强经济实力。

在此，也感谢世博局和上海人民成功举办本届世博会。这是一届由发展中国家举办的国际盛会，具有里程碑的意义。本届世博会的举办，与人力、财力、物力大量的投入密不可分，交通运输工作繁重；在此，我也希望再次祝贺中国政府成功举办本届世博会。

最后，我希望向中国政府、上海世博局、上海人民以及市政府致以诚挚的谢意。也借此机会感谢南太旅游组织和太平洋联合馆馆长伯娜德特·加尼劳女士，巴布亚新几内亚总代表约翰·安德里亚斯，巴布亚新几内亚驻华使馆工作人员，上海的巴新留学生以及中国的志愿者——感谢你们的辛勤付出，让我们得以顺利参展。

同样，感谢上海世博会巴布亚新几内亚展馆的工作人员，也感谢通过多方渠道远道而来展示我们美丽祖国的各界人士。

交流活动

中方代表与巴布亚新几内亚独立国国家馆日代表团主要成员合影

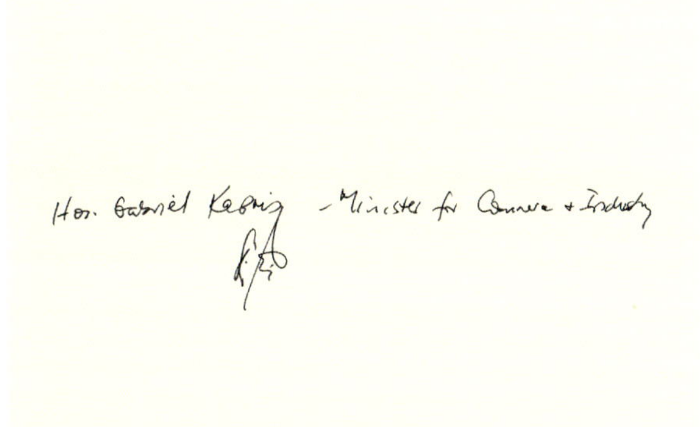

加布里埃尔·卡普里斯的签名

巴布亚新几内亚馆日代表团所赠的工艺品

巴布亚新几内亚馆日的文艺表演（一）

巴布亚新几内亚馆日的文艺表演（二）

在馆日仪式上的中方代表致辞

今天是智利共和国国家馆日，有机会出席馆日活动，我深感荣幸。首先，我代表中国政府和人民，对智利国家馆日的举办表示热烈的祝贺！向远道而来的智利贵宾表示诚挚的欢迎！向你们给予上海世博会的大力支持表示衷心的感谢！

建交40年来，中智关系持续稳定发展。2004年，两国建立全面合作伙伴关系，双边关系发展进入新阶段。近年来，双方高层互访频繁，政治互信不断加深，对话和磋商机制日臻完善，经贸等各领域互利合作成果丰硕，人文交流丰富活跃。两国在国际事务中密切协调与配合。

中智是好朋友、好伙伴。在当前形势下，进一步深化两国各领域互利合作，推动双边关系全面深入发展，符合两国和两国人民的根本利益。中方从战略高度重视发展同智利的关系，愿以两国建交40周年为契机，与智方共同努力把中智全面合作伙伴关系推向新的更高水平。

世博会是展示世界政治、经济、科技和文化发展成就的平台，也是国家间交流与合作的平台。智利政府高度重视参加上海世博会，是第一个签署参展合同的拉美国家，也是少数兴建自建馆的拉美国家之一。2009年11月，智利总统巴切莱特对上海进行工作访问，出席智利馆封顶仪式，成为首个到访世博园的外国元首。

智利馆以“纽带之城”为场馆主题，展馆外形状如“水晶杯”；馆内精心虚拟了“深井”，作为连接中国和智利的纽带，展示了智利的风土人情、触发人们对未来城市理想之路的思考。

希望借助世博会“理解、沟通、欢聚、合作”这一平台，中智两国合作和两国人民的友谊跃上新的台阶。

智利馆（C片区，自建馆）

上海世博会中国政府副总代表 陈笃庆

智利劳动和社会保障部副部长 布鲁诺·巴兰达

最后，祝智利国家馆在上海世博会取得圆满成功！祝中智两国人民友谊源远流长！

在馆日仪式上的外方代表致辞

非常荣幸能够率领智利官方代表团来到上海世博园区参加智利独立两百周年纪念活动。

早在中国打算举办上海世博会之初，我国就承诺要举行今天这项活动。我们与其他几个对华友好国家一样，早就懂得本届世博会意义重大且影响深远，因此我国很快做出决定，迎接巨大的挑战，修建独立国家馆。我们希望通过这种有形的方式，表达我国坚持活力外交政策以及全面发展对华关系的意愿。

借此机会要感谢上海市政府和上海世博局，特别要感谢智利总代表埃尔南·索梅维尔先生以及每一个默默无闻工作的人，让我们实现了在上海世博会上庆祝智利独立日的梦想。

我们希望借助这一机会让千百万观众见证智利就本届世博会主题所做出的承诺。在这个包罗万象的巨大舞台上，可以听到智利的声音，包括她的人民、文化以及实现“城市，让生活更美好”的渴望。

今天我能够来到这里并不是偶然的，智利政府希望我以劳动部副部长的身份告诉大家，为实现城市让生活更美好的目标，必须满足促进就业这一基本条件。

有了可持续经济活动以及体面就业，就可以设想建立一个居民生活质量更好的城市。

最后，我不得不强调，今天在中国的经济和工业中心上海市的世博园举行的此次活动对于智利与中国的关系非常重要，由于时差的原因，这里要比智利更早的迎来智利国家独立200周年纪念日。

今天的活动告诉我们，我们共同关注同一件事情，那就是继续扩大并深化建设日益繁荣的社会，在这样的社会里，人们可以使“城市，让生活更美好”的主题变成现实。

交流活动

中方代表与智利共和国国家馆日代表团主要成员合影

En nombre del Gobierno de Chile, el más
caluroso saludo de nuestro pueblo al Gobierno,
al pueblo y a la Exposición Universal de Shanghai 2010,
por la gran oportunidad de celebrar nuestro aniversario
patrio hoy, 18 de Septiembre 2010.

Bruno Baranda

我谨代表智利政府和人民向中国政府和人民致以最诚挚的问候。我们对能在 2010 年上海世博会期间举办智利国家馆日活动倍感荣幸。

布鲁诺·巴兰达

智利馆日代表团所赠的工艺品

智利馆日的文艺表演（一）

智利馆日的文艺表演（二）

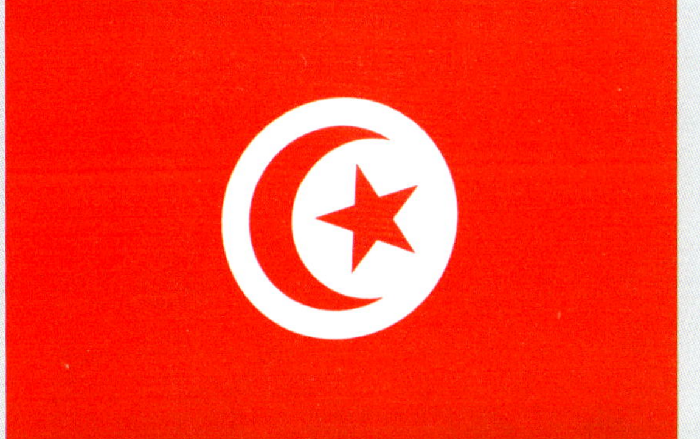

突尼斯共和国国家馆日

2010年9月19日

突尼斯馆（C片区，自建馆）

在馆日仪式上的中方代表致辞

很荣幸参加突尼斯共和国国家馆日活动。首先，我代表中国政府和人民向远道而来的突尼斯贵宾表示热烈的欢迎！向各位来宾表示诚挚欢迎！

中突建交以来，两国相互尊重、相互信任，双边关系始终顺利健康发展。近年来两国高层互访频繁，政治互信加深，经贸合作不断扩大，在国际和地区事务中进行了密切协调和磋商。中国重视发展与突尼斯的友好关系，愿与突方加强在各领域和各层次的交流与合作，不断充实双边关系内涵，将两国关系提升到新的水平。

世博会是促进各国人民之间相互了解和友谊的重要平台，也是展示本国历史与文化的舞台。突尼斯馆以“融于自然的热力之都”为场馆主题，通过高大拱式门洞、欧洲城堡、传统花型等传统建筑元素，以突尼斯传统音乐、特有香薰等文化符号，展示了突尼斯的绚烂风光、多元文化和悠久文明。

希望借助世博会“理解、沟通、欢聚、合作”这一平台，中突两国合作和两国人民的友谊跃上新的台阶。

我们相信，突尼斯展馆一定会受到世界各地参观者的青睐。

最后，祝突尼斯国家馆在上海世博会取得圆满成功！

在馆日仪式上的外方代表致辞

今天，来到上海世博会参加突尼斯国家馆日庆祝活动，我感到荣幸备至。

本届世博会的组织井然有序，得到国际社会的积极响应和各国的广泛参与。从开幕至今，世博会的参观人

上海世博会中国政府副总代表 王四法

突尼斯贸易及手工业部长 利达·本·米斯巴赫

数呈稳定增长态势。值此之际，我谨向中华人民共和国和中国人民致以诚挚的敬意，衷心祝贺上海世博会成功举办。

今年正值突尼斯和中国建交 46 周年。多年来，突尼斯和中国之间 双边关系稳定。在此基础上，双方开展了务实的合作和真诚的交流，这让我们感到由衷的欣慰和无比的自豪。我方高度评价近年来中华人民共和国在各个领域的显著成就，这也进一步巩固了中国在世界经济秩序中 的重要地位。

在加强与非洲各国和阿拉伯国家合作方面，中国通过中阿合作论坛和中非合作论坛开展了形式多样的友好合作项目。对于中国所付出的努力，我们给予高度评价。

本届世博会的主题是“城市，让生活更美好”。这一主题，反映了自然环境和发展过程之间的紧密关系。这也再次提醒人们，在应对人类所面临的共同挑战和全球所关注的重大问题时， 应该加强团结和合作。

本届世博会突尼斯馆的主题是，融于自然的热力之都。这一主题的选取，契合了突尼斯的参展理念，表明了突尼斯的发展策略，也传达了突尼斯崇尚开放、渴望与各大文明、各个文化进行交流。这一主题的选取，旨在表现突尼斯在知识经济、环境保护和改善民生等各个领域所取得的瞩目成就。

突尼斯始终遵守国际秩序，注重保护国有资源，积极响应各个地区乃至全球范围的环保倡议。在此基础上，我们致力于推动共同发展，促进世界各国之间的团结稳定。

与此同时，突尼斯高度关注可持续性发展和环境保护问题，通过实施公正合法的相关政策确保这些问题能够得到有效落实。与此同时，我们开展了环保相关的项目工程，以便合理使用自然资源，应对污染和沙漠化问题，弘扬生态文化，为后代留下一片净土。

当前，突尼斯致力于加大人才培养的投入力度，加强科学技术的基础设施建设，鼓励开展科学研究，提升科技创新，传播电子信息文化，积极参与各类国际和区域的会议论坛，在区域和全球范围内巩固与各个国家的关系，加强对外开放程度。在这一综合政策的框架下，人才库的建立也表明了国家始终将人才培养摆在首位。

长期以来，突尼斯高度重视电子信息化的基础设施建设，加大高等教育机构的网络化程度，简化程序，完善法制环境，提升科研能力，广泛普及科技知识。我国在上述领域已取得 显著成果，并在全球居领先地位。

突尼斯始终重视对年轻一代的培养，为青年群体提供大量的机遇和优惠政策，鼓励青年群体积极投身于突尼斯的发展事业以及国家倡导的项目计划，积极发挥青年群体的支持、监管职能，这一做法在区域层面和全球范围内具有开创性的意义。目前，联合国大会正式采纳本·阿里总统的提议，将 2010 年命名为国际青年年。

突尼斯致力于提升妇女地位，支持妇女积极投身于各个领域，认可妇女的经济社会地位以及政治决策权。如今的突尼斯妇女，显露出现代女性的活力，让突尼斯在国际社会和区域层面感到无比自豪。

上述措施，让我们在文化发展的道路上取得了丰硕的成果，为改善民生、争取全面进步奠定了稳固的基础。此外，我们在教育、医疗、环境、生活质量等方面的各项指标也在不断攀升。因此，我们的生活质量得以在阿拉伯以及非洲地区排名第一；此外，突尼斯享有旅游胜地的美称，备受世界各地人民的青睐。

突尼斯始终重视对商业的扶持力度，持续改善营商环境，我们采取的政策 进一步带动了经济增长，巩固了我

们作为商业和投资中心的地位。与此同时，全球达沃斯经济论坛将突尼斯列为非洲大陆最具经济竞争力的国家。

当前，突尼斯全力提升发展策略，调整国家经济结构，为带动前沿技术和高附加值的产业部门提供最大限度的支持。与此同时，我们致力于为大学院校的毕业生提供就业机会，并积极发展信息化投资、提升服务业水平。

最后，我再次向世博会主办方致以诚挚的谢意。我祝愿上海世博会取得圆满成功，希望上海引领人类迈向有效合作、团结互助的新纪元！

交流活动

中方代表与突尼斯共和国国家馆日代表团主要成员合影

我十分高兴能参观2010年上海世博会，体会世博会良好的组织和丰富多彩的内容，了解世博会各种人文和文化元素以及参观各类场馆。

选择“城市，让生活更美好”作为本届世博会的主题表明了寻求经济进步与社会福利之间协调的重要性，印证了保持环境与地区之间平衡的重要性，从而确保世界其它地区未来几代人的权利，夯实可持续发展的各种要素。

感谢2010年上海世博会的主办方所作的努力，谨向中国政府的精心组织和热情接待致以诚挚的谢意和敬意，感谢本届世博会成功和卓越地在世界各族人民之间有效搭建起一座座沟通和交流的桥梁，为新时期人类和自然之间的平衡奠定了基础。

希望本届世博盛会能圆满成功，也预祝所有人能和我们一样感受世博会。

利达·本·米斯巴赫

突尼斯馆日代表团所赠的工艺品

突尼斯馆日的文艺表演

孟加拉国人民共和国国家馆日

2010年9月20日

在馆日仪式上的中方代表致辞

我谨代表中国政府和上海世博会组委会，对孟加拉国国家馆日表示诚挚祝贺，对法鲁克·汗部长和各位嘉宾出席庆典活动表示热烈欢迎。

世博会是人类文明成果荟萃的伟大盛会，在全球范围内推动了广泛的国际交流。为世界各国和各国人民开阔视野、展示自我、相互学习提供了机会和舞台，有力地促进了各国走向国际化和现代化的进程。在全世界传播了进步、创新、开放、和谐的精神理念。中国2010上海世博会以“城市，让生活更美好”为主题，荟萃了全球各地的创新成就，展现了丰富的地域风情和多元文化。特别是为世界各国展示城市文明成果、交流城市建设经验、探讨更好的人居、生活、工作模式提供了借鉴交流机会，必将为人类可持续发展留下一份丰厚的精神遗产。

孟加拉国是南亚重要国家，历史悠久，文化灿烂，土地美丽富饶，人民勤劳勇敢。独立39年来，孟加拉国国家建设取得辉煌成就，从传统的以农业为主的国家向全面发展的现代化国家迈进，城市化进程也不断加快。孟加拉国国家馆以“金色孟加拉的精神和成长”为主题，展现了孟加拉国丰富多彩的传统文化和蓬勃发展的现代潮流，诠释了孟加拉国建设事业包括城市建设的成功经验，相信会给所有参观者带来美好和难忘的体验。

中国与孟加拉国是亲密友好邻邦。今年是中孟建交35周年，两国领导人成功互访，双方同意建立和发展更加紧密的全面合作伙伴关系。我相信，上海世博会将为加强两国各领域合作、促进两国人民友好往来提供新的契机。

孟加拉国馆（A片区，亚洲联合馆）

中国外交部副部长 宋涛

孟加拉国商业部长 法鲁克·汗

祝孟加拉国国家馆日活动取得圆满成功。谢谢大家。

在馆日仪式上的外方代表致辞

我非常高兴并荣幸地欢迎各位出席上海世博会孟加拉国国家馆日的庆典仪式。3月26日是孟加拉国国庆日，这是一个值得纪念的日子。1971年的这一天，在国父谢赫·穆吉布·拉赫曼强有力的领导下，我们国家英勇的自由战士们开始了伟大的反对外国侵略的解放战争。尽管经历了不少困难，但是我们国家在过去几十年取得了长足的发展。今天，作为一个新兴经济体，孟加拉国以其应有的地位屹立于世界之林。此次参加上海世博会就充分显示了我们融入全球贸易的坚定决心。

贸易展会的重要性是毋庸置疑的。随着经济贸易的全球化，贸易展会正变得越来越重要。本届世博会的重要性不仅体现在其盛大的规模上，参展各方更通过世博会把握到了全球商贸发展的脉搏。

孟加拉人民共和国政府和人民很高兴能参加在上海这座充满活力的历史城市举办的世博会。在深受我们爱戴的总理哈西娜的有力领导下，我们政府正在大力实施“愿景2021：数字孟加拉国”发展理念。根据这一理念，到2021年孟加拉国将建设成为一个中等收入的高科技国家。本届世博会是一个独特的平台，能让孟加拉国人民了解世界最新的科技创新，也向世界宣告孟加拉国在不远的将来成为南亚商业中心的潜力。鉴此，我很高兴地告诉各位，尽管全球经济萧条，孟加拉国在最近依旧保持了稳定的经济增长，宏观经济稳定，外汇储备坚挺，出口继续增长。我们非常重视本届世博会，我们将利用此次绝佳的机会，通过扩大贸易、吸引外资加强对外合作。当然，扩大贸易的重要先决条件之一就是市场准入，这对于孟加拉国这样的新兴经济体尤为重要。为了推动外商投资，孟加拉国建立了良好的环境、出台了具有吸引力的激励措施，并不断致力于提高现有的基础设施和物流条件。我们国家的金融管理政策也得到了极大地提高，正因为如此，孟加拉国被穆迪和标普两大评级机构分别评为Ba3和BB-。孟加拉国已成为了外商直接投资的安全目的地。

最后，我要再次感谢大家，尤其是世博会组织方热情洋溢的工作人员以及所有参观世博会孟加拉国馆的游客们。正是由于你们，我们的参展才会如此成功。

交流活动

中方代表与孟加拉人民共和国国家馆日代表团主要成员合影

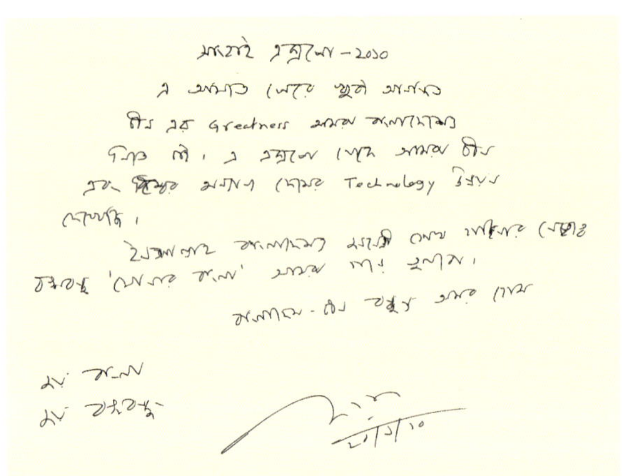

法鲁克・汗的题词

孟加拉国馆日代表团所赠的工艺品

孟加拉国馆日的文艺表演（一）

孟加拉国馆日的文艺表演（二）

亚美尼亚共和国国家馆日

2010 年 9 月 21 日

在馆日仪式上的中方代表致辞

今天，我们相聚黄浦江畔，共同出席上海世博会亚美尼亚国家馆日活动。我谨代表中国政府和上海世博会组委会，对亚美尼亚举办上海世博会国家馆日活动表示热烈祝贺，对萨尔基相总理的出席表示诚挚欢迎。

从 1851 年英国伦敦的“万国博览会”至今，世博会已走过了 159 年的历程。159 年来，世博会见证了人类文明的发展和进步，不断开启人类重新认识世界的窗口，成为各国人民展现自我、沟通心灵、增进友谊、共同反战的重要舞台。2010 年上海世博会高扬“城市，让生活更美好”的主题，在世博会历史上首次“城市”为主题，旨在集世界智慧探讨城市建设经验，体现人类社会对未来更美好生活的设想和憧憬。相信在所有参与者的共同努力下，上海世博会必将成为一次难忘的盛会，谱写一曲以创新和融合为主旋律的交响乐，也将成为人类文明的又一次精彩对话。

亚美尼亚是地处欧亚大陆交界处的古老而神奇国度，饱经沧桑，历久弥新。这片约 3 万平方公里的土地上孕育着智慧而坚韧的亚美尼亚民族，哺育着灿烂悠久的文化。这里走出了伟大的作曲家哈恰图良、卓越的飞机设计师米高扬、著名的军事指挥家巴格拉米扬等一批享誉世界的人物。亚美尼亚民族以其自身特有的方式为人类文明发展书写了重重的一笔。

本次世博会上亚美尼亚馆以其匠心独具的设计，生动诠释了“世界之城“的主题，让大家充分领略亚美尼亚绮丽的自然风光和深厚的文化积淀，也展示了亚美尼亚强调人与人、人与自然和谐共处、创造美好城市生活的反战理念，与上海世博会的主题相得益彰。今天，

亚美尼亚馆（C 片区，欧洲联合馆）

中国国家审计署审计长 刘家义

亚美尼亚总理 季格兰·萨尔基相

热情好客的亚美尼亚人民带来了本国久负盛名的珍贵特产——甘甜可口的黄杏。驻足在亚美尼亚的大屏幕前，伴着奔放热情的舞蹈，品尝风味独特的杏子，欣赏用杏树制造的闻名于世的杜杜克笛，我们如同徜徉于满树杏花齐放的“杏子花园”中，相信亚美尼亚国家馆日活动将会使每一位到访者流连忘返。

中亚虽然相隔万里，但有着深厚的传统友谊。古老的“丝绸之路”开启了双方在商贸、文化、艺术等领域友好交流。中华民族和亚美尼亚民族都是世界上的古老民族，为世界历史的进步与发展做出了重要贡献，两国十几个世纪的交往过程演绎了一部不同文明间对话的历史。今天，上海世博会使两个古老民族再次紧密联系在一起，在两国人民之间搭建了又一座理解、友谊与合作的桥梁，将为中亚友好合作关系掀开新的篇章。

一千年前，中国发明了造纸；八百多年前，亚美尼亚发明了钢笔，为人类文明做出了重要贡献。让我们用发明的纸和笔，为世界撰写新的历史……

在馆日仪式上的外方代表致辞

在刘家义先生精彩的演讲之后，我想我不得不缩减我的讲话了。因为我基本上想讲的一些内容刚才刘先生在他的演讲里面都已经说过了。那么首先请允许我代表亚美尼亚政府感谢中国政府对我们的热情接待，也感谢中国政府为我们营造的今天良好氛围。我们有机会向数百万的民众展示我们对未来的憧憬，展示我们对未来城市建造的一些想法。

今天能够站在上海世博会的讲台上我特别的高兴，因为今天不仅仅是亚美尼亚在上海世博会上的馆日，同时也是亚美尼亚独立19年纪念日。在筹办世博会的过程中，我们有机会不仅重新审视一下亚美尼亚走过的道路，同时也憧憬我们的未来。

亚美尼亚每天清晨醒来的时候都会看到我们神圣的阿拉拉特山。那阿拉拉特山在圣经中有这么一个意思，叫做“复活”、“重生”。世界金融危机也告诉我们未来的社会不可以再像以前一样。我们应该创造一个崭新的未来世界。我们努力诠释一个世界之城，希望可以创造一次人类文明的对话，可以为世界各国的人民和各个民族之间的交流提供良好的机会。上海世博会也为世界文明以及各种文明之间的对话提供了一个良好的舞台和绝佳的机会。所以我想邀请大家在亚美尼亚阿拉拉特山谷建造一座世界之城。那么这座世界之城不仅仅将是亚美尼亚人民历史中光辉的一页，也是世界文明历史中光辉的一页。

最后，我想再次感谢中方朋友给我们的热情接待以及为我们创造的展示自我、展示我们意愿的良好的平台和良好的条件。

交流活动

中方代表与亚美尼亚共和国国家馆日代表团主要成员合影

21. 09. 2010 թ

季格兰·萨尔基相的题词

亚美尼亚馆日代表团所赠的书籍

亚美尼亚馆日的文艺表演（一）

亚美尼亚馆日的文艺表演（二）

塔吉克斯坦共和国国家馆日

2010 年 9 月 22 日

在馆日仪式上的中方代表致辞

首先，我谨代表中国政府和上海世博会组委会，对塔吉克斯坦举行国家馆日表示衷心的祝贺，对阿基洛夫总理出席今天的馆日活动表示热烈欢迎。同时，我们也很高兴与阿基洛夫总理阁下及各位来宾共度中国的传统中秋佳节。在此，谨向阿基洛夫总理阁下及在座朋友们致以节日祝贺。

历届世博会均是一场共享人类文明的盛宴，都以不同的方式展现了世界各国悠久的历史、灿烂的文化和独特的发展理念。上海世博会同样没有辜负世界人民的厚望与重托，它以“城市，让生活更美好”为主题，充分体现了人类社会对未来更美好生活的憧憬和追求，也为各国开阔视野、展现自我提供了舞台。我们有理由相信，在包括塔吉克斯坦在内的各方积极参与下，上海世博会必将获得圆满成功，成为增进世界各国人民相知与友谊，促进人类社会和谐进步与共同繁荣的精彩盛会。

女士们，先生们，风光秀美的高山之国塔吉克斯坦历史悠久，文明多样，在中亚这片古老的土地上散发着独特的光彩。走进塔吉克斯坦国家馆，我们沉醉于涅槃卧佛和传统木雕的厚重历史积淀，我们惊叹于皑皑雪山和清澈瀑布的自然鬼斧神工，我们回味于朝气蓬勃和包容开放的城市规划建设。我们看到一个饱经沧桑、勤劳勇敢的民族正在不断崛起，以更加自信、务实进取的心态融入世界，走向繁荣。

中塔两国是山水相连的友好邻邦。巍峨葱郁的帕米尔高原和驼铃清脆的古丝绸之路见证了两国人民源远流长的传统友谊。建交 18 年来，中塔关系健康稳定发展，各领域合作成果显著。双方已成为真正的好邻居、好朋

塔吉克斯坦馆（A 片区，亚洲联合馆）

中国公安部副部长 刘京

塔吉克斯坦总理 阿吉尔·盖布拉耶维奇·阿基洛夫

友和好伙伴。我相信，在相互尊重、平等互利的基础上，在两国政府和人民共同努力下，中塔睦邻友好合作之树必将更加枝繁叶茂，硕果累累。

海内存知己，天涯若比邻。此时此刻，中塔两国人民热爱和平、追求进步、努力创造更美好生活的理念在这里产生共鸣。在此，我衷心希望中塔双方以塔吉克斯坦参加上海世博会为契机，进一步推动中塔两国和两国人民增进相互了解，加强互利合作，为造福两国人民和促进世界的和谐发展做出新的更大贡献。

祝愿今天的塔吉克斯坦国家馆日活动取得圆满成功！祝各位中秋节快乐。

在馆日仪式上的外方代表致辞

我很高兴对今天出席2010年上海世博会塔吉克斯坦国家馆日活动的所有来宾表示热烈和诚挚的欢迎。上海世博会是展现人类进步思想成就的伟大盛会。今天的馆日活动对我国来说是一件大事。我希望能与在中国的塔吉克斯坦朋友、世博会的参展者和参观者共同分享这一盛事。

鉴此，请允许我向2010年上海世博会组委会、上海市政府、志愿者们及筹备塔吉克斯坦国家馆日活动的所有参与者们致以诚挚的谢意，感谢你们做出的巨大贡献和高度专业的工作。

在我们的共同努力下，塔吉克斯坦国家馆日的活动可谓丰富多彩，引人入胜。成千上万的世博会游客能够更多地了解塔吉克斯坦，了解自古与伟大中国人民睦邻友好相处的塔吉克斯坦人民悠久的历史和灿烂的文化。

在上海世博会开展的145天中，共有超过300万人参观了塔吉克斯坦国家馆。这有力地证明了我国已经引起了人们极大的兴趣。世博会每12个参观者中就有一名游客成为传统塔吉克斯坦之家的贵客。在茂密葡萄藤的阴影下，品尝一碗清香的绿茶，聆听山中瀑布流动的旋律，最后在缀满数百片石叶、代表着我们高山之国欣欣向荣的幸福之树前留影。

我们之所以被关注，不仅仅是因为十余年来在埃莫马利·拉赫蒙总统的领导下我国发生了翻天覆地的变化，还与塔吉克斯坦在多边经贸合作领域的巨大发展潜力息息相关。这种潜力在本次世博会的塔吉克斯坦国家馆中就有所体现。

2010年上海世博会的主题是“城市，让生活更美好”，我想将其补充为“与环境和谐相处的城市让生活更美好”。珍爱环境、充满敬畏地去面对自然应是我们共同的责任，尤其是在对待水这个主要生活资源的问题上。

我的祖国是一个高山之国，那里湖泊密布、河流湍急，矗立着雄伟的水电站和人工水库。塔吉克斯坦拥有中亚地区近60%的水资源。我们像珍爱自己的生命一样珍惜水资源，为求平稳发展，根据现实需要，有计划地开发利用其能源。在塔吉克斯坦修建新的水电站可向居民提供足够的清洁并可再生的电能。

塔吉克斯坦矿产资源丰富。目前已勘探出400多种矿物，其中部分矿物储量居地区和世界前位。金、银、锌、煤、铀、稀有金属都广泛分布在塔吉克斯坦地下。

需要指出的是，目前塔吉克斯坦正积极开发这些矿产资源，其中包括同中国知名企业进行的联合开发。良好的投资环境以及塔吉克斯坦人民开放友善的性格促进了两国互利合作，更增进了两个邻国人民的友谊。我们

期待中国和其他国家的投资更积极的参与到我国采矿业等经济建设中。

塔吉克斯坦是个花园国家，这里生长着享誉国外的多种蔬菜水果。尤其著名的是塔吉克斯坦优质的杏。这在世界任何其他地方都难以找到。四年前，塔中友谊杏树园在北京郊区落成，125 株来自塔吉克斯坦的杏树用甜美的果实招待了贵客。两国在果树种植和葡萄种植等领域的农业合作将为中塔两国的农业劳动者带来双赢。

塔吉克斯坦是条件优越的疗养胜地。它拥有丰富的地热资源，其温泉的温度可达 40 度到 90 度，对人体非常有益。很多温泉可用于治疗和预防疾病。我们愿与合作伙伴利用这些温泉来帮助人们强身健体。

塔吉克斯坦是一个风景如画的旅游胜地。皑皑的雪山之巅和鲜花盛开的山谷，祖母绿般的湖泊和湍急流淌的河水，高耸入云的帕米尔高原和恐龙山谷，世界面积最大的冰川和壮观的“萨雷兹”高山湖，亚历山大·马其顿帝国时期的城市痕迹，14 米长的涅槃卧佛，熙熙攘攘的东方大巴扎和精美绝伦的手工艺制品，所有这一切都会使每一位经验丰富的旅行者感到惊叹不已。

因此，我们非常重视发展塔吉克斯坦的旅游业，特别是生态旅游。我们邀请大家访问塔吉克斯坦，一个坐落在古丝绸之路并在 21 世纪重新焕发生机的国度。

今日的塔吉克斯坦是一个世俗制的民主国家。社会安定，民族和谐，尊重政治多元化；经济发展迅猛，吸引着广大的外国投资者。

当代的塔吉克斯坦是国际关系体系中积极的一分子。它的朋友遍布欧美和亚非。其中就包括中华人民共和国——最早承认塔吉克斯坦独立的国家之一。我们与中国成功地开展着睦邻、友好、全方位的合作。我们自豪的看到，建交近 20 年来，在双方的共同努力下，两国的政治和经济合作成绩斐然。

中国人民在改革开放道路上取得的巨大成就也在鼓舞着我们。选择上海作为世博会的主办地再次证明了中国在国际上的崇高威望，及其国内社会经济的稳定发展。

上海是未来城市的杰出代表。在这里，现代化成就与民族传统文化融为一体。可谓是世界最佳城市桂冠上的一颗明珠。快速发展中的上海一切以人为本，是 2010 年世博会口号的完美体现。

准确、全面的世博会口号是针对我们每一个人的，所有国家和民族最优秀的精英为它的落实做出了自己的贡献。其中的许多设想是具有前瞻性的。规模史无前例的上海世博会体现了人类对 21 世纪城市生活最美好的向往。上海世博会就是坐落在黄浦江两岸的未来世界。

今天，友好的中国人民欢度中秋佳节。自古以来，这个节日就代表着人们对美好生活的无限热爱和向往。这种美好愿望也深深的嵌入 2010 年上海世博会的主题中。请允许我祝大家节日快乐，祝出席今天活动的所有来宾、世博会的组织者和参观者、伟大的中国人民健康、繁荣、和谐并取得新的成就。

ЭКСПО-2010 в Шанхае – событие мирового значения. Оно войдет в историю как уникальный пример безупречной организации Всемирной выставки достижений человеческого разума.

Глобальный масштаб, беспрецедентное число участников и посетителей, – триумф и открытости, эффективности китайской экономической модели, а также ещё одно признание мировым сообществом особой роли Китая в качестве локомотива устойчивого развития нашей планеты.

В Таджикистане приветствуют успехи КНР, нашедшие своё частичное отражение в павильоне Китая, который является прекрасным отражением нашей общей заботы о создании наилучших условий для науки и деятельности человека.

Сердечно поздравляю Правительство КНР, организаторов и гостеприимных хозяев ЭКСПО-2010 с безусловно огромным успехом Всемирной выставки. Желаю жителям неповторимого по красоте города Шанхая, всему китайскому народу счастья и благополучия, процветания и гармонии.

Премьер-министр Республики
Таджикистан
Акил Акилов

22.09.2010 г.
г. Шанхай.

2010 年上海世博会是世界性盛会，它将作为完美举办体现人类智慧的世界博览会的杰出范例而载入史册。

全球性规模、参展和参观者数量空前——这是开放和中国经济模式有效性的辉煌成就，也是国际社会对中国在全球可持续发展中起火车头特殊作用的再次认可。

塔吉克斯坦祝贺中华人民共和国取得的成就，中国馆部分展现了这些成就，极好地反映了我们两国对创建人类生活和活动最好条件的共同关注。

我衷心祝贺中国政府、2010 年世博会组织者和好客的主人取得世博会巨大成功，祝愿上海这座独一无二美丽城市的居民和全体中国人民幸福、安康、繁荣、和谐。

阿吉尔·盖布拉耶维奇·阿基洛夫

交流活动

中方代表与塔吉克斯坦共和国国家馆日代表团主要成员合影

塔吉克斯坦馆日代表团所赠的工艺品

塔吉克斯坦馆日的文艺表演（一）

塔吉克斯坦馆日的文艺表演（二）

沙特阿拉伯王国国家馆日

2010年9月23日

在馆日仪式上的中方代表致辞

今天，我们相聚在风景如画的黄浦江畔，共同庆祝沙特阿拉伯国家馆日活动，共同感知“石油王国”无穷的魅力与别样的精彩。首先，我谨代表中国政府和上海世博会组委会，对沙特阿拉伯国家馆日的举办表示热烈祝贺，对莅临上海参加沙特阿拉伯国家馆日活动的各位嘉宾表示诚挚欢迎。

中沙两国自1990年正式建交以来，两国关系全面、快速发展，高层互访不断，政治互信日益增强。两国在经贸、能源、安全、文化、教育等各个领域合作成果丰富，在共同关心的国家和地区问题上互相配合、互相支持。

上海世博会得到了包括沙特阿拉伯在内的国际社会的大力支持。沙特阿拉伯馆是上海世博会上占地面积最大、经费开销最多的展馆之一。以“多元合一”为主题的沙特阿拉伯馆，设计精巧，造型独特，外形像一艘高悬于空中的“月亮船”。在展馆展示上，沙特阿拉伯馆将贵国地理、人口、历史、政治等内容，通过巨幕影院、文字书法、枣椰树等载体进行充分展示，极富视觉冲击力和震撼力，充分展示了沙特阿拉伯能源之城、绿之城、文化古城、新经济之城四类城市风貌的独特魅力，给参观者带来全新体验并留下极其深刻的印象。自上海世博会开园以来，沙特馆凭借独特的气质、全球最大的巨幕影院以及精彩的展览展示等，吸引了全世界参观者的眼光，参观人数超过300万人次，成为上海世博会最受欢迎的展馆之一。

世博会作为人类文明发展与传承的驿站，世界各国人民通过世博会加深了理解、消除了隔膜、加强了交往、增进了友谊。在上海世博会上，大气简约、富有特色的

沙特阿拉伯馆（A片区，自建馆）

中国上海世博会执委会副主任 周汉民

沙特阿拉伯城乡事务大臣 曼苏尔·本·米特阿卜亲王

沙特馆已经成为人们了解沙特、认识沙特、喜爱沙特的桥梁，沙特馆这座“丝路宝船”一定能成为架起中沙人民友谊的纽带。

最后，祝沙特阿拉伯国家馆在中国2010年上海世博会上取得圆满成功！祝沙特阿拉伯经济蓬勃发展，人民幸福安康！

祝中沙两国友谊万古长青！

在馆日仪式上的外方代表致辞

欢迎各位参加沙特阿拉伯国家馆日活动。

今天，我很高兴同大家相聚在上海这个充满活力的国际大都市，同各位一道庆祝这个重要的日子，很高兴看到这么多朋友一早便前来出席本次活动。

沙特馆日使我们有机会回顾本民族令人骄傲的过去，庆祝我们在过去的一些年里取得的进步，缅怀睿智勇敢的建国先辈。大家都知道，尽管沙特的自然风光很美，但生存环境比较恶劣。正是先辈们不懈的努力，创造了适宜的环境，使我们能够实现现在的繁荣，我们对他们的努力高度赞赏并深怀感激。在今天这个特殊的日子里，我们应该纪念他们，缅怀他们。

沙特国家馆日使我们有机会审视国家当前的状况，庆祝我们伟大的国家所取得的成就。我们重申，我们将继续本着沙特王国和人民的精神与价值观，服务国民，服务世界。

沙特馆日也是一个展望本民族所面临的机遇与挑战的良机。规划未来需要毅力与决心，需要乐观和希望，这正是许多沙特人所具备的品质，尤其是沙特的青年人。在沙特馆，我们可以看到很多这样的青年人，他们耐心地向世界介绍我们的文化传统。我们不但有值得骄傲的历史，同时也有美好的未来。

今天也使我们有机会认识沙特在国际舞台上的地位和作用。我们一贯致力于发展中华人民共和国和沙特阿拉伯王国之间紧密的关系，希望双边关系在未来取得更大的发展。

朋友们，上海世博会是巩固沙中关系的良机。为了更好地利用这次机会，我们建造了名为“月亮船”的沙特展馆，并在沙特馆举办了多场活动。在过去的四个半月里，已经有数百万游客参观了沙特馆。上海世博会的沙特馆是沙特在历届世博会中建造的最大、最先进的展馆，我想，这充分反映出沙特对中沙两国和两国人民友好关系的重视程度。

本次世博会最令我们感到欢欣鼓舞的，是游客参观完沙特馆后的积极反映，尤其是青年游客的反映。参观沙特馆后，他们对沙特的人民、社会和文化有了更好的了解。在当前世界相互融合不断加深的趋势下，我们很高兴看到，沙特馆成为加深各国人民相互了解的平台。

毋庸置疑，如果没有中国政府的鼎力支持，沙特无法在世博会取得如此成功。借此机会，我要感谢所有向我们伸出援手的中国各级政府和领导人，我们期待这种合作在今后能够继续。我还要高度赞扬世博会组织者们的不懈努力和敬业精神，祝贺他们成功举办了这一国际盛会。

在讲话的最后，我还要向你们表示感谢，感谢你们参加沙特馆日活动，感谢你们在巩固中沙两国间牢固而长久的友谊中所作的贡献，这种友谊为两国和两国人民带来了福祉。

交流活动

中方代表与沙特阿拉伯王国国家馆日代表团主要成员合影

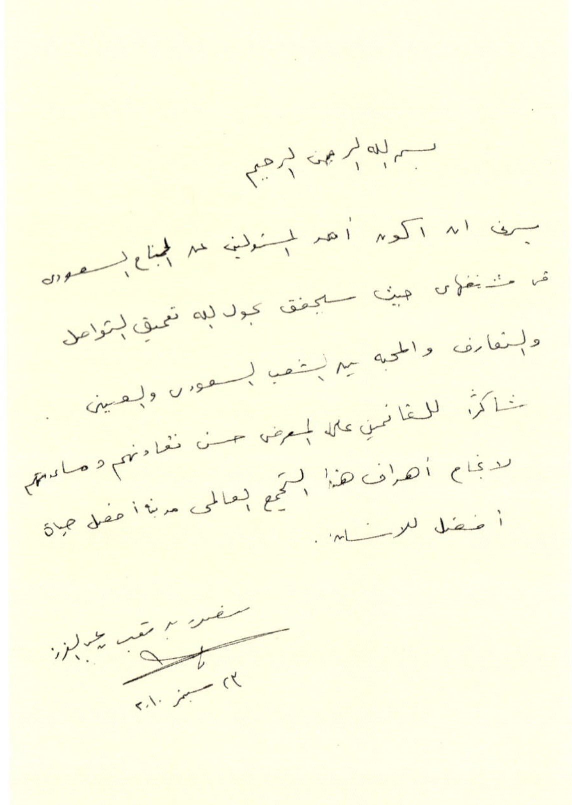

بسم الله الرحمن الرحيم

يسرني أن أكون أحد المسؤولين عن الجناح السعودي
في معرض شنغهاي حيث سيحقق بحول الله تعميق التواصل
والتعارف والمحبة بين الشعب السعودي والصيني.
شاكراً للقائمين على المعرض حسن تعاونهم ومساعدتهم
لإنجاح أهداف هذا التجمع العالمي مدينة أفضل حياة
أفضل للإنسان.

منصور بن متعب بن عبدالعزيز
٢٤ سبتمبر ٢٠١٠

奉至仁至慈的真主之名

我很高兴能成为上海世博会沙特国家馆的负责人之一。我衷心地希望中沙两国人民能加强交流，加深了解，加固友谊。

感谢世博会的组织者为实现他们的目标“城市，让生活更美好”所做出的努力。

曼苏尔·本·米特阿卜

沙特阿拉伯馆日代表团所赠的工艺品

沙特阿拉伯馆日的文艺表演

几内亚比绍共和国国家馆日

2010年9月24日

在馆日仪式上的中方代表致辞

首先，请允许我代表中国政府和上海世博会组委会，对几内亚比绍举行本届世博会国家馆日活动表示衷心祝贺，对戈梅斯总理的光临表示热烈欢迎。

1851年首届世博会的成功举办，超越了国家、民族和宗教的界限，将人类文明成果荟萃一堂。159年来，世博会秉承“和平、进步、友爱、合作”的精神，成为世界各国人民展示科技与文化、诠释信仰与理念、释放激情与梦想的舞台，增进了人与人之间的情感和友谊，促进了国与国之间的交流与合作。

2010年，世博会落户中国上海。本届世博会以“城市，让生活更美好”为主题，从文化、经济、科技、社区和城乡关系等角度诠释城市与生活的关系，探讨城市发展的未来。在过去的近五个月中，上海世博会汇聚了全球智慧，成为人类文明的一次精彩对话。我相信，在各方的共同努力下，本届世博会一定能成为一届成功、精彩、难忘的盛会。

几内亚比绍森林广袤，河流纵横，特产丰富，形似一支绽放于几内亚湾的美丽牵牛花。英勇顽强的几内亚比绍人民在争取民族独立的斗争中谱写下可歌可泣的壮丽诗篇，在实现国家发展的道路上进行了百折不挠的艰苦努力。今天，我们置身于几内亚比绍展馆，欣赏非洲“热带水乡”的秀美，了解几内亚比绍城市生活和发展状况，分享几内亚比绍人民关于建设环保、健康、安全、宜居城市的构想。相信这些展示会给来访者留下深刻印象。

中、几比两国虽然相距遥远，但两国人民始终怀有友好感情。近年来，两国关系发展顺利，双方政治互信不断增强，在经贸、农业、卫生等领域的合作富有成效，

几内亚比绍馆（C片区，非洲联合馆）

中国国土资源部部长 徐绍史

几内亚比绍总理 卡洛斯·戈梅斯·儒尼奥尔

在国际事务中相互支持与配合。本届上海世博会的成功举办，为中、几比人民加深了解，增进友谊、扩大合作架设了一道新的桥梁。

让我们携起手来，共同推动中、几比友好合作关系不断取得新的更大发展。

祝愿几内亚比绍馆日活动取得圆满成功！

在馆日仪式上的外方代表致辞

当我作为几内亚比绍的代表漫步在世博园区时，我细细地品味大中国在美丽的城市上海举办的这次有史以来最高水平的世博会。

宏伟、美丽与和谐齐聚上海，再一次表明这座被视为中国的卓越品牌、中国象征性标志的城市争坐全球经济头把交椅的雄心壮志。

中国再一次向世界证明了它的伟大和辉煌，再一次赢得了全世界的高度赞扬。

为此，我非常荣幸并高兴地向尊敬的组委会主席阁下以及整个团队的辛勤工作表示祝贺。

与此同时，我还要向在座的来自200多个国家和组织，特别是来自发展中国家的各位代表表示祝贺：尽管距离遥远，尽管存在困难，然而各位都能不遗余力地为自己的国家和人民争取荣耀。

我国政府十分荣幸并高度重视参加上海世博会，它为政策制定者、当地政府以及相关社区就城市发展的模式的挑战交流经验和意见创造了绝好的环境和条件。

当今世界在加速发展的同时也对政府、企业和市民提出了诸多问题，而重中之重则是我们每个人都应努力为地球的平衡发展贡献力量。

问题主要出现在气候变化、能源和生物多样性等方面，例如，相关后果让我们直接认识到必须重新思考我们城市的未来，并努力克服当前全球经济增长阶段中显现出的固有模式。

“城市，让生活更美好”的主题明确提出了应当以怎样的城市发展去创造更美好的地球，它迫使我们去思考应如何实现平衡和持续增长，以确保创造人性化的生活空间，并将它们转化为能够进行文化间紧密对话的和谐共存的空间。

作为文化和人类享受的空间，现代城市应得到保护，而不是被破坏。我们首先应当保护传统的文化价值及其差异性，吸收或融合种族及文化的多样性，我们应当欢迎，而不是排斥。

在保护环境方面，我们应当对适当的空间和基础设施进行妥善管理，以减轻气候变化对我们生活造成的影响，同时应推广能够避免污染和浪费的健康城市空间新概念，此外，还应优先考虑创建城市绿地和自然公园，以及开发可再生、可替代或清洁的能源。

随着城市的发展，农村人口外流和失业问题层出不穷并将持续增加，对于年轻而充满活力的年轻人而言尤为严重。

我们认为，要想实现可持续发展，首先应实现区域可持续发展。对此，公共当局必须采取积极的区别性措施，并鼓励地方进行良性竞争。城市不应继续成为提供服务和优质社会资源的不二之选。

幸运的是，在非洲，我们仍然有时间来扭转城市发展的这一趋势。我们应创建环境友好型和保护珍贵文化价值的模范城市，以鼓励人们成长为能够抵御当今世界中潜伏的各种风险的负责任的公民。

我们应创建有序的城市，构建真正有助于经济发展的基础设施，而不应成为人类的刽子手。创建受约束、有计划且有序的城市，能够在地区范围内实现和谐发展，进而结束城市与农村之间持续的不平衡。

我认为，这一切将有助于改善我们的城市生活，提高我们公民的生活质量，从而最终实现人与自然的和谐共处。

感谢组委会将 9 月 24 日定为我们在世博会上的国家馆日。我们注意到，作为团结与友谊的标志，今天，9 月 24 日，也是我们的国庆日。

事实上，国民议会于 1973 年 9 月 24 日单方面宣布几内亚比绍独立，并立刻得到全体人民和中华人民共和国等世界上进步的国家的承认，中国曾对我国民族解放斗争和人民解放反殖民运动提供了大力支持。

在我国宣布独立后，由阿米尔卡·卡布拉尔领导的几佛独立党（PAIGC）领导我们进行了光荣的民族解放武装斗争，他的突出成就被载入解放斗争的史册，并彻底改变了葡属几内亚殖民地的地位，使我们摆脱了受外国占领的状况。

他向散居在世界各地的几内亚人发出了一个令人振奋的讯息——几内亚比绍会为所有几内亚人的子孙后代提供和平与繁荣。

我希望在座的各位能同我们一起庆祝几内亚比绍共和国独立 37 周年纪念活动。

谢谢各位。

最后，请允许我再次祝贺本次伟大而光荣的活动的组织者们，你们的奉献精神和勇气使世界青年深受鼓舞，用一句话可以表达我此刻的心情，那就是“天道酬勤，有志者事竟成”。

另外，请允许我邀请在座的各位参观准确配合了“城市化、环境与可持续发展”主题的几内亚比绍“阳光和生物多样性的土地”展位。

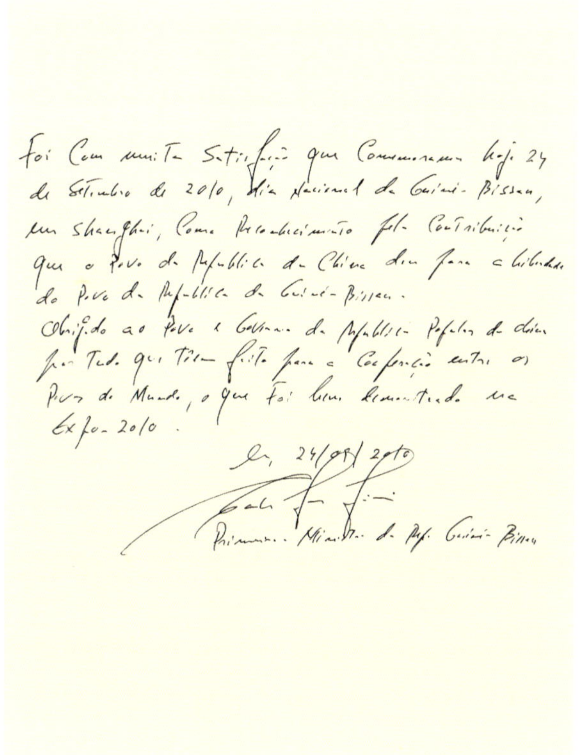

Foi com muita satisfação que comemoramos hoje 24 de Setembro de 2010, Dia Nacional da Guiné-Bissau, em Shanghai, como reconhecimento pela contribuição que o Povo da República da China deu para a liberdade do Povo da República da Guiné-Bissau.

Obrigado ao Povo e Governo da República Popular da China por tudo que tem feito para a cooperação entre os Povos do Mundo, o que foi bem demonstrado na Expo-2010.

[illegible], 24/09/2010

Primeiro Ministro da Rep. Guiné-Bissau

今日，2010 年 9 月 24 日，能在上海庆祝几内亚比绍的国庆日，我感到十分高兴。我谨代表几比和几比人民对上海 2010 世博会为推动全世界人民的交流合作所做的工作表示赞赏。

卡洛斯·戈梅斯·儒尼奥尔

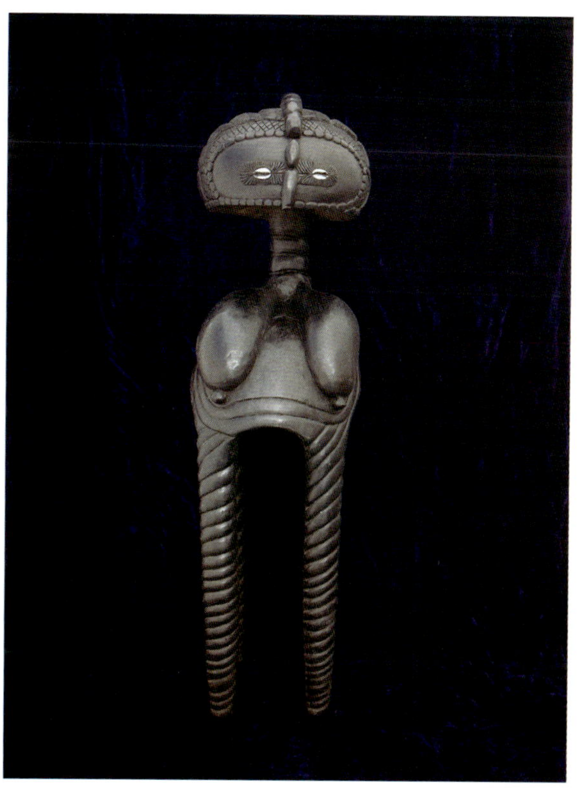

几内亚比绍馆日代表团所赠的工艺品

交流活动

中方代表与几内亚比绍共和国国家馆日代表团主要成员合影

几内亚比绍馆日的文艺表演（一）

几内亚比绍馆日的文艺表演（二）

中非共和国 国家馆日

2010年9月25日

中非馆（C片区，非洲联合馆）

在馆日仪式上的中方代表致辞

首先，请允许我代表中国政府和上海世博会组委会，对上海世博会中非国家馆日表示诚挚祝贺，对博齐泽总统来华出席馆日活动表示热烈欢迎。

世博会是人类文明传承轨迹的体现，是凝聚人类智慧和创新精神的伟大盛会。世博会坚持“和平、进步、友爱、合作”的宗旨，秉承创新的精神，坚持开放的态度，倡导和谐的理念，超越地域、信仰和种类，冲破动荡、冲突和战争，把各国人民联系在一起，为各国开阔视野、展现自我提供了机会和舞台。

上海世博会是第一次在发展中国家举办的世博会。我们相信，这是中国的机遇，也是所有发展中国家的机遇，对广泛传播和弘扬世博会理念、促进世界和平与发展将产生深远影响。我们邀请包括中非在内的世界各国人民共同探讨“城市，让生活更美好”这一主题，充分展示城市文明成果、交流城市发展经验、传播先进城市理念，为新世纪人类的居住生活探索崭新的模式。

中非国家馆是非洲联合馆中一颗璀璨的明珠，以“城市经济的繁荣”为主题，展现城市繁荣的动力以及因此给城市人带来的美好生活和梦想。在这里，我们可以领略中非独特的自然景观和风土人情，欣赏具有中非特色的建筑、装饰和工艺品，体验中非人民的热情与好客。让我们在中非珍稀动物的陪伴下，穿过蜿蜒的道路，踏着热情的俾格米音乐节拍，走近中非自然的生态，感受中非城市的魅力，与中非人民一起憧憬美好的未来。

中国和中非虽然相距遥远，两国人民的心却始终连在一起，在涉及各自核心利益问题上一贯相互理解、相互支持。近年来，在双方共同努力下，两国关系发展迅速，

中国工商总局局长　周伯华

中非工商部部长　埃米莉・贝亚特丽丝・埃帕耶

经贸等领域合作成果丰硕。我们两国同为发展中国家，都面临着发展经济、改善民生的重任。让我们充分利用世博会平台，进一步增进了解、交流互鉴、传承友好，共同推动两国友好合作关系全面深入向前发展。

最后，祝今天的中非馆日活动取得圆满成功。

在馆日仪式上的外方代表致辞

我非常荣幸代表我国在上海世博会中非国家馆日仪式上致辞。

作为中非工商部部长，我谨代表共和国总统、国家元首弗朗索瓦·博齐泽·杨古翁达（S.E.M. François Bozizé Yangouvonda）将军阁下，代表中非政府和人民，欢迎大家来参加我国的馆日仪式。

由共和国总统、国家元首弗朗索瓦·博齐泽·杨古翁达阁下率领的中非代表团感谢中国政府和人民对我们的热情接待。借此机会，我们也要感谢中国政府提供的65 万美元资金援助，使我们能来参加本届世博会。

请允许我向各位简短介绍一下中非共和国。中非共和国地处非洲大陆中心，面积 62.3 万平方公里，人口约450 万，首都是班吉，热带气候，拥有辽阔的水网，广袤的森林和草原。中非在农业、林业、旅游、野生动物、矿产和能源方面都有巨大潜力。

我国是一个农业国家。农业人口约占总人口的75%，农业生产约占国内生产总值的 50%。我国拥有1500 万公顷的可耕地，目前只开发了 1%。

我国地处热带地区的刚果盆地，拥有 540 万公顷的浓密雨林，目前只有 350 万公顷得到了有效治理。

在旅游方面，虽然需要在基础设施更新方面进行大量投资，中非共和国仍不失为一片充满巨大潜力的土地，例如我们有 15 个动植物保护区和 5 个国家公园。

矿业是国民经济的一大支柱，我们在全国范围内都有丰富矿藏。我国的主要出口产品是木材、黄金、钻石、棉花、咖啡和牛羊产品。

弗朗索瓦·博齐泽·杨古翁达总统的格言是“Kwa Na Kwa”，意为“劳动，只有劳动”。自从他 2003 年3 月 15 日就任以来，就领导政府进行改革，旨在改善中非的商业环境。

改革取得了一系列成果：建立了公共和私营部门间的长效协调机制；针对创办企业的手续提供一站式服务；创立商业、工业、矿业和手工业行会的代表处；创立贸易资助项目的管理单位；创立国家投资委员会；创立工业资产国家委员会。

我们还计划尽快建立一个工业区，一个免税区和一个国家标准化委员会。所有这些改革都是为了创建有利环境，吸引外商直接投资。

世博会也是一个极佳的平台，让我们的企业家进行交流，并为政府推动的这些改革尽一己之力。

因此我们邀请来了一些中非企业家，希望他们能建立起新的合作关系。

2010 年 5 月 1 日开幕的上海世博会是一次世界性的盛会。它将来自不同背景、不同文化的人民汇聚一堂，共同分享知识和经验。本届世博会主题“城市，让生活更美好”对我们所有人发出了号召。

中非共和国是欠发达国家，基础设施建设是经济发展的一大杠杆。对我们来说，这一主题有着极其重要的

意义，引导我们对一些问题进行深入地思考：可持续的城市化政策不仅要考虑到基础设施需求，而且要考虑到环保问题；通过对固体和液体垃圾的长效管理，改善城市的卫生状况。

我想借此机会，再次邀请投资者来中非共和国投资。

国际合作万岁！

中国和中非的合作万岁！

Plein succès à l'Expo SHANGAI CHINE 2010 - Vive la coopération sino-centrafricaine. Vive la réussite de la République populaire de CHINE.

SHANGAI le 25 09-10

Général François BOZIZE-Y.
Président de la République Centrafricaine - Chef de l'Etat.

祝中国2010年上海世博会圆满成功。中非合作万岁。中华人民共和国成功万岁。

弗朗索瓦·博齐泽

交流活动

中方代表与中非共和国国家馆日代表团主要成员合影

中非馆日代表团所赠的胡锦涛主席画像

中非馆日的文艺表演

安哥拉共和国国家馆日

2010年9月26日

在馆日仪式上的中方代表致辞

首先，请允许我代表中国政府和上海世博会组委会，对安哥拉举行上海世博会国家馆日表示诚挚祝贺，对费尔南多副总统阁下出席今天的馆日活动表示热烈欢迎。

世博会是荟萃人类文明成果的伟大盛会，也是世界各国人民展示自我、交流互鉴、共享欢乐和友谊的广阔舞台。诞生159年来，世博会始终秉承创新的精神，坚持开放的态度，倡导和谐的理念，把不同地域、民族、信仰的人们汇聚在一起，共享人类发展的最新成果，促进时代科技的不断进步，为推动人类文明进步发挥着重要而独特的作用。

上海世博会是第一次在发展中国家举办的注册类世博会，此次盛会不仅向世界展示了一个拥有5000多年文明历史、正在改革开放中快速发展变化的中国，并以“城市，让生活更美好”为主题，充分展示世界城市文明发展的成果，交流城市建设经验，探讨人类更好的工作和生活方式。我相信，在所有参与者的共同努力下，上海世博会一定会成为一次中国人民同世界各国人民交流互鉴的盛会，一次打开未来城市之门、促进人类文明进步的盛会。

安哥拉风景秀丽、资源丰富、发展潜力巨大。2002年恢复和平后，国家重建取得举世瞩目的成就。安哥拉是最早确认参加上海世博会的国家之一，安哥拉国家馆通过巧妙独特的外观设计，以柔美且富有现代感的漂亮建筑为背景，在有限的空间里向参观者介绍了安哥拉国家建设成就、美好生活和绿色人文景观，令人印象深刻。

中安传统友谊历久弥坚。早在上世纪60年代，中国政府和人民就坚定支持安哥拉人民争取民族解放的正

安哥拉馆（C片区，租赁馆）

中国国家民用航空总局副局长 王昌顺

安哥拉副总统 费尔南多·多斯桑托斯

义斗争，双方结下了深厚的友谊。1983 年中安建交以来，两国政治互信不断增强，各领域合作成果丰硕，安哥拉自 2006 年以来已连续四年成为中国在非洲第一大贸易伙伴。我相信，在中安双方的共同努力下，中安友好合作关系将像安哥拉的千岁兰（Welvitschia Mirabilis）一样，不断焕发出勃勃生机。

祝愿今天的安哥拉国家馆日活动取得圆满成功。

在馆日仪式上的外方代表致辞

首先请允许我以安哥拉政府代表团并以我个人名义，对中国政府和人民致以真挚的谢意！自从我们一踏上这个伟大国家的美丽城市，出席上海世博会安哥拉国家馆日，就受到了热情欢迎和盛情款待，令我们十分感动。

定期举办的世博盛会，成为与会各国展现各自民族在不同领域的潜能与定力，提供并寻求商机，明确共同的利益与需求，尤其是致力于可持续发展、巩固友谊，加强人民之间的互助与合作的平台。

世博会汇聚着各国的成功经验，促进人文互动交流，有助于我们全人类共建一个日益美好的世界，一个以和平、民主、互助和社会公正等观念和价值观引领的世界。

成千上万的游客已经造访了安哥拉国家馆，值得强调的是，这座展馆小中见大，不仅真实展现了安哥拉的历史脉络，人文风貌，社会现状与经济实景，而且展现了安哥拉作为一个不断崛起的主权国家，希望在平等互利基础上与各方分享人类文明成就的意愿。

安哥拉国家馆的主题是“新安哥拉，让生活更美好。”这句口号贴切表达了安哥拉政府在巩固和平进程、实现民族和解、推动国家重建、全面建设新安哥拉的努力与信心。我们政府的宗旨就是为全体安哥拉人提供现实的美好生活并保障未来的光明前景。

2002 年安哥拉恢复和平后，我们就着手制定了雄心勃勃的国家重建计划，其目标是恢复和重建一系列重要的基础设施建设，二是为国家整体发展打下基础，三是提高人民大众的生活品质。

在长期的武装斗争时期，安哥拉政府难以将工作重点放在城市基础设施上，随着战火向农村蔓延，导致大批农民流离失所，被迫向大城市逃亡，期待寻求安全庇护所。随之产生的城市人口激增，本来就不堪重负的城市基础设施雪上加霜，市民生活条件普遍恶化，住房缺口不断加大，卫生、教育、就业、社会治安压力持续上升，城乡结合部秩序混乱，时至今日这种对城市生活品质的负面影响依然难以消弭。

面对这种现状，安哥拉政府统筹规划，在农业、渔业、教育、卫生、工业等领域均制定了短期、中期和长期目标，确定了减少失业、消除饥饿与贫困，大力发展经济等优先重点。

安哥拉政府高度重视教育，设立了不同层次和规模的教育中心，为全面提升国民知识水平创造条件，同时也促进科学研究，并在这方面得到一些具有丰富科研传统和经验的国家所提供的帮助。

安哥拉政府同样特别关注卫生领域，致力于有效防治黄疸病、肺结核、艾滋病等，努力做到卫生医疗服务能惠及全民，覆盖全境。

令人欣慰的是，安哥拉确实已经步入了国家重建的快车道，而且全国各地、社会精英、公民社会和政治党派都被动员起来，为提高人民福祉、减少地区差别而共同努力。

为此，从全国，省份和城市三个层级都分别出台了指导方针，采取措施，在土地规划、出让和使用、城市及郊区的整治、计划与管理等方面制定政策，使之更好地造福于民。

为推进国家增长与发展，安哥拉政府在恢复和兴建交通道路基础设施上加大投入力度，大力建造国道、支线道、桥梁和铁路，有助于经济活动的畅通运输和人员的自由流动。我们还在全国范围内广泛兴建校舍，并加快普及中高等教育和职业培训。工业发展也取得不同程度的成果，包括瓷砖、油漆、涂料在内的建筑材料生产进展较快，这也是我们政府既定的要在 2009 至 2012 年间兴建 100 万套民居的宏大规划所不可或缺的基本材料。

我还想简要介绍对提高人民生活水平具有重大影响的规划。

一是能源安全计划。该计划包括大力生产生物能源等战略，目的是满足国家发展的能源需求，并减少二氧化碳排放。

二是应对气候变化的减缓和适应国家计划。该计划正在出台之中，作用是一方面遵守并实践联合国关于气候变化保护环境条约和《京都议定书》，另一方面寻求应对干旱、洪灾这些对城乡造成巨大伤害的解决方案。

三是“人人有水用”计划，该计划旨在将用水引入全国各地的公社和小区，并成为我们的已落实的一项功绩。

上述计划的成果必将对安哥拉城市的组织与运营，公民的生活水平保障以及国家平衡和谐地发展带来巨大的正面影响。

在我们的发展道路上，得到了国内外的大力支持，尤其值得一提的是中华人民共和国，无论是中国的政府还是企业，都在安哥拉的重建与发展大业中积极合作。

我愿借此机会，向所有潜在的投资者发出友好的邀请，欢迎你们前往安哥拉。大家可以放心，安哥拉的宏观经济环境完全可以确保私人投资的稳定回报与安全，而这一点已经得到了国际层面的承认。

上海世博会以“城市，让生活更美好”为主题，而城市发展的挑战是巨大的，尤其对于非洲城市，其发展需要更多投资，而更需要扩大支持，才有望克服我们城市所面临的诸多困难与挑战。

从宏观层面展望安哥拉的发展规模与速度，加强我们推动持续发展、不断提高人民生活水平，并且通过多边合作及互利双赢的合作的信念。

女士们，先生们，借此机会，我要向用汗水、努力和才华使安哥拉国家馆拔地而起的建设者们致意并表示祝贺！向所有安哥拉馆的参观者问候！更要向今天在座的各位来宾致谢！你们的光临使我们馆蓬荜生辉，使安哥拉国家馆日充满快乐！

最后，我谨代表安哥拉政府和人民向为安哥拉馆的成功作出贡献的人们致以真诚谢意！祝愿上海世博会圆满成功！

Por ocasião da minha visita às instalações da Expo-Shangai 2010, aproveito a ocasião para felicitar o Governo da República Popular da China, o povo Chinês e os organizadores desta exposição por mais este sucesso da República Popular da China.

A Expo-Shangai 2010 já é um sucesso.

Felicidades e muito sucesso para todo o Povo da República Popular da China.

26/9/2010

值此参加 2010 年上海世博会相关活动之际，我谨向中华人民共和国政府、中国人民以及世博会组织者们致以真诚的谢意。

2010 年上海世博会一定会圆满成功！

再次向全体中国人民致以最崇高的敬意！

费尔南多·多斯桑托斯

交流活动

中方代表与安哥拉共和国国家馆日代表团主要成员合影

安哥拉馆日代表团所赠的工艺品

安哥拉馆日的文艺表演（一）

安哥拉馆日的文艺表演（二）

阿拉伯联合酋长国国家馆日

2010年9月27日

在馆日仪式上的中方代表致辞

首先，我代表中国政府和上海世博会组委会，对阿联酋举行世博会国家馆日表示诚挚祝贺，对阿联酋驻华大使阁下出席今天的馆日活动表示热烈欢迎。相信阿联酋国家馆日活动将给每一位到访者留下美好而深刻的印象。

每一届世博会都是见证人类文明发展的驿站，在全球范围内推动广泛的国际交流，为各国开阔视野、展现自我，提供了机会和舞台。世博会始终高举进步的旗帜，崇尚创新的精神，坚持开放的道路，倡导和谐的理想，不断开启人类重新认识世界的窗口。

本届上海世博会以“城市，让生活更美好”为主题，体现了人类社会对未来更美好生活的设想和憧憬。在所有参与者的共同努力下，上海世博会一定会成功、精彩、难忘，成为增进世界各国人民友谊的盛会，促进人类进步的盛会，推动创新和共同发展的盛会。

中国与阿联酋之间的友好交流源远流长。早在公元7世纪，双方就已建立起海上贸易往来。两国建交后，特别是近年来，中阿关系全面深入发展，政治、经贸、能源、人文等各领域友好合作不断加强。四川汶川特大地震发生后，阿联酋提供了真诚援助，中国人民对此铭记在心。我相信，上海世博会为促进两国人文交流，深化双边合作提供了又一个良好契机。

阿联酋以其巧妙地构思成为本届世博会上一道亮丽的风景。阿联酋馆融合了阿拉伯特色与现代风格，让我们领略到阿联酋独特的自然风光和城市面貌，也展示出阿联酋强调人与自然和谐相处、注重可持续发展、创造美好生活的发展理念。

阿联酋馆（A片区，自建馆）

上海世博会中国政府副总代表 李志国

阿联酋驻华大使 欧麦尔·艾哈迈德·白伊塔尔

阿联酋馆建筑外观犹如陡然起伏的沙丘，使我们置身于神秘莫测、瑰丽多彩的沙漠，在阵阵驼铃声中，体味着古老神秘的阿拉伯文化；馆内现代化的多媒体展示更让我们目睹阿联酋建国以来人民生活水平和城市居住环境的惊人巨变，令人对这颗“中东明珠”心驰神往。

世博会的魅力正在于此，她让世界各国人民跨越国界，共同分享人类的文明成果和智慧结晶，也为人类实现城市和谐、可持续发展留下一份丰厚的精神遗产。

最后，祝愿今天的阿联酋馆日活动取得圆满成功。

在馆日仪式上的外方代表致辞

值此世博会阿联酋国家馆日之际，我谨代表阿联酋政府与人民，以及阿联酋参加上海世博会的官方代表团，热烈欢迎各位的到来。

请允许我借此机会祝贺中国政府与人民、上海这座城市以及世博会的组织者所取得的巨大成功。以和谐的方式将世界联系在一起，上海世博会是最为辉煌的全球盛会，它以和平的方式将各国人民聚集在一起，世博会无疑也是2010年最为重要的世界盛事。

我也要借此机会向所有为世博会的成功举办而辛勤付出的人们表达我的感激之情，特别要感谢的是世博会的主办方、组织者和上海这座伟大城市的人民。我还要感谢阿联酋官方代表团和阿联酋国家馆的全体工作人员，是你们的杰出表现才使得展馆的设计和展出如此成功。你们的工作非常出色，但更为重要的是，你们是阿联酋优秀的使者，祝你们都能获一等奖，因为你们当之无愧。

阿联酋是一个年轻的国家，但我们有高度发达和现代化的经济，在众多的中东国家中居于领先地位。在不到40年的时间里，我们把贫瘠的沙漠变成了富饶的绿洲和现代的都市；在阿联酋几乎可以找到世界上任何一个国家的人，我们的人民安居乐业、生活富裕。这一切的成就体现了阿联酋人民的意志，也体现了已故阿联酋国父，也是阿联酋开国总统和第一位公民的谢赫·扎耶德·本·苏丹·阿勒纳哈扬的意志。愿真主保佑他的灵魂。

今天，我们英明的领导者正继续着发展的使命，力图将阿联酋建设成世界一流的国家，让我们的人民拥有更美好的未来。阿联酋国家馆的造型象征了体现阿联酋自然环境特色的沙丘，馆内播放的影片讲述了阿联酋的过去、现在与对未来的希望。世博会“城市，让生活更美好”的主题由此以一种自然的方式清楚地传达给了所有参观者。

史上的丝绸之路代表着我们与中国之间紧密的贸易往来。自1984年阿联酋与中国建交以来，两国在各领域的交往卓有成效，体现了两国之间的战略合作关系。我们建设了新的“丝绸之路”，使阿联酋成为中国在中东地区最大的产品出口市场和第二大贸易伙伴。阿联酋有着阿拉伯世界最大的华人社区以及为数众多的中国企业，安全与繁荣都有很好的保障。我们希望继续深入发展两国关系，共同实现繁荣富强。祝愿世界更美好，生活更美好。

交流活动

中方代表与阿拉伯联合酋长国国家馆日代表团主要成员合影

阿联酋馆日代表团所赠的工艺品

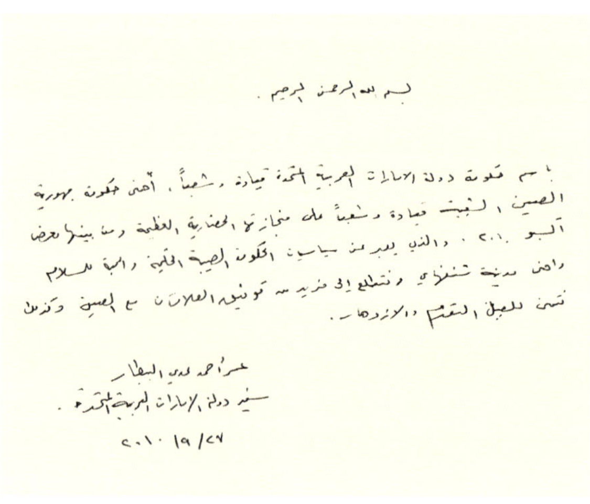

بسم الله الرحمن الرحيم.

باسم حكومة دولة الإمارات العربية المتحدة قيادة وشعباً، أهنئ حكومة جمهورية
الصين الشعبية قيادة وشعباً على منجزاتها الحضارية العظيمة ومن بينها معرض
إكسبو ٢٠١٠، والذي يعبر عن سياسة الحكومة الصينية الحكيمة والمحبة للسلام
وأهنئ مدينة شنغهاي ونتطلع إلى مزيد من توثيق العلاقات مع الصين وكذلك
نتمنى للشعب الصيني التقدم والازدهار.

عمر أحمد عدي البيطار
سفير دولة الإمارات العربية المتحدة.
٢٧/١٠/٢٠١٠

奉至仁至慈的真主之名

我谨代表阿拉伯联合酋长国的政府和人民对中华人民共和国的政府和人民在文明发展进程中所取得的伟大成就表示祝贺，这些成就中包括 2010 年上海世博会。所有这些都表现了中国政府英明的领导和爱好和平的政策。在此我还要祝贺上海。我们期待加强与中国的关系，同时也希望中国取得更大的繁荣与发展。

欧麦尔·艾哈迈德·白伊塔尔

阿联酋馆日的文艺表演

俄罗斯联邦国家馆日

2010年9月28日

俄罗斯馆（C片区，自建馆）

在馆日仪式上的中方代表致辞

今天，我们在美丽的黄浦江畔，共同出席上海世博会俄罗斯馆日活动。我谨代表中国政府和上海世博会组委会，对俄罗斯举行国家馆日活动表示衷心祝贺，对梅德韦杰夫总统亲自出席俄罗斯馆日活动表示热烈欢迎！

具有159年历史的世博会，是荟萃人类文明伟大成果、展示世界各国发展创新进步的重要舞台。本届世博会以“城市，让生活更美好”为主题，反映了人类社会对新世纪城市发展模式和生态文明建设的积极探索。我深信，在包括俄罗斯在内的所有参展方共同努力下，上海世博会一定会成为一届成功、精彩、难忘的国际盛会。

以“新俄罗斯：城市与人”为主题的俄罗斯馆，是上海世博会规模最大、观众最多的国家馆之一，它生动演绎了半个多世纪前俄罗斯作家尼古拉·诺索夫笔下的童话城市的迷人风采。在这里，我们有幸欣赏俄罗斯悠久灿烂的历史文化和特色鲜明的建筑艺术，有幸目睹一个横跨欧亚大陆的科技、能源、航天大国的多姿多彩，有幸感受俄罗斯人民坚持走创新型发展道路、推进国家现代化的坚定信念和对未来城市发展的深刻思考。

中俄两国是山水相连的友好邻邦。建交61年来，特别是1996年建立战略协作伙伴关系以来，中俄关系取得前所未有的大发展。两国政治互信不断增强，互利合作稳步扩大，相互了解和友谊日益加深，在地区和国际问题上的战略协作更加密切。当前，中俄关系正处在历史上的最好时期。昨天，胡锦涛主席和梅德韦杰夫总统在北京举行的成功会晤，为中俄战略协作伙伴关系发

中国国家副主席 习近平

俄罗斯总统 德米特里·梅德韦杰夫

展规划了更加美好的未来。

秋天是收获的季节，一份耕耘，一份收获。此时此刻，我们共同收获了上海世博会和俄罗斯馆的精彩和成功，共同收获了中俄友好合作之树的累累硕果。让我们携起手来，共同推动中俄战略协作伙伴关系向着更高水平发展，进一步造福两国人民。

衷心祝愿俄罗斯馆日活动圆满成功。

在馆日仪式上的外方代表致辞

坦白讲，我听到过许多关于 2010 年上海世博会的事。上海世博会是个名副其实的盛大节日，吸引了数千万人、约两百个国家和国际组织参与其中，对未来城市的共同梦想使他们团结在一起。

在上海举办本届世博会具有十分重要的标志性意义。上海是世界上最富魅力和最具特色的城市之一。近十年来，上海发生了翻天覆地的巨大变化。我本人就可以证明这一点。我曾于 2001 年到访过上海，如今故地重游；上海已俨然变成了另一座城市。上海吸纳了各种不同的传统，已成为中国最大的文化和工业中心之一，是中国悠久历史与现代科技文明的完美结合。

上海世博会的主题“城市，让生活更美好”具有浓郁的现代气息，代表了我们的发展和前进方向，也得到俄罗斯民众的广泛认同。在历史上，城市在文明发展过程中始终发挥着关键的作用，在漫长的历史进程中保留了自己独有的特色，希望到过俄罗斯馆的朋友们对此能有所了解。

俄罗斯馆的立意是“孩子们喜欢的城市就是最美好的城市”。这具有重要的象征意义，对包括俄罗斯在内的任何民族和国家都是如此。因为孩子是我们的未来，是未来新城市的建设者，是将在科学和工业领域取得杰出成就的人，是将创造新生活和传承友好关系的人。

本届世博会充分表明，当今世界城市面貌已发生根本改变，这为各国加快实施经济和体制现代化，以及创新式发展提供了独特机遇。走创新之路无疑是俄罗斯的选择，我们将作出不懈努力，实现我国经济的现代化变革。

俄中关系正处在历史最好时期，我们之间是真正的友好关系，我们是真正的战略伙伴，我此次访华也证明了这一点。当然，我本人参观世博会这一事实本身再次体现了俄中人民之间的友好情谊。

衷心感谢我们的中国伙伴对俄罗斯参展给予的协助，感谢你们提供的专业帮助和支持。俄罗斯馆已接待观众超过 500 万人次，参观上海世博的总人数已达到 6000 多万人次。习近平先生刚刚告诉我，这个数字很可能将增加到 7000 万。这不正是体现了我们共同的心愿，我们发展友好关系、完善我们文明的愿望吗？

再次感谢给予我们的帮助和支持，衷心祝愿大家取得新成绩，国家繁荣昌盛，祝上海世博会圆满成功，愿上海世博会的所有参观者都留下最满意和最美好的回忆。

交流活动

中方代表与俄罗斯联邦国家馆日代表团主要成员合影

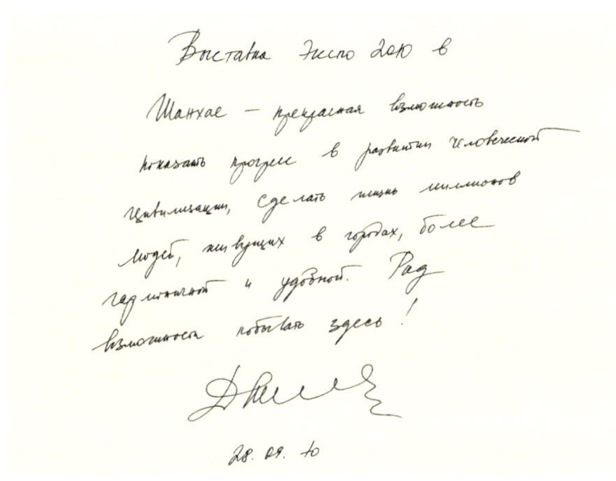

Выставка Экспо 2010 в Шанхае — прекрасная возможность показать прогресс в развитии человеческой цивилизации, сделать жизнь миллионов людей, живущих в городах, более гармоничной и удобной. Рад возможности побывать здесь!

28. 09. 10

上海 2010 年世博会是展示人类文明发展取得的进步，并让成千上万的城市居民生活更加和谐舒适的大好机会。很高兴来到这里！

德米特里·梅特韦杰夫

俄罗斯馆日代表团所赠的工艺品

俄罗斯馆日的文艺表演（一）

俄罗斯馆日的文艺表演（二）

大阿拉伯利比亚人民社会主义民众国国家馆日

2010年9月29日

在馆日仪式上的中方代表致辞

金秋九月，我们迎来了上海世博会利比亚国家馆日。我谨代表中国政府和上海世博会组委会，对利比亚举行上海世博会国家馆日活动表示诚挚的祝贺，对赛义夫先生出席今天的馆日活动表示热烈欢迎。相信利比亚国家馆日活动将给每位来访者留下美好的印象。

自1851年首届伦敦世博会以来，世博会始终是人类文明优秀成果展示的舞台，也是世界各国人民欢聚一堂、共享友谊和欢乐的盛会。世博会始终以开放兼容的理念，超越信仰、地域和种族的界限，记录着人类不断探索美好生活的足迹，成为各国相互借鉴发展经验、展现自身文化魅力的平台，激发人们携手创造更加和平、进步、美好、和谐的世界。

上海世博会以"城市，让生活更美好"为主题，秉承"理解、沟通、欢聚、合作"的理念，诠释着城市与自然和谐发展的未来城市生活。这里有最先进的科技成果，也有回归自然的生活方式，既展示了各国对优秀文明的传承，也体现了人类对未来生活的憧憬。上海世博会为世界各国人民提供了展示不同生活理念的舞台，必将为人类实现可持续发展、创建和谐城市写下浓墨重彩的一笔。

今天，我们在这黄浦江畔，共同品味利比亚传统与现代和谐共存的城市面貌。驻足利比亚馆，我们仿佛置身于这个地中海国家蔚蓝的天空下，漫步在古达米斯老城狭窄的街道，领略"地中海新娘"的黎波里的秀美风光。这里既有古罗马的历史遗存，又有当代利比亚欣欣向荣的建设图景。从中我们可以获得原生态的独特体验，深入了解利比亚丰厚的历史传承及城市建设进程，领略这片非洲热土的独特风情。

利比亚馆（C片区，租赁馆）

中国外交部副部长 翟隽

利比亚卡扎菲国际慈善和发展机构主席
赛义夫·伊斯兰·卡扎菲

中国与利比亚虽然相距遥远，国情各异，但两国人民有着深厚的传统友谊。1978年中利建交以来，双边关系发展总体顺利，经济合作互补性强，两国在能源、通信、基础设施建设等各领域合作发展势头良好。不久前，两国经贸联委会第七次会议成功举行，进一步深化了两国经贸关系，取得了丰富成果。我相信，本届世博会架起了两国友好的又一座桥梁，将进一步增进两国人民的友谊和交流，促进双边互利合作不断发展。我们愿同利比亚人民共同努力，增进相互了解，发展各领域合作，携手共建和平、美好、和谐的世界。

最后，祝愿利比亚国家馆日活动取得圆满成功！

在馆日仪式上的外方代表致辞

首先，我谨向前来参加上海世博会利比亚国家馆日活动的各位来宾表示最热烈的欢迎。本届世博会是一次重要的国际盛会，不但吸引了为数众多的国家和组织参展，还吸引了数千万来自国内外的游客，成为不同文化、不同文明间互相沟通、增进了解、交流看法、分享经验的平台。

中国承办本届世博会充分证明，中国不但拥有悠久的历史文明，还成功实现了经济和科技的高速发展，战胜了贫穷落后，已成为在国际上发挥领导作用的国家。

值此上海世博会利比亚国家馆日之际，我想向你们毫不夸张地说，我的国家——利比亚虽然人口稀少，但却是人类历史上最古老文明的摇篮，这里相继出现了腓尼基文明、古希腊文明、古罗马文明，以及后来的阿拉伯伊斯兰文明。早在数千年前，这里的城市便践行着可持续发展的理念。今天，我们仍能在利比亚各地，哪怕是偏远的沙漠地区，找到那些古老的城市。你们在利比亚馆将亲眼看到这些城市。这些古老的城市过去存在，现在存在，将来肯定会继续存在下去。

现代的利比亚特别重视提高国民生活水平，为其提供适宜的住宅、教育和卫生服务、建立完备的公路、通讯、电力、供水和排污系统。

今天，利比亚的发展出现了质的飞跃。为了实现更美好的未来，利比亚在更加广泛的领域，投资建设规模前所未有的大型工程项目。利比亚已成为世界上经济社会发展领域投入最多的国家之一。为更好地实施这些项目，我们借鉴了世界各国在规划设计和工程实施等领域的经验。我们的动力和信心源自利比亚在人文、建筑、经济和环境等领域的历史文化遗产。

我们同许多未来城市发展项目的规划者一样，都从我们古老的城市中获得灵感。比如，阿联酋的马斯达尔城就是完美地依照利比亚古达米斯城建造的。模仿并非是令人难堪的手段，反而是十分必要的途径，因为人类文明的经验是全人类共同的财产。

利比亚所有的在建以及未来规划的城市发展项目，都秉承了上海世博会“城市，让生活更美好”口号所体现的理念。通过利比亚展馆的介绍，你们可以看到，这些项目兼顾了居民、经济、技术和环境等多方面因素，为改善人居环境，特别开辟出大量绿地及公共文化休闲场所。此外，这些项目也都重视保持生物的多样性、保

护环境和降低排放，从而最终实现零排放的目标。这些项目都包含有完备的基础设施和高水平的公共服务机构，重视向全体劳动者、特别是青年提供工作机会，同时重视城市管理水平的提高。利比亚位于非洲、亚洲、欧洲三大洲交界处，具有重要的战略地理位置，同时，利比亚与其他文明有着悠久的相互交往史。在城市化过程中，我们坚持保护并发扬我们引以为豪的历史文化传统，认为这是全人类所必须担负的责任。我们相信，我们脚下的土地是属于全体人民的，整个人类就是一个共同的大家庭。此外，利比亚在世界上发挥着重要的领导作用，拥有包括未来能源——太阳能在内的各种自然资源和物质条件。所有这些，都是我们城市发展项目得以实施的重要保证。

本届上海世博会“城市，让生活更美好”的口号，体现了人类对过去和今天城市建设方面的美好诉求。城市不论大小，都应该在未来建设中继续贯彻这一口号。因为，目前城市化的趋势仍在加速，全世界城市人口比例已达到55%。可以说，对于世界上所有国家，不论大小、贫富，发展中国家还是发达国家，城市化都至关重要，关系到所有的人。

各国在历史上都建设过许多的城市，但是，你们会发现，现代城市并没有实现可持续发展，城市居民的生活质量仍然不高。这是因为，我们将大量精力放在了解决人类物质需求方面，而没有兼顾人类心理、社会和环境等方面的因素。因此，无论在过去的世纪里，还是在新世纪里，我们都面临一系列重大挑战：如空气污染、水污染、温室效应、气候变化等众所周知的环境问题。从中，我们得出一个重要的经验，那就是，我们在未来城市规划、建设和管理方面应该采取统筹兼顾的方式，在满足人类生活需求的同时，实现人与自然的和谐，继承我们的历史文化传统，保护好各种再生和不可再生资源，做好环境保护，从而使我们的子孙后代也能够享受到幸福的生活。

毫无疑问，上海世博会展示了各国在城市建设方面的丰富经验。特别是对于我们今天和未来面临的各种问题，如人口增长，以及相应的城市规模和需求的增长，提出了各种创新性的解决方案。这些方案都坚持统筹兼顾和可持续发展，将人、自然资源、经济社会发展因素进行通盘考虑，从而实现提高所有城市居民生活质量的目标。此外，这些解决方案将发展作为城市建设的中心，充分发挥人的能动性，激发人在各个领域的创新精神，保持文化的多样性，推动相关的国际合作，从而开启城市更加美好的未来。

无论以何种标准衡量，上海世博会都是一次重要的国际盛会，为各国相互交流、文明相互对话提供了重要契机。我对你们筹办世博会所付出的努力表示祝贺，也为利比亚有这么漂亮的展馆感到高兴。我感谢中方邀请利比亚参与上海世博会，利方将尽一切努力，为世博会圆满成功做出自己的贡献。同时，落实好世博会取得的成果，建设更加美好的城市，为我们以及我们的子孙后代创造更加美好的生活，使他们生活在一个充满友爱、和平、安全的世界。借此机会，我邀请你们参观利比亚展馆，并早日访问利比亚，从而亲身感受利比亚美丽的自然景色、悠久的历史文化和人民的热情好客。

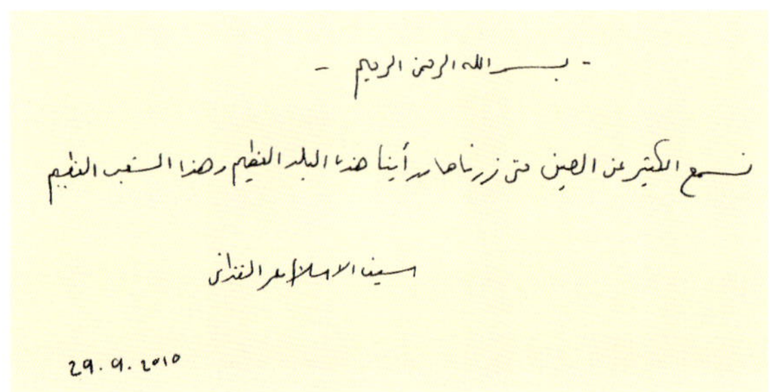

- بسم الله الرحمن الرحيم -

نسمع الكثير عن الصين حتى زرناها ورأينا هذا البلد العظيم وهذا الشعب العظيم

سيف الاسلام القذافي

29.9.2010

以至仁至慈的真主名义

我们听说过中国很多，此次来访，我们看到了一个伟大的国家和伟大的人民。

赛义夫·伊斯兰·卡扎菲

利比亚馆日代表团所赠的工艺品

交流活动

中方代表与大阿拉伯利比亚人民社会主义民众国国家馆日代表团主要成员合影

利比亚馆日的文艺表演（一）

利比亚馆日的文艺表演（二）

摩洛哥王国国家馆日

2010 年 9 月 30 日

在馆日仪式上的中方代表致辞

很高兴在金秋时节与摩洛哥的朋友相聚黄浦江畔。首先，我谨代表中国政府和上海世博会组委会，对摩洛哥国家馆日的举办表示热烈祝贺，对拉迪议长出席今天的馆日活动表示热烈欢迎！相信摩洛哥国家馆日活动将取得巨大成功，使每一位到访者流连忘返。

世博会是展示人类智慧与进步的舞台，也是各国人民共享欢乐和友谊的盛会。一个半世纪来，人类前进的脚步在世博会上留下了不灭的印迹。世博会超越信仰、地域和种族界限，把世界各地人们汇聚在一起，沟通心灵，增进友谊，成为闪耀全球智慧、聚焦国际视野、启迪人们心灵的殿堂。

建设更美好的城市、创造更美好的生活是各国人民共同追求的理想。上海世博会紧紧围绕“城市，让生活更美好”的主题，秉承“理解、沟通、欢聚、合作”的理念，为世界各国展示发展成果、交流发展经验、促进共同发展提供了新的舞台。

摩洛哥是非洲国家中唯一的自建馆，其面积也在非洲国家中居首。驻足摩洛哥馆，我们好像置身于有着果树、水池和喷泉的安达卢西亚花园内，仿佛来到了一片依水而生的绿洲。这里既有硬朗的钢结构，又有柔美的水元素，充满了古典与现代交融的气质。无论是馆内陈列的珍宝，还是抬头可见的摩洛哥工匠精心雕琢的装饰木板，都拉近了我们与古老的摩洛哥丰富的传统文明遗产和当代城市居民的生活艺术，也分享了摩洛哥对历史、文化、环境和城市发展等问题的思考。

中国和摩洛哥都是历史悠久的文明古国，一个位于古老的东方，中华文明在此孕育和发展。另一个则濒临

摩洛哥馆（A 片区，自建馆）

中国上海市人大主任 刘云耕

摩洛哥众议院议长 阿卜杜勒·瓦赫德·拉迪

大西洋，被称为“日落之地”，伊斯兰文化与传统在这里得到传承与发扬。两国虽相距遥远，国情各异，但两国人民有着深厚的传统友谊。早在元代，中国的大旅行家汪大渊和摩洛哥的著名旅行家伊本·白图泰就开启了两国民间交往的历史。

建交半个多世纪以来，两国在建立相互尊重、平等互利基础上的友好合作在各个领域均取得了可喜的成果，进入新世纪以来，两国元首成功实现互访，双方关系驶入快速发展轨道。我们坚信，上海世博会将在中摩两国人民之间搭建起一座理解、友谊和合作的桥梁，推动两国友好合作关系更上一层楼。我们愿与摩洛哥人民一道去追求更美的城市、更好的生活、更深的友谊，共同缔造人与人、人与自然的和谐共存，实现人类的可持续发展。

祝愿摩洛哥国家馆日活动取得圆满成功！

在馆日仪式上的外方代表致辞

摩洛哥国王穆罕默德六世愿借助上海世博会摩洛哥王国国家馆日庆祝仪式，通过我，向各位传达他诚挚的问候，并感谢中方对摩洛哥代表团和国王特使的热情接待。同时，国王陛下还要向中国国家领导、上海市领导、世博会组织委员会、以及国际展览局表示敬意，感谢他们为这个国际性盛会的正常运行与成功所做出的努力。

摩洛哥参展本届世博会标志着中摩两国间的长久友谊又跨上了一个新的台阶。如今，两国之间关系融洽，相信我们将迎来更加光明的前景。七个世纪以前，一位名叫伊本·白图泰的摩洛哥旅行家首次将当时中华民族的魅力文化介绍到摩洛哥，甚至整个阿拉伯和伊斯兰世界。

摩洛哥王国在获得独立后，在前国王穆罕默德五世和哈桑二世的统治下，更加重视与中华人民共和国建立外交关系，使两国关系重获生机与活力。

穆罕默德六世陛下始终致力于与明智的中国领导人共同努力，不断巩固合作基础，在尊重两国国家主权与领土完整、促进两国经济、文化与人文交流，推动全球发展的基础上，树立良好的合作榜样关系。除了怀着维护全球和平与安全，加强南南合作的共同心愿之外，中摩两国通过积极的团结合作，努力推动以公正为标志的全球秩序的形成，使全球化更加的人性化，避免一切有损于各民族文化多元化的统一。不仅如此，我们还致力于推动各文化之间的互动与联合。摩洛哥王国参展本届世博会就是一个最好的体现。

摩洛哥馆靠近中国馆，这种空间位置上的交相呼应，以及两个展馆的精彩展示，深刻体现了两国人民的共同的价值观。和中国一样，摩洛哥希望将本国展馆设计成一件文化与建筑杰作，来展现摩洛哥的智慧，及其千年文明的璀璨成果，展示摩洛哥手工艺者巧夺天工的技艺，摩洛哥艺术家的创造才能，以及摩洛哥建筑师丰富的想象力。通过我们的展馆，各国参观者能够欣喜的发现摩洛哥对于参展本届世博会的重视程度，能够欣赏摩洛哥的建筑艺术，以及由建筑所承载着的文化精髓，所有这些都再次映射了上海世博会的主题“城市，让生活更美好”。

尽管在地理位置上，摩洛哥是与中国相距最为遥远的国家之一，但是借助上海世博会，摩洛哥向世人证明了她与中国的亲密无间，这种亲密体现在两个国家都坚持着本国特质，坚持建设，让两个国家都进入了现代化发展阶段。

今天是摩洛哥国家馆日，明天是中华人民共和国成

立61年的纪念日，摩洛哥王国及其国王与人民，希望借此机会向伟大的中国人民、向明智的中国领导人表达最热烈的祝贺和最美好的祝愿。同时祝愿中摩两国关系不断巩固，不断发展，更上一层楼。

交流活动

中方代表与摩洛哥王国国家馆日代表团主要成员合影

تعتبر مساهمة المملكة المغربية في المعرض الدولي لشنغهاي
2010 مظهرا آخر من المظاهر العديدة لمتانة وعمق
علاقات الصداقة والتعاون بين المملكة المغربية وجمهورية
الصين الشعبية. تلك العلاقات التي تتسم بالعمق
التاريخي والحرص المشترك على التطلع الدائم
والعمل الدؤوب من أجل تطويرها والارتقاء
بها في مختلف الميادين من طرف صاحب الجلالة
الملك محمد السادس نصره الله وقيادة
جمهورية الصين الشعبية الصديقة، وإن جناح
المملكة المغربية في هذا المعرض بما يتميز به
من إبراز الهوية الحضارية الأصيلة للمملكة
وأوراشها الحالية في مجال التحديث
والعصرنة ليعكس أحد تجليات القواسم
المشتركة مع جمهورية الصين الشعبية ذات
الحضارة العريقة والمساهمة البارزة في تطور الإنسانية
والمكانة المتميزة في عالم اليوم، بما تشهده
من تطور سريع نتابعه في المملكة المغربية
بالغ التقدير والإعجاب.

عبد الواحد الراضي
رئيس مجلس النواب
بالمملكة المغربية

摩洛哥王国参加2010年上海世博会体现了摩洛哥王国和中华人民共和国之间坚固且深厚的友好合作关系，也让人深刻地了解到双方之间的历史关系。我们一直期待和努力通过国王穆罕默德六世和友好的中国领导人从各个方面发展和提高双方之间的关系。

摩洛哥馆的展览凸显了摩洛哥王国原始文明的特征以及现代化文明的特点，摩洛哥馆反映了同中国这个具有深厚文明基础、在人类发展中具有突出贡献以及在当今世界占有独特地位的国家之间共同的基础。摩洛哥馆展示了摩洛哥王国的飞速发展，我们对此表示赞赏和敬意。

阿卜杜勒·瓦赫德·拉迪

摩洛哥馆日代表团所赠的工艺品

摩洛哥馆日的文艺表演

中华人民共和国
国家馆日

2010年10月1日

中国馆（A片区，自建馆）

在馆日仪式上的中方领导人致辞

尊敬的各位国家元首、议长，尊敬的各位来宾，女士们，先生们，朋友们，在隆重庆祝新中国成立61周年的喜庆日子里，我们又迎来上海世博会中国国家馆日，不仅给中国的国庆增添了欢乐的气氛，也把上海世博会推向了新的高潮。首先，我谨代表中国政府和人民，向出席中国国家馆日活动的各位来宾表示热烈的欢迎和诚挚的感谢！

上海世博会是世博史上第一次在发展中国家举行的全球盛会。五个月来，参展的246个国家和国际组织汇集黄浦江畔，100多位外国领导人莅临世博园区，近6000万中外游客接踵而至，200多万名中外志愿者真诚奉献，联袂演绎了“城市，让生活更美好”的华彩乐章。不到6平方公里的世博园，千姿百态的万国建筑毗邻而居，独具匠心的创意布展争奇斗艳，丰富多彩的文艺演出竞相绽放，各领风骚的最佳实践区熠熠生辉，启迪智慧的论坛对话精彩纷呈，生动体现了世界的多样性，构成一幅多元文化、多种文明和谐共融的美好画卷。我们完全有理由相信，在各方共同努力下，上海世博会一定能够办成一届成功、精彩、难忘的世博会。借此机会，我谨对大力支持上海世博会的各国政府和人民、国际展览局和有关国际组织、各参展方以及所有为上海世博会作出贡献的朋友们，表示衷心的感谢！

女士们，先生们，朋友们，屹立于上海世博园的中国馆“东方之冠”，光彩夺目，气势磅礴，它以“城市发展中的中华智慧”为主线，让人从中感受中国人民创造美好生活的生动实践，领略中华文化世代传承的和谐理念，畅想中国科学发展的美好未来。

中国全国人大常委会委员长 吴邦国

国际展览局秘书长 文森特·冈萨雷斯·洛塞泰斯

中华民族有着悠久的历史和灿烂的文化，在5000多年的漫长岁月中，各族中华儿女在这片广袤的大地上薪火相传、生生不息，孕育了勤劳勇敢、自强不息的优秀品格，铸就了海纳百川、兼容并蓄的博大胸怀，形成了鼎故革新、勇于探索的进取精神，为人类社会的文明进步作出了不可磨灭的重大贡献。

新中国成立60多年来，中国共产党团结带领全国各族人民，以改天换地的豪情壮志和波澜壮阔的创新实践，成功实现了从半殖民地半封建社会到民族独立、人民当家作主新社会的历史性转变，从新民主主义革命到社会主义革命和建设的历史性转变，从高度集中的计划经济体制到充满活力的社会主义市场经济体制、从封闭半封闭到全方位开放的历史性转变，谱写了中华民族气吞山河的壮丽史诗。改革开放30多年来，国民经济以世界上少有的速度持续快速发展，各项事业全面进步，综合国力大大增强，人民生活总体达到小康，城乡面貌日新月异，民族团结和睦，社会和谐稳定，国际地位不断提升，古老的中华大地焕发出勃勃生机。

展望未来，到2020年，我们将建成惠及十几亿人口的更高水平的小康社会，到本世纪中叶将基本实现现代化。这是一代又一代中国人梦寐以求的美好愿景和矢志不渝的奋斗目标。

正是因为中国人民曾饱受贫穷饥饿的煎熬，更加渴望过上富足安康的生活，发展已成为中国人内在的共同追求。

正是因为中国改革开放以来始终把发展作为第一要务，人民生活一天比一天好，发展是硬道理的思想已深入人心，不可逆转。

正是因为中华民族酷爱和平，近代又频受劫难、屡遭战乱，中国人更加珍惜和平，更加懂得维护世界和平既是应尽的国际义务，也是谋求自身发展的内在需要。

中国作为世界上最大的发展中国家，是在人口多、底子薄、起步晚的基础上发展起来的，仍处于并将长期处于社会主义初级阶段。我们深知，前进的道路上会遇到这样或那样的矛盾和问题，但我们对未来充满信心。因为我们已经开辟了中国特色社会主义发展道路，形成了中国特色社会主义理论体系。只要我们坚定不移地沿着这条道路走下去，深入贯彻落实科学发展观，继续解放思想，坚持改革开放，推动科学发展，促进社会和谐，就一定能够把中国建设成为富强、民主、文明、和谐的社会主义现代化国家。

女士们，先生们，朋友们！再过一个月，上海世博

会就要落下帷幕。但世博会倡导的进步创新、和谐共融的精神历久弥新，世界人民求和平、谋发展、促合作的时代潮流滚滚向前。让我们携起手来，加强交流互鉴，密切沟通协调，积极应对挑战，为推动建设持久和平、共同繁荣的和谐世界而努力奋斗！

在馆日仪式上的国际展览局代表致辞

今天是一个非同寻常的日子。在上海世博会众彩纷呈的活动中，在园区热情澎湃的气氛里，中国国家馆日的庆祝活动让我们有机会来回顾过去取得的成就，展望未来新的历程。

在园区里，我看到了来自社会各界的人士，他们饶有兴趣地在各处展馆中参观，积极参与丰富多彩的世博活动与文化项目。对此，我与你们一样深感自豪。

世博会是立意公益的共享性活动。世博会的成功与否与其包容性、互动性、开发性及其活动直接相关。中国向世界发出了邀请，广开国内各省市大门，笑迎国际社会各方来客。组织方与国展局携手共建世界各国与各国人民间的桥梁，这必将成为此次世博会留给全人类最重要的财富之一。

中国正以非凡的能力与承诺在这一史无前例的多边合作项目中扮演着领导角色。上海世博会的巨大成功对未来各届世博会也至关重要。她正在激发韩国（丽水）与意大利（米兰）世博会的办博热情，也在鼓励其他国家考虑申办世博会。

尽管上海世博会尚未结束，但在很多方面她已创造了历史。你们创造了不少新的纪录，比如参展方数量最多、参观者人数最多，而且你们还建设了世博会历史上最大的园区。

上海世博会为世博会事业树立了新标杆，反映了浦东和浦西当地社区、上海全市、中国的各个省区市乃至整个国家和来自世界各地的参展者通过教育、创新和合作所取得的进步。中国主办的上海世博会及其主题概念“城市的可持续性发展”，吸引了迄今为止世博会上最具多样性的参展方团队。除官方与非官方参展者外，城市与地区、本地社区及国内各省也为本届世博会增添了色彩。这显示了世博会所倡导的教育、创新与合作等价值观使得组织方与各参展者间能够架起桥梁，在全球范围内开展对话，为寻找“城市，让生活更美好”的具体解决方案而努力。

上海世博会的多样性和规模同样也显示了各省市政府部门在面临极其复杂和持续不确定的背景下所体现出的超强的管理、协调与沟通能力。

从这一角度而言，上海世博会可能是世博会历史上规模最大的一次。到目前为止，你们已经以卓越的倾听、学习与合作能力成功应对了这一挑战。在过去几个月里你们的行动和决策体现了非比寻常的适应能力、集中重点的能力以及改善决策与管理的能力，这不仅符合这一活动本身的利益，也符合它作为公众服务和公益活动的性质。

“城市，让生活更美好”的主题非常具有时代性，它代表着所有国家在应对诸如工业化、气候变化、人口增长与安全等问题的影响时，各自所面临相同挑战的不同方面。

自从被国展局大会授予2010年世博会的主办权，中国始终履行着对其主题的忠实承诺。有充分的例证表明，中国将提高城市生活质量作为本届世博会主题，这不仅是中国为应对这一全球性挑战所作的口头承诺。

事实上，至少在过去的五年里，中国在国内外展开了大规模的教育活动，通过巡展、公众论坛、高层论坛、出版物以及高校与国际组织的参与和出谋划策等形式，并邀请周边城市与边远省份参与各种推介与讨论平台的活动。所有这些工作都有助于中国进一步了解如何解决国内面临的挑战及如何帮助其他发展中国家。我亲身经历了这一过程，亲眼目睹了公众宣传活动的推进过程及其对国内外各级战略决策及合作项目的促进作用。

这只是中国为世博会事业树立新标杆的几个例子而已。

通过上海世博会，中国正经历着一种变化的历程，这种变化符合中国自身特色并让我们大家都得到启迪。事实上，中国正在诠释并实践着教育、创新与合作等核心价值，这些价值正是世博会得以传承的基础所在。

今天我们相聚在这里，因为我们分享“世界需要世博会”的信念。但是，我也希望感谢中国与上海再次提醒了我们大家为什么我们需要世博会，那就是：在当今世界上，除世博会外还没有其他任何活动能提供一个与之相似的，能通过创造力、和平、教育和对话来促进发展与合作的平台。

交流活动

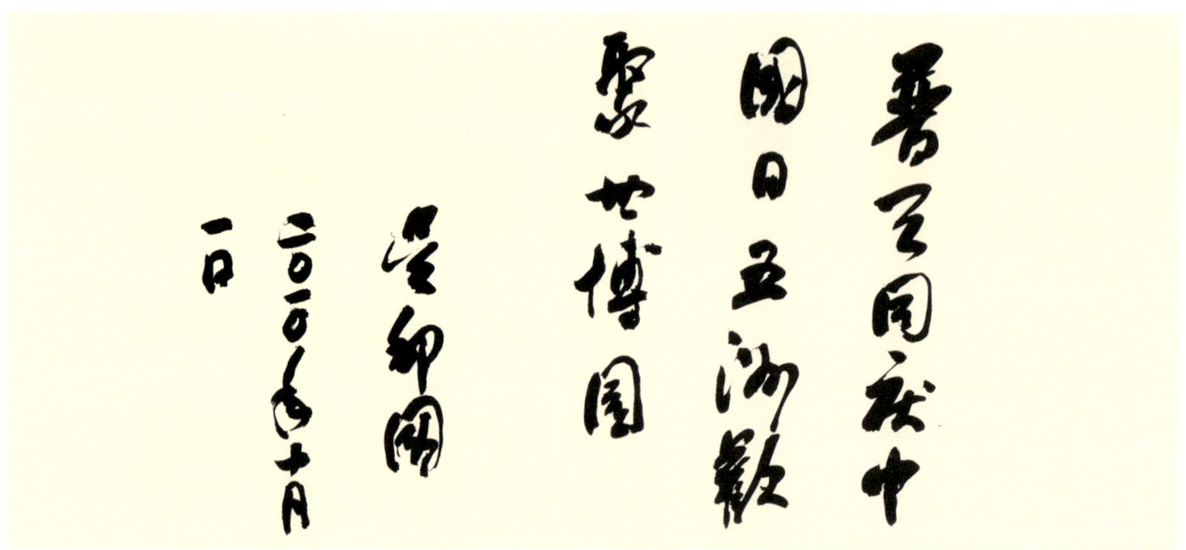

全国人大常委会委员长吴邦国的题词

中国馆日的文艺表演（一）

中国馆日的文艺表演（二）

中国馆日的文艺表演（三）

几内亚共和国
国家馆日

2010 年 10 月 2 日

几内亚馆（C 片区，非洲联合馆）

在馆日仪式上的中方代表致辞

今天，非常高兴出席在世博园区举办的几内亚国家馆日活动。在此，我代表中国政府和中国人民，对几内亚政府给予中国 2010 年上海世博会的支持表示衷心感谢。

中几友谊源远流长，几内亚是撒哈拉以南非洲最早同中国建交的国家，两国友谊早已深入人心。建交 50 多年来，中几友谊始终健康发展。两国人民真诚友好、互帮互助，双边经贸合作稳步推进，在文化、教育、卫生等领域合作成果显著，在国际事务中密切配合。贵国政府奉行一个中国政策，在台湾、涉藏、涉疆等重大问题上给予中方宝贵支持，我们对此表示感谢。中方珍视两国传统友谊，愿同几方一道，扩大各领域的传统友好，探索互利合作的新渠道新模式，推进两国友好合作关系持续向前发展。

上海世博会得到了包括几内亚在内的国际社会大力支持。几内亚于 2006 年 6 月确认参加上海世博会，是最早确认参展的国家之一。几内亚的展示主题为“不同环境和自然资源条件下的城市发展”。展馆从不同侧面展示几内亚丰富多样的自然环境和资源，探讨如何将资源开发与城市发展相结合，做到在保护环境的基础上使城市得到相应的发展。参观者可以欣赏展馆里具有民族特色的雕塑、壁画以及琳琅满目、多姿多彩的手工艺品，也能够了解几内亚针对城市经济发展、生态保护、农村人口入城市和贫困问题的解决方案，呈现几内亚的风土人情，给参观者诸多启迪和思考。我们相信，几内亚馆一定会成为上海世博会的亮点。

最后，衷心祝愿中几友谊长青，祝愿本次活动圆满

上海世博会中国政府副总代表 王四法

几内亚经济和财政部长 凯尔法拉·扬萨内

成功，祝愿诸位来宾身体健康！

在馆日仪式上的外方代表致辞

今天是几内亚国家馆日，也是我们共和国的第 51 个生日。我所率领的代表团和我本人都感到极大荣幸，我们欢迎并感谢大家的光临，因为你们的到来正是友谊的象征。

同时我们也要向中华人民共和国政府和人民致敬，你们无论任何时候都坚定地鼓舞和支持着非洲兄弟们。

因为中国和非洲人民之间有着牢固的传统友谊，中国政府通过上海世博会组委会给予非洲各国巨大的资金支持，使我们能带来高质量的展出。

今天，借此机会，希望你们接受几内亚政府和人民的深深谢意。

同时我们还要感谢中国的企业、社团和机构的高层代表，他们长期以来为促进几内亚的发展做出了不懈努力。

至于我本人，也将尽我所能，在几内亚推进各种项目的实施。

我们要向你们郑重声明，几内亚现在是，也将一直是中国的朋友，几内亚将保证中方在几的投资安全、财产安全和人身安全。

那些已经在几内亚的中国人，尽管经历了一些波折，但一定会欣赏几内亚人民热爱和平、热情好客的性格。

几内亚人民将永远保持如此！

所以，请你们担任我们的特别巡回大使，向其他的朋友们介绍几内亚，使更多人能分享中非合作论坛上提出的“双赢”方针，这一方针深具活力，提得非常好，是造福两地人民的巨大发展契机。

代表团和我本人都会认真倾听各方意见，以促进已经和将要上马的各项目的实施工作。

我们邀请银行和金融机构采取更积极的方针与几方机构合作，建立具体、健康的合作关系，以改善我们两国间的进出口贸易趋势。

我们已经取得了进步，但中方和几方共同进行的合作项目和交流协议将大幅度地加快我们取得进步的速度。

我谨代表几内亚共和国的总统阁下、政府和人民，再次真诚感谢你们的帮助，感谢你们牢固的友谊，感谢你们一直坚定地站在我们这一边。

中国和几内亚的传统友谊万岁！

中国和几内亚的合作万岁！

祝贺 2010 年上海世博会取得圆满成功！

交流活动

中方代表与几内亚共和国国家馆日代表团主要成员合影

Bravo la Chine pour
cette Exposition fantastique. Et
Merci pour votre soutien
et votre amitié au peuple
de Guinée. K. YANSANE
Ministre Economie
et Finances. Guinée
12/10/2010

为中国举办了这次精彩绝伦的世博会喝彩。感谢你们对几内亚人民的支持和友谊。

凯尔法拉·扬萨内

几内亚馆日的文艺表演

几内亚馆日代表团所赠的工艺品

喀麦隆共和国国家馆日

2010 年 10 月 3 日

在馆日仪式上的中方代表致辞

今天，非常高兴出席在世博园区举办的喀麦隆国家馆日活动。在此，我代表中国政府和中国人民，对喀麦隆政府给予中国 2010 年上海世博会的支持表示衷心感谢。

中喀建交 39 年来，两国关系始终健康稳定发展，堪称南南合作和中非合作的典范，近年来，两国高层交往频繁，政治互信日益增强，经贸、农业、文教、卫生、基础设施建设等领域的合作不断取得新进展。中方愿与喀方一道，加强双边往来，认真落实中非合作论坛第四届部长级会议成果，进一步拓宽合作领域，提升合作水平，推动中喀友好合作关系不断迈上新台阶。

上海世博会得到了包括喀麦隆在内的国际社会大力支持。喀麦隆于 2006 年 11 月确认参加上海世博会，是最早确认参展的国家之一。喀麦隆国家展馆以大树为核心设计元素，展现喀麦隆自然、乐观、富有动感的民族风情。展区模拟喀麦隆高原、海滩、雨林等多样的自然环境，同时也展示喀麦隆城市社区旧城改造和民居建筑发展的新貌，演绎“城市社区的重塑”这一主题，传达着“美好的城市社区生活本是天、地、人和谐共融、浑然一体”的理念，与中国传统文化强调的“天人合一”观点相映成趣。馆内模拟的足球动感氛围，使人充分感受喀麦隆城市的惬意生活和运动激情，以及喀麦隆人民对足球的热爱。我们相信，喀麦隆馆一定会成为上海世博会的亮点。

最后，衷心祝愿中国和喀麦隆友谊长青，祝愿本次活动圆满成功，祝愿诸位来宾身体健康！

喀麦隆馆（C 片区，非洲联合馆）

上海世博会中国政府副总代表 王四法

喀麦隆商务部长 吕克·马瓜尔·姆巴尔加·阿坦加纳

在馆日仪式上的外方代表致辞

首先，请允许我向中华人民共和国政府表示诚挚的谢意，感谢贵国邀请喀麦隆参加 2010 年上海世博会和给予我们的热情款待。同时，我要特别感谢上海市政府和上海人民。上海是座美丽的城市，喀麦隆代表团和我个人都十分高兴能来到这里。

借此机会我要感谢上海，成功举办了这次盛会，给予了我们财政和物质方面的大力支持，方便了我们参展。

中国一直是喀麦隆的好朋友。近年来，喀麦隆保罗·比亚总统和胡锦涛主席互相进行了访问，两国的友谊随之得以深化。访问期间，双方领导人致力于加强两国政治、文化和经济方面的合作。这无疑也是促使我们参加上海世博会的原因之一。

上海世博会以“城市，让生活更美好”为主题，与我国政府的根本关切和核心价值观不谋而合，我想借此机会予以阐述。

喀麦隆自 1960 年独立以来，投资增加，城市网得以迅速发展，在全国范围内密集均匀分布，城市规模各异。喀麦隆拥有较为平衡的城市群，在全国大城市中，15 个城市拥有 10 万以上的人口。

自此，全国超过 50% 的人口生活在城市，其中，杜阿拉和雅温得两座城市分别有约 200 万和 180 万人口。年城市化率达到 5% 至 6%，到 2015 年，近 60% 的喀麦隆人将生活在城市中。

在区域发展的政策下，这种城市框架对促进地区发展显得尤为重要。同时，因为临近部分服务设施和市场，这种城市框架也毋庸置疑地将促进城乡贸易的发展。

喀麦隆政府认识到了城市在国家发展中所起的重要作用，在消除贫困的战略框架下努力发展城市环境。不管是现在还是未来，城市都将在加强交流、促进商品流通和本地产品的增值方面发挥重大的作用。

“城市，让生活更美好”是一个具有丰富内涵的主题。这一主题也强调了喀麦隆对消除城市范围内的贫困和优化城市人口生活水平及生活环境的必需性。这也同时与 2010 年世博会喀麦隆馆的主题“城市社区的重塑”相吻合。

城市社区的重塑将通过我们新一轮的城市规划和翻新来实现。为了达到这一目的，政府的主要行动有：

· 发展重大的公共设施建设以完善城市规划（交通网和其他设施的建设）；

· 优化住宅（鼓励社会福利房、支持就地使用建筑材料等等）；

· 重新规划社区和无固定居所的移民聚集地（开辟新社区、通饮用水、建立基础社区服务）；

· 城市环境管理；

· 发展社区经济计划。

上海世博会喀麦隆展台，向游客展示了喀麦隆传统和现代的建筑风格，在这里汇集了很多投资机会。

喀麦隆就是一个袖珍版的非洲，这里有丰富的商机。在各个行业都有很好的投资机会，这里值得特别关注的是农产品加工业：对农产品原材料的加工，例如棉花，无花果，咖啡、可可、茶叶、水果、植物油，等等。

其他投资机会也存在于木材、电信、水电站建设，钴和金红石的采掘业，这些行业的发展需要相应的服务业、市政工程的配合，社会住房的建造在此显得尤为重要。

我以尊敬的保罗·比亚先生的名义，借此机会呼吁大家：喀麦隆已经做好了迎接中国投资者的准备。我更

要告诉大家已经有中国投资在喀麦隆运作，特别是在通讯、农产品加工、建筑及土木工程等领域。

2010 年 10 月 14 日我们将举行一个商务论坛，届时将向大家详细介绍喀麦隆的投资机遇、我国的经济发展方向以及由国家承包的投资计划。

亲爱的投资者，

今日的喀麦隆是一个有潜力的投资地，我们真诚的欢迎您。

Désigné par le Président de la République Son Excellence Monsieur Paul Biya, pour conduire la délégation camerounaise à la Journée Nationale du Cameroun à Shanghai Expo 2010, je voudrais dire aux autorités chinoises la gratitude du peuple camerounais pour la qualité de notre coopération et féliciter les Autorités chinoises pour la réussite exceptionnelle de cette Exposition.

Shanghai, le 03 octobre 2010

Luc Magloire MBARGA ATANGANA
Ministre du Commerce du Cameroun

我受保罗·比亚总统委派率团出席 2010 年上海世博会喀麦隆国家馆日活动。我谨代表喀麦隆人民感谢中国政府开展对喀友好合作，祝贺中国政府举办了一届非常成功的世博会。

吕克·马瓜尔·姆巴尔加·阿坦加纳

交流活动

中方代表与喀麦隆共和国国家馆日代表团主要成员合影

喀麦隆馆日代表团所赠的工艺品

喀麦隆馆日的民族歌舞表演

莱索托王国
国家馆日

2010年10月4日

在馆日仪式上的中方代表致辞

首先请允许我代表中国政府和上海世博会组委会对莱索托举行本届世博会国家馆日表示诚挚的祝贺。对莱齐耶三世国王陛下出席今天的馆日活动表示热烈的欢迎。

今天也是莱索托独立44周年纪念日，独立以来，莱索托政府和人民在维护政治稳定、促进民族团结，推进国家建设事业等方面取得了显著的成就。作为莱索托的好朋友，中方对此表示祝贺，并衷心祝愿莱索托在国家发展的道路上不断取得新的进步。世博会是一曲以创新和融合为主旋律的交响乐，创新是世博会亘古不变的灵魂，跨文化的交流和融合，则是世博会一如既往的使命。159年来，世博会始终坚持“和平、进步、友爱、合作”的宗旨，秉承创新的精神，坚持开放的态度，促进着不同文化之间的交流与融合，拉近了各国人民之间的距离。作为首届以城市为核心内容的世界博览会，上海世博会为世界各国政府和人民围绕“城市，让生活更美好”这一主题充分展示城市文明成果，交流城市发展经验，传播先进城市理念提供了平台。相信其展示的各类创新城市生活解决方案将为人类的居住、生活和工作城市提供有益的借鉴。

女士们，先生们，莱索托山川秀美，风物独特，享有“高山王国”的美誉。世博会莱索托国家馆以传统与现代融合为主题展示了莱索托传统文化与现代城市的统一，阐述了莱索托人民对“城市，让生活更美好”的理解。展馆别致的“巴索托帕”独特造型体现着莱索托独特的历史和文化传统，受到广大参观者的欢迎和喜爱。

虽然中莱两国相隔万水千山，但两国人民的友谊源

莱索托馆（C片区，非洲联合馆）

中国公安部副部长 刘京

莱索托莱齐耶三世国王

远流长。特别是近年来双边政治互信不断增强，各领域的交流与合作富有成果。两国人民间的相互了解和友谊日益加深。中方珍视中莱传统友谊，愿与莱方在相互尊重、平等互利的基础上发挥各自优势，进一步扩大两国在政治、经贸、文教、卫生等领域的交流与合作，促进共同发展，造福两国人民。我相信在双方的共同努力下，中莱关系的明天一定会更加美好。祝今天的莱索托馆日活动取得圆满成功。祝莱索托国繁荣昌盛、人民幸福！谢谢大家！

在馆日仪式上的外方代表致辞

我和全体代表团人员非常高兴欢迎大家来到这儿一起庆祝莱索托王国独立44周年，同时这也是我们来到上海这一充满生机的城市参加世博会的一大亮点。首先请允许我祝贺中华人民共和国政府及人民，尤其是上海市，组织了这一次精彩、成功的世博会。这次上海世博会的参观人数也创下了历史纪录。莱索托非常高兴能够成为最早确认参加世博会的国家之一。举办上海世博会有其特殊意义，因为这是第一次在发展中国家举行的世博会。在成功举办2008北京奥运会之后两年，上海世博会再次体现了中国成功举办大型国际会议的能力，这也凸显了中国在国际事务中发挥的重要作用。我们对此表示祝贺。在此，我们想感谢中华人民共和国政府对我们提供的慷慨援助使莱索托王国能够有机会参与这一历史性的盛会。这也体现了我们两国之间业已存在的良好关系。

在过去的44年中，莱索托在经济、政治、社会转型方面进行了长期、艰苦的努力，并取得了一些重大成就。今天，莱索托是非洲大陆上最稳定、和平、充满生机的民主国家之一。良好的经济政策和商业投资环境促进了我们国家可持续经济增长。我国也实现了从温饱型的农业经济和劳动力出口国向制造业经济的转型。现在，莱索托是从非洲大陆到美国最大的制造业产品出口国，尤其是在纺织领域。参与上海世博会给我们提供了一个绝佳的机会展现自己的成就。同时也展现我们在贸易、投资、旅游、发展以及绿色技术等方面的无限机会。上海世博会也给我们提供了一个难得的机会，与各方分享信息、交流经验，向中国以及其他国家学习先进做法，促进高经济增长以及在“城市，让生活更美好”这一主题下的快速城镇化进程。莱索托馆的主题是传统与现代城市，这一主题强调了我们政府和地方社区所采取的一系列项目，一方面推动农村工业和经济发展，另一方面通过应对农村向城市移民的负面影响来建设更好的城市。莱索托是非洲农村城市移民率最低的国家之一，其中一个重要原因是我们建立了一系列小型的，以农村为基础的项目，就地取材。其中一些产品在我们的莱索托馆中有所展示。莱索托馆给游客们展示了我们国家在一

系列领域，包括矿产、羊毛、马海毛、芦荟加工、矿泉水包装、皮毛制品、电子产品、绿色科技及其他领域的无限投资机会。我想邀请在座各位及所有的参观者去莱索托馆看一看，更多的了解我们这一高山王国及其巨大的投资潜力。莱索托王国自然风光秀丽，同时没有任何热带疾病，这使得它成为来自中国、亚洲乃至全世界游客的绝佳旅游目的地，除了其美轮美奂的风景和深厚的文化底蕴，莱索托还是探险旅游的天堂，包括滑雪、登山、蹦极、骑马、徒步旅行等。莱索托举办世界一大刺激的耐力赛，也就是非洲无极拉力赛。这一比赛吸引了来自世界各地的参与者。

今天我们在这儿庆祝国家独立日，而就在8月份，我们同样在上海成功举行了莱索托投资论坛。论坛给莱索托的私有部门提供了一个良好的机会，与中方的商界人士充分的交流，也让中方具体了解莱索托在贸易和投资等领域的机会以及各方面的优惠鼓励政策。我借此机会跟大家介绍其中的一些优惠政策，像南部非洲关税联盟以外地区出口产品收入零关税。优先进入重要市场，如美国、欧盟、中国、日本、加拿大、澳大利亚，一些拉美国家，当然还有南部非洲地区的巨大市场。高素质、高技能的劳动力、财政支持，服务到位的工业园区以及快速创业的一站式服务。

莱索托和中国有着长期友好的关系。我们互相尊重，共同遵循国际通行的准则和原则以及国际条约。多年以来，中国一直坚定支持莱索托在多个领域的发展努力，包括人力资源培训、基础设施建设、农业、医疗卫生、教育及军事合作。比如，中方为我们援建了新的议会大楼，加大了广播电视的覆盖，援建了国家博物馆和国家会议中心。我们非常感谢中方的支持，也很高兴知道可以一如既往的获得中国的支持来促进可持续经济增长。莱索托在国际舞台上也坚定的支持中国的原则立场，我们坚定支持“一个中国”政策，中国和莱索托之间强大的发展联系和政治联系使我们加快努力，深化一系列的合作，包括在投资、贸易、旅游和文化交流等各个领域。我必须赞赏中华人民共和国所取得的前所未有、举世瞩目的快速经济增长，使中国跃升为世界上最大的经济体之一，而要庆祝这一成就最好的地方就是在上海。在这儿，我们可以看到远见，创新、决心、纪律和规划，正是这些素质促进了中国快速的增长和发展。上海的确是一个国际化的都市，而且也凸显了城市化和向大城市跃进的努力。最后，我想感谢设计莱索托馆的设计团队们以及在我们总代表领导下驻守在莱索托馆的团队们。我想再次祝贺中国及上海成功举办了最大规模的世博会，也祝愿世博会能够留下永久的宝贵遗产，我衷心希望我们的参与能够有助于创建更美好的城市，加深莱索托和中国之间的经济合作。我想再次重申莱索托政府致力于进一步加深我们两国之间业已存在的友好关系。

On behalf of the people of the Kingdom of Lesotho, I wish to express our deepest gratitude ~~for~~ to the government and people of the People's Republic of China, for the friendly and warm hospitality and friendship. A friendship which has enabled us to participate at this historic International Shanghai Exposition. We are most grateful.

Letsie III

04/10/10

我谨代表莱索托王国人民，衷心感谢中华人民共和国及其人民友善及热情款待和友谊。正是这种友谊使得我们有幸参与到上海世博会这一世界历史盛会中来。

我们对此非常感谢。

莱齐耶三世

莱索托馆日代表团所赠的工艺品

交流活动

中方代表与莱索托王国国家馆日代表团主要成员合影

莱索托馆日的文艺表演（一）

莱索托馆日的文艺表演（二）

在馆日仪式上的中方代表致辞

今天，我们相聚中国上海，相聚在美丽的世博园区，共同庆祝一个喜庆的日子——多米尼加国家馆日！

世博会是全球多元文化交流的大平台，用一个主题在半年时间内将全球数百多个参展方、数千万宾客聚到一起，没有其他人类活动能够如此紧密地凝聚世界人民和国际社会。作为人类文明成果荟萃的伟大盛会，世博会跨越了种族、跨越了文化、跨越了国家和地区，成为见证人类文明发展的重要驿站！

中国与多米尼加虽无外交关系，但中国人民对多米尼加人民素怀友好感情。两国同属发展中国家，都面临着发展本国经济、提高人民生活水平的相同任务。我相信，上海世博会将为中多两国人民增进相互了解发挥积极作用。

多米尼加馆的展示主题是“热带风情 智慧生活”。展馆展示了多米尼加旅游业的发展和文明成果，同时展示了多米尼加在发展经济、运用创新和科学技术方面所作的努力，探讨城市化与人民生活水平提高之间的关系，倡导独特的、饱含智慧的热带生活方式。我们相信，通过上海世博会的展示，海内外参观者将从不同角度了解多米尼加。

最后，我代表中国人民和上海世博会组织者，祝福多米尼加国家馆日活动取得圆满成功！

在馆日仪式上的外方代表致辞

很荣幸率领多米尼加政府代表团参加上海世博会和多米尼加共和国国家馆日活动。请允许我代表莱昂内

多米尼加馆（C片区，中南美洲联合馆）

中国贸促会副会长　王锦珍

多米尼加旅游部长　弗朗西斯科・哈维尔・加西亚

尔・费尔南德斯总统祝贺中华人民共和国成立 61 周年。

本届上海世博会的举办期从今年的 5 月 1 日到 10 月 31 日，而多米尼加国家馆日恰好安排在十月份举行，这对我们来说意味深长。这是因为，十月份对于中国这个强大的国家来说是最有意义的时间之一。

1911 年 10 月 10 日，孙中山先生开启了中国革命进程，最终推翻了清王朝。1934 年 10 月 16 日，开始了中国历史上著名的长征，并于 1935 年 10 月 19 日结束。被誉为人类伟大史诗的万里长征让世界知道了一位英明的领袖，61 年前他曾是中华人民共和国的国家主席，他就是毛泽东。如果再细数的话，中华人民共和国恰恰是在 1949 年 10 月 1 日宣布正式成立的，因此可以说，在今天这个日子里举行多米尼加国家馆日活动，将使我们载入中国历史的新篇章，我们将永远记住这一天。

借此机会，我们要告诉大家，多米尼加共和国为吸引投资提供了非常好的环境。我国在经济、司法、社会和政治上保持稳定，这对于从中国吸引资金到多米尼加是非常必要的，这些资金可以投入到加工业、能源、电信、农业以及旅游等行业。

国家地理位置是我们的优势之一，我国位于东西半球的中间位置，可以快速抵达所有西方市场。我们的基础设施能够保证将产品运抵所有市场，保税区的工业园就设在港口和机场附近，这样可以节约运输成本。

我国是最大的细雪茄生产国，最大的优质有机可可生产国，最大的有机香蕉生产国，还是参加各大联赛的棒球运动员最多的国家。我们还拥有现代化的运输基础设施，以及先进可靠的电信基础设施。

我国拥有讲两种语言、有竞争力的、有经验的和有资质的劳动力。我们为大的生意项目提供大量机会。世界旅游组织将我国列为加勒比地区首屈一指的旅游国家，我们的优势主要在游客接待以及大型宾馆设施方面。

我们欢迎中国的投资商到多米尼加去，也欢迎更多的中国公民到我们国家去欣赏天堂般美丽的海滩，去享受热带阳光，去游览我们的高山、瀑布、海景和高尔夫球场。还可以去享用我们的美食，了解我们的文化，特别是您可以有机会与我们的人民共同分享这一切。我们可以从中国的文化、中国的传统、中国的发展以及伟大的中国人民那里学会很多。因此，我们希望继续加强两国之间的贸易关系，以便在不久的将来扩大两国之间的关系，并使我们之间的往来更加圆满。

在多米尼加已经有一个很大的华人社区，我们可以肯定，这个华人社区在劳务方面起到了真正的带头作用，并且为多米尼加实现发展做出了贡献。

华人社区的人们与全世界游客一样，可以在多米尼加享受一个真正的加勒比海上天堂。

请允许我代表多米尼加政府和人民感谢贵国对我们的热情和关照。

中国是一个巨人，因其历史悠久的文化成为全球最大的宝库，而在多米尼加有保存最完好的加勒比宝库。

交流活动

中方代表与多米尼加共和国国家馆日代表团主要成员合影

En Ocasión de la Visita a la Expo Shanghai 2010 dejo Testimonio del agradecimiento por parte de nuestra delegación, que representa a Nuestro Gobierno y Nuestro pueblo.

Éxitos a todos los organizadores de Expo Shanghai. Y reiteramos nuestra admiración y respeto a este heroico pueblo chino.

Fco. Javier G.
5/oct. 2010

借此参观 2010 年上海世博会之机，我谨以多米尼加代表团之意，并代表我国政府和人民表示诚挚谢意。

我谨向上海世博会组织者表示祝贺，并向伟大的中国人民表达我们的钦佩之意。

弗朗西斯科·哈维尔·加西亚

多米尼加馆日代表团所赠的工艺品

多米尼加馆日的文艺表演

贝宁共和国
国家馆日

2010 年 10 月 6 日

在馆日仪式上的中方代表致辞

首先，请允许我代表中国政府和上海世博会组委会，对贝宁举行国家馆日表示诚挚祝贺，对埃胡祖外长和各位贵宾的光临表示热烈欢迎。

世博会是集中体现人类智慧与文明的盛会，是演绎人类进步与发展的盛会，是促进团结合作和交流互鉴的盛会。从 1851 年英国万国工业博览会开始，世博会始终秉承开放兼容的理念，超越国家、民族和宗教的界限，致力于促进多元文明对话，将各国人民汇聚在和平、进步、友爱和合作的世博大家庭里。

城市是人类文明的结晶。正如联合国人居署《伊斯坦布尔宣言》所讲，城市应该是“人们过上有尊严、健康、安全、幸福和充满希望的美满生活的地方”。上海世博会正是以“城市，让生活更美好”为主题，邀请世界各国人民共同探讨如何通过科学发展，实现这样的美好目标。相信在所有参展方的共同努力下，上海世博会一定能成为风格独具、精彩难忘的盛会，为推动建设持久和平、共同繁荣的和谐世界和促进人类文明进步做出应有的贡献。

贝宁馆的设计精妙独特，以贝宁传统住宅为原型，造型古朴别致，色调温暖明亮，让参观者仿佛徜徉在古阿波美王国的城堡里，充分体现了人与自然的完美融合。中心展区陈列的各种景观和艺术品，展示了贝宁人民的多彩生活，散发出浓郁的非洲气息。贝宁馆以“作为可持续发展动力的农村土地划归城市”为主题，在向世界展示贝宁灿烂文化景观的同时，着重介绍了贝宁农村城镇化的演变进程和贝宁人民对未来国家发展的深入探索。今天，就让我们跟随贝宁城镇化的步伐，去领略贝宁人民建设美好未来的动人风采。

贝宁馆（C 片区，非洲联合馆）

上海世博会中国政府总代表 华君铎

贝宁外长 埃胡祖

中贝友谊源远流长。近年来，两国各领域合作发展迅速，给两国人民带来了实实在在的利益。我相信，上海世博会不仅将为世界了解贝宁打开机会之窗，更将为增进中贝两国人民的交流与合作搭建友谊之桥。让我们以上海世博会为契机，传承友谊，深化合作，共同谱写中贝关系发展的新篇章。

祝愿今天的贝宁馆日活动取得圆满成功。

在馆日仪式上的外方代表致辞

能够在上海世博会贝宁共和国国家馆日发言对我而言是莫大的荣幸。

在此我代表贝宁共和国总统博尼亚伊先生，贝宁共和国代表团，以及我个人，感谢热情的中国人民，尊敬的胡锦涛主席，以及对贝宁表示深切关心的上海市政府。

贝宁政府及其人民，以及总统先生都很重视与中国的合作，我们对中国政府为贝宁参与世博会作出的支持表示感谢。中国政府支持贝宁参与世博，正是两国友好邦交，深厚友谊的一个有力见证。

借此机会，我向中国代表团成员，中国政府，以及上海市市政府预祝此次世博会成功举办。

本次世博会的主题是 “城市，让生活更美好”。贝宁馆的主题是“作为可持续发展动力的农村土地划归城市”。这一主题诠释了关于建立“自然与人”“我们的过去与未来”，“人与生活环境”之间和谐的理念，很好的契合了世博会的主题。

通过“作为可持续发展动力的农村土地划归城市”，贝宁希望向其他国家展示如何加强“城市与农村互动”的方法。

像其他国家一样，贝宁目前正经历着翻天覆地的变化，过去的城镇开始改变面貌，城市逐步扩张与附近的村庄接壤。于是，如何建立城市与农村的联系，从而实现和谐、和平的生活将成为一个核心的问题。

为了解决这一问题，贝宁通过“渔业之路”计划以及“Tata Somba”这种贝宁北部独有的居住模式来建立新型城市。这种新型城市将实现城市文化与乡村传统的共生。这一计划旨在保留贝宁文化遗产与环境的同时，在更美好的城市里建立更美好的生活。

借此机会请允许我感谢上海现代国际展览有限公司，他们的努力保证了贝宁展馆的完成，并且他们尊重贝宁当地特色建筑理念，为我们选择了合适的活动组织者。

在这个官方仪式之后，我将邀请您参观贝宁展馆。借此机会您将了解到我国潜在的巨大旅游市场，包括一些很有吸引力的自然景观（观景楼，瀑布，海滩，水景），博物馆和文化遗迹，自然公园，更有著名的历史遗迹——奴隶之路。

对不了解我国的人们而言，这将是一个很好的机会向世人展示我国丰富深厚多样文化的机会。我们伟大的艺术家将向大家展示我国最具代表的几个方面。

总之，贝宁是一个调动所有物质基础努力成为非洲强国的国家，并不仅仅在旅游业，也包括在经济合作等方面。当我们提及贝宁，就不难想到它的地理位置，其形状更酷似一把开启西非的钥匙，海域被称为贝宁湾。

最后，我以代表团之名，衷心地感谢与会的各界人士，大家的到来为此次世博会贝宁共和国国家馆日增色不少。

世博会在上海的成功举办令我们在座的每个人都更清楚地认识到人与生活环境的和谐，人与人的和平共处的必要性。通过科学，技术，教育和文化等不同的途径，最后使和平与友谊成为人民与国家间交往的主导。

交流活动

中方代表与贝宁共和国国家馆日代表团主要成员合影

Le Peuple chinois vient une fois encore de démontrer le génie dont il a le secret dans l'organisation des évènements à caractère mondial

Après les J.O de Beijing 2008, l'Exposition Universelle Shanghai 2010 prendra aussi date comme une des éditions les mieux réussies dans les annales du Bureau International des Expositions (BIE)

Le Gouvernement du Bénin adresse chaleureusement son satisfecit et ses plus vives félicitations au Gouvernement de la République Populaire de Chine et aux Autorités municipales de Shanghai pour ce succès franc et incomparable autour du thème central;

中国人民再一次向世人展示了组织世界级盛会的才华。

继 2008 年北京奥运会后，2010 年上海世博会作为国际展览局最成功的一届世博会再次载入史册。

贝宁政府就此次文化盛典取得无以伦比的圆满成功，向中华人民共和国政府和上海市政府致以热情的赞扬和热烈的祝贺！

埃胡祖

贝宁馆日代表团所赠的工艺品

贝宁馆日的文艺表演

摩纳哥公国国家馆日

2010年10月7日

摩纳哥馆（C片区，租赁馆）

在馆日仪式上的中方代表致辞

我谨代表中国政府和上海世博会组委会，对摩纳哥举行上海世博会国家馆日表示诚挚祝贺，对摩纳哥积极参加本次世博会表示感谢，对远道而来的阿尔贝二世亲王殿下表示热烈欢迎。

世博会是荟萃人类文明成果的盛会，自1851年创办以来，它始终顺应世界发展进步的潮流，传播着人类对未来更美好生活的设想和憧憬，并以开放包容的精神促进了各国人民思想交流和友好合作。

上海世博会以"城市，让生活更美好"为主题，充分融合了"科技世博"、"生态世博"、"文化世博"等先进理念，为世界各国提供了一个展示人类未来城市生活创新成果的舞台，一个增进各国人民了解和友谊的舞台。世界予中国以信任，中国必将还给世界以精彩。我相信，在包括摩纳哥在内的所有参与者共同努力下，上海世博会必将为人类实现城市的和谐、可持续发展留下一份丰富的精神财富！

上海世博会与摩纳哥有着深厚的渊源，2002年，上海在摩纳哥被国际展览局确定为本次世博会的主办城市。摩纳哥也是最早确认参加上海世博会的国家之一。自上海世博会开幕以来，摩纳哥馆以其独特构思和精彩展示，将历史、现在和未来完美结合，博得中国和世界观众的喜爱。在这里，我们不仅可以欣赏到蓝色的储水罐中的地中海风情，19世纪摩纳哥的老街风景，也可以体验最新的生态概念车，并通过影像看到未来的摩纳哥城。这充分体现了摩纳哥在发展过程中尊重自然、尊重历史，同时向城市居民提供现代化舒适生活的理念，完美诠释了本届世博会的主题。

中国公安部副部长 刘京

摩纳哥阿尔贝二世亲王

中国与摩纳哥虽相距遥远，但摩纳哥以蓝色海岸的瑰丽风光和蒙特卡洛国际杂技节、一级方程式汽车大奖赛等国际文化、体育赛事在中国享有很高的知名度。建交 15 年来，中摩关系保持良好发展势头，相互理解不断加强，经贸合作快速发展，文化、艺术、旅游等领域交流与合作丰富多彩、成果丰硕。相信上海世博会将会把两国人民的心更加紧密地联系在一起，为双方各领域互利合作的深入发展注入新活力。

祝愿今天的摩纳哥馆日活动取得圆满成功。

在馆日仪式上的外方代表致辞

今天在上海和大家欢聚，我倍感荣幸。这届世博会反映出中国的开放、腾飞和现代化。同时也展现了上海的特殊生命力。今天，上海已经是全球最富活力的大都市之一。

首先，我想祝贺世博会中国政府总代表华大使、他的团队以及所有的志愿者，你们的杰出工作成就了上海世博会的辉煌。你们中的一些人可能已经知道，我国和本届世博会之间有着特殊的联系。事实上，2002 年 12 月的国际展览局会议正是在摩纳哥公国举行的，会上宣布了上海成为 2010 年世界博览会的主办城市。

正如大家期待的那样，这次全球盛会取得了成功。各国对中国人民和上海市的能力寄予厚望，今天中国没有让他们失望。

这些数字是令人印象深刻的：

· 已经有超过 6000 万游客游览了世博园区，而世博园的面积几乎是我国面积的 2.5 倍；

· 每天有 1.6 万人参观摩纳哥馆。

从来没有一个主办方投入如此多的精力，使参展方能够向如此众多的公众宣传自己的国家。通过展馆和世博设施，公国所获得的媒体曝光率是惊人的。同样，在摩纳哥馆内还组织了大量经济和贸易活动，例如众多公关活动。这完全证明了公国投入巨大的人力物力，希望在此次盛会中脱颖而出。

我想借此机会衷心感谢摩纳哥国际展览公司的团队和我国总代表凯瑟琳·福特里埃（Catherine Fautrier）女士，感谢他们的积极参与和投入工作。他们使摩纳哥公国在这世博园里大放异彩。

借上海世博的契机，我们建立起很多联系。我相信这只是一个开端，未来还会有更多合作，使摩纳哥公国和中华人民共和国之间的经济和文化关系更加紧密。

除此之外，本届世博会所选择的主题也促使摩纳哥公国积极参展。因为她不仅和中国团结一心，而且也是可持续发展议题的积极推动者。

“城市，让生活更美好”这一理念特别适用于我国，因为摩纳哥公国是一个“城邦国家”。我深信，城市的发展和城市化与生活质量和环境保护之间决不矛盾。

水、能源、交通问题、出行问题、替代性的运输方式或电力车，都是城市必须解决的议题，以提高居民的生活质量，同时保护地球的未来。另外大家可以看到，在我们的展馆内，就有一个非常好的电动车模型。

我创立的基金会在摩纳哥馆内也占有一席之地，得到了大力宣传，该基金会正是继承了摩纳哥历代王储负责任尽义务的传统。

它所追求的目标包括了应对气候变化，这是三大工作重点之一。这些目标与本届世博会主题所引发的思考是不谋而合的。

明天，我们还将在这里举行基金会的董事会议。我将进行一年一度的颁奖。今年我们是第一次在摩纳哥以外的地方举行颁奖仪式。这是极具象征意义的。

我们两国之间已经建起桥梁。我相信，今后我们双方都会有越来越多的人走上这座桥。有了更深的互相理解，我们的交流将会更加密切。

今天我要表达的愿望是关于未来的：希望以后的世博会或国际展览会的组织者能学习中国经验，努力给他们的活动营造巨大的反响和活力，正如今天在中国的土地上各位所做的一样。

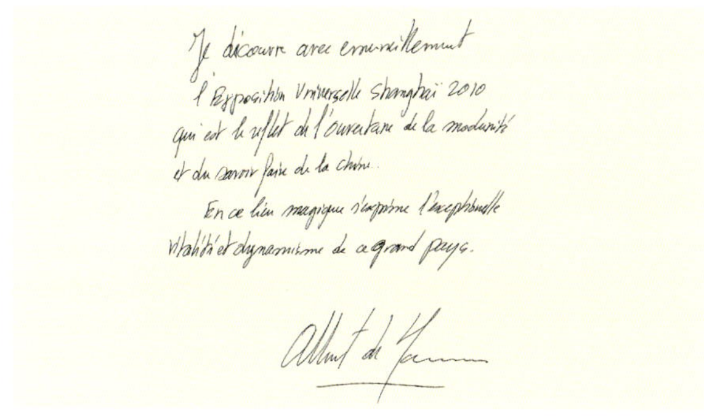
Je découvre avec émerveillement
l'Exposition Universelle Shanghai 2010
qui est le reflet de l'ouverture de la modernité
et du savoir faire de la Chine.
En ce lieu magique s'exprime l'exceptionnelle
vitalité et dynamisme de ce grand pays.

我惊奇地发现，2010 年的上海世博会是中国的现代化及其诀窍对外展示的标志。在这神奇的地方，让人感受到这个伟大国家不寻常的生机和活力。

阿尔贝二世亲王

交流活动

中方代表与摩纳哥公国国家馆日代表团主要成员合影

摩纳哥馆日代表团所赠的工艺品

摩纳哥馆日的文艺表演

瓦努阿图共和国国家馆日

2010 年 10 月 8 日

在馆日仪式上的中方代表致辞

我代表中国政府和上海世博会组委会，对瓦努阿图举行上海世博会国家馆日表示诚挚祝贺，对远道而来出席馆日活动的阿比尔总统和夫人表示热烈欢迎！

世博会是展示世界各国社会、经济、发展前景的舞台，也是各国人民交流思想、促进合作、推动文明发展的盛会。成立逾一个半世纪以来，世博会为加强世界各国、各地区、各民族的联系、了解、友好与合作发挥了重要作用。与此同时，世博会的主题也在不断演变，从展示国家实力、追求科技突破，逐步转向人与自然和谐共存及人类社会发展前景的人文思考。

上海世博会紧紧把握时代脉搏，以“城市，让生活更美好”为主题，浓缩了人类对自身发展的思考和为城市未来的探索。各参展方在此充分展示城市文明成果，交流城市建设经验，传播先进城市发展理念，探讨人类居住、生活和工作的新模式，必将为人类的可持续发展留下宝贵的精神财富。

瓦努阿图被誉为世界上幸福指数最高的国家。以“共享幸福与和平”为主题的上海世博会瓦努阿图国家馆展示了这一快乐国度秀丽的自然风光、独特的风土人情和浓郁的文化魅力。富有岛国气息的天然物产、传统工艺品和歌舞表演令人流连忘返，作为瓦努阿图首项世界非物质文化遗产的“沙画”展演深深感染着每一位参观者。展馆的所有细节都诠释着瓦努阿图人民与自然和谐相处的高品质生活，从另一个角度演绎着美好城市的主题。今年是瓦努阿图共和国独立 30 周年，中方对此表示热烈祝贺。相信通过上海世博会这一平台，来自全世界的参观者都能领略瓦努阿图文化的精彩，并与快乐的瓦努

瓦努阿图馆（B 片区，太平洋联合馆）

中国人力资源和社会保障部副部长、国家外国专家局局长 季允石

瓦努阿图总统 阿比尔

阿图人民一道，共同创造更加幸福的未来。

中瓦两国虽然相距遥远，但两国人民的交往源远流长。1982年建交以来，中瓦关系取得长足发展，双方在政治、经贸、农业、文教、科技、卫生等广泛领域的交流与合作成果显著，在国际和地区问题上进行了良好的协调与配合。中瓦友好合作关系的发展不仅给两国和两国人民带来了实实在在的利益。也有利于维护和促进太平洋岛国地区的稳定和发展。我相信，上海世博会将为两国人民加深了解、深化友谊提供新的契机，为双方各领域交流与合作的发展注入新的动力。

祝愿上海世博会瓦努阿图国家馆日活动圆满成功。祝愿瓦努阿图国家繁荣昌盛，人民安居乐业！谢谢！

在馆日仪式上的外方代表致辞

我非常荣幸地作为总统向各位介绍我的国家瓦努阿图共和国。我国近期被评为“地球上最快乐的地方”。

瓦努阿图是少数几个曾被两个国家共同殖民的国家之一。我国曾被法国与英国殖民75年。

我国位于太平洋西南部，由83座岛屿组成，距澳大利亚飞行时间约为2.5小时，在上海东南方向7000多公里处。

瓦努阿图人民有着自己独特的生活方式。两千多年前穿越浩瀚的太平洋来到这些岛屿后，我们的人民一直与环境和谐相处。大多数人民如今依然以农业为生。

虽然瓦努阿图是一个发展中国家，但我们认同本届世博会的主题“城市，让生活更美好”。该主题代表了全人类在未来城市环境中获得更美好生活的共同愿望。

瓦努阿图人民以非常低碳的方式过着无忧无虑的简单生活。在2006年，瓦努阿图被评为地球上最快乐的地方。在2010年，本国第二次被评为“世界上最快乐的国家”。

自瓦努阿图30年前获得独立以来，本国的国家机构、经济发展与对外交流工作日趋成熟。

瓦努阿图的风光与文化已使之成为西南太平洋地区最受欢迎的旅游目的地之一。

农业是本国第二大产业，在满足本地粮食需求的基础上，对外主要出口椰干、檀香木与卡瓦。

卡瓦是一种特殊的块根作物，以卡瓦为原料的饮料在太平洋地区及全球各地广受欢迎。其样品正在世博会展示。

在用椰子油替代柴油方面，瓦努阿图处于世界领先地位。

本国的制造业小而精，并且生产的多数为天然产品。瓦努阿图出口高质量的咖啡，并且生产许多保健产品。

总体而言，瓦努阿图大力支持由私营部门推动的增长。许多国际知名的会计公司和金融机构已落户首都维拉港与第二大城市卢甘维尔。

瓦努阿图于1982年与中华人民共和国建立外交关系。两国建交带来了直接贸易与投资的机会。瓦努阿图已在北京设立大使馆，在上海设立总领馆。

我想在此真诚地感谢中华人民共和国政府大力支持瓦努阿图参加上海世博会。

瓦努阿图的人民是快乐的，我们的快乐是富有感染力的。我们邀您来世博会参观我们的展示，参与我们的活动，共享这份快乐。

最后，我想赞赏中国政府和人民举办了有史以来规模最大的世博会，并且获得了巨大的成功。祝贺取得这一了不起的成就。

祝世博会成功、精彩、难忘。

交流活动

中方代表与瓦努阿图共和国国家馆日代表团主要成员合影

Thank you very much for your kind hospitality

非常感谢贵国的热情款待。

阿比尔

瓦努阿图馆日的歌舞表演（一）

瓦努阿图馆日代表团所赠的书籍

瓦努阿图馆日的歌舞表演（二）

佛得角共和国国家馆日

2010年10月8日

在馆日仪式上的中方代表致辞

首先，请允许我代表中国政府和上海世博会组委会，对佛得角举行本届世博会国家馆日活动表示诚挚祝贺，对皮雷斯总统的光临表示热烈欢迎。相信佛得角国家馆日活动一定会给每一位到访者留下美好而深刻的印象。

一个半世纪以来，世博会秉承“和平、进步、友爱、合作”的宗旨，坚持“创新”和“开放”的精神，逐渐成为见证人类文明进步、荟萃人类文明成果的大舞台。不同地域、不同种族、不同文化的人们相聚世博会，展示自我，交流互鉴，将人类探索未来的激情与梦想薪火相传。

本届世博会有240多个国家和国际组织参展，其中，包括佛得角在内的50个非洲展馆比肩而立，闪耀在黄浦江畔。可以说，上海世博会既是世界的机遇，也是所有发展中国家的机遇。本届世博会以“城市，让生活更美好”为主题，展示城市发展前景，分享城市建设经验，探索先进城市理念，开启了人类文明的又一次精彩对话。我相信，在世界各国人民的共同努力下，本届世博会一定会成为一届成功、精彩、难忘的盛会。

佛得角在葡萄牙语中的意思是“绿色的海角”。国如其名，佛得角就像一串美丽的珍珠镶嵌在大西洋之上。勤劳智慧的佛得角人民创造了融合欧非大陆文明、独具魅力的克里奥尔文化。今天，我们有幸聆听婉转悠扬的佛得角民歌，感受热带岛国的热情与浪漫，了解地处欧、非、美三大洲交汇处的佛得角是如何利用港口城市优势，搭建“世界文明链接”的平台。相信通过馆日活动，会有更多人爱上这个美丽的国度。

佛得角馆（C片区，非洲联合馆）

佛得角是距离中国最远的非洲国家，但地理上的距

中国上海政协主席 冯国勤

佛得角总统 佩德罗·皮雷斯

离无法冲淡两国人民的深厚友谊。中佛建交34年来，双方一直相互尊重，平等相待，在经贸、农业、卫生等众多领域进行了富有成效的合作，在国际事务中相互支持与配合。上海世博会架起了一座新的沟通桥梁，让中佛两国和两国人民更加了解、更加亲近。相信这次盛会必将为中佛友谊与合作增添新的动力。

最后，祝佛得角国家馆日活动取得圆满成功！

在馆日仪式上的外方代表致辞

我很高兴代表佛得角政府和人民，并代表我的妻子，在这里向中华人民共和国和上海市成功举办规模最大的一届世界博览会表示祝贺。

我还要感谢中国盛情邀请我国参加本次世界级盛会，它以城市为主题，旨在协同和谐的不同民族和国家共创美好未来，并为商谈和分享文化、技术经验和概念方案提供了良好平台，以期共同应对城市化现象所带来的挑战。

佛得角共和国是非洲位于大西洋中部的小群岛，距欧洲和美洲仅有几个小时。我国的海外侨民众多，边界领土内充满了经济和文化交往的历史，其旅游业和服务业也成为融入全球经济的具有竞争力的战略部门。城市化现象及其对环境可持续性的影响，以及生态系统平衡所面临的挑战，已经深入到我们的日常生活中。

在此背景下，佛得角参加上海世博会将是我国主管部门和机构交流想法、展现我国独特而富有普遍性的特点的一次绝好机会，我们还能从中分享到关于创造更加美好、更加人性化和更加健康的当代城市生活质量的各种建议。

因此，我们认为上海世博会的主题“城市，让生活更美好”非常及时，非常令人振奋。它更令人反思：在这个全球化的世界里，不可避免地会有更多的城市产生，而有关社会文化一体化的挑战也会愈发严苛，然而目标却始终不会变，那便是我们的生活质量。

在“城市，让生活更美好”的主题下，参会的佛得角展现了它的城市生活：着眼于其历史轨迹和战略位置的重要性。通过这个主题，我们还可以共享“城市－港口”的概念，并努力重建全球化背景下的港口城市网络。另一方面，它还为城市的旅游和文化潜力的开发奠定了基调，在保护相关遗产的基础上积极响应世界各国人民发掘根源和开发多元文化价值的意愿，我们必须接受这种全球化现象。正是基于这种内容和想法，佛得角提出了它的主题“袖珍岛国的全球化”。我们虽然是一个小国，然而却融汇了不同的文化：国家虽小，但很全球化！

同时，我们还会利用此次特别的机会通过佛得角大使馆文化处向各位推荐最具代表性的艺术家。希望各位能够欣赏我国的艺术。

中国和佛得角两国的关系可以追溯到争取民族独立时期，1976年，两国在相互尊重、相互团结和互惠互利的基础上正式建交。多年来，佛得角一直得益于中国人民的鼎力协助，特别是在社会设施领域。如今，已有数千名中方朋友直接为我国的发展贡献过力量，而两国政府也正在开发一项双赢的双边合作新议程。值得特别注意的是，合作联合委员会第一次会议已于7月在北京顺利召开，我们因此看到了开放的发展前景，会议还确立了我们与中国间兄弟般的持久关系，我们对此表示欢迎。

我们的经济规模很小，发展重点也不能永远依靠资源，成功参加上海世博会的背后是全体佛得角人民的大

胆努力、对于资源的严格管理，以及在意志和能力间达到的平衡。因此，我们感谢中华人民共和国为发展中国家提供的大力支持，我们的国家、全国的商业界、民间社会和所有为佛得角参加世博会做出努力的合作伙伴均能从中受益。

上海世博会无疑将非常成功！本次盛会的组织、物流和运作，以及高质量的展览内容，都使参展者和游客得到巨大的满足。我们热烈祝贺中国再一次取得巨大的成功。

佛得角向来自世界各地的，特别是中国的游客展现生动的风土人情并与其进行了广泛文流。我相信，开放和包容定会使佛得角更加智慧、更加丰足、更加令人难忘。

Estou muito impressionado pela grandeza da Exposição Universal Shanghai, China. Estou convencido de que ela traduz os grandes progressos da República Popular da China, em todos os domínios. Felicito Shanghai e suas autoridades pela obra grandiosa que é a Expo. Auguro maiores sucessos à Cidade de Shanghai e à República Popular da China.

Shanghai, 08-10-2010

Presidente de Cabo Verde

中国上海世博会给我留下了极其深刻的印象。我为中华人民共和国在各个方面取得的重大进展表示赞叹。谨此向上海和其他组织部门表示热烈祝贺，相信上海和整个中国将通过此次盛会取得巨大的成功！

佩德罗·皮雷斯

交流活动

中方代表与佛得角共和国国家馆日代表团主要成员合影

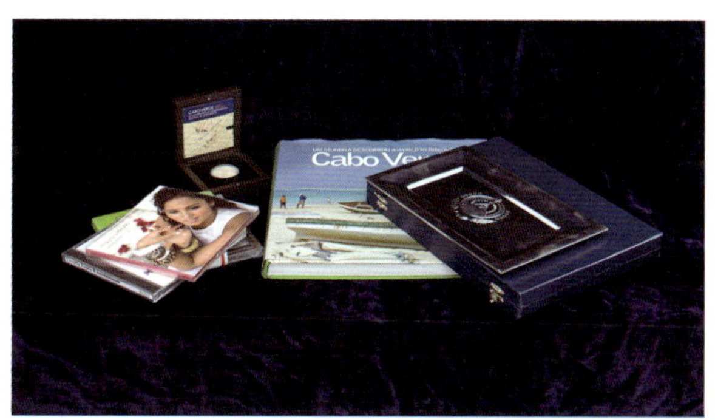

佛得角馆日代表团所赠的礼物

佛得角馆日的文艺表演

乌干达共和国国家馆日

2010年10月9日

在馆日仪式上的中方代表致辞

今天，非常高兴出席在世博园区举办的乌干达国家馆日活动。在此，我代表中国政府和中国人民，对乌干达政府给予中国2010年上海世博会的支持表示衷心感谢！

中乌有着深厚的传统友谊。近年来，双方进一步加强政治交往，积极拓展在经贸、文化、教育、卫生、人力资源开发等领域的合作，在国际事务中密切协调与配合，两国关系更趋紧密。中方高度重视中乌关系，愿与乌方一道，推动两国友好合作关系持续深入发展。

上海世博会得到了包括乌干达在内的国际社会大力支持。非洲联合馆是上海世博会最大的联合馆，馆内有包括乌干达在内的43个独立展馆。数量达历届世博会之最。乌干达国家展馆的主题是“乌干达城市化理念与实践”，展馆通过“鲁文佐里山”、“维多利亚湖”和“坎帕拉城”三个主要展区的精彩诠释，分别展现乌干达的乡村风光、湖岸美景和城市魅力，突出地理、文化的多样性，基于文化和宗教包容、平等的社会和谐以及环境可持续的发展特色。我们相信，乌干达馆一定会成为上海世博会的亮点。

最后，衷心祝愿中国和乌干达友谊长青，祝愿本次活动圆满成功，祝愿诸位来宾身体健康！

在馆日仪式上的外方代表致辞

首先，我代表乌干达政府和人民，向诸位致以诚挚的敬意。在乌干达独立日48周年之际，我想借此机会对乌干达和中华人民共和国之间的稳固关系和友好情谊

乌干达馆（C片区，非洲联合馆）

中国国家旅游局副局长 祝善忠

乌干达旅游国务部长 鲁昆多

致以高度评价。

同时，祝贺中国政府和中国人民成功举办上海世博会。本届世博会，是一届精彩难忘的国际盛事，加强了中国和世界的联系。围绕城市让生活更美好这一主题，上海世博会为世界各国提供了展示自我的平台。更重要的是，上海世博会驱散了世界经济萧条的阴霾，重塑人们的信心。自 1851 年伦敦世博会以来的 159 年间，本届世博会是世博会历史上首次在发展中国家举办的世博会。这对中国人民乃至全体发展中国家，具有深远的意义。

请允许我借此机会，感谢世博主办方下属的非洲馆管理人员将非洲馆组织得井然有序。同时，也感谢中国政府慷慨援助，大力支持我方的展馆建设。本届世博会乌干达馆的主题是“乌干达：城市化理念与实践，”欢迎中国友人来乌干达馆观看山地大猩猩，品尝乌干达咖啡，寻找投资机遇。

乌中建交 48 年来，两国关系取得长足发展。两国在政治、经济、社会、文化及科技领域广泛开展互利互惠合作，这对于深化乌中两国关系起到至关重要的作用。

在平等互信的基础上，乌中两国传统友谊得到稳步发展；乌干达希望能够进一步推进两国各级政府间的高端互访。我们认为，此类高端互访和交流将进一步推进双边乃至多边层面上的团结稳定和联合行动。

此刻，我希望借此机会重申，乌干达将继续坚持一个中国原则，台湾是中国不可分割的领土。在所有涉及国际、区域问题、领土完整、国家尊严、人权问题上，乌干达将在联合国宪章的基础上，一如既往地支持中国、保持一致立场。

在经济领域，中国改革开放 30 年来所取得的成就有目共睹。现在中国已经成为世界第二大经济体，值得乌干达学习效仿。乌干达将继续在经济现代化道路上迈进，在以下各个领域寻求中国的支持并开展合作。

在推进乌中投资和贸易方面，我们欣喜地看到乌中双边投资和贸易额呈现稳步增长态势。在过去的十年间，乌中贸易总额从 3000 万美元持续攀升，在 2009 年达到 2.51 亿美元。

虽然乌中双边贸易并不平衡，然而中国不断在乌干达增设公司；与此同时，我们也欢迎中国在农产品加工、石油冶炼、能源开发、工程建设、交通运输、信息通讯技术等众多领域开展投资。中国的投资者无须担心投资回报问题：因为乌干达是东非共同体成员国，也是东部和南部非洲共同市场成员国，由此中国可以获得 5 亿人口的市场准入机会和庞大的市场需求。

根据乌干达投资管理局统计报告显示，在 2009 至 2010 财政年度，中国取代英国，成为乌干达的第一大投资国，创十年间境外直接投资历史新高。在 2009 至 2010 财政年度，中国投资的 31 项工程获得乌干达投资管理局发布的证书，总计高达 2.46 亿美元。当前，中国

投资集中在制革、食品加工、建筑、信息通讯技术以及房地产等行业。与此同时，我们欣喜地看到，近年来中国向乌干达提供的资金援助呈稳步增长态势。在2006年，中方提供的资金援助为4200万美元，而2009年这一数字攀升至7500万美元。在中国援助资金的带动下，我们进行了卓有成效的建设，包括：建设Naguru医院，建造乌干达议会大楼，启动通讯宽带项目，开展坎帕拉市议会的工程设备采购。

此时此刻，我希望借此机会感谢中国政府面向非洲商品进一步开放本国市场。目前，非洲最不发达国家多达4762种商品享有中国提供的零关税待遇，乌干达也是受益国之一。我们坚信，解决贸易逆差的最佳方式就是增加制造业的出口，增加咖啡、皮革、棉花、水果等产品加工业的附加值。

我们认识到农业在乌中两国经济中扮演着至关重要的角色。农业领域的合作将推动两国进一步消除贫困，改善人民生活。我们坚信，未来的投资将进一步推动农业现代化的发展，从而带动两国的经济增长。

基础设施是经济发展的重要前提。当前，乌干达相对缺少公路、铁路、水电站、通讯设施、水库等基础设施。而中国在这些领域的成果显著，乌干达希望通过合作与 协作的方式，吸引中国企业来我国投资。我们发现，乌干达已经和中国政府签订相关协议，中国准备在水电站工程、铁路建设工程以及通讯基础设施方面开展投资。

能源和矿产资源是有待两国进一步开展合作的领域。乌干达金矿、铁矿、磷矿、铜矿、钴矿等资源丰富，有待进一步开发。我们坚信，在需求因素强有力的带动下，两国通过合作可以实现互利共赢。乌干达已经列为石油生产国，我相信中国企业能够在石油开采、管道铺设、石油冶炼等方面寻找更多机遇，从而满足日益增长的需求。

我希望感谢中国政府为乌干达提供面向中国游客的旅游目的地访问待遇。未来，中国将成为非洲旅游业的重要客源地，我相信上海世博会为中国人民开了窗口，使参观者得以初步体验到乌干达独具的旅游特色。我也希望借此机会邀请我们的中国友人在乌干达的旅游领域加大投资力度。

在人力资源培养、教育、科技和文化领域，中国值得乌干达学习、借鉴。我们感谢中国政府面向我国人民提供多个学科领域的奖学金并开设培训项目。目前，我国在中国求学的大多数专业人才已经返回乌干达，投身于本国的经济发展事业。

目前，中国政府提议在未来三年将扩大在乌干达的人力资源培养范围，加强硬件设施的建设，例如，建立乡村学校，培养师资，在地方大学设立孔子学院教授汉语。

在医疗健康领域，我希望感谢在乌干达医院无私奉献的中国医护工作团队。感谢中国的慷慨援助，为乌干达人民提供治疗疟疾、艾滋病毒等药品。我国政府也全力配合，加强与中国在疾病防范和治疗方面的合作。

在过去的24年，乌干达在约韦里·穆塞韦尼总统的领导下，开展全国抵抗运动，为非洲大陆带来新气象。

我们坚信中国乌干达所形成的合作关系将产生积极的效应。上海世博会圆满成功，这同时也向全世界发出坚定的信号，两国将继续同心协力，深化现存关系。

2009年中非合作论坛的八项新举措表明，中国的对非策略和乌干达的推动社会经济发展目标完全吻合。我们希望学习借鉴中国转型的模式，从而带给乌干达新的启发和理念，让我们可以开发潜力、满足发展需要，同时为中国提供投资机遇。

在乌干达举国欢庆48周年独立日之际，我们期待与中华人民共和国在各个领域开展合作，实现互利共赢。

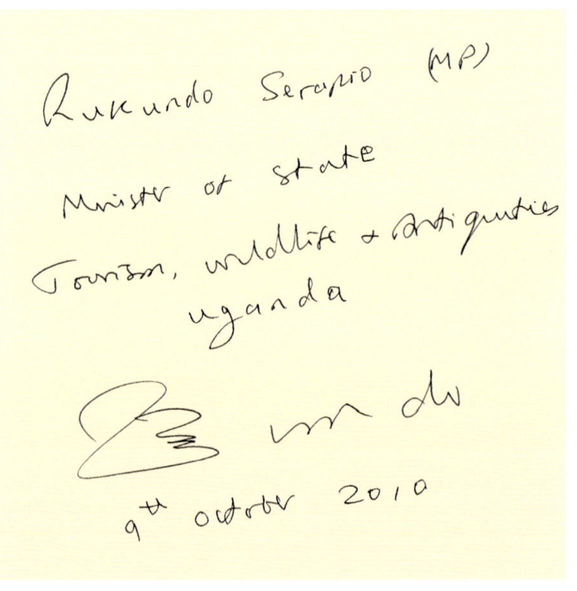

鲁昆多的签名

交流活动

中方代表与乌干达共和国国家馆日代表团主要成员合影

乌干达馆日代表团所赠的工艺品

乌干达馆日的歌舞表演（一）

乌干达馆日的歌舞表演（二）

卢森堡大公国国家馆日

2010年10月10日

在馆日仪式上的中方代表致辞

非常高兴同各位共同出席卢森堡国家馆日活动。我谨代表中国政府和上海世博会组委会，对卢森堡举行上海世博会国家馆日表示诚挚祝贺，对亨利大公殿下出席今天的馆日活动表示热烈欢迎！

世博会是荟萃人类文明成果的盛会，开启了人类认识世界的一个重要窗口，引领人们从物质崇拜转向人文关怀，从征服自然转向尊重自然，从追求增长转向推崇可持续发展。每一届世博会都在全球范围内广泛推动了国际交流，为各国开阔视野、展现自我提供了机会和舞台。

世博会第一次在中国这个最大的发展中国家举办，不仅实现了中华民族的百年梦想，也体现了世博会的强大生命力，是中国的机遇，也是世界的机遇。上海世博会开幕以来，已经吸引了全世界5000多万名游客，对弘扬世博会理念、促进世界各国的交流产生了深远影响，将为人类实现城市的和谐、可持续发展留下一份丰厚的物质遗产。

卢森堡是最早确认参加上海世博会的国家之一，也是最早自建馆国家之一，充分体现了卢森堡对上海世博会的高度重视。卢森堡展馆正如其主题“亦小亦美”，形象地表现出村庄、中世纪古堡以及大片森林构成的如画意境。作为欧洲的“绿色心脏”，卢森堡向来重视环保问题，展馆大量使用考特钢、木材等绿色建筑材料，成为实践可持续发展的一个典范，体现了在尊重自然的同时向城市居民提供现代化舒适生活的理念，和上海世博会“城市，让生活更美好”的主题相得益彰。

卢森堡在中国人民心目中有着良好的形象。它的经

卢森堡馆（C片区，自建馆）

中国工业和信息化部部长 李毅中

卢森堡大公 亨利

济金融之发达、文化底蕴之深厚、对欧洲建设贡献之大，均令人赞叹。中卢建交38年来，两国政治互信不断加深，各领域互利合作持续扩大。双方在金融、钢铁、航空货运、卫星通信等领域的交流合作处于中欧合作领先地位，成为大小国家相互尊重、平等合作的典范。我相信，世博会将为两国人民相互了解搭建新平台，为促进两国关系持续健康发展注入新活力。

今天，手捧花环，闪耀着金色光芒的卢森堡世博使者金色女子像，欢迎着来自四面八方的游客。相信这座美丽的雕塑将会成为中卢两国人民友谊的桥梁，满载中国与世界人民对卢森堡人民的真挚情意和祝福荣归故里。

祝愿卢森堡国家馆日活动取得圆满成功。

在馆日仪式上的外方代表致辞

我首先想说的是，自从来到上海这座伟大而美丽的城市，卢森堡代表团和我本人就受到了非常热情的接待，令我们倍感荣幸。

同时我也要感谢所有来参加上海世博会卢森堡国家馆日仪式的来宾们。在卢森堡的历史上，我们从来没组织过规模如此宏大的商业和文化活动。在赴国外的公务访问中，我也从来没有遇到过如此多的同胞。这证明了卢森堡人对中国和上海的浓厚兴趣。

2006年，我来中华人民共和国进行国事访问，期间庆祝了卢森堡驻上海总领馆开馆。

这次访问中，我也正式宣布了卢森堡大公国将参加世博会。必须承认，那时我还很难想象世博园将在浦东的一片荒芜中建起。可是四年之后，我不得不为中国朋友们的成就而赞叹不已。几千万的中国和外国游客在极佳的条件下参观了这届历史上最宏大的世博会。

我们深深为之骄傲的卢森堡国家馆，表达了我们对中国和上海的友好情谊。

卢森堡馆呈现了我们文化和性格的很多方面。她的构图灵感来源于卢森堡的中文译名——森林中的一座城堡。

卢森堡是一个典型的欧洲国家，有着悠久而曲折的历史。在我们的馆内，游客们可以通过一段短暂的旅程，领略我国的辉煌历史、文化、现代经济和美丽的自然风光。另外还能了解我国国民的多样性。

从很多方面看，由弗朗索瓦·瓦朗蒂尼设计的这座展馆也反映出中卢人民间的合作潜力。在总代表高博乐的领导下，在我要感谢的私营领域合作伙伴阿塞洛米塔尔、欧洲卫星公司和卢森堡商会的合作下，我们实现了这一雄心勃勃的工程，当然这也离不开中国政府的大力支持和上海人民的积极协助。

是中国企业和工人与卢森堡专家的合作建成了我们的展馆。过去六个月间，是中国工作人员与卢森堡志愿者一起，在费瑞朋总领事(Pierre Ferring)的有效领导下，管理着我们的展馆。这种友好合作是卢森堡来上海参展所取得的最宝贵的成果之一。事实上，我认为2010年世博会的主要作用，正是拉近了各国人民之间的距离。在这里，我们缔结了很多天长地久的友谊。

我想借此机会感谢来参观卢森堡馆的几百万中国游客，是他们成就了我们的辉煌。每天他们都带着愉快的心情耐心排队等候进馆，让我感到十分钦佩。

此次我们把所有卢森堡人心中的国宝“金色少女像”送来上海，在卢森堡同胞们中引起很大反响。

中国游客对这座象征着我国自由和主权的雕像所表现出的热情，让整个大公国都为之触动。

我们的友谊源远流长。在19世纪末，卢森堡工程师欧仁·吕柏就在武汉发展了冶金业，为中国的经济腾飞作出了积极贡献。

今天，我的同胞们和我本人都高兴和骄傲地看到，这一悠久的合作关系凝聚在这座钢铁包裹的展馆里。之所以选择钢铁，是因为卢森堡是钢铁大国。另外，我还要特别向今天在场的一位居住在上海的卢森堡人致意，他的爷爷正是当年吕柏团队里的一名工程师。

过去、现在和未来就这样在卢森堡馆里汇聚。

我还要特别感谢中国政府的坚定支持，使我们得以建成这座展馆。

最后，我们还要热烈祝贺上海市民和全中国人民成功组织了这样一场世博历史上的难忘盛会。

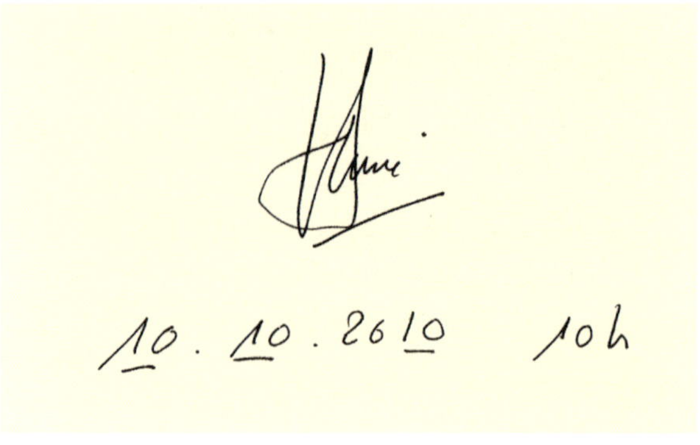

卢森堡大公亨利的签名

交流活动

中方代表与卢森堡大公国国家馆日代表团主要成员合影

卢森堡馆日代表团所赠的工艺品

卢森堡馆日的文艺表演

白俄罗斯共和国国家馆日

2010年10月11日

白俄罗斯馆（C片区，自建馆）

在馆日仪式上的中方代表致辞

今天，我们相聚在黄浦江畔，共同出席上海世博会白俄罗斯国家馆日活动。我谨代表中国政府和上海世博会组委会对白俄罗斯举办上海世博会国家馆日活动表示热烈祝贺，对布里亚副总理表示诚挚欢迎！

159年来，世博会见证了人类文明的发展与进步，不断开启人类重新认识世界的窗口，成为各国人民展现自我、沟通心灵、增进友谊、共同发展的重要舞台。2010年上海世博会以“城市，让生活更美好”为主题，旨在集世界智慧探讨城市建设经验，体现人类社会对未来更美好生活的设想和憧憬。相信在所有参与者的共同努力下，上海世博会必将成为一次精彩、难忘的盛会，谱写一曲以创新和融合为主旋律的交响乐，也将成为人类文明的又一次精彩对话。

白俄罗斯是东欧平原上的一颗明珠，享有“万湖之国”的美誉。白俄罗斯历史悠久、文化灿烂、人民勤劳智慧。我们高兴地看到，近年来，白俄罗斯政治稳定，社会和谐，经济持续增长，人民生活水平不断提高。我们相信，白俄罗斯人民一定会把自己的国家建设得更美好。

此次世博会上白俄罗斯展示了本国在城市发展中取得的成就，生动诠释了“城市文化多样”的主题。白俄罗斯馆让我们在领略白俄罗斯优美自然风光的同时，更深刻地理解人与自然和谐共处、创造美好城市生活的发展理念。这恰与上海世博会的主题相得益彰。今天，白俄罗斯著名音乐舞蹈家和知名艺术团体为大家准备了华美的“艺术盛宴”，相信白俄罗斯国家馆日活动将使每一位到访者记忆深刻。

中国国家监察部副部长 王伟

白俄罗斯副总理 维克多·布里亚

中白两国人民的友谊源远流长。建交 18 年来，中白关系健康稳定发展，各领域合作成果显著。当前，中白两国都面临着振兴本国经济、提高人民生活水平、实现国家繁荣富强的重要任务。上海世博会为中白两国人民搭建了一座深化理解、友谊与合作的桥梁，必将为中白关系的发展产生更加积极的影响。

最后，我祝愿白俄罗斯国家馆日活动取得圆满成功。

在馆日仪式上的外方代表致辞

请允许我代表白俄罗斯共和国政府和上海世博会白俄罗斯国家馆组织者，欢迎到场的各位嘉宾。

上海世博会作为全球盛会，能够在上海市举行，意义重大。

近十年来，上海发生了巨大转变，成为世界上最引人关注、富有生机的城市之一。如今，上海是中国最大的文化和工业中心之一，国家的古老传统和先进技术在此交汇。

中华人民共和国的领导和勤劳的中国人民通过多年的艰苦努力才举办了如此大型的国际盛会。活动成果举世瞩目！超过 200 个国家和国际组织的代表在上海汇聚一堂。

我们现在可以确定地说，上海世博会是有史以来最为盛大的世界博览会。

白俄罗斯共和国首次以单独展馆的形式来参加世界博览会。我们国家参展，成为白俄罗斯共和国与中华人民共和国友好关系的见证。白俄罗斯共和国总统亚历山大·格里戈里耶维奇·卢卡申科在 2005 年访问北京期间说道：“我们两国间的关系是真正的朋友关系”，这句话至今仍是双边关系的主旨。

白俄罗斯国家展的组织者们付出了艰辛的努力，以便向世人展示白俄罗斯的原有风貌：具有巨大的经济潜力、丰富的文化传统、历史遗产和瑰丽的自然景色的国家。

我深信，参加上海世博会会让更多的人了解白俄罗斯，并使其在科学、工业和艺术领域的成就更为瞩目。

我们会竭尽全力，使参观者能够喜欢白俄罗斯共和国国家展，并深深爱上我们的国家和白俄罗斯人民。

我相信，我们展馆的每一个来访者，都能够了解白俄罗斯的历史与文化，熟悉它的民间创作与民族传统，了解国家的工业和科技潜力，从而确信，白俄罗斯是这样的一个国家，它缅怀自己的辉煌过去，珍惜自己的美好现在，并努力创造着自己的光明未来。

请允许我在此代表白俄罗斯共和国政府，对帮助与支持我们筹办国家展的中国朋友，表示真诚的感谢，并祝愿大家平安、幸福、好运！

感谢您的关注。

交流活动

中方代表与白俄罗斯共和国国家馆日代表团主要成员合影

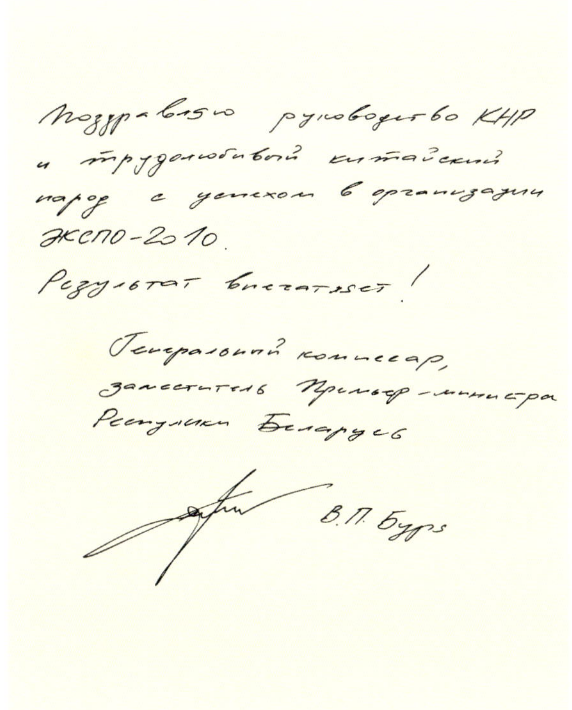

Поздравляю руководство КНР и трудолюбивый китайский народ с успехом в организации ЭКСПО-2010.

Результат впечатляет!

Генеральный комиссар,
заместитель Премьер-министра
Республики Беларусь

В.П. Бурья

祝愿中国领导人和勤劳的中国人民举办的 2010 年世博会圆满成功。

成果举世瞩目！

维克多·布里亚

白俄罗斯馆日代表团所赠的礼品

白俄罗斯馆日的文艺表演

老挝人民民主共和国国家馆日

2010 年 10 月 12 日

在馆日仪式上的中方代表致辞

我代表中国政府和上海世博会组委会，对老挝举行上海世博会国家馆日表示诚挚祝贺，热烈欢迎波松总理出席今天的馆日活动。相信老挝国家馆日活动将给到访者留下难忘的印象。

世博会是各国文明成果荟萃的大舞台，是见证人类文明进步的里程碑。世博会在全球范围内推动了广泛的国际交流，有力促进了各参展国和举办国走向国际化和现代化的进程。世博会始终高举进步旗帜，崇尚创新精神，坚持开放理念，倡导和谐思想，鼓励人类把科学性和情感结合起来，给世界留下了宝贵的物质和精神财富。

本届上海世博会以“城市，让生活更美好”为主题，体现了人类社会对未来更美好生活的设想和憧憬。我们相信，在各方共同努力下，上海世博会一定会成功、精彩、难忘，成为增进世界各国人民友谊的盛会，促进人类进步的盛会，推动创新和共同发展的盛会。

老挝山清水秀，物产富饶。老挝人民敦厚淳朴，热情好客。今天，来到这具有浓郁老挝风情的展馆，我们仿佛在悠久瑰丽的“澜沧王国”中悠然漫步。通过对老挝古都琅勃拉邦这一世界文化遗产的全景式展示，老挝馆为我们呈现了一个古代文明和现代气息融会贯通的社会，传递了一种崇尚自然与人和谐相处的理念，讲述了一段城市旅游开发和环境保护相辅相成的佳话。

中老两国山水相连，两国人民的友谊源远流长。中老建交近半个世纪以来，各领域友好交流与合作成果丰硕，为两国人民带来了实实在在的利益，我们为此感到由衷高兴。我相信，上海世博会将为深化中老全面战略合作，促进两国人民世代友好提供新的契机。

老挝馆（A 片区，亚洲联合馆）

中国全国政协副主席 孙家正

老挝总理 波松·布帕万

上海与老挝相距遥远，但今天的老挝国家馆日让我们翻越千山万水，在湄公河上泛舟而行，在群山环抱中感受老挝的宁静祥和，在琅勃拉邦香通寺的生命之树下品味自然与人和谐相处之道。这正是世博会的魅力所在，它生动体现了包括中老两国人民在内的世界各国人民追求更美好生活的愿望，勾勒出人类实现可持续发展的美好蓝图。

衷心祝愿老挝馆日活动取得圆满成功。

在馆日仪式上的外方代表致辞

能代表老挝政府和人民来到美丽而又富于现代化气息的中国上海出席上海世博会老挝国家馆日活动，我感到十分荣幸和高兴。

首先热烈祝贺中国党、政府和人民，祝贺上海市委、市政府和上海市人民成功举办上海世博会。上海世博会以“城市，让生活更美好”为主题，190 个国家、56 个国际组织参展，受到全世界各国人民的欢迎。我相信，本届世博会一定会实现 7000 万参观人次的预期目标。

上海世博会既是对中国改革开放巨大成就的一次集中展示，也充分体现了中国为维护世界和平与发展、推动世界经济社会和科技文化等各领域进步以及妥善应对全球新挑战、新问题所做出的积极贡献。近年来，中国经济持续快速健康发展，已成为帮助各国克服国际经济金融危机和经济社会稳步增长的强大动力。

我坚信，上海世博会将进一步增进各国人文交流和民间交往，推动世界科技技术进步，加强环境保护，在国际和地区经贸合作中实现互利共赢，不断改善全人类的生活水平，推动建设共同繁荣的和谐世界。

今天，对于老挝人民民主共和国是个特殊的日子，我们在美丽、文明和现代的上海迎来了世博会老挝国家馆日。

老挝馆紧紧围绕上海世博会主题，以“魅力之都——琅勃拉邦”为参展主题。众所周知，琅勃拉邦是于 1995 年被联合国教科文组织列入世界文化遗产名录的老挝美丽清新的自然风光，了解老挝独特绚丽的民族风情和手工技艺，感知历史悠久的老挝文化、艺术和宗教。

我们将参与上海世博会和举办老挝国家馆日活动视作向中国人民乃至全世界人民宣传老挝、介绍老挝的一次绝佳契机。

感谢中国政府和上海世博会主办方为老挝参展提供的大力支持和帮助。

各位来宾，众所周知，老中两国是山水相连的友好邻邦。两国友好交往源远流长。双方各领域务实合作不断深入和扩大。老中已建立全面战略合作伙伴关系，这为两国加强在经贸投资、旅游、科教文化等领域合作奠定了坚实基础。

我希望老挝参与上海世博会和今天的老挝馆日活动进一步密切老中两国传统友好和务实合作，尤其是推动两国在经贸、旅游等领域合作，增进双方人员往来。

借此机会，我谨代表老挝党、政府和人民，衷心感谢中国党、政府和人民在老挝救国斗争和国家建设时期给予的巨大支持和宝贵帮助。

我们坚信，老中两国作为全面战略合作伙伴和好邻居、好朋友、好同志、好伙伴，双边务实合作一定会结出更加丰硕的果实，给两国人民带来实实在在的利益。

交流活动

中方代表与老挝人民民主共和国国家馆日代表团主要成员合影

老挝馆日代表团所赠的工艺品

老挝馆日的文艺表演

我代表老挝政府和人民对中国成功主办 2010 年上海世博会表示热烈祝贺。

尤其令我印象深刻的是 190 个国家、56 个国际组织参办此次世博会，创造了世博会 159 年历史的多项纪录。上海世博会是中国改革开放巨大成就的一次集中展示。

祝愿 2010 年上海世博会取得圆满成功。

波松·布帕万

图瓦卢
国家馆日

2010年10月13日

图瓦卢馆（B片区，太平洋联合馆）

在馆日仪式上的中方代表致辞

今天，我们相聚在黄浦江畔，相会在美丽的世博园区，共同参加图瓦卢国家馆日活动。我谨代表中国政府和人民，向出席活动的各位来宾表示热烈欢迎，对包括图瓦卢在内的各参展方给予中国2010年上海世博会的支持表示衷心感谢，并预祝本次活动圆满成功。

以“太平洋联合馆”形式参展的图瓦卢馆，展示了图瓦卢独特的热带风情和独具民族特色的饰品，给参观者留下了深刻印象，也增进了中国人民对图瓦卢的了解。

我们相信，本届世博会将进一步扩大双方经济和人文等领域交往，增进人民友谊，推动双边友好合作关系迈上新台阶！

最后，再次预祝本次活动圆满成功！祝各位来宾身体健康！

在馆日仪式上的外方代表致辞

首先，代表图瓦卢政府和人民参加今天的馆日活动，我感到荣幸备至。

请允许我向中国政府和人民致以诚挚的谢意，感谢贵国为我方代表团以及我本人来访上海期间所提供的周到安排和热情款待。值此之际，我希望感谢伯娜德特·朗兹·加尼劳女士，南太平洋旅游组织的全体员工和管理团队，上海国际频道日语组，感谢你们的辛勤付出和有力领导，让包括图瓦卢在内的太平洋所有展馆在上海世博会大放异彩。也感谢图瓦卢代表团全体成员，感谢诸位百忙之中抽出时间参加今天的馆日庆祝活动。最后，我要感谢图瓦卢组委会、图瓦卢展馆工作人员、志愿者、

中国外交学会副会长 蔡金彪

图瓦卢总代表 法卡萨·特奥雷

以及我们南太平洋的兄弟姐妹，感谢你们在世博期间给予我方的慷慨帮助！

图瓦卢由九个珊瑚环岛组成，陆地面积仅为 26 平方公里，人口不足 1.3 万人。1877 年，图瓦卢纳入英国管辖区，划为英属保护地“吉尔柏特及埃里斯群岛”之内。1915 年 11 月 10 日，群岛成为“吉尔柏特及埃里斯殖民地群岛”。1976 年，新殖民地的管辖权从塔拉瓦移交至富纳富提。不久，图瓦卢独立，于 1978 年 10 月 1 日成为第 38 个英联邦特别成员国。

此次是我本人第一次来访上海，世博会庞大的规模给我留下深刻的印象。而上海世博会也是有史以来首次在发展中国家举办的国际盛会。从 5 月 1 日开园至今，太平洋联合馆已经接待了 500 余万参观者，并且将在本周末达到 600 万参观人次的目标。

参展上海世博会，是图瓦卢国家旅游战略规划中重要环节，旨在拓展中国的旅游市场。虽然旅游业在我国处于起步阶段，但是我们将旅游业定位在“未来带动经济增长的引擎”；我也想借此机会邀请在座诸位参观图瓦卢馆，观赏我国精美的手工艺品，邮票首日封，以及观看我国文艺团体表演的娱乐节目。此外，我国面积较小，交通并不发达；全球气候变暖对我国造成严重影响。我高度认同上海世博会“城市，让生活更美好”这一主题。在这一主题的引导下，世界各国将携起手来，共同应对气候变化问题，从而让我们的地球更加适合人类居住。

在世博会接近尾声之际，太平洋所有岛国之间都得以加深对彼此的了解和友谊；世博期间，到访太平洋联合馆的参观者带给我们许多灵感和新鲜的理念。

2008 年，中国举办了有史以来最为盛大的奥运会；而两年后的今天，我们再次有幸目睹中国创造的另一奇迹：即举办有史以来规模最大的一届世界博览会。

值此之际，我希望代表我的同事，再次感谢志愿者以及在世博期间曾帮助过我们的热心人士。也祝愿我们的岛国能在可持续发展的道路上继续迈进。

It was our pleasure to participate in the World Expo 2010 Shanghai, China. Thank you for the excellent hospitality.

很高兴能够参与中国 2010 上海世博会。非常感谢贵国的热情款待。

法卡萨·特奥雷

交流活动

中方代表与图瓦卢国家馆日代表团主要成员合影

图瓦卢馆日代表团所赠的工艺品

图瓦卢馆日的歌舞表演（一）

图瓦卢馆日的歌舞表演（二）

也门共和国
国家馆日

2010年10月14日

在馆日仪式上的中方代表致辞

今天，我们相聚在黄浦江畔，相会在美丽的世博园区，共同参加也门国家馆日活动。我谨代表中国政府和人民，向出席活动的各位来宾表示热烈欢迎，对包括也门在内的各参展方给予中国2010年上海世博会的支持表示衷心感谢。

中国和也门是传统友好国家，两国人民有着深厚的友谊。近年来，中也双边关系发展顺利，友好合作取得丰硕成果，双方在重大国际、地区问题上保持着密切的沟通与配合。中方赞赏也门政府在涉及中方核心利益问题上给予的坚定支持。

上海世博会为中也友好合作提供了一次新的宝贵机遇。以“也门：艺术与文明”为主题的也门馆，通过“城市模型”、海报以及别具一格的手工艺品、工业品等展品，展示了也门在文化、旅游等领域的民族特色，受到参观者的热烈欢迎。

我们相信，本届世博会将进一步扩大中也经济、人文交流，增进两国人民友谊，巩固两国政治互信，推动中也友好合作关系迈上新台阶！

最后，预祝本次活动圆满成功！祝纳比尔·法基哈部长及各位来宾身体健康！

在馆日仪式上的外方代表致辞

奉至仁至慈的真主之名，

城市分布在各地，历史正在彼此交融，所有人都在致力于独领风骚，但是，独领风骚的仍然只有中国的长城和也门的马卜里水坝。看看萨那古城和故宫就知道，

也门馆（A片区，亚洲联合馆）

中国上海市政府副秘书长、上海世博会事务协调局长 洪浩

也门旅游部长 纳比尔·法基哈

文明依然存在。而光环依旧只是笼罩在中国天坛和圣经王座神殿身上。自然同样地，索科特拉岛和北海公园的自然美景又是何其相似。在今天这个特殊的日子里，幸福降临到了上海，降临到了在上海世界博览会期间也门共和国为其国庆日所举办的庆祝活动中。

每一年，我们都要为一系列吉庆的也门革命纪念日而举行庆祝活动，如 9 月 26 日、10 月 14 日、11 月 30 日，我们的目的是要强调，也门革命消除各种各样的压迫和不公，赋予了也门人民以自由，为也门人民打开了世界的大门，将也门人民从孤立和闭关锁国中解放了出来，也门革命是这样一种历史革命，她实现了自己的目标，使也门人民迈向一个光辉繁荣的明天。

那些在 9 月 26 日保卫革命和共和国的斗士们，他们是人民的儿女，他们一致反对也门南部的殖民主义，并从拉丹法山点燃了革命的火焰，所有这些杰出的人们、忠诚的人们以及也门的朋友们付出努力，在阿里·阿卜杜拉·萨利赫总统阁下的领导下在所有生活领域不断奋斗直至实现了也门统一。

今天，我们享受着这份胜利，这一胜利从东方到西方、从南部到北部遍及整个也门全国，使所有的也门人成为一个统一的民族，以这种革命、共和与统一的精神来共同面对经济、政治和社会的挑战。

也门人民的统一过去曾经是、今后仍然必将是取得胜利的主要因素，是对抗所有那些旨在破坏统一、破坏革命与统一所取得的成果者的主要因素。

我们想强调，也门正在努力奋斗以使民主的理念深入人心，并打开对话的大门，在中央层面和各个地方政府层面上推进落实经济、政治和社会革命。

我们也门共和国非常珍惜和清楚我们在实现中东地区稳定特别是阿拉伯地区稳定中的作用，同国际社会一道共同打击恐怖主义是也门作为世界范围内打击恐怖主义国际伙伴的职责。

也门和中国的关系在历史上已经取得了积极的发展，这一关系是建立在尊重、理解、加强对话、推进和平共处和互利进程的基础上的。在也门共和国成立之后，也门与中国的关系进入了一个崭新的阶段，该阶段的特点就是其所具有的经济、政治和文化前景，并继续推进两国领导人所要求的两国关系的发展。

也门珍视中华人民共和国和其他友好国家的朋友，中国和这些友好国家以可贵的立场支持也门的自由、正义、民主以及也门人民的统一。

对于友好的中华人民共和国自也门革命第一天起就对也门采取的支持立场，我们也门共和国表示赞赏，我们珍视所有旨在支持也门统一的积极立场，并在政治和经济上寻求对于也门的支持。所有来自中国朋友的援助，都对也门和中国两国人民连接起来的友谊给予深化与巩固。

交流活动

中方代表与也门共和国国家馆日代表团主要成员合影

كان لي السعادة في المشاركة في اليوم الوطني لبلادي الجمهورية
اليمنية في يوم ١٤ من اكتوبر ٢٠١٠م على هامش معرض اكسبو ٢٠١٠
والذي يعد معرض متميز لبلد مميز، فكان معرض عظيم في بلد عظيم
وهذا امتداد للمنجزات الصينية التي ستستمر، وما حققته
الصين في الاولمبياد العالمية إلا دليل على عظم هذا الشعب
تقديري واحترامي لكل من انجز هذا الحدث.
والله من وراء القصد.

نبيل حسن الفقيه
وزير السياحة
الجمهورية اليمنية
١٤ اكتوبر ٢٠١٠

很高兴出席2010年上海世博会也门共和国国家馆日。这是一场在伟大国家举办的精彩、伟大的盛会，是中国继2008年承办奥运会后取得的又一成就，证明了中国人民是伟大的人民。向中国成功举办这一盛事致敬。

纳比尔·法基哈

也门馆日代表团所赠的工艺品

也门馆日的文艺表演

阿塞拜疆共和国国家馆日

2010 年 10 月 15 日

阿塞拜疆馆（C 片区，欧洲联合馆）

在馆日仪式上的中方代表致辞

今天，我们欢聚一堂，共同出席上海世博会阿塞拜疆国家馆日活动。我谨代表中国政府和上海世博会组委会对阿塞拜疆举办上海世博会国家馆日活动表示衷心祝贺，对沙利佛夫副总理阁下表示热烈欢迎！

世博会是展示人类文明成果的伟大盛会。2010 年上海世博会以“城市，让生活更美好”为主题，对于广泛传播和弘扬世博理念具有十分重要的意义。相信在所有参与者的共同努力下，上海世博会一定会取得圆满成功，为各国人民加深相互了解与友谊、促进人类团结和进步作出重要贡献。

美丽的阿塞拜疆自古以来就是丝绸之路上的一颗明珠，是连接东西方的十字路口。阿塞拜疆在融合东西方文化、促进贸易和人文交流中起到了独特的桥梁作用。

中阿两国虽然相隔千山万水，但两国人民的友谊源远流长。自古以来“丝绸之路”早已成为中阿两国人民友好交往的纽带。建交 18 年来，两国政治互信日益加强，经贸、能源等各领域互利合作逐步深化人文交流日趋活跃。相信通过上海世博会这一平台，中阿两国人民一定能够进一步加深相互了解，增进友谊，开拓新的合作领域，寻求新的合作方式，培育新的合作增长点，推动中阿友好合作关系迈上新的台阶。

阿塞拜疆馆富有浓郁的欧亚风情，多角度地展示了阿塞拜疆城镇的历史、文化、宗教、城市居民的生活方式等，生动再现了古代阿塞拜疆人在伟大的“丝绸之路”上运输东西方珍宝、传递信息、传播知识和文化的情景，并展示新千年阿塞拜疆重建“丝绸之路”的雄心。相信精彩纷呈的阿塞拜疆馆一定会给包括中国人民在内的世

中国人力资源和社会保障部副部长 王晓初

阿塞拜疆副总理 沙里佛夫

界各国观众留下深刻印象。

最后，我祝阿塞拜疆国家馆日活动取得圆满成功，祝阿塞拜疆在国家建设和发展事业中不断取得新成就。

在馆日仪式上的外方代表致辞

首先请允许我转达阿塞拜疆共和国总统伊尔哈姆·阿利耶夫阁下对所有参展者真诚的问候，也允许我感谢中国政府在举办空前的世博会中做出的贡献，祝福上海世博会圆满成功。

作为世界最发达的国家之一，中国采用独特的风度举办了本次世博会并且在世博会中给我们每个人展示奇迹。

每个访问中国的人每次重新发现这个国家，赞赏中国最近发展的道路和成果。

目前全世界都在讨论中国的经济奇迹，当然我们有许多事实把这个发展过程称为奇迹——世界许多发明是在中国出生的。

在中国，自古以来每个朝代都支持科学技术的发展。中国是世界科学技术最发达的国家之一。

中国是古代丝绸之路的摇篮。和几个世纪以前一样，目前丝绸之路是促进各国文明合作的桥梁。自中世纪以来中国的一些发明通过丝绸之路传达给西方国家，目前世界上很难找到一个地方没有中国产品。中国和阿塞拜疆之间有着密切的关系，我们两国人民之间也有精神和心灵上的联系。

我想借这个机会感谢中国政府在阿塞拜疆馆建设和组织中的援助。

阿塞拜疆文学家对中国文化很有兴趣，800 年前，12 世纪阿塞拜疆伟大诗人尼扎米·甘贾伟创作的《七位美女》之长篇诗文中赞扬了中国女人的美丽和智慧。目前在阿塞拜疆首都巴库各地区不仅可以品尝到中国美食，而且尽享中国传统医疗。

世界经验证明为了加固各人民之间各程度上的关系，直接交流的方式是最好的。

2008 年奥运会也证明了中国是具强大优势而又友好的国家。1994 年阿塞拜疆人民领袖盖达尔·阿利耶夫对中国访问是中国和阿塞拜疆之间关系中的新阶段。现在为了加强两国之间的关系，阿塞拜疆总统伊尔哈姆·阿利耶夫付出了很大的努力。2005 年阿塞拜疆总统伊尔哈姆·阿利耶夫对中国访问，在扩大两国之间各个方面关系中具有重要作用。总的来说许多政治和经济因素使两个国家联合起来。很高兴的是不仅阿塞拜疆政府，还有私营工业部门，公民社会均对同中国合作很有兴趣。

“城市，让生活更美好”为主题的上海世博会在展示各个国家的成就，追求未来发展道路方面具有重要意义，190 个国家 56 个国际组织参加本次世博会，中国政府付出的贡献值得表扬。

今天阿塞拜疆共和国作为独立国家参加上海世博会。阿塞拜疆选择自由并成立独立国家，独立过程中经历了困难时刻，现在阿塞拜疆向全世界证明自己对全世界的忠诚和支持国际法律原则的贡献。

虽然阿塞拜疆和亚美尼亚之间有卡拉巴赫冲突——阿塞拜疆领土的 20% 被亚美尼亚侵略，目前国内有 100 万难民，阿塞拜疆的经济保持动态发展状态。中国

尊重阿塞拜疆的独立、主权和领土完整，并且跟国际社会一起支持和平解决卡拉巴赫问题。

根据我们收到的信息，阿塞拜疆馆受到了成千上万名游客的欢迎。阿塞拜疆为自己的历史、文化遗产、丰富多彩的文学、艺术和音乐而自豪。

看完阿塞拜疆馆里的展品可以了解到具有优势地理位置、丰富自然资源和经济潜力的阿塞拜疆从古以来是东方和西方之间、从过去到未来的桥梁。

我希望各位游客在阿塞拜疆展品中能了解到阿塞拜疆人民的生活水平、经济、社会上改革的成果。

我想提到，又年轻又独立的阿塞拜疆连续参加这样重要的世博会证明我国不断同国际社会的结合。

我们相信本次世博会为了解决我们世界目前面临的许多问题中提供帮助。

世博会给我们机会展示我们所面临的问题以及解决这些问题过程中所取得的成就。

我希望阿塞拜疆共和国参加世博会会给我们国家和国际社会交流的机会。从这个角度出发，上海世博会给阿塞拜疆提供了交流思想的平台，我希望这样的交流将来也能持续下去。

今天我们庆祝世界最古老的文明发源地之一，具有丰富历史文化遗产的国家——阿塞拜疆的国家馆日。

我们相信阿塞拜疆馆给世博会带来了丰富多彩的展品并且吸引了许多游客的注意。

最后我想感谢参加阿塞拜疆国家馆日的中国政府代表以及上海世博会组织者。

在阿塞拜疆国家馆日这一天，祝你们拥有好心情。

交流活动

中方代表与阿塞拜疆共和国国家馆日代表团主要成员合影

Əmin olduğumu bildirmək istəyirəm ki, Şanxayda keçirilən "Expo-2010" Beynəlxalq Sərgisi ölkələr arasında dostluq münasibətlərinin və səmərəli əməkdaşlığın bütün sahələrdə bundan sonra da dünya xalqlarının rifahı naminə dinamik sürətdə inkişaf etməsi və genişlənməsinə xidmət edəcək. Bunu minnətdarlıq hissi ilə xüsusilə qeyd etməyi vacib sayıram.

Azərbaycan Respublikası Hökuməti adından bu möhtəşəm Sərginin təşkili və keçirilməsində əldə olunmuş uğurlara və Azərbaycana göstərilən yardımlara görə Çin Hökumətinə dərin təşəkkürümü bildirirəm.

Səmimiyyətlə,

Abid Şərifov

Azərbaycan Respublikası Baş nazirinin müavini,
"Expo-2010" üzrə Təşkilat Komitəsinin sədri

沙里佛夫的题词

阿塞拜疆馆日代表团所赠的工艺品

阿塞拜疆馆日的歌舞表演

巴勒斯坦国
国家馆日

2010年10月16日

在馆日仪式上的中方代表致辞

我代表中国政府和上海世博会组委会，对巴勒斯坦举行上海世博会国家馆日表示祝贺，对艾布鲁布代部长阁下出席今天的馆日活动表示热烈欢迎。相信巴勒斯坦国家馆日活动将给大家留下深刻的印象。

世博会是人类文明成果荟萃的伟大盛会，每一届世博会都成为见证人类文明发展的驿站，在全球范围内推动广泛的国际交流，为各国开阔视野、展现自我，提供了机会和舞台。世博会始终高举进步的旗帜，崇尚创新的精神，坚持开放的道路，倡导和谐的理想，不断开启人类重新认识世界的窗口。

本届上海世博会以“城市，让生活更美好”为主题，体现了人类社会对未来更美好生活的设想和憧憬。在所有参与者的共同努力下，上海世博会一定会成功、精彩、难忘，成为增进世界各国人民友谊的盛会，促进人类进步的盛会，推动创新和共同发展的盛会。

巴勒斯坦是一片古老而神奇的土地，孕育了杰出而不朽的人类文明。驻足内容丰富的巴勒斯坦馆，我们不仅领略到灿烂的古老文明和多彩的民间文化，还可以深切感受到巴勒斯坦人民对美好、幸福生活的追求和对和平、安宁的期许。

中巴两国和两国人民传统友好，中国是世界上最早承认巴勒斯坦国的国家之一。长期以来，中巴友谊经受住了国际风云变幻的考验，不断向前发展。双方在政治、经贸、文化、教育、人员培训等领域开展了富有成效的合作。我相信，上海世博会将为中巴两国和两国人民增进相互了解、扩大双边合作提供新的契机。

中国和巴勒斯坦虽然分处亚洲大陆两端，但今天的

巴勒斯坦馆（A片区，亚洲联合馆）

上海世博会中国政府总代表 华君铎

巴勒斯坦国民经济部长 哈桑·艾布鲁布代

巴勒斯坦国家馆日使我们穿越时空，近如比邻，共同畅想美好的生活、更深的情谊，共同书写不同国家、不同文明和谐共存、彼此交融的佳话。

祝愿今天的巴勒斯坦国家馆日活动取得圆满成功。

在馆日仪式上的外方代表致辞

今天我很荣幸能代表巴勒斯坦国与各位共同庆祝上海世博会巴勒斯坦国国家馆日。请允许我向伟大的中国人民、中国政府及领导成功举办本届世博会表示衷心的感谢和钦佩。今天我给大家带来了来自于巴勒斯坦国、我们的政府和总统穆罕默德·阿巴斯的特别问候和敬意。由于中国政府的支持，使我们能够成为这一国际盛会的一分子，我们对此深表感激。中国对我们的支持展示了过去 45 年巴中两国间的深厚情谊。多年来，中国始终与我们站在一起，全面支持巴勒斯坦包括在国际舞台上的各项工作。我们感激中国在我们争取独立和建国事业上给予我们的一贯支持。

上海世博会的巨大成功再一次证明了中国和中国人民的伟大和创造力。我要感谢中国在世博会过去六个月的运营中所展现的出色的规划、管理和执行能力。我深信，由组织方和各参展方辛苦付出所成就的这场盛会将成为其他国家今后筹备世博时学习的典范。

巴勒斯坦非常荣幸能在本届世博会中展示我们永恒的首都“耶路撒冷”的历史，其发展历程正是世博会主题的写照。耶路撒冷一直以来是世界各种文明和文化交汇之地。这是一座象征和平与和谐的城市，是各种族、文化和宗教相辅相成、和谐共存之地。

正如耶路撒冷历史所展示的那样，巴勒斯坦人民的历史源远流长。几天前，我们刚刚庆祝了世界最古老的城市杰里科建立一万周年。去年，我们庆祝耶路撒冷被定为阿拉伯文化之都。几年前，我们庆祝了伯利恒历经两千年的历史。这些举不胜举的例子充分证明了巴勒斯坦历史独一无二，而耶路撒冷可谓是巴历史之冠。

由于其独特的地理位置，巴勒斯坦历史上一直是亚、欧、非三大洲的交汇之地。历史上，巴勒斯坦曾是与中国和远东地区通商的必经之地。女士们，先生们：巴勒斯坦在伊斯兰教、基督教和犹太教这世界三大宗教中都占有举足轻重的地位。其独特的历史及对于几十亿人民生活的影响构成了其特有的多样文化。

巴勒斯坦人民非常渴望能行使独立权利，不受外国侵犯。我们独特的历史不应该因为一个国家侵略另一个国家而付诸东流。我们一直在为和平而不懈努力。尽管巴勒斯坦人民在历史上曾遭受不公正的待遇，但我们时刻准备接受“两个国家”的解决方案，与在位于巴勒斯坦国境内的以色列和平共处。巴勒斯坦实现和平不仅符合本地区的利益，对于全世界和平同样至关重要。

最后，我谨代表巴勒斯坦人民再次感谢中国邀请我们参加本届世博会，并对我们的历史文化展出给予了大力支持。

感谢组织方成功举办了此次精彩的盛会。希望诸位能喜欢接下来我们为大家安排的演出，并期待着在巴勒斯坦馆见到大家。

交流活动

中方代表与巴勒斯坦国国家馆日代表团主要成员合影

I have come all the way from palestine to be part of this legendary show, which reflects the greatness of this country.

Thank you China for the support you have always extended to palestine

Hasan Abu-Libdeh
Minister of National Economy
Palestine
Oct 16, 2010.

我从巴勒斯坦远道而来就是为了参加这一传奇般的盛会，因为它展现了这个国家的伟大之处。

感谢中国一直以来给予巴勒斯坦的支持。

哈桑·艾布鲁布代

巴勒斯坦馆日代表团所赠的工艺品

巴勒斯坦馆日的文艺表演（一）

巴勒斯坦馆日的文艺表演（二）

الله اكبر

伊拉克共和国国家馆日

2010年10月16日

伊拉克馆（A片区，亚洲联合馆）

在馆日仪式上的中方代表致辞

很荣幸参加伊拉克共和国国家馆日活动。首先，我代表中国政府和人民向远道而来的伊拉克贵宾表示热烈的欢迎！向各位来宾表示诚挚欢迎！

中国与伊拉克关系友好。近年来，两国各领域友好合作呈现良好发展势头。双方在政治、经贸、能源、文化、教育等领域合作不断增强。中国企业积极参与贵国经济重建，在石油、电力、通讯、基础建设等领域合作项目陆续上马。我方高度重视中伊关系，愿进一步增强双边交往，推进各领域务实合作。

世博会是促进各国人民之间相互了解和友谊的重要平台，也是展示本国历史与文化的舞台。伊拉克国家馆以“下一座城市”作为参展主题，展馆内重现了古巴比伦的空中花园，让参观者仿佛置身于一千零一夜的神话世界，亲历古代文明的诞生历程，领略伊拉克独特的乡村和城市生活风情，呈现文明、富饶、进步、和谐的多姿多彩的城市生活。随着经济、贸易、建筑、交通、农业、教育领域的全面建设和飞速发展，伊拉克的“下一座城市”承载千年的古文明，将承载伊拉克人民对重建美好家园的渴望与期待。

希望借助世博会“理解、沟通、欢聚、合作”这一平台，中伊两国合作和两国人民的友谊跃上新的台阶。

我们相信，伊拉克展馆一定会受到世界各地参观者的青睐。

最后，祝伊拉克国家馆在上海世博会取得圆满成功！

上海世博会中国政府副总代表　罗小光

伊拉克总统代表、伊拉克驻华大使　穆罕默德·伊斯梅尔

在馆日仪式上的外方代表致辞

首先，我要对您们邀请共和国总统及大型官方代表团成员参加上海世博会伊拉克馆日庆典表示衷心地感谢。总统因已有的安排无法光临此次活动，我非常荣幸地代表总统阁下出席我们的馆日，并代表他个人转达对您们的问候，以及祝愿您们的世博会顺利成功的意愿。此次上海世博会显示了在国家和世界上，庞大的文化和文明间的相互支持。

同时我们也感到非常的遗憾和痛心，因为去年和今年，中国的众多省、市遭到了自然灾害、泥石流和洪水的袭击，夺走了众多无辜的生命和造成了大量财产的损失。我们真诚地向逝者表示哀悼，并祝愿伤者早日康复！

毋庸置疑，中华人民共和国在近半年的上海世博会的组织和实施的精确和精彩方面是成功的，众多大型演出和活动不断都成功证明了这一点。它不但没有因去年中国六十年大庆而停止，反而比2008年北京奥运会的实施和组织更加成功。同时这也反映了贵国人民和政府坚持克服中国面对的所有困难和障碍的决心。

此次世博会的主题是：“城市，让生活更美好！”它的实施和展示具有高度的含义，它也得到了众多人的肯定，其得票量是创纪录的。同样，人类的梦想也是通过清洁及再生能源机制，在最好的城市，过最好的生活，在上海世博会已经找到了。

组织如此之大和时间之长的活动，需要在经济危机的影响下投入大量的人力和物力，毫无疑问，大量重要的信函也耗费了众多资金，同时也使承诺得以实现。也因此使我们可以尽情地享受知识和劳动的成果。

毫无疑问，我们两国的关系是卓越的，其具有传统性和历史性，在过去的任何时间，没有受到任何事件的影响。两河流域的文明将其呈现给了世界，中国悠久的文明使其更加丰富和完善，反之亦然。人类随着时间的推移将见证这两个文明对现代和人类将来的巨大贡献。众所周知，人类历史上第一个创造书本的摇篮在哪里，也了解历史上谁制造了纸张，也因此底格里斯河和幼发拉底河的子孙们与黄河和长江的儿女们的结晶得以融合，这是人类在历史上了解的最丰富和最精彩的。丝绸之路至今仍见证着亚洲最北端和西端两个地区之间的大量人员和商品的相互往来。

这种两国间的融合和合作在不断地继续，在数年前旧的独裁政权倒台后，友好的中国政府和人民在双边和国际上支持伊拉克政府及人民的立场也证实这一点，这些关系在2007年伊拉克总统贾拉勒·塔拉巴尼阁下访华之后得到了进一步加强，访华期间，签署了众多的友好两国人民及政府希望的、对推动两国关系、建立基础及对战略关系重要支柱有贡献的谅解备忘录和协议。

上海世博会伊拉克国家馆日的庆祝活动将成为本届世博会以来尤为重要和具有深远意义的一次活动。因为它对中、伊两国关系的稳固发展发挥着巨大的、深刻的影响。为两国自建交五十多年的历程上添上了新的一环。同时，今日也正值两国建交五十二周年，而在两年前的今天，我们在巴格达和北京也分别举行了盛大的两国建交五十周年的庆祝活动。

源自对于中国在地区和国际间所具有的重要且深远的影响的认知，伊拉克领导层历来重视两国关系的发展，并且将其推向更高的水平。例如，伊拉克石油部已经同中国的大型能源公司签订了投资开发伊拉克最大的油田的巨额合同。这一合同的签订使得这些公司在伊拉克能

源市场中占有了重要的份额。对两国 2003 和 2009 年贸易进出口量做一番简单的比较，从中即可看出，两国贸易规模已经从 2003 年的不足 5 亿美元增长到 2009 年底的 55 亿多美元。加之伊拉克最近签署的两国文化教育领域合作的新协定，我们将看到这种关系在未来会在坚定不移的支持、意愿和不懈的努力下得到坚实的巩固。

结束之前，我还要指出，即将到来的这一时期将会见证伊拉克经济的复兴，安全局势的稳定以及基地组织和旧体制余孽的恐怖阴霾被驱散，藉此，伊拉克将成为一个文明的场所，及所有企业可投资和从商的中心。在此，我们很高兴地表示，一些中国公司在通讯、能源、石油和天然气领域的先期项目中的表现是一种卓越的突破，它鼓舞了那些尚在为是否进入伊拉克市场而徘徊的其他中国公司。

最后，请再一次允许我代表伊拉克总统阁下、伊拉克代表团，以及我个人向中国政府和人民致以最热烈的祝贺和祝愿。同样，也向上海市政府以及所有参与上海世博会的各机构所做的精心组织和管理所取得的成功表示祝贺，它提升了该城市在国际上和地区上的知名度。

我再次向在场的各位和此次世博会的举办者表示感谢和高度评价，向所有为伊拉克馆的建成做过贡献的人表示衷心的感谢，对那些在这一世界性盛会里使伊拉克和它的国旗高高飘扬的人们表示衷心的感谢。希望大家取得更大的进步和成功，望诸事顺遂。

交流活动

中方代表与伊拉克共和国国家馆日代表团主要成员合影

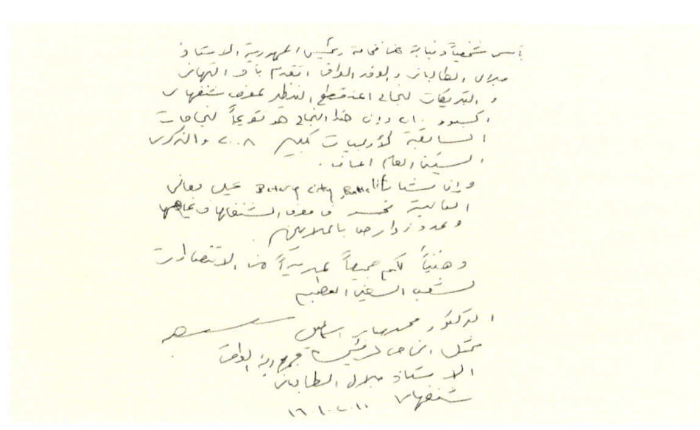

我谨代表伊拉克共和国总统贾拉勒·塔拉巴尼及伊拉克代表团并以我个人的名义向上海世博会的成功举办表示祝贺。这个成功是 2008 年北京奥运会成功的延续。

“城市，让生活更美好”体现了上海世博会的理念，上海世博会的游客数量证明了它的成功。

祝伟大的中国人民今后取得更大的成功。

穆罕默德·伊斯梅尔

伊拉克馆日的文艺表演

阿拉伯叙利亚共和国国家馆日

2010 年 10 月 17 日

在馆日仪式上的中方代表致辞

今天，我们相聚中国上海，相聚在美丽的世博园区，共同庆祝叙利亚国家馆日！我代表中国人民向远道而来的叙利亚贵宾表示热烈的欢迎！向你们给予上海世博会的大力支持表示衷心的感谢！

中叙两国有着深厚的传统友谊，叙利亚是最早同中国建交的阿拉伯国家之一。建交以来，双边关系发展良好，各领域合作顺利开展。特别是近年来，两国在政治、经贸、文化、教育、新闻等各个领域的合作稳步开展。高层互访不断，经贸合作深化，在国际和地区事务中相互协调与合作。中叙双方在涉及彼此核心和重大利益问题上一贯相互理解和支持。

世博会是跨越种族、跨越文化、跨越国家和地区的伟大盛会。在各国人民的积极参与和大力支持下，中国 2010 年上海世博会成功开幕，顺利运行，成为促进世界多元文化交流合作的重大历史机遇。

上海世博会得到了包括叙利亚在内的国际社会的大力支持。以“大马士革，最古老的现居城市”为主题的叙利亚馆，以大马士革民居为设计灵感，通过三世同堂的庭院建筑映射出世界文明古国叙利亚独特的建筑和文化，给每一位参观者留下了深刻和美好的印象。

最后，衷心祝愿叙利亚在本届世博会上参展成功，祝愿叙利亚国家馆日活动顺利，祝愿哈勒夫·杰拉德大使和各位来宾身体健康！

在馆日仪式上的外方代表致辞

欢迎大家！我们共同来庆祝阿拉伯叙利亚共和国的

叙利亚馆（A 片区，亚洲联合馆）

上海世博会中国政府副总代表 罗小光

叙利亚大使 哈勒夫·杰拉德

国家馆日和国庆日。

三年多以前，我们怀着推动叙利亚参加世界博览会、推广大马士革这个“历史上最古老的居住城市”、推广如何建立大马士革式的房屋以获得大自然和周围环境的福利而不污染环境的设想，开始了叙利亚参加上海世博会的筹备工作。自从宣布叙利亚参加本届世界博览会后，叙利亚就意识到了2010年上海世博会的重要性，认识到了上海世博会在达到更加美好的生活方面的重要目标。

我们很高兴今天在这里，因为，世界大多数国家聚集在此，是为了参与和帮助达到一个世界性的目标，那就是为人类达成更加美好的生活条件，同时也要兼顾环境。毫无疑问，在目前和21世纪，城市都面临着很多的挑战。在上海世博会上，所有国家聚集一堂，在上海的天空下，分享她们的经验，旨在达到“城市，让生活更美好”的目标。

在上海世博会期间，叙利亚成功地向参观者们传递了一个关于叙利亚住房独特之处的优秀理念，如何成功地做到在这些古老的房屋和环境之间保持和谐，并同时保持一种合理的福利水平。在过去的几个世纪里，大马士革居民开发出了一些方法，在不使用现有技术的情况下，也能达到一个全新的舒适生活。因此，叙利亚怀着向世界展示这方面经验的极大兴趣来参加本届世博会，与此同时，叙利亚也期望从其他国家那里获得创意和经验。

正如你们大家所知道的那样，叙利亚是一个和平与和谐的国度，社会、宗教和文化开放而多元，在这里，狂热、顽固、狭隘和恐怖主义没有藏身之处。因此，叙利亚自数千年以来就形成了文化交融与互动的沃土，并以其开放和宽容吸引了很多个人和团体，这些个人和团体来到叙利亚以逃避迫害和非正义的战争以及可恶的种族主义，并和当地的原住居民融合在了一起。叙利亚是一个美丽的国家，拥有多种多样的自然和地形，峡谷、高山、大海和沙滩都是这个精彩广告牌中的一部分。叙利亚的气候一年四季温和适宜，这也反映在叙利亚人的开朗性格之中，性情和蔼温顺、举止文明。

在这里，我们必须自豪和骄傲地指出叙利亚和中国之间深厚和悠久的友好关系，从丝绸之路开始直至今天，这种友好关系把两国联系在一起。自从两国之间1956年建立外交关系以来，这种历史性关系已经再次奠定了一个全新的基础。

通过两国领导人、两国政府和两党之间的出色协调，叙利亚和中国的关系在所有的领域内、在所有的层面上和在所有的部门中都得到了发展和壮大。自从巴沙尔·阿萨德总统2004年对中华人民共和国进行访问之后，两国关系的发展势头迅猛。再加之两国每年众多的代表团所进行的互访，也加强了不断发展的双边关系，实现了两国人民的利益和意愿。以至于按照两国领导人的话说，叙利亚和中国之间的友谊和关系已经成为了“国与国之间关系和不同社会之间关系所效仿的一个优秀典范”。至于在经济和贸易领域，叙利亚和中国之间的贸易规模近年来获得了很大发展，从之前2000年大约1亿美元的双边贸易额增长到了2009年年末的大约20亿美元，增长了20多倍。我们预计，在未来几年中，由于旨在吸引和鼓励在叙利亚投资的法律大规模出台，这些法律有的已经于最近颁布出台，并且还将连续不断和长久地颁行下去，叙利亚－中国伙伴关系还将在经济、贸易、科学和技术领域获得更大的发展。

此外，我们期待着富有成果的合作，特别是在文化旅游方面，此前，叙利亚已经被列入到了中国的主要出境旅游目的地国名录之中。我们还要指出成立叙利亚－中国旅游推广公司的重要意义，这些公司重视相互组织旅游团赴两国众多的旅游区、历史古迹和重要遗产参观。

各位亲爱的来宾，我们感谢中华人民共和国在各个领域的合作，感谢上海世界博览会事务协调局精彩出色的组织、积极和强有力地支持，感谢各位的关注和光临。

向伟大的中国人民致以诚挚的感谢与敬意以及最良好的祝愿，祝愿伟大的中国人民取得更大的进步、成就和繁荣！

交流活动

中方代表与阿拉伯叙利亚共和国国家馆日代表团主要成员合影

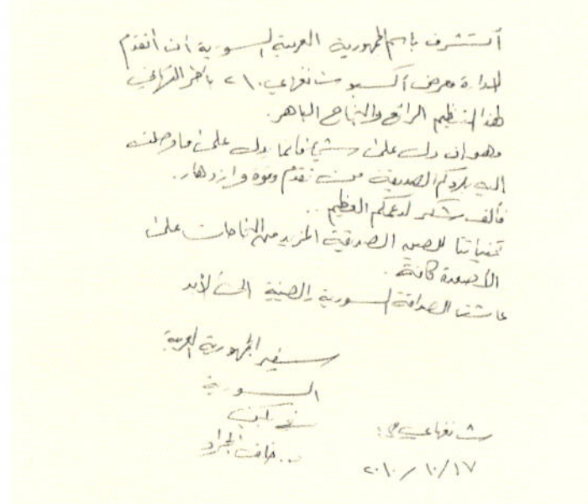

أتشرف باسم الجمهورية العربية السورية أن أتقدم
لإدارة معرض اكسبو شنغهاي ٢٠١٠ بأحر التهاني
لهذا التنظيم الرائع والنجاح الباهر.
وهو إن دل على شيء فإنما يدل على مدى ما وصلت
اليه بلادكم الصديقة من تقدم ونمو وازدهار.
فألف شكر لدعمكم العظيم..
تمنياتنا للصين الصديقة المزيد من النجاحات على
الأصعدة كافة.
عاشت الصداقة السورية الصينية الى الأبد

سفير الجمهورية العربية
السورية
في بكين
د. خلف الجراد

شنغهاي في:
١٧/١٠/٢٠١٠

我很荣幸代表阿拉伯叙利亚共和国向 2010 年上海世博会的主办方对世博会的巨大成功表示祝贺。

这次成功证明了中国的进步、强盛与发展。

十分感谢中国对世博会的大力支持。

我们衷心希望中国在各个方面能有更大的发展。

愿中叙友谊长存。

哈勒夫·杰拉德

叙利亚馆日代表团所赠的工艺品

叙利亚馆日的歌舞表演

爱沙尼亚共和国国家馆日

2010 年 10 月 18 日

爱沙尼亚馆（C 片区，租赁馆）

在馆日仪式上的中方代表致辞

我代表中国政府和上海世博会组委会，对爱沙尼亚举行上海世博会国家馆日致以衷心祝贺，对帕依特外长和伊芙琳总统夫人出席今天的馆日活动表示热烈欢迎。

世博会享有“经济、科技、文化领域内的奥林匹克盛会”的美誉，它既是对现代文明的一种记录，也是对未来智慧的一次前瞻，其无与伦比的感染力令人们心潮澎湃，流连忘返。一百多年来，世博会秉承创新、开放的精神，为世界各国、各民族展示自我、交流经验、开展合作提供了机会和舞台，促进世界经济、科技、文化不断进步，推动世界和平与共同发展。

上海世博会是首次在发展中国家举办的综合类世博盛会。“城市，让生活更美好“主题表达了“理解、沟通、欢聚、合作”的世博理念，体现了人类社会对未来美好生活的憧憬与期盼。我们相信，在包括爱沙尼亚朋友在内的所有参与者的共同努力下，上海世博会一定会办成一届成功、精彩、难忘的友谊盛会，一届促进人类文明发展的国际盛会。

今天，我们置身于创意十足的爱沙尼亚馆，无不赞叹爱沙尼亚设计师的聪明智慧。色彩斑斓的展馆外形彰显爱沙尼亚在绿色环保方面的独特理念；乖巧可爱的小猪储蓄罐正用憨态可掬的笑容迎接四海宾朋。在这里，我们能够包揽爱沙尼亚的文化历史特色，也能够感受爱沙尼亚人民对未来生活的美好期许。爱沙尼亚馆“为城市的明天储蓄智慧”这一主题完美地诠释了爱沙尼亚人民对明天城市生活的美好希望。

爱沙尼亚是波罗的海地区重要国家，也是中国在这一地区的重要合作伙伴。中爱两国建交 19 年来，双边

上海世博会中国政府总代表 华君铎

爱沙尼亚外长 乌尔马斯·帕依特

关系发展势头良好，各领域交流与合作日趋密切，中爱两国和两国人民之间的友谊不断加深。相信上海世博会将更好地推动中爱关系进一步向前发展。

爱沙尼亚历史悠久，风景秀丽，堪称“波罗的海明珠”。近年来，爱沙尼亚社会稳定，经济发展，人民生活水平不断提高。虽然爱沙尼亚距中国遥远，但今天举行的国家馆日活动为我们提供了一个近距离接触这个坚强、勇敢、勤劳的民族的机会。让我们一起储蓄智慧，尽情享受爱沙尼亚国家馆日丰富多彩的活动。

祝愿爱沙尼亚国家馆日活动取得圆满成功，给每一位到访者都留下美好而难忘的回忆。

在馆日仪式上的外方代表致辞

能第二次造访上海世博会令我深感自豪。上海是举办国际盛会的理想之地，这里高楼林立，耸入云霄，展示着人类为实现更美好生活的不懈努力，也映衬出本届上海世博会的主题。

今年5月，我到上海出席了世博会开幕式以及爱沙尼亚总领事馆开馆仪式。当时，我就预期将有两件事发生：第一，爱沙尼亚馆不仅会吸引众多游客参观，并且将激发人们对于我们要传达信息的思考。第二，爱沙尼亚和中国的经济合作将进一步加强。

五个月以后，我很自豪地发现，爱沙尼亚馆不仅很受欢迎，而且我们的信息得到了完整地传达。

本届世博会“城市，让生活更美好”的主题表达了全世界应对不断蔓延的城市化挑战的共同意愿。不远处的爱沙尼亚互动性展馆就号召人们参与到“拯救”城市的行动中。在我们的展馆中，大家可以就城市化问题各抒己见、思考关于城市发展问题并寻求解决方案。

目前，已有10万多名来自全世界的游客在我们展馆巨大的小猪建议箱中提供了关于改善城市发展的好点子。而专门致力于集思广益，并将好点子与各城市分享的savecity.org网站也得到了大家的踊跃参与。

说到城市生活，人们有时把上海和纽约相提并论。两个同为国际化大都市，港口发达，而且拥有知名的证券交易所。此外，上海也很具有欧洲风情，尤其是市中心和郊区，这再一次证明了全球化的力量。

我的故乡塔林有着受联合国儿基会保护的中世纪古镇。作为明年的欧洲文化之都，塔林几次被选为世界最智能的社区之一。其发达的基础设施和吸引人才的能力是当选的最大原因。举个例子，Skype网络通话软件就是在塔林发明的。

我们都听说过“亚洲小龙”的说法。尽管爱沙尼亚国土面积有限，但我们却实现了这种“跨越式”的发展，摆脱了落后的局面，走上了尖端科技发展之路。

我认为科技兴国的决心是我们国家最大最宝贵的资产，这也是其他国家的发展方向。正因为如此，我们得以向全世界输出在信息通讯技术日常应用方面的专长。

爱沙尼亚一些简单、高效的创新解决方案有效促

进了贸易和投资。目前，爱沙尼亚83%的公共服务都可以在网上实现，而企业电子商务的普及率更高达100%。我们发展了一套发达的电子政务基础设施，包括电子认证的数字身份证、数字药方、电子税务和海关机构、甚至实现了网上选举。

我认为，一个包容、安全、以人为本的信息社会是经济增长、现代化和社会包容的关键所在。而且，提高公共服务的质量也有助于减低成本。我相信这是我们所有国家的目标。

有人可能认为乍看之下爱沙尼亚和中国没有任何共同之处，但事实恰恰相反。

早在20世纪20年代的时候，上海就有了爱沙尼亚俱乐部，成为了爱沙尼亚海员和银行家的聚集地。当时，中国就为一些梦想日后在家乡干一番事业的年轻的爱沙尼亚人提供了跳板。当时在上海和哈尔滨的爱沙尼亚领事馆主要在中国推广爱沙尼亚商品，寻找市场。

20世纪30年代，中国主要向爱沙尼亚出口皮毛、茶叶和大米。而如今情况完全不同了，中国早已不再是原材料出口国，现在中国更多出口的是电子产品和其他高科技高质量的产品。过去五年，爱中两国的贸易量增长了30%，预计未来五年还将快速增长。

在增进爱中两国经贸合作方面，创新和IT、交通中转、航空等方面是最具潜力的领域。毕竟，塔林是欧盟中距离中国最近的首都城市。

现在，通过爱沙尼亚驻上海的总领事馆，我们两个沿海城市，即爱沙尼亚首都和东亚经济之都上海的合作不可避免。而且，爱沙尼亚驻华使馆新楼的奠基及人员的扩充都将进一步促进我们双边关系的发展。

我们两国间仅相隔一个国家，因此存在很多合作的机会。我们应该充分利用这些机会，使两国受益，而不是将这些机会白白浪费。

我们两国的生活方式有很多相似之处，这是爱中商业合作一个非常重要而有利的因素。爱沙尼亚和中国人民都背朝黄土并都在近期经历城市化。两国都曾是农业国家，因此两国人民都是脚踏实地、勤劳刻苦的人民。而正是这些品质推动了爱中两国今天的经济发展。

中国作为一个崛起的大国正引起全世界越来越浓厚的兴趣，爱沙尼亚也不例外。就在几周以前，波罗地海地区的第一家孔子学院在塔林揭牌。孔子曾经说过：学而不思则罔，思而不学则殆。鉴于此，爱沙尼亚人对学习中文越来越感兴趣。例如，今年秋天爱沙尼亚外交部为外交官开设了第一期中文课程。

这种兴趣是双向的。中国人对爱沙尼亚的兴趣也越来越浓厚。目前，爱沙尼亚的高校中约有100位中国留学生，我希望这个数字还将不断增长。如果双方能签定协议相互认可高等教育学历资格，这将进一步增强我们在教育和研究方面的合作。

我也很高兴地了解到一本爱沙尼亚童话书籍的中文译本已在中国出版。爱沙尼亚的童话很有意义，在童话里，把劣势转变为优势并非没有可能，而且帮助我们周围和遥远的朋友非常重要。

最后，爱沙尼亚过去几十年的成功经济发展充分证明了乌龟在龟兔赛跑中获胜在现实生活中是可能实现的。上海世博会爱沙尼亚国家馆日就向全世界展示了这个奇迹。因此我要真诚地感谢世博会的东道主和各位朋友。

Thank you very much, the organizers of EXPO.
I am very glad that the relationship between China and Estonia is developing so excellent.
With best wishes
Urmas Paet
18.10.2010.

非常感谢你，世博会的组织者。
我很高兴中国与爱沙尼亚关系一直发展良好。
最美好的祝愿。

乌尔马斯·帕依特

交流活动

中方代表与爱沙尼亚共和国国家馆日代表团主要成员合影

爱沙尼亚馆日代表团所赠的钢笔套装

爱沙尼亚馆日的文艺表演（一）

爱沙尼亚馆日的文艺表演（二）

纽埃
国家馆日

2010 年 10 月 19 日

纽埃群岛馆（B 片区，太平洋联合馆）

在馆日仪式上的中方代表致辞

今天，在美丽的黄浦江畔，我们共同迎来了中国 2010 年上海世博会纽埃国家馆日。首先，请允许我代表中国政府和上海世博会组委会，表示诚挚的祝贺！向远道而来的各位嘉宾，表示热烈的欢迎！也借此机会，对纽埃政府和社会各界给予上海世博会的热情参与和大力支持，表示衷心的感谢！

世博会是荟萃人类文明的舞台，是世界各国人民共享欢乐和友谊的盛会。自 1851 年以来，世博会始终高举进步旗帜、崇尚创新精神、坚持开放道路、倡导和谐理念，有力地推动了国际社会的合作交流，促进了全人类的文明进步。

中国 2010 年上海世博会是第一次在发展中国家举办的注册类世博会，也是世博会历史上参展方数量最多、参展规模最大的一届。自开幕以来，各参展方围绕“城市，让生活更美好”的主题，通过展馆、论坛、活动等多种方式，充分展示人类文明成果，交流城市发展理念，探讨以人为本、和谐共赢的生活模式，为人类未来可持续发展留下了宝贵的精神财富。

今天是纽埃的国庆日——宪法日，温家宝总理已经代表中国政府和人民致电塔拉吉总理，对纽埃政府和人民表示祝贺。上海世博会是纽埃的首次世博之旅。塔拉吉总理亲自率团来华出席今天的馆日活动，充分体现了纽方对上海世博会和中纽关系的高度重视。上海世博会纽埃展区岛国风情浓郁，民族特色鲜明，工作人员热忱周到，歌手舞者活力四射，手工艺品独特精美，让我们真切感受到纽埃人民的淳朴善良、乐观向上和勤劳智慧，感受到人与自然的和谐共处。

中国上海市常务副市长 杨雄

纽埃总理 托克·塔拉吉

中纽两国自2007年建交以来，双边关系发展顺利，经贸、人文等各领域交流合作日益密切，两国人民的相互了解和友谊不断加深。我们一贯主张，国家不分大小、强弱、贫富，都是国际社会的平等成员，理应相互尊重，平等相待，友好相处。中国政府一贯重视与纽埃的友好关系，始终将纽方视为互利合作、共同发展的好朋友、好伙伴。我们也将一如既往地支持纽方发展经济、改善民生。我们愿与纽方一道，以上海世博会为契机，进一步扩大交流合作，推动两国关系不断向前发展，更好地造福两国人民。

最后，预祝中国2010年上海世博会纽埃国家馆日活动取得圆满成功！

祝愿纽埃国家繁荣昌盛，人民安居乐业！

祝愿中纽两国友谊长存！

在馆日仪式上的外方代表致辞

今天，我们共聚世博园区，代表纽埃政府和人民庆祝纽埃第36个宪法日，并欢庆上海世博会纽埃国家馆日。首先，我谨代表纽埃政府和人民，对各位来宾的出席表示热烈的欢迎和由衷的感谢。

同时，感谢上海市常务副市长杨雄阁下为我本人以及夫人到访上海期间所提供的周到安排和热情款待。上海市民的热情好客让纽埃代表团全体成员终生难忘。同时，迎接我方代表团的礼宾安排十分周到详尽；此刻，我的感激之情溢于言表。

近年来，纽埃和中国之间的关系，在传承两国传统友谊、寻求共同利益的基础上，取得了长足发展。未来，两国关系将在纽埃坚持一个中国的原则基础上，取得进一步发展。回顾历史，中国是第一个正式承认纽埃并与我国缔结外交关系的国家；对此，我们感激不尽。我们认为，纽埃需要和中华人民共和国等国家不断加强外交关系、巩固国际地位。

在巩固纽中两国关系方面：2008年正值我国庆祝第34个宪法日之际，我本人有幸迎接中国政府派驻我国的第一位大使，张利民阁下及其夫人和随行人员，以庆祝2007年两国正式建交和官方使节正式派驻我国。我期待明年在大使递交国书时，能够会见贵国派驻我国的第二任大使徐建国阁下。

同时，我也希望借此机会，感谢中国政府慷慨援助纽埃的各类工程项目，包括机场建设，住房建设，石棉屋顶重新铺设工程，以及2008年于纽埃举办的太平洋岛国论坛。

值此之际，我们不禁回望我国在发展道路上，尤其在旅游领域，所取得的显著成就。

纽埃政府得到新西兰政府的大力支持，决定将旅游业发展成为纽埃国民经济的支柱产业。因此，我们要加大力度提升到访我国的游客数量。目前，我国已经委任旅游部门的高级商务经理全权负责招商引资、市场推广、航线设计、标识规划和清理工作的推进。新西兰航空公司计划，于2010年12月17日投入一架A320客机，将乘客座位由原先的126个增加至171个。目前，我方正在和新西兰航空公司协商，拟增加周中航班，通过增加满员班次的方式增加来访旅客人数。与此同时，我们不断加大创新力度，以满足全球旅游市场的不同需求，缓解旅游业依赖政府的局面。

尽管纽埃政府面临财政预算、组织管理、人力资源等诸多挑战，但我们仍然决定参展上海世博会。这一举

措有力说明纽埃政府希望发展旅游业的决心。上海世博会，是纽埃首次参与的具有国际规模的盛会。据我所知，开园以来，参观我国展馆的游客不计其数。我国人口稀少，然而却拥有世界上最大的珊瑚环岛。我希望游客能够参观纽埃展馆并进一步了解我国丰厚的自然资源和精彩纷呈的传统文化，以此吸引参观群众到我国旅游。

在上海世博会，尽管我们在市场推广、产品销售方面遇到诸多困难；但值得欣慰的是，我们的成果喜人。在此，我想感谢所有员工的辛勤付出，在 Tagelagi 女士的有力领导下，将纽埃馆组织得井然有序。也希望，借此机会感谢各国政府和人民所给予我方的大力支持，特别感谢国际展览局，感谢南太平洋旅游组织，感谢你们的慷慨相助。

在上海世博会的“城市，让生活更美好”这一主题的引导下，我们相信，本国旅游业的发展将鼓励旅居海外的同胞回国，投身于祖国的建设事业，为纽埃的美好未来而奋斗。在本届世博会，我们得以展示自我，并且可以相互学习，分享各国人民对构建城市宜居环境的理念。在太平洋展馆中，我们得以和邻国友人共同携手，推广南太地区在构建美好城市方面的理念，展示我们的繁荣、创新形象，展现我们得天独厚的自然条件和风土人情。

上海世博会已经接近尾声，然而，其“进步、创新、和谐以及共同繁荣”的精神将永载史册。我们正处在发展与合作的阶段。让我们进一步加强互访、相互学习，紧密合作，共同携手建设和谐的世界。

此外，我希望邀请在座诸位观赏我国的馆日庆祝节目。通过今天的节目，我希望大家能够领略到纽埃独特的岛国风貌，体验我们平静的环境、深厚的文化积淀、向往自由的社会氛围，并且鼓励大家开拓我国的发展潜力、探寻合作机遇。

最后，再一次感谢诸位出席上海世博会纽埃国家馆日活动！

交流活动

中方代表与纽埃国家馆日代表团主要成员合影

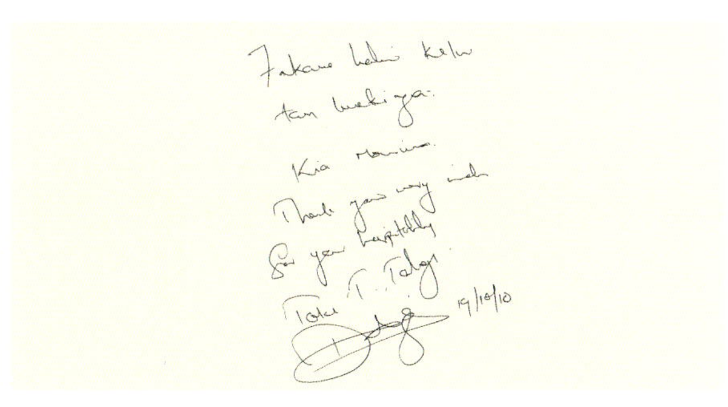

Thank you very much
for your hospitality
T. Talagi
Toke
19/10/10

非常感谢贵国的热情款待。

托克・塔拉吉

纽埃馆日的歌舞表演

卡塔尔国
国家馆日

2010 年 10 月 20 日

在馆日仪式上的中方代表致辞

今天是卡塔尔国家馆日，有机会出席馆日活动，我深感荣幸。首先，我代表中国政府和人民，对卡塔尔国家馆日的成功举办表示热烈的祝贺！向远道而来的卡塔尔贵宾表示诚挚的欢迎！向你们给予上海世博会的大力支持表示衷心的感谢！

中卡建交以来，两国友好合作关系持续稳步发展，双方政治互信不断增强，在国际和地区事务中保持着良好的协调和配合。近年来，中卡能源合作取得突破性进展，经贸、新闻、文教等领域合作成果丰硕。中方重视同卡塔尔的关系，愿同卡方一道，进一步扩大双边交往，全面提升各领域合作水平，推动中卡友好合作不断向前发展。

世博会是展示世界政治、经济、科技和文化发展成就的平台，也是国家间交流与合作的平台。卡塔尔馆的混凝土外墙上布满了卡塔尔特色的艺术图案，馆内以趣味性测试站、贝都因人帐篷、特色手工艺品和互动视频等形式，展现了卡塔尔人利用绿色科技和现代化概念构想一个可持续发展的未来城市，使人们对卡塔尔的国家风貌和建设成就留下深刻印象。

相信借助世博会“理解、沟通、欢聚、合作”的平台，中卡两国合作和两国人民的友谊必将跃上新的台阶。

最后，祝卡塔尔国家馆在上海世博会取得圆满成功！祝中卡两国人民友谊源远流长！

在馆日仪式上的外方代表致辞

今天，我们在这里同各位庆祝 2010 年上海世界博

卡塔尔馆（A 片区，租赁馆）

中国文化部副部长 杨志今

卡塔尔能源和工业国务大臣 穆罕默德·萨利赫·萨达

览会卡塔尔国家馆日，是为了永远纪念历史上的今天，在1878年的这一天，谢赫贾西姆·本·穆罕默德·阿勒萨尼创建了卡塔尔国，随后，这一天成为了一个全国性的节日，其目的是为了确认我们的身份和我们的历史，体现我们的理想和我们的愿景，这一理想和愿景是我们亲爱的祖国所赖以建立的基础。

在卡塔尔国埃米尔谢赫哈马德·本·哈利法·阿勒萨尼阁下的领导之下，根据一个深思熟虑的计划，该计划已经开始在各级逐步加以落实；并根据埃米尔阁下的2030年远景规划，该规划旨在实现合理发展和社会发展，并旨在维护固有的价值观；卡塔尔国已经获得了一种举世瞩目的政治和经济地位，实现了一种现代化的复兴，实现了一种全面的发展。

卡塔尔国已经努力为其国民提供了大量的就业机会，并且努力奋斗在卫生、社会福利和教育方面为其民众提供基本服务，已经建立起了一批先进的专业化科技学院和科学研究中心。

此外，在城市建设领域，卡塔尔国已经在质量和数量方面实现了一个飞跃，并在能源和重工业领域建立了一个坚实的工业基地，开发了拉斯拉凡工业城，该工业城向世界市场出口液化天然气产品。今年，卡塔尔国的液化天然气年生产量将达到7700万吨，这个数字将使得卡塔尔成为世界上最大的天然气出口国。

至于在竞技运动赛场上，观察家们谁都不否认卡塔尔国在其国内、本地区、洲际和国际水平方面已经达到的体坛地位。卡塔尔国家队和各位体育选手在各种赛事当中也表现出了很高的竞技水平。除此之外，卡塔尔国还多次承办了涉及各种运动门类的地区性和国际性锦标赛和其他体育赛事，其中包括卡塔尔国所承办的其历史上最大的体育盛会——2006年的第十五届亚洲运动会。此外，卡塔尔国还将要承办2010-2011年度的亚洲足球俱乐部锦标赛。目前，卡塔尔国正在努力申办2022年的世界杯足球赛。

考虑到同友好的中华人民共和国的特殊关系，卡塔尔国已经决定参加2010年在上海举办的世界博览会。中华人民共和国被视为是卡塔尔国的一个重要经济伙伴，此外，两国之间的政治关系已经取得了一个很大的进展，并存在着非比寻常的独特协调。2009年两国之间的贸易总额已经达到了大约32亿美元，而2008年两国间的贸易总额为29亿美元，这本身就被认为是一个经济的飞跃。

最后，借此机会，我想对中国政府和2010年上海世界博览会组织委员会为组织这一重大盛会所付出的努力和取得的辉煌成功表示赞赏。因为，上海市反映出了本届世界博览会的主题：城市，让生活更美好。祝你们永远顺利、成功！

祝好！愿真主怜悯和祝福你！

交流活动

中方代表与卡塔尔国国家馆日代表团主要成员合影

Congratulations Shangai, the most succesfull Expo ever.
With admiration and respect.
René Cortés
October 29, 2010

恭贺上海举办了史上最成功的世博会，对此我们谨表钦佩和敬意。

穆罕默德·萨利赫·萨达

卡塔尔馆日代表团所赠的工艺品

卡塔尔馆日的文艺表演（一）

卡塔尔馆日的文艺表演（二）

拉脱维亚共和国国家馆日

2010年10月21日

拉脱维亚馆（C片区，自建馆）

在馆日仪式上的中方代表致辞

今天，我们在黄浦江畔欢聚一堂，共同出席上海世博会拉脱维亚国家馆日活动。我谨代表中国政府和上海世博会组委会，对拉脱维亚举办国家馆日活动致以衷心祝贺，对扎特列尔斯总统及各位嘉宾的到来表示热烈欢迎。

世博会已有159年历史，159年来，从推出新、奇、特工业产品，到展示综合国力，再到倡导新型生活方式和理念，不断变化中的世博会记载着人类文明的发展轨迹。2010年，世博会首次在发展中国家举办。上海世博会在历史上首次以“城市”为主题，高扬“城市，让生活更美好”的旗帜，充分展示城市文明发展的成果，交流城市建设经验，探讨人类更好的工作生活方式。相信在包括拉脱维亚在内的各方共同努力下，上海世博会一定会达到各国人民展示发展成果、交流发展经验、促进共同发展的目的。

近五个月来，拉脱维亚馆将“以科技创新城市”作为主题，凭借飞扬的想象力和卓越的创造力，充分展示了“快乐科技”这一亮点，为世博会注入了全新的概念和崭新的元素。众多参观者在“立体高空风洞”中体验了空中悬浮和飞翔的感觉，这一高科技成果让我们感受到探索的热情和摆脱地心引力的激情。相信拉脱维亚馆会给每一位到访者留下难忘、奇妙的记忆。

拉脱维亚与中国虽相隔千山万水，但两国人民有着久远的历史渊源。据史料记载，拉脱维亚首都里加曾是古丝绸之路的重要口岸。元朝时期，来自东方的香料和丝绸从里加转运西欧和北欧。建交近二十年来，双边关系不断发展，两国在各领域的合作卓有成效，共同利益

中国上海市副市长 沈骏

拉脱维亚总统 扎特列尔斯

和共识不断增加。相信上海世博会将成为增进中拉两国人民了解和友谊的平台，并将为中拉加强互利合作提供新的机遇。

拉脱维亚享有“蓝色湖泊之乡”的美誉，景色秀丽，人杰地灵，为人类文明进步做出过独特贡献，世界上第一台微型相机即产自拉脱维亚。如今，拉脱维亚社会稳定，人民安居乐业，正努力建设自己的国家。拉脱维亚政府克服困难，坚持参加世博会，再次把中拉两国人民紧密联系在一起。让我们以本次世博会为契机，相互借鉴，取长补短，携手共创更加美好的明天。

最后，祝愿拉脱维亚国家馆日活动取得圆满成功。

在馆日仪式上的外方代表致辞

上海拥有坚韧不拔的品格，一旦定下目标，就力争实现。在我们看来，上海似乎可以轻而易举地变“不可能”为“可能”。在上海，现今和未来之间似乎并没有不可逾越的鸿沟。

上海世博会的规模之宏大，影响力之广泛，组织之井然有序，都已经超乎人们的想象。在此，我希望向上海市民和上海市政府致敬。感谢你们的辛勤付出，让上海世博会如此成功、精彩、难忘！本届世博会，是古老于现代的交融，是东方与西方的对话。

拉脱维亚馆以独特的方式，再次诠释了“城市，让生活更美好”这一理念。本届世博会上，我们带来了前沿技术和科技创新，此外，我们的风洞机也为参观者提供了快乐飞行的体验。

此刻，我希望借此机会，向上海世博局以及中国政府部门致敬，特别感谢中国人民共和国外交部。同时，感谢中国和拉脱维亚的展馆建设团队成员，他们是：Aerodium，Mailītis A.I.I.M.，拉脱维亚投资发展署，拉脱维亚铁路局，文茨皮尔斯市政府，文茨皮尔斯自由港，以及里加港。此外，感谢拉脱维亚总代表 Roberts Stafeckis 的辛勤付出。

近年来，拉脱维亚和中国的关系，在传统友谊和相互尊重的基础上，取得了务实进展。我们在互信互助的基础上，在多个领域展开合作。而成功合作案例之一，就是上海世博会的拉脱维亚馆。

我此行的初衷，是参加上海世博会拉脱维亚馆日庆祝活动。然而，我相信，此行必然在其他相关领域产生积极的推动作用。目前，拉脱维亚和中国已经签署两国高等教育学历和文凭互认协议以及 2011 – 2015 年的文化交流项目。

在两国的双边关系中，经济合作扮演着重要角色。我相信，我们在友谊和合作的基础上，将继续加强政治关系，以此带动经济关系的发展。本次来访上海期间，将举办两场经济论坛，以促进两国之间和谐关系的发展。

就商机而言，拉脱维亚应当被放在欧盟框架下进行考虑。拉脱维亚是欧盟这一世界最大的单一市场的成员。我们按照欧盟立法操作，同时可以提供最低税率。我们具有高素质、多文化背景的劳动力，可同时进驻西欧和东欧市场。

拉脱维亚在全球金融危机中，大胆精简机构、提高效率。如今，我们具有更大的灵活度，更加高效，具有较强竞争力。因此，我深信，在欧盟范围内，拉脱维亚有着最佳的商机。

交流活动

中方代表与拉脱维亚共和国国家馆日代表团主要成员合影

Thanks the people who
create the future.

Valdis Zatlers

President of LATVIA.

感谢创造未来的人们。

扎特列尔斯

拉脱维亚馆日代表团所赠的工艺品

拉脱维亚馆日的文艺表演（一）

拉脱维亚馆日的文艺表演（二）

巴林王国
国家馆日

2010 年 10 月 22 日

在馆日仪式上的中方代表致辞

今天，非常高兴出席在世博园区举办的巴林王国馆日活动。在此，我代表中国政府和中国人民，对巴林政府给予中国 2010 年上海世博会的支持表示衷心感谢。

中、巴自 1989 年建交以来，各领域友好合作关系发展顺利。双方政治互信不断增强，各层次人员往来日益频繁，在国际和地区事务中保持着良好的沟通与合作。近年来，中巴经贸合作逐步展开，特别是在工程承包、技术培训、金融等领域的合作取得积极进展。两国在文化、新闻、卫生、农业等领域的友好交流与合作也富有成效。

上海世博会得到了包括巴林在内的国际社会大力支持。巴林馆的展示主题为“小即是美”，展馆外墙配以古典建筑造型，内部构造灵感来自牡蛎壳的弧线，馆内极具考古价值的文物复制品巧夺天工，现代与传统的巴林珠宝风格各异。原汁原味的视听片段和触摸式互动技术让人零距离接触巴林独特的生活方式和国家遗产。

我们相信，巴林馆一定会给每位参观者留下美好而深刻的印象。

最后，衷心祝愿中国和巴林友谊长青，祝愿本次活动圆满成功，祝愿伊萨·阿明博士阁下和诸位来宾身体健康！

在馆日仪式上的外方代表致辞

首先，请允许我代表巴林王国政府以及巴林王国文化新闻大臣谢赫梅伊女士阁下，在这个荣耀的日子里向中国政府和中国人民表示诚挚的问候。

巴林馆（A 片区，亚洲联合馆）

上海世博会中国政府副总代表 甄建国

巴林文化信息部副部长、新闻大臣 伊萨·阿明博士

很荣幸与各位在今日共聚一堂，庆祝巴林国家馆日以及中国主办上海世博会所取得的巨大成功。上海世博会为今后的世博会奠定了基准，给观众乃至全世界留下了深刻的印象。

上海世博会组织者在运营期间展示了卓越的管理和组织能力，我向他们表示敬意。

我想借此机会声明，近年来，巴林关系在各领域、各层次都取得了很大的进步。双边关系不断发展，有助于进一步扩大合作空间，为两国及其人民创造更好的发展前景。

我谨代表我的同事表示，我们很高兴在中国这个美丽、不断进步、令人惊叹的国家，与你们共度这一欢乐时刻。祝愿中国繁荣昌盛！

感谢你们的热情邀请，我向诸位保证，中巴关系一定会继续深入发展，取得更大成功！

交流活动

中方代表与巴林王国国家馆日代表团主要成员合影

我们很高兴能随巴林王国代表团于巴林国庆日来到上海。感谢你们热情的接待。祝你们成功。谢谢。

伊萨·阿明

巴林馆日代表团所赠的书籍

巴林馆日的文艺表演

帕劳共和国国家馆日

2010年10月23日

在馆日仪式上的中方代表致辞

今天，我们相聚在中国上海，在美丽的世博园庆祝帕劳共和国国家馆日。首先，我代表中国政府和人民向远道而来的帕劳贵宾表示热烈的欢迎！对你们参与和支持上海世博会表示衷心感谢！

上海世博会为太平洋岛国向世界展示自我提供了重要窗口和平台。帕劳馆展示了帕劳独特的热带岛国风情和丰富的海洋旅游资源，展出了具有帕民族特色的木雕、编织品及贝壳饰品，给参观者留下了深刻印象，也增进了中国人民对帕劳的了解。

中帕两国人民一直有着友好交往。目前，一些中国企业在帕投资兴业，为帕经济社会发展做出了积极贡献。我们衷心祝愿帕劳人民在国际建设和经济社会发展方面不断取得新的进步。

我们也希望借助世博会“理解、沟通、欢聚、合作”这一平台，进一步促进中帕两国人民在旅游、文化和经贸等领域的交流与合作。

最后，祝帕劳国家馆在上海世博会取得圆满成功！

在馆日仪式上的外方代表致辞

我深感荣幸地代表我的祖国，帕劳共和国，欢迎并感谢各位在今天这个就我们参与世博而言特别的日子里和我们共同出席活动。对于帕劳和太平洋各岛国而言，为期六个月的展览是漫长、辛苦而又富有收获的。在此次世博会上，帕劳选择的主题是“从高山到海洋”，寓意涵盖了帕劳所在的各个岛屿。

我们想通过该主题传递一个信息：城市不仅仅局限

帕劳馆（B片区，太平洋联合馆）

中国人民外交学会副会长 陈永龙

帕劳共和国世博组委会主席 德威特·亚历山大

于发达的社区，也包含山川、森林、沼泽，河流和周边海域。帕劳是一个小岛国，我们的生存依赖于我们的资源、资源的管理和可持续开发利用，因此上海这类国际性大都市的概念对我们来说确实是陌生的。

然而，我们从此次世博会学到了很多宝贵的经验。此次世博会有 190 个国家参展，这些国家的城市和不同主题的展览展示了在发达城市促进可持续发展的最佳经验。我们相信在不久的将来，我们亦将出现拥挤的城市，不是因为我们希望如此，而是因为全球化促使国家向前发展，自给自足。因此，人们找工作和寻求事业发展时会更注重弹性，这将激励他们进入大城市或者建设大城市。此次世博会的参展经历让我们学到，我们可以拥有大城市，同时也可以通过利用好我们的资源和为子孙后代确保可持续发展的条件来保持我们的岛国特色文化。

此外，此次世博会参展经历还教会我们如何通过睿智的规划和城市条件的改善来提高人民生活水平。

感谢中国和国际展览局给予我们机会参与此次历史性的世博会。若没有中国对资源有限的发展中国家的坚定承诺和必要支持，我们不可能顺利参展。仅用言语表达我们的真挚谢意和感激是远远不够的，所以我们就简单地说：谢谢（中文），谢谢（帕劳语），非常感谢（英语）。

我也想对南太旅游组织，南太旅游组织主任，以及伯娜德特·朗兹·加尼劳女士表示衷心感谢，特别是加尼劳女士做了大量的组织工作，让这一切成为现实。您的团队和各成员的积极努力确保了太平洋联合馆的成功。您高效的后勤管理，专业的挫折处理激励着大家更努力地工作。在此次世博会上，在上海这个城市里，我们通过各国参展进一步宣传和提升了太平洋国家的形象，让我们渴望世界知道并了解太平洋岛国的理念变成了现实。我们知道您每天加班加点，还必须应对各种挑战，但是您带领我们的员工和其他相关人员取得了超出我们预期的巨大成功。我想对您和您的员工说，谢谢（斐济语），谢谢（帕劳语），谢谢（英语）。

我们也非常感谢今天在场的很多朋友，感谢所有在场的领导和你们的国家，大家的出席给我们增光添彩，感谢你们过去和未来给予帕劳的友谊。我相信通过参与此次世博会，我们未来可以有更深入的合作和伙伴关系。非常感谢。

我也要感谢一些为我们参与世博做出突出贡献的个人。林振强先生，陈敏珠先生和詹开勇先生。他们虽然是中国公民，但内心深处他们也是岛国的居民。他们从一开始就在我们身边支持我们，协助我们。为了协助我们，他们牺牲了大量的甚至是和家人在一起的个人时间，利用了众多宝贵的个人资源。这种友谊证明，不同背景、不同文化甚至不同语言的人为了一个共同的美好事业，可以团结一致，深入合作，建立牢固的友谊。若没有他们这样的朋友，我相信包括帕劳在内的许多太平洋岛国参与世博不会取得目前这样的成功。因此，通过此次盛会可以得到这种朋友的垂青，我们感到既受宠若惊又喜出望外。

此次世博会为太平洋岛国提供了史无前例的机遇。太平洋联合馆内所有的 15 个参展国家和地区通过和谐地参展，向世界传达了一个强烈信息：我们国土面积小，相隔遥远，而且差别迥异，但精神上我们可以合而为一。清晨的合唱、员工的协作和每个人身上表现出的团结都证明，尽管广袤的海洋、不同的文化和众多的语言将我们彼此隔离，我们仍能团结在一起。创纪录的参展国和

参展组织数目，创纪录的日观博游客人数，这些都在回响着这个强有力的信息。帕劳很荣幸能成为该信息的一部分。

我们协力创造了一个里程碑。不管国家大小、强弱和贫富，我们能一起为人类福祉而努力，这就是我们能和许多国家分享的卓越理念。我相信该理念中蕴含着“城市，让生活更美好”的真谛。我们给公民带来和平和更美好生活的社会探索可以以此次世博会为起点。在太平洋岛国和其他各国及国际组织的参与下，中国在此次世博会上取得的成功证明了我们可以一起合作，一起取得成功。我认为此次世博会最成功之处就在于达成了一种共识，那就是只要我们启发民众从同一人类和同一世界的角度来思考问题，就能实现和平与繁荣。尽管岛国也许永远不会拥有北京、香港、上海、纽约和巴黎这样的大城市，但是我们的小岛和小城市对地球的生存依然发挥着重要作用。让我们把这个信息带回去，传达给我们的邻居、我们的社区和城市，让世界意识到团结的力量和我们能创造的大同。如果我们不仅仅把自己看做是本国的公民，例如中国、韩国、印度尼西亚、斐济或者帕劳的公民，而且把自己当成同一世界的公民，这一切就可能发生。太平洋各国的真正精神就是我们都有独特的岛国文化，我们也都是太平洋国家的成员，拥有世界上最辽阔的水域，占世界总面积的三分之一。个别而言，我们都是小国且相隔甚远，但是团结起来我们可以取得巨大的成功。

“城市，让生活更美好”，这开启了一个新的篇章，一个新的时代，所有人都能成为同一世界的公民，为人类更美好的未来团结在一起奋斗。

愿上帝保佑大家。

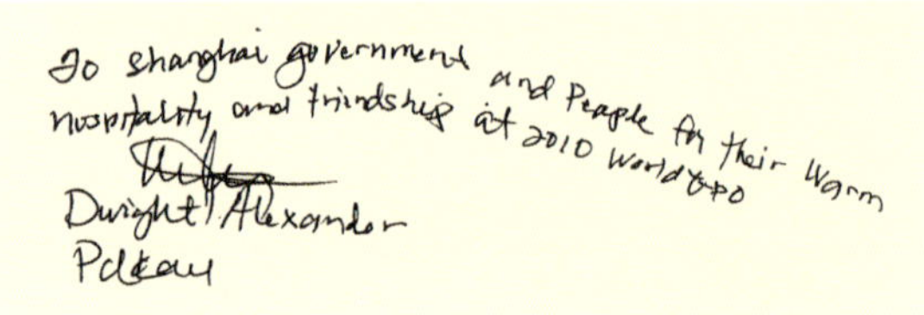

感谢上海政府和人民在2010世博会期间的热情款待和友谊。

德威特·亚历山大

交流活动

中方代表与帕劳共和国国家馆日代表团主要成员合影

帕劳馆日代表团所赠的工艺品

帕劳馆日的文艺表演

赞比亚共和国国家馆日

2010 年 10 月 24 日

赞比亚馆（C 片区，非洲联合馆）

在馆日仪式上的中方代表致辞

首先，请允许我代表中国政府和上海世博会组委会，对赞比亚举行本届世博会国家馆日表示诚挚祝贺，对孔达副总统阁下出席今天的馆日活动表示热烈欢迎。相信赞比亚国家馆日活动将给每一位参观者留下难忘的美好印象。

今天也是赞比亚独立 46 周年纪念日，我谨代表中国政府表示热烈祝贺。独立以来，在赞比亚政府和人民的共同努力下，赞比亚国家建设各项事业取得了令人瞩目的成就，在国际和地区事务中发挥着越来越重要的作用。中方衷心祝愿赞比亚在未来的发展道路上不断取得更大的成就。

世博会是荟萃人类文明成果的盛会，也是世界各国人民共享欢乐和友谊的盛会。诞生 159 年来，世博会把不同国度、不同民族、不同文化背景的人们汇聚在一起，沟通心灵，增进友谊，加强合作，共谋发展。世博会给国际社会留下了追求进步、崇尚创新、开放共荣、倡导和谐的宝贵精神财富，为推动人类文明进步发挥了重要而独特的作用。

上海世博会以“城市，让生活更美好”为主题，为世界各国提供了交流的平台，以充分展示城市文明成果、交流城市发展经验、传播先进城市经验，相互学习、取长补短，为新世纪人类的居住、生活、工作探索崭新的模式。我相信上海世博会将书写各种文明交流互鉴的新篇章。

赞比亚风景如画，资源丰富，享有“铜矿之国”的美誉。著名的维多利亚大瀑布气势磅礴、雄伟壮观。赞比亚馆将其自然美景一一呈现在参观者面前，给人以身临其境之感。同时，展馆以“提高赞比亚都市生活质量”

中国国土资源部副部长　王世元

赞比亚副总统兼司法部长　乔治·孔达

为主题，通过城市发展实践和项目案例，展示城市化过程中所面临的挑战和解决之道，受到了广大参观者的欢迎和好评。

中赞有着深厚的传统友谊。两国建交 46 年来，两国人民一直坦诚互信、平等相待，双方各领域务实合作成效显著，中赞友谊不断巩固和深化，堪称中非乃至发展中国家团结合作的典范。中国援建的坦赞铁路更是中非友谊的丰碑。我相信，中赞两国将充分利用世博会这一平台，进一步扩大双边友好往来，增进相互了解和友谊，在新的历史起点上推动中赞关系不断深入发展。

祝今天的赞比亚馆日活动取得圆满成功。祝赞比亚共和国繁荣昌盛，人民幸福！

在馆日仪式上的外方代表致辞

很荣幸和大家共同出席赞比亚国家馆日活动，并一起庆祝于 2010 年 5 月 1 日开幕的上海世博会取得巨大成功。

我给各位带来了赞比亚共和国总统鲁皮亚·班达先生阁下和赞比亚人民的问候，他们今天正在庆祝赞比亚独立 46 周年。

赞比亚和中国的交往历史悠久。在此，我谨代表赞比亚共和国政府，对中国人民和中国国家主席胡锦涛给予赞比亚的善意和友谊表示感谢，相信我们在未来会继续延续这种良好情谊。

赞比亚和中国间的友谊将会继续巩固加强，双方众多的经济合作也证明了这一点。中国是赞比亚最大的外国直接投资来源国之一。在过去十年里，中国在赞比亚的多个领域投资超过 140 个项目，投资总额达 8.8 亿美元；另外，两国之间还签署了投资推介与保护的相关协议。随着更多的中国投资者被赞比亚吸引，中国对赞比亚的投资必定不断增加。

我记得胡锦涛主席阁下于 2007 年访问赞比亚时，曾和我国已故总统姆瓦纳瓦萨一起为非洲地区第一个多功能经济区揭牌，该经济区总投资额达 9 亿美元。两位领导人还签署了为赞比亚发展提供优惠条件的双边协议。赞比亚举国都为之兴奋，因为这不仅仅是善意的体现，更是帮助赞比亚吸引更多中国投资的关键。

今天，我们很高兴地告诉大家，赞比亚的各私营部门已经做好迎接挑战的准备，正在全国范围内建设多功能的经济合作区和工业区。我们正在我国西北省、铜带省和首都卢萨卡建设三个多功能经济区和两个工业区。我们欢迎中国投资者来谦比西经济区和其他正在开发的工业区进行增值投资。

赞比亚是世界第三大产铜国。近年来，随着卢姆瓦那和坎桑希等公司开始涉足投资铜矿开采业以及在我国其他地区发现新的铜矿资源，我国的铜产量在逐渐增加。我国铜矿储量丰富，铜的出口占赞比亚对华出口的百分之九十。因此，我建议中国投资者投资我国的采矿业，尤其是铜矿和其他正被发现的各种矿物的下游工业领域。

中国持续在各经济领域取得发展，赞比亚为中国的巨大成功喝彩，并密切关注中国在工业、制造业、建筑业、采矿业、交通基础设施建设等领域取得的成功。需要强调的是，通过我们的双边交流，赞比亚得以深入了解了中国经济转型发展中的经验，从而努力实现我国经济转型，力争在 2030 年建设成繁荣的中产社会。

赞比亚参与 2010 年上海世博会不仅是要展现我们如何通过为公民提供教育、医疗设施、清洁饮水、清洁能源、可支付住宅等来诠释“城市，让生活更美好”的

理念，也是为了学习中国和其他参展国家的各种经验。我深信，中赞之间贸易和投资的进一步发展取决于我们是否愿意共享两国不同的潜力和资源。

赞比亚是一个美丽、安全的国度，人民友好、自然资源丰富、文化遗产绚丽，我们愿与中国人民分享这一切。维多利亚大瀑布是世界级自然遗产，美丽的湖泊、人迹罕至的海滩和尚未开发的岛屿都值得人们去观赏和探寻。正是因为有这一切，赞比亚鼓励开发环保技术，以保护我们丰富的自然资源和生物的多样性。

我想重申赞比亚共和国总统鲁皮亚·班达先生阁下今年2月访华时说的那段话：“赞比亚的各个经济领域如旅游业、制造业、采矿业和农业等都蕴藏投资机遇。我们希望各位能把握赞比亚提供的良机，在鼓励投资的大好形势下选择来赞比亚投资。

感谢中国政府、上海市、2010年上海世博会的组织者以及数百万参观赞比亚国家馆的中国人民，谢谢你们的友情。能和你们一起庆祝2010上海世博会赞比亚国家馆日和赞比亚独立46周年纪念，我们十分高兴和激动。

24-10-2010. THE WORLD EXPO EXHIBITION HAS GIVEN US AN OPPORTUNITY TO SHOW CASE ZAMBIA'S POTENTIAL IN AREAS OF ECONOMIC DEVELOPMENT. I MUST THANK THE CHINESE GOVERNMENT FOR MAKING IT POSSIBLE FOR MY COUNTRY TO PARTICIPATE IN THIS IMPORTANT EVENT. WE ARE ALSO GRATEFUL ETERNALLY FOR THE HOSPITALITY EXTENDED TO ME AND MY DELEGATION.

GEORGE KUNDA, SC, MP
ZAMBIA — VICE PRESIDENT & MINISTER OF JUSTICE —

世博会给予了我们一个良好的机会来展现赞比亚在经济发展领域的潜力。我必须感谢中国政府使得我们能够参与此次重要盛会。我们也会永远铭记贵国给予我及整个代表团的热情款待。

乔治·孔达

交流活动

中方代表与赞比亚共和国国家馆日代表团主要成员合影

赞比亚馆日代表团所赠的工艺品

赞比亚馆日的歌舞表演

联合国荣誉日

2010 年 10 月 24 日

在荣誉日仪式上的中方代表致辞

非常高兴出席联合国荣誉日活动。在此，我谨代表中国政府和人民，向莅临今天活动的各位贵宾表示热烈欢迎，对联合国给予中国 2010 年上海世博会的支持表示衷心感谢。

今年是联合国成立 65 周年。65 年来，作为最具普遍性、代表性和权威性的政府间国际组织，联合国在维护世界和平、推动国际合作、应对全球性挑战、促进共同发展等方面发挥了重要作用，取得了重要成果，为人类的和平、进步与福祉做出了重要贡献。

中国是联合国的坚定支持者，也是联合国各项事业的积极参与者。多年来，中国认真履行应尽的责任和义务，与联合国密切配合，在共同应对全球性挑战中发挥着重要作用。潘基文秘书长将于近日访华并出席上海世博会闭幕式和高峰论坛。我们相信，此访将进一步加强中国与联合国的合作。

上海世博会是世界各国人民对话与交流的舞台，得到了包括联合国在内国际社会大家庭的广泛支持和积极参与。以"一个地球，一个联合国"为主题的联合国馆亮相世博园以来，集中展示联合国和有关国际组织在可持续发展、应对气候变化等领域的有益尝试和成功实践。展馆成为世博园的亮点之一，为世界各地游客近距离了解联合国，分享借鉴联合国发展合作理念提供了契机，也为本届世博会增添了光彩。

再过几天，上海世博会即将落下帷幕。我们相信，世博会倡导的进步创新、和谐共荣精神将继续指引各国人民在人类和平、发展、进步的道路上不断前进，我们愿与联合国共同努力，充分利用上海世博会宝贵的物质

联合国馆（B 片区，联合国联合馆）

中国外交部国际司司长 陈旭

联合国展区总代表 贝楠博士

和精神财富，为推动相关领域的国际合作注入新动力。

祝愿联合国荣誉日活动和联合国及有关国际组织参加此次上海世博会取得圆满成功。

在荣誉日仪式上的外方代表致辞

在联合国荣誉日之际，首先，我谨代表联合国秘书长潘基文先生，向中国政府和中国人民致以崇高的敬意，感谢世博会当局以及上海市对联合国馆的大力支持。秘书长本人感激中国为联合国参展所付出的努力。

上海世博会的联合国馆，传达着联合国的核心理念并延续着联合国的崇高使命。我们认为，联合国有必要参与上海世博会这一国际合作和文化交融的舞台。同时，本届世博会，是联合国45个下属机构、项目单位、基金以及部门首次作为统一整体参加的世博会。联合国的参与与上海世博会特殊的性质密不可分。

潘基文秘书长认为，联合国参与本届世博会，将有别于往届世博会，并且选定“同一个地球，同一个联合国”为主题，以应对“城市，让生活更美好”所面临的重重挑战，展现联合国以团结为宗旨的理念。联合国馆成功展示了在多样化的背景下如何缔造和谐共融。通过“同一个地球”这一理念，我们旨在传达人类有责任以可持续发展的方式维护我们共同拥有的地球，以便拥有更美好的城市、更美好的生活。

本届世博会，中国充分发挥了国际合作精神。在过去的五个半月中，上海世博会，以其瞩目的成就，在世博历史上留下了光辉的一页。此刻，能够参与这一具有划时代意义的国际盛会，我们感到由衷的自豪。

在上海世博会期间，我们探讨了如何应对未来人类和城市生活所面临的挑战。每一个展馆，都以自己的方式，精彩诠释了“城市，让生活更美好”这一理念。在联合国馆内，我们举办了150场次的活动和论坛，以此探讨“城市，让生活更美好”这一理念所带来的机遇和挑战。上海世博会期间，一共举办六场主题论坛；其中五场已经在联合国机构和中国有关部委的牵头下顺利举办。论坛的主题，涉及信息化与城市发展，城市更新和文化传承，科技创新和城市未来，环境变化与城市责任，经济转型与城乡互动，和谐城市与宜居生活等方方面面的内容。

在每一场论坛中，国际专家、科学家、学者、政府官员以及相关各方共聚一堂，相互交流、探讨如何应对“城市，让生活更美好”这一理念所面临的诸多挑战。

本届世博会，留给人类丰厚的知识汇集，描绘了人类未来发展的蓝图。除此以外，多方合作产生的效应还包括文化交流：在六个月的时间，各个展馆之间不停开展着多元文化的互动。

值此之际，我希望向中国致以由衷的感谢，感谢中国对联合国发展与维和议程的大力支持，特别感谢中国在国际社会为推动《千年发展目标》所做的杰出贡献。

此时此刻，联合国荣誉日也让我们再次回首并感悟先辈们在起草《联合国宪章》时所持有的理想、原则和信念。

在联合国荣誉日这一特殊时刻，我们不禁想到各个国家为联合国和世界和平无私奉献、不惜牺牲自我的兄弟姐妹。他们是真正的和平使者；为此，联合国和国际社会感激不尽。

最后，在本届世博会，我们看到人类的最佳面貌，领略了未来美好城市和美好生活的蓝图。现在，距本届世博会结束之日只有不到一周的时间。然而，我们深刻认识到，这并不代表终点；这恰恰是，人类开始伟大历史征程、迈向美好明天的第一步！

交流活动

中方代表与联合国荣誉日代表团主要成员合影

in appreciation of a most wonderful and extraordinary world expo and in gratitude for China support to the United Nations and the UN pavilion. with prospect of future cooperation for the benefit of the whole world community we thank you

Dr. [illegible]
UN Commissioner General

感谢中国举办了一届最精彩、最出色的世博会，感谢中国对联合国和联合国馆的鼎力支持。愿我们今后的合作前程似锦，造福整个中国。再次表示感谢。

贝楠

联合国荣誉日的歌舞表演

联合国荣誉日代表团所赠的工艺品

立陶宛共和国国家馆日

2010年10月25日

在馆日仪式上的中方代表致辞

我代表中国政府和上海世博会组委会，对立陶宛举办上海世博会国家馆日活动表示衷心祝贺，对格里鲍斯凯婕总统阁下出席馆日活动表示热烈欢迎。我相信，立陶宛国家馆日活动一定会给每一位到访者都留下深刻而难忘的印象。

世博会是荟萃人类文明成果的盛会，也是世界各国人民共享欢乐和友谊的聚会。诞生159年来，世博会把不同国度、不同民族、不同文化背景的人们汇聚在一起，沟通心灵，增进友谊，加强合作，共谋发展。世博会给国际社会留下了追求进步、崇尚创新、开放共荣、倡导和谐的宝贵精神财富，为推动人类文明进步发挥了重要而独特的作用。

上海世博会是第一次在发展中国家举办的注册类世博会。这是中国的机遇，也是世界的机遇。上海世博会将向世界展示一个拥有5000多年文明历史、正在改革开放中快速发展变化的中国，搭起中国学习借鉴国外先进经验、同世界交流合作的桥梁。五个多月来，世界各国各地区以世博会为平台，以“城市，让生活更美好”为主题，充分展示城市文明成果，交流发展经验，传播先进城市理念，互相学习，取长补短。我相信，上海世博会将书写中国人民与世界各国人民、人类各种文明交流借鉴的新篇章。

当我们身处立陶宛国家馆这好似含苞欲放的花蕾型建筑中时，无不赞叹设计师的独具匠心，为其聪明才智所折服。这美轮美奂的造型设计寓意着国家和城市充满生命力，欣欣向荣，繁花似锦。馆内城市发展的成功实例、建筑与文化遗产、自然保护、人民成就、运动和科技成

立陶宛馆（C片区，租赁馆）

中国国家审计署审计长 刘家义

立陶宛总统 达里娅·格里鲍斯凯婕

果等领域的展示，展现立陶宛在发展过程中，如何实现人与人、人与大自然之间的和谐共生、共存的美好愿望。这正是对本届世博会主题“城市，让生活更美好”最好的诠释。在这里，我们可以体验到立陶宛绿色的丘陵、清澈的湖泊、宁静的鹅卵石街道，还有机会感受“许愿石”带来的神奇。如果还意犹未尽，你可以参与篮球互动游戏，提前感受2011年欧锦赛的激情。最后，购买一枚小小的琥珀饰品也许就是你此行最完美的句号。

“相知无远近，万里尚为邻”。中立两国虽然相距遥远，但两国人民的友谊早已超越了单纯的地理概念。建交19年以来，两国各领域的交流与合作富有成果，两国关系不断取得新发展。相信上海世博会将为进一步增进两国人民的友谊，促进中立友好合作注入新的活力。

立陶宛是具有悠久历史的文明古国。千百年来，勤劳勇敢的立陶宛人民在美丽富饶的土地上书写了辉煌的历史，创造了灿烂的文化。如今，立陶宛朝气蓬勃，全面发展，人民安居乐业。今天的馆日活动使我们有机会走进并零距离感受立陶宛这一勇敢、坚强的伟大民族。让我们走近这颗波罗的海岸边的璀璨明珠，尽情享受它给我们带来的异域风情。

祝愿立陶宛国家馆日活动圆满成功。谢谢大家！

在馆日仪式上的外方代表致辞

我很高兴地祝贺中国成功举办此次让世界人民共同欣赏的世界博览会。北京奥运会和上海世博会等盛大活动的举办，体现了中国的国际影响力和巨大发展潜力。

此次世博会也为彼此相隔遥远的国家提供了更好了解对方的机会，如立陶宛和中国。其实早在17世纪，立陶宛人就已经开始了解中国。

如今，一些立陶宛人和立陶宛公司已为中国人民所熟知：高新技术领域的富酶泰斯公司和艾克斯玛公司，体育领域的篮球教练尤纳斯·卡兹劳斯卡斯以及文化领域的优秀艺术家康斯坦丁纳斯·屈尔里奥尼斯等。我为他们感到十分骄傲。我国在世博会上展示了一个富有生机活力、发展迅速的国度形象。我衷心认为这一形象相当贴切。当然，这不仅仅与我们在篮球场上取得的胜利有关。

因此，我期待双方进一步加强重要领域的合作，如信息技术、通讯、高新技术、互联网解决方案、体育和文化等领域。篮球已经成为立陶宛的名片。在文化领域，我们两国的音乐家、电影制作者和艺术家已建立众多交流。没有在上述领域的密切合作，我无法想象“在更好的城市里拥有更美好的生活”这个目标会如何实现。

因此，我希望大家不要忘记对话和相互了解的重要性。正是人际交流打破了坚冰，建立了桥梁。我们已经迈出第一步——两国间高层互访的实现。今年，北京外国语大学开设了立陶宛语课程；维尔纽斯（立陶宛共和国首都）的各中学也已把中文纳入外语选择之一。整整一个月以后，也就是11月25日，维尔纽斯大学将开设孔子学院。让我们继续类似的交流吧！

2011年，我们将庆祝立陶宛和中国建交20周年。上海世博会给我们提供了进一步加深交流和联系的机会。让我们利用好这次机会！

交流活动

中方代表与立陶宛共和国国家馆日代表团主要成员合影

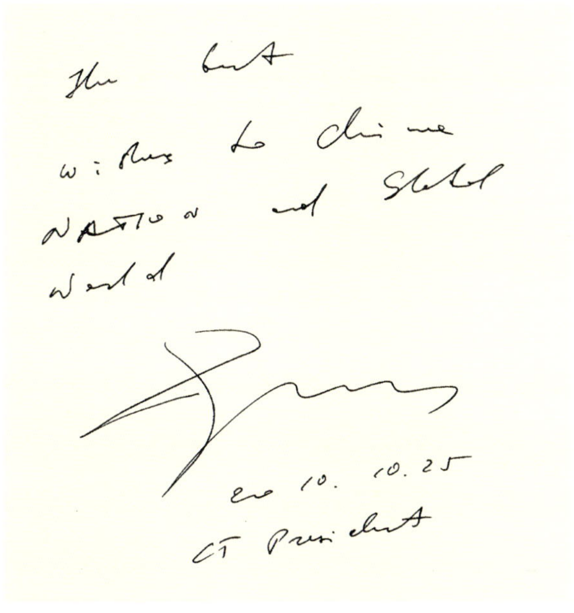

The best wishes to Chinese NATION and Global World

2010. 10. 25
LT President

给中国及世界以最美好的祝愿。

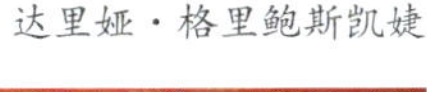

达里娅·格里鲍斯凯婕

立陶宛馆日代表团所赠的工艺品

立陶宛馆日的文艺表演（一）

立陶宛馆日的文艺表演（二）

瑙鲁共和国国家馆日

2010年10月26日

在馆日仪式上的中方代表致辞

今天，我们相聚在黄浦江畔，相会在美丽的世博园区，共同参加瑙鲁国家馆日活动。我谨代表中国政府和人民，向出席活动的各位来宾表示热烈欢迎，对包括瑙鲁在内的各参展方给予中国2010年上海世博会的支持表示衷心感谢，并预祝本次活动圆满成功。

上海世博会为中瑙的友好合作提供了一次宝贵的机遇。瑙鲁馆展示的瑙鲁独特风土人情、旅游资源，以及具有瑙鲁特色的饰品，受到了海内外游客的欢迎。

我们相信，本届世博会将进一步扩大中瑙在经济、人文等领域的交流，增进两国人民友谊，推动双方友好合作关系迈上新台阶！

最后，再次预祝本次活动圆满成功！祝夏尔曼·斯考特及各位来宾身体健康！

在馆日仪式上的外方代表致辞

大家好。欢迎诸位前来参加10月26日瑙鲁“返乡日”节日庆祝活动。我们选定这一特殊日子作为上海世博会瑙鲁馆日。

“返乡日”在瑙鲁方言里，意思为“达成目标”。在瑙鲁的历史上，这一天具有特殊的含义。因为，在这段时间，太平洋岛民坚忍不拔的品格得以显露。世界第一次大战期间，流感病毒侵袭太平洋地区，夺去了很多岛民的生命。然而，在“返乡日”这天，瑙鲁的人口数目回复期望数值，由此保证了瑙鲁种族的延续。

瑙鲁从1920年10月开始庆祝“返乡日”，并将这一天定为法定假日。在这一天，全国各地，通过歌舞、

瑙鲁馆（B片区，太平洋联合馆）

中国贸促会副会长 王锦珍

瑙鲁展区总代表 夏尔曼·斯考特

排球、传统纸牌游戏、向年轻一代口述“返乡日”故事等形式欢庆这一节日。这一天，我们举行少年的盛装竞赛，青年则参加摔跤比赛，女孩子通常参加编织花环比赛。届时，我们还将开展居民区大扫除比赛，以庆祝“返乡日”这一幸福的时刻。

各个学校也庆祝“返乡日”，讲述这一节日的由来和相关故事。幼儿园、小学、中学都有特定的节目安排，穿着传统服饰，表演传统烹饪厨艺，并且售卖学生手工制作的各类工艺品。学校也会在这一天组织老年人讲述返乡日的故事、由来、及其重大意义；以此，将“返乡日”所蕴含的民族精神延续至下一代。今年在上海，我们达成了目标，共享世博盛世，感到无比幸福。

我希望借此机会，感谢世博局慷慨支持和协助瑙鲁参展上海世博会。这也是瑙鲁首次参加国际展会，我们感到由衷自豪。目前，已经有近 700 万人次到访太平洋馆，与我们的展馆员工亲切交流并参观瑙鲁的展品。

此刻，我想特别感谢南太旅游组织，感谢你们的大力支持，让瑙鲁得以来到上海这座繁荣的国际都市，并顺利参展上海世博会、加入太平洋岛国的参展大家庭。

此外，我们祝贺上海成功举办本届世博会，感谢主办方的慷慨援助，让我们得以进一步参与国际社会，并且在世博村居住。本届世博会期间，我们受到宾至如归的款待，同时领略了各个太平洋邻国乃至世界各国的生活方式和风土人情。非常感谢。

Shanghai EXPO 2010
'Congratulations on a JOB
WELL DONE
from Nauru
Commissioner General &
Nauru Pavilion Staff
Charmaine Scotty
Tobwa - Xie Xie

瑙鲁总代表同瑙鲁国家馆工作人员祝贺 2010 上海世博会取得成功。

Tobwa- 谢谢。

夏尔曼·斯考特

交流活动

中方代表与瑙鲁共和国国家馆日代表团主要成员合影

瑙鲁馆日代表团所赠的工艺品

瑙鲁馆日的文艺表演

洪都拉斯共和国国家馆日

2010 年 10 月 27 日

洪都拉斯馆（C 片区，中南美洲联合馆）

在馆日仪式上的中方代表致辞

今天，我们相聚在黄浦江畔，相会在美丽的世博园区，共同参加洪都拉斯国家馆日活动。我谨代表中国政府和人民，向出席活动的各位来宾表示热烈欢迎，对包括洪都拉斯在内的各参展方给予中国 2010 年上海世博会的支持表示衷心感谢，并预祝本次活动圆满成功。

上海世博会为中洪的友好合作提供了一次宝贵机遇。以“我们期待更好的未来”为主题的洪都拉斯馆，围绕科潘玛雅遗址等元素，生动地展示神秘的玛雅文化和洪都拉斯的风土人情，受到了海内外游客的欢迎。

我们相信，本届世博会将进一步扩大双方在经济、人文等领域的交流，增进人民友谊，推动双边友好合作关系迈上新台阶！

最后，再次预祝本次活动圆满成功！祝各位来宾身体健康！

在馆日仪式上的外方代表致辞

我谨代表波菲里奥·洛沃·索萨总统领导的洪都拉斯共和国民族团结政府，感谢中国政府和中国人民邀请洪都拉斯共和国参加上海世博会。

中国是一个繁荣富强的国家，现今已跻身于世界经济大国行列，成为我们学习的模样。

中华人民共和国是一个巨大的市场，不仅能够为洪都拉斯的商品和服务提供大量商机，还可以刺激和推进投资潮，同时也会增强两国间的双边关系与合作。

所以说，上海世博会为洪都拉斯推动出口以及吸引外资提供了千载难逢的机会。

中国贸促会副会长 董松根

洪都拉斯工商部部长 奥斯卡·埃斯卡兰特

身为洪都拉斯共和国工商部长，我很荣幸与各位探讨投资问题，这也是两国经济社会发展中的重大问题，但更为重要的是，让所有与会者了解洪都拉斯为中华人民共和国的投资商提供的照顾、机会以及良好的环境。

我国政府早在十年前就开始奉行贸易自由化和宏观经济稳定政策，而且承诺本着开放、透明和平等的原则实行一项积极的私人投资刺激政策。

我国的《政治宪法》规定，对于经济发展和增长来说，外来投资是对国内投资的补充，因此需要平等公正地对待外来投资。

我国的法律制度可以为外来投资者提供安全的投资环境以及稳定透明的法律保障。

另外，我国还与美国、瑞士、英国、法国、西班牙、智利等国签署了 12 项促进和保护投资的双边协定，确立了具有高度保护和自由标准的投资规则。

开放私人投资还大大提高了公共服务的投入力度，并且增加了受益人群。一个明显的例子就是电信行业积极向好的发展趋势，我们通过特许经营的方式，鼓励国外私人投资商参与移动电话业务。

在贸易领域，洪都拉斯是世贸组织缔约国之一，因为与其他国家达成有利于实现贸易自由化的条款和规则，对于洪都拉斯制定经济发展政策是非常重要的。

因此，由于签署了旨在消除关税壁垒和非关税壁垒的自由贸易协定，洪都拉斯可以直接向世界主要国家出口商品和服务。

这些协议可以提供各种投资机会，因为通过签署协议，可以打开美洲、墨西哥、智利、哥伦比亚、巴拿马、多米尼加共和国、欧盟等重要市场的大门。

同样，为促进在出口生产领域的投资，洪都拉斯还专门制定了相关法律法规，建立广泛的长效免税制度，为投资提供合法保障以及鼓励措施，如在自由区或加工区实施的免税制度。

另一方面，世界银行在年度营商环境报告中，认定洪都拉斯已经实施了行政手续简化改革，大大缩短了开办企业所需的时间和流程，通过实施改革，已有超过 300 家国际知名公司落户在洪都拉斯。

在这方面，驻洪都拉斯的中国水利水电集团公司与洪都拉斯政府签署了一份谅解备忘录，目的是推动建设帕图卡一号、二号和三号水电站项目，以提供环保和可再生的能源。

在可再生能源领域，我国已经规划了多个发电项目，包括水力发电、生物发电、风力发电以及生物燃料发电。

同样，私人投资也可以用于纺织工业，此外还包括加工业、农商业、林业、旅游业和服务业。

最后，波菲里奥·洛沃·索萨总统委托本人，为洪都拉斯能够在上海世博会这样成功的国际盛会上举行国家馆日活动向中华人民共和国主席和人民表示衷心感谢！

交流活动

中方代表与洪都拉斯共和国国家馆日代表团主要成员合影

Mi Agradecimiento infinito al Gobierno
y Pueblo Chino, Por Su apoyo Solidario
Para con el Gobierno y Pueblo hondureño
Que Dios Bendiga nuestros Pueblos

Ministro de Industria
y Comercio de Honduras

我谨对中国政府和人民给予洪都拉斯政府和人民的友好表示无尽感激。愿上帝保佑两国人民！

奥斯卡·埃斯卡兰特

洪都拉斯馆日的文艺表演

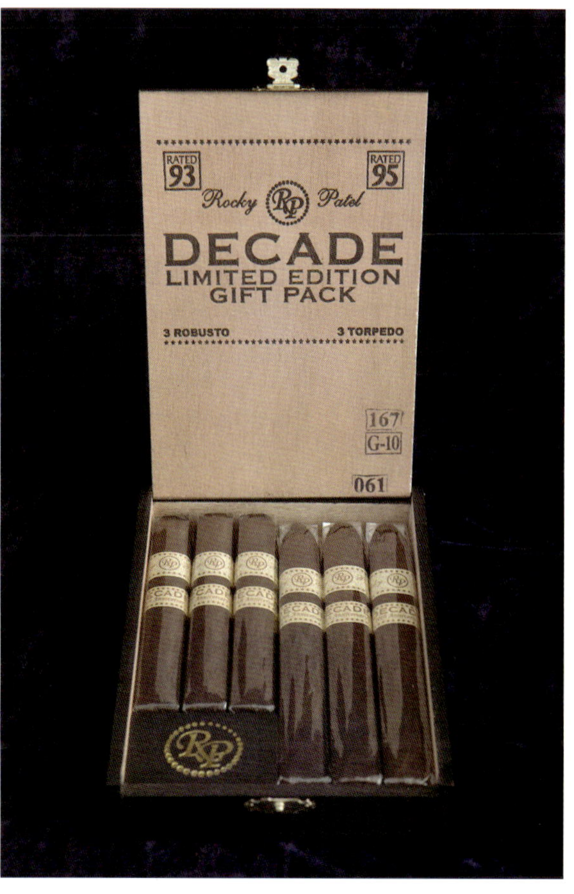

洪都拉斯馆日代表团所赠的礼物

在馆日仪式上的中方代表致辞

我谨代表中国政府和上海世博会组委会，对格鲁吉亚举办上海世博会国家馆日活动表示热烈祝贺，对吉拉乌利总理出席今天的国家馆日活动表示热烈欢迎。

159 年来，世博会为推动文明发展，促进时代进步，加强国际交流发挥着独特的作用，世博会已成为各国开阔视野、展现自我的舞台。

2010年上海世博会以“城市，让生活更美好”为主题，体现了人类对未来更美好生活的设想和憧憬。相信在所有参与者的共同努力下，上海世博会将拉近中国和世界各地的距离，促进世界各国人民进一步密切往来，增进友谊，成为推动人类进步、激励创新和共同发展的盛会。

格鲁吉亚是黑海之滨的优美国度，风光旖旎，葡萄酒香飘四溢，素有“上帝后花园”的美誉。身处格鲁吉亚国家馆，置身于蜿蜒的葡萄藤下，呼吸着葡萄美酒的芳香，我们既能了解格鲁吉亚悠久的历史文化传统、领略恬静优美的异域风情，又能感受格鲁吉亚人民的热情好客和他们对“美丽的自然、风景、文化历史遗迹紧密相连”的深刻理解。相信格鲁吉亚馆将给每一位到访者留下深刻和美好的印象。

中格两国交往历史久远，两国人民友谊源远流长。从古代丝绸之路到近代茶叶种植，两国人民交往跨越千山万水，写下段段佳话。建交 18 年来，在相互尊重、平等互利、互不干涉内政等原则基础上，中格关系健康稳定发展，各领域合作富有成果。实践证明，不断发展双边关系符合两国和两国人民的根本利益。我相信，上海世博会将为中格两国和两国人民增进相互了解、深化双边合作提供新的契机。

格鲁吉亚馆（C 片区，欧洲联合馆）

中国文化部部长 蔡武

格鲁吉亚总理 尼卡·吉拉乌利

最后，衷心祝愿格鲁吉亚国家馆日活动圆满成功。

在馆日仪式上的外方代表致辞

首先，感谢您热情洋溢的致辞。也感谢贵方提供的周到安排和热情款待。

此时此刻，我希望祝贺中国政府成功举办本届世博会，并为世博会井然有序的组织管理感到由衷的赞叹。中方克服了重重困难，有力引导了190个国家展馆的各项工作。此外，在184天的世博会期间，你们组织和管理多达7000万人次的参观者，这是一项极为艰巨的工作。为此，我感谢积极所有参与这一艰巨任务的人员，你们的辛勤付出促成了上海世博会的巨大成功。

在此，我特别感谢中国政府给予的大力支持，协助格鲁吉亚顺利参展上海世博会。这段时间，对我方至关重要。在184天中，总计有170余万参观者到访格鲁吉亚馆。这意味着已经有170余万参观者更加深入了解格鲁吉亚的文化、历史和经济。

今天正值上海世博会格鲁吉亚国家馆日，借此机会，我想简要的讲述格鲁吉亚的历史、文化和经济。

格鲁吉亚的历史可以追溯至几个世纪以前。我们的历史非常的复杂，历经很多变故，与亚洲和欧洲有着深刻的渊源。在丝绸之路时期，商人往来于中国和欧洲，从事各种商贸活动，而那时的格鲁吉亚是他们的必经之地。于是，欧亚的商人将各自的文化、语言、饮食习俗带到格鲁吉亚。

格鲁吉亚的特色在于，亚欧文化、亚欧背景在此交汇、催生出格鲁吉亚的独特文化。因此，旅游业当之无愧地成为拉动格鲁吉亚国民经济增长的重要引擎。当前，众多游客来到格鲁吉亚，希望领略这里独特的风土人情。在此，我也希望邀请各位来格鲁吉亚旅游、观光。

至于格鲁吉亚的经济现状，我认为，2009年我们的确经历了挫折，然而在2010年我们的经济重新呈现出强劲且显著的增长态势。今年上半年我国的经济增长率达到6.5%，而且在各个行业都呈现增长态势。目前，我国出口行业、农业总产值、旅游业、金融业以及其他行业的涨势喜人。事实上，国内的改革带动了我国经济的稳健增长。2009年，我们的确遇到了重重困难；然而，由于过去四五年间我国国内的改革举措，我们的经济得以迅速复苏。

我们的经济发展理念非常明确：我们将不断吸引更多的投资商，并在我国盈利。我们从投资商的角度出发，制定法律法规。同时，我们站在投资商的立场，开展一系列的改革。在此基础上，我们实行了税务减免制度，减少了税种。我们精简规章制度和证件办理程序，并且有力打击了国内的腐败风气。我们已经批准了土地私有，任何外籍公司都可以购买并持有格鲁吉亚的土地。因此，如今众多跨国公司来到格鲁吉亚，并在这里设立公司，并借此辐射其他周边地区。

同时，我们也希望中国公司能够参与到格鲁吉亚的投资建设。事实上，目前，一些中国企业已经在我国经营得有声有色。这些中国公司主要致力于电讯通信、能

源、林业和采矿业等领域。他们目前的经营非常成功。事实上，中国企业可以利用格鲁吉亚作为运营中心或者中转站，进而打开欧洲市场。

我国与所有邻国签署了《自由贸易协定》。与此同时，我国和各个邻国保持着稳固的政治和经贸关系。因此，通过格鲁吉亚，可以进驻 2.5 亿人口的庞大市场。我国与中国之间关系稳定。中国政府强烈希望支持中国企业到格鲁吉亚投资经营，同时，格鲁吉亚政府也希望本国的企业能够来华投资经营。在较短时间内，中国迅速成为格鲁吉亚的第五大贸易伙伴国。但是双方还可以继续深入寻找更多合作开发的项目，双方的合作前景十分广阔。中国政府在政策层面大力支持，格鲁吉亚政府提供相应的经营环境，我认为，现在是来我国经商的大好时机。

交流活动

中方代表与格鲁吉亚国家馆日代表团主要成员合影

Congratulations
on excellent
organization of Expo 2010.
Thank you very much for
great hospitality and warm
welcome. It has been an amazing
experience to visit Expo 2010.
With the best wishes

祝贺 2010 世博会优秀的组织工作。

非常感谢贵国的殷勤款待和热情欢迎。

访问 2010 世博会是一次令人惊叹的经历。

最美好的祝愿。

尼卡·吉拉乌利

格鲁吉亚馆日代表团所赠的工艺品

格鲁吉亚馆日的文艺表演

哥斯达黎加共和国国家馆日

2010年10月29日

哥斯达黎加馆（C片区，中南美洲联合馆）

在馆日仪式上的中方代表致辞

我代表中国政府和上海世博会组委会，对哥斯达黎加举行上海世博会国家馆日表示诚挚祝贺，对卡斯特罗外长阁下出席今天的馆日活动表示热烈欢迎。相信哥斯达黎加国家馆日活动将使每一位到访者记忆深刻。

世博会是人类文明成果荟萃的伟大盛会，每一届世博会都成为见证人类文明发展的驿站，在全球范围内推动广泛的国际交流，为各国开阔视野、展现自我，提供了机会和舞台。世博会始终高举进步的旗帜，崇尚创新的精神，坚持开放的道路，倡导和谐的理想，不断开启人类重新认识世界的窗口。

本届上海世博会以“城市，让生活更美好”为主题，体现了人类社会对未来更美好生活的设想和憧憬。在所有参与者的共同努力下，上海世博会一定会成功、精彩、难忘，成为增进世界各国人民友谊的盛会，促进人类进步的盛会，推动创新和共同发展的盛会。

在以往的世博会上，我们曾多次欣赏哥斯达黎加的精彩展示。今天，我们再次看到了自然清新的哥斯达黎加馆。浓香四溢的咖啡、雄伟壮丽的波阿斯火山、椰影婆娑的海岸线、广袤蓊郁的原始森林和平静祥和的城市生活，共同构成一幅色彩斑斓的画卷。其间，我们还将欣赏到哥斯达黎加艺术家们的精彩演出，零距离接触当地的风土人情，感受哥斯达黎加人民的质朴与热情。

哥斯达黎加是近年来第一个同中国建交的中美洲国家。中哥建交三年来，双方均高度重视两国关系，两国各领域交流与合作取得丰硕成果。事实证明，中哥发展友好关系符合两国和两国人民的共同利益，为两国和两国人民带来了实实在在的好处。我相信，上海世博会将

上海世博会中国政府总代表 华君铎

哥斯达黎加外长 雷内·卡斯特罗·萨拉萨尔

为中哥两国和两国人民增进相互了解、深化双边合作提供新的窗口。

上海与圣何塞相距遥远，但今天的哥斯达黎加国家馆日，将使我们跨越万水千山，一览哥斯达黎加美丽丰饶的土地，一同体验哥斯达黎加人民对美好生活的深刻理解。这就是世博会的魅力所在，也是包括中哥人民在内的世界各国人民追求更美的城市、更好的生活、更深的情谊，共同缔造人与人、人与自然和谐共存，实现人类可持续发展的生动例证。

祝愿今天的哥斯达黎加馆日活动取得圆满成功。

在馆日仪式上的外方代表致辞

在上海世博会庆祝我们哥斯达黎加国家馆日之际，能够向中华人民共和国政府和人民，以及出席今天活动的来自世界各地的到访者带来哥斯达黎加政府和人民的热情问候，我为此感到巨大的荣耀和深深的满足。

本届博览会是世界各国人民及其文化之间沟通和友谊得以发展并巩固的一次真正的庆典。当各国人民之间有意愿开辟一个最广泛相聚和交流空间的时候，彼此间就会有更好的相互了解，它超越了任何形式的分歧，这就是本届世博会的魅力所在。

本届世博会同时还有一个非常突出的特点，它突显了人类创造与创新的能力，具体体现在人们为解决全人类共同的问题而具有的最为先进的建议。通过对园区的游览，无论是主题馆还是国家馆抑或是企业馆的精彩展示，全球的人们为提升城市生活品质而寻求新颖解决方案所展示的聪明才智和创造才能无不令人感到惊奇和欣喜。城市是我们多数人已然居住其中的环境，在未来几十年这一人口比例还将不断攀升。

我觉得以“城市，让生活更美好”为主题的本届世博会正好在这美丽而令人惊叹的上海市举办具有非凡的意义。上海是座不断变革的城市，她总在对自身进行不断的再创造，也因而理所当然，她已经成为 21 世纪的标志性城市。

尊敬的朋友们，在这样一个深具影响的相互亲近与交流的空间框架之内，请允许我与你们一起分享我们在国内正为我国公民特别是我们的年轻人付诸实施的一些倡议。我们希望借此能使我们的年轻人以更好的准备状态充分利用当今世界所提供的机遇，并能充分发挥他们的才华和能力。

也许你们当中部分人知道，尽管哥斯达黎加是个小国，并且也没有什么重要财富，但在本国历史中，由于我们作出了一些正确的决定，我们得以在为本国公民提供更好生活品质的道路上取得了重要进展。比财富的积累更为重要的是，我们哥斯达黎加人试图走向一个真正发展的道路，我们可以理解为使尽可能多的居民获得尽可能多的机遇这一制度的建立，它同时保证所有人基本

需要的最大满意度。

多少代人以来，我们哥斯达黎加人把对我们的孩子以及年轻人的教育一直放在一个优先的重要位置。我们为我们国家在这个意义上所走过的历程而深感自豪，因为自 19 世纪起就建立了让所有年轻人至少接受小学教育的保障机制，并确立了旨在加强教育的综合政策，另外，我们将国民经济资源中重要的一部分投入于教育。我们可以说，我们的祖辈们意识到，也许是出于直觉，也是今天广为传播的一个理念，那就是要想成功地摆脱贫穷并获得一个更好品质的生活，主要还是要以知识和教育为基础。

从这样一个历程以及当今世界的需求出发，哥斯达黎加社会目前正面临一个特殊的挑战，就是如何将科技转化为国家发展的主轴。我们正努力在我们的居民特别是年轻人中激发他们在研究、创新和实际应用科技知识的不断见长的能力，以便加强对有更高附加值货物和服务的出口，这一领域自几年前开始兴起成为我国经济最为重要并具有活力的部门之一。

教育革新和现代化进程中的中心方面之一就是我们实施了一项旨在激励创造性地拥有并利用数字技术的战略，我们认为数字技术是我们最好地利用这个社会知识时代提供的诸多机遇至为关键的要素。

在这一战略中，我们将行动的优先性放在了社会上较为脆弱的以及农村地区的教育中心上，目的就是将对数字技术应用的传播转化为有助于国家社会融合的机制。我们认为公平地获得数字技术无论是在各自国家之内还是在国家之间都是当今的一个挑战，同时也是促使机遇平等的最为有效的途径之一。

我们认为缩小数字鸿沟是使信息社会为我们大家都带来好处的最为重要的举措。有鉴于此，我想与在座的诸位一同分享一个我们应当向国际社会介绍的我们称之为“数字社会公约”的提议，它是一个凝聚所有人的努力以便为全人类获得数字技术提供便利的国际承诺。我们坚信这一想法将会得到国际社会的欢迎，我们确信它一旦被付诸实施必将在短时间内带来非常积极的结果，从而有助于建设一个持久公正社会的模式。

下面请允许我谈一谈于我们国家而言同样重要的话题，它与我们出席本届世博会所带来的机遇相关。

一个庞大的哥斯达黎加官方代表团对上海世博会的访问本身就是我们的国家与中华人民共和国关系得到巩固进展的反映。哥斯达黎加认为中华人民共和国是当今世界各领域关键的主角之一。我们为双边关系获得的稳固性而感到庆幸，我们也希望我们的双边关系能够通过在诸多新领域新设想的实践而继续得到巩固。

自两国建立外交关系以来，两国贸易呈现的快速增长势头令我们深为满意。我们正紧张工作以便完成在我们法律系统内必要的最后的要求和程序，以期我们两国之间的自由贸易协定可以在明年初得以实施。届时我们将拥有一个调节我们贸易关系的合适的规范性框架，与此同时，我们也将为许多其他领域的活动，诸如投资和旅游打开大门。

我们也在向中国政府表示哥斯达黎加对于加强两国合作的兴趣，特别是通过对基础设施领域若干项目的支持，这些基础设施项目对于继续刺激像我们这样一个中等收入的国家发展而言是不可或缺的。我们坚信我们有能力在这一领域以及其他对于我们两国而言具有特殊重要性的领域保持密切协调，并将为双方带来有益的结果。

哥斯达黎加已经将与亚太区域国家总体上获得一个更为紧密的关系作为其未来几年对外政策的优先考量之一。我们深知这是一个我们有很多需要向它学习的区域，因为他们在发展、创新以及新近称作“绿色的增长”等方面都具有丰富的经验。这些国家知道在市场力量的作用与国家发展计划之间确立一种审慎的平衡，这一点格外引起了我们的注意，这一妙方允许两方面都能提供各自的最优之处，它也成为本区域各国成功的关键要素之一。

我们认为我们与亚太区域的紧密关系将使我们获得宝贵的元素，这些元素将与我们达成长期国家愿景的努力相结合，进而成为我们建设创新型、有竞争力、环境友好型、社会公正型以及经济上高度生产力社会的行动指南。我们也希望拥有中华人民共和国至为宝贵的支持，中国是我们寻求在本区域密切关系的最为重要的成员之一。

尊敬的中国政府和哥斯达黎加政府的代表们，尊敬的朋友们，请允许我在结束我的讲话之际，为我们两国人民的繁荣和福祉以及我们两国友好关系得到持久加强致以最美好的祝愿！

交流活动

中方代表与哥斯达黎加共和国国家馆日代表团主要成员合影

Congratulations Shangai, the most succesfull Expo ever. with admiration and respect.

René Castro S.

October 29, 2010

我谨恭祝上海举办了最成功的一届世博会，并对此表示钦佩和敬意。

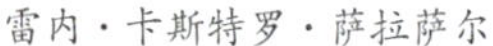

雷内·卡斯特罗·萨拉萨尔

哥斯达黎加馆日代表团所赠的工艺品

哥斯达黎加馆日的文艺表演（一）

哥斯达黎加馆日的文艺表演（二）

第四届 AVE 大会

2010 年 10 月 29 日

第四届 AVE 大会成员代表

中国上海市市长 韩正

德国汉诺威市前市长 赫伯特·施玛尔史蒂克

上海市市长韩正致辞

尊敬的国展局秘书长洛塞泰斯先生，
尊敬的萨拉戈萨市帕拉西奥副市长，
各位来宾，各位朋友：

大家下午好！非常荣幸能够担任第四届 AVE 大会的主席，谢谢大家！

胡安·贝罗奇阁下为 AVE 做出了卓有成效的贡献。在他的带领下，第三届 AVE 大会修订了协会章程，进一步明确了协会的宗旨、会员的资格和义务，为更好地发挥 AVE 在传播世博理念、分享世博经验、扩大世博会影响力等方面的作用奠定了坚实的基础。

世博会是汇聚人类文明成果的盛会，也是世界各国人民共享欢乐和友谊的盛会，回顾世博会 159 年的历史，它把不同国度和民族的人们汇聚在一起，沟通心灵，扩大交流，共同发展，并给人类留下了追求进步、崇尚创新、开放共融、倡导和谐的宝贵的精神财富，为推动人类文明进步发挥了重要的作用。

中国 2010 年上海世博会是首次在发展中国家举办的注册类世博会。六个月来，246 个国家和国际组织围绕“城市，让生活更美好”的世博会主题，充分展示人类城市文明的成果，交流城市发展的经验，传播先进城市理念，共同探讨新的、更好的人类居住、生活的模式。我相信，上海世博会的影响已经超越了 5.28 平方公里的世博园区，超越了 7000 多万名游客。本届世博会所倡导的理念将深入人心，并将转化为全球城市发展的创新实践。

各位来宾，女士们，先生们，朋友们，上海世博会即将圆满落幕，但世博会的魅力和影响力将深刻而久远。作为第四届 AVE 大会主席，我将与所有成员一道，致力于传播世博的理念，分享世博的经验，放大世博会的效应，为未来世博会举办城市提供帮助和支持。我将与全体 AVE 成员并肩努力，共同完成赋予我们的使命！

德国汉诺威前市长施玛尔史蒂克致辞

尊敬的主席先生，尊敬的国展局秘书长，
尊敬的萨拉戈萨市副市长，各位 AVE 成员代表：

首先祝贺上海市市长担任 AVE 的新任主席，也祝愿上海市和上海人民在未来蓬勃发展。

女士们，先生们，汉诺威也曾在十年前举办过世博会和 AVE 大会。数月之久的世博会遗留下什么呢？现场也许并没有留下多少东西，但参观过汉诺威世博会的人们还能在地面上，树木上，木制的屋顶上，草坪上，发现些许记忆。我们还是非常怀念 2000 年的汉诺威世博会。可能我们很多的场馆没有像中国馆这样能保留下来，但它们已有了其他用途。希望这些怀旧的记忆能够继续历历在目。

汉诺威在举办世博会之前已做了很多规划，我们希望世博会能够真正地做到可持续发展。这意味着大多数的展馆能够保留下来或者能够循环利用。让我来举几个例子。一些基督教堂式的展馆被迁至前东德的旧城区，新加坡馆和印度馆被改建成运动场所，部分意大利馆回国得到了重建，墨西哥馆移到山区成为图书馆，尼泊尔馆迁到德国南部，葡萄牙馆之后也在葡萄牙重建。所以 2000 年世博会风靡汉诺威，世博会精神也传遍了德国。因此我们的愿景是实现一届可持续发展的世博会，不仅

仅是为了这几个月，而是为了更久的未来。

汉诺威世博会是德国举办的第一届世博会，对于整个地区基础设施的发展大有帮助。我们的城市在世博会举办之后发生了翻天覆地的变化。世博会使汉诺威市能够更好地迎接21世纪。现在我们城市的公共交通系统已成为全欧洲最好的。汉诺威在连接欧洲北部、东部和西部方面发挥着枢纽作用。与此同时，在举办汉诺威世博会的过程中，我们还重新建设了城市的道路、高速公路和铁路。我相信，德国如果没有举办2000年世博会，东德和西德在合并之后也许不能进行这么好的融合。这是一个很好的典范。

尤为重要的是，汉诺威市以及整个区域的人民为举办世博会做出了很大的贡献。我相信，汉诺威市的居民一定会将2000年世博会牢记在心，通过举办数月之久的世博会，他们也获得了更好的世界观。这届世博会让世界更好地了解了汉诺威。这对汉诺威是一个非常好的宣传。2000年世博会对于我们来说是一个里程碑的盛会。

感谢各位的倾听。

日本爱知县副知事片桐正博致辞

日本爱知县神田知事受国展局主席蓝峰、洛塞泰斯秘书长、萨拉戈萨贝罗奇市长以及上海市市长韩正之邀参加本日的AVE总会，我在此表示衷心的感谢。神田知事本想亲自再次来世博园区，但国内任务繁忙，由我来代表神田知事出席本日的AVE大会。在衷心祝贺上海世博会成功举办的同时，也向主办城市和地区的各位同仁的努力表示敬意。

2010年上海世博会的参加国家、国际组织以及入场者人数都是有史以来最多的，并获得了巨大成功。世博会还有两天就要闭幕了，自从开幕式以来，来自世界各地的人们到此，全世界都在瞩目这里的繁荣昌盛。多数的展馆以及展示、各种各样的活动，在半年的时间内给予人们梦想与喜悦。本世纪2010年举办的盛典将把更多的回忆记录在历史的史册上，并永远地留在人们心中。

世博会也给主办地留下了各种各样的财富。我想就2005年爱知世博会时我们所取得的重要成果在这里同大家分享。

在爱知世博会给举办地带来的众多的成果中，一个

日本爱知县副知事 片桐正博

具有代表性的实例就是民众环保意识的提高。爱知世博会是以“自然的睿智”，也就是全球性环保问题为主题举行的。当时，为使人们主动地学习并解决人类面临的全球规模的课题，我们呼吁全世界将智慧紧紧地结合在一起。

我们根据此主题，从规划、准备到举办，都以环保的观点来采取行动。

例如，在选定世博园区时，由保护生态环境的观点对全体规划给予大幅度的重新考虑和更改，立足于提倡保护大自然生态环境的民众的意见上，极力减缓园区周围生态环境的变化。像这样在民众参与的基础上以全开放的形式进行国际博览会的规划，在历届世博会上是史无前例的。

正因为有了这样的过程，才唤起了民众对环保问题的关心，彻底贯彻全球环保的理念，从而成功地规划了爱知世博会。

现在，本县继承以“自然的睿智”为主题的爱知世博会的成果，建设以民众的理解和合作为基础的环保先进县。具体来讲，环保型汽车和住宅用太阳能发电设施的广范围普及、3R（Reduce 减少、Reuse 再利用、Recycle 回收利用）等的零排放社区建设、推进环保学习等，在开展各方面的政策措施的同时，也扩大NPO等民众团体的地区环保活动。

2010年是爱知世博会闭幕后正好第5个年头，作为继承爱知世博会的一个重要环节，今年我们在爱知县举办生物多样性条约第10届缔约国大会（COP10），今天正逢是该大会的最后一天。这是一场以环保为主题的世界最大规模的国际大会。作为举办地政府，我确信本县的环保工作和成效，通过该大会的成功举行，已经

面向全球宣传。

最后，我自豪地认为，萨拉戈萨和上海的两届世博会也都继承了爱知县从正面进行的环保问题。希望在接下来的丽水、米兰也同样地继承下去，从而获得更大的成功。

感谢大家的垂听。

韩国丽水市市长金忠锡致辞

韩国丽水市市长 金忠锡

尊敬的上海市市长韩正先生，国展局秘书长洛塞泰斯先生，各位 AVE 成员城市市长，女士们，先生们：

我是丽水市市长金忠锡。2012 年丽水世博会将于 2012 年 5 月 12 日至 8 月 12 日在韩国丽水举行。作为丽水市市长同时也是 2002 年西班牙塞维利亚 AVE 大会的发起人之一，我也参加了 2005 年在日本名古屋举办的第二届大会。今年六月，我有幸被丽水市民再次推选为市长，是四年之后重新上任。今天能够到此参加本次大会，我深感荣幸。我想借此机会向上海市市长韩正先生和上海市市民致以崇高的敬意。你们举办了一届史上最大，也是最成功的世博会。同时，我也要向中国政府和中国人民致以敬意。你们全心全意地支持了这届上海世博会。

请允许我借此机会介绍我们美丽的城市——丽水。它位于韩国海岛南部海岸的中心位置，是一座非常美丽的小城。我们有 30 万热情好客的市民。丽水所在的韩国南部海岸拥有大片的潮淹区和湿地。同时我们还拥有三个国家级海洋公园和一个被美国食品及药物管理局认可的清洁海湾。在韩国，有超过 2000 个风光秀丽的小岛，其中 317 个就坐落于丽水。丽水同时还拥有国家产业园区和一个集装箱码头。

丽水还是一个历史名城。420 年前，李舜臣将军就在丽水建造了史上第一艘装甲舰——海龟号。他在世界海战史上留下了伟大的成就。现在，丽水市的伟大人民正团结在一起，将我们的城市打造成世界海洋旅游与休闲运动的中心。

尽管 2012 年韩国丽水世博会与 2010 年上海世博会相比，规模小，时间短，仅为三个月。但韩国政府与丽水市民也将全心全意，竭尽全力，向世界奉献一届非常成功的世博会。目前在丽水，世博园区、展馆、员工的住所都在有条不紊地建设之中。我们将全力保证每一位参观者都能非常方便地来到我们的城市，不仅能享受到 2012 年丽水世博会，还能享受到丽水这个城市的魅力。为了达到这些目标，目前我们正在实施四项“市民运动”：清洁、秩序、善意和服务。

2012 年丽水世博会的主题是“生机勃勃的海洋与海岸”。丽水世博会旨在提升公民对于气候变化和海洋海岸重要性的意识。通过举办这次世博会，我们将向国际社会传达“拯救我们唯一的地球”这样一个强有力的信息。除了达成以上教育性的目标，我们也致力于将丽水世博会打造成一个令人兴奋、激动的场所。在丽水，我们将用韩国最为先进的数码技术和丰富多彩的展示内容来迎接各位的到来。

我再次提请 BIE 和 AVE 大会的支持。有了你们强有力的支持，我们才能更好地实现我们打造丽水的梦想。通过 2012 年丽水世博会，我们将把这个城市打造成世界级的海洋旅游与休闲运动中心。

尊敬的各位来宾，女士们，先生们，衷心期待在 2012 年丽水世博会再次见到你们。非常感谢！

国际展览局日

2010 年 10 月 30 日

在展览局日仪式上的中方代表致辞

今天，2010 年上海世博会国展局日活动在此隆重举行。首先，我谨代表中国政府和上海世博会组委会，向莅临今天活动的各位贵宾表示热烈的欢迎，对国际展览局一直以来给予中国 2010 年上海世博会的支持表示衷心的感谢。

作为协调和管理举办世界博览会的政府间国际组织，国际展览局自成立以来，一直致力于通过协调和举办世博会，促进世界各国经济、文化和科学技术的交流和发展，为人类发展、进步与福祉做出了重要贡献，发挥了重要作用。

中国是国展局和世博会事业的积极参与者。自 1993 年加入国展局以来，中国先后成为规则委员会、信息和交流委员会以及执委会成员，认真履行职责，与国展局密切配合，传承世博理念，宏扬世博精神，促进国展局和世博会事业的蓬勃发展。

世博会是交流人类文明的盛会，是汇聚多元文化的平台。自 1851 年诞生以来，世博会记载着人类文明进步的足迹，引领人类社会发展的潮流，逐渐成为世界各国人民总结历史经验、展现创新成果、倡导合作精神、展望未来发展的重要舞台。上海世博会秉承宗旨，以“城市，让生活更美好”为主题，把世博会的优良传统和积极作用进一步发扬光大。开幕以来，展馆展示精彩纷呈、园区观众有如潮涌、各项活动引人入胜，正成为世界各国和国际组织展示城市发展成果，交流城市发展理念，探索城市发展未来的平台；成为全球各族人民加强了解、增进友谊的纽带和桥梁。

明天，为期 184 天的上海世博会将落下帷幕。我们

中国国际贸易促进委员会会长、2010 年上海世博会组委会副主任委员、2010 年上海世博会执委会执行主任 万季飞

国际展览局主席 让·皮埃尔·蓝峰

相信，世博精神将在国展局的指导及各成员国的共同努力下不断发扬光大。世博会倡导的科技创新、文明进步、和谐发展的精神将继续指引各国人民在人类和平、发展、进步的道路上不断前进。中国愿与国展局共同努力，开创国展局和世博会事业的美好明天。

最后，祝愿上海世博会国展局日活动取得圆满成功。

在展览局日仪式上的国际展览局代表致辞

（让·皮埃尔·蓝峰）

中国 2010 年上海世博会见证了前所未有的参观者人数，其成功与影响力大大提升了世界对世博会的关注。我想借此机会感谢所有奉献世博的人，但首先我想感谢本届世博会的组织者、各参展方总代表及其员工以及世博会的志愿者们。

我们可以从本届世博会中吸取不少成功经验。首先，一届成功的世博会需要集各方之力，动员全国所有政府部门进行通力合作。

在当今世界，任何形象都可以在瞬间传遍全球，因此举办世博会对于主办国也是一个挑战——这关乎国家的形象和信誉；若缺乏矢志不渝的承诺、坚定的成功意愿或决心，就很可能与举办世博会的初衷事与愿违。中国上下团结一心，政府高度重视，大众积极参与，最终造就了一届成功的上海世博会。

第二点经验是，世博会的筹备是一个漫长的过程，因此在国展局大会选择了候选城市后，才预留了七年时间以进行世博会的筹备和组织。世博会的举办需要复杂的组织管理：制定并遵循工作进度、对支出和基础设施成本编制精确的预算、制定参展国支助计划和发展中国家参展援助计划，并明确筹资的具体方案。国展局与组织者在这些工作上进行了倾力合作，竭尽所能为主办国提供协助。然而最大的挑战是，世博会的会期长达 6 个月之久。因此，上海世博会因规模之大、活动之多，其筹办和组织的经验必将成为有益的遗产。

第三点经验是，世博会的成功还需要有长期性、持续性、且切合主题的国际交流政策，并能依托最佳实践地区吸取经验。信息通讯技术的不断进步促进了这一阳光政策的执行，但同时，在这日益全球化的世界中，各类国际活动的竞争日益激烈，因此很难保证一场国际交流活动的成功。而在上海，杰出的政治沟通力加之中国及其经济和文化的崛起共同造就了这场盛会。

女士们，先生们，中国 2010 年上海世博会将是世博会历史上最盛大的一次，也是史上参观者人数最多的一届世博会。主办国举全国之力，汇聚各方力量，七年磨一剑，最终铸就了今天的成功。

（文森特·冈萨雷斯·洛塞泰斯）

我非常荣幸能够欢迎各位来参加这特别的国展局日。我还想特别感谢为办成本届世博会而倾注心血的可敬的朋友们和同事们。

对于我们组织来说，这是一个难得的机遇来庆祝我们成员国共同努力的成果，欢迎世博会家庭的新朋友和

国际展览局秘书长 文森特·冈萨雷斯·洛塞泰斯

新成员，当然最重要的还是感谢所有为这届世博会的成功而辛勤奉献的人。

我尤其想感谢2010年上海世博会组委会和上海世博会事务协调局。自中国赢得2010年世博会举办权以来，我们就本着开放和互信的精神合作至今。

友谊、尊重、对话、慷慨和热情。用这些词来形容我们的合作经历再合适不过，也正是这些精神才使我们能够将这次精彩纷呈的盛会呈现给几千万人。

中国2010年上海世博会在很多方面都取得了巨大突破，如：参展者参与、参观者游览、展馆质量、环境管理和新颖的展览方式等。

而这些仅是上海世博会之所以能取得成功的其中几个因素，组织者还将自己对世博会之憧憬和实践的诠释也注入了其创意和努力之中。因此，我对中国政府和各参展方积极、热情、努力的工作表达高度赞赏。在当今的全球大环境下，做到这一切并非易事，也不是想当然就能做好的。

中国2010年上海世博会是在金融危机和环境危机的双重背景下举办的。这两大全球危机相互关联：它们都源于金融和环境的不可持续发展。

尽管当初有人担心这样的国际大环境可能会影响世博会的举办，大幅削减投资和参展规模，然而事实却并非如此。中国2010年上海世博会取得了巨大成功！

此次世博会的成功也告诉我们，世博会具有内在的可持续性。

事实上，2010年世博会能够在金融和环境的双重压力下绽放光彩就告诉了我们世博会与当今世界的相关性和重要性。

159年来，世博会帮助人类进行改变，并引领人们走过低谷。尽管我不想重述整个世博会历史，但请允许我在这里举几个例子。

二战后，1958年布鲁塞尔世博会致力于推广原子能的和平使用；1970年大阪世博会恰逢人类在宇宙空间事业上迈出了一大步，这也促成了冷战后的对话；1992年塞维利亚世博会正处全球政治格局转变之时；而2000年汉诺威世博会则旗帜鲜明地宣传在本地区达成的可持续发展全球议程。

今天，当不同城市和国家正寻找可持续城市发展方案和实践时，中国2010年上海世博会又在该领域树立了里程碑。

通过对“城市，让生活更美好”这一主题的各种智慧诠释，我们可以得出一个重要的结论，即2010年世博会为了城市可持续发展而宣传教育、创新和合作精神与当今寻找对抗环境和经济挑战的全球行动不谋而合。

这一切并非偶然。中国自始至终都对上海世博会倾注了高度的战略价值观，抓住了世博会的宝贵机遇，在城市、地区、国家和国际层面推广可持续经济发展和环境管理，展示了其高瞻远瞩的视野。

《国际展览公约》的第一条就赋予了世博会固有的可持续性。我想在此与大家重温这一永恒的理念，该理念确立了教育、创新与合作为所有世博会的三座永恒不变的基石，为国际交流搭建了一个独特的平台。

“展览会，无论其冠以何种名称，都是以教育大众为宗旨的一种展示；它可以通过人为安排，或展示满足文明需求的方式、或展示人类某一领域或多领域的进步、或表达对未来的憧憬。”

每一届新召开的世博会都会带来一个新地点、新主题、崭新的参展组合、展示内容、文化活动和实践，并像本届上海世博会一样，给活动本身和全世界带来全新的憧憬。

世博会绝不是一个千篇一律的产品。它围绕着核心价值观和实践建立一个全球平台，并宣扬进步、团结和教育。除了合作、创新和团结，要解决当今如此大规模的全球挑战我们别无他法。也正是这一独特的能力保证了世博会的可持续性。

中国2010年上海世博会完美的展示了组织者和参展方的能力，他们创造了一届真正满足时代需求和期望

的世博会。这种信念，尤其在明年我们将迎来国展局成立 60 周年之际，就是中国 2010 年上海世博会给国展局留下的最强大的遗产。

中国 2010 年上海世博会的成功不仅给世博会注入了新的动力，更巩固了世博会在推进可持续发展方面的作用。

在世博会上，城市和国家都可以投身于为可持续发展宣传教育、创新与合作，而这在如今已被确立为通往美好社会的必由之路。

我想再次向组织者表达由衷的谢意，感谢你们如此精彩的诠释了世博会的精髓。你们播种下了创意和实践的种子，而这些种子将在接下来的 2010 年丽水世博会和 2015 年米兰世博会生根发芽，贯彻着不变的精神，以热情、乐观和真诚继续探索更好的方式以建立可持续的共同未来。

Congratulations for the success
of China Shanghai World Expo 2010

Toutes mes remerciements pour
l'excellente coopération entre
les autorités chinoises et le BIE

Jean-Pierre Lafon
President of BIE
Shanghai Expo 2010.
30/10/2010.

祝贺中国 2010 年上海世博会取得成功。

衷心感谢中国各政府部门与国际展览局的精诚、出色的合作。

让・皮埃尔・蓝峰

All our gratitude to those who
have made the success of this expo
possible. The Government of China, the
city of Shanghai, the Expo Bureau, the
international participants and very especially
the citizens of Shanghai, of China and
of the world, who have contributed
with their presence to the most
successful expo in history

S G BIE
30th October 2010

我感激那些促成此次世博会的人们：中国政府，上海市，世博局，所有参展方，尤其是上海市民、中国人民和全世界的人们，他们为历史上最成功的世博会作出了贡献。

文森特・冈萨雷斯・洛塞泰斯

交流活动

中方代表与国际展览局日代表团主要成员合影

在国展局日上，中国上海的文艺表演

在国展局日上，韩国丽水的文艺表演

在国展局日上，意大利米兰的文艺表演

上海世博会颁奖晚会

1. 世博会评奖委员会

- 国际展览局主席让・皮埃尔・蓝峰大使
- 国际展览局秘书长文森特・冈萨雷斯・洛塞泰斯先生
- 国际展览局名誉主席吴建民大使
- 哈佛大学建筑师胡安・布斯盖兹教授
- 2005 年爱知博览协会事务总长、日本商工会议所专务理事、东京商工会议所会长中村利雄先生
- 美国建筑师联合会成员、麻省理工大学建筑系主任张永和教授
- 首尔历史博物馆馆长康洪彬教授
- 南加州大学建筑系主任马清运教授

2. 世博会奖：获奖名单和评语

获奖名单一览表

展馆种类	奖项类别	金 Gold	银 Silver	铜 Bronze
Type A 4000～6000 平米自建馆	主题演绎 Theme Development	德国馆 Germany Pavilion	俄罗斯馆 Russia Pavilion	法国馆 France Pavilion
	创意展示 Creative Display	沙特阿拉伯馆 Saudi Arabia Pavilion	日本馆 Japan Pavilion	印度尼西亚馆 Indonesia Pavilion
	展馆设计 Pavilion Design	英国馆 United Kingdom Pavilion	韩国馆 Korea Pavilion	西班牙馆 Spain Pavilion
Type B 4000 平米以下自建馆	主题演绎 Theme Development	智利馆 Chile Pavilion	新西兰馆 New Zealand Pavilion	爱尔兰馆 Ireland Pavilion
	创意展示 Creative Display	瑞典馆 Sweden Pavilion	波兰馆 Poland Pavilion	摩洛哥馆 Morocco Pavilion
	展馆设计 Pavilion Design	芬兰馆 Finland Pavilion	挪威馆 Norway Pavilion	丹麦馆 Denmark Pavilion
Type C 租赁馆	主题演绎 Theme Development	阿尔及利亚馆 Algeria Pavilion	土耳其馆 Turkey Pavilion	秘鲁馆 Peru Pavilion
	创意展示 Creative Display	斯洛文尼亚馆 Slovenia Pavilion	捷克馆 Czech Pavilion	卡塔尔馆 Qatar Pavilion
	展馆设计 Pavilion Design	葡萄牙馆 Portugal Pavilion	匈牙利馆 Hungary Pavilion	希腊馆 Greece Pavilion
Type D 联合馆	主题演绎 Theme Development	毛里塔尼亚馆 Mauritania Pavilion	塞浦路斯馆 Cyprus Pavilion	佛得角馆 Cape Verde Pavilion
	创意展示 Creative Display	太平洋联合馆 the Pacific Joint Pavilion	列支敦士登馆 Liechtenstein Pavilion	约旦馆 Jordan Pavilion
上海世博会评委会特别奖： The Expo Jury Special Award：		世界气象馆 MeteoWorld Pavilion		

A 类奖项（Awards Category A）

主题演绎奖（Theme Development Awards）

金奖授予德国馆，因为该馆清晰地传递了各种教育性的信息，并且从各个角度全方位地演绎了主题。

GOLD goes to Germany for their clear educational messages and their complete development of the theme from all angles.

银奖授予俄罗斯馆，因为该馆展示了孩子们对城市未来的独特想象，同时也以新颖而富有创造力的方式展示了该国雄厚的科技实力。

SILVER goes to Russia for their original vision of the city by children and their strong scientific content presented in innovative and creative ways.

铜奖授予法国馆，因为该馆描绘了富含文化的日常生活。它让参观者能在漫步于各种感官体验中体验一座城市。

BRONZE goes to France for their portrayal of everyday life mixed together with culture. The pavilion allows the visitor to walk through the senses and experiences of a city.

创意展示奖（Creative Display Awards）

金奖授予沙特阿拉伯馆，因为该馆使用了最先进的创新型技术，清晰而有力地呈现了一幅艺术画面。

GOLD goes to Saudi Arabia for the presentation of an artistic, clear and powerful vision using the latest innovative technologies.

银奖授予日本馆，因为该馆通过创造力和深厚文化底蕴的结合，展示了传统与现在的和谐共存。日本馆整体体现了很强的教育性和很好的创新性。

SILVER goes to Japan for presenting the alliance of tradition and modernity through innovation and a deep sense of culture. The Japan pavilion presents a strong educational and creative narrative throughout the pavilion.

铜奖授予印度尼西亚馆，因为该馆展示了印度尼西亚自然、艺术和文化的丰富多彩。这些展示反映出了该国的气候特征，也体现了大自然在人们生活中的重要作用。

BRONZE goes to Indonesia for presenting the diversity of Indonesian nature, arts and culture. The displays reflect the climatic conditions of the country and the essential part that nature plays in life.

展馆设计奖（Pavilion Design Awards）

金奖授予英国馆，因为该馆的创新性。它使用了新材料，设计理念清晰，同时拥有一个优雅而美丽的城市花园。

GOLD goes to the United Kingdom for their originality, use of new materials and clarity of the concept, as well as the elegance of the beautiful urban garden.

银奖授予韩国馆，因为该馆的户外空间设计得舒适宜人，同时外墙设计虽然复杂精美，但与展馆融为一体，且材料完全可以再利用。

SILVER goes to the Republic of Korea for their friendly outdoor spaces and the intricacy yet integral part of the texture which is fully recyclable.

铜奖授予西班牙馆，因为该馆的设计融合了新旧两种材料，这种组合使得非凡的建筑形态得以实现。外墙设计所产生的动感与内部设计非常好地结合在了一起。

世博会奖：A 类奖项

BRONZE goes to Spain whose design combines old materials with new local materials which combined allowed the creation of incredible architectural forms. The energy and movement created by the exterior unites spectacularly with the interior design.

B 类奖项（Awards Category B）

主题演绎奖（Theme Development Awards）

金奖授予智利馆，因为该馆以令人叹服的方式展示了智利人民对城市及其对如何通过建设更美好的城市来提高未来生活质量的理解。

GOLD goes to Chile for the impressive representation of Chilean understanding of the city and the future-looking vision on how to build a better city and improve the quality of life.

银奖授予新西兰馆，因为该馆出色地凸显了该国的自然生态、都市生活及其科技创新。

SILVER goes to New Zealand for the remarkable way of highlighting the natural and urban life of the country and scientific and technological innovation.

铜奖授予爱尔兰馆，因为该馆以引人入胜的方式体现了都市空间和生活模式的进化过程，以及该国各城市在都市化进程中保持经济与文化可持续性发展的做法。

BRONZE goes to Ireland for the very attractive way of highlighting the evolution of urban spaces and lifestyle, along with economic and cultural development and the sustainable development of cities in the process of urbanisation.

创意展示奖（Creative Display Awards）

金奖授予瑞典馆，因为该馆以令人愉悦的方式全方位展示了可持续性发展、创新和沟通交流等主题，展示手段引人入胜而且富有教育意义。

GOLD goes to Sweden for the very appealing way of combining sustainable development, innovation and communication in a very attractive and educational manner.

银奖授予波兰馆，因为该馆通过光与色彩的神奇组合将其内部空间极为巧妙地用作屏幕，为参观者提供了精彩的体验。

SILVER goes to Poland for the spectacular experience it offers to the visitors as a labyrinth of light and colour and a very intelligent use of interior space as a screen.

铜奖授予摩洛哥馆，因为该馆通过高质量的展示体现了摩洛哥文化和生活艺术的魅力。

BRONZE goes to Morocco for the beauty and the high quality display of the Moroccan civilization and art of living.

展馆设计奖（Pavilion Design Awards）

金奖授予芬兰馆，因为该馆的杰出设计灵感源于自然，同时它也以创新的模式诠释和再现了各种自然模式。

GOLD goes to Finland for splendid architecture inspired from nature and the masterful way of interpreting and reproducing natural elements in an innovative way.

银奖授予挪威馆，因为该馆体现了生态环保且不失优美的展示方案，它从各个方面都对可持续性发展这一理念做了充分诠释。

SILVER goes to Norway for the ecological and beautiful solution that makes that this pavilion fully

世博会奖：B 类奖项

世博会奖：C 类奖项

embodies the idea of sustainable development.

铜奖授予丹麦馆，因为该馆很好地将户外与室内区域用两个环的方式连接在一起，用一个平台作为连接点。其内部空间也布置地相当不错。

BRONZE goes to Denmark for the very attractive way in which an outdoor and indoor area are united in two circles and connected by a platform as well as very attractive interior space.

C 类奖项（Awards Category C）

主题演绎奖（Theme Development Awards）

金奖授予阿尔及利亚馆，因为该馆以非凡的方式展示了北非，特别是阿尔及利亚各城市传统都市生活的风貌。

GOLD goes to Algeria for the superb way in which the traditional urban life of North African and Algerian cities is represented.

银奖授予土耳其馆，因为该馆出色地展示了该国城市发展史的过去、现在和未来。

SILVER goes to Turkey for the excellent way in which past present and future are represented in the urban history of the country.

铜奖授予秘鲁馆，因为该馆突出展示了秘鲁在都市化发展进程中所做的贡献。

BRONZE goes to Peru for the way in which Peru's contribution to the process of urban evolution in highlighted.

创意展示奖（Creative Display Awards）

金奖授予斯洛文尼亚馆，因为该馆以优雅和高质量的展示表达了它所希望传递的信息。

GOLD goes to Slovenia for the high quality and very elegant displays through which the messages of this pavilion have been presented.

银奖授予捷克馆，因为该馆的螺旋型设计非常优雅。

SILVER goes to the Czech Republic for the elegantly designed spiral structure.

铜奖授予卡塔尔馆，因为该馆巧妙地将传统的展品和高质量的互动技术相结合，共同展示该馆的主题。

BRONZE goes to Qatar for the skilful way in which traditional exhibits and high quality interactive technologies are used to illustrate the theme.

展馆设计奖（Pavilion Design Awards）

金奖授予葡萄牙馆，因为该馆在外立面和内部墙壁上都使用了自然和可循环使用的生态型材料。

GOLD goes to Portugal for the use of natural and recyclable ecological materials in the façade and interior walls.

银奖授予匈牙利馆，因为该馆在外立面上设计了 800 个木质的筒状结构，创造了非凡的视听效果。

SILVER goes to Hungary for the superb sound and visual effects of the façade which is a forest of 800 wooden sleeves.

铜奖授予希腊馆，因为该馆的设计力图展示城市的面貌，但却不是简单的物理复制，而是对城市生活与工作的有机诠释。

BRONZE goes to Greece for a design referring to the urban fabric, not as a physical replica, but as an interpretation of living and working in the city.

D 类奖项（Awards Category D）

主题演绎奖（Theme Development Awards）

金奖授予毛里塔尼亚馆，因为该馆展示了该国社会从游牧生活向城市化生活进化的过程。

GOLD goes to Mauritania for their presentation of the evolution of their society from nomadic life to the urban formation of their cities.

银奖授予塞浦路斯馆，因为该馆以坦诚的态度，清晰地展示了他们在过去与现在面临的问题。

SILVER goes to Cyprus for their clear and honest presentation of the problematic of their history and their present.

铜奖授予佛得角馆，因为该馆展示了奴隶制曾面临的重大转折。

BRONZE goes top Cape Verde for their illustration of the crossroads of slavery.

创意展示奖（Creative Display Awards）

金奖授予太平洋联合馆，因为该馆汇集了大量使用可再利用材料制作的工艺品，其设计在多样性中也体现着统一。

GOLD goes to the Pacific Joint Pavilion for their interesting volumes created with warm recyclable materials, craftsmanship and the unity and variety with which all their designs are used.

银奖授予列支敦士登馆，因为该馆创新性地使用了多层展示，他们通过高质量的图片展示了该国城市化过程中的新风貌。

SILVER goes to Liechtenstein for their inventive use of multi-level design and the high quality of their images which present new views of the country's urbanisation.

铜奖授予约旦馆，因为该馆在展示该国当前各种不同的城市环境并存共进的同时，也时刻不忘对他们的历史给予重视。

BRONZE goes to Jordan for their capacity to show the different urban circumstances taking place in the country simultaneously while always paying special attention to their past.

上海世博会评委会特别奖（The Expo Jury Special Award）

世界气象馆（MeteoWorld Pavilion）

在所有展馆中，有一个首次参展世博会的国际组织馆给评委会留下了特别深刻的印象。评委会强烈感受到她对世博主题的重要意义和对“城市，让生活更美好”的深刻洞见。因此，评委会决定授予该组织上海世博会评委会特别奖。

The jury were particularly captivated by the pavilion of one international organization that had participated for the first time in the Expo. The jury felt very strongly about the importance of their presence in relation to the theme and their keen insight into “Better City, Better Life” that they decided to give it the Expo 2010 Jury Special Award.

世博会奖：D 类奖项

评委会特别奖：世界气象馆

3. 国展局奖章（BIE Medals）：获奖名单和评语

金奖（5 枚）：Gold Medals

国展局金奖：2010 年上海世博会组委会

第一枚金奖章授予 2010 年上海世博会组委会，以表彰中国中央政府的积极参与。国展局衷心感谢组委会能将教育、创新和合作的核心理念进行充分诠释并转化为实践，而上述理念正是上海世博会的基础。

The first gold medal of BIE has been awarded to the National Organizing Committee for Expo 2010 Shanghai China in recognition of the engagement of the Central Government. With this medal, the BIE wishes to express its gratitude for the ability to fully interpret and to translate into practice the core values of education, innovation and cooperation which has been the foundation of Shanghai Expo.

国展局金奖：上海市人民政府

第二枚金奖章授予上海市人民政府，感谢上海市政府的杰出努力，将世博会完全融入城市战略愿景与日常生活中。国展局衷心感谢上海市领导和人民的盛情款待和大力支持。

The second gold medal is awarded to the Municipal People's Government of Shanghai for the outstanding ability to fully integrate the Expo into both the strategic vision and the day-to-day life of the city. With this medal, the BIE wishes to express its gratitude to the leaders and to the people of Shanghai for being gracious hosts and inspiring citizens of the world.

国展局金奖：中国国际贸易促进委员会

第三枚金奖章授予中国国际贸易促进委员会。过去 20 年，贸促会一直代表中国参加国展局大会。贸促会不仅在上海世博会中发挥了关键作用，也将成为未来世博会的中坚力量。

The third gold medal is awarded to CCPIT which has represented China at the BIE General Assembly for almost two decades and has played a key role not only for Shanghai Expo but for all the future Expos as well.

国展局金奖：上海世博会事务协调局

第四枚金奖章授予上海世博会事务协调局，感谢世博局所有员工不知疲倦的辛勤奉献。国展局谨以此奖表彰世博局全体成员在世博筹备过程中所展现出的杰出业务能力和职业精神，以及对国展局和各参展者的一贯支持和鼎力协助。

The fourth gold medal is awarded to Bureau of Shanghai World Expo Coordination for the tireless dedication of all the staff. With this medal, the BIE wishes to express its gratitude to every member of the Bureau for demonstrating an extremely high level of professionalism during the Expo preparation and for his permanent help and support to the BIE and to all participants.

国展局金奖：总代表联席会议指导委员会

第五枚金奖章授予中国2010年上海世博会总代表联席会议指导委员会。委员会代表了上海世博会的所有官方参展者，在保证世博会的顺利运营中起到了至关重要作用。国展局感谢委员会对上海世博会的成功举办所给予的建设性合作理念和坚决支持。

The fifth and final gold medal is awarded to Steering Committee of College of Commissioners General on behalf of all the official participants whose role is essential in ensuring smooth operations of the Expo. With this medal, the BIE wishes to express its gratitude for carrying out their task with a constructive mindset, a spirit of cooperation and a relentless support to the success of Expo.

银奖（5枚）Silver Medals

国展局银奖：安全保障团队

第一枚银奖章授予上海世博会安全保障团队，安保团队在当今世界发挥着至关重要的作用。国展局感谢上海世博会安保团队的艰苦工作，正是由于他们的努力，才确保了世博会能安全、和谐、舒适地召开。

The first silver medal is awarded to Expo Security Force. Security plays a vital role in today's world and the BIE would like to recognize the difficult task that Expo Security Force has to face to ensure a safe yet harmonious and comfortable Expo.

国展局银奖：新闻媒体团队

第二枚银奖章授予上海世博会新闻媒体团队，正是由于他们的努力，世博会的信息和理念才能不断推广并传播至世界各地。

The second silver medal is awarded to Press and Media of the Expo which have continuously promoted and communicated the messages and values of Expo to the world.

国展局银奖：志愿者

第三枚银奖章授予上海世博会志愿者，他们在世博会中占有特殊的地位。作为诸多活动的中坚力量，他们正热情满怀地帮助着参展方和游客。国展局感谢志愿者队伍所代表的团结和合作精神，这也是世博会的根本理念。

The third silver medal is awarded to Expo Volunteers who have occupied a very special place in the Expo. They have been a major pillar supporting many events and they have helped participants and visitors with passion and dedication. With this medal, the BIE wishes to express its recognition that volunteers embody the spirit of solidarity and cooperation that is an essential value of the Expo.

国展局银奖：生命阳光馆

第四枚银奖章授予上海世博会生命阳光馆。世博会一直提倡全球参与的核心价值，而生命阳光馆正是这一价值的再现。

The fourth silver medal is awarded to Life and Sunshine Pavilion of the Expo. Expos have always had a core value of universal accessibility and Life and Sunshine Pavilion has brought once again to life the concept of universal participation.

国展局银奖：城市最佳实践区

第五枚国际展览局银奖章授予上海世博会的一大创新，即“城市最佳实践区”。作为历史上首届由城市和地区直接参展的世博会，上海世博会展示了全世界为提升市民生活质量所开展的各项创新。城市最佳实践区已成为一座新的里程碑，并将在未来世博会上得到延续。

The fifth silver medal is awarded to one of the true innovations of Shanghai Expo, where for the first time in the history of Expos a new actor was invited to participate, namely cities and regions throughout the world. Urban Best Practices Area (UBPA) has showcased current innovations that are being implemented all over the world to improve the quality of life of all our planet’s citizens and has created a new milestone that will be continued throughout the future Expos.

4. BIE-COSMOS 奖：获奖者和评语

BIE-COSMOS 奖：“连锁反应”

“连锁反应”是一家非盈利民间组织，旨在保护和推动中国贵州的原住民文化，使这些地区能独立、可持续地发展。获奖项目“为了我们的女儿”由张晓松教授提供。BIE-COSMOS 奖评委会认为，该项目在处理城乡和谐、城市移民、性别歧视、农村贫困等问题上堪称典范。项目的跨代投资亦是可持续性的体现。希望该奖能对项目的开展起到重要推动作用。

Chain Reaction is a private non-profit organization for the protection and promotion of indigenous culture in Guizhou, China. Led by Professor Zhang Xiaosong, the winning project, “For Our Daughters”, aims to foster the independent, sustainable development in these communities. The BIE-COSMOS Prize Jury considers that the project represents exemplary efforts to address the issues of harmonious rural-urban relations, urban migration, gender inequality, and rural poverty. The inter-generational nature of the project and the investment it makes in future generations are also promising for the sustainability of the efforts. The jury hopes that the Prize could have a significant impact on the development of the project.

上海世博会境外贵宾及国际城市代表团来访接待

1. 上海世博会境外贵宾接待概览

- 共有5475批，107780人次，其中外国国家元首、政府首脑等一级警卫团组101批，境外国家副元首、政府副首脑、王室成员等二级警卫团组87批，境外贵宾三级警卫团组88批（重复入园的未被计入）。

- 党和国家领导人在沪同73位外国领导人举行会谈、会见。

- 180个上海友好城市代表团来沪参加世博会有关活动，其中47个代表团由市长亲自率领。

- 上海各区县参与接待了678批境外贵宾团组；1400多名外国参展人员进社区互动交流，88个参展方演出团队进社区开展了179台204场文艺演出活动。

- 上海组建了世博会外事工作指挥部，统筹协调包括境外贵宾参观世博会在内的各项世博会外事工作。指挥部总指挥由市人大主任刘云耕担任；副总指挥由市政协副主席、世博会执委会副主任周汉民，市政府副秘书长沙海林，市外办主任李铭俊担任。指挥部办公室设在市政府外事办公室，指挥部有53个成员单位，包括各区县、相关委办局和单位。

- 世博会外事工作指挥部组建了由市外办为主体，中组部挂职干部以及本市各部门和基层单位的340多名外事干部组成的世博会外事骨干队伍，承担了世博会各项外事工作；组建了由37名本市相关高校和研究机构的专家、学者组成的队伍，为世博会外事工作提供智力保障。

2. 上海世博会境外贵宾接待实例

认知世博、感知祖国

——世博会港澳学生接待工作

为促进港澳青少年了解和认识国情，深化两地青少年对祖国的认同感，2010 年 7 月中旬，香港工委提出希望组织香港青年学生参观世博会的建议，受到了中央政府的高度重视。上海市政府作为活动牵头单位，组成了包括香港、澳门特区政府以及中央和上海市各有关部门组成的协调机构。

中央对做好参访团接待工作十分重视，中央领导批示要求精心组织，周密安排，确保安全。全市层面迅速组建了由市港澳办牵头，市教委、团市委、世博局、市公安局、市财政局、市政府新闻办、市卫生局、市食品药品监督局、上海铁路局、锦江集团等 30 多家部门和单位共同参与的专项工作机制，定期召开联席会议通报工作进展情况，研商协调组织参访团接待工作。

8 月 16 日、20 日，4000 名港澳学生分两批抵达上海，上海市副市长唐登杰前往上海虹桥火车站迎接。在沪期间，参访团重点于园区内参观了中国馆、各省区市馆、香港馆、澳门馆、主题馆、城市未来馆、城市足迹馆，城市最佳实践区部分案例，以及通信信息、上汽通用等 18 家国内企业展馆。期间，韩正市长在中国馆 60 米观景平台亲切会见了部分港澳学生并与学生们一一合影；杨晓渡和唐登杰多次前往园区看望参访团学生并为部分学生举行生日庆祝活动；园区外，为兼顾参访团成员的不同年龄，安排中学生参观东方明珠、上海科技馆、上海博物馆、上海城市规划馆等地，安排大学生参观张江高科技园区、上海光源及通用汽车公司，并乘车观赏了市区主要街道夜景。离沪前夜，港澳学生与本市部分中学生和志愿者举行了联谊活动。4000 名港澳学生分别于 8 月 20 日、24 日分两批乘坐高铁平安离沪。

此次参访团活动取得了圆满成功。香港学生陈嘉雯一再表示：“很高兴能参观如此盛大规模的世博会，真希望有更多的香港学生能够到上海参观，看看上海的繁荣与进步，好好认识自己的祖国”。绝大部分港澳学生在参观访问过程中都谈到，这次活动让他们对祖国的发展强大有了崭新的认识，作为中国人他们倍感自豪。在与上海学生的联谊中，港澳学生随着音乐自发唱起了国歌《义勇军进行曲》，并随同舞台上上海学生的歌声，一起吟唱了《歌唱祖国》。港澳学生还自觉拉起签名长卷，感谢上海工作人员、感谢上海各界的关心，感慨祖国大家庭的温暖。

相约 2015

——上海世博会事务协调局与意大利米兰世博会组委会合作交流简述

2010 年 3 月 18 日，在国际展览局秘书长洛塞泰斯先生的见证下，上海世博会事务协调局同 2015 米兰世博会组委会在上海签署“谅解备忘录”，两届注册类历届展览会之间互惠互利的合作关系由此建立。

据此，2015 米兰世博会组委会全方位地同上海世博会事务协调局开展合作交流，对上海世博会筹备和运行工作非常重视，积极主动地在上海世博会筹备和运行期间组织了米兰世博会组委会的决策领导层及各职能部门负责人和主管专家和工作人员组成的高级和专业工作代表团及 2015 米兰世博会参与方和合作方考察团来上海考察交流和参观。

自那一日起，米兰世博会组委会和上海世博会的交流合作密集展开。由 2015 米兰世博会政府总代表、米兰市市长莱迪基娅・莫拉蒂、2015 米兰世博会组委会首任首席执行官鲁乔斯坦卡和现任首席执行官朱赛贝・萨拉率领的三批高级代表团相继在上海世博会期间访问上海。米兰世博会组委会下属国际事务部、主题开发部、设计部、计划部、基础工程部、园区建筑建设部、商业和市场开发部、新闻宣传部和人力资源部分别组织专业考察团对口造访上海世博会相关部门。米兰世博会董事会成员单位、世博会参与方和合作单位、米兰市政府世博会委员会、伦巴底大区政府公共会展局、米兰博览会、米兰商会等机构也不断向上海派遣参观交流团。

米兰方面与上海世博局礼宾部、综合计划部、人力资源部、规划部、工程部、技术办公室、国际参展部、活动部、新闻宣传部、环境设施保障部、志愿者部、中国馆部、交通管理部、参展者服务中心等 23 个单位开展了 17 场专题座谈会和研讨会，还参观了中国馆、世博新闻中心、参展者服务中心、世博村等等。

八个月的交流过程中，双方就园区总体规划、场馆布局和设计、公共安全和保障、世博主题设计理念和开发、人力资源招聘考核和使用管理、志愿者选拔使用和管理、园区公共交通服务和管理、园区公共餐饮和食品卫生保障和管理、园区商务开发运营管理、世博会赞助商招商和市场开发、参展方的服务和管理、园区证件申请和管理、新闻媒体参与服务和管理、世博主题论坛活动组织和服务、环境卫生处理和设施保障、参展人员后勤保障和服务等全方位地进行了实质性交流，认真履行了两地“谅解备忘录”的各项义务，兑现了“谅解备忘录”中的各项承诺，得到了国际展览局的肯定和赞扬。

10 月 31 日，在上海世博会闭幕仪式上，2015 米兰世博会政府总代表、米兰市市长莱迪基娅・莫拉蒂从上海市市长韩正的手中接过了国际展览局旗，它标志了一个辉煌的结束和一个崭新的开始。

友好交流 分享经验

——上海世博局同韩国丽水世博会组委会合作交流简述

中华人民共和国主席胡锦涛访问韩国期间，同韩国总统李明博一起，郑重签署了一份协议，上海市政府和上海世博会将为韩国2012年丽水世博会提供办博经验等的各项支持，分享世博成果，以此推动世博会的发展和丽水世博会的成功举办。由此，两地政府、办博机构以及民间关于世博会的合作交流，在整个上海世博会期间连绵延续不断，取得了实质性的成绩，也进一步加强了两地间的友谊。

2010年6月至10月底，上海世博局共接待韩国2012年丽水世博会组委会高层领导及学习团组29批次，225人次。韩国丽水市长金忠锡、韩国丽水世博会支援特别委员会委员长金忠兆、韩国恐龙世博会组委会委员长李鹤烈、韩国丽水世博会组委会第一副秘书长朴钟禄、韩国丽水世博会组委会委员长姜东锡等韩国丽水世博会组委会高层官员分别率团来访。韩方组委会宣传课、国际招展课、陆上建设课、发展战略课、财政法务课、对外合作本部、国际合作课、环境能源课、旅游住宿课、信息化部、OCPBA课、运营支援课、国际参展课、志愿者课、展览展示本部、文化学术本部、演出活动课和文化策划课等18个部门的负责人及工作人员，对口同上海世博局办公室、礼宾部、工程部、新闻中心、规划部、法律事务部、综合计划部、技术办公室、参展者服务中心、技术办公室、订房中心、信息化部、城市最佳实践区部、国际参展部、志愿者部和活动部等16个部门的负责人和业务骨干举行了工作会谈。韩方代表团还参观了上海世博信息中心和媒体中心。有77批、1085人次韩方组委会和丽水市代表团参观考察了世博园区内的场馆和公共设施。

上海世博会成功闭幕后，韩国2012年丽水世博会组委会致函上海世博局，在原来考察交流和工作会谈的基础上，进一步提出了一系列对于筹备2012年丽水世博会有借鉴和参考价值的问题。上海世博局的各个部门逐一予以解答，获得了韩方的真诚感谢。

3. 上海世博会重要外国贵宾接待图片集锦

1 / 4 月 30 日，法国总统萨科齐及其夫人参观世博园

2 / 4 月 30 日，亚美尼亚总统萨尔基相参观世博园

3 / 4 月 30 日，蒙古总统额勒贝格道尔吉及其夫人参观世博园

4 / 5 月 7 日，塞拉利昂共和国总统欧内斯特·巴伊·科罗马参观世博园

1 / 5月9日，波黑部长会议主席尼科拉·什皮里奇参观世博园

2 / 5月19日，德国总统霍斯特·克勒参观世博园

3 / 5月21日，奥地利总理维尔纳·菲曼一行参观世博园

4 / 5月22日，美国国务卿希拉里参观世博园

5 / 5月23日，瑞典王国国王卡尔十六世·古斯塔夫参观世博园

6 / 5月24日，黑山总统菲利普·武亚诺维奇舞动世博园

1 / 5月26日，拉脱维亚总理瓦尔迪斯参观世博园

2 / 5月27日，芬兰总统塔里娅·哈洛宁参观世博园

3 / 6月8日，澳大利亚总督昆廷·布赖斯参观世博园

4 / 6月9日，菲律宾总统阿罗约参观世博园

5 / 6月11日，伊朗总统哈迈迪·内贾德参观世博园

6 / 6月17日，爱尔兰总统玛丽·麦卡利斯参观世博园

1 / 6月24日，斯洛文尼亚总理博鲁特・帕霍尔参观世博园

2 / 6月27日，塞尔维亚总理米尔科・茨韦特科维奇参观世博园

3 / 7月1日，加拿大总督米夏埃尔・让参观世博园

4 / 7月4日，上海市市长韩正会见卢旺达总理贝尔纳・马库扎

5 / 7月9日，新西兰总理约翰・基参观世博园

6 / 7月17日，中共上海市委书记俞正声欢迎圭亚那总统巴拉特・贾格迪奥

1 2
3
4
5 6

1 / 7月18日，斯里兰卡总理萨纳亚克·贾亚拉特纳参观世博园

2 / 7月30日，加蓬共和国总理保罗·比约格·姆巴参观世博园

3 / 8月1日，上海市市长韩正会见萨摩亚总理图伊拉埃帕·萨伊莱莱·马利埃莱额奥伊

4 / 8月5日，上海市市长韩正会见斐济总理姆拜尼马拉马

5 / 8月11日，津巴布韦总统罗伯特·加布里埃尔·穆加贝参观世博园

6 / 8月12日，上海市市长韩正会见瑞士联邦主席多丽丝·洛伊特哈德

1 / 8月16日，赤道几内亚总统奥比昂·恩圭马·姆巴索戈参观世博园

2 / 8月20日，多哥共和国总统富雷·索齐姆纳·纳辛贝参观世博园

3 / 8月21日，新加坡总统纳丹参观世博园

4 / 8月26日，中共上海市委书记俞正声会见南非总统祖马

5 / 8月30日，西班牙王国首相萨帕特罗参观世博园

6 / 9月1日，列支敦士登代理国家元首、摄政王储阿洛伊斯·列支敦士登参观世博园

1 / 9月1日，毛里求斯总统阿内罗德·贾格纳特参观世博园

2 / 9月4日，斯洛伐克总统伊万·加什帕罗维奇参观世博园

3 / 9月5日，中共上海市委书记俞正声会见乌克兰总统维克多·亚努科维

4 / 9月5日，泰王国总理阿披实参观世博园

5 / 9月10日，中共上海市委书记俞正声会见缅甸和平与发展委员会主席丹瑞

6 / 9月11日，冰岛总统奥拉维尔·格里姆松参观世博园

1 / 9月12日，摩尔多瓦共和国总理弗拉基米尔·菲拉特参观世博园

2 / 9月12日，新加坡总理李显龙参观世博园

3 / 9月21日，上海市市长韩正会见亚美尼亚总理季格兰·萨尔基

4 / 9月22日，上海市市长韩正会见塔吉克斯坦总理阿·阿基洛夫

5 / 9月24日，中共上海市委书记俞正声会见几内亚比绍共和国总理卡洛斯·戈梅尔

6 / 9月25日，中非共和国总统弗朗索瓦·博齐泽参观世博园

1 / 9 月 28 日，俄罗斯总统梅德韦杰夫参观世博园

2 / 10 月 1 日，中共中央政治局常委、全国人大委员长吴邦国在上海会见斐济总统奈拉蒂考

3 / 10 月 4 日，莱索托王国国王齐耶三世参观世博园

4 / 10 月 7 日，摩纳哥大公国阿尔贝二世亲王参观世博园

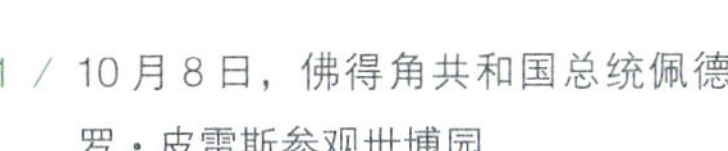

1 / 10月8日，佛得角共和国总统佩德罗·皮雷斯参观世博园

2 / 10月8日，上海市市长韩正会见瓦努阿图共和国总统尤略·约翰逊·阿比尔

3 / 10月10日，白俄罗斯总统卢卡申科参观世博园

4 / 10月10日，中国工业和信息化部部长李毅中会见卢森堡大公国大公亨利

5 / 10月12日，老挝国家总理波松·步帕万参观世博园

1 / 10 月 19 日，纽埃共和国总理托克・塔拉吉参观世博园

2 / 10 月 21 日，拉脱维亚共和国总统瓦尔迪斯・扎特列尔斯参观世博园

3 / 10 月 25 日，中国审计署审计长刘家义会见立陶宛共和国总统达里娅・格里鲍斯凯婕

4 / 10 月 28 日，格鲁吉亚共和国总理尼卡・吉拉乌利参观世博园

5 / 10 月 28 日，上海市市长韩正会见意大利总统乔治・纳波利塔诺

4. 上海世博会境外贵宾接待一览表

主要贵宾	接待人数	主要活动
4月30日		
巴勒斯坦国总统马哈茂德·阿巴斯（Mahmoud Abbas）	24	参加世博会开幕式
法国总统萨科奇（Nicolas Paul Stéphane Sarközy de Nagy-Bocsa）	200	参加世博会开幕式
马里总统阿马杜·图马尼·杜尔（Amadou Toumani Touré）	29	参加世博会开幕式
刚果（布）总统德尼·萨苏-恩格索（Denis Sassou-Nguesso）	53	参加世博会开幕式
柬埔寨首相洪森	43	参加世博会开幕式
越南总理阮晋勇	150	参加世博会开幕式
加蓬总统奥马尔·邦戈·翁丁巴（El Hadj Omar BONGO ONDIMBA）	60	参加世博会开幕式
马拉维总统宾古·瓦·穆塔里卡（Bingu wa Mutharika）	51	参加世博会开幕式
哈萨克斯坦总理马西莫夫（MASSIMOV KARIM）	53	参加世博会开幕式
亚美尼亚总统塞尔日·萨尔基相（Serzh Sargsyan）	30	参加世博会开幕式
肯尼亚总统姆瓦伊·齐贝吉（Mwai Kibaki）	50	参加世博会开幕式
蒙古总统查希亚·额勒贝格道尔吉（Tsakhia Elbegdorj）	60	参加世博会开幕式
卢森堡议长罗兰·莫萨（Laurent Mosar）	20	参加世博会开幕式
摩尔多瓦副总理瓦雷利乌·拉泽尔	15	参加世博会开幕式
纳米比亚前总统萨姆·努乔马	25	参加世博会开幕式
老挝副总理兼外交部长通伦·西苏里	50	参加世博会开幕式
白俄罗斯副总理布里亚	14	参加世博会开幕式
爱沙尼亚外交部长帕依特	10	参加世博会开幕式
俄罗斯贸工部长赫里斯坚科（至5月1日）	14	参加世博会开幕式
驻外使节团	300	参加世博会开幕式
缅甸商务部长丁乃登 TINT THWIN	22	参加世博会开幕式
印度尼西亚商贸部部长冯慧兰	50	参加世博会开幕式
塞内加尔贸易部长尼昂	2	参加世博会开幕式
联合国副秘书长里德	13	参加世博会开幕式
墨西哥旅游部部长格罗瑞亚·格瓦拉（至5月1日）	7	参加世博会开幕式
奥地利联邦经济部长米特雷纳（Reinhold Mitterlehner）（至5月1日）	16	参加世博会开幕式
马来西亚旅游部长黄燕燕（5月2日和5月3日再次入园）	20	参加世博会开幕式

主要贵宾	接待人数	主要活动
5月1日		
韩国总统李明博	50	参加世博会开幕式
朝鲜最高人民会议常任委员会委员长金永南	24	参加世博会开幕式
土库曼斯坦总统库尔班古力·别尔德穆哈梅多夫（Gurbanguly Berdymukhamedov）	240	参加世博会开幕式
马尔代夫总统穆罕默德·纳希德（Mohamed Nasheed）	50	参加世博会开幕式
荷兰首相鲍肯内德（Jan Peter Balkenende）	50	参加世博会开幕式
密克罗尼西亚联邦总统伊曼纽尔·莫里（Emanuel Mori）	17	参加世博会开幕式
马耳他总统乔治·阿贝拉（George Abela）	17	参加世博会开幕式
欧盟委员会主席巴罗佐	30	参加世博会开幕式
塞舌尔总统詹姆斯·米歇尔（James Alix Michel）	18	参加世博会开幕式
西班牙众议长何塞博诺	30	参加世博会开幕式
阿尔及利亚民族院议长本萨拉赫	4	参加世博会开幕式
前南斯拉夫马其顿共和国议长特拉伊科．韦利亚诺夫斯基	10	参加世博会开幕式
香港特别行政区行政长官曾荫权	30	参加世博会开幕式
澳门特别行政区行政长官崔世安	21	参加世博会开幕式
智利前总统巴切莱特	3	参加世博会开幕式
菲律宾副总统诺利·德·卡斯特罗	10	参加世博会开幕式
希腊副总理潘卡洛斯	15	参加世博会开幕式
哥伦比亚副总统桑托斯	7	参加世博会开幕式
智利外交部长莫雷诺	5	参加世博会开幕式
日本国家战略担当大臣仙谷由人	40	参加世博会开幕式
塞尔维亚外交部长耶雷米奇	10	参加世博会开幕式
蒙古总统夫人团	10	参加世博会开幕式
印度尼西亚经济部长苏纳帕蒂（Sunarpati）	25	参加世博会开幕式
瑞典外贸大臣比约琳	19	参加世博会开幕式
波兰副总理兼经济部长帕夫拉克	10	参加世博会开幕式
联合国副秘书长、人居署主任蒂贝琼卡（至5月2日）	7	参加世博会开幕式
友城市长联合团	29	参加世博会开幕式
BIE 主席蓝峰和 BIE 秘书长洛塞泰斯	5	参加世博会开幕式

（续表）

主要贵宾	接待人数	主要活动
日本国会议员联盟代表团（前外相高村正彦）	12	参观
意大利环境部部长普雷斯蒂贾科莫	24	参加世博会开幕式
芬兰就业与经济部部长毛里·佩卡里宁	18	参加世博会开幕式
欧洲议会欧中友好小组主席德瓦	4	参观
卡塔尔副首相兼能源工业大臣阿提亚	12	参观
以色列社会福利部部长伊萨克·赫尔佐克	5	参观
卢森堡经济及外贸大臣让诺克雷格（Jeannot Krecke）（至5月4日）	4	参观
安哥拉建筑部长 Jose Ferreira	3	参观
古巴外贸及外国投资部长罗特里格·马尔米卡	3	参观
韩国丽水市市长吴炫燮	10	参观
韩国丽水组委会主任委员姜东锡	10	参观
南非自由州省省长赛克贝罗·玛加舒乐（Elias Sekgobelo Magashule）	5	参观
申博顾问塞凡	1	参观
日本爱知世博会代表团	3	参观
委内瑞拉外交部副部长泰米尔·波拉斯·庞塞莱昂	11	参观
香港特别行政区政制及内地事务局局长林瑞麟	3	参观
德国杜塞多夫市长迪克·艾博斯（Dirk Elbers）（5月3日再次入园）	15	参观
土耳其伊兹密尔市市长 Cahit Kirac	11	参观
世界知名大学校长团	123	参观
加拿大庞巴迪公司董事长布多昂（Laurent Beaudoin）（5月8日再次入园）	15	参观
法国欧莱雅全球董事长欧文中和全球总裁安巩	6	参加世博会开幕式
美籍著名音乐家谭盾	7	参观
日本名古屋宗教界世博访问团	20	参观
世界知名企业领导人团	21	参观
发展中国家记者团	142	参观
日本著名茶道表演家千宗室家元夫妇	80	参观
日本株式会社竹中工务店总裁竹中统一	8	参观
意大利米兰世博会组委会首席执行官 Stefano Gatti	10	参观
5月2日		
第64届联大主席图莱基	9	参观
巴拿马旅游部长萨洛蒙·沙马（Salomon Shamah）	7	参观
意大利对外贸易委员会会长 Umberto Vattani	14	参观
意大利米兰市副议长斯特凡诺·迪·马迪诺	9	参观
危地马拉国家总代表 Pedro Barnoya	4	参观
巴西圣保罗市长吉尔贝托·卡萨布代表	4	参观
德国麦德龙集团副董事长托马斯·昂格尔（Thomas Unger）	10	参加杜塞多夫馆开馆仪式
美国明星昆西·琼斯	9	参观
美国纽约市皇后区区长 Henlen Marshall	18	参观
5月3日		
柬埔寨商务部部长占蒲拉西（Cham Prasidh）	9	参观
日本国会议员木俣佳丈	5	参观
美国洛克菲勒集团亚太区总裁 William Tung	5	参观
5月4日		
新加坡前副总理陈庆炎	7	参观
菲律宾国家旅游部长约瑟夫·杜拉诺（Joseph H. Durano）	6	参观

（续表）

主要贵宾	接待人数	主要活动
韩国2012年丽水世界博览会组织委员会司长 Leem Seung Yoon	14	参观
约旦安曼商会 Amman Chamber of Commerce 主席 Riad Saifi	4	参观
意大利不凡帝范梅勒糖果集团亚太区副总裁 Luca Parodi	10	参观
德国奔驰（中国）公司总裁兼首席执行官麦尔斯	8	参观
5月5日		
波兰环境部次长 Bernard Blaszczyk	20	参观
卢旺达工商委员会常任秘书 Emmanuel Hategeka	2	参观
美国 IBM 全球副总裁 Paul Acocella	17	参观
美国 DHL 公司首席信息官 Christoph Erhardt	6	参观
5月6日		
南非外交部长玛莎巴尼（Maite Nkoana-Mashabane）	20	参加南非馆开馆仪式
以色列环境保护部长吉拉德·尔丹	8	参观
奥地利农林部长 Berlakovich	20	参观
芬兰埃斯波市市长玛凯塔·科库能	25	参观
法国里尔市长奥布莱（Martine Aubry）	28	参观
葡萄牙能源创新部国务秘书 Carlos Zorrinho	6	参观
以色列著名歌手 David Dor	8	参观
德国国家馆日先遣团	26	参观
5月7日		
新加坡国家发展部部长马宝山（Mah Bow Tan）	5	参观
牙买加农业部长塔夫顿（Christopher Tufton）	10	参观
德国环境、自然保护和核安全部首席国务秘书 Katherine Reiche	15	参观
罗马尼亚驻上海总领事费罗林·托古	6	参观
日本京都府劳工观光部副部长田中准一	3	参观
葡萄牙能源创新部国务秘书 Carlos Zorrinho	6	参观
5月8日		
日本富山县知事石井隆一	15	参观
联合国安理会改革政府间谈判机制主席查希宁·塔宁	4	参观
斯洛文尼亚驻华大使玛丽娅·阿达妮娅（Marija Adanja）	13	参观
香港特别行政区政府环境局局长邱腾华	4	参观
欧盟馆管弦乐代表团	2	参观
加拿大蒙特利尔国际花坛委员会执行副总裁 Lise Cormier	8	参观
加拿大加中贸易协会主席 Power Corporation 集团副总裁 Peter Kruyt	12	参观
5月9日		
新西兰贸易部部长格罗泽（Tim Grose）（至5月10日）	5	参观
匈牙利佩奇市市长帕瓦·索尔特	14	参观
印度尼西亚计划部副部长 Dedy Supriadi Priatna	19	参观
澳大利亚前总理霍克及英国前副首相普雷斯科特	9	参观
香港立法会议员世博代表团（至5月10日）	80	参观
马来西亚金光集团董事长 OEI TJIE GOAN	8	参观
5月10日		
哥伦比亚矿产与能源部部长埃尔南·马丁内斯·托雷斯（Hernan Martinez）	16	参观
爱尔兰馆日先遣团	10	参观
韩国国会议员 Paik Sung Woon	40	参观
伊朗议会主席侯赛因·苏伯罕尼尼亚	14	参观
欧盟前任国会议长考克斯（Pat Cox）（至5月11日）	26	参观
波兰外交部欧洲事务国务卿 Mikolaj Dowgielewicz	7	参观

（续表）

主要贵宾	接待人数	主要活动
法国路易威登集团（迪奥全球总裁）Sidney Toledano	10	参观
5月11日		
印度尼西亚国民军战略情部安部力少将	15	参观
哥伦比亚矿产与能源部部长埃尔南·马丁内斯·托雷斯（Hernan Martinez）（至5月12日）	18	参观
韩国国会议员团	40	参观
挪威奥斯陆市市长斯坦·伯格·罗斯兰德（Stian Berger Roesland）（至5月12日）	10	参观
埃及贸工部副部长 Sherif Salem	19	参观
美国开利公司全球总裁戴杰儒（Geraud Darnis）	10	参观
欧盟 DG Europe Aid 总裁 Koos Richelle	7	参观
5月12日		
法国卫生部部长罗丝琳巴切罗（Roselyne Bachelot-Narquin）	21	参观
沙特阿拉伯朱拜勒皇家委员会主席、沙特王子 Saud Bin Abdullah Bin Mohammed Bin Thinyan Al Saud	5	参观
上海合作组织部长团	19	参观
韩国国会议员团	7	参观
韩国国会议员 Yoo, Il Ho	5	参观
日中发展协会地方议员铃木恒夫	5	参观
法国中央大区常务副主席让·杰曼（Jean Germain）	20	参观
日本三菱电机会长下村节宏	16	参观
美国联邦航空管理局局长 Randy Babbitt	4	参观
洲际酒店集团全球董事会主席 David Webster	4	参观
美国有线电视新闻国际公司亚太区执行主编 Ellana Lee	10	参观
瑞典 ABB 集团执行副总裁 Ulrich Spiesshofer	13	参观
美国斯必克公司全球执行副总裁 Robert B. Foreman	6	参观
5月13日		
巴基斯坦军队参联会主席埃山上将	8	参观
乌干达贸工部长奥泰费尔	9	参观
国际原子能机构前总干事汉斯·布利克斯（Hans Blix）（至5月14日）	7	参观
法国罗阿大区主席让-雅克·凯拉纳（Jean-Jack Queyranne）（5月15日至5月17日再次入园）	20	参观
巴基斯坦国家管理学院教务长穆哈麦德·阿孔	10	参观
日本静冈县知事川胜平太	15	参观
香港艺人陈慧琳（至5月14日）	18	参观
德国西门子公司能源业务全球副总裁 Corinna Schittenhelm	5	参观
香港贸易发展局执行副局长 Benjamin Chau	6	参观
韩国贸易协会会长许镇奎	10	参观
5月14日		
美国交通部部长雷·拉胡德（Ray Lahood）	15	参观
塞尔维亚矿产及能源部部长佩特·什昆德里奇（Petar Skundric）	20	参观
加拿大蒙特利尔市市长热拉尔·特朗伯雷（Gerald Tremblay）（至5月15日）	20	参观
美国国务卿来访先遣团	20	参观
韩国国会议员 Shim Jae Chul	11	参观
伊朗伊斯兰文化及关系组织主席 Mehdi Mostafavi	6	参观
达吉斯坦地区政府第一副总理 Medzhidov Mukhtar	31	参观
泰国前内政部长 Gen. Issarapong Noonpackdee	6	参观
美国高通公司副总裁 Bill Davison	7	参观
美国霍尼韦尔公司全球总裁 Mark Howes	3	参观
5月15日		
新加坡内阁资政李光耀	11	参观
"中阿合作论坛"代表团——突尼斯外交部长	5	参观
白俄罗斯国防部长扎多宾	14	参观
法国工业部部长 Christian Estrosi	25	参观
泰国社会发展和人类安全部部长差桑（Issara Somchai）	15	参观
阿曼王国外交部秘书长巴德尔·哈迈德·哈姆德·艾勒布赛义迪	5	参观
阿联酋外交部长阿卜杜拉	26	参观
香港特别行政区财政司司长曾俊华（7月20日、7月22日再次入园）	17	参观
比利时国家部长嘉布里埃尔	10	参观
韩国国土海洋部部长郑宗焕（Chung Jong Hwan）	24	参观
拉美高级军官研讨班	29	参观
日本国土交通大臣政务官三日月大造	15	参观
香港妇女协进会世博参观团	40	参观
澳门仁协之友联谊会	35	参观
韩国国会大国家党议员朴钟熙	3	参观
奥斯卡影后玛丽昂（Marion Cotillard）	4	参观
日本爱知世博会秘书长中村利雄	12	参观
中印青年审计论坛代表团	20	参观
日本关西电视台社长福井澄郎	6	参观
5月16日		
"中阿合作论坛"代表团（15个外交部长）	100	参观
菲律宾副总统诺利·德·卡斯特罗（Hon. Noli De Castro）	14	参观
加拿大国库委员会主席兼亚太门户部部长 Stockwell Day	20	参观
加拿大公务员委员会主席玛丽亚·芭拉多斯（Maria Barrados）	14	参观
摩洛哥外交部长费赫里（Taib Fassi Fihri）	6	参观
欧盟副主席 Neeie Kroes	10	参加主题论坛
哥伦比亚军情部部长梅洛少将	12	参观
加拿大西三省省长联合代表团	38	参观
美国外交政策全国文员会太平洋论坛主席拉夫·科萨	9	参观
加拿大卑诗省省长金保尔（Gordon Campbell）	15	参观
巴西最高法院院长 Ellen Gracie Northfleet	7	参观
香港影星张曼玉（5月21日再次入园）	11	参观
5月17日		
美国田纳西州州长斐尔·布雷德森（Philip Norman Bredesen）	14	参观
中国-新加坡友好协会会长许孔让	3	参观
列支敦士登外交部长弗里克（Aurelia Frick）	7	参观
马来西亚锡兰州高级行政长官 YAAKOB BIN SAPARI	19	参观
"信息化与城市发展"主题论坛重要嘉宾	26	参观
美国前劳工部长赵小兰	3	参观
"信息化与城市发展"主题论坛嘉宾	61	参观
日本阿尔卑斯电气株式会社总裁片冈政隆	4	参观
斯里兰卡—中国社会文化合作协会主席 Indrananda Abeysekera	6	参观
捷克斯洛伐克国际交流学会主席罗米尔·什拉博塔	7	参观
美国思科系统有限公司全球运营执行副总裁 Robert Lloyd（至5月18日）	7	参观
5月18日		
美国商务部部长骆家辉（Gary Locke）	20	参加美国馆内活动
澳大利亚外交部长史蒂芬·史密斯（Stephen Smith）	14	参加澳大利亚馆开馆仪式

（续表）

主要贵宾	接待人数	主要活动
波兰农林部部长 Marek Sawicki	18	参观
哥斯达黎加总统特别顾问阿德里安·钦奇利亚（Adrian Chinchilla）	8	参观
美国田纳西州州长布雷德森	14	参观
外交学会日本鹿岛和平研究所会长平泉涉	9	参观
老挝国际问题研究所所长 Malayvieng Sakonhninhom	5	参观
澳大利亚维多利亚州长布伦比（John Brumby）	5	参观
德国杜塞多夫市长迪克艾博斯（Dirk Elbers）（至5月20日）	14	参观
列支敦士登外交部长弗里克（Aurelia Frick）	7	参观
美国强生公司全球总裁 Alex Gorsky	21	参观
美国玫琳凯公司全球首席人力官 Melinda Sellers	2	参观
5月19日		
爱尔兰农业部长史密斯（Brendan Smith）	7	参观
澳大利亚贸易部长克林（Simon Crean）（至5月20日）	19	参观
韩国大韩商工会议所会长孙京植	38	参观
上海国际终身学习论坛国外与会人员（各国教育部长）	12	参观
卢森堡驻上海总领事 Pierre Ferring	3	参观
德国世博专家顾问 Katharina Lorberg	3	参观
香港嘉华集团主席吕志和	17	参观
“中德媒体圆桌会议”高层人士	40	参观
5月20日		
比利时首相伊夫·莱特姆（Yves Leterme）	25	参观
哈萨克斯坦民族安全委员会主席沙雅赫梅托夫	30	参观
俄罗斯国家杜马主席鲍·维·格雷兹洛夫	46	参观
印度尼西亚社会事务部部长沙立姆	16	参观
泰国前总理班汉（Banharn Silpa-Archa）	105	参观
韩国大韩商工会议所会长孙京植	38	参观
全国政协常委、香港侨界社团会长余国春	43	参观
香港工业总会主席孙启烈	21	参观
澳大利亚维多利亚总督 De Kretser David Morritz	7	参观
越南党的组织建设专题班成员	34	参观
美国汤森路透集团总裁 Eric Frank	25	参观
西班牙桑坦德银行董事会副总裁 Francisco Luzon	7	参观
美国辛迪斯医疗全球总裁 Michel Orsinger	3	参观
香港玛丽医院院长 Frankie Leung	3	参观
法国里昂证券总裁 Mobius	10	参观
韩国仁川国际交流中心理事李善娴	15	参观
美国国务卿先遣团	7	参观
韩国全国经济联合会名誉会长姜信浩	17	参观
5月21日		
联合国教科文组织总干事伊琳娜·博科娃（Irina Bokova）	17	出席联合国馆活动
荷兰鹿特丹市市长艾哈迈德·阿布塔莱伯（Ahmed Aboutaleb）	13	参观
加拿大多伦多市长 Hazel McCallion	25	参观
全国政协常委、香港侨界社团会长余国春	43	参观
墨西哥参议院副参议长希门内斯	5	参观
泰国工业部副部长 Sorayut Phettakul	15	参观
澳门公职工程技术人员协会成员	41	参观
瑞士迅达电梯集团首席执行官 Alfred Schindler	2	参观
美国佩卡公司全球总裁 Mark Pigott	5	参观
美国开利冷冻国际公司全球总裁 Philippe Delpech	7	参观

（续表）

主要贵宾	接待人数	主要活动
挪威馆日王储先遣团	15	参观
瑞典国家馆日先遣团	16	参观
香港时事评论员和传媒高层访问团	20	参观
日本读卖电视台社长越智常雄	6	参观
德国电视二台总裁 Markus Schachter	4	参观
希腊馆馆长 Konstantinos Cacoulidis	2	参观
牙买加知名运动员团	6	参观
5月22日		
美国国务卿希拉里·克林顿（Hillary Rodham Clinton）	200	参加美国馆活动，世博中心会见宴请
萨摩亚副总理兼贸工、旅游部部长雷茨拉夫（Misa Telefoni Retzlaff）（5月24日再次入园）	10	参观
俄罗斯联邦共产党根纳季·安德列耶维奇·久加诺夫主席	11	参观
泰国前总理 Virabongsa Ramangura（至5月23日）	21	参观
泰国工业部长 Chanchai Chairungruang（至5月23日）	20	参观
阿曼王国高等教育部部长拉维娅·苏阿德·布赛义迪博士	11	参观
加拿大密市市长 Jackson Campese	19	参观
智利妇女事务办公室 Carolimna Schmidt	5	参观
非洲法语国家军队医院院长研讨班成员	26	参观
香港规划师学会世博考察团	63	参观
美国安利集团总裁卢志强（7月27日再次入园）	4	参观
美国百事公司董事长 Indra Nooyi	13	参观
美国纽约和泛欧联合证券交易所首席执行官 Duncan Niederauer	13	参观
香港钟表业总会代表团	21	参观
美国雪弗龙公司亚太区总裁 Blackwell	7	参观
美国哈佛大学肯尼迪学院中国学生学者联合会主席常黉星	34	参观
香港特别行政区政府发展局局长林证月娥	5	参观
日本产业馆总代表（堺屋塾）堺屋太一（5月23日再次入园）	17	参观
韩国 LS 电缆公司总裁具滋烈	8	参观
5月23日		
蒙古民主党总书记敦·额尔登巴特（D. Erdenebat）	9	参观
美国商会会长托马斯·多诺霍（Thomas Donohue）	16	参观
几内亚驻华大使 Mamady Diare	4	参观
联合国工发组织副总干事浦元义照	30	参观
挪威教育研究部副部长 Kyrre Lekye	12	参观
韩国外交通商部大使金善兴	2	参观
Aetos Capital, LP 国际金融和风险投资公司首席执行官 Scott Kelley	8	参观
复旦大学校董团	30	参观
韩国锦湖高速公司总裁徐镇烈	3	参观
5月24日		
坦桑尼亚桑给巴尔总统卡鲁姆（Amani Abeid Karume）	29	参观
朝鲜外文出版社崔景国社长	10	参观
比利时弗拉芒大区首席大臣克里斯·皮特斯（Kris PEETERS）	28	参观
法国贝桑松市市长让 - 路易·富斯雷	10	参观
波兰经济部副部长 Dariusz Bogdan	4	参观
奥地利经济部部长 Andreas Schieder	10	参观
韩国釜山市教育监薛东根	5	参观
美国 Marriott 集团董事长兼首席执行官 Bill Marriott	12	参观
日本夏普商贸常务执行役员管野信行	8	参观

（续表）

主要贵宾	接待人数	主要活动
日本森大厦株式会社代表取缔役社长森稔（5 月 26 日再次入园）	12	参观
德高集团全球总裁 Jean-Charles Decaux	7	参观
菲律宾航空首席执行官 Domingo Chua	16	参观
日本日经新闻社东京全球论坛嘉宾	13	参观
美国外交学会媒体代表团	17	参观
香港特别行政区公务员叙用委员会主席吴荣奎	8	参观
日本丰田汽车名誉会长奥田硕	7	参观
南非馆总代表 VM Khumalo	4	参观
泰国正大集团主席谢国民（Dhanin Chearavanont）（7 月 20 日再次入园）	8	参观
5 月 25 日		
澳门特别行政区行政长官崔世安	140	参观
新西兰达尼丁市市长陈永豪（Peter Wing Ho Chin）	18	参观
意大利商会联合会副主席弗朗西斯科·贝托尼（Francesco Bettoni）	12	参观
澳大利亚工会理事会主席、国际工联主席夏兰·巴洛	9	参观
阿曼王国王子 HH Mohammed Ali Al Said	15	参观
美国圣安东尼奥市市长朱利安·卡斯特罗（Julian Castro）	10	参观
韩国国会议员 Kim Sung Kor	13	参观
越南党政干部城市规划专题班	33	参观
日本三井物产株式会社会长田松莹	12	参观
美国飞思卡尔公司全球高级副总裁 Michel Cadieux	7	参观
世界著名客籍侨领乡贤	39	参观
原香港律政司司长梁爱诗	6	参观
新加坡大华银行总裁 Wee Cho Yaw	5	参观
新加坡 A*STAR 集团主席 Lim Chuan Poh	7	参观
日本产业馆代表茂木友三郎带领日本著名企业首席执行官代表团	21	参观
智利中智商会主席 Yung Han Shen	12	参观
法国家乐福全球总裁罗盛中	7	参观
5 月 26 日		
拉脱维亚总理瓦尔迪斯·东布罗夫斯基斯（Valdis Dombrovskis）	16	出席拉脱维亚馆开馆仪式
香港特别行政区全国政协委员考察团	200	观看文化中心演出
以色列旅游部长斯塔斯-米塞兹尼科夫（Stas Misezhnikov）	13	参观
俄罗斯总统助理、监察署署长楚先科（Chuychenko）	20	参观
挪威石油和能源部部长里斯-约翰森（Terje Riis-Johansen）（至 27 日）	20	参观
韩国议员团 Kim Sung-Gon	20	参观
美国俄勒冈州财政厅厅长特德·惠勒（Ted Wheeler）	26	参观
巴基斯坦穆斯林联盟秘书长穆沙希德·侯赛因·赛义德（Mushahid Hussain Sayed）	8	参观
哈萨克斯坦总统府国际关系司司长 Isskakov Zhanibek	3	参观
韩国总领事夫人李荣美带领领事夫人团	14	参观
美国科勒运营长官 David Karger Kohler（至 5 月 27 日）	5	参观
德国拜耳材料科技集团董事长 Patrick Thomas	13	参观
土耳其国营第一钢厂董事长 Mustafa Yolbulan	6	参观
泰国曼谷 Bumrungrad 国际医院董事会主席 Suthorn Bavonratanavech	3	参观
日本日经新闻社东京全球论坛嘉宾	15	参观

（续表）

主要贵宾	接待人数	主要活动
美国通用汽车全球采购副总裁 Johnny Saldanha	7	参观
南非国际关系研究所代表团长安娜·阿尔维斯（Ana Cristina Dias Alves）	9	参观
德国社民党前秘书长克劳斯·本内特（Klaus Uwe Bnneter）	6	参观
德国博世集团董事、全球副总裁孔陆德	21	参观
德国科堡应用技术大学校长 Michael Poetzl	6	参观
5 月 27 日		
中欧高层论坛代表团（副总理及议长）	102	参观
爱尔兰外交部长迈克·马丁（Michael Martin）	15	参观
巴基斯坦海军参谋长 Abbas Baza Khan 中将	12	参观
瑞士巴塞尔州州长桂·莫林（Guy Morin）	9	参观
意大利威尼斯市市长乔治·奥尔索尼（Giorgio Orsoni）	20	参观
莱索托贸工部部长 Popane Lebesa	4	参观
菲律宾馆日代表团总统先遣团	20	参观
巴基斯坦空军情报局局长苏莱曼（Asim Suleiman）	7	参观
泰国大公主先遣团	10	参观
欧洲议会对华关系代表团长克雷森佐·利凡里尼主席（Crescnzio RIVELLINI）（5 月 29 日再次入园）	30	参观
韩国国税厅厅长白容镐	13	参观
哥伦比亚驻华武官将军 Gustavo Matamoros	8	参观
韩国丽水世博组委会委员长姜东锡	10	参观
文莱总理办公室副部长 Eussoff Agaki Haji Ismail	7	参观
加拿大国会议员 Jack Austin	10	参观
马来西亚精英大学校长陈德鸿博士	9	参观
德国汤若望协会主席马特斯（Udo Mattes）	8	参观
韩国 KBS 社长金仁奎	7	参观
香港新闻界国情研修班	35	参观
新闻中心接待中外媒体记者	40	参观
美国戴尔公司全球副总裁兼大华区总裁 Midha Amit	19	参观
5 月 28 日		
爱尔兰科克市市长达拉·墨菲（Dara Murphy）	16	参观
孟加拉国信息和文化事务部部长阿布卡拉姆阿扎德（Abul Kalam Azad）	7	参观
马来西亚前总理夫人 Tun Jeanne Abdullah	11	参观
意大利驻上海总领事马希莫·罗西诺（Massimo Roscigno）	6	参观
法国电力集团董事长 Henry Proglio	15	参观
比利时弗兰德大区环境、自然和文化部部长 Joke Schauvliege	6	参观
美国华特迪士尼亚太区副总裁 Tan Yee Tiang	8	参观
美国阿斯利康全球首席执行官 David Brennan	10	参观
美国林肯电气高级副总裁 Gretchen A. Farrell	6	参观
日本电通公司副社长森隆一	9	参观
美国联泰大都会集团董事长、总裁兼首席执行官 Rob Henrikson	15	参观
德国德迅货运全球执行董事 Jens Drewes	6	参观
美军参联会前副主席、海军上将欧文斯（William A. Owens）	8	参观
英国沃达丰集团董事长代表 Frank Marriott	6	参观
万国邮政联盟邮政局长达杨	7	参观
国际泳联司库詹世昌（Pitatl Paniamgvait）	12	参观
韩泰公司韩国本社副会长徐承和	10	参观
中联办港岛工作部副部长及香港东区代表团	20	参观

（续表）

主要贵宾	接待人数	主要活动
5月29日		
欧洲议会议长耶日·布泽克（Jerzy Buzek）	20	参观
土耳其军队副总参谋长阿斯兰·居奈尔上将	17	参观
老挝财政部长宋迪·荣迪（Somdy Douangdy）	6	参观
日本福岛县知事佐藤雄平	18	参观
阿尔及利亚住房建设部部长 Nourdine Moussa（至5月31日）	15	参观
挪威贸工部部长特龙·吉斯克（Trond Giske）	13	参观
第一期非洲英语国家院校长研讨班	23	参观
韩国国土海洋部副部长 Choi Jang Hyun（至5月30日）	4	参观
欧洲议会金融、经济及社会危机特别委员会主席沃尔夫·克林兹（Wolf Klinz）	20	参观
美国亿贝网络人力资源部总监 Benaifer Reporter	6	参观
韩国友利金融集团会长 Lee Pal Seung	7	参观
香港花旗银行前董事 Mr. Y.S.Wong	24	参观
韩国SK集团董事长兼首席执行官崔泰源	11	参观
美国佛罗里达中国友好协会会长 Sibile Pritchard	20	参观
美国史泰博公司全球副总裁 Pat Hickey	6	参观
5月30日		
印度总统普拉蒂巴·德维辛格·帕尔蒂	100	参观
芬兰总统塔里娅·哈洛宁（Tarja Halonen）	36	参观
卢森堡大公储纪尧姆（HRH Prince Guillaume, Hereditary Grand-Duke of Luxembourg）（至6月3日）	33	参观
土耳其中国妇女文化协会主席汤·阿塔奇	19	参观
哥伦比亚计划部部长 Esteban Piedrahita	18	参观
毛里塔尼亚商业和手工业部部长 Bamba Ould Dermane（至5月31日）	10	参观
韩国前财经部部长 Rhee Yong Man	15	参观
韩国中央政府司长 Kim Young Ki	17	参观
美国科勒公司董事长兼首席执行官 Herbert V Kohler（至5月31日）	5	参观
斯里兰卡著名友好人士阿卢魏维	5	参观
法国葡萄酒行业协会主席 Dominique Carpart	10	参观
香港海洋公园行政总裁苗乐文	6	参观
韩国明星 Super Junior	59	参观
5月31日		
德国汉堡市市长欧勒·冯·伯斯特（Ole von Beust）	36	参加汉堡之家特别日活动
韩国国会专门委员 Lim Byeong Kyu（至6月1日）	5	参观
国际风景园林联合会主席戴安妮·孟赛斯（Diane Menzies）	18	参观
挪威环境部副大臣 Heidi Sorenensen（至6月1日）	9	参观
加蓬自由之城副市长 Eloi Nzondo	11	参观
澳大利亚金达必公司副董事长 George Jones	3	参观
瑞典北欧斯安银行首席执行官 Annika Falkengren	4	参观
美国礼来全球研发总部副总裁 Alan Palkowitz	6	参观
德国法兰克福书展组委会副主席司马明	4	参观
6月1日		
巴基斯坦前总理肖卡特·阿齐兹（Shaukat Aziz）	3	参观
统俄党总委员会主席团副书记、俄国家杜马副主席斯谢茹洛娃（Svetlana Zhurova）	13	参观
加拿大国际贸易部部长彼得·范龙（Peter Van Loan）（至6月2日）	11	参观

（续表）

主要贵宾	接待人数	主要活动
加拿大财政部部长詹姆斯. 弗莱厄蒂（James Michael Flasherty）（至6月2日）	18	参观
香港特别行政区政府商务及经济发展局局长刘吴惠兰	7	参观
香港旅游发展局主席田北俊	38	参观
2010上海市市长国际企业家咨询会议踩点团	30	参观
香港立法会议员、东亚银行主席李国宝	16	参观
阿布扎比经济发展部部长纳瑟·阿姆德·阿尔苏瓦迪（H.E. Nasset Ahmed Alsowaldi）	25	参观
智利国际贸易部副部长 Matias Domeyco	11	参观
日本多连喜株式会社会长高田慎也	2	参观
日本横滨橡胶株式会社常务执行董事田中孝一	15	参观
美国华特迪士尼乐园和度假区全球副总裁麦克·克劳德	7	参观
墨西哥普赖斯投资公司总裁 Marilu Hernandes	3	参观
罗阿大区农委第一副主席 Lacondemine	4	参观
6月2日		
德国教育和研究部部长安妮特·沙范（Annette Schavan）	55	参观
俄罗斯国防部副部长奇斯托娃（Chistova Vera）	8	参观
伊朗驻华大使 Safari	3	参观
德国西门子副总裁 Peter Walter Herweck	14	参观
日本株式会社竹中工务店董事助理竹中勇一郎	6	参观
美国GE公司董事长兼首席执行官 JR Immelt	9	参观
日本江崎格力高柱式会社社长江崎胜久	6	参观
日本三菱日联信托银行会长上原治也	5	参观
香港美术家协会副主席韩秉华	2	参观
法国共产党全国委员会负责经济事务的委员帕斯卡尔·施莱（Pascal Schille）	15	参观
法国农业信贷银行副首席执行官 Jean Yves Hocher	9	参观
中国移动通信集团董事 Nick Read	9	参观
日本横滨橡胶株式会社取缔役常务执行董事野地彦旬	10	参观
美国著名歌星迈克尔·波顿（Michael Bolton）	12	参观
6月3日		
巴林副首相穆罕默德本穆巴拉克阿勒哈利法（Mohammed Bin Mubarak Al-Khalifa）（至6月4日）	15	参观
韩国教育科技部部长安秉万	15	参观
以色列国土基础建设部长乌兹·兰道（Uzi Landau）	10	参观
利比亚国防部长艾哈迈德·阿翁	18	参观
突尼斯旅游部长萨利姆·塔拉提利（Slim Tlatli）	20	参观
澳大利亚国库部部长 Hon. Wayne Swan MP	16	参观
圣马力诺旅游、体育、经济部部长贝拉尔迪（Fabio Berardi）（至6月5日）	8	参观
日本大阪市前市长关淳一	5	参观
日本福冈市市长吉田宏	15	参观
孟加拉国孟中人民友好协会终身会员拉希达乔杜里	11	参观
波兰经济部副部长 Granzyna Henclewska	5	参观
马尔代夫经济发展部副部长阿里·拉希德（Ali Rasheed）（至6月4日）	2	参观
美国IBM全球董事长兼首席执行官 Samuel J Palmisano	10	参观
日本株式会社骊住集团潮田洋一郎	18	参观
阿根廷国际著名球星 Luis Scola	20	参观
美国 Kenexa 公司全球总裁 Rudy Karsan	9	参观
香港美丽华酒店集团董事长邓日燊	12	参观
香港汇丰银行（中国）有限公司集团主席葛林（Stephen K Green）	10	参观

（续表）

主要贵宾	接待人数	主要活动
日本雅玛多集团会长野田实	8	参观
法国道达尔集团天然气、电力和新能源部总裁 Philippe Boisseau	6	参观
香港工业总会主席孙启烈	38	参观
毛里求斯华商经贸专业联合会代表团	26	参观
英国联合食品集团首席财务官 John Bason	5	参观
美国 IBM "智慧城市全球峰会" 嘉宾团	800	参观
香港汇丰银行高峰论坛嘉宾	140	参观
法国 TRENEL 公司主席 Gilles Meimoun	6	参观
6月4日		
英国财政部长奥斯本（George Osborne）	8	参观
欧盟健康与消费者政策委员会委员达利（John Dalli）（至6月5日）	17	参观
美国国会议员情报委员会主席黛安·范因斯坦（Dianne Feinstein）	22	参观
罗马尼亚国防情报学校校长阿贝特洛阿耶·康斯坦丁（Apetroaie Constantin）	13	参观
日本法律界友好人士代表团	42	参观
朝鲜总会社副总社长金泰勳	28	参观
菲律宾馆日先遣团	30	参观
上合组织银联体理事会成员	23	参观
日本 NTT-DATA 公司法人代表岩本敏男	9	参观
东方海外主席董建成	4	参观
美国谷歌公司总裁 Jeff Huber	15	参观
韩国丽水世博组委会高级事务官 Kim Jink Yoon	15	参观
日本三菱商事株式会社社长小岛顺彦	8	参观
意大利 SETEFI 银行总裁 Boselli Mario	4	参观
6月5日		
马来西亚森林工业和家用品部部长 Bernard Giluk Dompok	21	参观
法国经贸和就业部部长克里斯蒂娜·拉嘉德（Christine Lagarde）	10	参观
阿联酋外交事务国务部长卡尔卡什（Anwar Mohammad Gargash）	4	参观
葡萄牙经济、创新与发展部部长维埃拉·达席尔瓦（6月8日再次入园）	8	参观
新加坡人力部常任秘书 Ow Foong Pheng	10	参观
日本神户市副市长中村三郎	16	参观
香港区议会主席访问团（至6月6日）	80	参观
香港学者访问团	26	参观
德国慕尼黑市市长克里斯蒂安·伍德（Christian Ude）	13	参观
葡萄牙投资贸易及旅游促进会主席 Basilio Horta	5	参观
泰国商务部副部长 Alongkom Ponlaboot	18	参观
苏丹财政部次长伊卜拉辛·穆萨	8	参观
南非联合执政和传统事务部副部长 Carrim Yunus（6月7日再次入园）	14	参观
日本香山县多度津町町长小国宏	9	参观
香港汇丰环球投资管理公司美洲行政总裁 Sylvia B. Coutinho	9	参观
日本日中经济协会清川佑二理事长	2	参观
美国高通公司上海分公司董事 Barbara Alexander Stiles	5	参观
香港环球唱片艺人陈奕迅	6	参观
韩国泰光集团会长 Lee Ho Jin	7	参观
香港安永华明会计师事务所远东区主管合伙人谢明发	3	参观

（续表）

主要贵宾	接待人数	主要活动
新加坡华侨银行集团总裁苏仁生	6	参观
"中越友好年" 越南检察官团	59	参观
美国 GE 亚太区总裁 Jim Fisher	25	参观
6月6日		
美国爱达荷州州长欧士杰（C.L."Butch" Otte）	9	参观
比利时军情部部长弗兰克·克莱斯（Frank Claeys）	6	参观
沙特国防部叶海亚将军（Alsharif Yahya）	17	参观
欧盟健康与消费者保护总司司长 Bernard Van Goethem	8	参观
巴基斯坦三军情报局局长 Ahmad Shuja Pasha	20	参观
日本朝日放松最高顾问西村嘉朗	3	参观
美国高盛投资公司亚洲资产首席信息官 Sukumar Rajah MD	14	参观
新加坡旅游局世博事务司司长 Leong See Kay	8	参观
泰国皇家警察局总监察长 Boriharn Siangaron	11	参观
德国西门子高级副总裁 Pedro Miranda	7	参观
6月7日		
墨西哥经济部部长 Gerardo Ruiz Mateos	15	参观
新西兰反对党领袖、工党党魁费尔·戈夫（Hon. Phil Goff）	7	参观
阿曼王国国防部部长赛义德·巴德尔（Sayyid Bader）	19	参观
荷兰交通、公共工程与水管理部部长 Tineke Huizinga	9	参观
日本东京都前副知事、现东京都日中友协会长贯洞哲夫	19	参观
波兰基础设施部副部长安娜·维皮希－娜妙特克（Anna WYPYCH-NAMIOTKO）	6	参观
美国 JP Morgan 公司管理总监 Pierre Yves Bareau	15	参观
美国哈曼国际公司全球总裁 David Slump	12	参观
匈牙利航空公司董事长 Lows Peter	4	参观
日本富士施乐有限公司代表取缔役吉田晴彦	8	参观
日本朝日放松最高顾问西村嘉朗	3	参观
6月8日		
泰国清迈自治机构主席本勒·布拉努帕功（Boonlert Buranupakorn）	17	参观
瓦努阿图反对党领袖、民族联合党主席、前总理哈姆·利尼（Ham Lini）	10	参观
美国夏威夷州州长琳达林格尔（Linda Lingle）（至6月9日）	16	参观
葡萄牙环境部部长 Dulce Pássaro	4	参观
巴基斯坦贸易发展局主席 Syed Mohibullah Shah	7	参观
韩国济州特别自治道知事金泰焕	15	参观
越南胡志明市常务副市长阮成才（Nguycn Thanh Tai）	8	参观
挪威石油和能源部副部长 Sigrid Hjonegard	10	参观
马拉维驻华大使查尔斯·纳蒙对（Charles Namondwe）	3	参观
比利时安特卫普市副市长 Ludo Van Campenhout	6	参观
美国旅游管理委员会主席 Mike McCartney	7	参观
罗阿大区能源气候部部长 Marie-Helene Riamon	5	参观
阿联酋武装部队参谋长鲁迈希（Hamad Rumaithi）	19	参观
香港仁爱堂主席庄舜而	20	参观
澳大利亚邮政董事长 David Mortimer	4	参观
日本技术士会世博科技团	64	参观
澳门联合总会所属澳门工联常青活动中心代表团	80	参观
澳大利亚中国友好协会会长 Pat O'Riley	10	参观
日本明星陈美玲	2	参观
伊藤忠商事株式会社纺织公司总裁冈本均	3	参观
6月9日		
希腊文化与旅游部秘书长丽娜·蒙多尼（Lina Mendoni）	20	参观

（续表）

主要贵宾	接待人数	主要活动
韩国光州广域市市长朴光泰	14	参观
乌克兰议会议员 Lukyanov Vladislav	7	参观
香港怡和集团常务董事（总裁）黎定基	12	参观
法国施耐德电气集团监事会主席 Henri Lackmann	10	参观
德国巴斯夫全球董事会成员、高级副总裁 Martin Brudermueller	13	参观
美国当纳利印刷有限公司全球高级副总裁 Brian Hamrick	8	参观
菲律宾中国了解协会理事长肯苏尔·瑟发利诺（Ceferino Benedicto）	14	参观
日本长崎电视台执行董事荒神彻	3	参观
中国银联国际业务研讨会高管团	47	参观
双钱集团总裁 Rick Benton	23	参观
荷兰园艺世博会项目总监 Sven Stimac	4	参观
美国卡夫集团全球副总裁 Mary Grace Munsayac	10	参观
美国吉百利公司全球总裁 Ketring Hokgson	10	参观
拉美国家媒体高级考察团	18	参观
日本泰尔茂株式会社董事会会长和地孝	9	参观
卢森堡驻上海总领事 Pierre Ferring	5	参观
6月10日		
缅甸外交部长吴年温（U Nyan Win）	5	参观
法国前总理让．皮埃尔．拉法兰（至6月12日）	10	参加法国馆活动，在世博中心接受中国网络电视采访
白俄罗斯国家科学技术委员会主席沃伊托夫（Voitau Ihar）	12	参观
柬埔寨武装部队副总司令辛本兴上将（Hing Bunhieng）	18	参观
爱沙尼亚经济事务与交通部部长尤汉·帕茨（Juhan Parts）	10	参观
伊朗贸易部长 Mehdi Ghazanfari	15	参观
香港新鸿基地产集团副主席郭炳联	7	参观
香港保险业界精英世博访问团	36	参观
意大利威尼斯市政港务代表团	21	参观
荷兰水周中外贵宾	13	参观
比利时王储先遣团	15	参观
韩国铁道设施公团理事长赵显龙	9	参观
美国洛杉矶行政长官安东诺维奇（Michael D. Antonovich）	6	参观
奥地利驻威尼斯领事 Gianfranco Zoppas	5	参观
全球高级管理人员及各国办事处管理合伙人代表团	50	参观
国际乒联副主席木村兴治（日本）	6	参观
香港中华总商会会长蔡冠深	35	参观
美国安舒茨集团总裁 Steve Cohen	12	参观
朝鲜商业会议所处长金铢锥	10	参观
香港美心集团董事世博访问团	21	参观
日本住友林业株式会社社长矢野龙	5	参观
中外媒体记者访问团	40	参观
美国华裔科学家李昌钰	12	参观
联合国教科文组织文化助理总干事班德琳（Francesco Bandarin）	6	参观
意大利费列罗公司亚洲区主席 Giuseppe Cammareri	12	参观
6月11日		
新西兰经济发展部兼能源与资源部部长格里布朗利（Gerry Brownlee）	9	参观

（续表）

主要贵宾	接待人数	主要活动
纳米比亚渔业与海洋资源部部长伯恩哈德·马丁·埃绍（Bernhardt Martin Esau）	12	参观
美国前副总统戈尔（Al Gore）	18	参观
拉脱维亚交通部部长 Kaspars Gerhards	3	参观
罗马尼亚经济、贸易和商业环境部国秘玛利亚·珀尔克勒贝斯库（Maria Parcalabescu）	25	参观
柬埔寨邮电部代理部长 Sarak Khan	5	参观
日本丰田名誉会长丰田章一郎（6月13日和7月31日再次入园）	18	参观
意大利阿萨纳集团总裁米盖勒·卡特利	8	参观
匈牙利匈中友协理事莱兰特妮·迪克·苏珊娜	7	参观
香港特别行政区贸易发展局主席苏泽光	2	参观
美国新思科技全球副总裁 Kevin Syvrud	6	参观
新西兰航空及贸易公司首席主管 John Nicholson	15	参观
香港中华总商会妇女委员会代表团	35	参观
美国通用医疗集团总裁 Jan Erneberg	5	参观
韩国城市开发公社首席执行官 Lee Han Joon	18	参观
瑞典皇家音乐学院院长 Rolf Ingva Lindblom	7	参观
亚洲开发银行澳大利亚执行董事 Eric Philip Roydon Bowen	3	参观
阿拉伯国家广播电视考察团	34	参观
法国 Grenoble 2 大学校长 Alain Spalanzani	4	参观
6月12日		
美国前临时参议长特德·史蒂文斯（Ted Stevens）	25	参观
挪威海军少将 Haakon Brun Hanssen	8	参观
泰国社会发展和人类保障部部长伊萨（Issara Somchai）	24	参观
美国南部州长协会联邦政策主任珍妮弗·施瓦茨（Jennifer Puls Schwartz）	4	参观
日本参议院议员川上義博	2	参观
罗马尼亚众议院外交政策委员会主席科罗迪·奥蒂洛（Korodi Attila）	13	参观
上海市市长国际企业家咨询会先遣团	20	参观
日本文化厅长官玉井日出夫	6	参观
刚果（布）装备局局长伊拱嘎·阿坎度·基门	4	参观
联合国难民署驻华及蒙古地区代表竹赛普（Giuseppe de Vincentiis）	6	参观
日本电通公司总裁兼首席执行官高嶋达佳	9	参观
日本每日放送电视台台长山本雅弘	4	参观
日本软银公司社长孙正义	22	参观
第十六届上海电视节嘉宾	16	参观
澳门粤籍社团领袖访问团	30	参观
美国纳斯达克 OMX 集团副董事长迈尔·富鲁奇	3	参观
日本中国文化交流协会会长辻井乔	10	参观
美国可口可乐公司副总裁 Rhona Sue Applebaum	11	参观
日中友好议员联盟会长高村正彦（至6月13日）	16	参观
日本 JTB 社长田川博已	9	参观
日本 Kadokawa 文化促进基金会嘉宾渡边谦	8	参观
日本 Kadokawa 文化促进基金会嘉宾陈凯歌	4	参观
6月13日		
新西兰教育部部长安·托丽（Anne Tolley）	5	参观
意大利新型动力能源论坛代表团	15	参观
荷兰皇家孚宝董事会主席布鲁德斯	11	参观
阿尔卑斯（中国）有限公司总裁白井省三	3	参观
第十三届上海国际电影节嘉宾	17	参观

（续表）

主要贵宾	接待人数	主要活动
第十三届上海国际电影节嘉宾吕克贝松	16	参观
韩国圆佛教中央总法师李广净	19	参观
日本欧姆龙株式会社社长作田久男	6	参观
国际数据集团董事长 Patrick MacGovern	4	参观
比利时欧盟馆演员 Maljean	2	参观
6 月 14 日		
新西兰高等教育部部长史蒂文·乔伊斯（Steven Joyce）	3	参观
印度本地治理联邦属地州长 Iqbal Singh	8	参观
尼日利亚贸工部部长 Josephine Tapgun	25	参观
世博会“城市更新与文化传承”论坛主宾	26	参观
美国温斯顿 - 萨兰姆市市长 James Allen Joines	8	参观
加拿大安大略省副省长 George Smitherman	4	参观
马来西亚雪兰莪州区域长 Nor Hishim b Ahmad Dahlan	3	参观
波兰经济部副部长 Marek Lyzwa	10	参观
世界卫生组织西太区地区主任申英秀（Shin Young-soo）（6 月 16 日再次入园）	9	参观
世博会“城市更新与文化传承”论坛嘉宾	80	参观
第十三届上海国际电影节嘉宾	18	参观
美国时代周刊亚洲版总编辑 Zoher Abdoolcarim	12	参观
法国诺贝尔物理奖得主艾尔伯·费尔（Albert Fert）	4	参观
意大利 GUCCI 携手中国儿童基金会儿童访问团	73	参观
美国 EMC 公司高级副总裁兼首席信息官 Sanjay Mirchandani	5	参观
美国 IBM 公司首席财务官 Mark Loughridge	2	参观
韩国丽水世博组委会资问委员张基哲	4	参观
6 月 15 日		
美国德克萨斯州州长佩里（Rick Perry）	20	参观
科威特公主 Shelkha Nazlla Ahmad Al-Sabah	10	参观
厄瓜多尔前总统卢西奥·古铁雷斯·博武阿（Lucio Gutierrez Borbua）	8	参观
联合国副秘书长赤阪青隆（Kiyotaka Akasaka）	2	参观
尼日利亚国防情报部部长巴巴嘎纳·穆罕默德·孟古诺（Babaana Mohammed Monguno）	9	参观
欧盟委员会研究总司长 Jose Manuel Silva Rodriguez（6 月 18 日至 6 月 19 日再次入园）	15	参观
日本京都市市长门川大作	4	参观
加中旅游协会加拿大市长团	45	参观
国际友好人士联合代表团	10	参观
意大利伦巴第大区政府展览部部长费迪·南多嘉斯塔尔托（Ferdinando Castaldo）	10	参观
新西兰怀塔克里市市长 Bob Harvey	9	参观
马来西亚霹雳州首席部长 H.E. Dato Sri Dr. Zambry Abd Kadir	10	参观
香港建筑师学会代表团	41	参观
美国 EMC 公司董事会副主席 Bill Teuber	5	参观
香港华人基督教联会访问团	6	参观
日本明治乳业控股公司董事长、社长佐藤尚忠	12	参观
牙买加鲍勃·马利博物馆馆长 Stephanie Sahi Marley	5	参观
韩国丽水世博组委会资问委员张基哲	4	参观
美国思科系统有限公司主席兼首席执行官 John Chambers（至 6 月 17 日）	7	参观
法国 Futuroscope 公司总裁 Dominique Hummel	6	参观
粤港新闻界代表团	3	参观
6 月 16 日		
以色列海法市市长尤纳·亚哈维（Yahav Yona）	42	参观

（续表）

主要贵宾	接待人数	主要活动
冰岛工业、能源和旅游部部长卡特琳·尤利乌斯多蒂尔（Katrin Juliusdottir）（至 6 月 18 日）	25	参观
俄罗斯边防军司令安德烈·尼古拉耶夫（Andrey Nikolaev）	5	参观
意大利人基金会主席马西莫·达莱马（Massimo D' Alema）	5	参观
泰国驻华大使密乘尚（Piamsak Milintachinda）（至 6 月 17 日）	22	参观
孟加拉最高法院院长穆罕默德哈比卜拉德曼（Muhammad Habibur Rahman）	9	参观
法国罗阿大区议会副主席法丽达·布多（Farida Boudaoud）	7	参观
朝鲜最高人民会议大议员李学成（Ri Hak Song）	15	参观
意大利米兰市政府议会代表团（至 6 月 17 日）	12	参观
美国华特迪士尼工作室总裁 Alan Bergman	7	参观
美国阿迪达斯首席财务官 Robin J Stalker	7	参观
第十三届上海国际电影节嘉宾	13	参观
世界银行中国 FSAP 评估小组成员	21	参观
美国麻省理工学院院士约瑟夫·萨斯曼博士	3	参观
美国旧金山湾区委员会总裁及首席执行官吉姆·伍德姆	61	参观
台北案例馆台北日嘉宾王力宏	12	参观
韩国三星证券株式会社社长 Park Chun Hyun	11	参观
韩国华仁建设有限公司会长 Won Kyung Yeon	22	参观
意大利米兰周活动嘉宾	200	参观
6 月 17 日		
埃及中国友好协会副会长艾哈迈德·瓦利（Ahmed Waly）	7	参观
日本观光厅长官沟田宏	4	参观
挪威国务秘书 Pal Julius Skogholt（至 6 月 18 日）	5	参观
香港利星行集团主席刘楚群	7	参观
马来西亚沙巴省拿督 Datuk Amat Asri B	8	参观
美国摩托罗拉全球首席财务官 Edward J Fitzpatrick	8	参观
欧洲 LA FUGUE 公司首席执行官 Luciani	10	参观
美国泰克科技公司副总裁 Lai Chi Kong	10	参观
香港嘉里集团董事长、香格里拉集团主席郭鹤年	9	参观
韩国丽水世博会组委会高级顾问 Kang Kyo-Cha	27	参观
美国 IBM 公司副总裁 John Gallagher	2	参观
6 月 18 日		
泰国副总理沙南	22	参观
美国旧金山市长加文·纽森（Gavin Newsom）	70	参观
韩国首尔市市长吴世勋	21	参观
印度青年事务与体育部部长基尔（Gill）	8	参观
香港特别行政区运输和房屋局局长郑汝桦	5	参观
国际热核聚变实验堆计划国际聚变能组织主席 Bvgeny Vblikhov	50	参观
联合国贸发会秘书长素帕猜·巴尼巴滴（Supachai Panitchpakdi）	15	参观
意大利米兰省省长圭多·波戴斯达（Guido Podestà）	9	参观
2015 米兰世博会组委会交流代表团	9	参观
第十三届上海国际电影节嘉宾	13	参观
日本爱知世博协会高层负责人山田大子	6	参观
哥伦比亚国家行政学院院长米格尔（Hon.orio Miguel Hemriquez）	3	参观
法国豪曼集团董事会和管委会董事 Rolando Benedick	7	参观
哥伦比亚咖啡种植行业协会会长 Juan Valdez	10	参观
日本腾龙光学株式会社副总裁 Hitoshi Ota	5	参观

（续表）

主要贵宾	接待人数	主要活动
香港渣打银行集团主席 John Peace	5	参观
韩国 KYOWON 集团会长 Chang Pyung Soon	4	参观
6 月 19 日		
巴基斯坦三军情报局副局长迪塔汗（Allah Ditta Khan）	13	参观
巴基斯坦陆军参谋长阿什法克·帕尔维兹·基亚尼（Ashfaq Parvez Kayani）	17	参观
克罗地亚萨格勒布市市长米兰·班迪奇（Milan Bandic）	11	参观
芬兰议会芬中友好小组主席帕伊维·利波宁（Paivi Lipponen）	7	参观
越南劳动荣军与社会部常务副部长谭友德	18	参观
法国前部长、参议院人民运动联盟主席 Gerard Longuet	10	参观
中国银监会首席顾问 Andrew Shen	10	参观
乌拉圭总统第二秘书 Diego Canepa	8	参观
“科技创新与城市未来”论坛嘉宾素帕猜·巴尼巴滴（Supachai Panitchpakdi）	13	参观
伊朗外交部副部长 Hossein Farahi	8	参观
日本原长野县副知事池田典隆（至 6 月 20 日）	8	参观
2010 全球资源投资峰会代表团	10	参观
香港机场管理局董事局成员代表团	15	参观
第十三届上海国际电影节嘉宾	18	参观
各国驻昆明总领事考察团	14	参观
法国雅高集团董事长兼首席执行官 Gilles Pelisson	6	参观
国际管理研究学会年会嘉宾	19	参观
德国阿登纳基金会副总干事 Wahlers	12	参观
6 月 20 日		
新加坡副总理黄根成（Wong Kan Seng）	14	参观
法国罗纳－阿尔卑斯大区国际关系副主席贝尔纳·苏拉日（Bernard Soulage）（6 月 21 日、10 月 8 日和 10 月 11 日再次入园）	12	参观
玻利维亚争取社会主义运动国际关系书记兼全国土著妇女联合会执行书记莱昂尼达·苏丽塔·巴尔加斯（Leonida Zurita Vargas）	7	参观
土耳其中国友好协会主席凯末尔·巴伊塔什（Kemal Baytas）	14	参观
国际货币基金组织第四条款磋商代表团	10	参观
韩国统计教育院院长边孝燮	8	参观
澳大利亚昆士兰州财长兼就业和经济发展部部长弗雷泽 Andrew Fraser	16	参加昆士兰州活动
香港政府政制及内地事务局副局长黄静文	2	参观
“上海世博低碳宜居城市发展论坛”代表团	9	参观
日本世博会亚洲广场日本演出团长石原进	5	参观
美国安利（全球）有限公司副总裁 Russell Alan Evans	7	参观
香港报业公会高层团	35	参观
韩国驻上海总领事金正基	3	参观
日本 Fukoku 集团公司董事长 Kawamoto Eiichi	4	参观
法国雅高集团董事长兼首席执行官 Gilles Pelisson	6	参观
德国科世达集团总裁 Andreas Kostal	5	参观
意大利知名电影导演保罗·维尔齐	12	参观
6 月 21 日		
莫桑比克总理阿伊雷斯·阿里（Aires Bonifácio Ali）	51	参观
美国公谊会英格兰地区主任约瑟夫·格尔森（Joseph Gerson）	22	参观
比利时瓦隆大区经济部部长让－克洛德·马尔古（Jean-Claude Marcourt）	19	参观
土耳其伊兹密尔市市长阿齐兹·科贾欧录	30	参观

（续表）

主要贵宾	接待人数	主要活动
韩国公积金管委会共同委员长闵相基	8	参观
法国法中友协联合会主席阿兰·拉巴特（Alain Labat）	16	参观
国际纺织制造商联合会主席、土耳其纺织企业家联合会会长哈里特·纳林	26	参观
新加坡陆路交通管理局轨道部仲裁 Lim Bok Ngam	5	参观
菲律宾伊莎贝拉省 Aurora 市市长 Ester Resurrenccion Uy	14	参观
斯里兰卡中国协会秘书长古蒂拉·维克拉马辛（Guthila Wickremasinghe）	8	参观
美国哈佛大学肯尼迪政府学院教授 Steve Kelman	3	参观
新加坡吉宝置业国际有限公司董事会主席 Choo Chiau Beng	22	参观
日本岩井株式会社社长岩井佑造	12	参观
日本清川株式会社社长清川要助	5	参观
美国纽维尔集团阿普丽佳公司总裁 Doug McGraw	8	参观
香港新鸿基地产集团副主席郭炳江	10	参观
美国汉胜航空集团公司主席 Alain Bellemare	7	参观
印度尼西亚 Union Sampoerna 投资集团公司主席兼首席执行官 Soetjahjono Winarko	7	参观
6 月 22 日		
西班牙阿斯图里亚大区主席 Vicente Alvarez Areces	13	参观
澳大利亚昆士兰州农业渔业部、城乡和区域昆士兰部部长 Tim Mulherin	15	参观
“科技创新与城市未来”论坛嘉宾	80	参观
国际咨询工程师联合会主席格雷戈斯·托姆普洛斯	17	参观
新西兰基督城市副市长 Norman Withers	7	参观
意大利伦巴第大区上海世博会考察交流团	24	参观
香港房地产建筑业协进会代表团	62	参观
日本三菱地所株式会社执行董事林总一郎	7	参观
国际货币基金组织中国执行董事何健雄	3	参观
法国阿科玛公司首席执行官 Max Andre Schachenmann	20	参观
新加坡 KIRI 控股有限公司首席执行官阮水龙	7	参观
复旦大学港澳校董世博访问团	21	参观
香港 DNA 全球总裁钟伟东	10	参观
国际知名数学家 Shmue Weinberger	6	参观
BIE 贵宾团	4	参观
“两岸妇女大型交流活动”港澳嘉宾	23	参观
2010 丽水世博会总监 Nam Jaeger Heon	13	参观
6 月 23 日		
越南最高人民法院院长张和平	15	参观
德国联邦内政部国务秘书弗里奇（Fritsche Klaus-Dieter）	10	参观
韩国釜山市市长许南植	23	参观
加拿大自然资源部部长柏拉迪（Christian Paradis）	15	参观
津巴布韦国防军总司令 C. G. Chiwenga	20	参观
韩国水产会会长朴宰永	10	参观
荷兰农业、自然和食品质量部副大臣 Andre Van Der Zande	11	参观
伊朗呼罗珊省省长 Mahnoud Salahi Shmadabadi	14	参观
美国驻华大使馆公使衔商务参赞 William Zarit	7	参观
英国驻华大使吴思田（Sebastian Wood）	6	参观
意大利伦巴第大区世博考察团	4	参观
美国麻省理工学院校长苏珊·霍克菲尔德（Susan Hockfield）	15	参观
日本旭硝株式会社取缔役会长门松正宏	5	参观

（续表）

主要贵宾	接待人数	主要活动
韩国农心集团会长 Shin Choon Ho	12	参观
美国芝加哥期货交易所主席比尔·布朗斯基	4	参观
新加坡天宝富公司总裁 Andy Lim	12	参观
俄罗斯新闻社副社长谢尔盖·维胡霍列夫	7	参观
马来西亚中华工商联合会会长钟廷森	20	参观
诺贝尔经济学奖得主、“欧元之父”蒙代尔（至6月24日）	6	参观
越南社会科学院副院长阮春胜	11	参观
香港华侨华人总商会会长古宣辉	33	参观
中日友好支援中心董事长加藤麻纪子	4	参观
美国斯坦福大学首席执行官研修班代表团	51	参观
6月24日		
埃塞俄比亚联邦院议长德格非·布拉	20	参观
比利时瓦隆州及法语区首席大臣鲁迪·德莫特（Rudy Demotte）（至6月25日）	23	参观
挪威贸工部副大臣哈尔瓦德·英厄布里格森（Halvard Ingebrigtsen）（至6月25日）	5	参观
日本鹿儿岛观光交流局局长福寿浩	5	参观
危地马拉工业商业文化联合会主席豪尔赫·蒙达尔	6	参观
澳门妇女联合总会会长贺定一	35	参观
斯洛文尼亚斯中友协常务理事祖潘茨（Zupanc）	5	参观
文莱外交贸易部副常任秘书 Nazmi Nohamad	6	参观
秘鲁驻华大使哈罗德·佛塞斯（Harold Forsyth）（至6月26日）	6	参观
美国杜邦研发管理公司副总裁 Uma Chowdhry	5	参观
美国奥的斯电梯公司全球总裁 Didier Michaud-Daniel	21	参观
日本政策金融公库总裁安居祥策	3	参观
瑞士信贷中东地区主席 Jeffrey Culpepper	6	参观
日本积水化工董事长大久保尚武	9	参观
法国毕维海事公司副总裁兼总经理 Didier Bouttier	12	参观
日本海事协会副会长北田博重	7	参观
美国惠普工业集团总裁 Dave Hess	15	参观
美国华特迪士尼 R&D 总监 Susan Leber	5	参观
德国科世达集团副总裁 Sanders 先生	7	参观
香港新闻界国情研修班代表团	10	参观
6月25日		
波兰国内安全局局长克日什托夫·邦达留克（Krzysztof Bondaryk）	13	参观
北欧能源与环境日四国部长团	26	参观
韩国全罗南道知事朴晙莹	14	参观
肯尼亚北部及干旱地区发展部部长穆罕默德·艾尔米	13	参观
澳门特区政府妇女事务咨询委员会秘书长邓惠莲	33	参观
香港妇女世博访问团（至6月26日）	85	参观
韩国文化体育观光部次官 Kim Dae-Ki	3	参观
美国全国商务经济协会会长 Lynn Reaser	14	参观
韩国国土海洋部委员长 Song Kwang Ho	6	参观
非洲国家政府官员新闻研修班代表团	47	参观
伦敦金融城政策与咨询委员会主席 Stuart Fraser	10	参观
中国高等院校香港校友会联合会名誉会长卢文瑞	10	参观
意大利驻菲律宾大使 Luca Fornari	6	参观
澳大利亚前移民部部长杰利韩德	13	参观
香港汇丰银行（中国）有限公司集团行政总裁 Michael F Geoghegan	15	参观
“2010年上海第十届国际摄影艺术展”嘉宾	15	参观

（续表）

主要贵宾	接待人数	主要活动
澳大利亚国家银行亚洲首席执行官 Robert Wright	9	参观
日本三菱东京 UFJ 银行会长畔柳信雄	7	参观
日本九州旅客铁道株式会社董事总经理唐池恒二	7	参观
美国摩根资产管理公司全球机构主管 Adam Mattews	15	参观
美国 Pelli Clarke Pelli Architects 公司创始人 Cesar Pelli	12	参观
美国哈挺机床有限公司总裁兼首席执行官 Rick Simons	10	参观
韩国农心集团副会长 Shin Dong Won	12	参观
世界免税品集团 DFS 副总裁 Andrew Ford	5	参观
日本政策金融公库总裁安居祥策	3	参观
日本滋贺县草津市政府派遣经济代表团	25	参观
英国财政部理事会非执行理事 Callum McCarthy	6	参观
日本精工设备有限公司专务取缔役加藤精彦	10	参观
墨西哥 Efekto 电视台副总裁 Alfonso Martinez Cordoba	3	参观
6月26日		
2010 陆家嘴金融论坛嘉宾	38	参观
韩国统计局局长李仁实	7	参观
韩国前经济副总理赵淳	27	参观
德国联邦统计局局长罗德里希·埃格勒	6	参观
日本东京都议会日中友好议员联盟民间访华团	18	参观
日本九州经济产业局局长橘高公久	6	参观
朝鲜内务部副部长郑程基	20	参观
美国弗吉尼亚州联邦商务部部长 James S. Cheng	13	参观
日本京瓷商贸公司副董事长林永宁	10	参观
原香港 TVB 资深高管世博参观团	36	参观
美国宾州州立米勒斯维尔大学校长 Francine McNairy	28	参观
日本新商业协议会访中团	52	参观
英美矿业首席执行官 Cynthia Carroll	7	参观
国际超级名模纳塔利·沃佳娃	10	参观
地中海邮轮集团运营官 Neil Palomba	8	参观
韩国 TEA 集团公司社长 Lee Sea Young	3	参观
泰国亿王哥亚集团主席 Chai Nasylvanta	12	参观
6月27日		
瑞士联邦委员兼外交部长卡尔米·雷伊（Micheline Calmy-Rey）	15	参观
印度青年事务与体育部国务部长普拉蒂克·帕蒂尔（Pratik P. Patil）	3	参观
斯里兰卡中部省省长蒂基里·科贝卡迪瓦（Tikiri Banda Kobbekaduwa）	9	参观
芬兰住房部部长芬兰住房部部长扬·瓦帕沃里（Jan Vapaavuori）	12	参观
土耳其国家情报署副署长 Yilmaz Gurses	12	参观
越南外交学院院长杨文广	12	参观
巴西海军上将 Aurelio Ribeiro da Silva	6	参观
卢森堡驻华大使柯意赫（Carlo Krieger）	4	参观
日本瑞穗实业银行行长佐藤康博	11	参观
日本关西大学校长楠见晴重	5	参观
香港大学副校长何耀棣	11	参观
6月28日		
意大利中国医学会副会长安德里亚娜·巴齐（Adriana Bazzi）	7	参观
圭亚那国防军参谋长卡里·百思特（Gary Best）	12	参观
日本鸟取市市长竹内功	8	参观
厄瓜多尔宪法法院院长 Leoncio Patricio Pazmino Freire	3	参观

（续表）

主要贵宾	接待人数	主要活动
美国密西根大学校长玛丽·苏·柯尔曼（Mary Sue Coleman）	18	参观
美国通用电气集团首席执行官 Lloyd Thomas	18	参观
泰国正大集团董事长 Sukum Navapan	8	参观
日本东芝公司会长田厚聪	10	参观
瑞士豪雅 150 周年庆典嘉宾	13	参观
印度尼西亚 WIKA 投资集团公司主席 Jonason Tjiawi	9	参观
香港安永华明合伙人 Howard Ian	5	参观
美国 IBM 市场发展副总裁 Michela Rosa Fauzza	4	参观
6 月 29 日		
博茨瓦纳民主党主席丹尼尔·奎拉霍（Daniel Kwelagobe）	13	参观
印度德里研究会会长 Vijay Jolly	10	参观
伊朗商务部副部长 Min Ashouri	7	参观
泰国前外交部长 Tej Bunnag		参观
日本驻上海总领事横井裕	9	参观
保加利亚保中友联主席尼古拉·波波夫	7	参观
日本大阪府前副知事梶本德彦	4	参观
瑞典环境部秘书长 Elisabet Falemo	11	参观
伊朗议会议员 Mahdavi	10	参观
上海世博会主题演绎和展示设计顾问卡门	8	参观
韩国釜山日报总裁 Kim Jong Yuel	10	参观
意大利米兰周活动代表团	130	参观
香港渣打银行大中华区主席曾景旋	4	参观
6 月 30 日		
赤道几内亚外交部长米查（Pastor Micha Ondo Bile）	6	参观
尼加拉瓜桑地诺民族解放阵线国际关系副书记卡洛斯·丰塞卡（Carlos Fonseca）	15	参观
瑞典企业、能源与交通部国务秘书乌拉·阿特罗（Ola Alterå）	12	参观
日本农林水产省综合食料局长高桥博	5	参观
泰国众议院第二副发言人 Col Apiwan Wiriyachai	18	参观
日本大阪市副市长北山启三（至 7 月 1 日）	9	参观
印度尼西亚教育部副部长法斯里·扎拉尔（Fafli Jalal）	17	参观
美国明尼苏达州贸易办公室执行主任爱德华·迪亚特（Edward Dieter）	5	参观
香港特别行政区政务司司长唐英年（至 7 月 1 日）	14	参观
中国电信“国际运营商合作论坛”嘉宾	147	参观
国际泳联副主席尚修堂	7	参观
日本夏普株式会社会长町田胜彦	8	参观
美国休斯顿舞蹈大师 Demont Jaque Washington	16	参观
韩国丽水地方海洋港湾厅厅长张煌昊	16	参观
美国商会会长 Brenda Lei Foster	11	参观
7 月 1 日		
新加坡前总理、国务资政吴作栋（至 7 月 2 日）	14	参观
乍得爱国拯救运动全国政治局总书记纳古姆·亚马苏姆（Nagoum Yamassoum）	7	参观
韩国农林水产食品部部长张太平（Chang Tae-pyong）	14	参观
加拿大农业部长格里瑞兹（Gerry Ritz）（7 月 3 日再次入园）	16	参加加拿大国家馆日
香港“青年专列直通上海世博”交流活动嘉宾	10	参观
法国罗阿大区农业和城乡发展副主席米歇尔·格雷古瓦（Michel Gregoire）	5	参观

（续表）

主要贵宾	接待人数	主要活动
几内亚比绍渔业国务秘书马里奥·迪亚斯·萨米（Mário Dias Sami）	14	参观
伊朗内务部副部长耐赛尔·安罗拉	11	参观
印度驻上海总领事 Riva Ganguly Das	2	参观
伊朗伊中商会主席 Dr. Nahavandian（至 7 月 2 日）	10	参观
韩国三星电子集团副社长 Chung Kook-Hyun	4	参观
法国艾格公司全球总裁 Pierre Milchoir	8	参观
欧洲中央银行总裁 Gertrude Tumpel-Gugerell	3	参观
中国工程院外籍院士代表团	12	参观
韩国丽水世博组委会文化活动部主管 Jeong Chang Gil	16	参观
韩国丽水世博组委会高级集团总监 Kyung Wook Jeon	5	参观
意大利米兰市工商代表团	8	参观
美国小姐 Rima Hussein Fakih（至 7 月 2 日）	5	参观
德国西门子自动化公司首席执行官 Huber Anton Sebastian	4	参观
德国西门子首席财务官 Bernd Regendantz	14	参观
香港特别行政区成立 13 周年庆祝仪式高级官员及嘉宾	30	参观
7 月 2 日		
日本横滨市市长林文子	5	参观
挪威农业部副部长奥拉 - 海格姆（Ola T. Heggem）	10	参观
汤加国防军司令陶埃卡·乌塔阿图（Tau aika Uta atu）	12	参观
日本前国会议员、横滨日中友协名誉会长新崛丰彦	21	参观
朝鲜外交部裁军与和平研究所代所长车建一	8	参观
墨西哥中国经济文化交流协会副主席马格达莱娜·奥尔梅多·佐利亚（Magdalena Olmedo Zorrilla）	6	参观
韩国贸易协会副会长吴永镐	6	参观
美国国务院礼宾司司长卡普莉西亚·马歇尔（Capricia Penavic Marshall）（至 7 月 3 日）	10	参加美国国家馆日
越南文化体育旅游部部长 Huynh Vinh Ai	12	参观
意大利米兰世博组委会参加普利亚大区活动嘉宾	80	参观
美国 DHL 全球总裁 Hermann Ude	7	参观
韩国丽水世博组委会资问委员张基哲	4	参观
美国著名艺术家 Harry Connick Jr.	5	参观
泰国商会主席 Dusit Nontanakorn	25	参观
日本伊藤忠商事会长佐佐木淳一	5	参观
泰国正大集团副董事长 Tanakorn Seriburi	15	参观
美国雪弗龙集团公司副主席 Min Chen	8	参观
7 月 3 日		
克罗地亚副总理伊万·舒凯尔	15	参加克罗地亚馆活动
哥伦比亚前总统帕斯特拉纳（Pastrana Arango）	6	参观
比利时布鲁塞尔地区能源与环境部长 Evelyne Huytebroeck	6	参观
韩国法务部出入境政策团长禹基鹏	24	参观
韩国前商务部部长金泳镐	12	参观
斯里兰卡驻华大使鲁纳提拉卡．阿穆努加马（Karunatilaka Amunugama）	11	参观
韩国 CJ 集团会长 Jeong Young Soo	6	参观
日本产经新闻社长住田良能	6	参观
香港国泰航空公司总经理 Chitty Cheung	6	参观
美国 NBA 球星 Derek Fisher（至 7 月 4 日）	20	参观
韩国卢园区文化中心馆长 Choi Jin Yong	2	参观
美国可口可乐出口公司副总裁 Paul Kenneth Ethchells	2	参观
法国国家众议院议员 Jacques Le Guen（至 7 月 4 日）	9	参观

（续表）

主要贵宾	接待人数	主要活动
7月4日		
苏丹全国大会党副主席纳菲阿·阿里·纳菲阿·艾哈迈德（Dr. Nafie Ali Nafie Ahmed）	16	参观
联合国副秘书长施泰纳（Achim Steiner）	10	参观
海地前总理雅克·爱德华·阿列克西（Jacques-Edouard Alexis）	7	参观
玻利维亚空军司令冈达利亚斯（Tito Gandarillas Salazar）	15	参观
澳门运输工务司司长刘仕尧	20	参观
伊朗外交部副部长 Borghei	10	参观
马来西亚马六甲州首席部长儒斯坦（Mohd Ali Mohd Rustam）	10	参观
日本丰田汽车机器人商业推进协议会副社长内山田竹志	11	参观
韩国教育革新委员会委员长全圣恩	11	参观
韩国驻上海总领事金正基（7月10日再次入园）	3	参观
7月5日		
加拿大埃德蒙顿市市长史蒂芬·曼德尔（Stephen Mandel）	14	参观
智利公共事务部部长 Hernán de Solminihac	15	参观
南非贸易工业部部长罗布·戴维斯（Rob Davies）	16	参观
英国苏格兰首席部长亚历克斯·萨蒙德（Alex Salmond）	21	参观
欧盟能源委员会委员 Guether H. Oettinger（至7月6日）	16	参观
香港特别行政区政府政制及内地事务律政司司长黄仁龙	7	参观
“环境变化与城市责任”论坛重要嘉宾	10	参观
“环境变化与城市责任”论坛代表团	80	参观
孟加拉规划部副部长 Md. Shahab Ullah	6	参观
阿尔及利亚前外交部长 Lakhdar Brahimi	4	参观
全国政协委员、澳门归侨总会理事长王彬成	5	参观
香港中华总商会会长蔡冠深（7月7日再次入园）	12	参观
西班牙巴塞罗那副市长 Jordi Williams	40	参观
美国马里兰大学公共政策学院教授苏珊·施瓦布（Susan Schwab）	4	参观
日本吴羽化学总社会长田中宏	10	参观
美国馆活动嘉宾王力宏	9	参观
美国馆活动嘉宾张韶涵	9	参观
卢森堡驻上海总领事 Pierre Ferring	8	参观
意大利 Ermenegildo Zegna 公司全球首席执行官 Ermenegildo Zegna di Monte Rubello	9	参观
2010上海崇明岛生态岛国际论坛代表团	80	参观
BIE 贵宾团	6	参观
7月6日		
科摩罗副总统伊迪·纳杜瓦姆	20	参加馆日
法国高等教育和研究部部长 Valérie Pecresse	9	参观
巴西国家矿业和能源部部长 Marcio Pereira Zimmermann	10	参观
孟加拉规划部副部长 Md. Shahab Ullah	9	参观
沪港青年交流促进会会长姚祖辉	20	参观
乌拉圭外交部副部长 Gonzalo Koncke（至7月7日）	6	参观
西班牙圣保罗城市安全部秘书长 Edsom Ortega	7	参观
澳大利亚总理顾问 Bruce Hawker	5	参观
新加坡惠氏创投有限公司总裁 Chong Chin Cheong	10	参观
泰国财政部审计处处长 Areepong Bhoocha-oom	38	参观

（续表）

主要贵宾	接待人数	主要活动
日本伊藤忠商事前副社长、副董事长加藤诚	4	参观
G20峰会韩国委员会委员长 Oh In Wook	10	参观
日本碍子株式会社代表取缔役社长松下隽	4	参观
伊朗驻上海总领事 Nazeri	7	参观
7月7日		
加拿大自由党领袖、加议会反对党领袖迈克尔·伊格纳蒂夫（Hon. Michael Ignatieff）（至7月8日）	14	参观
欧盟移动及交通司总司长 Matthias Ruete	6	参观
加拿大国会议员玛利娅·米娜（Maria Minna）	11	参观
日本青森县厅知事三村申吾	8	参观
香港特别行政区中央政策组首席顾问刘兆佳	23	参观
法国雅诗兰黛公司总裁兼首席执行官 Fabrizio Freda	6	参观
日本三菱东京UFJ银行前会长三木繁光	4	参观
韩国丽水世博组委会资问委员 Byeon Chang Heum	20	参观
韩国首尔电视台台长金炳云	7	参观
法国罗兰集团全球副总裁 Estelle Legrand	6	参观
法国米其林公司合伙人 Jean Dominique Senard	15	参观
日本三菱化学控股株式会社社长小林喜光	6	参观
泰国前国会主席 Matha（至7月8日）	12	参观
美国乔治梅森大学校长乔伊	13	参观
美国亚洲华商会主席蒋一成	9	参观
皇家加勒比国际油轮全球总裁亚当·古德斯丁	11	参观
意大利米兰世博会组委会参加托斯卡纳大区活动嘉宾	120	参观
香港著名影星成龙	15	参观
英国 WPP 公司大中华区主席 Sung Chih Ming	10	参观
7月8日		
德国联邦刑警总局局长齐尔科（Jorg Ziercke）	11	参观
意大利佛罗伦萨市长 Mstteo Renzi	27	参观
以色列国防学院院长盖雄·哈可亨	50	参观
沙特阿拉伯城乡事务部副部长哈比卜（H.E. Dr. Habib Mustafa M. Zain Alabidien）	18	参观
意大利托斯卡纳大区活动周代表团	310	参观
列支敦士登大使 Claudia Fritsche	3	参观
沙特阿拉伯国会议员 Faqih, Abdul Rahman Abdul Qader M（至7月9日）	24	参观
日本安川电机公司总经理津田纯嗣	6	参观
日本未来视窗首席执行官 Russe Guillaume	7	参观
香港特别行政区政府新闻处世博会参观团	25	参观
发展中国家药用植物官员研修班	50	参观
日本社会福利法人旭川庄名誉理事长江草安彦	6	参观
美国知名杂志“名利场”主编 Anne McNally	4	参观
7月9日		
德国下萨克森州州长麦克艾里斯特（McAllister）（至7月10日）	21	参观
澳大利亚首都特区首席部长 Jon Stanhope MLA	8	参观
意大利共和国海军司令比安奇福特上将（Ammiraglio Bianciforte）	22	参观
哥伦比亚贸工部部长 Luis Guillermo Plata	18	参观
阿曼王国文化遗产部部长 H.E. Dr. Haitham Bin Tarik Al Said（至7月10日）	10	参观
墨西哥州州长 Enrique Peña	18	参观
新加坡旅游局助理局长 Edmund Chua	5	参观
意大利托斯卡纳大区活动周代表团	250	参观

（续表）

主要贵宾	接待人数	主要活动
泰国大公主来访踩点团	7	参观
新西兰中国友协主席埃瑞克·利文斯顿（Eric Livingstone）	15	参观
德国汉诺威市市长 Stephan Weil（至 7 月 10 日）	18	参观
欧洲社会党青年政治家代表团	2	参观
韩国前国家检察院事务总长吴正禧	7	参观
法国豪雅集团总裁 Philippe Pascal	14	参观
日本普利司通集团首席执行官 Shoshi Arakawa	13	参观
美国斯普瑞喷雾公司副总裁 Lee Jin Khim	12	参观
德国西门子（中国）有限公司执行副总裁 Mr. Gunter Erb	2	参观
美国麦当劳（澳门）执行董事 John Iu Ming Ho	1	参观
韩国农协中央会常务刘根元	11	参观
日本住友信托银行董事会会长高桥温	10	参观
韩国 Hanwha E&C 集团主席 Kim Hyun Chung	4	参观
7 月 10 日		
巴基斯坦总统阿西夫·阿里·扎尔达里（H.E. Mr. Asif Ali Zardari）	82	参观
缅甸和平发展委员会第一秘书长迪哈杜拉丁昂敏乌(Thiha Thura Tin Aung Myint Oo）	32	参观
日本兵库县知事井户敏三	7	参观
欧洲社会党秘书长菲利普·科德里（Philip Cordery）	16	参观
新西兰反对党工党影阁与环境事务发言人 Chris Carter	5	参观
巴基斯坦战略规划局局长 Khalid Ahmed Kidwai 中将	9	参观
刚果（金）国民议会对华友好小组主席 Pelicien Lukunga Katanga	7	参观
韩国驻联合国总代表 Enna Park	7	参观
日本神户市副市长鹈崎功	7	参观
伊朗文化部副部长 Shamsian	10	参观
世界和谐基金会主席 Liu Fan	45	参观
澳大利亚教育护理代表团天主教大学副校长 Greg Craven	7	参观
日本富士通公司社长古川章	6	参观
朝鲜国家计划委员会局长陈铁	16	参观
朝鲜国家资源开发部指导局局长金兴柱	8	参观
日本横滨橡胶柱式会社取缔役常务执行董事伊藤武比古	5	参观
韩国观光协会中央会会长山南相晚	13	参观
韩国 UNIONE 通讯有限公司总裁 Lee Jaedo	10	参观
法国欧莱雅全球总裁 Jean Paul GewIorges Agon	6	参观
日本早稻田大学国际学术院亚洲太平洋研究科教授天儿慧	4	参观
7 月 11 日		
老挝中国友好协会会长辛拉冯·库派吞（Sinlavong Khoutphaythoune）	20	参观
菲律宾伊莎贝拉省 Aurora 市市长 William Uy	20	参观
德国汉诺威市市长 Stephan Weil	15	参观
法国巴黎市副市长 Anne Hidlgo	4	参观
中国商会洛杉矶分会主席 Chester Chong	15	参观
阿根廷总统来访先遣团（至 7 月 12 日）	20	参观
意大利罗马警察局局长 L. Ivano	10	参观
加拿大温哥华市前市长苏里文	6	参观
西班牙桑坦德银行中国总代表 Ana Wang	8	参观
马来西亚 MCA 集团总裁 Datuk Seri Dr Chua Soi Lek	8	参观
美国艾默生电气公司战略副总裁 Frank Bryant	5	参观
香港广东媒体高层联合访问团	10	参观

（续表）

主要贵宾	接待人数	主要活动
世博优秀歌曲演唱明星游鸿明	16	参观
7 月 12 日		
土耳其副总理兼国务部长 Hayati Yazici	35	参观
奥地利萨尔兹堡市市长海茨·沙登（Heinz Schaden）	5	参观
澳大利亚新南威尔士州州长 Hon. Kristina Keneally MP	21	参观
哈萨克斯坦旅游部副部长 Kairbek Uskenbayev（至 7 月 14 日）	12	参观
美中关系全国委员会董事甘维珍	7	参观
新西兰工党议员克莱顿·詹姆斯·科斯格罗夫	11	参观
俄罗斯工业贸易部副部长曼图洛夫·吉尼斯·瓦列金诺维奇	40	参观
卢森堡驻上海总领事 Pierre Ferring	3	参观
美国诺贝尔奖获得者尤努斯	17	参观
法国国家汽车学院董事长汤迪	8	参观
美国国家工程院院士 James O. Leckie	4	参观
美国强生公司副总裁 Clifford Holland	27	参观
美国马里兰大学原副校长 Quansheng Liu	15	参观
法国达能全球首席运营官 Emmanuel Faber	15	参观
美国宝洁公司亚太区副总裁 Alexander George	7	参观
日本樱美林大学校长佐藤东洋士	12	参观
美国华特迪士尼全球总裁 Carolina Lightcap	15	参观
7 月 13 日		
以色列艾瑞尔市市长罗恩·纳赫曼（Ron Nachman）	14	参观
日本寝屋川市新风议员代表团	13	参观
法国罗阿大区副主席 Herve Saulignac	8	参观
俄罗斯地方媒体领导人联合会主席 Andrey Iliyashenko	17	参观
日本香川县议会代表团	22	参观
朝鲜人民军军医大学校长金炳武少将	17	参观
美国通用集团副董事长 John Krenicki	11	参观
香港东方报业集团主席马澄坤	15	参观
美国保德信集团副董事长 Mark B. Grier（至 7 月 14 日）	20	参观
美国华特迪士尼公司高级副总裁兼首席财务官 Anne Gates	6	参观
美国贝克·麦坚时律师事务所全球首席执行官 Jia Zhao	38	参观
7 月 14 日		
冰岛外交部长奥叙尔·斯卡费丁松（Ossur Skarpeolinsson）	10	参观
法国巴黎市和大区主席让－保罗·于雄（Jean-Paul Huchon）	30	参观
纳米比亚海军司令彼得·威洛（Peter Vilho）	10	参观
俄罗斯地方媒体领导人联合会主席 Andrey Iliyashenko	17	参观
哥伦比亚战争学院院长卡洛斯·蒙特莱格雷	34	参观
澳大利亚新南威尔士州教育培训部部长 Michael Coutts-Trotter	7	参观
香港教育办学团体和教育社团负责人代表团	39	参观
德国瓦克化学集团监事会主席 Peter-Alexander Wacker	3	参观
美国洛杉矶港务委员会主席 Cindy Misclkowskl	10	参观
Fudan-ESSEC 国际联合学术研讨会嘉宾	31	参观
意大利菲亚特集团副总裁 Alexander Puecher	8	参观
澳洲国民银行中国区总裁 Vincent Lo	9	参观
法国路威铭轩集团克里斯汀迪奥全球总裁 Claude Martinez	11	参观
意大利电信首席执行官 Stefano Ciurli	5	参观

（续表）

主要贵宾	接待人数	主要活动
英国金融投资集团 GLG 创始人及合伙人 Pierre Lagrange	8	参观
7 月 15 日		
阿根廷总统克里斯蒂娜·基什内尔（Cristina Fernandez de Kirchner）	80	参观
哈萨克斯坦对外情报总局长江库利耶夫·阿曼王国若尔	13	参观
缅甸海军总司令 Nyan Tun	14	参观
塞内加尔卫生部部长 Modou Diagne Fada	13	参观
荷兰海关署署长 Willy Rovers	13	参观
澳大利亚昆士兰州议长 John Mickel	5	参观
法国国民议会议员 Damien Meslot	4	参观
法国巴黎市和大区副主席 Jean-Vincent Place	22	参观
韩国外交通商部前任副部长 OHJ AY Hool	7	参观
匈牙利代表团先遣组踩点	12	参观
国际泳联司库詹世昌	6	参观
法国地产联合会主席 Jean Paul Dumortier	6	参观
爱尔兰华联会秘书长 Summy Sing Wong	7	参观
美国沃尔玛百货有限公司可持续发展高级副总裁 Matt Kistler	15	参观
意大利 Jaked 公司总裁弗兰西斯克·法比里奥	5	参观
韩国贸易协会代表团（至 7 月 16 日）	35	参观
丹麦马士基集团副总裁 Brian Noe Kristensen	5	参观
日本世嘉株式会社社长辻井亨	6	参观
法国保乐力加集团亚太区副总裁 Pierre Coppere	21	参观
伊顿公学校长代表团	10	参观
智利馆总代表 Hernan Somerville		参观
新闻中心中外注册记者团	40	参观
美国 IBM 全球融资部总经理 Richard Dicks	2	参观
圣马力诺国家馆首席代表 David Righi	10	参观
7 月 16 日		
哥伦比亚最高法院院长阿鲁布拉（Jaime Alberto Arrubla Paucar）	29	参观
法国社会党国际书记、国民议会议员让 - 克里斯托弗·冈巴德利斯（Jean-Christophe Cambadelis）	9	参观
欧盟前任国会议长考克斯（Pat Cox）	33	参观
拉脱维亚经济部长阿提斯·卡姆帕尔斯（Artis Kampars）	25	参观
摩洛哥众议院财政与经济发展委员会主席阿尔玛·谢赫（Amar Cheikh）	15	参观
马尔代夫经济发展部部长穆罕默德·拉泽（H.E. Mr. Mahmood Razee）（至 7 月 17 日）	15	参观
新加坡国防部常务秘书郑子富	17	参观
荷兰海尔德兰省代理省长范海琳（Marijke van Haaren）	10	参观
日本观光厅长官沟畑宏	6	参观
韩国民国中小企业厅厅长金东善	8	参观
日本别府市市长浜田博（至 7 月 17 日）	10	参观
法国巴黎银行总裁特别顾问 Jean Lemierre	5	参观
法国前环境部长 Dominique Voynet	4	参观
佛得角总理助理国务秘书 Humberto Brito	9	参观
美国电影协会亚太区总裁 Mike Ellis	10	参观
日本资生堂顾问柿崎孝夫	4	参观
法国巴黎工商协会主席 M. Durance	3	参观
法国阿尔卡特朗讯亚太区总裁 Michael McBrien	8	参观
意大利托斯卡纳大区活动周残联嘉宾	200	参观

（续表）

主要贵宾	接待人数	主要活动
7 月 17 日		
印度尼西亚政治、安全和法律统筹部长苏延多（Djoko Suyanto）	35	参观
南非夸祖鲁 - 纳塔尔省省长茨威利·姆基泽	14	参观
法国食品、农业、渔业部部长 Bruno Le Maire	11	参观
莫桑比克马普托市市长大卫·西芒戈（David Stmango）	9	参观
德国中德对话论坛德方主席 Bruno O. Braun	14	参观
“发展中国家民间组织能力建设研修班”成员	38	参观
世界银行前行长沃尔芬森（James David Wolfensohn）（美国）	27	参观
香港特别行政区民政事务局局长曾德成	5	参观
日本外务省副部长薮中三十二	6	参观
日本雅马哈株式会社社长梅村允	5	参观
国际货币基金组织首席经济学家兼研究部主任 Olivier Blanchard	4	参观
澳大利亚 Flinders 大学教授代表团 David Bamford	15	参观
韩国韩亚银行董事会长金胜献	26	参观
美国知名摄影师 Lois Connor	1	参观
法国开发总署资深评估官 Willard Frederique	11	参观
韩国金融时报副局长 Sul Im Yun	11	参观
澳大利亚 RIO TINTO 公司总裁 Jan Petrus du Plessis	9	参观
7 月 18 日		
缅甸防空军司令 M Yint Hlaing 中将	19	参观
沙特指挥参谋学院院长 Suhaim Awadh 少将	25	参观
日本寝屋川市市民生活部部长前田重次	8	参观
加拿大前外交部长 David L. Emerson	7	参观
越南政府监察总署副总检察长阮文产	15	参观
欧洲基金会执行主任皮埃尔·德福安（Pierre R. Defraigne）	6	参观
孟加拉财政部副部长 Muhammad Musharraf Hossain Bhuiyan	7	参观
意大利馆、上海友协、上海慈善基金会慈善活动嘉宾	64	参观
巴哈马驻华大使 Elma Cambell	8	参观
日本财团法人横滨企业经营支援财团上海办事处杉山景一	4	参观
法国酩悦轩尼诗全球 HR 董事 Nauman Nasan	6	参观
日本 Big Camera 电器销售集团大股东新井隆二	8	参观
德国拜耳股份有限公司监事会监事 Petra Kronen	5	参观
法国巴黎十三区区长 Jerome Coumet	11	参观
德国拜耳股份有限公司人力资源评估部全球负责人 Axel Gulde	2	参观
联合国环境署亚太区首席官员 CS Wong	6	参观
日本产经新闻总董事名雪雅夫	7	参观
巴拉圭中巴交流促进会会长 Pih Rae	10	参观
7 月 19 日		
泰国大公主马哈扎克里·诗琳通公主殿下（HRH Princess Maha Chakri Sirindhorn）（至 7 月 21 日）	50	参观
缅甸建设部副部长 U Nyan Htun（7 月 20 日、7 月 25 日再次入园）	14	参观
突尼斯中国友协会长 Walid Loukil	8	参观
尼日利亚驻华大使 A. B. Wali	11	参观
上海世博形象大使福原爱（日本）	6	参观
日本日立财务有限公司总裁木住野诚一郎	12	参观
法国路易威登集团全球顾问 Bruno Fitoussi	5	参观
新加坡馆馆长 Leong See Kay	4	参观

（续表）

主要贵宾	接待人数	主要活动
7月20日		
法国阿基坦大区议会主席 Alain Rousset	31	参观
全国政协委员、澳门归侨总会理事长王彬成	26	参观
联合国秘书长办公室主任 Zaw T Win	5	参观
韩国国家建筑委员会副委员长 Park Minwoo	5	参观
德国凯恩国际物流全球海运总裁 Horst Joachim Schacht	18	参观
日本 JA 长野厚生连佐久综合病院副部长小口治（至7月21日）	5	参观
日本三菱自动车工业株式会社社长益子修	3	参观
新加坡国浩集团执行主席郭令灿	13	参观
德国博太科集团首席执行官 Ralf Koester	6	参观
日本大冢控股株式会社首席执行官樋口达夫	6	参观
公众参与馆"相约名人堂"项目海外院士	10	参观
法国国会议员 Jean-Yves Le Bouillonnec	5	参观
美国 IBM 快速增长市场战略策划与商业发展副总裁 Michael JohnCannon-Brookes	4	参观
法国赛诺菲安万特集团首席执行官 Christopher A. Viehbacher	18	参观
意大利托斯卡纳大区活动周"环境保护和电力能源"主题论坛活动代表	150	参观
7月21日		
日本自民党众议员今村雅弘一	8	参观
欧盟贸易委员 Karel De Gucht（至7月22日）	30	参观
俄罗斯统俄党总委员会主席团副书记 Konstantin Kosachev	7	参观
墨西哥联邦众议员 Emilio Chuayfett	3	参观
美国辛辛那提市市长马克·L·马洛里	30	参观
联合国工发组织亚太项目官员 Hamish Gordon Tyrwhitt	15	参观
法国住房部前部长 Pierre Andre Perissol	3	参观
日本爱芙逸迪公司会长石井干雄	12	参观
德国西门子全球服务集团首席执行官 Randy Zwin	8	参观
澳大利亚 MLC 保险公司执行总裁 John Comito	4	参观
美国安利公司首席市场官 Candace Matthews	10	参观
世界合唱比赛国际嘉宾	40	参观
西班牙马德里大区企业联合会主席 Alfonso Javier Tezanos Echevarria	30	参观
菲律宾 Brewery 公司首席执行官 Felipe Tan	7	参观
香港亨达集团有限公司主席邓予立	30	参观
韩国三星物产社长池成河	9	参观
日本地球环境资源委员会会长古川实	19	参观
德国途易集团中国首席执行官 Marcel Schneider	4	参观
7月22日		
泰国政府第一副总理素贴·特素班（Suthep Thaugsuban）	28	参观
印度尼西亚贸易部长 Mari Elka Pangestu（至7月23日）	21	参观
约旦北部军区司令奥尼·阿德万 Awni Al-Adwan	12	参观
日本奈良县副知事淹田修一（至7月23日）	11	参观
香港特别行政区政府财经事务及库务局局长陈家强	37	参观
中欧圆桌会议经贸问题联合研究小组成员	30	参观
伊朗农业委员会主席 Abbas Rajaee	22	参观
西班牙马德里大区经济贸易促进会顾问 Jesus Rodriguez	25	参观
日本环境省局长鹭坂长美	3	参观
南非国会议员 Dennis Cumisane Gamede	14	参观

（续表）

主要贵宾	接待人数	主要活动
日本美纳都银行董事会会长薮本信裕	5	参观
美国 NBA 公司副主席兼首席运营官 Adam Silver	11	参观
韩国济州大学校长许香珍	8	参观
日本国际协力事业团驻中国总代表八岛继男	6	参观
美国亚太法律服务中心总裁 Stewart Kwoh	3	参观
"发展中国家建筑工程技术培训班"成员（至7月23日）	50	参观
香港商会代表团	10	参观
香港中国银行总裁和广北	6	参观
意大利法拉利集团首席执行官 Amedeo Felisa	24	参观
美国华特迪士尼公司总部演出制片人 Robert Braunstein	3	参观
7月23日		
土耳其总理府新闻署署长穆拉特·卡拉卡亚	13	参观
中欧圆桌会议经贸问题联合研究代表团	70	参观
日本国土交通省大臣政务官长安丰	8	参观
印度情报研究与分析局副局长阿绍克·卡普尔	16	参观
英国贝利市议会议长 Robert Bibby	4	参观
日本共产党副委员长绪方靖夫	2	参观
加拿大安大略省旅游厅长 Michael Chan	4	参观
斯里兰卡驻上海总领事马金达·贾森哈（Majintha Jayesinghe）（8月13人日、9月23日和10月7日再次入园）	6	参观
美国戴尔公司全球副总裁 Rebecca Gould	13	参观
香港恒生银行董事长高美懿	13	参观
土耳其展馆执委会委员 Cengiz Yazanel	12	参观
联合国南南局主任 Stephane Magnan	6	参观
日本丰田汽车公司副会长冈本一雄	8	参观
美国 BloomEnergy 公司首席执行官 KR Sridhar	4	参观
法国国际专业促进会总部总经理 Claude Dimont-Mellac	4	参观
澳门新闻界访问团	19	参观
美国安德姆集团全球品牌副总裁 Dana Boals	5	参观
7月24日		
马来西亚国际贸工部部长 Dato' Sri Mustapa Mohamed	20	参观
韩国企划财政部长尹增铉	25	参观
日本经济产业省大臣直嶋正行	23	参观
澳大利亚前总理霍华德（John Howard, AC）	7	参观
马来西亚总理办公室主任 Seri Jamil Khir	12	参观
玻利维亚财政部长 Luis Alberto ARCE Catacora	7	参观
法国参议院法中友好委员会主席让-贝松（Jean Besson）	16	参观
马来西亚沙巴州副州长 Tan Sri Joseph Pairin Kitingan	41	参观
泰国外交部前任常任秘书 Phan Wannamethee	13	参观
韩国民主和平统一咨询会议副议长李基泽	9	参观
澳门妇女事务咨询委员卢德华	20	参观
欧洲议会发展委员会副主席内杰·德瓦（Nirj Deva）	12	参观
韩国文化体育观光部副部长 Seo Kang Soo	4	参观
澳大利亚昆士兰州教育部部长 Geoff Wilson	10	参观
法国 Chanel 集团亚太区总裁 Vincent Shaw	5	参观
美国顺德伦国际律师事务所合伙人 Edward Kallal	5	参观
韩国著名表演艺术家姜申星一	6	参观
香港福建社团联会副主席杨集文	26	参观
日本三菱商事株式会社副总裁锅岛英幸	7	参观
日本 COSMO 石油株式会社董事长 Keiichiro Okabe	5	参观

（续表）

主要贵宾	接待人数	主要活动
日本上海世博会志愿者协力实行委员会代表国分孝雄（8月19日再次入园）	5	参观
美国 Sequoia 风险投资公司执行总裁 Michael Jonathan Moritz	5	参观
香港安永集团中国主席吴港平	5	参观
日本高田株式会社会长高田重一郎	8	参观
美国普洛斯投资管理（中国）有限公司董事长 Jerffrey Howard Schwartz	10	参观
“意大利创新周论坛”活动代表团（至7月26日）	110	参观
7月25日		
安哥拉国防部长范杜嫩（Van Dunem）	25	参观
阿曼王国外交部长 H.E. Yousf Al Alwi	8	参观
哈萨克斯坦南哈州州长朱立达索夫·鲁尔马汉	6	参观
日本经济新闻社会长杉田亮毅	11	参观
美国消费者产品安全委员会司长 Anne Northup	5	参观
南非国会议员 Ruth Bhengu	10	参观
土耳其国家情报署副署长穆罕默德·戴瓦史欧鲁	11	参观
美国波特曼控股有限公司执行总裁 John Calvin Portman	9	参观
美国普洛斯投资管理（中国）有限公司董事总经理 Kent Yang	9	参观
香港杯外交知识竞赛师生代表团（至7月26日）	65	参观
活动部接待来访艺人容祖儿	5	参观
国际魔术联盟主席埃瑞克·埃斯文	8	参观
7月26日		
俄罗斯联邦地区发展部部长巴萨尔金（Basargin V. F.）	21	参观
东帝汶议会代表团，农林、渔业及自然资源和环境委员会主席布里吉达·安东尼娅·科雷亚（Brigida Antonia Correia）	32	参观
非洲发展中国家政府新闻研讨班成员	40	参观
韩国京畿道知事金文洙	20	参观
英国伦敦市常务副市长理查德·巴恩斯（Richard Barnes）（至7月27日）	20	参观
哈萨克斯坦经济发展和贸易部副部长 Raimbek Batalov	7	参观
新加坡驻德国大使 Jacky Foo Kong Seng	5	参观
日本电子情报技术产业协会专务理事秘书长半田力	7	参观
联合国馆总代表 Awni Behnam（瑞士）	6	参观
智利警察厅厅长 Pablo Letelier	10	参观
海牙国际法庭现任大法官 Abdul G. Koroma（塞拉利昂）	4	参观
NBA 火箭队球星 Christopher Dacey	16	参观
美国麦格劳-希尔集团董事长哈罗德·麦格劳三世	10	参观
新加坡喜达屋酒店与度假村集团亚太区主席兼总裁 Miguel Ko	2	参观
美国强生公司首席执行官 William C. Weldon	6	参观
“第二届亚欧城市青年领导人对话”青年代表（至28日）	62	参观
香港天星娱乐有限公司余美玲	11	参观
美国气象协会主席 Walter Dabberdt	5	参观
德国西门子中国有限公司执行副总裁 Peter Walter Herweck（至7月27日）	4	参观
7月27日		
英国前首相托尼·布莱尔（Tony Blair）	9	参观
老挝总理府国家水资源与环境总署环境评估局局长本·沃拉吉（Com. Bounkham Vorachit）	27	参观
也门亚丁省省长阿德南·艾勒贾法里博士（Dr. Adnan Omer Mohammed Algfri）	12	参观
巴基斯坦海军副参谋长 Abbas Raza	14	参观
中欧央行工作组会议嘉宾（比利时）	15	参观

（续表）

主要贵宾	接待人数	主要活动
韩国釜山国际交流财团代表理事姜南株	7	参观
印度全国妇女委员会主席维亚斯·吉里贾	17	参观
越南公安部第二安全总局副总局长山岗	16	参观
法国卢瓦尔大区工商联合会主席罗艾尔·布朗丹	10	参观
厄瓜多尔总领事馆日踩点团	11	参观
联合国国家减灾署秘书长来访踩点团	5	参观
西班牙外交部下属“阿拉伯之家”主席 Gema Martin Munoz	7	参观
日本大阪国际会议中心总裁萩尾千里	7	参观
日本损害保险株式会社社长樱田谦悟	7	参观
日本爱知世博会协会管理层干部小林将太郎	8	参观
韩国海力士半导体有限公司社长权五哲	10	参观
美国 Birdie Golf 集团有限公司首席执行官 Yen Shih Chun	10	参观
香港教育局首席主任容宝树	4	参观
美国纽约梅隆集团董事长楷利博（Robert P. Kelly）	9	参观
南非全球派拉蒙集团主席 Ivor Ichikowitz	6	参观
7月28日		
香港特别行政区第十一届全国人大代表团（至29日）	80	参观
塞内加尔宪兵部队司令兼军事法院院长阿卜杜拉·法勒（Abdoulaye Fall）	20	参观
日本大阪府知事桥下彻	13	参观
日本大阪市市长平松邦夫	12	参观
新加坡城市再发展局局长 Alan Chan	13	参观
日本大阪府枚方市市长竹内脩	9	参观
日本大阪府日中友好协会会长谷井昭雄	10	参观
日本大阪商工会议所会长佐藤茂雄	7	参观
秘鲁海军中将 Jose Ernesto Cueto Aservi	10	参观
德国汉堡市城区青少年社会工作协会秘书长 Hillen Irmtraut	10	参观
英国前首相夫人切丽·布莱尔（Cherie Blair）	10	参观
日本大阪府议会副议长松田英世	31	参观
日本大阪府八尾市市长田中诚太	11	参观
日本众议院议员，前环境、防卫大臣小池百合子	10	参观
智利 Security Ban 公司首席执行官 Francisco Silva S.	13	参观
日本关西经济联合会委员长村山敦	44	参观
日本著名小说家佐藤洋二	9	参观
德国梅赛德斯-奔驰总部品牌传播策略总监安德烈斯罗根（Andreas Roggon）	10	参观
日本共同社资深评论员森保裕	3	参观
日本大阪府立大学校长奥野五俊	4	参观
韩国2010年丽水世博会资问委员 Koh Chulhwan	7	参观
日本每日放送代表取缔役社长河内一友	6	参观
日本 JCB 信用卡公司董事长高仓民夫	6	参观
日中经济贸易中心上海世博会纪念访华团	26	参观
亚欧基金会干事长 Amb.Dominique Girard	2	参观
日本大阪日活动嘉宾中村美律子	6	参观
香港凤凰卫视首席评论员阮次山（至7月29日）	6	参观
7月29日		
埃塞俄比亚信息安全部部长阿比·阿哈迈德	9	参观
塞内加尔新闻部部长穆斯塔法·吉拉西	9	参观
巴西驻上海总领事 Marcos Caramuru De Paiva	15	参观
美亚基金会董事 Richard Peter Merski	8	参观

（续表）

主要贵宾	接待人数	主要活动
秘鲁驻华大使临时代办 Consejero Augusto Cabrera	18	参观
泰国国际经济事务部副部长 Pornprapai Ganjanarintr（至7月30日）	5	参观
日本世达尔株式会社社长北川良司	10	参观
美国智威汤逊广告公司大中华区首席执行官 Hsiangman Sang	7	参观
法国 SOMFY 集团副总裁 Jean Guillaume Despature	3	参观
新加坡远东机构执行总监 Eddie Yong	6	参观
日本电通株式会社副社长森隆一	11	参观
法国巴黎老佛爷百货集团销售总监 Michel Phillpin	3	参观
瑞典 Q-Med 公司总经理 Ian Carroll	3	参观
俄罗斯 Bony Express 集团首席执行官伊里亚里欣（Ilya S. Risin）	9	参观
日本富士施乐创始人小林阳太郎	7	参观
法国兴业银行亚太区总裁 Gilbert Tse	15	参观
7月30日		
新加坡交通部部长 Lim Siang Keat Raymond	11	参观
新加坡国家发展部部长马宝山（Mah Bow Tan）	28	参观
世界卫生组织总干事陈冯富珍	13	参观
柬埔寨皇家宪兵部队司令萨奥·索卡	13	参观
联合国国际减灾署秘书长玛格丽塔·瓦尔斯特罗姆（Margareta Wahlstrom）	90	参观
越南体育总局局长范文俊	13	参观
缅甸建设部副部长吴敏登（U Myint Thein）	12	参观
孟加拉国驻华大使 Munshi Faiz Ahmad	6	参观
泰国外交部常务秘书 Theerakun Niyom	10	参观
安提瓜和巴布达全权大使 Robert David Shoul	4	参观
2010“中华学人与21世纪上海发展”研讨会嘉宾	15	参观
新加坡 ParkwayHealth 公司主席 Lim Cheok Peng	8	参观
韩国钟根堂医药公司会长 Rhee Jang Han	14	参观
新华社拉美总分社嘉宾	9	参观
美国通用照明亚太区首席执行官 James Gosart	3	参观
香港福建希望工程基金会主席 Ong Kwok Poon	12	参观
“感知上海”中外注册记者团	40	参观
德国福维克家电公司董事长 Peter Werth	3	参观
7月31日		
巴勒斯坦“法塔赫”革命委员会委员萨勒哈努·杜维凯特（Sarhan O. J. Dwikat）	15	参观
沙特国防部将军沙特·辛德	15	参观
巴勒斯坦规划部部长 Ali B. A. Jarbawi	10	参观
安哥拉家庭和妇女事务部部长 Genoveva Lino(至8月1日)	16	参观
日本爱知县知事神田真秋（至8月1日）	15	参观
泰国商务部部长 Porntiva Nakasai	20	参观
巴西内务部副部长曼达利诺	14	参观
泰国能源监管委员会主席 Direk Lavansiri	18	参观
欧盟议会副主席 Rodi Kratsa（希腊）	4	参观
加纳总统高级顾问 Evelyn Tetteh	2	参观
日本东海日中贸易中心会长深谷纮一	33	参观
日本爱知县周活动特别嘉宾	154	参观
美国惠氏公司全球副总裁 Cecile Guegan	5	参观
新加坡远东机构执行总监 Eddie Yong	4	参观
日本生命保险株式会社副董事长宇治原洁	11	参观

（续表）

主要贵宾	接待人数	主要活动
美国施贵宝集团总裁 Mark Pavao	10	参观
日本名古屋商工会议所会头冈田邦彦	5	参观
香港世博事务办公室副主任林雅雯	5	参观
皇家加勒比国际邮轮全球收益管理总裁 Julie Shiell	5	参观
日本世联集团总经理浅井义一	14	参观
中国银行法国部财务主席 Philippe Bourguignon	3	参观
美国好莱坞明星 Robert De Niro	12	参观
8月1日		
文莱教育部部长 Pehin Abu Bakar Apong	15	参观
墨西哥能源部部长 Mario Gabriel Budebo（至8月2日）	26	参观
澳门行政法务司司长陈丽敏（至8月2日）	18	参观
印度尼西亚落后地区发展国务部部长赫尔米·费萨尔·扎伊尼（Helmy Faisal Zaini）	17	参观
阿富汗贸工部部长 Ahmad Jawaid	7	参观
日本爱知县议会副议长奥村悠二	8	参观
韩国文化体育观光部文化艺术局局长 Chung Gi Won	8	参观
比利时欧盟馆总代表 Leo F. W. Delcorix	15	参观
美国怡安保险咨询集团首席执行官 Geerdes Alexis Antonius	5	参观
德国博士力士乐首席执行官 Berend Brancht	14	参观
上海世博局活动部顾问城户和子（日本）	6	参观
瑞士罗氏制药集团首席运营官 Pascal Soriot	5	参观
意大利创新周论坛活动代表团（至8月2日）	100	参观
“小星星，世博行”慈善公益活动嘉宾（8月22日和8月29日再次入园）	42	参观
8月2日		
斯里兰卡工业商务部部长 Hon. A. Rishad Bathiudeen MP	17	参观
美国休斯敦市市长安妮丝·帕克（Annise Parker）	25	参观
日本石川县知事谷本正宪	18	参观
越南国防情报部部长刘德辉	15	参观
香港南区区议会考察团	39	参观
老挝万象市副市长 Bounchanh Sinthavong	21	参观
新加坡传媒发展局主席 Tan Chin Nam	15	参观
韩国国会议员金忠兆（至8月3日）	9	参观
美国在美华人大学校院长团	18	参观
美国 LOCUS 电信集团主席 Jason Chon	10	参观
加拿大新地集团董事长 Scott Holoway	13	参观
美国葛兰素史克公司总经理 Mark Reilly	11	参观
法国 SOMFY 电机集团亚太区总裁 Pascal Jaquet	3	参观
香港商会委员、东方电气集团董事长朱圆巢	5	参观
8月3日		
斯里兰卡工业商务部部长协调秘书 S M Yaseem（至8月4日）	14	参观
印度尼西亚国防研究院院长穆拉迪	16	参观
日本前国土交通大臣冬柴铁三	4	参观
日本众议院议员生方幸夫	7	参观
泰国 Pheu Thai 党副主席 Mr. Kanawat Wasinsungworn	4	参观
韩国行政安全部政策副部长姜元锡	3	参观
斯里兰卡中北部省议员 Semasinghe / Herath Banda MR	23	参观
法国 Celio 品牌创始人及主席 Laurent Grosman	5	参观
日本 HITO COM 公司董事长安井丰明	6	参观

（续表）

主要贵宾	接待人数	主要活动
“2010上海国际青少年互动友谊营”团员	182	参观
美国百事食品集团营运总裁史岳臣	6	参观
法国安盛保险公司亚太区首席执行官 John Dacey	13	参观
香港公务员子弟清华大学中国文化与普通话课程班成员	38	参观
韩国三星 Tesco Homeplus 主席 Lee Seung Han	17	参观
8月4日		
阿曼王国旅游部部长 H. E. Mohammed Al Toobi（8月6日再次入园）	12	参观
菲律宾旅游部副部长 Vicente R. Romano 3rd	6	参观
日本爱知县副知事高尾和彦	5	参观
日本寝屋川市副市长中西胜行	11	参观
哥伦比亚计划部副部长 Alejandro Bayona	9	参观
新加坡总统副官 Ang Eng Seng	11	参观
日本住友制药公司首席执行官 Tada Masayo	13	参观
美国 NBA 球星 Kevin Garnett	50	参观
美国安利公司全球执行副总裁郑李锦芬	6	参观
美国戴尔集团副总裁 James Mark Merritt	7	参观
新加坡艺人许美静（至8月5日）	7	参观
瑞士盈丰银行主席 Jean Pierre Cuoni	61	参观
美国麦当劳公司欧洲总裁Denis Henne quin(至8月5日）	5	参观
意大利皮埃蒙特大区活动周嘉宾	100	参观
8月5日		
斐济总理乔萨亚·沃伦盖·姆拜尼马拉马	30	参观
智利前总统里卡多·拉戈斯·埃斯科瓦尔（Ricardo Lagos）	2	参观
南非非国大全国主席巴莱卡·姆贝特（Blaeka Mbete）	39	参观
埃及交通部部长 Alaaeldin Fahmy Youssef	12	参观
泰国教育部部长 Chinnaworn Boonyakiat	20	参观
经济合作与发展组织秘书长安吉尔·古里亚（Angel Gurria）（墨西哥）（至8月6日）	5	参观
日本岸和田市长野口圣	14	参观
日本川崎汽船株式会社董事长兼总经理森护	12	参观
孟加拉国每日星报主编 Mahfuz Anam	5	参观
智利 CODELCO 公司首席执行官 Diego Hernandez	9	参观
世界气象组织全球气候服务框架专题组代表团	25	参观
韩国丽水世博组委会上海办事处本部长 Moon Hae nam	4	参观
8月6日		
南方中心第二十五次董事会代表团	32	参观
日本山梨县知事横内正明	8	参观
泰国内政部部长 Chavarat Charnvirakul	41	参观
日本名古屋市长 KAWAMURA TAKASHI	13	参观
澳门立法会副主席贺一诚（至8月7日）	5	参观
加拿大庞巴迪公司副总裁 Valerie Laporte	7	参观
瑞士博斯特集团大中华区总裁 Mr. Zhanbing Ren	6	参观
香港大新金融集团有限公司主席王守业	43	参观
德国 KAEFER LIZENZ 公司总裁 Michael Kaeter	10	参观
马来西亚汉联机构有限公司董事局主席刘南辉	9	参观
美中贸易发展协会代表团	14	参观
香港 TVB 艺人林峰	21	参观
法国里昂高师校长 Oliver Faron	15	参观
新加坡主持人杨君伟	3	参观
新加坡远东机构执行总监 Chia Boon Pin	6	参观
德国 Media Markt 集团公司首席运营官 Pieter Haas	12	参观

（续表）

主要贵宾	接待人数	主要活动
美国 IBM 中国 ERM 执行官 Kung See Yue Gloria	8	参观
美国可口可乐公司首席行政官 Alex Cummings	5	参观
澳大利亚技术科学与工程院院长 Robin Batterham	2	参观
泰国情报局副局长 Nantiwat Samart	60	参观
8月7日		
日本茶道里千家千玄室	12	参观
泰国中泰国际协调委员会主席 Ratchakrit Kanchanawat	6	参观
日本全国市长会会长森民夫	13	参观
香港高级公务员协会主席苏平治	28	参观
法国驻蒙古大使 Dumont Jean	3	参观
日本自治体国际化协会理事长木村阳子	5	参观
马来西亚建筑工程部副部长 Yong Khoon Seng	13	参观
韩国国会议员李泛来	7	参观
智利 CODELCO 公司首席执行官 George Howard	8	参观
韩国乐天集团常务 Yoon Jong Min	4	参观
美国霍尼韦尔全球副总裁 Mark James	12	参观
欧洲科学院院长 Guy B. de The（法国）	4	参观
新加坡电信集团高级总裁 Alice Xie	9	参观
上海世博会全球文化大使谭盾（至8月8日）	5	参观
意大利皮埃蒙特大区活动周嘉宾	350	参观
法国联合贸易中心主席 Arianar Armand	4	参观
法国巴黎银行集团副总裁 Mr.Philippe FRIZE	6	参观
美国工程院院士 Chung K Law 博士	3	参观
8月8日		
日本茨城县知事桥本昌	16	参观
孟加拉国公共事务委员会主席 Saadat Husain	6	参观
全国政协委员杜毅（香港）	3	参观
美国福建商会代表团	15	参观
香港新界商会会长兼玄园学院董事江达可博士	10	参观
意大利皮埃蒙特大区活动周嘉宾	8	参观
活动部接待嘉宾马景涛	7	参观
意大利文化遗产与艺术开幕式嘉宾	70	参观
8月9日		
联合国艾滋病规划署执行主任西迪贝（Jean Michel Hamala Sidibe）（马里）	7	参观
赞比亚财政和国家计划部部长 Hon.Situbeko Musokotwane	16	参观
韩国国会议员 Oh Jae Sae	5	参观
马来西亚旅游部副部长 James Dawos Mamit	10	参观
马来西亚中华工商联合会会长钟廷森	13	参观
卢森堡驻泰国大使馆公使级参赞 Sam Schreiler	3	参观
美国前财长 John Snow	7	参观
香港“参与世博”大中学生国情教育考察团	45	参观
第二届国际妇科肿瘤大会嘉宾	34	参观
日本森大厦株式会社专务取缔役森浩生	8	参观
日本欧力士株式会社社长梁濑行雄	7	参观
香港“青年领袖培训奖励计划”代表团	33	参观
匈牙利 BorsodChem 公司主席及首席执行官 Wolfgang Buechele	8	参观
韩国乐天控股公司总裁 Kwon Ki Young	15	参观
韩国 KOLON 集团副总裁 Hur Kuk	7	参观

（续表）

主要贵宾	接待人数	主要活动
美国卡内基训练机构全球总裁 Peter Handle	9	参观
美国思科全球市场部总监 Sue Bostrom	5	参观
美国杜邦公司高级副总裁乔永	12	参观
美国 IBM 客户香港大学教育心理学家容家驹	3	参观
8 月 10 日		
斯里兰卡外交部长佩里斯（Hon. Pro. Gamini Lakshman Peris）	13	参观
泰国国家妇女院主席邱夏莉	35	参观
"城市与健康"国际论坛嘉宾	26	参观
埃塞俄比亚能力建设部信息局副局长 Temesgen Tiruneh	11	参观
日本国参议员浮岛	7	参观
巴西旅游部副部长 Erica Drumond（至 8 月 11 日）	15	参观
土耳其财政部预算和国库司总司长 Ismail Ilhan Hatipoglu	10	参观
利比亚 ALEAN 工程集团有限公司首席执行官 A Esharef	4	参观
BIE 贵宾团	5	参观
香港艺人谭咏麟	16	参观
美国 Nvidia 全球人力资源副总裁 Scott Patrick Sullivan	8	参观
意大利威尼斯大区政府旅游部部长 Dr. Giorgio Piazza 代表团	11	参观
8 月 11 日		
瑞典外交部贸易政策司司长 Anders Arnlid	8	参观
匈牙利馆日代表团先遣组	3	参观
美国庄臣父子公司总裁 Steven P. Stanbrook	5	参观
美国惠普公司高级副总裁 Tony Adams Prophet	8	参观
韩国仁川亚运会组委会本部长 Lee Il Hee	6	参观
美国斯比克公司总裁德鲁 - 劳道	13	参观
上海世博会运营事务海外顾问牧村真史（日本）	10	参观
印度尼西亚 Wilmar 国际公司首席执行官 Kuok Khoon Hong	19	参观
韩国丽水世博会资问委员 Kim Kwi Gon	7	参观
世界健康与气候基金会主席 David Rogers（英国）	3	参观
美国 New Enterprises Associates 公司创始人 Scott Sandell	11	参观
8 月 12 日		
法国教育部部长吕克.夏岱尔（Luc Chatel）（至 8 月 13 日）	10	参观
蒙古国税局局长奥运巴特尔	13	参观
巴基斯坦陆军战略指挥部司令 Syed Absar Hussain	11	参观
联合国秘书长办公室官员 Mr. Abel Aye Win （美国）	16	参观
日本名古屋市副市长住田代一	8	参观
日本全国纤维化学食品流通服务一般工会同盟团长落合清四	12	参观
古巴政府高级官员 Alejandro Castro	4	参观
伊朗驻沪总领事 Mr.Nazeri	6	参观
韩国丽水市副市长 Chung In Hwoa	9	参观
美国敦力医疗全球首席执行官 William Hawkins	10	参观
印度米塔尔钢铁公司首席执行官 Peter Kukielski	5	参观
美国安德普翰商委服务公司国际部首席执行官 Lynnet Conley	9	参观
香港世茂集团董事局主席许荣茂组织百名艾滋病致孤孤儿参观世博会	120	参观
美国安捷伦科技有限公司全球副总裁 Ron Nersesian	8	参观
北京市第一期港澳代表人士培训班	35	参观
加拿大马尼托巴省省长先遣团	5	参观
德国施奈德电气全球副总裁 Lemaire Herve	6	参观

（续表）

主要贵宾	接待人数	主要活动
美国通用汽车副总裁 David Nicholas Reilly	3	参观
8 月 13 日		
波兰国家安全局局长马切伊·胡尼亚	12	参观
安哥拉总统顾问 Abelino Peixoto	6	参观
日本佐川集团专务董事 Nobuaki Kondo	5	参观
香港伟恒通投资公司董事长赵允良	19	参观
美国依工集团公司副总裁 Allan Sutherlang	13	参观
美国旧金山湾区海归规划师代表团	23	参观
美国国际联合电脑公司全球首席执行官 Charles B Wang	10	参观
泰国副总理顾问 Siritaj Rojanpruk（至 14 日）	7	参观
意大利威尼斯案例馆代表团	11	参观
意大利中国合作发展协会主席 Giovanni Pini	3	参观
美国 IBM 中国有限公司副总裁 Stephen Mortinger	4	参观
8 月 14 日		
朝鲜国家质量管理局局长崔光来	9	参观
柬埔寨总理卫队副司令 Ouk Sothsen	13	参观
美国印第安纳州民主党联邦议员埃文·贝赫	14	参观
德国杜赛多夫副市长 Hans-Georg Lohe（至 8 月 15 日）	3	参观
几内亚军政权领导人夫人团	24	参观
美国加利福尼亚州政府运作副总参谋长威廉姆·福克斯	6	参观
新加坡骏辉企业集团董事长朱英彪	7	参观
第二届中欧国际太阳能光伏发展论坛嘉宾	23	参观
美国国际联合电脑公司全球首席执行官 Charles B Wang	10	参观
法国索菲特大酒店总裁 Philippe Liger	6	参观
美国安利公司副总裁 Glenn Armstrong	2	参观
美国中美战略资本集团资产投资部总经理 Adrian Lewis	2	参观
美国通用汽车副总裁 David Nicholas Roilly	2	参观
8 月 15 日		
赞比亚酋长委员会主席马兹马维酋长	20	参观
危地马拉工业委员会主席 Juan Antonio Busto	5	参观
布隆迪国家馆总代表 Gasunzu Pascal	12	参观
喀麦隆大使 Martin MPANA	6	参观
美国国际联合电脑公司全球首席执行官 Charles B Wang	9	参观
土耳其世博会执委会委员 Safa Unal	9	参观
"港澳学生上海世博参访团"先遣团（至 8 月 16 日）	250	参观
中美许继集团有限公司副总裁 Roger Norman Seager（美国）	11	参观
印度尼西亚国家电力公司总裁 Dahlan Iskan	10	参观
美国通用电气运输系统公司首席执行官 Simonelli Lorenzo	7	参观
法国赛诺菲安万特医疗集团首席执行官 Nadine Debeuf	6	参观
韩国国立山林科学院昆虫学家金一权	7	参观
日本香川国立大学经济学教授大贺睦夫	12	参观
8 月 16 日		
美国美中政策基金会项目主任谢至诚	19	参观
法国国会议员 Muzeau Roland	5	参观
韩国国会农食品委员会议员 Choung Hae Gul	13	参观
日本国土交通省清水港湾事务所长奥田薰	5	参观
香港交通署署长 Lai Yee Tak Joseph	6	参观
危地马拉工业委员会主席 Juan Antonio Busto	3	参观
港澳与内地青年法律交流团成员	76	参观
美国 Illinois 工具公司主席兼首席执行官 David B Speer	5	参观
新加坡骏辉企业集团董事长朱英彪	8	参观

（续表）

主要贵宾	接待人数	主要活动
日本富士施乐株式会社董事长山本忠人	6	参观
美国宝洁公司全球董事长兼首席执行官 Bob McDonald（至 8 月 17 日）	13	参观
意大利西西里大区活动周代表团	250	参观
活动部相宜本草世博音乐派对嘉宾（至 8 月 20 日）	21	参观
美国通用汽车全球设计执行总裁 Leavy Market	7	参观
8 月 17 日		
日本长崎县知事中村法道	16	参观
苏丹人民解放运动副总书记安伊托莱奥纳多恩云古拉（Dr. Anne Itto Leonardo Nyungura）	10	参观
越南财政部长武文宁	13	参观
埃及民族民主党政策书记处农业委员会主席萨勒娃·巴尤米·穆罕穆德·马古里（Salwa Bayoumi Mohamed Elmagoli）	5	参观
葡萄牙国务秘书 Rui Pedro de Sousa Barreiro	13	参观
韩国行政安全部前部长 Kim Young Ho	5	参观
荷兰幸福儿童基金会主席 Apm Rombouts	5	参观
波罗的海三国联合新闻团	15	参观
危地马拉工业委员会主席 Juan Antonio Busto（至 8 月 18 日）	3	参观
卢森堡大公国驻华大使随员 Claire Krieger	4	参观
日本长崎县议会议员八江利春	19	参观
日本长崎县商工联合会会长宅岛寿雄	19	参观
日本横滨橡胶株式会社副社长兼中国投资公司董事长总经理辛岛纪男	9	参观
法国卡地亚地区顾问 Tang Ping	5	参观
日本现代书道教育推进协议会团长山本隆之	19	参观
新加坡活力城市中心主席 Liu Thai Ker	2	参观
日本三荣国际株式会社姜荣治	8	参观
意大利皮埃蒙特大区活动周代表团	100	参观
港澳学生上海世博参访团（至 8 月 18 日）	2300	参观
8 月 18 日		
美国众议院民主党团执行主任乔治·谢弗林（Mr. George Shevlin）	16	参观
阿曼王国国家经济部部长 H.E. Ahmed Macki	12	参观
马来西亚交通部部长 Seri Kong Cho Ha	13	参观
澳大利亚南澳洲上议会议员 Carmel Zollo	16	参观
日本经济产业大臣官房审议官又野已知（至 8 月 19 日）	8	参观
澳大利亚塔斯马尼亚州能源部部长 Bryan Green	11	参观
新加坡樟宜机场集团首席执行官 Lee Seow Hiang（至 8 月 19 日）	11	参观
香港特别行政区政府新闻处处长黄伟伦	10	参观
"薪火相传"港澳学生世博参访团（至 8 月 19 日）	1300	参观
美国华特迪士尼公司运营副总裁 Stanley Cheung	8	参观
美国霍尼韦尔全球副总裁 Kenneth Lyle Addy	7	参观
日本 IHISTRA 株式会社社长西仓雄二	8	参观
韩国 CJ 集团总经理 Min Byong Kyu	11	参观
美国箭牌糖类有限公司总裁 Poul Weihrauch	7	参观
汉堡之家设计者 Reumschuessel	2	参观
加拿大 RIM 公司全球 IP 总监 Sinisha Patkovic	3	参观
美国万事达公司全球董事长兼首席执行官 Ajay Banga	7	参观
美国华特迪士尼公司行政总裁 Stanley Cheung	19	参观

（续表）

主要贵宾	接待人数	主要活动
8 月 19 日		
马来西亚马六甲议长奥斯曼·默罕穆德（Hon. Datuk Othman Muhamad）	13	参观
塞尔维亚国防部长德拉甘·舒塔诺瓦茨	24	参观
韩国国会议员金武星	35	参观
泰国工业部长助理 Sorayut Phettakul	16	参观
日本日中友协会长加藤紘一	16	参观
香港教育局局长孙明扬	25	参观
委内瑞拉议会议员 Aranguibel Brito Alberto Jose	5	参观
日本理光株式会社首席执行官近藤史朗	5	参观
日本 NHK 会长福地茂雄	10	参观
日本电装株式会社社长加藤宣明	7	参观
新西兰馆副馆长 Jack Sheppard	10	参观
新加坡东方鳄鱼集团品牌创始人陈贤进	38	参观
韩国 2012 年丽水世博会咨问委员 Bae Siihwa	6	参观
美国可口可乐公司高级副总裁 Irial Finan	21	参观
香港体育交流团团长汤伟抡	9	参观
香港资深律师世博访问团	11	参观
美国通用汽车中国区总裁 Kevin Wale	7	参观
波罗的海三国新闻团	7	参观
日本琉球大学教授、算子数学理论学家须腾龙洋	10	参观
8 月 20 日		
日本鸟取县知事 Shinji Hirai	5	参观
美国助理国务卿 Arturo Valenzuela	10	参观
法国罗阿大区议会分管年轻群体特别议员莎拉·布拉卡	10	参观
日本经济产业大臣政务官近藤洋介	14	参观
德国驻成都领事馆领事 Claudia Spahl	2	参观
美国美亚基金会第三批国会议员助手代表团（北卡罗莱纳州共和国联邦众议员科布尔办公室主任爱德华·麦克唐纳）	15	参观
香港区全国政协委员李家祥	8	参观
韩国海洋水产开发院院长金学韶	15	参观
印度驻华大使 Dr. S Jaishankar	5	参观
加拿大奥委会主席 Marcel Aubut	5	参观
美国美铝基金会主席 Paula Davis	7	参观
意大利中国合作发展协会副主席 Ribichini Oscar	6	参观
日本 NHK 企业驻上海世博会代表佐藤信彦	9	参观
比利时 AB InBev 公司财务副总裁 Joao Guerra	15	参观
香港中联办经济部世博考察团	45	参观
美国摩根斯坦利公司全球资产市场董事长 Ruchir Sharma	17	参观
日本三井物产株式会社董事武藤敏郎	9	参观
8 月 21 日		
新加坡总统纳丹（至 8 月 23 日）	50	参观
西班牙加泰罗尼亚统一与联合党众议院议会党团外事发言人舒格拉	8	参观
加拿大驻马来西亚大使 David Collins	3	参观
香港政府政制及内地事务局局长林瑞麟（至 8 月 22 日）	8	参观
香港区全国政协委员刘梦熊	4	参观
黎巴嫩馆总代表 Simon Jabbour	7	参观
印度尼西亚人民福利部副部长 Agung Laksono	15	参观
马来西亚著名企业首席执行官代表团	21	参观

（续表）

主要贵宾	接待人数	主要活动
芬兰诺基亚网络公司亚洲区总裁 Joseph Kwok	5	参观
加拿大罗杰斯通讯和汤森路透公司董事 John A Tory	4	参观
世界银行副行长林毅夫	8	参观
美国可口可乐印度钻石瓶装公司董事主席 Hemant Goenka	20	参观
美国可口可乐印度斯比利亚瓶装公司董事主席 Pradeep Agrawal	10	参观
美国可口可乐印度饮料有限公司常务董事会主席 Naresh Chandra	20	参观
美国 IBM 公司副总裁 Danny Sabbah	6	参观
韩国 Financial News 金融部副局长林贞孝	21	参观
香港国美电器有限公司总裁张志铭	3	参观
法国巴黎市和大区馆馆长 Christophe Leroy	5	参观
港澳学生上海世博参访团（至 8 月 22 日）	2300	参观
8 月 22 日		
纳米比亚全国委员会主席卡佩雷（Asser Kuveri Kapere）	19	参观
比利时东佛兰德省省长安德瑞·德奈斯（Andre Denys）	20	参观
新加坡陆路交通管理局局长 Paul Fok	10	参观
韩国国会议员朴振国	9	参观
美国科学院院士 Michael Karin	6	参观
美国福陆公司能源化工集团总裁 Peter Oosterveer	16	参观
智利银行高级顾问 Francisco Garces Garrido	5	参观
巴西 Vivo Participacoes 公司首席执行官 Eliandro Neves de avila	9	参观
德国 SBA 设计公司董事局主席 Christoph Robert Braun	16	参观
美国著名医学博士 Jayme Berteli	10	参观
美国安利公司全球副总裁 Richard Holwill	7	参观
德国科世达集团股东代表团	12	参观
美国可口可乐公司执行副总裁 Irial Finan	9	参观
活动部接待嘉宾职业摔跤运动员 WWE 明星 John Cena	29	参观
8 月 23 日		
韩国全罗北道议长金镐绪	15	参观
马来西亚总理办公室主任 Tan Sri Koh Tsu Koon	9	参观
日本国土交通省大臣前原诚司	25	参观
日本社团法人碧波会会长鹤健市	23	参观
印度棉纺织品出口促进委员会会长韦拉于赛	17	参观
澳门全国人大代表刘艺良（至 8 月 24 日）	14	参观
泰国前科技部部长 Kalaya Sophonpanich	9	参观
韩国浦项市市长朴承浩	12	参观
印度尼西亚国企部部长 H.E. Mr. Dr. Ir. Mistafa Abubakar	15	参观
韩国蔚山市政府经济通商局局长李基元	4	参观
香港华光投资公司副董事长赵天明	8	参观
美国宾夕法尼亚大学校董 Bill Chung	6	参观
俄罗斯馆推广大使伊辛巴耶娃	12	参观
西班牙全球能源服务公司董事长 Carlos Moreira da Silva	4	参观
美国 TPG 公司首席执行官 James G Coulter	14	参观
美国卡斯马集团国际总裁 Horst Prelog	6	参观
香港嘉华集团副总经理汪义良	8	参观
法国外贸银行股份有限公司总行副行长 De Doan Tran（至 8 月 24 日）	4	参观
8 月 24 日		
日本前首相福田康夫	16	参观

（续表）

主要贵宾	接待人数	主要活动
韩国文化体育部部长柳仁村	50	参观
斯里兰卡北部中央省议会首席部长 D. B. Premalal	25	参观
澳大利亚北领地首席部长 Paul Henderson Daniel（至 8 月 25 日）	16	参观
韩国丽水市市长金忠石	10	参观
日本长崎县副知事藤井健	16	参观
泰国国防次长阿皮差·宾吉迪	21	参观
韩国各地方政府公务员代表团	14	参观
日本 JCB 国际信用卡公司社长三宫维光	11	参观
德国 Messer 集团公司首席执行官 Helmut Schneider	12	参观
日本野村证券副总裁柳谷孝一些	12	参观
日本威亚株式会社董事长税亚兵	6	参观
德国慕尼黑国际展览集团副总裁 Eugen Egetenmeir	5	参观
日本 KOJYU 代表取缔役社长藤田政义	8	参观
BIE 贵宾团	5	参观
联合国贸发会议专家 Karl P. Sauvant	6	参观
美国百人会常务理事 Shirley Young	20	参观
意大利 Macegaglia 集团公司总裁 Antonio Macegaglia	7	参观
意大利撒丁岛大区活动周开幕式活动嘉宾	80	参观
8 月 25 日		
韩国群山市市长文东信	11	参观
韩国总统府 IT 特别顾问 Oh Hae Seok	11	参观
瑞典山高刀具公司董事长 Anders Ilstam	22	参观
德国梅赛德斯 - 奔驰亚太区总裁兼首席执行官 Klaus Maier	10	参观
马来西亚云顶集团董事林致华	12	参观
香港中文大学校长沈祖尧	9	参观
香港新鸿基地产副主席兼董事总经理郭炳江	17	参观
意大利撒丁大区活动周代表团（至 8 月 27 日）	310	参观
8 月 26 日		
南非总统祖马	96	参观
丹麦亲王 Henrik（至 8 月 28 日）	12	参观
朝鲜国家科技委委员长李子方	11	参观
日本前参议长江田五月	6	参观
日本鹿儿岛县知事伊藤祐一郎	19	参观
南非农业部部长 Joumat-Pettersot	6	参观
美国美亚基金会高级顾问 Paul Bergson	17	参观
罗马尼亚内务部副部长瓦伦丁·莫托尔卡	22	参观
美国前东亚和太平洋事务部助理国务卿 Thomas John Christensen	4	参观
日本北九州市市长北桥健治	13	参观
新加坡内政部高级政务部长 Ho Peng Kee	10	参观
韩国新韩银行会长罗应燦	30	参观
欧洲宇航防务集团首席执行官 Bertling Lutz（法国）	4	参观
约旦国际卡公司首席执行官 Khalil M. Al-alami	2	参观
安哥拉国家石油公司总裁 Vicente Manuel Domingos	10	参观
加拿大白求恩纪念协会会长谷世安（Shawn Gu）	12	参观
8 月 27 日		
吉尔吉斯斯坦外交部长卡扎克巴耶夫·鲁斯兰（Mr. Kazakbaev Ruslan）	15	参观
日本外务省大臣冈田克也	30	参观
智利武警副司令加斯塔沃·冈萨雷斯·胡里（Gustavo Gonzalez Jure）	16	参观
纳米比亚贸工部部长哈格·根哥布	20	参观

（续表）

主要贵宾	接待人数	主要活动
古巴共产党中央政治局委员科洛梅随行人员	8	参观
日本熊本县阿苏市市长佐藤义兴	11	参观
伊朗德黑兰市第二十二区区长 Karinian	12	参观
土耳其中国友好合作协会主席哈利尔·史夫根	7	参观
毛里求斯馆日先遣组	3	参观
乌克兰总统来访踩点团	10	参观
蒙古财政部副部长 Tuvden Ochirkhuu（至 8 月 28 日）	3	参观
韩国丽水世博组委会艺术副委员长 Park Gwangsoo	19	参观
德国 SAP 公司 CTO Zhou Yiping	10	参观
香港新世界集团主席郑家纯	10	参观
香港新鸿基地产主席办公室总经理钱炳辉	11	参观
日本财产保险执行董事大岩武史	7	参观
香港立法会议员刘皇发	15	参观
香港新界乡议局上海参观交流团	52	参观
美国皇家加勒比邮轮国际业务主管 Behram Tavadia	3	参观
新加坡政府投资公司董事长 See Ngee Huat	11	参观
西班牙中国国际法学联合会副主席 Maria W. Mandoza	6	参观
国际智库专家代表团	20	参观
8 月 28 日		
泰国外交部长 H.E Kasit Piromya	41	参观
丹麦食品、农业和渔业大臣 Henrik Hoegh	18	参观
国际残奥会主席菲利普·克雷文（Philip Craven）	11	参观
乌克兰文化旅游部部长库里尼亚克·米哈伊尔	12	参观
日本国民新党党首龟井静香	10	参观
希腊文化和旅游部部长吉罗拉诺斯（Pavlos Geroulanos）	26	参观
意大利布雷西亚商会副主席里诺·马里奥·堪巴利	4	参观
新西兰国防秘书长麦康年	13	参观
国际民航组织主席高贝（墨西哥）	5	参观
老挝国防部总参谋长 Sanyahak Phomvihane	10	参观
缅甸建设部副部长 H. E. U Tint Swe	15	参观
安哥拉渔业国务秘书 Victoria Santos	9	参观
意大利众议院代表团	5	参观
日本朝日电视台董事川村恒雄	4	参观
安哥拉国家电力公司总裁 Fernando Barros Cabange Gonga	7	参观
德国各博物馆馆长 Prof. Dr. Miohael Eissenhauer	18	参观
欧洲宇航防务集团首席执行官 Bertling Lutz（法国）	4	参观
日本创价学会青年代表团佐藤芳宣	56	参观
德国万得城集团首席执行官 Ton Wortel	10	参观
香港世茂股份有限公司总裁许薇薇	7	参观
日本池田市仓田薰市长	8	参观
美国 IBM 全球软件销售总经理 Bob Picciano	5	参观
芬兰瑞玛公司首席执行官 Juha Alitalo	8	参观
加拿大大学政策学院院长 Peter Harrisonz	3	参观
8 月 29 日		
欧盟委员会副主席凯瑟琳·阿什顿（H.E. Madame Catherine Ashton）（英国）（至 8 月 30 日）	27	参观
古巴共产党中央政治局委员科洛梅（Abelalrdo COLOME Ibarra）	22	参观
国际奥委会主席雅克·罗格（Jacques ROGGE）（比利时）	20	参观
西班牙巴塞罗那市市长霍尔迪·埃雷乌（9 月 1 日和 9 月 2 日再次入园）	18	参观

（续表）

主要贵宾	接待人数	主要活动
利比里亚国际投资委员会主席 Richard Vacanerat Tolbert	6	参观
欧盟信息司总司长Francisco Garcia Moran(至8月31日)	4	参观
老挝国家主席夫人乔赛客·赛雅颂（Madam Sayasone Keosaychay）	5	参观
美国国会司法委众议员汉克·约翰逊（Hon. Hank Johnson）	21	参观
白俄罗斯驻上海总领事 Uladzimir Varabei	4	参观
越南河南省人委副主席阮如林	11	参观
越南春成经济集团董事长兼总经理阮春成	11	参观
日本松下电工常务取缔役北野亮	8	参观
美国国家认可委审核总监 Steve Holladay	3	参观
美国科尔尼企业咨询有限公司全球首席运营官 John Yoshimura	7	参观
香港建滔集团董事长张国荣	29	参观
美国 Diebold 公司总裁及首席执行官 Tom Swidarski	10	参观
安哥拉国家电力公司总裁 Fernando	6	参观
西班牙卡斯蒂利亚拉曼查大学校长 Ernesto Martinez Ataz	4	参观
越南中山水泥集团董事长杨世宏	8	参观
韩国韩党政策委员会委员 Kwon Shin Il	4	参观
新加坡海蝶国际应约集团首席执行官许环良	4	参观
8 月 30 日		
以色列前总理埃胡德·奥尔默特（Ehud Olmert）	12	参观
法国议会法中友好小组主席米歇尔·埃尔比永（Michel Herbillon）	24	参观
泰国佛教青年发展基金会主席 Vicha Mahakun	17	参观
美国国会黑人小组高级研究员乔治·达利	18	参观
美国国会众议院“美中工作小组”共同主席杰夫里·多布罗茨（Jeffrey John Dobrozsi）	18	参观
越南边防部队副司令阮福利	14	参观
泰国前陆军司令 Viroj Sangsnit	21	参观
意大利驻上海总领事 Massimo Roscigno	7	参观
欧盟教育和文化司总司长 Jan Iruszczynski（波兰）（至 8 月 31 日）	8	参观
美国奥委会执委 Jair Lynch	4	参观
日本理光全球公司执行总监 Yutaka Ebi	10	参观
美国雅培医疗全球公司全球采购总监 RogerTrace	5	参观
日本财团法人关西“亚洲商务培训班”成员	38	参观
澳门妇女会副主席贺宁一	20	参观
美国索尼电影娱乐和哥伦比亚电影公司副总裁 Mr. George L. Leon	3	参观
8 月 31 日		
泰国国防部部长巴威·翁素万（Prawit Wongsiwon）	32	参观
芬兰农业部部长 Sirkka-Liisa Anttila	17	参观
韩国首尔市江西区区长卢显松	19	参观
韩国产业技术振兴院院长金容根	5	参观
法国国民议会文化与教育事务委员会主席 Michele Tabarot	8	参观
日本经济产业省副大臣增子辉彦	18	参观
巴西驻美前大使 Roberto Abdenur	7	参观
日本川崎市市长阿部孝夫	19	参观
伊朗德黑兰副市长 Mr.Ayazi	7	参观
美国 NBA 球星 Pau Gasol	14	参观
日本 SONY 公司副总裁中钵良治	7	参观
文莱佰都利银行行长 Pierre Imhof	6	参观

（续表）

主要贵宾	接待人数	主要活动
香港工商界甬沪考察团	35	参观
厄立特里亚国际农业部开发司司长 Woldu Gebreyesus Tesfamariam	7	参观
美国美铝（中国）投资有限公司亚太区总裁 Jinya Chen	4	参观
美国戴尔公司高级副总裁 Erin Nelson	19	参观
香港导演唐季礼	5	参观
美国可口可乐高级副总裁 Jerry Stuart Wilson Jr.	6	参观
9月1日		
日本北海道知事高桥春美（9月3日再次入园）	15	参观
欧盟关税及反欺诈委员 Algirdas Semeta（立陶宛）（至9月2日）	23	参观
越南文化体育旅游部部长 Hoang Tuananh	9	参观
尼泊尔驻拉萨总领事纳因德拉·乌帕达雅	6	参观
伊朗德黑兰市副市长 Ayazi	18	参观
美国马里兰州州务卿约翰·麦克唐纳	24	参观
巴基斯坦空军少将 Asim Adnan	17	参观
日本内阁府副大臣平冈秀夫	7	参观
美国俄勒冈州共和党议员丹尼斯·理查森	16	参观
哥伦比亚卡利市市长赫尔海·伊万·奥斯比那·戈麦斯	15	参观
日本产业馆总代表（堺屋塾）堺屋太一	7	参观
土耳其安卡拉市外事局局长卡巴萨卡拉	7	参观
加拿大 Ian McLennan 博览设计公司主席 Ian McLennan	5	参观
加拿大金光集团技术总监 Patrick Sombret	11	参观
美国全美建筑院校联合会主席 Daniel S. Friedman	4	参观
德国西门子全球首席财务官 Joe Kaeser	4	参观
意大利"可持续发展的建筑设计"论坛代表	200	参观
日本关西学院教授浅野仁	5	参观
9月2日		
马来西亚科技部部长 Maximus Ongkil	12	参观
韩国釜山东莱区厅长金孝永	22	参观
意大利议会"中国之友"协会副主席艾尔米尼奥·夸尔天尼	39	参观
日本神户市副市长小柴善博	15	参观
韩国大田广域市议员团	43	参观
韩国国家安保部安全局局长 Jeong Hyeong Wook	20	参观
哥伦比亚卡利市市长赫尔海·伊万·奥斯比那·戈麦斯	16	参观
国际箭联副主席 Paul Paulsen	15	参观
南非旅游部副部长 Xasa	6	参观
香港著名教授饶宗颐	18	参观
韩国德勤安进汇集法人梁承禹	5	参观
法国道达尔集团副总裁 Michel Benezit	7	参观
日本新宿区区长中山弘子	16	参观
日本日中经济贸易中心副会长大坪清	4	参观
日本爱媛县日中农林水产交流协会会长吉本正	16	参观
美国华声电台董事长张昭泰	12	参观
日本著名歌唱家桥幸夫	7	参观
香港利国皇家投资管理董事总经理杨珊珊	11	参观
马来西亚欧亚商会主席 Lee Lam Thye	8	参观
意大利"生态宜居和旅游"论坛代表团	110	参观
9月3日		
芬兰劳动部部长 Anni Sinnermaki	20	参观
越南建设部部长 Nguyen Hon.g Quan	13	参观
尼日尔经济和财政部部长安努	8	参观

（续表）

主要贵宾	接待人数	主要活动
美国国会参院多数党副督导麦卡斯基尔（至9月5日）	6	参观
欧盟内部市场协调办公室副主任 Peter Lawrenece	4	参观
美国旧金山友城委秘书长葛励纲	3	参观
日本国际协力事业团理事长绪方贞子	7	参观
马来西亚财政部副部长 Donald Lim Siang Chai	12	参观
德国议会国务秘书 Jan Mucke（至9月4日）	7	参观
朝鲜驻华陆海空军武官李哲少将	5	参观
美国密苏里州联邦参议员克里斯托弗·邦德	4	参观
日本奥委会委员冈崎慎司	9	参观
白俄罗斯驻华大使阿纳托利 - 托济克	4	参观
日本三菱瓦斯社长酒井和夫	8	参观
日本邮轮株式会社董事长官原耕治	9	参观
诺贝尔医学奖得主 David Baltimore（美国）	11	参观
美国微软公司亚太研发区首席技术长官 Hon.g-Jiang Zhang	4	参观
美国康宁公司中国区总裁 Eric Musser	4	参观
日本北海道札幌日中友好协会副会长菊地荣子	8	参观
香港测量师学会青年访问团	46	参观
泰国第三电视台董事长 Pravit Maleenont	12	参观
美国纽约银行行长龚天益	5	参观
韩国泰光产业株式会社 Oh Yong Il	3	参观
德国汉堡之家技术经理 Manuela Mueche	3	参观
英国 48 集团俱乐部主席 Stephen Perry	33	参观
德国西门子中国区副总裁 Stoltz Schmitz	3	参观
国际气象组织助理主任 Cen Zhiming（香港）	2	参观
9月4日		
塞舌尔国民议会外事委员会主席威文·威廉	5	参观
南太平洋地区审计长代表团	36	参观
芬兰内务部长 Anne Holmlund	15	参观
阿富汗工业与商业部长 Anwar Ul Haq Ahady	7	参观
泰国工业部部长 Chaiwuti Bannawat	25	参观
欧盟专利局主席 Benoit Battistelli	13	参观
韩国知识经济部贸易投资室室长金景植	11	参观
日本关西领团	15	参观
香港区全国人大代表王敏刚	12	参观
哥斯达黎加驻华大使马尔科·比尼西奥·鲁伊斯（Marco Vinicio Ruiz）	6	参观
泰国信息通讯部次长 Sue Lo-Utai	21	参观
瑞士德勤全球首席执行官 James Quigley（美国）	16	16
日本住友制药（苏州）有限公司总部会长 Miyatake Ken Jiro	14	参观
韩国锦湖韩亚集团会长朴三求	26	参观
美国《华盛顿邮报》展望版主编潘文	10	参观
安哥拉国家私募投资局局长 Antonio Prata	4	参观
法国卡地亚集团全球总裁兼首席执行官 Bernard Fornas	27	参观
德国西门子首席财务官 Jensen Franken	4	参观
9月5日		
乌克兰总统维克多·亚努科维奇（Viktor Fedorovych Yanukovych）	60	参观
吉尔吉斯斯坦国家情报总局长阿桑别科维奇（Dushebaev Keneshibek）	16	参观
比利时弗拉芒大区议会荷语基督教民主党议会党团主席鲁德维格·卡鲁维（Ludwig Caluwe）	39	参观
阿根廷罗萨里奥市市长 Miguel Lifschitz	20	参观

（续表）

主要贵宾	接待人数	主要活动
欧盟经社委员会主席塞彼（Mario Sepi）	4	参观
新西兰达尼丁市市长陈永豪（Peter Wing Ho Chin）	10	参观
中国红十字会香港分会负责人郭秀萍（香港）	8	参观
澳门长者事务委员会赴沪交流团	24	参观
斯里兰卡斯中社会文化合作协会主席英德拉南德·阿贝赛格（Indrananda Abeysekera）	7	参观
希腊国会高级议员 Petros Euthymiou	6	参观
泰国清迈府办公厅主任瑞提蓬·塔查朋特（Rittipong Tachapunt）	4	参观
意大利 CGIL 总工会秘书长 Guglielmo Epifani	20	参观
日本森商事株式会社董事长森彬	10	参观
香港工程师学会建造、结构、材料分部访问团	40	参观
外交部中亚国家联合新闻团（至9月6日）	15	参观
法国爱马仕集团公司艺术总监 Pierre Alexis Dumas	7	参观
国际质量科学院院士，亚太质量组织终身名誉主席哈林顿	5	参观
日本日中友好会馆理事长村上立躬	7	参观
联合国日内瓦办事处出版部主任安建国（美国）	6	参观
美国可口可乐太平洋小组高级安全主管 Gerold Knight	2	参观
香港新鸿基郭氏基金会副主席郭婉仪	10	参观
美国前总统卡特来访踩点团	5	参观
9月6日		
牙买加众议长德尔罗伊·卓（Delroy Chuck）	14	参观
荷兰运输、公共工程和水管理部部长 Camiel Eurlings	15	参观
新加坡总理公署部长 Lim Hwee Hua	18	参观
波兰基础设施部部长 Cezary Grabarczyk	11	参观
多米尼加出口和投资部部长 Eddy Martinez Manzueta	5	参观
罗马尼亚国内情报局局长马约尔（George-Cristian Maior）	14	参观
孟加拉国三军情报部部长毛拉·法兹勒·阿克巴尔（Mollah Fazle Akbar）	12	参观
香港基本法委员会副主席梁爱诗	48	参观
葡萄牙旅游部副部长 Bernardo Trindade（至9月7日）	8	参观
越南建设部副部长 Nguyen Tran Nam	8	参观
芬兰埃斯波市市长玛凯塔·科库能（Marketta Kokkonen）（至9月7日）	20	参观
波兰环境保护部副部长 Kraszewski	16	参观
保加利亚市长联合会主席杨科娃（Iankoa Dora Ilieva）	13	参观
欧盟环境司总司长 Karl Falkenberg	7	参观
比利时弗拉芒大区议会荷语基督教民主党议会党团主席鲁德维格·卡鲁维（Ludwig Caluwe）	39	参观
韩国国会议员 Kang Yun Keun	36	参观
泰国前副总理 Amnuay Viravan	16	参观
智利商会主席 Lazaro Calderon	9	参观
新加坡《新加坡儿童时报》小记者团	11	参观
日本政治经济学会理事长山田辰雄	9	参观
英国牛津大学校董 Christopher Francis	5	参观
香港妇协首席名誉会长王梁洁华	20	参观
德国博世公司董事会主席 Franz Fehrenbach	7	参观
菲律宾 Aurora 特别经济区主席 Joseph Bernardo	7	参观
亚洲大洋洲残疾人排协体育总监 Wei-Ping Tu（澳大利亚）	6	参观
美国多维通讯社董事长于品海	10	参观
香港电视广播暨中国记协高层访问团	13	参观

（续表）

主要贵宾	接待人数	主要活动
日本京都府日中友好协会副会长上林春松	16	参观
德国巴斯夫全球副总裁 James Wang	10	参观
韩国贸易协会北京代表处首席代表权道河	1	参观
德国西门子 GTF 界面设计负责人 Scheurer Heinz Martin	3	参观
美国可口可乐全球副总裁 Michale Haven Riviere	1	参观
美国 IBM 中国有限公司总经理 Bruno Di Leo	7	参观
2010 中国国际友好城市大会先遣组	21	参观
意大利健康食品节烹饪展示代表团	120	参观
9月7日		
塞舌尔前总统詹姆斯·曼卡姆（James R. Mancham）	4	参观
瓦努阿图维拉港市市长威利·帕克阿·萨提罗托（Willie Pakoa Saatearoto）	4	参观
爱尔兰科克市商会主席吉尔·马霍尼（Ger O'Mahoney）	22	参观
香港基本法委员会副主席梁爱诗	48	参观
世界桥牌联合会主席达米亚尼（Jose Damiani）	16	参观
马来西亚工程部副部长 Yong Khoon Seng	6	参观
香港行政长官办公室主任谭志源	34	参观
墨西哥萨波潘市政府委员波尔波阿贝塞拉（Omar Antoino Borboabecerra）	9	参观
伊朗德黑兰市区长 Hashemi Rahati（至9月8日）	15	参观
印度尼西亚国会议员 Murdaya Widyawimarta Poo	13	参观
香港新闻出版文化体育界国情研修班成员	34	参观
韩国锦湖轮胎顾问及经济社会研究会理事长文石南	7	参观
日本三井物产株式会社代表取缔役社长饭岛彰已	9	参观
阿拉伯叙利亚通讯社社长阿德南·马哈茂德	8	参观
智利商会主席 Lazaro Calderon	9	参观
日本自重堂株式会社会长出原群三	5	参观
委内瑞拉青年交响乐团副团长 Rodriguez Valero-Aldemar Aurelio	14	参观
德国安联环境基金获奖中外学生	45	参观
爱尔兰科克大学副校长保罗·吉勒	22	参观
伊朗央行支付司司长 Mehran Sharifi	3	参观
日本通用工程公司董事长河合光正	10	参观
韩国企划财务部 FTA 国内对策本部战略企划团长 Hwang Moonyearn	3	参观
韩国烟草人参公社董事长 Kim Won Yong	8	参观
9月8日		
美国前总统吉米·卡特（Jimmy Carter）	13	参观
俄罗斯工商会会长普里马科夫（至9月9日）	15	参加在俄罗斯馆由俄工商会安排的活动
荷兰林堡省省长利昂·弗里森（Leon Frissen）	6	参观
肯尼亚部长代表团	15	参观
阿塞拜疆共和国经济发展部部长 Shahin Mustafayev	4	参观
南非国家计划委员会委员长 TA Manuel	4	参观
韩国首尔市松坡区厅长朴椿姬	15	参观
法国罗阿大区议会第一副主席贝尔纳黛特拉克莱（Bernadette Laclais）	7	参观
加拿大卫生部副部长 David Butler-Jones	4	参观
波兰外交部副部长 Jan Borkowski	14	参观
美国前驻华大使克拉克·雷德（ClarkT.Randt Jr.）（至9月10日）	4	参观
澳门保安司司长张国华	15	参观

（续表）

主要贵宾	接待人数	主要活动
日本众议院议员环境、防卫大臣小池百合子	7	参观
缅甸联邦国家和平与发展委员会主席丹瑞大将代表团先前组	7	参观
韩国庆尚南道固城郡守李鹤烈	19	参观
奥地利馆馆长 Elizabeth Fintl	4	参观
日本明和产业社长河野哲和	12	参观
美国纽约威廉波特市国际事务顾问苏丽凰	13	参观
英国 Barclays 集团公司主席 Marcus Agius（至 9 月 9 日）	4	参观
香港妇协首席名誉会长王梁洁华	32	参观
香港顺亚顾问有限公司总裁孙穗芬	8	参观
韩国企业银行行长 Yun Yong Ro	13	参观
“城市建筑规划研讨会”中外工程院士 Datuk Hon.g Lee Pee	19	参观
英国葛兰素史克亚人力资源副总监 Ian Mintram	7	参观
日本关西学院院长森下洋一	8	参观
皇家加勒比海游轮有限公司国际业务发展总经理 Thomas Cherry	4	参观
活动部嘉宾房祖名	22	参观
英国巴克莱银行亚太区首席执行官 Didier Von Daeniken	4	参观
9 月 9 日		
保加利亚副总统安格尔·马林（Marin Angel）	12	参观
秘鲁第一副总统路易斯·詹彼得里·罗哈斯（Luis Giampietri Rojas）	9	参观
加纳副总统马哈马（John Dramani Mahama）	15	参观
尼日利亚前总统奥巴桑乔	15	参观
加拿大卫生部部长 Leona Aglukkaq	35	参观
新西兰毛利事务部部长 Pita Sharples	5	参观
汤加公主图伊塔（Salote Pilolevu Tuita）	15	参观
挪威研究和高等教育部部长 Tora Aasland（9 月 11 日再次入园）	15	参观
多哥前总理科乔（Edem Kojdo）	5	参观
日本元内阁总理大臣村山富市	42	参观
纳米比亚地方政府住房与农村发展部部长杰里·埃坎乔（Jerry Ekandjo）	7	参观
德国前副总理约施卡·菲舍尔（Joschka Fischer）	4	参观
新西兰警察总监霍华德·布罗德（Howard Broad）	10	参观
挪威奥斯陆市副市长 Torger Odegaard	7	参观
美国明尼苏达州办公室主任保罗·安德森	8	参观
俄罗斯圣彼得堡国际合作组织理事会副主席伊卜拉吉莫夫·安德烈	4	参观
新加坡国会常务秘书 Sam Tan Chin Siong	5	参观
俄罗斯俄中友好协会第一副主席 Zhukov Basily	10	参观
日本大阪市工会联合会执行委员长中村义男	12	参观
河南省政协驻港澳地区委员李金松	28	参观
美国美中友好协会主席罗伯特·桑伯恩（Robert Sanborn）	28	参观
智利瓦尔帕莱索市市长豪尔赫·卡斯特罗（Jose Castro）	12	参观
德国联邦司法部国务秘书 Birgit Grundmann	8	参观
世界城市和地方政府联合组织亚太区秘书长彼得·伍兹（Peter Woods）	8	参观
日本国会议员渡边喜美	5	参观
智利 PUC 大学行政学院院长 Andres Ibanez	27	参观
日本佐川控股集团公司会长兼社长栗和田荣一	19	参观
日本美津浓株式会社社长水野明人	5	参观
英国苏格兰中国协会主席简妮丝·迪克森（Janice Dickson）	6	参观

（续表）

主要贵宾	接待人数	主要活动
土耳其 KOC 集团总裁 Rahmi Koc	15	参观
安哥拉罗安达电力公司总裁 Jose Manuel Antonio Francisco	5	参观
美国通用能源公司亚洲区全球首席技术官 Sakechai Choomuenwai	7	参观
2010 中国国际友好城市大会代表团	1000	参观
“21 世纪论坛”嘉宾	18	参观
韩国锦湖轮胎顾问及经济社会研究会理事长河胜弼	4	参观
新加坡中国投资促进委员会代表团	10	参观
联合国训练研究所官员 Susilo Wonowiljojo	6	参观
意大利艾米利亚罗马涅大区活动周代表团	200	参观
9 月 10 日		
缅甸和平与发展委员会主席丹瑞（Than Shwe）	96	参观
爱沙尼亚议会第一副议长凯特·潘杜斯（Keit Pentus）	14	参观
世界银行行长佐利克（Robert B. Zoellick）	22	参观
日本前首相福田康夫	11	参观
加拿大温哥华市市长罗品信（Gregor Robertson）（至 9 月 11 日）	10	参观
马来西亚槟城州首席部长林冠英	23	参观
智利农业部部长 Al Varo Cruzat	15	参观
丹麦环境部部长 Karen Ellenmann	21	参观
法国前总理、波尔多市市长阿兰·朱佩（Alain Juppe）	35	参观
泰国内务部长苏瓦潘	18	参观
日本冈山县知事石井正弘（至 9 月 11 日）	10	参观
新加坡卫生部常务秘书 Yong Ying-I	9	参观
韩国釜山影岛区区长鱼允泰	51	参观
巴西驻沪总领事 Marcos Caramuru De Paiva	15	参观
美国驻香港总领事 Stephen M. Young	5	参观
新西兰豪拉基市市长约翰 - 切基格	9	参观
日本原法务省大臣野沢太三	26	参观
柬埔寨国防政策与外事总局局长纳索万（Nem Sowath）	23	参观
日本冈山市市长高谷茂男	11	参观
罗马尼亚前副外交部长尼古拉·埃科贝斯库	7	参观
新加坡中国友好协会副会长吴文国	16	参观
德国联邦司法部国务秘书 Birgit Grundmann	6	参观
韩国国会议员 KIM YONG KU	6	参观
希腊驻菲律宾大使 Xenia Stefanidou	5	参观
韩国大韩商工会议所李东根副会长	5	参观
东盟秘书长 Surin Pitsuwan（泰国）	17	参观
德国联邦教育与研究部国务秘书 Cornella Quennet-Thielen	4	参观
日本森大厦株式会社特别顾问渡边五郎	3	参观
芬兰 Vaisala 公司主席 Raimo Voipio	12	参观
日本福电株式会社代表取缔役秋天修作	16	参观
日本荣美株式会社会长西田牧郎	15	参观
日本社会福利法人旭川庄名誉理事长江草安彦	26	参观
澳大利亚维多利亚州雇主工商会主席韦恩·汤姆森	13	参观
新加坡国立大学李光耀公共政策学院院长马凯硕	4	参观
法国液化空气集团董事长兼总裁 Benoit Potier	15	参观
日本东京都市大学教授平本一雄	15	参观
日本住友集团东海橡胶工业株式会社董事长成濑哲夫	10	参观
日本京都橘大学文学部教授蒲丰彦	4	参观
英国 Mother Care 公司全球市场总监 Gillian Berkman	3	参观

（续表）

主要贵宾	接待人数	主要活动
日本索尼生命保险株式会社执行董事中ノ内巌	7	参观
世界银行特别顾问 Michael Bonello（马耳他）	2	参观
日本亚洲友好协会理事长儿玉幸治	9	参观
安哥拉罗安达电力公司总裁若泽·曼努埃尔·弗朗西斯科	5	参观
意大利馆赞助商联谊会议 -FEDERLEGNO PROMOS 嘉宾（至 9 月 12 日）	100	参观，参加意大利馆活动
德国不莱梅欧洲城市发展和环境部议员 Reinhard Loske	5	参观
奥地利馆副总代表 Birgit Murr	5	参观
德国西门子中国合作与通信部副执行官 Bernd Eitel	3	参观
德国西门子智能电网首席执行官 Richard Hausmann	7	参观
德国西门子全球工业领域首席执行官 Siegfried Russwurm	7	参观
德国西门子全球能源领域首席执行官 Wolfgang Dehen	7	参观
德国西门子全球总裁兼首席执行官 Peter Loescher	7	参观
德国西门子中国有限公司总裁兼首席执行官 Cheng Mei-wei	7	参观
9 月 11 日		
韩国文化委员会委员长吴光洙	11	参观
加拿大工业部部长 Tony Clement	10	参观
挪威议会商业与工业委员会主席特理耶·奥斯兰德	23	参观
法国交通部部长 Donimique Bussereau	20	参观
德国法兰克福市长 Petra Roth	17	参观
波兰国防情报部部长拉多斯瓦夫·库亚瓦	10	参观
泰国上议院第二副议长塔莎娜	26	参观
埃塞俄比亚文化旅游部部长 Mahmoud Dirir	16	参观
香港立法会议员张宇人	21	参观
斯里兰卡国防部常务秘书戈塔巴雅·拉贾帕克萨	17	参观
韩国国会议员 Kim Yong Ku	6	参观
法国国会议员 Alain Cousin	5	参观
日本仓敷市市长伊东香织	8	参观
澳门特区全国工商联常委何超琼	14	参观
哥伦比亚昆迪纳马卡市市长 Andres Conzales（至 9 月 12 日）	11	参观
德国联邦教育与研究部国务秘书 Cornella Quennet-Thielen	7	参观
韩国民族青年会国会议员 Oh Kyeong Hoon	15	参观
韩国国立釜山大学校长金仁世	25	参观
“经济转型与城乡互动”论坛嘉宾	80	参观
法国施奈德集团主席 Jean Damarius	12	参观
美国旧金山市长首席法律顾问迈克尔·卡恩	3	参观
美国泰科电子光纤集团副总裁 Louie Zhuge	14	参观
韩国国土城市规划学会会长 Kim June Bong	54	参观
马来西亚中华总商会会长钟廷森（至 9 月 12 日）	39	参观
日本丰田汽车公司专务古桥卫	7	参观
香港三和有限公司总经理国广晶纪	4	参观
美国强生公司全球研发部总裁 John Carlson	13	参观
美国汇华银行董事局主席兼首席执行官季可渝	9	参观
加拿大女王大学教授、著名气候变化专家 John Smol	3	参观
美国 NBA 全球总裁 Heidi Ueberroth	7	参观
香港资深商界及社会名流刘铁成	35	参观
澳门航空公司总经理汤雷	15	参观
美国美嘉集团首席执行官 Christine Benard	9	参观

（续表）

主要贵宾	接待人数	主要活动
韩国晓星集团战略运营中心科长朴京浩	5	参观
韩国忠北贸易商社协议会会长 Lee Bum Hyung	15	参观
意大利博科尼大学 DDIM 学术交流会开幕式嘉宾	120	参观
加拿大 JIN CH.E.NG SHI YE 公司首席执行官 Heinrich Fischer	4	参观
意大利 COLOMBINI GROUP 家具公司首席执行官 Manuel Colombini	9	参观
卢森堡州长 Bernard Caprasse	13	参观
香港安永大中华区主席吴港平	15	参观
9 月 12 日		
新加坡总理李显龙	50	在新加坡馆内出席新加坡美食节开幕仪式
美国明尼苏达州州长蒂姆·波伦蒂（Tim Pawlenty）	28	参观
世界银行副行长詹姆斯·亚当斯（James Adams）	6	参观
美国加利福尼亚州州长施瓦辛格（Arnold Schwarzenegger）	33	参观
阿曼王国贸工部部长 Maqbool Ali Sultan	11	参观
沙特公主 Noaf Bint Mohammed Bint Fahad Al-Saud	12	参观
沙特公主 Nouf Babdar saud	5	参观
葡萄牙里斯本市市长 Antonio Costa（9 月 14 日再次入园）	7	参观
孟加拉商务部部长助理 Ghulam Hussain	6	参观
保加利亚经济、能源及旅游部副部长 Evgeny Angelov	7	参观
巴基斯坦陆军检验检疫局首席检验官 Riaz Ahmed Khan	6	参观
日本三和控股株式会社取缔役专务执行役员中屋俊明	16	参观
美国湾区代表团	88	参观
澳大利亚澳洲国民银行农业部总监 Angelo Biviano	8	参观
柬埔寨工程部公共道路设施局执行局长 Kem Borey	8	参观
澳大利亚皇家爵士 Clark Oliver George	7	参观
萨马兰奇先生孙女 Maria Teresa Gras Samaranch	3	参观
香港全国人大代表马豪辉	10	参观
美国 IBM 市场副总裁 John Gallagher	4	参观
美国玫琳凯公司首席法务官 Nathan P. Moore	5	参观
德国西门子 BSH 全球正式总裁 Herbert Worner	3	参观
香港中华厂商联合会会董麦雄	35	参观
9 月 13 日		
瑞士联邦副总统、环境部长莫里茨·洛伊恩贝尔格（Moritz Leuenberger）	7	参加瑞士馆活动
丹麦科技和创新部部长 Ellen Charlotte Salvesen Sahl-Madsen（至 9 月 14 日）	8	参观
韩国总统直属未来企划委员会委员长郭承俊	4	参观
芬兰国防部长 Jyri Hakamies	17	参观
泰国武装部队最高司令宋吉滴·扎加巴	25	参观
英国外交及联邦事务部部长 Jeremy Browne	7	参观
国际泳联主席 Julio C Maglione	12	参观
英国商务部部长 Mark Prisk	4	参观
联合国国际贸易中心执行主任代表团	8	参观
新加坡陆路交通管理局主席 Michael Lim Choo San（至 9 月 14 日）	12	参观
朝鲜保护残疾人联盟中央委员会副委员长金文哲	10	参观
意大利威尼斯市副市长 Sandro Simonato	39	参观
欧盟对华商会秘书长 Dirk Moens	11	参观
德国梅赛德斯奔驰公司首席执行副总裁 Bjoern Hauber	7	参观

（续表）

主要贵宾	接待人数	主要活动
美国箭牌糖果公司全球副总裁 Edith Suen	5	参观
加拿大前加中友协联合会主席罗兰·麦克林格	6	参观
日本爱知世博会高层管理人员小西登纪子	4	参观
新加坡大华银行总经理 Francis Hsu	5	参观
美国百士吉公司总裁兼首席执行官 Robert Allen Livingston Jr.	23	参观
世博香港资讯及通讯科技周访问团	40	参观
韩国 SK 集团副会长 Chang Won Chey	13	参观
法国阿尔卡特朗讯全球公司人事总监 Javier Cerrudos	8	参观
美国西北大学著名学者 Noshir Contractor	7	参观
英国英中贸易协会董事会主席 David Brewer CMG	22	参观
联合国儿童基金会委员蔡润初	4	参观
意大利米兰世博会组委会代表团	5	参观
美国可口可乐全球无碳酸饮料高级副总裁 Maria Eugenia Del Rio	2	参观
日本东丽株式会社副社长 KOIZUMI SHINICHI	4	参观
香港周活动先遣团	3	参观
意大利馆“绿色环保周”嘉宾（至 9 月 14 日）	130	参观，参加意大利馆活动
9 月 14 日		
波兰滨海省省长米兹斯拉·沃斯特拉克	20	参观
澳大利亚教育和培训部部长 Andrew Barr	8	参观
摩洛哥卡萨布兰卡市市长穆罕默德·萨吉德（Mohamed Sajid）	8	参观
印度尼西亚雅加达省省长法乌兹·博沃（Fauzi Bowo）	10	参观
马来西亚旅游部长黄燕燕	10	参观
香港创新科技署署长王荣珍	26	参观
上海市政协港澳委员代表团	100	参观
日本原财务大臣尾身幸次（至 9 月 15 日）	8	参观
澳门母亲会副主席、澳门中华总商会常务理事李燕馨	20	参观
泰国清迈府副府尹差朋恩·辛曼尼	13	参观
上海市市长国际企业家咨询会议工作组	8	参观
阿曼王国贸工部副部长 RIYADH ALI SULTAN	6	参观
威尼斯副市长 Sandro Simonato	42	参观
美国可口可乐公司全球高级副总裁 Clyde Tuggle	13	参观
日本 IZUMIYA 冈山中央执行委员长梅本友之	11	参观
瑞士苏黎世金融服务集团董事会主席 Manfred Gentz	8	参观
美国 ERGON 能源公司董事长 Bill Lampton	6	参观
日本长崎电视台社长金子原吉	5	参观
美国沃尔玛百货有限公司副主席 Ecuardo Castro-Wright	21	参观
美国毅博科技咨询有限公司主席麦卡锡·罗杰（Dr. McCarthy Roger）	4	参观
法国佛吉亚公司副总裁 Christophe	20	参观
日本六本木新城自治会会长兼东京国际电影节执行委员会委员长原保	10	参观
日本西部瓦斯株式会社总裁田中优次	9	参观
韩国 OCI 集团李秀永会长	5	参观
德国蒂森克虏伯公司总裁 Dr. Heribert Fischer	7	参观
9 月 15 日		
保加利亚副总理西美昂·迪扬科夫（Simeon Diankov）	12	参观
丹麦气候、能源和性别平等部部长 Lykke Friis	10	参观
巴基斯坦国防部长乔杜里·阿赫迈德·穆赫塔尔（Chaudhry Ahmad Mukhtar）	33	参观

（续表）

主要贵宾	接待人数	主要活动
香港劳工及福利局局长张建宗	5	参观
加拿大遗产部国会秘书 Dean Del Mastro	4	参观
坦桑尼亚国防部国防常任秘书纽玛约（Andrew Nyumayo）	11	参观
外交部驻港公署及领团代表团（至 9 月 16 日）	50	参观
韩国忠清南道保宁市经济开发局局长李龙雨	11	参观
韩国仁川国际交流中心代表理事崔京甫（Choi Kyong Bo）	4	参观
爱知世博会日本政府总代表市桥康吉（Ichihashi Kokichi）	19	参观
韩国总统府文化司司长赵承焕（Cho S.H.）	15	参观
伊朗国会议员 Malekshahi	17	参观
阿根廷布宜诺斯艾利斯城市发展局局长柴恩	3	参观
斯里兰卡科伦坡市代市长欧马·卡米尔（Omar Kamil）	6	参观
哈萨克斯坦阿拉木图市法院院长巴尔比巴耶夫（Barpibayev Tlektes Esheevich）	12	参观
香港圣公会大主教邝保罗	15	参观
印度尼西亚妇女和儿童权益保护部副部长 林达阿美利亚瑟瑞·谷美拉（Linda Amalia Sari Gumelar）	12	参观
缅甸电力部副部长 Dr. Win Myint	18	参观
日本静冈综合研究机构理事长竹内宏	10	参观
2015 米兰世博会组委会首席执行官朱赛贝·萨拉（9 月 17 日、9 月 18 日和 10 月 28 日再次入园）	8	参观
法国巴黎大区商会主席 Gilles Dabezies	5	参观
法国道达尔集团高级副总裁 Laurence Storelli	5	参观
日本安满能公司会长甲本恭彬（Yasuyoshi Komoto）	5	参观
日本三菱重工业株式会社社长大宫英明	8	参观
日本大阪市立大学校长西泽良记	6	参观
日本佳能集团副总裁 Toshiaki Ikoma	10	参观
“鹿特丹 - 荷兰：本土企业国际化的实践”海上沙龙活动嘉宾	70	参观
美国安捷伦化学分析集团高级副总裁 Mike McMullen	8	参观
BIE 贵宾团	2	参观
日本伊予银行常务董事大冢岩男	5	参观
德国利世达集团全球汽车事业部总裁劳芬博格（Dr. Laufenberg）	5	参观
意大利菲亚特汽车财务服务公司首席执行官 Carlo Nizia	13	参观
马来西亚馆日演职人员代表团	38	参观
大溪地市政府代表世博考察团	14	参观
以色列驻沪副总领事 Oren Rozenblat	4	参观
“中国和意大利的经济发展趋势”论坛嘉宾	120	参观
9 月 16 日		
特立尼达和多巴哥总统乔治·理查兹（Hon. George Maxwell Richards）	6	参观
津巴布韦副总理亚瑟穆坦巴拉（H.E. Professor Arthur G.O. Mutambara）	10	参观
斐济外交部长伊诺凯·昆布安博拉（Ratu Inoke Kubuabola）	5	参观
美国移民海关执法局局长约翰·莫顿（John Morton）	14	参观
南非林波波省省长 Casssel Mathale	13	参观
奥地利教育艺术文化部部长柯劳迪亚·施密特（Dr. Claudia Schmied）	10	参观
马来西亚能源、绿色技术和水力部部长 Hon. Dato' Sri Peter Chin Fah Kui	11	参观
新加坡海关总署署长方永健	6	参观
爱尔兰国务部长马丁·曼斯尔格	9	参观

（续表）

主要贵宾	接待人数	主要活动
泰国气象厅厅长安吉索马·索那来伊	6	参观
斐济总统夫人考埃拉·奈拉蒂考	10	参观
“妇女与城市发展暨纪念第四次世界妇女大会十五周年论坛”嘉宾	20	参观
英国影阁财政部首席国务大臣利姆亚·伯恩	23	参观
比利时经济及行政精简事务大臣 Vicent Van Quickenborne	8	参观
意大利议会党团领袖 Francoi Henripinault	27	参观
俄罗斯符拉迪沃斯托克市第一副市长沃伊诺夫斯卡亚	9	参观
以色列地方政府联合会主席施罗莫·多尔伯	3	参观
天主教澳门教区主教黎鸿昇	35	参观
西班牙马德里市市长 Alberto Ruiz Gallardon	18	参观
法国公益事业协会主席 Martin Hirsch	6	参观
法国罗阿大区办公总局局长吉勒·乐 - 沙特里耶	4	参观
俄罗斯内卫部队副司令兼财务局局长瓦尔丘克	17	参观
挪威财政部及贸工部副部长团（至 9 月 18 日）	7	参观
美国前商务部部长 Carlos Gutierrez	21	参观
各国（地区）驻华使馆海关专员俱乐部成员	30	参观
泰国总理顾问 Sakorn Suksriwong	8	参观
美国芝加哥市长踩点团	5	参观
尼日利亚驻华副大使 Ba U. Eyo	4	参观
意大利米兰世博会组委会首席执行官朱赛贝萨拉	10	参观
美国艾萨华科技全球副总裁 Gautam Srivastava	14	参观
2010 亚洲企业领袖协会秋季论坛嘉宾	42	参观
美国惠普公司副总裁 Mark Colaluca	22	参观
美国著名医学博士安特鲁·魏尔	7	参观
瑞士百达翡丽集团全球总裁 Thierry Stern	8	参观
日本机场情报通信株式会社常务董事 GOTO SATSUKI	22	参观
英国巴克莱集团首席执行董事 John Varley（至 9 月 17 日）	7	参观
瑞士塔丽维尔公司全球执行总裁 Beat Gruering	14	参观
法国卡地亚全球财务总监 Francois Lepercq	7	参观
2010 年夏季达沃斯年会部分代表	121	参观
美国百思买国际贸易集团全球副总监 Gregg Forsberg	10	参观
日本三井不动产执行副总裁 Koichi Omuro	7	参观
意大利“地中海和中国沿海地区气候变化论坛”嘉宾	130	参观
韩国 SK 电讯公司副会长 Kwon Oh Yong	9	参观
俄罗斯 PIK 集团董事长皮萨列夫	7	参观
美国福特全球业务底特律团队总裁 George Rogers	2	参观
日本元经济企画厅副部长井出亚夫	17	参观
9 月 17 日		
非盟委员会副主席亚里斯塔斯·姆温查（Erastus Mwencha）	12	参观
加拿大曼尼托巴省省长 Greg Selinger	40	参观
泰国气象厅厅长安吉索马·索那来伊	6	参观
波兰前总统亚历山大·克瓦希涅夫斯基（Aleksander Kwasniewski）	14	参观
瑞士军队司令德雷·布拉特曼中将	16	参观
泰国社会发展和人类保障部部长 Issara Somchai	11	参观
加拿大加中议会协会共同主席 Joseph Day	25	参观
沙特公主 Haifa	7	参观
香港特别行政区政府康乐及文化事务署署长冯程淑仪	3	参观
香港立法会议员谭耀宗	7	参观
尼泊尔中国研究中心主任马丹·雷格米	10	参观

（续表）

主要贵宾	接待人数	主要活动
泰国总理顾问代表团	9	参观
西班牙马德里市市长 Alberto Ruiz Gallardon	22	参观
巴西圣保罗市城市发展部秘书 Miguel Bucalem	11	参观
芬兰司法部常任秘书 Tiina Astola	16	参观
哈萨克斯坦总代表 Aidar Kazybayev	7	参观
联合国助理秘书长 Jan Mattsson	7	参观
东盟新闻部长代表团	33	参观
香港特别行政区政府常任秘书长内地研修及访问团（至 9 月 18 日）	33	参观
蒙古国媒体高层访问团	20	参观
2015 米兰世博文员会主席 Diana Bracco	12	参观
日本龟甲万株式会社会长茂木友三郎	8	参观
APEC 港口服务网络第三届理事会成员	33	参观
第三届发展中国家预防腐败研讨班	53	参观
日本京都创政塾理事长笹野贞子	8	参观
美国自然科学基金会聚合物生物科学与工程中心主任李利	7	参观
日本中国银行行长永岛旭	5	参观
联合国总部翻译和编辑司副总裁林弋	8	参观
日本早稻田大学商学院教授八卷和彦	37	参观
中日国际轮渡有限公司社长奥山岩夫	18	参观
日本丰田汽车公司副会长渡边捷昭	13	参观
美国礼来公司总裁 Eric Baclet	13	参观
美国加州大学洛杉矶分校医学院代表团	6	参观
瑞士苏黎世金融服务集团全球总裁 Martin Guen Soo Senn	43	参观
国际标准化委员会国际秘书 Werner Haller	22	参观
日本馆建筑制作人彦坂裕	2	参观
美国微软全球高级副总裁 S. Somasegar	18	参观
法国未来影视城主席 Nicolas Kremer	5	参观
美国箭牌糖果公司有限公司亚太区总裁 Christina Keilthy	7	参观
日本长野县中小企业振兴中心常务理事小松辉元	4	参观
瑞士 Green IT 公司信息技术顾问 Niklaus Meyer	3	参观
香港海洋公园董事长 Allen ZEMAN	8	参观
台湾馆形象大使林志玲	16	参观
“意大利绿色环保周”嘉宾	130	参观
9 月 18 日		
俄罗斯联邦委员会副主席奥尔洛娃	11	参观
孟加拉妇女和儿童事务部部长希林·沙尔敏·乔杜里	6	参观
泰国皇家空军司令伊塔蓬·苏哈翁	20	参观
阿尔及利亚旅游部长 Mimoune Smail	10	参观
美国华盛顿州州长克里斯廷·葛瑞格尔	10	参观
英国伦敦金融城市长安司棣（Nick Anstee）	21	参观
文莱能源部部长 Pehin Yasmin Umar	15	参观
马来西亚妇女家庭事务部部长 Abdul Jalil	10	参观
老挝常务副总理宋沙瓦	21	参观
日本参议院议员川田顺子	3	参观
菲律宾前国防部长 Linglingay Lacanlale	6	参观
中国证监会国际顾问委员会第七次会议嘉宾	16	参观
日本参议院议员中村博彦	5	参观
日本参议院议员山东昭子	8	参观
墨西哥驻马来西亚大使 Jorge Alberto Lozoya	2	参观
联合国亚太经社会执行秘书诺琳·海泽	6	参观

（续表）

主要贵宾	接待人数	主要活动
美国农业部副部长 Jim Miller	10	参观
澳门特首顾问钟怡	10	参观
香港南京同乡联谊总会会长张心瑜	30	参观
意大利威尼斯文化和艺术基金会会长 Giuliano Segre	30	参观
日本大阪府日中友好协会副会长田中润怡	40	参观
“妇女与城市发展暨纪念第四次世界妇女大会十五周年论坛”嘉宾	200	参观
美国雅培国际营养品部全球总裁 Thomas Chen	5	参观
日本 ISM 集团董事长西部和辉	11	参观
美国安利公司副总裁 George D. Calvert	10	参观
中国证券登记结算有限责任公司 ACG 参会外宾	78	参观
德国 Wynn 度假公司主席兼首席执行官 Stephen Alan Wynn	7	参观
“2010 日本消费品展”嘉宾	25	参观
日本 IHISTAT 株式会社社长北川良司	11	参观
意大利中意公务员环保培训合作项目嘉宾	230	参观
德国大众汽车公司总裁 Fischer	6	参观
澳大利亚墨尔本贸易合作局局长 Mark Stoermer	7	参观
香港 DNA 公司全球首席执行官 Johnny Chung	5	参观
突尼斯馆日先遣组	6	参观
9 月 19 日		
美国芝加哥市长理查德·M·戴利（Richard M. Daley）	15	在白莲泾公园参加雕塑“家”落成仪式，参加美国馆招待会，在美洲广场观看演出
丹麦中部大区主席本特·哈森（Bent Hansen）	19	参观
澳门经济财政司司长谭伯源（9 月 22 日再次入园）	18	参观
美国莱克兰市前市长 Jim Verplanck	22	参观
法国图鲁斯市市长 Pierre Cohen	16	参观
菲律宾贸工部副部长 Cristino L. Panlilio	10	参观
德国杜塞尔多夫市长迪克·艾博斯（Dirk Elbers）	16	参观
芬兰万达市市长 Juhani Paajaneen	20	参观
伊朗德黑兰市长 Kargar	15	参观
罗马尼亚驻沪总领事 Tacu Florin	9	参观
日本经产省商务流通世博担当事务官后藤收（至 9 月 20 日）	5	参观
日本爱知县信用保证协会副理事长石川延幸	10	参观
美国大西洋铜矿公司高级副总裁 Jose Jimenez	11	参观
日本东丽集团首席执行官神原定征	8	参观
美国联合技术公司汉胜公司亚太区总裁吴育钦	3	参观
日中长野市日中友好协会会长内藤武男	13	参观
外交部欧洲国家联合新闻团（至 9 月 21 日）	14	参观
英国爱丁堡皇家外科学院院长 David Anthony	8	参观
马来西亚佳世客连锁零售集团主席 Datuk Abdullah Yusof	5	参观
中法医学科学和公共卫生研讨会院士	30	参观
意大利“历史名城可持续旅游发展”论坛活动代表团	120	参观
意大利阿布鲁佐大区活动周嘉宾	110	参观
澳大利亚昆士兰州教师工会嘉宾	14	参观
联合国亚太区新加坡环境署官员 William Phuan Chee Hoong	10	参观
德国西门子 BSH 小组首席技术官董事会成员 Mr.Winfred Seitz	19	参观

（续表）

主要贵宾	接待人数	主要活动
德国西门子核能首席执行官 DR.Bert Rukes	6	参观
9 月 20 日		
比利时外贸、投资、就业及科研大臣 Benoit Cerexhe	11	参观
巴勒斯坦本地政府部部长 Khalid F. D. Qawasmi	5	参观
印度尼西亚能源和矿业资源部部长 Darwin Saleh Riyadi	17	参观
突尼斯贸易和手工业部部长利达·本·米斯巴赫（Ridha BenMosbah）（至 9 月 21 日）	25	参观
哥伦比亚驻华大使 Guillermo R. Velez	14	参观
韩国总统直属民主和平统一专门委员全诚镇	6	参观
德国北莱茵州文化部长 Johannes Remmel	37	参观
德国亚琛市市长马采儿·菲利普	15	参观
乌克兰中国友好协会常务副会长拉舒金（至 9 月 21 日）	22	参观
香港地区侨联副主席陈有庆	31	参观
德国杜塞多夫市部长 Gregor Bonin	16	参观
缅甸贸促会主席李松枝	38	参观
瓦努阿图驻华大使 Jimmy Willie Tapangararua	2	参观
新加坡新中友好贸易协会会长黄美玉	22	参观
德国杜塞多夫市长迪克·艾博斯（Dirk Elbers）	17	参观
香港工业总会代表团	76	参观
墨西哥总理顾问 Casamadrid	8	参观
马来西亚立奥体育协会会长 Lim Lion Seng	10	参观
法语联盟主席 Clement Duhaime	20	参观
日本首都圈产业活性化协会主席古川勇二	7	参观
韩国晓星集团副会长李相云	6	参观
美国旧金山大学著名教授海因茨·韦里克	3	参观
美国北卡罗莱纳州鲍勃琼斯大学校长 Steven Jones	5	参观
新加坡美罗控股集团公司总裁王晞权	12	参观
美国锐珂公司全球首席执行官 Kevin Hobert	4	参观
马来西亚星洲日报安徽助学团	30	参观
澳大利亚皇家农业、工业协会会长 Jonathan	4	参观
瑞士工程科学院院士 Xaver Edelmann	6	参观
智利司法研究院院长 Franco Brzovic Gonzales	6	参观
国家花样游泳队日本籍主教练井村雅代	3	参观
美国《时代周刊》执行副主编 Michael Elliott	3	参观
上海宝来纳餐饮公司行政经理 Jeanshi（德国）	10	参观
BIE 嘉宾 Rapahele Bidault Waddington	1	参观
美国华特迪士尼公司国际主席 Andy Bird	6	参观
美国思科公司全球高级副总裁 Karen Walker	16	参观
意大利创意和设计论坛嘉宾	130	参观
韩国 SK 公司副社长 KANG HYE MIN	4	参观
9 月 21 日		
安哥拉总检察长若昂·德索萨	11	参观
也门前总理阿卜杜勒凯里姆·伊尔亚尼（Abdul Karim Aryani）	16	参观
斯洛文尼亚侨务部部长 Bostjan Zeks	4	参观
德国市长团	50	参观
马来西亚玻璃市王储 Syed Faizuddin Putra Jamalullail	17	参观
越南前副总理 Nguyen Cong Tam	4	参观
印度尼西亚通讯信息部部长 Tifatul Sembiring	15	参观
缅甸贸促会主席李松枝	38	参观
国际游联花样游泳技术委员会主席 Stefania Tudini	13	参观

（续表）

主要贵宾	接待人数	主要活动
马来西亚足联审计委员会主席 Daim Zainuddin	19	参观
马来西亚玻璃市首席部长 Isa Bin Sabu	10	参观
马来西亚玻璃市国务秘书 Azizan Bin Hamid	10	参观
以色列议会议员 Nitzan Horowitz	3	参观
香港工业总会主席孙启烈	75	参观
沙特经济文化部副部长 AL SADOON	16	参观
日本三井不动产株式会社执行董事铃木健	7	参观
香港中华全国归国侨联副主席陈有庆	31	参观
德国贝塔斯曼全球总裁 Rolf Buch	10	参观
日本广告业协会会长成天丰	3	参观
“中法医学科学和公共卫生研讨会”嘉宾（至9月22日）	31	参观
澳大利亚澳新银行董事局主席莫约翰	17	参观
法国路易威登北美资深咨询顾问 Joseph Ga Hua	4	参观
马来西亚霹雳州行政委员会委员 Mah Hang Soon	15	参观
美国保德信集团董事长兼首席执行官 John R. Strangfeld	6	参观
美国恒隆威建筑设计公司总裁 Theodore Steven Hammer	3	参观
世界气象组织公共气候服务部部长 Haleh Kootval（瑞士）	11	参观
意大利建筑和城市规划论坛嘉宾	280	参观
韩国三星重工业部长 Yang Sung Ho	3	参观
意大利威尼斯工商会代表团	7	参观
国际展览业协会主席 Manfred Wutzlhofer（至9月23日）	30	参观
9月22日		
意大利米兰省省督 Gian Valerio Lombardi	6	参观
美国纽约州参院临时议长马尔科姆·史密斯	11	参观
比利时对外关系、经济及预算大臣 Jean-Luc Vanraes	12	参观
俄罗斯联邦委员会前副主席尼古拉耶夫	4	参观
澳门终审法院院长岑浩辉	14	参观
沙特公主 Nouf Bandar Saud	4	参观
伊朗国会议员 Badamchian	32	参观
法国罗阿大区议会职业、经济、社会连带经济与社会创新委员会副主席让 - 米歇尔·克松	5	参观
非洲进出口银行董事会代表团	40	参观
毛里求斯中国友好协会会长李基昌	5	参观
“大湄公河次区域合作能力建设项目”嘉宾	27	参观
国际航空联合会主席 Pierre Portmann	8	参观
美国 SEQUOIA 风险投资公司执行合伙人 Shmuel Levy	6	参观
美国德士隆公司主席兼首席执行官 Scott Christopher Donnelly	12	参观
美国卡帝夫尼公司董事 Charles David Lord Powell	13	参观
美国环保协会董事会副主席 Arthur Harry Kern	27	参观
美国宾夕法尼亚大学校董 Bill Chung	5	参观
韩国企业联合馆礼宾部部长朴民永	4	参观
美国福特汽车集团全球副总裁韩瑞麟	6	参观
日本缝制机械工业会会长安井义博	13	参观
美国科罗拉多州丹佛大学国际关系学院中美中心主任赵穗生	5	参观
瑞士芬美意香料（中国）有限公司集团董事会成员 Caroline Pometta	5	参观
马来西亚马中经贸总商会副会长宋兆棠	20	参观
美国环保协会活动嘉宾房祖名	5	参观
美国环保协会活动嘉宾陈坤	5	参观
美国环保协会活动嘉宾周迅	6	参观

（续表）

主要贵宾	接待人数	主要活动
“2010年中国国际海洋工程发展论坛”嘉宾	20	参观
美国 FCX 销售公司总裁 Stephen Higgins	8	参观
美国迈阿密帕森集团首席执行官 Selvin Passen	10	参观
意大利生态建筑和环保材料研讨会嘉宾	140	参观
美国尼尔森公司全球副总裁 Itzhak Fisher	6	参观
美国哈佛大学肯尼迪政府学院院长 David T. Ellwood 教授	8	参观
比利时华商代表团	12	参观
9月23日		
加纳共和国总统约翰·埃尔斯·阿塔·米尔斯（John Evans Atta Mills）	48	参观
越南通讯信息部部长 Le Doan Hop	14	参观
美国佐治亚州众议院临时议长简·琼斯	12	参观
叙利亚经济部长 Lamia Aasi	12	参观
沙特王子 Mohammed Bingo Faisal Al-Saudi(至9月24日)	7	参观
黎巴嫩黎中友好合作联合会主席马苏德达赫尔（Massoud Daher）	9	参观
俄罗斯基洛夫州副州长卡莎库夫车夫·阿·亚	9	参观
日本长崎县前知事金子原二郎	9	参观
美国内华达州副州长布莱恩·克洛里奇	15	参观
以色列耶路撒冷市第一副市长 Koby Kahlon	3	参观
缅甸电力局局长 U Khin Maung Zaw	14	参观
芬兰外交部国务秘书 Pertti Torstila	10	参观
“上海写作计划”驻市作家团	15	参观
香港工程师学会土木分部主席严建平	31	参观
泰国杰出母亲协会主席陈淑卿	13	参观
越南国家电力集团总裁范黎青	11	参观
美国迈阿密帕森集团首席执行官 Selvin Passen	9	参观
美国 State Street 集团副总裁 Jacqui Horgan	11	参观
美国 Martin Currie 集团总裁 Julian Livingston	11	参观
美国微软研究院学术专家 Hughes Hoppe	4	参观
美国宾夕法尼亚大学校董 Bill Chung	5	参观
法国科学院副院长 Carpentier Alain Fredericf	10	参观
香港利星行贸易集团主席 Lau Yu Ting	15	参观
香港中银国际副总裁 Ng Meng Hua	14	参观
9月24日		
挪威议会外交与国防委员会主席玛丽埃瑞克森索尔莱德（至9月25日）	25	参观
柬埔寨公共工程和运输部部长 Tram Iv Tek	11	参观
特立尼达和多巴哥贸工部部长 Stephen Cadiz	17	参观
荷兰王子 Maurits	9	参观
泰国前副总理 Pol. Gen Lowit Wattana	3	参观
喀麦隆总统府负责人 Owona Gregoire	6	参观
加拿大卑诗省本拿比市市长 Derek Richard Corrigan	15	参观
加拿大中侨亚太经贸代表团	29	参观
智利驻南非大使 Hernan Brantes Glavic	7	参观
日本横滨日中友协会长饭岛助知	22	参观
圣马力诺旅游部主席 Macina Antonio	16	参观
前联合国驻南美大使 Sirkka Korpela（菲律宾）	27	参观
美国依工集团执行副总裁 Jane Warney	2	参观
香港青年联合会代表团	10	参观
美国博地能源集团公司董事长 Greg Boyce	50	参观

（续表）

主要贵宾	接待人数	主要活动
瑞典建筑协会首席执行官 Staffan Carenholm	12	参观
巴西圣保罗市政公司总监 Regina Monteiro	6	参观
香港中电控股有限公司董事局主席加道利爵士	5	参观
香港著名爱心人士陈俊怀	5	参观
日本社团法人中小企业诊断协会副会长儿玉健治	11	参观
韩国京畿道城市开发有限公司董事长 An Jun Seok	25	参观
韩国国立美术馆馆长 Bae Soon Hoon	4	参观
美国富兰克林邓普顿基金公司执行董事 Tsang Sze Wai	4	参观
香港保良局历届主席会主席梁王培芳	28	参观
香港艺人任达华	7	参观
9月25日		
古巴部长会议副主席里卡多·卡布里萨斯·鲁伊斯（Ricardo Cabrisas Ruiz）	16	参加古巴馆活动
苏丹南方自治政府劳工与公共服务部长艾伍特·邓·阿奎尔（Awut Deng Acuil）	23	参观
柬埔寨国务部长 Chanthol Sun	15	参观
韩国知识经济部副部长 Park Young June	7	参观
美国外交关系委员会议员 Paul Foldi	2	参观
法国巴黎市发展局主席 Robert Lion	6	参观
印度尼西亚国防部副部长 Sjafrie Sjamsoedin	17	参观
南非馆新任馆长 G Khoza	2	参观
加拿大驻沪总领事 Naadir Patel	9	参观
马来西亚国会议员 Tan Sri Abu Zahar Ujang	10	参观
泰国前商务部长 Krirk Krai	18	参观
香港和记黄埔医药公司高级副总裁张迅	9	参观
香港工联会副会长梁富华	56	参观
香港中华建设基金会会长刘绍钧	41	参观
法国 Scheneider 电气集团总裁 Tricoire Jean Pascal	32	参观
美国孩之宝公司首席执行官 Tinga Wiebe	15	参观
香港 CVC 大中华区主席梁伯韬	9	参观
新加坡干细胞集团执行董事 Alan Coleman（至9月26日）	3	参观
美国罗斯跨文化交流协会会长陈南屏	10	参观
香港传智传媒集团董事长 Cheung Winghon	7	参观
韩国国家歌剧院主席金锡浩	10	参观
9月26日		
沙特审计署审计长奥萨玛·贾法尔·法齐	14	参观
红十字会与红新月会国际联合会主席近卫忠辉	7	参观
韩国釜山议会议长诸宗模	18	参观
韩国国会知识经济委员会委员长金荣焕	16	参观
苏丹空军参谋长 Mohi Eldin Ahed Abdalla	11	参观
韩国济州道教育监梁成彦	11	参观
瑞典住房建设和计划委员会主任 Lena Dubeck	13	参观
香港艺术发展局主席马逢国	34	参观
日本坂城市长中尺一	10	参观
联合国助理秘书长 Warren Sach	5	参观
越南工业和贸易部竞争管理司司长 Bach Van Mung	6	参观
希腊驻华大使 Georgakelos	8	参观
澳门立法会主席刘焯华	5	参观
加拿大安大略省科研创新部副部长 George Ross	9	参观
泰国商会主席 Prasert Vithayapart	6	参观
美国国际出庭律师学会前任主席谭瑞孟	9	参观
韩国大明公司总裁 Park Chung Hee	15	参观

（续表）

主要贵宾	接待人数	主要活动
日本富士施乐（中国）公司总裁 Toru Yoshimura	15	参观
美国 Cubist 制药有限公司首席执行官 Michael Bonney	7	参观
"2010 国际艺术节（上海）论坛"嘉宾	70	参观
挪威佐敦涂料集团董事会主席 Odd Gleditsch	30	参观
美国贝克麦时坚律师事务所高级合作伙伴 Yaling Gong	33	参观
法国东方汇理银行总裁 Xavier Roux	12	参观
新西兰豪拉基市青少年代表团	19	参观
香港各界支持上海世博联合会会长代表团	7	参观
9月27日		
约旦前首相宰哈比（Nader A. Dahabi）	5	参观
巴基斯坦陆军防空军军长 Kazmi Zamir Ul Hassan Shan	6	参观
西班牙巴斯克大区主席 Patxi Lopez	17	参观
挪威文化部长安妮肯·惠特费尔特	12	参观
荷兰公主 Margriet	11	参观
阿曼王国国家经济部部长 Mohamed Masser Al-Khusaibi	19	参观
卢森堡大公国中央银行行长 Yves Mersch	8	参观
日本前驻沪总领事吉田重信	6	参观
美国候任总领事 Robert Griffiths	3	参观
韩国前外交通商部部长柳宗夏	5	参观
日本经产省通商产业局交涉官贞森惠祐	6	参观
德国德军中央卫勤部队检察长 Kurt-Bernhard Nakath	13	参观
土耳其国际战略研究组织副主席 Kamer Kasim	12	参观
意大利利布雷西亚商会秘书长卡梅罗·安东努齐	4	参观
法国道达尔公司执行合伙人 Jacques Maigne	5	参观
香港长江制衣有限公司主席陈瑞秋	27	参观
缅甸外交部国际战略研究所所长 Yin Yin Myint	5	参观
"2010 全球城市信息化论坛"嘉宾	63	参观
法国前总理拉法兰女儿 Fleur Raffarin	3	参观
韩国丽水世博会副委员长 Park Chong Rok	14	参观
美国高通公司董事会主席 Paul Jacobs	18	参观
旅美著名钢琴家李云迪	8	参观
日本野村控股集团野村证券株式会社社长古贺信行	8	参观
日本农山渔村文化协会副会长滨口义广	3	参观
日本千趣会株式会社社长行待裕弘	14	参观
韩国贸易协会常务理事孙泰奎	5	参观
9月28日		
波兰陆军副司令兼参谋长安德列·马利诺夫斯基	15	参观
罗马尼亚社会民主党总书记 Liviu Dragnea	10	参观
印度尼西亚公共工程部部长 Djoko Kirmanto	18	参观
新加坡建屋发展局主席 James Koh Cher Siang	10	参观
法国罗阿大区环境副主席 Michele Eybalin	9	参观
俄罗斯联邦通信与大众传媒部副部长谢苗诺维奇	51	参观
古巴圣地亚哥省副省长加西亚·萨帕塔	5	参观
南非科技部副部长 D. A. Hanekom（至9月30日）	4	参观
斯里兰卡通信信息部副部长 Wowilage Jeewan Kumaranatunge	6	参观
马其顿农业部副部长 Perica Ivanovski	5	参观
日本大冢制药株式会社社长岡林中今	4	参观
美国蒙大拿州落基山芭蕾舞团执行艺术总监查伦坎贝尔凯里	28	参观

（续表）

主要贵宾	接待人数	主要活动
日本 TBS 制作局局长贵岛诚一郎	7	参观
新加坡国际基金会主管李启华	5	参观
美国联合技术公司董事长兼首席执行官路易·谢纳沃	17	参观
日本 UNY 株式会社特别顾问西川俊男	10	参观
美国唯绿国家集团全球执行总裁 Allan Lips	13	参观
法国赛诺菲安万特全球总裁 Hanspeter SPEK	45	参观
9 月 29 日		
柬埔寨国王诺罗敦·西哈莫尼（Norodom Sihamoni）（10 月 1 日再次入园）	25	参加中国国家馆日
美国威斯康辛州州长 James Edward Doyle	10	参观
日本大分县知事广濑胜贞	15	参观
挪威劳工部部长 Hanne Inger Bjurstrom（至 9 月 30）	19	参观
塞尔维亚副总理兼经济部长姆拉詹·丁基奇（Mladjan Dinkic）	12	参观
肯尼亚旅游部部长 Najib Bala	15	参观
日本国土交通省九州运输局局长玉木良知	6	参观
韩国前资源产业部部长金荣柱	25	参观
印度泰米尔纳德邦首席副部长 Muthuvel Karunanidhi Stalin	11	参观
马来西亚工程部副部长 Yong Khoon Hian	12	参观
香港体育总会副会长李叢	24	参观
法国奥拜赫维利耶市市长 Jacques Salvatro	10	参观
韩国大韩日报会长张在九	20	参观
丹麦海关税务局副局长杰帕·旺霍姆	7	参观
菲律宾前外交部副部长索尼亚·布蕾迪	16	参观
以色列驻上海副总领事蓝天铭	7	参观
卢森堡经济外贸部前助理部长 Paul Wadle	2	参观
巴西 Odebrecth 建筑公司副总裁 Luiz Antonio Mameri	5	参观
日本九州经济联合会会长松尾新吾	42	参观
韩国 DAEMYUNG 公司首席执行官 Park Hung Seog	14	参观
英国诺丁汉大学执行校长大卫·格林纳威	27	参观
英国汇丰控股公司集团主席 Stephen Keith Green	22	参观
德国不莱梅案例副馆长 Yaming Li	3	参观
美国 NSF 人证机构总裁 Kevan P. Lawlor	7	参观
新加坡星展银行高级副行长 Soh Wee Li	12	参观
香港汇丰银行有限公司首席总裁 Geoghegan Michael Francis	22	参观
法国 PUIG 公司主席兼总裁 Marc Puig	12	参观
法国 Dubrac 市政工程公司总裁 Francis Dubrac	10	参观
法国 Delta 科技技术集团主席 Celia Santo Epouse Roye	10	参观
美国 GAP 公司董事会主席 Adrian D P Bellamy	9	参观
奥地利碧露公司董事长 Veit Schalleyixing	7	参观
亚洲城市发展中心“基础设施融资国际研讨会”嘉宾	135	参观
意大利米兰世博会组委会主题发展部部长波拉姜迪尼博士	2	参观
香港新界工商业总会江达可博士	10	参观
俄罗斯移动电信系统公司副总裁 Jesper Holm Schilichtkrull	30	参观
德国西门子亚太区人力资源总监 Klais Luezenkirchen	5	参观
法国欧莱雅（中国）有限公司执行副总裁 Mulliez Christian	25	参观
美国普莱克斯投资公司总裁 Stephen Forest Angel	8	参观

（续表）

主要贵宾	接待人数	主要活动
意大利奢侈品研讨会嘉宾	30	参观
BIE 贵宾团（至 9 月 30 日）	3	参观
阿曼王国“中阿经济论坛”企业家代表	30	参观
法国巴黎银行副董事长 Francois Freyeiscn	9	参观
9 月 30 日		
圣马力诺工业、手工业和贸易部部长马可·阿尔奇利（至 10 月 1 日）	10	参加中国国家馆日
挪威审计署审计长尤尔根·科斯莫	8	参观
约旦王妃 Taghreed Mohammad	8	参观
香港政务司司长唐英年（至 10 月 1 日）	6	参加中国国家馆日
德国中区议长 Dirk Sielmann	20	参观
世界旅游组织秘书长塔勒布·瑞法	12	参观
土耳其记者访华团	15	参观
韩国丽水世博组委会委员长姜东锡（至 10 月 1 日）	6	参观
波兰经济部副部长 Rafal Baniak	9	参观
印度泰米尔纳德邦首席副部长 Muthuvel Karunanidhi Stalin	11	参观
2015 米兰世博会组委会主题发展部部长斯泰法诺·波拉姜迪尼博士	2	参观
日本松下电工株式会社社长长荣周作	9	参观
意大利歌诗达邮轮公司总裁兼首席执行官福斯基	10	参观
日本柱式会社东京商会总经理五岛归一	7	参观
法国贝尔有限公司阿尔卡特朗讯大学 Diana Marie Zarazua 教授	4	参观
美国福路公司副总裁兼中国区总经理 Henry Hsieh	21	参观
德国蒂森克虏伯股份公司高级执行副总裁 Juergen Claassen	13	参观
美国康宁公司副总裁 Kevin McMaunus	9	参观
新加坡国立大学著名神经药理学家 Peter Wong	4	参观
澳大利亚维多利亚州中小学校长团	22	参观
美国依工集团公司副主席 Scott Santi	8	参观
韩国贸易协会物流政策委员会主席 Kwon Young Ryual	13	参观
美国 GE 公司商业和通讯全球执行总裁 Judy Hu	15	参观
澳大利亚澳华经济促进会常务副会长 Lin Yi Ming	6	参观
新加坡金鹰国际集团总裁 Sukanto Tanato	16	参观
美国纽约艾尔伯特·爱因斯坦大学蒙特菲奥里中心主任	8	参观
西班牙建筑师 Reichart Daniel	7	参观
10 月 1 日		
阿尔巴尼亚总统巴米尔·托皮（Bamir Topi）	18	参加中国国家馆日
中非共和国总统弗朗索瓦·博齐泽·扬古翁达（Francois Bozizé Yangouvonda）	22	参加中国国家馆日
斐济总统埃佩利·奈拉蒂考（H.E. Ratu Epeli Nailatikau）	14	参加中国国家馆日
利比里亚众议长亚历克斯·泰勒（Alex Tyler）（10 月 4 日再次入园）	8	参加中国国家馆日
马里国民议会议长迪翁昆达·特拉奥雷	5	参加中国国家馆日
摩洛哥众议长阿卜杜勒－瓦赫德·拉迪（Abdelwahed Ladi）	15	参加中国国家馆日
利比亚卡扎菲国际慈善和发展机构主席赛义夫 Saif EL-Islam Qadhafi	14	参加中国国家馆日
老挝国会主席通辛塔玛玛（Thongsing Thammavong）（至 10 月 2 日）	10	参观
澳门特别行政区经济财政司司长谭伯源	3	参观
印度尼西亚农业部部长 H.E. Dr. Suswono MMA	17	参观

（续表）

主要贵宾	接待人数	主要活动
圣马力诺议会外交委员会主席泰伦齐（Gian Franco Terenzi）	7	参观
澳门政协委员宝龙地产董事局主席许健康	26	参观
哥伦比亚瓜莫市市长 Heber Nuñez	14	参观
美国卡博特公司全球副总裁诗昂	5	参观
10 月 2 日		
联合国粮农组织总干事雅克·迪乌夫（Jacques Diouf）	10	参观
日本佐贺县知事古川康	10	参观
马来西亚国会副议长旺·朱乃迪（Wan Junaidi Tuanku Jaafar）	5	参观
澳门奥委会副主席萧威利	10	参观
希腊驻上海总领事 Maria Saranti（10 月 27 日和 10 月 28 日再次入园）	15	参观
联合国开发署主任 Subinay Nandy	4	参观
英伦帝华汽车部件有限公司首席信息官 Yu Wei（英国）	5	参观
美国魏克斯曼癌症研究基金会主席 Samuel Waxman	8	参观
马来西亚歌星 Michael Wong	12	参观
布隆迪 GASPAS 公司总经理 Phillip Leilin	10	参观
美国内布拉斯加大学校长 Harold M. Maurer	18	参观
加拿大庞巴迪宇航公司分区主席 Jad Robitaille	3	参观
意大利 Etonic International 亚太区总裁 Lucas Toma	2	参观
日本前首相小渊惠三夫人小渊千惠子	5	参观
国家展览局秘书长夫人 Margaret-Anne Phillips	2	参观
意大利佛罗伦萨律师协会秘书长 Daniele Guerilla	5	参观
韩国南海市丽水世博资源委员会议员 Lee Byungyun	12	参观
意大利米兰世博会主题发展部部长波拉姜迪尼	2	参观
10 月 3 日		
亚洲射击联合会副主席 Gao Zhi Dan	11	参观
乌拉圭驻华大使 Rosario Portell	10	参观
美国有限品牌公司董事会主席 Leslie H. Wexner	18	参观
日本驻联合国前大使谷口诚	6	参观
法国罗阿大区 Saint Gobain 集团荣誉主席 Jean Louis Beffa	3	参观
美国圣玛丽学院教授乔丹·卫斯理	14	参观
加拿大 Canadair 喷气式飞机制造商总裁 Lucas Argue	4	参观
喀麦隆馆日嘉宾	2	参观
10 月 4 日		
韩国前任教育副总理 Lee Ki Jun	13	参观
“和谐城市与宜居生活”论坛嘉宾	80	参观
美国华特迪士尼幻想工程公司创意执行副总裁 Bob Weis（10 月 8 日再次入园）	15	参观
意大利女企业家协会佛罗伦萨大区主席 Maria Oliva Scaramuzzi	8	参观
澳大利亚《澳大利亚人报》资深记者 Glenda Korporaal	3	参观
香港电视广播（TVB）董事郑维新	10	参观
10 月 5 日		
意大利宪兵司令 Gualdi 将军	13	参观
泰国国家旅游局局长 Suraphon Svetasreni	11	参观
加拿大驻华领团	12	参观
俄罗斯外交部驻圣彼得堡代表处总代表扎别瓦洛夫	12	参观
韩国高兴市议员李成真	10	参观
肯尼亚总统投资顾问 Dr. Manu Chandaria	7	参观
哥伦比亚麦德林市市长 Fabio Salazar	13	参观
英国伦敦大学巴特列特建筑与规划学院教授彼得霍尔	9	参观

（续表）

主要贵宾	接待人数	主要活动
哥斯达黎加大学校长 Yamileth Gonzalez	4	参观
亚洲发展银行前法国代表 Patrick Thomas	4	参观
10 月 6 日		
日本福冈县知事麻生渡	6	参观
英国迈克尔亲王夫人（至 10 月 7 日）	9	参观
加拿大驻华大使 David Mulroney	14	参观
德国德中友协汉堡分会副主席陈裘义	6	参观
卢森堡阿赛洛米塔尔钢铁公司主席 Lakshmi Niwas Mittal	5	参观
美国 TOM FORD 公司亚太区首席执行官 Mark Prendergrast	12	参观
日本东京燃气株式会社社长冈本毅	8	参观
日本海事科学振兴团理事长森田文宪	7	参观
加拿大庞巴迪公司董事长布多昂（Laurent Beaudoin）	10	参观
意大利米兰世博会组委会计划部部长芭芭拉·拉维拉（10 月 7 日至 10 月 9 日和 10 月 11 日再次入园）	6	参观
10 月 7 日		
墨西哥外交部长康特亚诺（Patricia Espinosa Cantellano）	18	参观
韩国燃气技术公社社长金七焕	5	参观
第 21 次上海市市长国际企业家咨询会议演讲嘉宾托马斯·德奎诺	10	参观
英国伦敦银行资产投资总监 Luc Van-Hoof（智利）	6	参观
韩国三友综合建筑设计公司社长 Sohn Myung Gi	15	参观
美国强生公司副总裁 Brian D. Perkins	3	参观
新加坡气象管理局常务秘书 Tan Yong Soon	4	参观
10 月 8 日		
摩纳哥国家元首阿尔贝二世亲王	15	参观
日本和歌山县知事仁坂吉伸	11	参观
卢森堡经济及外贸大臣让诺克雷格（Jeannot Krecke）（10 月 12 日再次入园）	4	参观
南非水利和环境事务部部长布耶卢瓦·松吉卡	10	参观
香港特别行政区政制及内地事务局常任秘书长罗智光（至 10 月 9 日）	5	参观
原日本厚生劳动大车臣柳沢伯夫	4	参观
美国住房和城市发展部部长助理 Ana Marie Argilagos	6	参观
伊朗教育部副部长 Nejadnuri	8	参观
瑞士诺华集团董事会主席 Daniel Vasella	23	参观
法国保乐利加公司人力资源副总裁 Bernard Coulaty	23	参观
美国俄克拉荷马州大学副校长 Lee Bird	8	参观
韩国贸易实务教育机关次长李子明	5	参观
香港培华教育基金会主席李兆基	47	参观
美国丽兹卡尔顿公司首席执行官 Charles D. Martin	9	参观
新加坡总统办公室气象管理局常务秘书 Tan Yong Soon	6	参观
瑞士 ABB 集团副总裁 Peter Leupp	3	参观
西班牙馆建筑师 Shay Hasson	7	参观
圣马力诺 CREDEM 集团公司董事长 Claudio Caggiati	11	参观
香港美术家协会副主席韩秉华	4	参观
意大利 Kevents 集团公司首席执行官 Simone Merico	3	参观
加拿大阿尔斯通航空工业公司主席 Pierre Michuad	10	参观
中新（加坡）生态城执行委员会代表团	3	参观
德国西门子客户 SCM 东北亚主管 Emmanuel Deligans	3	参观

（续表）

主要贵宾	接待人数	主要活动
意大利馆"城市 - 文化剧院"论坛活动嘉宾	130	参观，参加意大利馆活动
10 月 9 日		
德国联邦参议院议长、不莱梅市市长伯恩森（Jens Bohrnesen）（至 10 月 10 日）	30	参加德国馆招待会，观看音乐剧
2010 年上海市市长国际企业家咨询会议嘉宾	120	参观
泰国前副总理颂奇（Somkid Jatusripitak）	14	参观
卢森堡市市长 Paul Helminger	4	参观
卢森堡议会副议长 Lydie Polfer	4	参观
菲律宾薄荷省市长 Leo Calipusan	12	参观
韩国国会议员徐甲源	10	参观
柬埔寨水利部副部长 Veng Sakhon	8	参观
喀麦隆市长团	18	参观
联合国教科文组织前教育助理总干事科林·鲍威尔（Prof. Colin Power）	7	参观
日本三井住友海上火灾保险株式会社常务执行官兼好克彦	5	参观
德国巴斯夫集团公司总裁 Christian August Fischer	5	参观
法国德希尼布公司总经理 Loo Chiew Mun	19	参观
荷兰皇家范登堡集团首席执行官 Van den Boer	16	参观
美国美铝公司执行副总裁 Nicholas Joseph Ashooh	3	参观
日本帝塚山大学经济学部系主任岩井洋	8	参观
新加坡书法家协会副会长符国标	10	参观
韩国国际会展中心会长 Hon.g Sung Won	13	参观
日本东崎实业有限公司社长奥山正裕	10	参观
香港美术家协会副主席韩秉华	4	参观
韩国丽水世博会志愿者委员会委员长 Jae Won Shim	13	参观
日本 size factory 株式会社社长伊藤昌治	10	参观
美国百事可乐公司董事会主席兼首席执行官 Indra K. Nooyi	5	参观
加拿大鲍尔铁路运输设备有限公司副总裁 Jean Fabi	6	参观
美国百事公司董事会主席兼首席执行官 Indra K. Nooyi	5	参观
德国不莱梅活动嘉宾	39	参观
德国科世达集团股东代表团	6	参观
布隆迪馆首席礼宾官 Siyabose Steven	7	参观
10 月 10 日		
白俄罗斯总统卢卡申科	35	参观
韩国国会前议长李相得	15	参观
法国总统政府礼仪总管 Laurent Stefanini	6	参观
伊朗伊斯法罕省政务司司长 Kafil	24	参观
香港本地法官协会代表团	39	参观
2010 年上海市市长国际企业家咨询会议夫人及助手	25	参观
菲律宾能源部原副部长马尼拉克	8	参观
斯里兰卡前外交部长夫人 Suganthi Kadirgamar	6	参观
美国辉瑞药业有限公司全球研发总裁 Mikael Dolsten	10	参观
日本德山株式会社总裁幸后和寿	16	参观
美国国际品牌授权协会总裁 Charles M. Riotto	3	参观
美国美铝公司执行副总裁 Nicholas Joseph Ashooh	4	参观
日本 NHK 大阪局局长堂元光	5	参观
国际著名文艺组织代表团	8	参观
"相约上海，精彩世博"全球知识竞赛获奖嘉宾（至 10 月 11 日）	35	参观
韩国 MBC 电视台社长宋元根	7	参观

（续表）

主要贵宾	接待人数	主要活动
法国雅诗兰黛公司执行主席 William Lauder	3	参观
美国英格索兰公司总裁 Didier Teirlinck	6	参观
美国辉瑞医药公司新兴市场总裁 Jean-Michel Halfon	9	参观
智利中央银行联合总监 Andres Bianchi Larre	4	参观
日本艺术文化振兴会理事长茂木贤三郎	3	参观
香港中华总商会妇女委员会副会长周莉莉	8	参观
德国 Vector Foiltec 集团公司创始人兼总经理 Stefan Lehnert	1	参观
德国蒂森克虏伯公司首席财务官 Verena Schulz-Kelmp	6	参观
罗马尼亚驻上海总领事 Tacu Florin	9	参观
意大利"罗马的经历"旅游业论坛嘉宾	130	参观
日本伊奈公司执行总监庵原岳史	13	参观
比利时贝尔卡特钢帘线（中国）有限公司总裁 Geort Roelens	3	参观
资生堂中国投资有限公司总经理镰田正志	4	参观
泰国高僧 Chao Khun Phra Tong Chai	13	参观
10 月 11 日		
英国议会跨党派中国小组代表团	23	参观
韩国顺天市市长卢官奎	10	参观
荷兰前首相吕德·吕贝尔斯（Ruud Lubbers）	15	参观
南非艺术文化部部长 L. Xingwaqna	6	参观
法国外贸国务秘书 Anne-Marie Idrac	12	参观
澳大利亚南澳政府部长 Hon. Patrick Conlon	8	参观
法国罗阿大区负责体育事务副主席 Gwendal Peizerat	11	参观
巴西电力管理局局长 Nelson Jose Hubner Moreira	4	参观
美国贸易代表署副署长 Demetrios Marantis	6	参观
中国 - 东盟 SPS 合作高官会议嘉宾	46	参观
新加坡科技研究局副局长张荣社	4	参观
国防大学外国高级军官培训班成员	78	参观
"C9"2010 年八校联盟会议外籍嘉宾	15	参观
泰国商务部知识产权处处长 Pajchima Tanasanti	3	参观
德国恩格霍恩公司总裁 Richard Engelhorn	7	参观
广州丰田汽车有限公司总经理小椋邦彦（日本）	7	参观
瑞士舒能集团全球董事长 Otto H. Suhner	3	参观
美国 3M 公司全球业务总监 Vaughn Grannis	4	参观
美国普华永道公司执行总裁 Jonathan Chen	13	参观
美国迈阿密海滩市专员杰瑞·里宾（Jerry Libbin）（至 10 月 12 日）	24	参观
美国银行执行董事 Jimmy Lim	4	参观
日本 NEC 集团公司副社长岩波利光	9	参观
法国卡地亚集团总裁 Bernard Fornas	6	参观
意大利公共和私人绿化设计与管理中德创新论坛嘉宾	120	参观，参加意大利馆活动
图瓦卢国家馆日先遣组	5	参观
美国 IBM 客户 ADATA 威刚 Masanori Matsuzaki	5	参观
德国科士达集团董事局副主席 Schernikau	3	参观
韩国丽水 MBC 电视台社长 Song Weon Geun	7	参观
意大利医学研究院院长 Luca Rosi	6	参观
ATP 网球大师伯蒂奇（捷克）	8	参观
10 月 12 日		
白俄罗斯总理夫人 Liudmila Sidorskaya	9	参观
以色列农业部部长沙洛姆·辛洪（Shalom Simhon）	24	参观
秘鲁前外交部长迭戈·加西亚 - 萨杨	6	参观

（续表）

主要贵宾	接待人数	主要活动
韩国前经济副总理赵淳	15	参观
芬兰社会和健康服务部部长帕菲·萨拉诺记（Lisbeth Berg-Hansen）	20	参观
挪威渔业与海岸事务大臣 Lisbeth Berg-Hansen（10 月 14 日和 10 月 15 日再次入园）	14	参观
马来西亚农业部部长 Datuk Seri Noh Omar	15	参观
喀麦隆旅游部部长 Baba Hamadou	13	参观
日本福井县议员田中敏幸	13	参观
韩国衿川区厅长车圣秀	18	参观
美国贸易代表署副署长 Demetrios Marantis	6	参观
俄罗斯圣彼得堡市副市长阿谢耶夫斯基·米哈伊尔·埃杜阿勒达维奇	5	参观
澳门政协委员中华海外联谊会常务理事许健康	43	参观
澳大利亚新南威尔士州基础产业、急救服务及农业事务部部长 Hon. Steve Whan MP	12	参观
德国默克集团家族委员会董事约翰内斯·巴尤	21	参观
日本关西电力集团主席森详介	6	参观
意大利陆逊梯卡集团董事局主席 Leonardo Del Vecchio	8	参观
美国"中美省州旅游局长合作发展对话会议"嘉宾	35	参观
香港中华振兴基金会主席季寒冰	5	参观
德国汉堡狮盟协会主席 Jens Peter Dirks	36	参观
美国自由港迈克墨伦铜金矿公司执行副总裁 Michael J. Arnold	6	参观
美国花旗银行董事总经理 James Bindler	17	参观
英国西方公积金协会新闻团	13	参观
加拿大德汉姆区公共健康官员 Wesmond Rosca	9	参观
美国亚利桑那大学校长 Robert Shelton	10	参观
意大利菲亚特集团首席执行官 Sergio Marchionne	19	参观
韩国 GS 全球集团会长 Huh Chang Soo	16	参观
香港全国政协委员美维控股有限公司董事长唐翔千	18	参观
美国布鲁金斯学会亚洲问题高级研究员 Lancaster Kam	4	参观
意大利 BVLGARI 品牌论坛嘉宾	80	参观
意大利建筑协会副会长 Silvia Gichini	7	参观
香港慈善基金会名誉副主席王建伟	8	参观
法国达飞轮船集团总裁 Philippe Soulie	10	参观
美国《科学》周刊主编 Bruce Alberts	7	参观
香港新鸿基集团高级顾问郑尧天	5	参观
10 月 13 日		
澳门特别行政区行政长官崔世安	30	参加澳门活动周开周仪式，观看花车巡游
瑞典王储维多利亚公主（H.E.H Crown Princess Victoria）（至 10 月 14 日）	20	参加瑞典馆活动
乌干达外交部长萨姆·库泰萨（Hon. Sam K. Kutesa）	15	参观
德国联邦经济与技术合作部长吕德勒（Rainer Walter Brüderle）	15	参观
意大利罗马市长 Gianni Alemanno	25	参观
博茨瓦纳国防军司令马西雷（TC Masire）	9	参观
美国环保局局长莉萨·杰克逊（Lisa P. Jackson）	29	参观
喀麦隆国民议会外委会主席摩西·贝松奥博诺方德（Moses Besong Obenofunde）	20	参观
瑞典儿童和老人事务部部长 Maria Larsson（至 10 月 14 日）	18	参观
泰国能源部副部长 Paichit Thienpaitoon	20	参观
澳门全国政协委员贺定一	37	参观

（续表）

主要贵宾	接待人数	主要活动
捷克艺术家协会主席齐德内克·普赛尼卡（Zdenek Psenica）	5	参观
马来西亚中国联合商务理事会秘书长蔡国治	13	参观
韩国拳击协会主席权载佑	11	参观
日本新泻县副知事森邦雄	33	参观
韩国海洋警察厅厅长牟康仁	8	参观
新西兰内务部副部长鲍恩（Gregory Baughen）	9	参观
俄罗斯内务部副部长济马科夫	13	参观
加拿大前国家税收部长 Marin Couchon	12	参观
智利国会议员 Andrés Allamand Zavala	47	参观
2015 米兰世博会组委会建设部部长 Mario Kaiser	5	参观
澳门旅游发展辅助委员会秘书长梁洁芝	60	参观
日本奥利巴斯株式会社董事长菊川刚	7	参观
美国驻上海总领事馆商务处副首席商务领事 Paul Taylor	11	参观
香港大学名誉内科教授杨紫芝	13	参观
香港工程师学会会长朱沛坤	21	参观
香港华侨华人总会副会长吕良民	5	参观
俄罗斯俄中投资贸易发展中心代表团	13	参观
法国海外法国人社保管理机构主席 Jean-Pierre Cantegrit	9	参观
日本 Somfy 集团总经理 Masanori Fujimoto	23	参观
日本共荣工业株式会社社长高桥良彰	14	参观
日本 Kline 有限公司主席 Mamoru Mori	12	参观
香港新世界发展公司执行董事郑志刚	10	参观
日本三菱商事取缔役常务执行役员中原秀人	11	参观
美国汤森路透公司市场首席执行官 Devin Wenig	20	参观
美国思科系统公司全球研发战略高级副总裁 Kathy Hill	15	参观
法国阿尔卡特公司首席财务官 Paul Tufano	13	参观
韩国外换银行副行长 Soo Cheon Chung	9	参观
香港全国政协原常委唐翔千	16	参观
日本小田原市日中友协副会长小早川望	5	参观
美国天空联合有限公司董事长 Edward J Rehfeldt III	4	参观
日本大阪府排球协会副会长小比贺忠和	12	参观
意大利博洛尼亚大学校长 Ivano Dionigi	16	参观
澳大利亚新南威尔士州议员 Ernest Wong	13	参观
法国 OFI 资产管理公司首席执行官 Thierry Callault	18	参观
美国 IBM 公司 GCG 负责人 Merlyn Tan	6	参观
澳门周其他嘉宾	94	参观
意大利馆"食品安全和环境保护"论坛嘉宾（至 10 月 14 日）	130	参观
意大利"罗马周"嘉宾	80	参观
10 月 14 日		
古巴文化部部长阿贝尔·恩里克·普列托·吉梅内斯（Abel Enrique Prieto Jimenez）	9	参观
荷兰前首相吕德·吕贝尔斯	15	参观
日本静冈县知事川胜平太	9	参观
国际特奥委会主席蒂姆·施莱佛	6	参观
英国利物浦市政委员会主席乔·安德森（Joe Anderson）	13	参观
泰国上议院议长巴索素（H.E. Prof. Prasobsook Boondech）	42	参观
芬兰外贸开发部部长 Paavo Vayrynen（至 10 月 15 日）	19	参观
伯利兹经济部部长 Erwin Rafael Contreras	11	参观
美国国会参议院财委会主席马克斯·鲍克斯（Max Baucus）	12	参观

（续表）

主要贵宾	接待人数	主要活动
朝鲜科技总联盟中央委员会秘书长金龙	14	参观
法国朗格多克鲁西荣大区区长乔治·弗莱歇（Geor ges Fréche）	17	参观
印度联邦化肥部部长 M. K. Alagirl	8	参观
圣马力诺执政官卫队司令官 Mularoni Pier Luigi	17	参观
意大利罗马市市长 Gianni Alemanno	27	参观
埃及前国务部部长叶海亚·埃勒·贾迈勒（Dr. Yehia Abdel Aziz El Gamal）	14	参观
阿根廷科连特司省副省长 Pedro Braillard Poccard	11	参观
马来西亚中国联合商务理事会秘书长蔡国治	13	参观
香港特别行政区前财政司司长梁锦松（至 10 月 15 日）	10	参观
古巴国务委员会科技顾问 Fidel Angel Castro Diaz-Balart	6	参观
日本驻上海总领事泉裕泰	10	参观
澳门行政法务司司长陈丽敏	80	参观
伊朗商业部秘书长 Darabi	8	参观
沙特王子 HRH Prince Mohammed Bin Faisal Bin Bandar Al Saud	36	参观
印度尼西亚国家开发规划部长 H.E. Prof. Dr. Armida Alisjahbana	15	参观
英国英格兰东北地区工商会首席执行官詹姆士·罗姆斯波姆（James Ramsbotham）	6	参观
香港青年世博访问团	450	参观
韩国贸易协会总监事韩荣洙	10	参观
智利政府财政官员 Ignacio Irarrazaval Eguiguren	8	参观
新加坡触爱社会服务社总监萧树庆	7	参观
美国 POLYONE 公司欧洲区技术部责任人 Xia Huilin（德国）	11	参观
俄罗斯经济部生产力发展委员会主席维克多·尼古拉维奇	14	参观
澳门特别行政区特首崔世安母亲陈景芬	12	参观
韩国 KOLON 公司董事长 Han Joon Soo	4	参观
西班牙巴塞罗那工商会秘书长路易斯·路切	6	参观
日本精工集团首席执行官 Hirata Yoshinobu	11	参观
美国宾夕法尼亚大学沃顿商学院院长杰森·迈克尔·温佳德	12	参观
德国法兰克福大学孔子学院代表团	25	参观
法国 Safran 公司首席执行官 Jean-Paul Herteman	7	参观
新加坡作家蓉子	8	参观
美国 Stellar Ventures 公司首席执行官 Rosenblum	3	参观
美国 IBM 公司人力资源副总裁 Tom Vines（至 10 月 15 日）	1	参观
意大利米兰世博会建设部部长 Mario Kaiser	5	参观
美国 JP 摩根公司亚洲区副总裁 Steve Furgal	23	参观
泰国曼谷银行董事 Hatsachai Phichiyut	35	参观
10 月 15 日		
黑山副总理武伊察·拉佐维奇（Vujica Lazovic）	25	参观
德国联邦警察总局局长希格（Matthias Seeger）（至 10 月 16 日）	10	参观世博局运营指挥中心
韩国前总理朴泰俊	10	参观
加拿大交通部部长 Chuck Strahl	12	参观
德国石勒苏益格－荷尔斯泰州州长 Peter Harry Carstensen	50	参观
菲律宾军情部部长小弗朗西斯科·克鲁斯	12	参观
古巴领导人卡斯特罗儿子阿莱西·卡斯特罗（Alexi Castro）	8	参观
加拿大阿尔伯达省副省长 Doug Horner	6	参观
新加坡赌场管路局主席 Richard R Magnus	7	参观
瑞典哥德堡前市长拉斯·埃克·斯凯格	3	参观

（续表）

主要贵宾	接待人数	主要活动
日本相模原市市长加山俊夫	16	参观
日本原驻华大使阿南惟茂	4	参观
西班牙中国之友协会主席赫苏斯·奥苏纳（Jesus Osuna Sanz）	8	参观
坦桑尼亚原国防部部长 Edgar Maokola-majogo	8	参观
以色列外交部副部长 Danny Ayalon	8	参观
2010 亚洲海岸警备机构首脑会议代表团	45	参观
安哥拉罗安达省主教 Damiao Franklin	6	参观
日本 NTT DATA 株式会社副总经理小南俊一	8	参观
全国政协常委、香港专业联盟主席梁振英	20	参观
美国 LEVIS 经销商主席 Adriana Grimaldi	15	参观
马来西亚百盛集团总经理 Chen Wenyi	17	参观
香港兆安地产有限公司董事长李兆麟	14	参观
日本大阪工业协会代表团	17	参观
德国海恩斯坦研究院执行董事 Stefan Mecheels	3	参观
美国发现卡公司主席 David Nelms	8	参观
比利时 TrodonicAtco 有限公司首席运营官 Kofahl Ruediger	4	参观
美国国家综合癌症网主席 Thomas D'Amico	3	参观
香港塑胶业昌商会会长孙启烈	17	参观
法国罗阿大区案例馆总协调人 Daniel Gouffe	2	参观
香港贸发局主席苏泽光	15	参观
香港贸发局总裁林天福	8	参观
香港理工大学纺织机制衣学院副院长区伟文	11	参观
澳大利亚新南威尔士州曼利市议会代表团	10	参观
法国巴黎快速铁路网公共交通部副总裁 Philippe Martin	10	参观
俄罗斯莫斯科地铁公司科技部副总裁 Yury Semin	11	参观
英国伦敦帝国大学轨道交通战略中心院长 Stephen Glaister	10	参观
巴西圣保罗公交总公司运营总裁 Conrado Grava De Souza	10	参观
香港恒生银行董事 John Liang	10	参观
世界大学协会“二十一世界大学联盟”嘉宾	38	参观
日本朝日啤酒（中国）投资有限公司本社役员大泽正彦	12	参观
美国超微半导体（中国）有限公司全球董事会主席 Bruce Laird Claflin	10	参观
泰国 The Mall 集团副总裁 Supaluck Umpujh	18	参观
泰国泰华农民银行信用卡部总裁 Anchalee Charasyofvuthichai	8	参观
世界气象组织科研部大气环境研究室主任 Liisa Jalkanen	13	参观
韩国 2012 丽水世博会文化司司长权吴德	6	参观
APEC 经济委员会主席 Takashi Omori	4	参观
美国 EMC 公司通用存储平台部门高级副总裁兼总经理乔尔·施瓦茨	17	参观
“意大利港口城市和远东地区的联系与发展”研讨会嘉宾	120	参观
香港珠宝设计师霍思纬	4	参观
世界总裁协会代表团	59	参观
韩国三星物产总经理罗晋洙	3	参观
美国著名投资银行 LAZARD 副主席 Gary W. Parr	3	参观
中瑞文化交流协会瑞士方主席 Mak Waison	4	参观
10 月 16 日		
联合国开发计划署署长海伦·克拉克（至 10 月 17 日）	16	参观
欧洲议会副议长米盖尔·安吉尔·马丁内斯（Miguel Angel Martinez）	8	参观
日本京都府知事山田启二（至 10 月 17 日）	13	参观

（续表）

主要贵宾	接待人数	主要活动
日本山形县知事吉村美荣子	4	参观
加拿大交通部部长 Chuck Strahl	13	参观
德国交通、建设和规划部部长拉姆绍尔（Dr. Peter Ramsauer）	34	参观
新西兰科技研究部部长 Wayne Mapp	6	参观
美国白宫科技办公室主任 John P. Holdren	13	参观
法国驻华大使 Jean-Pierre Monchau	5	参观
斯洛文尼亚斯中友好协会主席佩特拉·赛尔雅克	4	参观
赞比亚国防部副部长 John F T Kamanga	12	参观
日本社团法人国际道德重整日本协会会长矢野弘典	11	参观
泰国泰中友好协会会长功·塔帕朗西	10	参观
法国罗阿大区议员 Marie-Christine Tardy	5	参观
中外办外事管理局局长邢家瑞	6	参观
乌兹别克斯坦总统办公厅高级代表团长乌斯曼诺夫·阿利舍尔	8	参观
伊朗国会议员 Khabbaz	10	参观
伊朗能源部副部长 Aliabbadi	12	参观
韩国谷城市议员朴庭现	10	参观
阿曼王国苏丹顾问 H.E. Mohammad Al Zubair Ali	5	参观
马耳他中国协会主席 Reno Calleja	4	参观
香港地区全国人大代表罗范椒芬	39	参观
法国罗阿大区前主席 Roger Fougeres	4	参观
韩国乐天湖南石油化学株式会社总经理郑范植	5	参观
香港中文大学校董会董事李剑雄	12	参观
香港特别行政区贸易发展局主席苏泽光	15	参观
美国通用磨坊公司总经理罗彦	15	参观
美国伊莱克斯公司亚太区人力资源副总裁 Neville Blandfor	25	参观
韩国东洋大学校长崔成海	4	参观
香港 Miyuko 有限公司执行总裁 Amy Tjandra	11	参观
美国福特汽车全球副总裁 Gerhard Schmidt	7	参观
日本亚洲交流协会副会长庄山悦彦	12	参观
德国科学基金会主席柯睿礼（Matthias Kleiner）	8	参观
日本住友制药（苏州）有限公司日本海外部副部长 Kaitonaka Katsuyuki	8	参观
法国路易威登集团中国区副总裁 Jeffrey Hang（至 10 月 17 日）	2	参观
英国苏格兰政府常任秘书约翰·艾维奇	6	参观
瑞士芬美意香料（中国）有限公司集团董事会成员 Caroline Pometta	4	参观
美国戴尔公司大企业部财务总监 Michael Kenney	4	参观
香港中文大学崔泰安教授	7	参观
日本大阪市规划调整局副局长薮内弘	17	参观
澳大利亚国民银行市场总监 Kirsten Boazmanyixing	13	参观
韩国 G20 国际会议场准备团长朴钟万	10	参观
日本椿本兴业株式会社大阪本社取缔役西田昭一	3	参观
法国赛诺菲 - 安万特（中国）投资有限公司上海分公司总监赖明隆（香港）	6	参观
丹麦 NB 哥本哈根商学院校长 Anya Eskildsen	20	参观
香港东亚银行行长 T.C.Wan	15	参观
香港安永客户 Rexel 亚太首席执行官 Helene Margat	2	参观
日本京都大学教授高桥政代	10	参观
美国 Capgemini Ltd.（凯捷）副总裁	16	参观
韩国领事馆领事秦基勋	12	参观

（续表）

主要贵宾	接待人数	主要活动
瑞典 Stena Sphere 公司全球总裁 Christel Armstrong Darvik	9	参观
日本媒体综合研究所社长城森明彦	8	参观
香港世茂集团董事长许荣茂	4	参观
韩国国家经营战略研究院代表团	47	参观
意大利米兰世博会建设部部长 Mario Kaiser	7	参观
10 月 17 日		
朝鲜平壤市党委责任书记文京德	30	参观
法国马赛市市长让 - 克劳德·戈丹（Jean-Claude Gaudin）	23	参观
法国普罗旺斯 - 阿尔卑斯 - 蓝色海岸大区主席米歇尔·沃兹埃尔（Michel Vauzelle）	22	参观
阿曼王国公主 HH Sayyieda Hujaija Bint Jaifa Bin Saif Al-Said	5	参观
亚洲各国央行行长代表团	100	参观
南非内政部部长 NC Dlamini Zuma（至 10 月 18 日）	6	参观
法国罗阿大区研究、高等教育、公共卫生及社会培训特别议员提埃里·菲力普（Thierry Philip）	8	参观
国际拳联主席吴经国	3	参观
美国海军少将埃里克·奥尔顿·麦克瓦顿（Eric Alton McVadon）	6	参观
韩国绿色成长委员会委员长梁守吉	18	参观
杭州市第三届国际友城市长峰会嘉宾	123	参观
美国商务部首席法律顾问 Cameron Kerry	9	参观
新加坡国防部副部长黄志勤	15	参观
加拿大格莱温赫斯特市市长 John Klinck	10	参观
“宏观审慎政策：亚洲视角”高级研讨会嘉宾	50	参观
南非文艺部副部长 P Mashatile	6	参观
日本索尼（中国）有限公司副总裁今村昌志	4	参观
新加坡美罗控股公司董事潘耆厘	11	参观
美国赫斯基公司人力资源副总裁 Jim Reid	11	参观
日本早稻田大学名誉教授依田熹家	12	参观
联合国纽约总部会议管理部部长 Steve Sekel	8	参观
意大利 GUCCI 公司亚太区执行总裁 Joe Wong	9	参观
马来西亚财政部总司长 Mustafa Saman	14	参观
泰国盘谷银行信用卡部总裁 Shoke Na Ranong	8	参观
密克罗尼西亚 TAN 控股有限公司总裁 Terry Tan	7	参观
韩国现代重工集团本部社长 Choi Kil Seon	11	参观
香港东华三院执行总监吴志荣	20	参观
香港医管局高级主管李伟联	9	参观
日本野村控股集团野村国际中国区总裁杨志中（香港）	10	参观
越南通信电信集团首席执行官 Vu Tuan Hung	12	参观
美国加利福尼亚州阿拉米达郡主管基思·卡森	22	参观
智利 COCHILCO 公司副总裁 Andres Mac Leany	10	参观
新加坡友发企业私人有限公司董事长郑天和	11	参观
法国埃顿服务公司董事 Helene de Lataillade	10	参观
香港 Jakks Pacific 公司亚洲区总经理韩任鸣	8	参观
国际金融中心协会理事长于立勇	14	参观
日本大阪府富田林市友好协会会长东重夫	7	参观
美国德州大学生命科学研究生院院长 George Stancel	5	参观
德国馆贵宾	5	参观
意大利范思哲集团首席执行官 Allegra Versace Beck	4	参观
泰国 CP 集团副主席 Dr. Thanong Bidaya	20	参观
意大利威尼斯机场集团副总经理 Margherita Pellerano	6	参观

（续表）

主要贵宾	接待人数	主要活动
意大利博洛尼亚大学校长 Massimo Bergami	6	参观
10 月 18 日		
黎巴嫩未来阵线总书记艾哈迈德·哈里里（Ahmad El Hariri）	9	参观
丹麦文化部部长 Per Stig Moller（至 10 月 19 日）	16	参观
国际货币基金组织总裁卡恩（法国）	12	参观
加拿大旅游部部长 Rob Moore	34	参观
孟加拉国工业部长巴鲁阿（Dilip Barua）	19	参观
瑞典哥德堡市市长安娜丽·胡田（Anneli Hulthén）（10 月 20 日再次入园）	19	参观
葡萄牙农业部部长 António Serrano	6	参观
菲律宾薄荷省大法官 Arnold Velasco	6	参观
韩国关税厅前任厅长 Hur Yong Šuk	4	参观
韩国釜山广域市沙下区区长李京勳	14	参观
美国海外退伍军人协会 Richard L. Eubank	7	参观
香港渔护署副署长薛汉宗	17	参观
波兰经济部副部长 Dariusz Bogdan	5	参观
泰国前财政部部长 Thanong Bidaya	7	参观
越南胡志明市文化体育和旅游厅厅长 Truong Ngoc Thuy	18	参观
利比里亚地矿部副部长 Ernest C. B. Jones	13	参观
欧盟地区政策司总司长 Hubert Gambs	6	参观
南非文艺部副部长 P. Mashatile	5	参观
南非外交协会副会长 MA	5	参观
卢森堡经济外贸部科技创新司司长 Mario Grotz	14	参观
日本兄弟工业柱式会社社长安井义博	5	参观
美国飞虎队原陆军中队长 Glen Beneda	15	参观
韩国中韩文化传播理事会主席姜载丰	11	参观
韩国 LS 集团副会长具滋均	7	参观
美国黑石投资集团创始人兼董事长 Steve Schwarzman	5	参观
日本 JIMRO 公司主席白藤泰司	18	参观
泰国联合冷冻品有限公司总裁 Kraisorn Chansiri	49	参观
日本东丽株式会社名誉会长前田胜之助	8	参观
“2010 中国传播学高层圆桌会议”海外嘉宾	19	参观
智利中智商会主席 Juan Esteban Musalem	6	参观
香港中华厂商会会长黄友嘉	88	参观
丹麦捷成洋行全球董事 Peterson	3	参观
BIE 嘉宾	2	参观
韩国总领事带领馆志愿者	16	参观
韩国顺天市议员 Yoo Ann Hye-Suk	15	参观
国际解剖学会第十二次大会嘉宾	37	参观
马来西亚馆志愿舞者代表团	15	参观
日本川崎汽车株式会社船舶管理部部长西山宽	6	参观
美国美联储理事 Kevin Warsh	7	参观
10 月 19 日		
联合国全球南南创新周嘉宾	50	参观
马来西亚雪兰莪州苏丹 HRH Sultan Idris Shah	15	参观
发展中国家主流媒体部级研讨班成员	47	参观
亚洲国家交通部部长研讨班成员	37	参观
印度尼西亚副总统夫人 Mme. Herawati Boediono	45	参观
挪威诺德兰郡郡长 Odd Eriksen（至 10 月 20 日）	19	参观
哈萨克斯坦反经济与腐败犯罪署署长卡扎姆扎罗夫	15	参观

（续表）

主要贵宾	接待人数	主要活动
德国联邦政府文化部国务部长 Bernd Neumann	10	参观
哥伦比亚安蒂奥亚基省省长 Luis Alfredo Ramos（10 月 21 日和 10 月 22 日再次入园）	18	参观
肯尼亚内阁金融计划部主席 Chrysanthus Okemo	6	参观
俄罗斯车里雅宾斯克州州长尤列维其	22	参观
美亚学会第 78 批美国会助手团长贝弗利·福雷泽（Beverly Fraser）	16	参观
阿富汗助理副国防部长 Abdul Wakil Hotak	11	参观
菲律宾投资局局长 Pelagio Ricalde	4	参观
泰国驻上海总领事 Piroon Laismit	10	参观
斯里兰卡总统先遣团国会议员 Sajin De Vass Gunawardena	10	参观
欧盟地区政策司总司长 Hubert Gambs	6	参观
斯里兰卡外务部首席礼宾官 A. L. Ratnapala	8	参观
印度本地治理家庭事务部部长 Elambaly Valasarajan	7	参观
越南文化体育旅游部民族文化司司长 Hoang Duc Hau	19	参观
世界高速铁路大会科学委员会主席 Michel Leboeuf	10	参观
墨西哥央行行长 Agustin Carstens	5	参观
日本大冢控股株式会社会长大冢明彦	11	参观
瑞士科恩化工公司首席执行官 Hariolf Kottmann	10	参观
韩国贸易保险公社社长柳昌茂	7	参观
法国巴黎高科精英学校集体主席 Cyrille Van Effenterre	15	参观
韩国工艺设计文化振兴院院长崔庭心	4	参观
美国希尔顿集团全球人事及行政总裁 Matt Schuyler	4	参观
韩国浦项集团前企业人会会长朴泰华	6	参观
美国加州大学和日本北海道大学教授团	14	参观
英国医科达公司副总裁 Steve Wort	7	参观
智利 CENCOSUD 公司首席执行官 Marisol Calderon Soto	7	参观
美国 Enomaly 公司创始人兼首席技术官 Reuven Cohen	18	参观
韩国 CBS 理事长 Lee Jun Ik	25	参观
泰国中央银行助理行长 Shoke Na Ranong	17	参观
阿根廷大学校长团	25	参观
美国《芝加哥华语论坛报》社长张大卫	17	参观
日本株式会社爱世克私会长和田清美	6	参观
日本药品批发行业联合协会会长别所芳树	44	参观
香港著名导演唐季礼	15	参观
韩国 OCI 集团副会长金相烈	11	参观
德国西门子首席财务官 Mr. Hauke Otten	5	参观
美国 IBM 全球软件部行业解决方案总经理 Craig Barry Hayman	3	参观
荷兰 U-Star 公司总经理 Lex Keijser	8	参观
德国爱尔博医疗器械总裁 Reiner Thede	14	参观
英国 AEI 能源公司中东及亚太区副总裁 Dr. Robert Gledhill	10	参观
加拿大驻香港商会主席 William Wai Hoi Doo	4	参观
美国前首席驻上海商务领事 Catherine Houghton	3	参观
哥斯达黎加 Vyncke 公司亚洲区总经理 Ivo Lavens Vyncke	6	参观
香港周活动嘉宾孙耀威（至 10 月 20 日）	12	参观
香港周活动嘉宾谭咏麟（至 10 月 20 日）	5	参观
罗马尼亚外交部司长 Rotaru Gheorghe	10	参观
意大利当代建筑研讨会嘉宾	50	参观

（续表）

主要贵宾	接待人数	主要活动
10月20日		
香港特别行政区行政长官曾荫权	13	参加香港活动周开幕式
联合国副秘书长沙祖康（10月27日再次入园）	6	参观
新西兰通讯信息科技部部 Hon. Steven Joyce	6	参观
新加坡卫生部部长 Khaw Boon Wan	17	参观
泰国陆军参谋长达鹏·拉他那苏	11	参观
法国里昂市市长 Gerard Collomb	11	参观
香港特别行政区政府政制及内地事务局常任秘书长罗智光（10月23日和10月31日再次入园）	120	参观
英国苏格兰教育部部长 Michael William Russell	10	参观
加拿大蒙特利尔市园林局局长皮埃尔－布沙	14	参观
阿根廷科尔多瓦省 VILLA MARIA 市市长 Acastello Eduardo	18	参观
英国伦敦金银市场协会主席 Kevin Crisp	13	参观
智利国家安全银行主席弗朗西斯科·斯尔维	6	参观
古巴科技部国际合作司司长路易斯·查麦罗	8	参观
泰国前财政部部长 Panas Simasathien	15	参观
俄罗斯国际和平与和睦联合会主席维·伊·卡梅沙诺夫	7	参观
韩国国会议员崔秀英	6	参观
香港仁爱堂董事局主席黎辉婷女士	10	参观
韩国佛教最高领袖漕溪宗总务院长慈乘	21	参观
美国白宫知识产权执法办公室主任 Victoria Espinel	6	参观
美国休斯顿市政国际事务部部长 Terence O'Neill	4	参观
“世界统计日”活动嘉宾	150	参观
韩国农林文化中心李相坤	12	参观
美国 Merlin 娱乐集团公司董事 David Bridgford	8	参观
德国 Klockner Pentaplast 集团董事 Thomas Goeke	10	参观
香港贸发局港商团	60	参观
美国 Clarity 投资集团董事会主席 Leon Wagner	10	参观
法国阿科玛公司全球工业总监 Jean-Michel Mousnier	8	参观
国际艺术手工艺博览会主席萨拉·马尔卡	8	参观
香港兆基集团主席代表颜雪芳	6	参观
德国高校校长团	14	参观
美国黑石公司总裁 Tony James	3	参观
美国固特异轮胎和橡胶公司全球董事会主席 Robert Keegan	5	参观
美国霍尼韦尔公司副总裁 Mary Newell-Miller	3	参观
以色列作家代表团	6	参观
澳大利亚 BlueScope 钢铁公司主席 Graeme Kraehe	20	参观
德国辛克公司首席财务官 Peter Rohan Sprogis	7	参观
日本国际东亚研究中心所长谷村秀彦	10	参观
奥地利学术交流中心、欧亚太平洋大学联盟代表团	30	参观
国际游泳名人堂主席布鲁斯·维戈	16	参观
新西兰通讯信息技术部运营企业首席执行官 Brett O'Riley	28	参观
美国摩托罗拉公司全球高级副总裁 Alain Mutricy	12	参观
日本三菱东京海上保险株式会社取缔役会长石原邦夫	3	参观
德国德讯公司亚太区总裁 Bjorn Alexandery	11	参观
美国 Orbitz 全球公司总裁 Barney Harford	16	参观
欧洲管理学院 EMBA 项目学员班成员	50	参观
韩国现代起亚汽车集团副会长 Chung Eui-Sun	10	参观
韩国丽水世博会会计司长 Lee Jong Hyoub	12	参观
2015 米兰世博会组委会国际参展部部长 Vittoria Beria	5	参观

（续表）

主要贵宾	接待人数	主要活动
香港广东社团总会主席王国强	51	参观
韩国纤维产业联合会 Ro Hee Chan	13	参观
“精彩世博－上海高校外国留学生摄影比赛”项目代表	15	参观
美国通用汽车大宇传播部副总裁 Jay Cooney	38	参观
日本资生堂中国投资有限公司信息交流本部长中沟幸生	5	参观
美国通用汽车欧洲传播部总监 Marc Kempe	6	参观
MTV 主席兼首席执行官 Bill Roedy	5	参观
“意大利当代艺术展览”开幕式嘉宾	120	参观
10月21日		
加拿大外交部长劳伦斯·坎农（Lawrence Cannon）	18	参观
美国佛蒙特州州长詹姆斯·道格拉斯	13	参观
意大利国防参谋长温琴佐·坎波里尼	16	参观
意大利众议院党团领袖 Diego Della Valle	10	参观
俄罗斯卡拉索亚地区总统 L.Kuznetsov	15	参观
沙特亲王阿卜杜勒·阿齐兹·本·巴德尔·本·沙特	16	参观
泰国前立法院副主席 Gharan Kullavani Jaya	25	参观
以色列国防军发言人贝内亚胡	13	参观
罗马尼亚国内情报总局副局长埃内斯库	21	参观
俄罗斯国际法律家联盟第一副主席阿列斯科尔·塔吉耶夫	18	参观
瑞典德哥德堡市前市长岳冉·约翰松（Göran Johansson）	9	参观
香港特别行政区食物及卫生局局长周一岳	6	参观
香港区妇女代表联谊会会长王少华	30	参观
国际拳联副主席常建平	10	参观
加拿大蒙特利尔前市长皮埃尔·布克（Pierre Bourque）	6	参观
香港特别行政区行政长官夫人曾鲍笑薇	4	参观
伊朗文化部副部长 Shamaghdari	8	参观
联合国人权高专办司长孔巴斯（瑞士）（至10月22日）	5	参观
美国黑石集团公司高级董事总经理 Joseph Baratta	8	参观
美国 TRW Automotive 公司董事会主席 Neil Simpkins	7	参观
马来西亚五月银行主席 Megat Zaharuddin bin Megat Mohd Nor	11	参观
中国艾滋病防止行动香港委员会联系主席梁智鸿	35	参观
美国 IBM 公司原大中华区董事长及总裁周伟焜	2	参观
21 世纪计算大会世界知名科学家	30	参观
德国奔驰戴姆勒集团亚太区贵宾	18	参观
“汉语桥－加拿大中小学校长访华之旅”代表团成员	48	参观
香港利星集团副主席 Huey Frederick Paul	6	参观
美国彭博社全球董事会主席 Peter T. Grauer	6	参观
以色列爱尔瑞技术及商务金融集团首席执行官 Ruth Rappaport	7	参观
香港梁宝宜＆刘正豪律师行创办及合伙人梁宝宜	8	参观
韩国仁川国际研究所所长 Kim Wun Soo	4	参观
法国罗地亚集团董事会主席兼首席执行官 Jean Pierre Clamadieu	8	参观
泰国格莱美娱乐有限公司总裁 Paiboon Damrongchaitham	9	参观
香港思仲有限公司董事长骆子昂	11	参观
美国 NSF 机构副总裁 Kurt Kneen	4	参观
世界卫生组织委派控烟官员 Sarah England	13	参观
瑞典远联咨询首席执行官 Jose Bascon	11	参观
美国孩之宝公司运营总监 Hutton Nigel George	13	参观
香港花卉协会市场部专员朱爱民	21	参观

（续表）

主要贵宾	接待人数	主要活动
香港安永董事合伙人 Woo Raymond Chin Wan	5	参观
美国华特迪士尼亚太区商务运营及财务总监 Anna Woo	7	参观
香港安永董事合伙人 Leung Wai Lap Philip	4	参观
意大利"中国宏观经济研讨"论坛嘉宾	64	参观
香港无线电视董事利孝和夫人	20	参观
10 月 22 日		
日本岐阜县知事古田肇一（至 10 月 23 日）	15	参观
法国中小企业国务秘书 Herve Noveli	16	参观
澳大利亚新南威尔士州州长 H.E. Prof. Marie Bashir AC	6	参观
罗马尼亚国家科研署署长德拉戈什·丘帕鲁（Dragos Ciuparu）	13	参观
泰国扶助基金会副主席兼枢密院理事 Tanin Kraivixien	13	参观
两岸四地高峰论坛嘉宾	12	参观
德国科学基金会秘书长 Dorothee Dzwonnek	20	参观
韩国国会最高委员扎星镇议员	11	参观
法国罗阿大区就业和社会创新部主席 Chrisiane Puthod	19	参观
德国纺织服装工业协会会长海因茨·霍恩	13	参观
新加坡国家发展部副秘书 Tay Kim Poh	3	参观
韩国财政经济部前部长金锡东	20	参观
伊朗海关署副署长 Gholamreza Fathi	7	参观
罗马尼亚罗中友协秘书长拉杜雷斯库·卡内尔雅（Radulescu Cornelia）	6	参观
韩国国会议员 Kang Shin Sung Yill	7	参观
伊朗国会议员 Meshahi	10	参观
卢森堡大公国亲王 Guillaume	12	参观
香港中华厂商联合会会董麦雄	15	参观
全球南南活动周嘉宾	29	参观
加拿大 Centron 集团主席 Robert Harris	11	参观
美国杜比公司总裁 Kevin JohnYeaman	6	参观
新加坡青年商务大使胡佩仪	5	参观
日本丰田汽车公司高级顾问太田和宏	4	参观
日本亚洲友好协会常务理事桥本隆	4	参观
摩洛哥和纳米比亚青少年代表团	35	参观
联合国秘书处原人事司司长翁盈盈（美国）	20	参观
韩国大韩佛教宗团协议会副会长印空	20	参观
美国 Omnicom 公司高级副总裁 Serge Dumont	12	参观
韩国 KUKDONG 石油化工有限公司主席张洪宣	14	参观
美国香港安永全球有限公司副总裁 Michael A. Henning	13	参观
香港特别行政区委任太平绅士邓杨咏曼	48	参观
日本石油能源株式会社会长西尾进路	26	参观
香港明天会更好基金行政总裁邓淑德	17	参观
香港工会联合会会长郑耀棠	33	参观
德国瓦克化学集团首席财务官 Joachim Rauhut	14	参观
美国 Brown lloyd James 公关公司负责人皮特·布朗	4	参观
法国巴黎银行营运经理 Henry Pang	7	参观
韩国仁川市 Sae Eol 文化财团池勇泽	121	参观
英国劳斯莱斯公司总经理 Thomas Gayton Jefferson	5	参观
日本柯尼卡美能达公司主席 Akio Kitani	4	参观
香港太古集团董事邵世昌	4	参观
旅美华侨、原国民党黄埔军校代教育长之女方亦雄	3	参观
北欧文学专家、美国加州大学伯克莱 Ulla Thomsen	10	参观
瑞士嘉盛银行全球各区域领导	13	参观

（续表）

主要贵宾	接待人数	主要活动
瑞士嘉盛银行全球各区域重要客户群	100	参观
日本长崎大学校长助理佐藤照明教授	8	参观
香港九龙控股有限公司副总经理 Zhang Wei	5	参观
美国辉瑞制药有限公司中国区总裁 Rito Tam	10	参观
美国惠氏食品有限公司亚太区总裁 Zhang Guohua	10	参观
布隆迪赞助商 Gaspas 公司合伙人 Steven Siyabose	3	参观
意大利馆赞助商 PERFETTI VAN MELLWE 活动嘉宾	700	参观
瑞士芬美意香料董事会成员 Caroline Pometta	4	参观
美国 IBM 全球知名科学家 Frances Allen	4	参观
美国通用汽车阿根廷、巴拉圭及乌拉圭总裁 Sergio Rochas	33	参观
美国可口可乐副总裁 Jose Manuel Udaondo Varella	4	参观
韩国佛教宗团协议会僧人代表团	105	参观
韩国丽极东建设总经理 Yoon Choun-ho	4	参观
上海市商委外方企业家代表团	10	参观
美国贝尔实验室副总裁 Yung-Lung Ho	3	参观
美国百人会代表团	11	参观
智利 ELUCHANS 律师事务所合伙人 Hector Novoa	4	参观
美国沃尔玛总裁及首席执行官 Carl Douglas McMillon	10	参观
美国馆赞助商沃尔玛主席兼首席信息官 Michael Duke Terry	9	参观
香港鸿文慈善发展基金执行董事洪文燕	8	参观
欧洲罗盘豪华环球游总裁沃普克·马耶	7	参观
韩国丽水世博展示司长 Ji Yong Taek	25	参观
德国西门子蒙古总经理 Badamdorj Jantsan	10	参观
香港创宁实业发展有限公司董事长唐正千	10	参观
韩国 EBS 电视台局长 Ko Jang Won	11	参观
美国松下航空副总裁 David Heath	11	参观
美国 IBM 政府及公共事业副总裁 Jeffrey Rhoda	2	参观
香港荣氏集团董事长陈坤耀（至 10 月 23 日）	7	参观
国际人力资源发展跨文化研究协会秘书长 Ruth Chang	19	参观
印度 Larsen&Toubro 公司总裁 K.V.Rangaswamy	6	参观
意大利国民劳动银行总经理 Roberto Chiamemti	7	参观
10 月 23 日		
尼泊尔联合尼共（毛）党主席普拉昌达（至 10 月 24 日）	13	参观
利比里亚总统国家安全顾问波依马·范布雷	9	参观
法国前总统德斯坦（Valery Giscard d'Estaing）	5	参观
赞比亚国防部长卡龙布·姆万萨	20	参观
法国摩泽尔省议会主席 M. Philippe Leroy	11	参观
香港政制及内地事务局局长林瑞麟（至 10 月 24 日）	10	参观
罗马尼亚众议院国会议员马林米尔西亚（Marin Mircea）	15	参观
黎巴嫩驻华大使 Mohamad Hajjar	15	参观
韩国农林部前长官韩甲洙	22	参观
泰国前卫生部部长 Witthaya Kaewqaradai	22	参观
挪威斯塔万格市市长 Leif Johan Sevland	8	参观
澳门公务员团体负责人代表团	30	参观
韩国文化体育观光部副部长郭荣镇	10	参观
纳米比亚国防部副部长 Mwetufa Mupopiwa	11	参观
韩国国会外交通商委委员长南景弼	25	参观
韩国驻洛杉矶总领事 Kim Jae Soo	3	参观
韩国国会民主党代表委员赵培淑	17	参观
日本国税厅副厅长千叶雅英	11	参观

（续表）

主要贵宾	接待人数	主要活动
美国加州副州务卿 Charles Lam	11	参观
南非前非洲人民大会秘书长 Cyril Ramaphosa	8	参观
韩国国会知识经济委员会议员郑泰根	20	参观
澳门特区政府行政暨公职局局长朱伟平	16	参观
英国奥雅纳国际咨询有限公司全球主席 Philip Dilley	16	参观
中欧文化对话嘉宾团	100	参观
美国 ABB 集团董事会成员 Louis Hughes	3	参观
加拿大哈斯基能源公司首席执行官 John Chin Sung Lau	9	参观
法国 Ysonut 实验室公司总经理 Daniele Chaille	21	参观
美国戴尔公司高级副总裁 Kevin Brown	16	参观
德国汉堡应用科技大学校长 Michael Stawicki	9	参观
美国麦肯锡公司执行总监 David Xu	20	参观
新加坡喜达屋酒店与度假村集团高级副总裁 Michael Tiedy	5	参观
德国凯驰集团执行董事 Mundl. Julian	8	参观
荷兰阿克苏诺贝尔公司总经理 Bender Harry	8	参观
德国拜耳医药保健有限公司副总裁 Thomas Wolfgang	8	参观
美国迪卡侬集团有限公司首席执行官 Necastro Neal	8	参观
美国智库学者代表团（美国企业研究所研究员 Philip Levy）	7	参观
德国西门子通信集团执行副总裁 Borchert Markus	10	参观
美国百人会记者团	8	参观
美国高盛公司全球首席信息官 Mark Mobius	4	参观
英国奥雅纳国际咨询有限公司全球副主席 Andrew Chan	15	参观
美国全球货运大中华区财务总监 Peter Roham Sprogis	5	参观
美国可口可乐高级副总裁 Jerry Stuart Wilson Jr.	9	参观
美国可口可乐上海战略策划部总监 Vikrm Mehra	1	参观
美国可口可乐客户中国区麦当劳前首席执行官 Schwartz/ Jeffrey Ray	4	参观
日本岐阜县活动周嘉宾	8	参观
香港陈俊怀慈善基金会会长陈俊怀	6	参观
智利 SOPRODI 食品公司创始人 Ramon Mazuela Barros	4	参观
美国哈佛大学商学院院长 Jay Light	7	参观
香港表列中医协会会长陆顺海	45	参观
意大利 FIMETICA 设计获奖者见面会嘉宾	30	参观
圣马力诺 Piero Guidi Holding 集团董事长 Piero guidi	11	参观
意大利威尼斯世博会组委会嘉宾	20	参观
帕劳馆日嘉宾	8	参观
10 月 24 日		
俄罗斯印古共和国总统尤努斯别克·叶夫库罗（至 10 月 25 日）	15	参观
厄立特里亚经济部长 Hagos G. Hiwet	11	参观
国际实验室认可合作组织（ILAC）嘉宾代表团	61	参观
马来西亚驻华使馆参赞 Zulkafli Bin Yahya	25	参观
加拿大利斋拿市市长 Pat Fiacco	6	参观
澳门特区行政暨公职局局长朱伟干	23	参观
法国北泽尔大区贸工会主席 Daniel Paraire	15	参观
美国消费品安全委员会主席 Inez Moore Tenenbaum	20	参观
泰国工业部常务秘书 Witoon Simachokedee	15	参观
土耳其安塔利亚市市长 Ahmet Altiparmak	16	参观
伊朗德黑兰市副市长 Shushtari	9	参观
日本经济产业省大臣政务官田嶋要（至 10 月 25 日）	13	参观
泰国财政部审计委员会主席 Somchai Richupan	20	参观

（续表）

主要贵宾	接待人数	主要活动
欧盟健康和消费者保护总理事会总司长 Paola Testori Coggi	7	参观
韩国罗州市市长 Heo Tae Yoon	20	参观
美国加州奥克兰市前市长 Henry Chang	13	参观
新加坡港务局副主席李允晟	8	参观
香港汇丰集团副总裁 Ivan	6	参观
新加坡利之富国际控股集团董事长 Tan Lim Hui	12	参观
香港仲利国际租赁有限公司副总裁师榆闲	23	参观
新加坡老年书法大学副校长陈雪模	12	参观
美国期权行业协会主席吉娜·麦克法登	10	参观
澳大利亚历史建筑协会主席 Philips Cox	10	参观
德国 KSB 集团监事会成员 Klaus Kuhborth	10	参观
德国博世集团底盘控制系统执行副总裁 Klaus Meder	11	参观
美国美中友协檀香山分会主席弗朗西斯·古	12	参观
美国 IDC 公司全球高级副总裁 Eva Au	5	参观
瑞士先正达集团首席执行官 Tony Tancaktiong	20	参观
德国 Germanischer Lloyd 总经理 Reinhard Luken	20	参观
澳门新闻界访问团，商报执行主编王谷元	13	参观
智利 Jollibee 公司首席执行官 Tony Tan Caktiong	6	参观
智利保理协会主席 Rodrigo Carvallo Portales	4	参观
美国中微半导体公司首席执行官 Gerald Yin	11	参观
法国罗地亚集团首席执行官 Michel Ybert	5	参观
泰国地方电力权威机头董事长 Somyot Poompanmoung	20	参观
世博会联合国馆嘉宾靳羽西（美国）	1	参观
美国 DOREL INDUSTRIES 公司总裁 Martin Schwartz	5	参观
德国蒂森克虏伯集团副总裁 Barbara Scholten	4	参观
意大利 Kevents 集团公司总裁 Roberto Serra	6	参观
新加坡华夏人寿总裁张剑敏	6	参观
新加坡旅游局助理局长 Chan Yoke Kwan	6	参观
印度尼西亚总统先遣团	15	参观
韩国大邱市东区厅长 Lee Jaeman	24	参观
新加坡国立大学药学院院长 Paul Heng	11	参观
10 月 25 日		
津巴布韦副总统约翰·恩科莫（Hon. John Landa Nkomo）	40	参观
津巴布韦副总理托科扎尼·库佩（Hon. Tholozani Khupe）	11	会见市政协副主席周太彤
叙利亚人民军副司令穆斯塔法·斯马克	16	参观
欧洲议会人民党党团主席约瑟夫·多尔（Joseph Daul）	17	参观
西班牙副首相 Elena Salgado	7	参观
韩国庆尚南道议会企划行政委员会委员长文俊熙	17	参观
韩国国土海洋部副部长 Kim Hee Gook	10	参观
韩国国税厅副厅长金镇旭	12	参观
美国华盛顿州州务卿山姆·里德（Sam Reed）	12	参观
荷兰经贸部副部长 Renee Bergkamp	10	参观
美国南加州大学工程学院院长 Yannis C. Yortsoso	4	参观
美国普洛斯管理投资（中国）有限公司股东 Au-Yeong Chair Yoke	4	参观
香港莎莎国际控股有限公司主席郭少明	11	参观
美国强生消费集团公司执行董事长 Colleen Ann Goggins	7	参观
香港创能科技有限公司执行董事林永庆	4	参观

（续表）

主要贵宾	接待人数	主要活动
美国唐氏基金会董事长唐仲英	8	参观
美国科勒公司副总裁 Cheung Gary Hing Sing	8	参观
瑞士英伟达公司总经理顾问武巨仁	6	参观
世界华商高峰会嘉宾	9	参观
“2010 拯救长江冰川雪山—世博音乐会”演出明星	17	参观
法国国民议会议员 Sylvie Andrieux	6	参观
德国西门子客户博世总裁 Birgit Griem	4	参观
“迈向 2015 世博会的帕维亚省”活动嘉宾	50	参观
韩国智能电网协会副会长文镐	4	参观
香港艺华珠宝董事会主席庄儒平	12	参观
英国巴斯大学沈光宗教授	8	参观
10 月 26 日		
印度尼西亚总统苏希洛·班邦·尤多约诺（H.E. Susilo Bambang Yudhoyono）	105	参观
阿根廷国家旅游部部长恩里克·梅耶（Enrieque Meyer）	18	参观
苏里南建设部部长 Ramon Anton Abrahams	13	参观
欧盟健康和消费者政策委员会委员达利（John Dalli）	23	参观
德国莱茵兰州州长 Kurt Beck（至 10 月 27 日）	38	参观
法国参与中东和平进程的大使 Hoffenberg 女士	8	参观
智利馆总代表 Hernan Somerville	5	参观
意大利特命全权公使（总统先遣团长）斯特法诺·隆卡	14	参观
巴西国家工业品牌研究院主席 Jorge Avila	8	参观
日本众议院议员金田胜年	14	参观
日本新泻县副知事大野裕夫	39	参观
阿根廷圣·伊希德罗市议长朱莉娅·丽塔·库希斯	11	参观
加拿大前驻上海总领事 Christian Sarrazin	5	参观
伊朗德黑兰各城市市长团	74	参观
日本东日本铁路公司董事长大塚陆毅	8	参观
马尔代夫经济发展部副部长 Ahmed Inaz	6	参观
新加坡报业控股集团中华导报高级执行副总裁 Robin Hu	4	参观
美国哈曼国际集团董事会主席兼全球总裁 Dinesh C. Paliwal	49	参观
日本三菱重工常务执行役员原涛	27	参观
美国伊利诺州亚商顾问委员会主席 Moses Shang	10	参观
美国史泰博公司全球高级副总裁 Anders Kristiansen	10	参观
美国高通公司创始人 Jacobs Irwin Mark	32	参观
智利大学校长 Ignacio Sanchez	8	参观
韩国现代重工业株式会社公司首席执行官 Chung Dae Sun	8	参观
福州大学香港校友会会长陈聪聪	6	参观
美国佛蒙特州商会副主席约翰·布汀	7	参观
意大利 Da Marco 公司总裁 Marco	6	参观
法国家乐福中国区前主席 Jean Luc Chereau	12	参观
瑞士诺华集团山德士公司全球总裁 Jeff George	25	参观
香港国泰航空行政总裁汤彦麟	26	参观
日本 Panasonic 株式会社系统事业集团本部长下水流雄	5	参观
美国 IBM 全球工业部副总裁 Dirk Claessens	4	参观
新加坡阿尔法集团总经理 Loh Chin Hua	2	参观
韩国科学创意财团理事长郑润	5	参观
香港维多利亚幼稚园校监丁毓珠	10	参观
香港花旗银行多柏林支行总经理 Barry Skinner	15	参观
泰国正大集团执行主席 SUME TJIARAVANON	18	参观

（续表）

主要贵宾	接待人数	主要活动
印度西普拉制药企业集团董事会主席 YK Hameid	13	参观
10 月 27 日		
多米尼加贸易部部长 Dr Mc Intyre	7	参观
新西兰海关总署署长 Maurice Williamsom	5	参观
国际法制计量委员会主席 Alan E. Johnston（加拿大）	7	参观
苏丹南方议会议长詹姆斯·瓦尼·依加（James Wani Igga Maring）	9	参观
美国会助手约翰·霍恩贝克（John Hornbeck）	16	参观
马拉维工程部副部长 E. S. Munthali	4	参观
新西兰贸易企业协会主席 Jon Mason	5	参观
孟加拉国总理私人秘书 Nazrul Islam Khan	12	参观
葡萄牙国务秘书 Fernando Pereira Serrasqueiro	7	参观
美国休斯顿市长办公室顾问 Murdo Cameron Fraser	7	参观
韩国驻广州总领事金长焕	4	参观
泰国工业部副部长 Jeradej Arnupavatham	20	参观
日本驻上海总领事酒井起久夫	5	参观
德国汉诺威展览公司全球高级副总裁 Wolfgang Pech	20	参观
德国蒂森克虏伯公司集团中央审计总监 Philip Cappelletti	5	参观
美国美林证券银行执行董事 John Owen	7	参观
韩国国际交流财团理事长金炳局	20	参观
美国 ABB 集团董事会成员 Hans Ulrich Marki	2	参观
肯尼亚乔莫肯尼亚塔农业与技术大学副校长 Esther Kahangi	5	参观
美国 UPS 包裹运送有限公司亚太区总裁 Derek Scott Woodward	25	参观
韩国三星集团大中华区总裁朴根熙	9	参观
香港瑞安集团总经理朱玲玲	7	参观
美国 IFB 控股有限公司主席 G. P. H. Glaser	5	参观
意大利伦巴底大区政府代表团嘉宾	130	参观
美国华特迪士尼高级副总裁 Spaulding Brian	5	参观
西班牙著名设计师 Shay Hasson	10	参观
香港大光集团董事局主席林镇洪	11	参观
韩国三星重工业集团社长 Roh In Sik	12	参观
美国全美新闻与传播学认证委员会副主席 Will Norton	9	参观
韩国丽水世博会交通司长朴判多	7	参观
希腊 AKTOR 建筑公司总裁蒂米特里斯·凯伦赛特斯	7	参观
美国康奈尔大学外办主任 Laurie Damiani	3	参观
香港无线电台 TVB 行政主席方逸华（至 10 月 29 日）	12	参观
泰国皇室主管 Distorn Vajarodaya	8	参观
法国拉菲集团主席 Eric de Rothschild	4	参观
韩国 Korea Times 理事长 Park Han Kyu	7	参观
美国摩根大通中国区总裁贝多广	3	参观
10 月 28 日		
意大利总统乔治·纳波利塔诺（Hon. Giorgio Napolitano）	96	参观
新加坡警察总监黄裕喜	19	参观
土耳其内政部部长阿塔拉伊	10	参观
哥斯达黎加商务部部长 Anabel Gonzalez	21	参观
“埃塞俄比亚部级官员领导力提升研讨班”成员	34	参观
菲律宾旅游部长阿尔贝托·林（Alberto Lim）（10 月 30 日和 10 月 31 日再次入园）	35	参加世博会闭幕式
韩国前任国务副总理 LEE HUN JAE	11	参观
伊朗能源研究中心主任 Bitaraf	16	参观

（续表）

主要贵宾	接待人数	主要活动
菲律宾非中了解协会副会长 Erlinda Sunico	5	参观
波兰经济部国务秘书 Strzelec-tobodzinska Joanna	17	参观
泰国社会发展和人类保障部顾问 Jeradej Arnupavatham	12	参观
欧盟科研司副总司长 Rudolf Strohmeier	10	参观
日本外务省政务官菊田真纪子	8	参观
联合国环境规划署司长 Oben Theodore	9	参观
香港区全国人大代表廖长江	11	参观
国际航标协会远东无线电导航服务网理事会秘书长 Gary Andrew Prosser	29	参观
日本驻上海总领事馆领事酒井广喜	6	参观
意大利总统先遣组	5	参观
海地议员 John Joel Joseph	4	参观
美国可口可乐公司亚太区外事关系部部长 Peter Lee（香港）	4	参观
马来西亚馆志愿舞者代表团	12	参观
日本青年上海世博访问团	870	参观
美国 IBM 公司大中华区总裁周忆	8	参观
马来西亚马中商会秘书长 Loh Chiew Heoon	22	参观
法国路易威登集团中国区副总裁 Gregoire Florent	11	参观
日本第一物产株式会社社长横井典子	4	参观
国际药物代谢协会主席 Urs A Meyer（瑞士）	15	参观
香港金融出版公司主席 Sochi So	4	参观
越南馆馆长 Nguyen Duy Hien	14	参观
瑞士联邦气象局气候部部长 Gabriela Seiz	3	参观
韩国 21 世纪韩中交流协会会长金汉奎	11	参观
智利智美商会主席 Metin De Mizrahi D.	3	参观
美国奥的斯电梯公司北亚太区总裁 Charles Vo	13	参观
新加坡 Ascendas 有限公司主席 Swee Kee Siong	10	参观
哥斯达黎加馆日先遣团	18	参观
美国 Regent 国际董事长 Frank Loh	5	参观
美国可口可乐实业有限公司大中华地区总裁 Uten Hella Frank	4	参观
美国思科客户中央研究院顾问教授副主任 Greenspan Ralph	6	参观
法国 CORA 公司首席执行官 Pierre Bourriez	5	参观
2010 年上海世博会奖评委员会评委团	9	参观
印度 Applabs 公司创始人兼首席执行官 Sashi Reddi（至 10 月 29 日）	2	参观
意大利总统会见嘉宾	610	参观
BIE 贵宾团	35	参观
10 月 29 日		
东帝汶总理夏纳纳·古斯芒（H.E. Mr. Kay Rala Xanana Gusmao）（至 10 月 31 日）	23	参加世博会闭幕式
列支敦士登副首相马丁·迈耶尔（H.E. Dr. Martin Meyer）（至 10 月 31 日）	7	参加世博会闭幕式
南非国民议会议长马克斯·西苏鲁（Hon. Max Sisulu）	28	参观
澳大利亚昆士兰州自然能源与矿业部长 Hon. Stephen Robertson	5	参观
奥地利国民议会议员古德努斯（Johann Gudenus）	11	参观
泰国文化部长 Nipit Intarasombut	18	参观
哥伦比亚教育部部长 Marta Lucia Villegas	19	参观
瑞典公主玛德莲	14	参观
巴布亚新几内亚布干维尔自治区主席约翰．莫米斯（H.E. John Momis）	49	参观
意大利米兰世博会组委会首席执行官朱赛贝萨拉	16	参观

（续表）

主要贵宾	接待人数	主要活动
阿曼王国馆总代表 H.E. Moshin Al-Balushi	3	参观
英国伦敦市前市长 John Rossi	7	参观
泰国教育部副部长 Narisara Chavaltanpipat	27	参观
韩国海洋国土部副部长郑昌洙	23	参观
AVE 与会代表团	68	参观
芬兰总理先遣团	14	参观
意大利 DOLCE & GABBANA 集团主席 Domenico Dolce	6	参观
美国北卡罗来纳州商务部教育执行理事翠莎·尼肯斯	5	参观
日本三菱商事取缔役常务执行役员木岛纲雄	7	参观
瑞士 Wilemin-Macodel SA 公司总裁 Blaise Haegeli	7	参观
美国运通集团首席执行官 Ed Gilligan	11	参观
中国 2010 年上海世博会青年高峰论坛代表团（至 10 月 30 日）	500	参观
中国 2010 年上海世博会青年高峰论坛贵宾	50	参观
越南电信集团主席 Phan Hoang Duc	15	参观
日本东京电视台局长 Ono Hirotami	3	参观
韩国领事馆副总领事朴振雄	13	参观
澳门恒和集团主席颜延龄	14	参观
泰国曼谷医院董事 Dr. Pongsak Viddayakorn	20	参观
尼日利亚馆总代表夫人 Uzunma L. Bell-Gam	4	参观
BIE 贵宾团	35	参观
高峰论坛演讲嘉宾清华大学工程院院士吴良镛	11	参观
法国欧莱雅中国品牌总经理 Kathy Chen	2	参观
同济大学国际交流学院世博闭幕式演员	17	参观
美中上海国际合作组织商务管理学院代表团	10	参观
哥斯达黎加馆日代表团随行人员	47	参观
意大利米兰时尚全球峰会嘉宾	150	参观
10 月 30 日		
尼泊尔总统拉姆·巴兰·亚达夫（H.E. Ram Baran Yadav）（至 10 月 31 日）	40	参加世博会闭幕式
斯里兰卡总统马欣达·拉贾帕克萨（Mahinda Rajapaksa）（至 10 月 31 日）	26	参加世博会闭幕式
匈牙利总理维克多·欧尔班（H.E. Viktor Orban）（至 10 月 31 日）	23	参加世博会闭幕式
莱索托首相莫西西利（Pakalitha Mosisili）（至 10 月 31 日）	27	参加世博会闭幕式
巴哈马总理兼财长休伯特·英格拉哈姆（Rt. Hon. Hubert Alexander Ingraham）（至 10 月 31 日）	25	参加世博会闭幕式
芬兰总理玛丽·基维涅米（至 10 月 31 日）	30	参加高峰论坛，参加芬兰馆活动，参加世博会闭幕式
联合国秘书长潘基文（H.E. Ban Ki-moon）（至 10 月 31 日）	38	参加世博会闭幕式
巴哈马参议长霍洛韦斯科及众议长史密斯	13	参加世博会闭幕式
波兰众议长格日戈什·斯海蒂纳（Grzegorz Schetyna）（至 10 月 31 日）	15	参加高峰论坛，，参加世博会闭幕式
越南政府办公厅主任阮春福（至 10 月 31 日）	18	参加世博会闭幕式
土耳其议会外委会主席穆拉特梅尔江（Murat Mercan）（至 10 月 31 日）	18	参加世博会闭幕式
智利总统特使路易斯·施密特（Luis Schmidt）（至 10 月 31 日）	13	参加世博会闭幕式
加拿大安大略省省长 Dalton McGuinty	20	参观

（续表）

主要贵宾	接待人数	主要活动
阿尔巴尼亚广电总局局长佩特里特·贝茨（Petrit Beci）	7	参观
佛得角高等教育、科技和文化部长费尔南达·马尔克斯（Fernanda Marques）（至31日）	9	参加世博会闭幕式
加蓬总统高级代表 Bongo Ondimba Pascaline	10	参观
委内瑞拉馆总代表 Temir Porras	10	参观
世界气象组织秘书长米歇尔·亚罗	8	参观
美国总统特别顾问 Nancy Sutley	4	参观
比利时列日省副省长乔治·皮尔	15	参观
荷兰经济农业及创新部常务副部长 Chris Buijink	7	参观
韩国驻多米尼加共和国大使 Lin Byung Taik	9	参观
高峰论坛嘉宾	7	参观
AVE 代表团	40	参观
日本参议员议员小见山	4	参观
韩国国会朴振议员	6	参观
英国利物浦大学教授 Frank Oldfield	5	参观
德国西门子能源部门 Cyndi Macckel	3	参观
德国西门子全球首席财务官 Heriber Stumpt	5	参观
中国香港新闻出版社及杂志社代表团	11	参观
法国欧莱雅副总裁 Nicolas	3	参观
法国巴黎大区议员 Brahimi Nadia	13	参观
法国汉斯市市长 Hazan Adeline	13	参观
法国孟波里尔市市长 Qvistgaard-Guiraud Hélène-Jany	13	参观
斯里兰卡总统随行记者	10	参观
意大利伦巴底大区政府代表团嘉宾	150	参观
中华香港书法协会代表团	10	参观
国际进口商品展示贸易中心代表团	15	参观
10月31日		
丹麦副首相兼外交大臣莱娜·埃斯珀森（Lene Espersen）	25	参观
香港特别行政区行政长官曾荫权	8	参加高峰论坛，参加闭幕招待会及世博会闭幕式
土耳其外交部长艾哈迈特·达乌特奥卢（Ahmet Davutoglu）	120	参加世博会闭幕式
非盟主席让·平（Jean Ping）	15	参加世博会闭幕式
澳大利亚外交部长陆克文（Kevin Rudd）	15	参加世博会闭幕式
密克罗尼西亚联邦副议长弗雷德里科·普里莫（Hon. Fredrico O. Primo）	12	参加高峰论坛，参加世博会闭幕式
塞浦路斯外交部常务秘书尼古拉斯·埃米利乌（H.E. Mr. Nicholas Emiliou）	8	参加世博会闭幕式
保加利亚交通、信息技术、通信部部长亚历山大·斯万特克夫	4	参加世博会闭幕式
巴基斯坦商务部长马赫杜姆·阿明·法希姆	4	参加世博会闭幕式
英国环境、食品和乡村事务国务大臣卡罗琳·斯佩尔（Caroline Spelman）	6	参加高峰论坛，参加世博会闭幕式
意大利伦巴第大区主席罗贝托·福尔米戈尼	8	参加世博会闭幕式
俄罗斯维尔德洛夫斯克州州长米沙林和工业和贸易部副部长格奥尔吉·卡拉马诺	15	参加世博会闭幕式
意大利2015世博会政府总代表、米兰市长莱蒂基亚·莫拉蒂	16	参加世博会闭幕式
老挝主席府部长	4	参加世博会闭幕式招待会

（续表）

主要贵宾	接待人数	主要活动
韩国知识经济部第一次官安玹镐	8	参观
加拿大卑诗省农林部部长 Pat Bell	20	参观
韩国国家品牌委员会委员长 Lee Bae Yong	7	参观
巴西驻捷克大使 Leda de Camargo	2	参观
荷兰经济农业及创新部常务副部长 Chris Buijink	7	参观
韩国丽水世博组委会委员长姜东锡	21	参观
韩国丽水世博组委会宣传团长 Cho Yong Hwan	13	参观
日本原驻上海领事田中英治	9	参观
世博会博物馆活动人偶捐赠人梦童由里子（日本）	4	参观
欧莱雅中国首席执行官 Alexis Perakis-Valat	5	参观

5. 上海世博会国际城市代表团交流图片集锦

1 2
3
4
5

1 / 2010 年 5 月 27 日至 30 日，日本福岛县知事佐藤雄平率团访问上海。5 月 30 日，上海市委书记俞正声会见佐藤知事一行。

2 / 2010 年 5 月 11 日至 17 日，法国罗纳－阿尔卑斯大区主席让－雅克·凯拉纳率团访问上海。5 月 14 日，上海市市长韩正会见凯拉纳主席一行。

3 / 2010 年 9 月 25 日至 27 日，韩国釜山市议长褚宗模率团访问上海。9 月 26 日，上海市人大主任刘云耕会见褚宗模议长一行。

4 / 2010 年 7 月 12 日至 19 日，南非夸祖鲁－纳塔尔省省长姆基泽率团访问上海。7 月 15 日，上海市政协主席冯国勤会见姆基泽省长一行。

5 / 2010 年 5 月 4 日至 8 日，芬兰埃斯波市长玛科塔·科库能率团访问上海。5 月 7 日，韩正市长会见科库能市长一行。

1 2
3 4
5 6

1 / 2010年5月11日至5月16日，加拿大蒙特利尔市市长特朗伯雷率团访问上海。5月12日，韩正市长会见特朗伯雷市长一行。

2 / 2010年5月10日至15日，挪威奥斯陆市市长罗斯兰德、副市长克里斯汀·温洁率团访问上海。5月12日，韩正市长、杨雄常务副市长会见罗斯兰德市长一行。

3 / 2010年5月16日至21日，荷兰鹿特丹市长艾哈迈德·阿布塔莱伯率团访问上海。5月20日，韩正市长会见阿布塔莱伯市长一行。

4 / 2010年5月22日至28日，新西兰达尼丁市长陈永豪率团访问上海。5月24日，韩正市长会见陈永豪市长一行。

5 / 2010年5月25日至30日，爱尔兰科克市长达拉·墨菲率团访问上海。5月26日，韩正市长会见墨菲市长一行。

6 / 2010年5月30日至6月2日，德国汉堡市长欧勒·冯·伯斯特率团访问上海。6月1日，韩正市长会见伯斯特市长一行。

1 / 2010 年 6 月 7 日至 10 日，韩国济州道知事金泰焕率团访问上海。6 月 9 日，市政协主席冯国勤会见金泰焕知事一行。

2 / 2010 年 6 月 6 日至 9 日，比利时安特卫普市副市长马克・范・佩尔率团访问上海。6 月 8 日，唐登杰副市长会见佩尔市长一行。

3 / 2010 年 6 月 14 日至 17 日，以色列海法市长尤纳・亚哈维率团访问上海。6 月 14 日，唐登杰副市长会见亚哈维市长一行。

4 / 2010 年 6 月 19 日至 22 日，澳大利亚昆士兰州财长安德鲁・弗莱瑟率团访问上海。6 月 21 日，唐登杰副市长会见弗莱瑟财长一行。

5 / 2010 年 6 月 16 日至 25 日，美国旧金山市长加文・纽森率团访问上海。6 月 18 日，韩正市长会见纽森市长一行。

1 2
3
4
5

1 / 2010年6月22日至24日，韩国釜山广域市市长许南植率团访问上海。6月23日，唐登杰副市长会见许南植市长一行。

2 / 2010年7月1日至3日，日本横滨市长林文子率团访问上海。7月1日，韩正市长会见林文子市长一行。

3 / 2010年7月4日至7日，加拿大埃德蒙顿市长史蒂芬·曼戴尔率团访问上海。7月5日，市政协副主席周汉民会见曼戴尔市长一行。

4 / 2010年7月11日至14日，奥地利萨尔茨堡市长海茨·沙登率团访问上海。7月13日，唐登杰副市长会见沙登市长一行。

5 / 2010年7月16日至20日，莫桑比克马普托市长大卫·西芒戈率团访问上海。7月19日，唐登杰副市长会见西芒戈市长一行。

1 / 2010年7月26日至29日，日本大阪府知事桥下彻率团访问上海。7月27日，韩正市长会见桥下彻知事一行。

2 / 2010年8月16日至18日，日本长崎县知事中村法道率团访问上海。8月16日，唐登杰副市长会见中村法道知事一行。

3 / 2010年8月24日至29日，纳米比亚温得和克市长马修·史孔戈率团访问上海。8月25日，市委组织部部长沈红光会见史孔戈市长一行。

4 / 2010年9月1日至3日，日本北海道知事高桥春美率团访问上海。9月2日，赵雯副市长会见高桥春美知事一行。

5 / 2010年9月11日至16日，摩洛哥卡萨布兰卡市长穆罕默德·萨吉德率团访问上海。9月14日，市人大副主任周禹鹏会见萨吉德市长一行。

6 / 2010年9月14日至19日，俄罗斯符拉迪沃斯托克市第一副市长沃伊诺夫斯卡娅率团访问上海。9月17日，市政协副主席钱景林会见沃伊诺夫斯卡娅副市长一行。

1 2
3 4
5
6

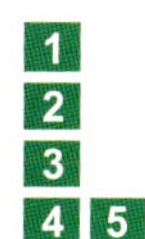

1 / 2010 年 10 月 10 日至 15 日，荷兰前首相、鹿特丹气候行动委员会主席吕得・吕贝尔斯率团访问上海。10 月 12 日，杨雄常务副市长会见吕贝尔斯一行。

2 / 2010 年 10 月 12 日至 19 日，英国利物浦市政委员会主席乔・安德森及市长威廉姆斯率团访问上海。10 月 14 日，韩正市长会见安德森主席及威廉姆斯市长一行。

3 / 2010 年 10 月 16 日至 20 日，法国马赛市第一副市长罗兰・布鲁姆及普罗旺斯－阿尔卑斯－蓝色海岸大区主席米歇尔・沃泽尔率团访问上海。10 月 18 日，唐登杰副市长会见布鲁姆副市长及沃泽尔主席一行。

4 / 2010 年 10 月 19 日，爱沙尼亚塔林市市长萨维萨尔率团访问上海。市政协副主席周太彤会见萨维萨尔市长一行。

5 / 2010 年 10 月 16 日至 21 日，瑞典哥德堡市长安娜丽・胡田率团访问上海。10 月 20 日，韩正市长会见胡田市长一行。

6. 2010 中国国际友好城市大会图片集锦

1 / 出席开幕式的中外贵宾集体合影

2 / 中共上海市委书记俞正声在开幕式上致辞

3 / 中共上海市委书记俞正声会见出席开幕式的嘉宾

1 / 上海市市长韩正在闭幕招待会上致辞

2 / 上海市市长韩正会见参加友城大会的上海友城代表

3 / 上海获国际友好城市交流合作奖

4 / 多哥前总理科乔在开幕式上致辞

5 / 上海市嘉定区与新西兰豪拉基市参加友城集体签字仪式

1 / 中非地方政府对话

2 / 中国－拉丁美洲和加勒比友好城市论坛

7. 上海世博会国际城市代表团来访接待一览表

序号	抵离日期	国家 / 城市	团长姓名 / 职务	主要活动		
				UBPA	国家馆	园区内其他
1	4 月 29 日 – 5 月 2 日	柬埔寨 / 金边	盖竹德玛 / 市长		参加 4 月 30 日柬埔寨国家馆开馆仪式	
2	4 月 30 日 – 5 月 2 日	日本 / 横滨	林文子 / 市长			
3	4 月 29 日 – 5 月 2 日	墨西哥 / 哈利斯科州	埃米里奥・贡萨雷斯 / 州长		墨西哥开馆仪式	
4	4 月 29 日 – 5 月 1 日	英国 / 利物浦	考林・希尔顿 市政委员会首席执行官	利物浦 UBPA 馆开馆仪式		
5		意大利 / 米兰市				
6	4 月 29 日 – 5 月 3 日	法国 / 罗阿大区	达尼埃・古菲			
7	5 月 4 – 8 日	芬兰 / 埃斯波	科考能市长		5 月 5 日，埃斯波日	
8	5 月 8 – 11 日	匈牙利 / 佩奇市	帕瓦・索尔特 市长			
9	5 月 11 – 13 日	挪威 / 奥斯陆	史蒂安・罗斯兰德市长		论坛、奥斯陆日开幕式	
10	5 月 11 – 16 日	加拿大 / 蒙特利尔	特朗伯雷市长	特别日揭幕仪式、加拿大招待会		
11	5 月 11 – 17 日	法国 / 罗阿大区	让 – 雅克・凯拉纳	5 月 15 日罗阿大区特别日开幕式（罗阿展馆）；观看 15 日全球城市广场"东方快车" 巡游表演		
12	5 月 14 – 19 日	澳大利亚 / 维多利亚州	约翰・布郎比 / 州长		"维多利亚周"（5/17–22）活动	
13	5 月 16 – 21 日	荷兰 / 鹿特丹	艾哈迈德・阿布塔莱伯市长	5 月 18 日 14：00 鹿特丹馆特别日活动		
14	5 月 19 – 22 日	澳大利亚 / 维多利亚州	大卫・德・克里斯尔 / 州督		5 月 22 日 "维多利亚周" 闭幕午宴	
15	5 月 20 – 25 日	瑞士 / 伯尔尼州	里肯巴赫 / 伯尔尼州州政府委员兼经济部长		5 月 22 日瑞士馆"伯尔尼 – 少女峰" 展览开幕式	
16	5 月 22 – 28 日	新西兰 / 达尼丁	陈永豪 / 市长		新西兰国家馆内奥塔哥大区系列主题活动	
17	5 月 25 – 30 日	爱尔兰 / 科克	达拉・墨菲 / 市长			

（续表）

序号	抵离日期	国家 / 城市	团长姓名 / 职务	主要活动		
				UBPA	国家馆	园区内其他
18	5 月 25–30 日	瑞士 / 巴塞尔州	桂・莫林 / 巴塞尔州长	巴塞尔周（5/20–28）的大学日（5 月 27 日 UBPA 巴塞尔 / 苏黎世 / 日内瓦联合馆的大礼堂）		
19	5 月 27–30 日	日本 / 福岛县	佐藤雄平 / 福岛县知事			
20	5 月 29 日 –6 月 7 日	德国 / 慕尼黑	克里斯蒂安・乌德 / 慕尼黑市长			
21	5 月 30 日 –6 月 2 日	德国 / 汉堡	欧勒・冯・伯斯特 / 汉堡市市长	5 月 31 日汉堡特别日活动（汉堡之家开馆仪式）		
22	5 月 27 日 –6 月 1 日	法国 / 罗阿大区	菲利浦・拉孔德明 / 罗阿大区农业和农村发展委员会副主席	“博若莱酒”主题周		
23	5 月 29 日 –6 月 2 日	澳大利亚 / 西澳州	班睿・豪斯 / 上议院议长			
24	6 月 1–4 日	日本 / 大阪市	关淳一			
25	6 月 1–6 日	巴西 / 圣保罗	阿尔弗雷德・柯泰特・内托 / 市长代表、圣市国际关系局长、圣市案例总代表	6 月 4 日 UBPA 特别活动揭幕仪式、“植树仪式”		综艺大厅芭蕾舞演出；巴西音乐表演
26	6 月 2–5 日	法国 / 罗阿大区	弗雷德里克・格菲佑 / 罗阿大区经济、科技和旅游局副局长	健康主题周		
27	6 月 3–7 日	日本 / 神户市	中村三郎		6 月 5 日、6 日世博园区日本馆内“神户日”活动	
28	6 月 6–9 日	比利时 / 安特卫普	马克・范・佩尔 / 安特卫普市副市长		安特卫普日（钻石日、医疗研讨会、旅游推介、物流推介、生命科学研讨会等）	
29	6 月 7–9 日	越南 / 胡志明市	阮成才 / 常务副市长			
30	6 月 7–10 日	韩国 / 济州道	金泰焕 / 知事			
31	6 月 8–13 日	法国 / 罗阿大区	玛丽 – 爱莱娜・利亚蒙 / 罗阿大区洛安市第一副市长兼能源与气候委员会主席	可持续建设：建筑与能源主题周		

（续表）

序号	抵离日期	国家 / 城市	团长姓名 / 职务	主要活动		
				UBPA	国家馆	园区内其他
32	6月8－13日	瑞典 / 斯德哥尔摩省	波・乌科尔		瑞典国家馆斯德哥尔摩周系列论坛活动	
33	6月13－16日	世界卫生组织	申英秀 / 世界卫生组织西太区主任			
34	6月14日	澳大利亚 / 新南威尔士州	弗朗克・萨特 / 气候变化与环境部部长			
35	6月14－17日	以色列 / 海法	尤纳・亚哈维 / 市长			
36	6月14－19日	法国 / 罗阿大区	法利达・布达乌 / 罗阿大区副主席	影像主题周		
37	6月15－20日	意大利 / 米兰市	马西米利亚诺・费纳泽・弗洛里 / 米兰市文化局局长		主持6月16日米兰周开幕式，以及其后的相关活动	
38	6月16－25日	美国 / 旧金山	加文・纽森 / 市长	绿色能源产品技术展示		
39	6月17－22日	意大利 / 米兰省	圭多・波戴斯达 / 省长			
40	6月17－22日	法国 / 罗阿大区	分管国际关系副主席贝尔纳・苏拉奇	接待法国国民议会议长	出席6月21日法国国家馆日活动	
41	6月18日	韩国 / 首尔市	吴世勋 / 市长	6月18日，首尔日特别活动		
42	6月19－22日	克罗地亚 / 萨格勒布	米兰・班迪奇 / 市长			
43	6月19－22日	澳大利亚 / 昆士兰州	安德鲁・弗莱瑟 / 财长		“昆士兰周”活动 6月20日开幕午宴 (12:00–14:30)	出席 Heat 建筑设计招待酒会
44	6月22－24日	韩国 / 釜山市	许南植 / 市长			
45	6月24－26日	韩国 / 全罗南道	朴晙莹 / 知事			
46	6月24－26日	英国 / 伦敦金融城	金融城资源委员会主席			
47	6月26－29日	印度 / 马哈拉施特拉邦	肯杰尔・瓦桑特罗			
48	6月27－30日	丹麦 / 中部大区奥胡斯市	尼科莱・沃曼		6月29日，国家日活动	
49	6月28日－7月4日	法国 / 罗阿大区	米歇尔・格雷格卢瓦 / 罗阿大区主管农业副主席	“农业－食品主题周”		
50	6月29日	日本 / 大阪府	大阪府前副知事尾本德彦			

（续表）

序号	抵离日期	国家 / 城市	团长姓名 / 职务	主要活动		
				UBPA	国家馆	园区内其他
51	6 月 30 日 – 7 月 1 日	"日本 / 大阪市"	北山副市长			世博演艺中心"文乐木偶"演出
52	7 月 1–3 日	日本 / 横滨市	林文子 / 市长			日本产业馆"横滨周"活动
53	7 月 1–4 日	日本 / 横滨市				
54	7 月 1–5 日	土耳其 / 伊斯坦布尔市	阿亚丁 / 检察官			
55	7 月 3–6 日	澳大利亚 / 悉尼	郭耀文 / 市长代表、市议员			
56	7 月 4–7 日	加拿大 / 埃德蒙顿	史蒂芬・曼戴尔 / 市长			
57	7 月 4–9 日	西班牙 / 巴塞罗那	霍尔迪・威廉・卡内斯 / 第一副市长	7 月 7 日"投资在巴塞罗那"研讨会		
58	7 月 11 日	菲律宾 / 马尼拉市	阿尔弗莱多・林 / 市长			
59	7 月 11–14 日	奥地利 / 萨尔茨堡	海茨・沙登 / 市长			
60	7 月 11–14 日	澳大利亚 / 新南威尔士州	克里斯蒂娜・肯尼莉 / 州长		7 月 12 日金融合作协议签署仪式	
61	7 月 11–18 日	法国 / 罗阿大区	埃尔维・苏尼亚克先生 / 大区副主席	出席"旅游主题周"开幕式		
62	7 月 12–19 日	南非 / 夸祖鲁—纳塔尔省	姆基泽 / 省长			
63	7 月 16–20 日	莫桑比克 / 马普托市	大卫・西芒戈先生 / 市长			
64	7 月 20–27 日	也门 / 亚丁省	阿德南 / 省长			
65	7 月 22–25 日	韩国 / 济州特别自治道	金大焕 / 会长			
66	7 月 26–29 日	韩国 / 京畿道	金文洙 / 知事			
67	7 月 26–29 日	日本 / 大阪府、大阪市	桥下彻 / 知事、平松邦夫 / 市长	7 月 28 日 UBPA 大阪特别日活动，民族舞大会		
68	7 月 26–30 日	英国 / 大伦敦市	巴恩斯 / 第一副市长	零碳馆举办展览"伦敦周"		
69	7 月 26–31 日	日本 / 大阪				
70	7 月 28 日 –8 月 2 日	日本 / 爱知县	日本爱知县知事神田真秋			
71	8 月 1–3 日	美国 / 休斯顿	安妮斯・帕克 / 市长		"休斯顿日"活动	

（续表）

序号	抵离日期	国家 / 城市	团长姓名 / 职务	主要活动		
				UBPA	国家馆	园区内其他
72	8 月 2–13 日	泰国 / 清迈府		出席 2010 上海国际青少年互动友谊营，参观园区，文艺大联欢		
73	8 月 2–13 日	斯里兰卡 / 科伦坡市				
74	8 月 2–13 日	越南 / 胡志明市				
75	8 月 2–13 日	菲律宾 / 马尼拉市				
76	8 月 7–9 日	日本	理事长			
77	8 月 8–12 日	瑞士 / 巴塞尔州	威瑟尔斯 / 巴塞尔州政府委员、冯·必德 / 巴塞尔州议会主席	8 月 8 日建筑日，8 月 9 日设计日	出席瑞士国家馆日	
78	8 月 11–13 日	澳大利亚 / 新南威尔士州	艾瑞克·卢森多尔 / 新州财长			
79	8 月 12–16 日	瑞典 / 哥德堡	柏斯科沃 / 市外办副主任			
80	8 月 15–17 日	法国 / 留尼旺大区	弗雷德里克·卡戴 / 外事副主席		留尼旺大区双周开幕式	
81	8 月 15–18 日	日本 / 静冈县	大村镇一 / 静冈县副知事			日本产业馆内静冈周
82	8 月 16–18 日	日本 / 长崎县	中村法道 / 知事			
83	8 月 16–20 日	法国 / 罗阿大区	萨拉·布卡拉女士 / 大区主席助理	“后碳城市”主题周		
84	8 月 20–23 日	澳大利亚 / 西澳州	格兰特·伍德姆斯 / 下议院议长			
85	8 月 22 日	比利时 / 东佛兰德省	安德瑞·德奈斯 / 省长			
86	8 月 24–29 日	纳米比亚 / 温得和克	马修·史孔戈 / 温得和克市长		出席 8 月 26 日国家馆日活动	
87	8 月 25–27 日	日本 / 北九州市	北桥键治 / 北九州市市长			ILO 论坛
88	8 月 31 日 –9 月 4 日	日本 / 北海道	高桥春美 / 知事		北海道周开幕式活动	
89	8 月 29 日 –9 月 3 日	西班牙巴塞罗那	霍尔迪·埃雷乌 / 市长	9 月 2 日巴塞罗那特别日暨高迪龙赠送仪式、UBPA 巡游等活动	出席 8 月 30 日西班牙国家馆日	出席“地中海——世界的另一个起源”展示开幕式及“中国在巴塞罗那”研讨会
90	9 月 1–3 日	日本札幌市	宫村素子 / 市议会副议长		9 月 3 日日本馆内北海道日活动	
91	9 月 1–6 日	旧金山	友城委秘书长			
92	9 月 3–7 日	泰国清迈府	瑞提蓬·塔查朋特 / 办公厅主任		9 月 5 日泰国国家馆日活动	

（续表）

序号	抵离日期	国家 / 城市	团长姓名 / 职务	主要活动		
				UBPA	国家馆	园区内其他
93	9 月 4–10 日	新西兰达尼丁	陈永豪 / 市长			
94	9 月 7–10 日	2010 中国国际友城大会				
95	9 月 4–10 日	阿根廷罗萨里奥	米格尔・利夫西兹 / 市长	9 月 7 日 18:00，UBPA 特别活动		
96	9 月 6–10 日	瓦努阿图维拉港市	威利・帕克阿・萨提罗托 / 市长			
97	9 月 7–9 日	挪威奥斯陆市副市长	奥德格副市长			
98	9 月 7–10 日	法国罗阿大区	贝尔纳黛特・拉克莱女士 / 分管交通的第一副主席	出席“交通主题周”开幕式		
99	9 月 7–11 日	智利瓦尔帕莱索市	豪尔赫・卡斯特罗・穆涅斯 / 市长			
100	9 月 8–9 日	美国宾夕法尼亚州	全美亚裔共和党委员会委员			
101	9 月 9–10 日	法国罗阿大区	贝尔纳・苏拉日 / 分管外事副主席	出席“交通主题周”闭幕式		
102	9 月 5–11 日	加拿大蒙特利尔				
103	9 月 7–10 日	日本大阪府国际交流监代表团	日本大阪府国际交流监楠本政幸			
104	9 月 10–11 日	德国法兰克福市	佩特拉・罗特			与世博局副局长黄健芝会谈
105	9 月 10–15 日	葡萄牙里斯本	安东尼奥・科斯塔 / 市长		主持里斯本旅游、投资推介活动	为世界城市和地方政府联合组织馆里斯本代表处成立揭幕
106	9 月 10–12 日	旧金山	市长首席法律顾问			
107	9 月 12–18 日	波兰滨海省	米兹斯拉沃・斯特拉克 / 执委会主席			举办经贸、科技、环保、旅游论坛
108	9 月 11–16 日	摩洛哥卡萨布兰卡	穆罕默德・萨吉德			
109	9 月 12–15 日	阿根廷 / 布宜诺斯艾利斯市	达尼埃・柴恩			
110	9 月 12–17 日	印尼雅加达特区	法乌兹・博沃 / 特区省长			
111	9 月 12–17 日	泰国	差朋恩・辛曼尼 / 清迈府副府尹			
112	9 月 14–15 日	巴西圣保罗	米盖尔・布卡雷姆			拜会世博局

（续表）

序号	抵离日期	国家 / 城市	团长姓名 / 职务	主要活动		
				UBPA	国家馆	园区内其他
113	9 月 14–16 日	斯里兰卡科伦坡	欧马・卡米尔 / 代理市长		9 月 15 日下午在斯里兰卡馆接受 ICS 专访	
114	9 月 14–17 日	法属波利尼西亚帕皮提	房英群 / 副市长			
115	9 月 14–19 日	法国罗阿大区	吉尔・勒沙特列 / 大区服务总局长			
116	9 月 15–18 日	英国伦敦金融城	谢里夫・伍顿			
117	9 月 16–18 日	西班牙马德里	阿尔贝托・瑞易斯・卡雅尔登 / 市长	DUCH 展览开幕、特别日活动		
118	9 月 18–21 日	美国芝加哥市	理查德・戴利 / 市长			举办芝加哥日活动
119	9 月 18–23 日	丹麦中部大区	本特哈森 / 大区主席			
120	9 月 20–25 日	法国罗阿大区	让・米歇尔・克雷松 / 大区经济委员会副主席	出席“灯光主题周”开幕式		
121	9 月 20–24 日	日本长崎县	金子原二郎 / 前知事			
122	9 月 25–27 日	韩国釜山市	诸宇模 / 市议长			
123	9 月 26–30 日	古巴圣地亚哥省				
124	9 月 26 日 –10 日 1 日	法国罗阿大区	米歇尔・艾巴兰女士 / 大区环境与健康委员会主席	出席“水务主题周”开幕式		
125	9 月 27–29 日	韩国安养市	权翊哲 / 经济企划局长			
126	9 月 28–30 日	日本大分县	广濑胜贞 / 知事		日本国家馆“九州周”及其他	
127	10 月 4–11 日	俄罗斯圣彼得堡	萨别瓦洛夫 / 俄外交部驻圣市代表处主席			
128	10 月 7–14 日	法国罗阿大区	贝尔纳・苏拉日 / 分管外事副主席	出席“体育与登山主题周”活动		
129	10 月 10–15 日	荷兰鹿特丹	吕德・吕贝尔斯 / 鹿特丹气候行动委员会主席		举办关于港口城市的低碳经济的研讨会	
130	10 月 11–13 日	俄罗斯圣彼得堡	阿谢耶夫斯基 / 副市长		参加圣彼得堡推介活动	
131	10 月 11–13 日	韩国顺天市				

（续表）

序号	抵离日期	国家 / 城市	团长姓名 / 职务	主要活动		
				UBPA	国家馆	园区内其他
132	10 月 11–16 日	法国罗阿大区	格旺达・佩泽拉先生 / 分管体育的副主席	出席"体育与登山主题周"活动		
133	10 月 12–19 日	英国利物浦	乔・安德森 / 市政委员会主席	"利物浦馆日特别活动——足球表演、披头士模仿秀、爱乐团音乐会"		
134	10 月 14–15 日	日本静冈县牧之原市	田村兼夫 / 市议长			
135	10 月 15 日	澳大利亚维多利亚州	大卫・汉纳 / 副秘书			
136	10 月 16–20 日	法国马赛	罗兰・布鲁姆 / 马赛第一副市长		1、19 日马赛周招待会； 2、2013 年欧洲文化之都推广活动	16 日公证人研讨会、19 日经济论坛
137	10 月 15–21 日	法国普罗旺斯 – 阿尔卑斯 – 蓝色海岸大区	米歇尔・沃泽尔 / 大区主席		同上	同上
138	10 月 16–20 日	法国马赛 – 普罗旺斯地区	工商会主席		同上	同上
139	10 月 16–20 日	法国罗阿大区	蒂埃里・菲利 / 大区主席助理	"高等教育"主题日		
140	10 月 16–21 日	瑞典哥德堡	安娜丽・胡田 / 市长		系列论坛：卫生、环保、医药	
141	10 月 14–20 日	瑞典哥德堡	斯凯格 / 前市长			
142	10 月 18–23 日	瑞典哥德堡	岳冉松 / 前市长			
143	10 月 16–23 日	南非约堡市	尼克・泰勒迪			
144	10 月 18–20 日	奥地利萨尔茨堡州	哈斯劳尔 / 萨尔茨堡州副州长			
145	10 月 18–22 日	法国罗阿大区	克里斯汀・布多女士 / 大区副主席	出席"社会创新主题日"开幕式		
146	10 月 18–22 日	加拿大蒙特利尔	皮埃尔・布克 / 前市长			
147	10 月 18–22 日	韩国釜山市	李京勋 / 区长			
148	10 月 19 日	爱沙尼亚塔林	埃德加・萨维萨尔 / 市长			
149	10 月 19–24 日	纳米比亚温得和克				
150	10 月 21–24 日	澳大利亚新南威尔士州	玛丽・芭雪尔 / 州督			

（续表）

序号	抵离日期	国家 / 城市	团长姓名 / 职务	主要活动		
				UBPA	国家馆	园区内其他
151	10 月 23 日	瑞士巴塞尔州	布赫纳教授、布伦特勒教授			
152	10 月 27–29 日	西班牙巴塞罗那	比拉尔·费盖拉斯 / 秘书长			
153	10 月 27 日 –11 月 1 日	意大利伦巴第大区	罗贝托·福尔米戈尼 / 主席		伦巴第大区宣传周	参加高峰论坛、闭幕式
154	10 月 28 日 –11 月 1 日	法国罗阿大区	达尼埃尔·古菲 / 大区企业国际发展协会主席			出席世博会闭幕式
155	10 月 29–30 日	澳大利亚昆士兰州	自然资源、矿产与能源部长兼贸易部长			昆中商贸合作晚宴
156	10 月 30–31 日	意大利米兰	莱蒂琪娅·莫拉蒂 / 市长			参加高峰论坛、BIE 日特别庆祝演出，出席 31 日闭幕式上的 BIE 会旗交接仪式

附　录

1. 上海世博会之最

● 上海世博会共有 190 个国家、56 个国际组织参展，为历届之最。

● 志愿者人数为历届之最。园区共 79965 名，其中国内其他省区市 1266 名，境外 204 名。共分 13 批次向游客提供了 129 万班次 1000 万小时约 4.6 亿人次的服务。

● 正式参展方的自建馆，大约有 40 个国家和国际组织报名建设，其数量为历届之最。

● 上海世博会主题馆屋面太阳能板面积达 3 万多平方米，是目前世界最大单体面积太阳能屋面。

● 主题馆墙面入选中国世界纪录协会世界上面积最大的生态绿墙，为 5000 平方米。

● 世界上保留园区内老建筑物最多的世博会园区。约有 2 万平方米历史建筑得以保留、保护。世博会博物馆与城市文明馆都设在原江南造船厂的老建筑内。

● 参观人数为历届之最，截至 10 月 31 日 21:00 人数超过了 7308.44 万。

● 世博会上首次同步推出网上世博会和城市最佳实践区。

● 拥有世界上单体量最大的公厕。

● 世博会园区面积为历届之最：园区在市中心占地多达 5.28 平方公里。

● 上海世博会是第一次在发展中国家举办的世博会。

2. 上海世博会参展方一览 I

（总数 246 个，以英文首字母为序）

I. 国家：

中华人民共和国
1. 阿富汗伊斯兰共和国
2. 阿尔巴尼亚共和国
3. 阿尔及利亚民主人民共和国
4. 安哥拉共和国
5. 安提瓜和巴布达
6. 阿根廷共和国
7. 亚美尼亚共和国
8. 澳大利亚联邦
9. 奥地利共和国
10. 阿塞拜疆共和国
11. 巴哈马国
12. 巴林王国
13. 孟加拉人民共和国
14. 巴巴多斯
15. 白俄罗斯共和国
16. 比利时王国
17. 伯利兹
18. 贝宁共和国
19. 多民族玻利维亚国
20. 波斯尼亚和黑塞哥维那
21. 博茨瓦纳共和国
22. 巴西联邦共和国
23. 文莱达鲁萨兰国
24. 保加利亚共和国
25. 布隆迪共和国
26. 柬埔寨王国
27. 喀麦隆共和国
28. 加拿大
29. 佛得角共和国
30. 中非共和国
31. 乍得共和国
32. 智利共和国
33. 哥伦比亚共和国
34. 科摩罗联盟
35. 刚果共和国
36. 库克群岛
37. 哥斯达黎加共和国
38. 科特迪瓦共和国
39. 克罗地亚共和国
40. 古巴共和国
41. 塞浦路斯共和国
42. 捷克共和国
43. 朝鲜民主主义人民共和国
44. 刚果民主共和国
45. 丹麦王国
46. 吉布提共和国
47. 多米尼克国
48. 多米尼加共和国
49. 厄瓜多尔共和国
50. 阿拉伯埃及共和国
51. 萨尔瓦多共和国
52. 赤道几内亚共和国
53. 厄立特里亚国
54. 爱沙尼亚共和国
55. 埃塞俄比亚联邦民主共和国
56. 欧洲联盟
57. 斐济群岛共和国
58. 芬兰共和国
59. 法兰西共和国
60. 加蓬共和国
61. 冈比亚共和国
62. 格鲁吉亚
63. 德意志联邦共和国

64. 加纳共和国
65. 希腊共和国
66. 格林纳达
67. 危地马拉共和国
68. 几内亚共和国
69. 几内亚比绍共和国
70. 圭亚那合作共和国
71. 海地共和国
72. 洪都拉斯共和国
73. 匈牙利共和国
74. 冰岛共和国
75. 印度共和国
76. 印度尼西亚共和国
77. 伊朗伊斯兰共和国
78. 伊拉克共和国
79. 爱尔兰
80. 以色列国
81. 意大利共和国
82. 牙买加
83. 日本国
84. 约旦哈希姆王国
85. 哈萨克斯坦共和国
86. 肯尼亚共和国
87. 基里巴斯共和国
88. 吉尔吉斯共和国
89. 老挝人民民主共和国
90. 拉脱维亚共和国
91. 黎巴嫩共和国
92. 莱索托王国
93. 利比里亚共和国
94. 大阿拉伯利比亚人民社会主义民众国
95. 列支敦士登公国
96. 立陶宛共和国
97. 卢森堡大公国
98. 马达加斯加共和国
99. 马拉维共和国
100. 马来西亚
101. 马尔代夫共和国
102. 马里共和国
103. 马耳他共和国
104. 马绍尔群岛共和国
105. 毛里塔尼亚伊斯兰共和国
106. 毛里求斯共和国
107. 墨西哥合众国
108. 密克罗尼西亚联邦
109. 摩纳哥公国
110. 蒙古国
111. 黑山
112. 摩洛哥王国
113. 莫桑比克共和国
114. 缅甸联邦
115. 纳米比亚共和国
116. 瑙鲁共和国
117. 尼泊尔联邦民主共和国
118. 荷兰王国
119. 新西兰
120. 尼加拉瓜共和国
121. 尼日尔共和国
122. 尼日利亚联邦共和国
123. 纽埃
124. 挪威王国
125. 阿曼苏丹国
126. 巴基斯坦伊斯兰共和国
127. 帕劳共和国
128. 巴勒斯坦国
129. 巴拿马共和国

130. 巴布亚新几内亚独立国
131. 巴拉圭共和国
132. 秘鲁共和国
133. 菲律宾共和国
134. 波兰共和国
135. 葡萄牙共和国
136. 卡塔尔国
137. 大韩民国
138. 摩尔多瓦共和国
139. 罗马尼亚
140. 俄罗斯联邦
141. 卢旺达共和国
142. 圣基茨和尼维斯联邦
143. 圣卢西亚
144. 圣文森特和格林纳丁斯
145. 萨摩亚独立国
146. 圣马力诺共和国
147. 沙特阿拉伯王国
148. 塞内加尔共和国
149. 塞尔维亚共和国
150. 塞舌尔共和国
151. 塞拉利昂共和国
152. 新加坡共和国
153. 斯洛伐克共和国
154. 斯洛文尼亚共和国
155. 所罗门群岛
156. 索马里联邦共和国
157. 南非共和国
158. 西班牙王国
159. 斯里兰卡民主社会主义共和国
160. 苏丹共和国
161. 苏里南共和国
162. 瑞典王国
163. 瑞士联邦
164. 阿拉伯叙利亚共和国
165. 塔吉克斯坦共和国
166. 泰王国
167. 前拉斯拉夫马其顿共和国
168. 东帝汶民主共和国
169. 多哥共和国
170. 汤加王国
171. 特立尼达和多巴哥共和国
172. 突尼斯共和国
173. 土耳其共和国
174. 土库曼斯坦
175. 图瓦卢
176. 乌干达共和国
177. 乌克兰
178. 阿拉伯联合酋长国
179. 大不列颠及北爱尔兰联合王国
180. 坦桑尼亚联合共和国
181. 美利坚合众国
182. 乌拉圭东岸共和国
183. 乌兹别克斯坦共和国
184. 瓦努阿图共和国
185. 委内瑞拉玻利瓦尔共和国
186. 越南社会主义共和国
187. 也门共和国
188. 赞比亚共和国
189. 津巴布韦共和国

II. 国际组织：

1. 非洲联盟
2. 东南亚国家联盟
3. 博鳌亚洲论坛

4. 加勒比共同体
5. 加勒比开发银行
6. 东部和南部非洲共同市场
7. 欧洲气象卫星应用组织
8. 法语国家商务论坛
9. 全球环境基金
10. 地球观测组织
11. 公共交通国际联会
12. 国际博物馆协会
13. 国际信息发展网
14. 红十字与红新月会国际联合会
15. 国际竹藤组织
16. 国际电信联盟
17. 阿拉伯国家联盟
18. 上海合作组织
19. 南太平洋旅游组织
20. 世界城市和地方政府联合组织
21. 联合国
22. 世界气象组织
23. 世界贸易中心协会
24. 世界水理事会
25. 世界自然基金会

（以下为联合国下属组织和其他组织）

26. 国际海事组织
27. 国际劳工组织
28. 国际农业发展基金
29. 国际移民组织
30. 联合国艾滋病毒/艾滋病联合规划署
31. 联合国儿童基金会
32. 联合国防治荒漠化公约
33. 联合国工业发展组织
34. 联合国国际减灾战略
35. 联合国环境规划署
36. 联合国教育、科学及文化组织
37. 联合国开发计划署
38. 联合国开发计划署南南合作特设局
39. 联合国粮食及农业组织
40. 联合国贸易和发展会议
41. 联合国难民事务高级专员办事处
42. 联合国欧洲经济委员会
43. 联合国排雷行动处
44. 联合国全球契约
45. 联合国人居署
46. 联合国人口基金
47. 联合国人权事务高级专员公署
48. 联合国训练研究所
49. 联合国亚洲及太平洋经济社会委员会
50. 世界粮食计划署
51. 世界旅游组织
52. 世界卫生组织
53. 世界银行
54. 世界知识产权组织
55. 世界贸易组织
56. 太平洋岛国论坛

2. 上海世博会参展方一览 II

（总数 246 个，以确认参展日期先后为序）

I. 国家：

中华人民共和国
1. 法兰西共和国 (2006 年 3 月 10 日)
2. 乌克兰 (2006 年 3 月 13 日)
3. 巴林王国 (2006 年 3 月 17 日)
4. 马里共和国 (2006 年 3 月 27 日)
5. 柬埔寨王国 (2006 年 3 月 30 日)
6. 加拿大 (2006 年 4 月 3 日)
7. 毛里塔尼亚伊斯兰共和国 (2006 年 4 月 4 日)
8. 阿尔及利亚民主人民共和国 (2006 年 4 月 10 日)
9. 刚果共和国 (2006 年 4 月 10 日)
10. 匈牙利共和国 (2006 年 4 月 10 日)
11. 瑞士联邦 (2006 年 4 月 11 日)
12. 新西兰 (2006 年 4 月 12 日)
13. 中非共和国 (2006 年 4 月 13 日)
14. 古巴共和国 (2006 年 4 月 14 日)
15. 赞比亚共和国 (2006 年 4 月 25 日)
16. 土库曼斯坦 (2006 年 4 月 26 日)
17. 塔吉克斯坦共和国 (2006 年 4 月 27 日)
18. 莱索托王国 (2006 年 5 月 4 日)
19. 乌兹别克斯坦共和国 (2006 年 5 月 6 日)
20. 厄立特里亚国 (2006 年 5 月 8 日)
21. 摩纳哥公国 (2006 年 5 月 11 日)
22. 塞舌尔共和国 (2006 年 5 月 15 日)
23. 布隆迪共和国 (2006 年 5 月 16 日)
24. 亚美尼亚共和国 (2006 年 5 月 17 日)
25. 多哥共和国 (2006 年 5 月 17 日)
26. 科摩罗联盟 (2006 年 5 月 25 日)
27. 荷兰王国 (2006 年 5 月 30 日)
28. 新加坡共和国 (2006 年 6 月 2 日)
29. 斯里兰卡民主社会主义共和国 (2006 年 6 月 5 日)
30. 赤道几内亚共和国 (2006 年 6 月 6 日)
31. 巴基斯坦伊斯兰共和国 (2006 年 6 月 9 日)
32. 佛得角共和国 (2006 年 6 月 12 日)
33. 尼泊尔联邦民主共和国 (2006 年 6 月 12 日)
34. 西班牙王国 (2006 年 6 月 13 日)
35. 瓦努阿图共和国 (2006 年 6 月 14 日)
36. 阿拉伯埃及共和国 (2006 年 6 月 15 日)
37. 几内亚共和国 (2006 年 6 月 15 日)
38. 吉尔吉斯共和国 (2006 年 6 月 15 日)
39. 蒙古国 (2006 年 6 月 15 日)
40. 越南社会主义共和国 (2006 年 6 月 15 日)
41. 缅甸联邦 (2006 年 6 月 19 日)
42. 贝宁共和国 (2006 年 6 月 20 日)
43. 萨摩亚独立国 (2006 年 6 月 22 日)
44. 哈萨克斯坦共和国 (2006 年 6 月 26 日)
45. 尼日利亚联邦共和国 (2006 年 6 月 26 日)
46. 澳大利亚联邦 (2006 年 6 月 29 日)
47. 吉布提共和国 (2006 年 7 月 3 日)
48. 意大利共和国 (2006 年 7 月 3 日)
49. 巴布亚新几内亚独立国 (2006 年 7 月 4 日)
50. 德意志联邦共和国 (2006 年 7 月 7 日)
51. 阿尔巴尼亚共和国 (2006 年 7 月 11 日)
52. 多米尼克国 (2006 年 7 月 11 日)
53. 科特迪瓦共和国 (2006 年 7 月 20 日)
54. 安哥拉共和国 (2006 年 7 月 14 日)
55. 土耳其共和国 (2006 年 7 月 14 日)
56. 菲律宾共和国 (2006 年 7 月 17 日)
57. 多民族玻利维亚国 (2006 年 7 月 24 日)
58. 卢森堡大公国 (2006 年 8 月 3 日)
59. 坦桑尼亚联合共和国 (2006 年 8 月 4 日)
60. 克罗地亚共和国 (2006 年 8 月 7 日)
61. 帕劳共和国 (2006 年 8 月 7 日)
62. 塞内加尔共和国 (2006 年 8 月 7 日)
63. 大不列颠及北爱尔兰联合王国 (2006 年 8 月 9 日)

64. 保加利亚共和国(2006年8月11日)
65. 波兰共和国(2006年8月14日)
66. 比利时王国(2006年8月25日)
67. 津巴布韦共和国(2006年8月25日)
68. 纳米比亚共和国(2006年8月31日)
69. 老挝人民民主共和国(2006年9月6日)
70. 卢旺达共和国(2006年9月12日)
71. 汤加王国(2006年9月28日)
72. 黑山(2006年10月3日)
73. 也门共和国(2006年10月4日)
74. 苏丹共和国(2006年10月11日)
75. 特立尼达和多巴哥共和国(2006年10月11日)
76. 立陶宛共和国(2006年10月12日)
77. 肯尼亚共和国(2006年10月17日)
78. 摩洛哥王国(2006年10月17日)
79. 密克罗尼西亚联邦(2006年10月17日)
80. 哥斯达黎加共和国(2006年10月20日)
81. 日本国(2006年10月20日)
82. 加蓬共和国(2006年10月30日)
83. 沙特阿拉伯王国(2006年11月4日)
84. 巴勒斯坦国(2006年11月6日)
85. 摩尔多瓦共和国(2006年11月14日)
86. 喀麦隆共和国(2006年11月21日)
87. 印度共和国(2006年11月21日)
88. 白俄罗斯共和国(2006年12月5日)
89. 危地马拉共和国(2006年12月5日)
90. 印度尼西亚共和国(2006年12月7日)
91. 马来西亚(2006年12月11日)
92. 葡萄牙共和国(2006年12月12日)
93. 大韩民国(2006年12月20日)
94. 俄罗斯联邦(2006年12月20日)
95. 塞尔维亚共和国(2007年1月3日)
96. 突尼斯共和国(2007年1月3日)
97. 希腊共和国(2007年1月15日)
98. 捷克共和国(2007年1月24日)
99. 乌拉圭东岸共和国(2007年1月24日)
100. 芬兰共和国(2007年1月26日)
101. 阿塞拜疆共和国(2007年1月30日)
102. 塞拉利昂共和国(2007年1月25日)
103. 前南斯拉夫马其顿共和国(2007年2月12日)
104. 罗马尼亚(2007年2月23日)
105. 爱尔兰(2007年2月26日)
106. 文莱达鲁萨兰国(2007年3月7日)
107. 刚果民主共和国(2007年3月12日)
108. 马达加斯加共和国(2007年3月15日)
109. 阿根廷共和国(2007年3月16日)
110. 塞浦路斯共和国(2007年3月20日)
111. 黎巴嫩共和国(2007年3月26日)
112. 秘鲁共和国(2007年3月30日)
113. 智利共和国(2007年4月3日)
114. 乌干达共和国(2007年4月13日)
115. 格鲁吉亚(2007年4月17日)
116. 泰王国(2007年4月24日)
117. 圭亚那合作共和国(2007年4月25日)
118. 埃塞俄比亚联邦民主共和国(2007年4月26日)
119. 奥地利共和国(2007年5月3日)
120. 斐济群岛共和国(2007年5月7日)
121. 毛里求斯共和国(2007年5月9日)
122. 莫桑比克共和国(2007年5月16日)
123. 尼日尔共和国(2007年5月22日)
124. 海地共和国(2007年5月23日)
125. 伊拉克共和国(2007年5月27日)
126. 牙买加(2007年5月31日)
127. 几内亚比绍共和国(2007年6月5日)
128. 利比里亚共和国(2007年6月8日)
129. 丹麦王国(2007年6月10日)

130. 阿曼苏丹国 (2007 年 6 月 12 日)
131. 瑞典王国 (2007 年 6 月 14 日)
132. 乍得共和国 (2007 年 6 月 14 日)
133. 库克群岛 (2007 年 6 月 18 日)
134. 圣马力诺共和国 (2007 年 6 月 18 日)
135. 索马里联邦共和国 (2007 年 6 月 20 日)
136. 伊朗伊斯兰共和国 (2007 年 7 月 4 日)
137. 马尔代夫共和国 (2007 年 7 月 8 日)
138. 加纳共和国 (2007 年 7 月 10 日)
139. 苏里南共和国 (2007 年 7 月 26 日)
140. 厄瓜多尔共和国 (2007 年 8 月 3 日)
141. 阿富汗伊斯兰共和国 (2007 年 8 月 5 日)
142. 孟加拉人民共和国 (2007 年 8 月 14 日)
143. 挪威王国 (2007 年 8 月 16 日)
144. 委内瑞拉玻利瓦尔共和国 (2007 年 8 月 17 日)
145. 阿拉伯联合酋长国 (2007 年 8 月 26 日)
146. 阿拉伯叙利亚共和国 (2007 年 8 月 31 日)
147. 朝鲜民主主义人民共和国 (2007 年 9 月 10 日)
148. 墨西哥合众国 (2007 年 9 月 21 日)
149. 格林纳达 (2007 年 9 月 24 日)
150. 博茨瓦纳共和国 (2007 年 9 月 25 日)
151. 约旦哈希姆王国 (2007 年 9 月 26 日)
152. 斯洛伐克共和国 (2007 年 9 月 27 日)
153. 纽埃 (2007 年 10 月 12 日)
154. 波斯尼亚和黑塞哥维那 (2007 年 10 月 18 日)
155. 尼加拉瓜共和国 (2007 年 10 月 23 日)
156. 爱沙尼亚共和国 (2007 年 11 月 1 日)
157. 南非共和国 (2007 年 11 月 2 日)
158. 大阿拉伯利比亚人民社会主义民众国 (2007 年 11 月 11 日)
159. 基里巴斯共和国 (2007 年 11 月 15 日)
160. 所罗门群岛 (2007 年 11 月 15 日)
161. 图瓦卢 (2007 年 11 月 20 日)
162. 以色列国 (2007 年 12 月 3 日)
163. 巴西联邦共和国 (2007 年 12 月 11 日)
164. 马耳他共和国 (2008 年 1 月 16 日)
165. 冰岛共和国 (2008 年 1 月 23 日)
166. 马绍尔群岛共和国 (2008 年 2 月 13 日)
167. 卡塔尔国 (2008 年 3 月 14 日)
168. 马拉维共和国 (2008 年 4 月 1 日)
169. 安提瓜和巴布达 (2008 年 4 月 3 日)
170. 萨尔瓦多共和国 (2008 年 4 月 24 日)
171. 斯洛文尼亚共和国 (2008 年 6 月 17 日)
172. 多米尼加共和国 (2008 年 7 月 4 日)
173. 巴巴多斯 (2008 年 7 月 22 日)
174. 东帝汶民主共和国 (2008 年 9 月 26 日)
175. 拉脱维亚共和国 (2008 年 9 月 29 日)
176. 巴哈马国 (2008 年 10 月 8 日)
177. 巴拿马共和国 (2008 年 10 月 23 日)
178. 巴拉圭共和国 (2008 年 11 月 3 日)
179. 列支敦士登公国 (2008 年 11 月 13 日)
180. 洪都拉斯共和国 (2008 年 12 月 23 日)
181. 瑙鲁共和国 (2009 年 1 月 7 日)
182. 欧洲联盟 (2009 年 2 月 4 日)
183. 伯利兹 (2009 年 3 月 23 日)
184. 圣卢西亚 (2009 年 4 月 17 日)
185. 圣文森特和格林纳丁斯 (2009 年 4 月 27 日)
186. 圣基茨和尼维斯联邦 (2009 年 4 月 28 日)
187. 哥伦比亚共和国 (2009 年 5 月 8 日)
188. 冈比亚共和国 (2009 年 5 月 23 日)
189. 美利坚合众国 (2009 年 6 月 15 日)

II. 联合国及其组织：

1. 世界旅游组织 (2006 年 5 月 18 日)
2. 联合国工业发展组织 (2006 年 6 月 13 日)

3. 世界银行（2006 年 7 月 19 日）
4. 联合国（2006 年 7 月 28 日）
5. 世界气象组织（2006 年 12 月 14 日）
6. 联合国人居署（2007 年 1 月 2 日）
7. 联合国教育、科学及文化组织（2007 年 2 月 16 日）
8. 联合国难民事务高级专员办事处（2007 年 10 月 30 日）
9. 联合国儿童基金会（2007 年 11 月 6 日）
10. 联合国粮食及农业组织（2007 年 11 月 8 日）
11. 国际海事组织（2007 年 11 月 8 日）
12. 联合国艾滋病毒 / 艾滋病联合规划署（2007 年 11 月 8 日）
13. 联合国环境规划署（2007 年 11 月 8 日）
14. 世界知识产权组织（2007 年 11 月 8 日）
15. 联合国人口基金（2007 年 11 月 9 日）
16. 国际电信联盟（2007 年 12 月 13 日）
17. 世界卫生组织（2008 年 3 月 13 日）
18. 联合国贸易和发展会议（2008 年 4 月 7 日）
19. 联合国排雷行动处
20. 国际农业发展基金
21. 国际劳工组织
22. 联合国欧洲经济委员会
23. 联合国防治荒漠化公约
24. 联合国开发计划署
25. 联合国开发计划署南南合作特设局
26. 联合国全球契约
27. 联合国国际减灾战略
28. 联合国训练研究所
29. 世界粮食计划署
30. 联合国亚洲及太平洋经济社会委员会
31. 联合国人权事务高级专员公署
32. 国际移民组织

III. 其他国际组织：

1. 阿拉伯国家联盟（2006 年 9 月 15 日）
2. 非洲联盟（2006 年 12 月 10 日）
3. 南太平洋旅游组织（2007 年 1 月 31 日）
4. 太平洋岛国论坛（2007 年 5 月 31 日）
5. 加勒比共同体（2007 年 9 月 17 日）
6. 加勒比开发银行（2007 年 10 月 11 日）
7. 东部和南部非洲共同市场（2007 年 12 月 5 日）
8. 全球环境基金（2008 年 2 月 5 日）
9. 欧洲气象卫星应用组织（2008 年 6 月 11 日）
10. 东南亚国家联盟（2008 年 6 月 16 日）
11. 地球观测组织（2008 年 6 月 30 日）
12. 国际竹藤组织（2009 年 5 月 4 日）
13. 世界贸易组织（2009 年 7 月 30 日）
14. 上海合作组织（2009 年 9 月 23 日）

IV. 非政府组织：

1. 世界水理事会（2006 年 6 月 2 日）
2. 红十字与红新月会国际联合会 （2006 年 9 月 29 日）
3. 世界贸易中心协会（2007 年 6 月 4 日）
4. 博鳌亚洲论坛（2007 年 9 月 12 日）
5. 世界自然基金会（2007 年 11 月 12 日）
6. 国际信息发展网（2008 年 1 月 12 日）
7. 法语国家商务论坛（2008 年 2 月 4 日）
8. 世界城市和地方政府联合组织（2008 年 6 月 19 日）
9. 公共交通国际联会（2008 年 10 月 17 日）
10. 国际博物馆协会（2009 年 3 月 17 日）

3. 上海世博会参展方旗谱

国际展览局旗

中国国旗

上海世博会会旗

中国

阿富汗

阿尔巴尼亚

阿尔及利亚

安哥拉

安提瓜和巴布达

阿根廷

亚美尼亚

澳大利亚

奥地利

阿塞拜疆

巴哈马

巴林

孟加拉国

巴巴多斯

白俄罗斯

比利时

伯利兹

贝宁

玻利维亚

波黑 博茨瓦纳 巴西 文莱

保加利亚 布隆迪 柬埔寨 喀麦隆

加拿大 佛得角 中非共和国 乍得

智利 哥伦比亚 科摩罗 刚果（布）

库克群岛 哥斯达黎加 科特迪瓦 克罗地亚

古巴 塞浦路斯 捷克 朝鲜

刚果（金） 丹麦 吉布提 多米尼克

多米尼加 　厄瓜多尔 　埃及 　萨尔瓦多

赤道几内亚 　厄立特里亚　爱沙尼亚 　埃塞俄比亚

欧盟 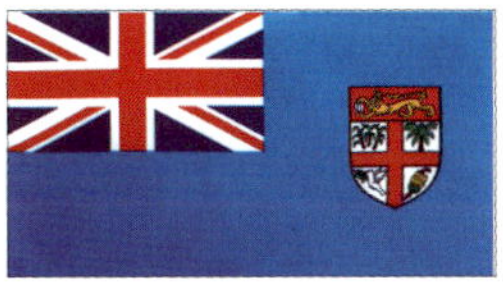　斐济 　芬兰 　法国

加蓬 　冈比亚 　格鲁吉亚 　德国

加纳 　希腊 　格林纳达 　危地马拉

几内亚 　几内亚比绍 　圭亚那 　海地

洪都拉斯 　匈牙利 　冰岛 　印度

印度尼西亚 伊朗 伊拉克 爱尔兰

以色列 意大利 牙买加 日本

约旦 哈萨克斯坦 肯尼亚 基里巴斯

吉尔吉斯斯坦 老挝 拉脱维亚 黎巴嫩

莱索托 利比里亚 利比亚 列支敦士登

立陶宛 卢森堡 马达加斯加 马拉维

马来西亚 马尔代夫 马里 马耳他

马绍尔群岛 　毛里塔尼亚 　毛里求斯 　墨西哥

密克罗尼西亚 　摩纳哥 　蒙古 　黑山

摩洛哥 　莫桑比克 　缅甸 　纳米比亚

瑙鲁 　尼泊尔 　荷兰 　新西兰

尼加拉瓜 　尼日尔 　尼日利亚 　纽埃

挪威 　阿曼 　巴基斯坦 　帕劳

巴勒斯坦 　巴拿马 　巴布亚新几内亚 　巴拉圭

秘鲁
菲律宾
波兰
葡萄牙
卡塔尔
韩国
摩尔多瓦
罗马尼亚
俄罗斯联邦
卢旺达
圣基茨和尼维斯
圣卢西亚
圣文森特和格林纳丁斯
萨摩亚
圣马力诺
沙特阿拉伯
塞内加尔
塞尔维亚
塞舌尔
塞拉利昂
新加坡
斯洛伐克
斯洛文尼亚
所罗门群岛
索马里
南非
西班牙
斯里兰卡

苏丹  苏里南  瑞典  瑞士

叙利亚  塔吉克斯坦  泰国  马其顿

东帝汶  多哥  汤加  特立尼达和多巴哥

突尼斯  土耳其  土库曼斯坦  图瓦卢

乌干达 乌克兰  阿联酋  英国

坦桑尼亚  美国  乌拉圭  乌兹别克斯坦

瓦努阿图  委内瑞拉  越南 也门

赞比亚

津巴布韦

非洲联盟

东南亚国家联盟

博鳌亚洲论坛

加勒比共同体

加勒比开发银行

东南非共同市场

欧洲气象卫星应用组织

法语国家商务论坛

全球环境基金

地球观测组织

公共交通国际联会

国际博物馆协会

国际信息发展网

红十字与红新月会
国际联合会

国际竹藤组织

国际电信联盟

阿拉伯国家联盟

上海合作组织

南太平洋旅游理事会

世界城市与地方政府
联合组织

联合国

世界气象组织

世界贸易中心协会

世界水理事会

世界自然基金会

4. 上海世博会场馆平面图

世博园区指南
Expo Site Map

浦西园区
Puxi Site

浦东园区
Pudong Site

A 片区　主要布置部分亚洲国家馆等场馆

B 片区　主要布置城市人馆、城市生命馆、城市地球馆以及部分亚洲国家馆、大洋洲国家馆、国际组织馆等场馆

C 片区　主要布置欧洲、美洲、非洲国家馆等场馆

D 片区　主要布置城市足迹馆和企业馆等场馆

E 片区　主要布置城市未来馆、企业馆和城市最佳实践区等场馆

5. 上海世博会馆日活动中方赠送的礼品

青花手绘花瓶

结合瓶口的形态巧妙地把中国馆描绘在这之上，延伸出上海的市花白玉兰，白玉兰造型优雅生动，象征着一种开路先锋、奋发向上的精神。下方为上海外滩的浦东、浦西，是上海标志性的景点，设计师描绘了浦西浦东的繁华建筑，在外滩浦西，各国的设计师在这里大显身手，在外滩浦东，东方明珠、金茂大厦，环球金融中心等标志性的建筑，与对面浦西的万国建筑相映成辉。象征着这次2010年世博会在上海这座美丽的大都市召开。

《中国 2010 年上海世博会官方图册》

《中国 2010 年上海世博会官方图册》是上海世博会最重要的官方出版物之一，全书分为展示、活动、论坛、地标、服务、网上世博会六个部分。该书图文并茂，选用了近 500 张精美三维全景图片，全景呈现了上海世博会的精彩与魅力，是集知识性、欣赏性、权威性于一体的世博会收藏纪念图册。

《中国 2010 年上海世博会官方图册》的出版呈现以下特点：首先是图片精美，资料翔实，信息权威，是世博会历史上收集资料最完整的一本图册；其次是图册纸张、油墨、装帧材料等全部采用环保可再生材料，充分体现绿色世博的理念；第三是图册版本多，除了中文简体和繁体字版本以外，同时还推出了英、日、韩、法四种语种，且含有特装、精装、平装等多种装帧形式的版本。

6. 上海世博会国际贵宾接待证件样张

领导人识别证章

开幕式、欢迎宴会

中国国家馆日

高峰论坛、闭幕式

馆日代表团人员证件

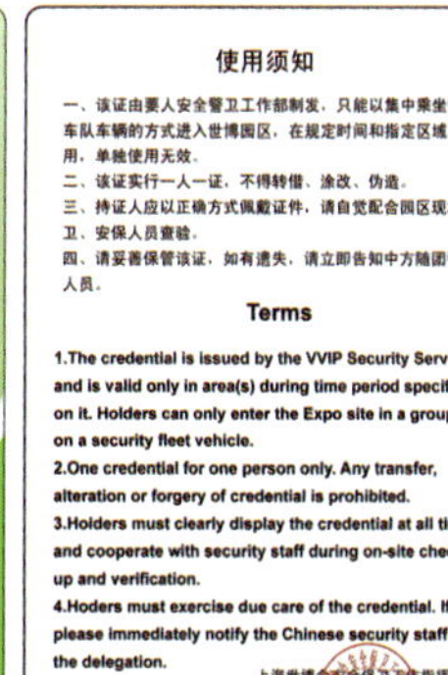

使用须知

一、该证由要人安全警卫工作部制发，只能以集中乘坐警卫车队车辆的方式进入世博园区，在规定时间和指定区域内使用，单独使用无效。
二、该证实行一人一证，不得转借、涂改、伪造。
三、持证人应以正确方式佩戴证件，请自觉配合园区现场警卫、安保人员查验。
四、请妥善保管该证，如有遗失，请立即告知中方随团警卫人员。

Terms

1.The credential is issued by the VVIP Security Service and is valid only in area(s) during time period specified on it. Holders can only enter the Expo site in a group and on a security fleet vehicle.
2.One credential for one person only. Any transfer, alteration or forgery of credential is prohibited.
3.Holders must clearly display the credential at all times and cooperate with security staff during on-site check-up and verification.
4.Hoders must exercise due care of the credential. If lost, please immediately notify the Chinese security staff on the delegation.

上海世博会安全保卫工作指挥部
要人安全警卫工作部
发证日期：2010年5月

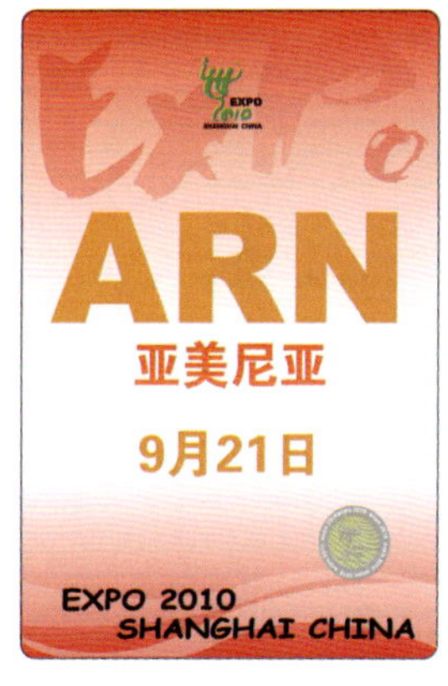

馆日代表团车辆证件

相关活动专场证件

编后记

上海世博会，公元2010年5月1日至10月31日，全程184天，无数个精彩在这里呈现。高朋满座、纷至沓来、熙熙攘攘、比肩接踵。世博会就像一块巨大无比的磁石，吸引了全世界的目光。

气势恢宏的开、闭幕式；流光溢彩的展览展示；五彩缤纷的文化演艺；创新传承的世博论坛，还有自始至终贯穿其中的191场国家馆日和国际组织荣誉日活动，构成了上海世博会亮丽的风景线。包括各国国家元首、政府首脑、王室成员、国际组织负责人、知名人士在内的5000余批10.7万人次参观者，络绎不绝地慕名来到上海世博会，参观、游览、出席活动。

《上海世博外事——上海世博会重大活动 馆日 境外贵宾接待实录》，收集和记录了自上海世博会开幕至闭幕期间中外领导人在参加世博会重大活动和出席馆日时的讲话、题词的原稿（译稿）和部分图片，记载了境外贵宾参观上海世博会的数据资料。以图文并茂的形式，向读者展示了上海世博会热情迎嘉宾的全景。绝大部分编者都是上海世博会亲历者，书中文献和图片不乏珍贵的世博会史料。在这里，我们要特别感谢外交部、上海世博会外事工作指挥部、上海世博会事务协调局、上海市人民政府外事办公室以及各有关单位，对本书在编辑过程中提供的大力支持和帮助。并感谢所有为之付出辛勤劳动的各位领导、同事和朋友们。

编　者

2011年10月

图书在版编目（C I P）数据

上海世博外事——上海世博会重大活动馆日境外贵宾接待实录 / 中国2010年上海世博会事务协调局，上海市人民政府外事办公室编. — 上海 ：东方出版中心，2011.11
ISBN 978-7-5473-0424-2

Ⅰ. ①上… Ⅱ. ①中… ②上… Ⅲ. ①博览会－概况－上海市－2010 Ⅳ. ①G245

中国版本图书馆CIP数据核字(2011)第198094号

责任编辑：李 晶
装帧设计：董 伟

上海世博外事——上海世博会重大活动 馆日 境外贵宾接待实录

出版发行：东方出版中心
地　　址：上海市仙霞路345号
电　　话：62417400
邮政编码：200336
经　　销：全国新华书店
印　　刷：上海书刊印刷有限公司
开　　本：889×1194毫米 1/16
印　　张：50
版　　次：2011年11月第1版 第1次印刷
ISBN 978-7-5473-0424-2
定　　价：600.00元(上、下册)

上海世博会事务协调局礼宾部

采访馆日活动的记者

参加馆日活动的区县群众

锦江集团餐饮服务团队

世博礼仪小姐

上海电视台外语频道主持人

武警国旗班升旗手

中国人民解放军总政军乐团